百衲本

南史

唐·李延壽撰

國家圖書館出版社

圖書在版編目（CIP）數據

百衲本南史／（唐）李延壽撰．—北京：國家圖書館出版社，2014.9（2018.5重印）

（百衲本二十四史）

ISBN 978-7-5013-5408-5

Ⅰ.①百…　Ⅱ.①李…　Ⅲ.①中國歷史—南朝時代—紀傳體　Ⅳ.①K239.104.2

中國版本圖書館CIP數據核字（2014）第148394號

書　　名　百衲本南史
著　　者　［唐］李延壽撰
叢 書 名　百衲本二十四史
責任編輯　陳　卓
重印編輯　張慧霞
封面設計　邢　毅

出　　版　國家圖書館出版社（100034 北京市西城區文津街7號）
（原書目文獻出版社　北京圖書館出版社）
發　　行　010—66114536　66126153　66151313　66175620
66121706（傳真）　66126156（門市部）
E—mail　nlcpress. com（郵購）
Website　www. nlcpress. com→投稿中心
經　　銷　新華書店
印　　裝　北京華藝齋古籍印務有限公司
版　　次　2014年9月第1版　2018年5月第2次印刷

開　　本　710×1000毫米　1/16
印　　張　52.25
字　　數　680千字

書　　號　ISBN 978-7-5013-5408-5
定　　價　160.00圓

百衲本二十四史影印出版説明

『二十四史』是中國古代各朝被政府納爲正統的二十四部史書的總稱，其上起《史記》，下迄《明史》，記載了從傳説中的五帝時代到清朝初年約四千餘年中政治、經濟、文化等諸多方面的歷史，是我國古代最權威、最詳細的史學著作。

清代最通行的『二十四史』，是乾隆年間刊行的『欽定武英殿本二十四史』，即『殿本』。殿本版式疏朗，刻印精良，但是校勘不夠審慎，存在誤字、衍字、缺字甚至整段文字脱失的情況。而且，由於殿本的編纂官皆屬御用史官，不得不爲帝王所左右，史實記録上存在竄改等原因造成的缺憾。晚清時，又出現了由各省官書局刊刻的局本，廣爲流傳，但仍以殿本爲依據，存在不少問題。

二十世紀二十年代起，張元濟先生耗費巨資搜訪宋元善本，通過採用當時最先進的攝影製版技術，歷經多年努力，至一九三六年，終於出齊了整套影印版的『二十四史』。因各書底本多殘缺不全，不得不通過許多版本相互參校、補綴而成，猶如僧侣之『百衲衣』，故名之曰『百衲本二十四史』。其中除《舊五代史》《元史》《明史》以明清時的版本作爲底本外，均以宋元版爲主要底本。百衲本對殿本、局本中的謬誤多有匡正，其對歷史研究的功績有目共睹，影響深巨，被史學界一致公認爲『中國最佳全本正史』，是中國史學史上的一座豐碑，具有極高的版本價值、研究價值和收藏價值。

百衲本二十四史自問世以來，曾數次被影印出版，其中的宣紙綫装本，因價格不菲，不便學者購藏利用。而縮印本則多存在質量問題，其中質量較好的，當數二十世紀五十年代北京商務印書館的精裝二十四冊本。但年代既久，流傳亦少，已屬罕見。爲滿足文史工作者的研究需求，也讓更多的文史愛好者接觸到百衲本二十四史，我社決定將之再度影印出版。

本次影印，將每部正史單獨製作，採取每頁分上下雙欄的形式印製，並爲每部正史編製了分卷目録。需要説明的是，此次我社在編製目録時，爲更好地反映百衲本原貌，充分體現其與殿本、局本等其他系統傳本的差異，原則上均依原書卷端著録，部分保留了原書中使用的簡體字、俗體字及異體字等。對原書中有目無傳或有傳無目等情況，不予變動，僅對極個別處出現的明顯衍、漏、誤字等情況進行了修改。不當之處，請讀者批評指正。

國家圖書館出版社

二〇一四年七月

百衲本南史目録

南史所載宋齊梁陳本紀
十卷列傳七十卷李延壽
撰述之筆詳矣僕請槩而
言之宋高祖討桓玄除晉
孽自爾骨肉相残七傳為

齊太祖所滅齊興僅二十
四年東昏和帝廢弒之禍
酷烈梁武受禪輕納侯景
結怨東魏疆埸淪七子孫
被其弒逆國祚易而為陳

傳四帝而後主無道納隋
叛降竟為隋俘天下混一
歸于隋吁四朝代謝不過
一百七十三年彼享國脩
短廢興治亂之迹史臣述

之垂世鑑戒一開卷間瞭
然在目覽之者鮮不惕然
于心較之唐堯在位七十
載周家傳祚八百六十有
七天壤差殊靜言思之固

是葉原闕依永樂大典卷之一萬一百三十五寫補

雖氣運使然亦豈智力之所可恃孔子曰道二仁與不仁而已矣詩云殷鑑不遠在夏后之世誠哉是言也今江東幸甚際遇

繡衣部使者拜都廉使暨憲府諸公勉勵一道儒學分刊十七史桐川偶得南史以學廩不敷勸率諸儒募匠鋟梓時重其事荷

郡侯呂公師皋提綱於先繼蒙

郡同知張公雲翼偕僚屬振領於後遂成此書江左後學感

廉使幸惠之德不淺也蜀

人蒯東寅忝郡文學黽勉與力因喜書成傳之永久與天下覽者共之故僭為引筆亭其顛末云大德丙午立夏拜手謹書

南史目錄

李　延壽

凡八十卷

本紀十卷

列傳七十卷

宋本紀上第一　南史一

武帝諱裕姓劉氏　少帝諱義符

宋本紀中第二　南史二

文帝諱義隆　孝武帝諱駿

前廢帝諱子業

宋本紀下第三　南史三

明帝諱彧　後廢帝諱昱

順帝諱準

齊本紀上第四　南史四

高帝諱道成姓蕭氏　武帝諱賾

齊本紀下第五　南史五

廢帝鬱林王諱昭業　廢帝海陵王諱昭文

明帝諱鸞　廢帝東昏侯諱寶卷

和帝諱寶融

梁本紀上第六　南史六

武帝上諱衍姓蕭氏

梁本紀中第七　南史七

武帝下

梁本紀下第八　南史八

簡文帝諱綱　元帝諱繹

敬帝諱方智

陳本紀上第九　南史九

武帝諱霸先姓陳氏　文帝諱蒨

廢帝諱伯宗

陳本紀下第十　南史十

宣帝諱頊　後主諱叔寶

列傳第一　南史十一

后妃上

宋孝穆趙皇后　孝懿蕭皇后

武敬臧皇后　武張夫人

文章胡太后　少帝司馬皇后

文元袁皇后潘淑妃　孝武昭路太后

明宣沈太后　孝武文穆王皇后宣貴妃

前廢帝何皇后　明恭王皇后

後廢帝陳太妃　後廢帝江皇后

順陳太妃　順謝皇后
齊宣孝陳皇后　高昭劉皇后
武穆裴皇后　文安王皇后
鬱林王何妃　海陵王王妃
明敬劉皇后　東昏褚皇后
和王皇后

列傳第二　后妃下　南史十二

梁文獻張皇后　武德郗皇后
武丁貴嬪　武阮脩容
簡文王皇后　元徐妃

敬夏太后　敬王皇后
陳武宣章皇后　文沈皇后
廢帝王皇后　宣柳皇后
後主沈皇后　張貴妃

列傳第三　宋宗室及諸王　南史十三

長沙景王道憐　臨川烈武王道規　鮑照
營浦侯遵考　從子季連
武帝諸子

廬陵孝獻王義真　彭城王義康
江夏文獻王義恭　南郡王義宣
衡陽文王義季

列傳第四　文帝諸子　南史十四

元凶劭　始興王濬
南平穆王鑠　竟陵王誕
建平宣簡王宏　廬陵王禕
晉熙王昶　武昌王渾
始安王休仁　晉平剌王休祐
海陵王休茂　鄱陽哀王休業

臨慶沖王休倩　新野懷王夷父
桂陽王休範　巴陵哀王休若
孝武諸子
豫章王子尚　晉安王子勛
松滋侯子房　臨海王子頊
始平孝敬王子鸞　永嘉王子仁
始安王子真　邵陵王子元
齊敬王子羽　淮南王子孟
晉陵孝王子雲　南海哀王子師

淮陽思王子霄　東平王子嗣
武陵王贊
明帝諸子
邵陵殤王友　隨陽王翽
新興王嵩　始建王禧

列傳第五　南史十五
劉穆之 曾孫祥 從子秀之
徐羨之 從孫湛之 孝嗣孫君蒨 湛之孫孝嗣
傅亮 族兄隆　檀道濟 兄韶 韶弟祗 韶孫珪

列傳第六　南史十六
王鎮惡　朱齡石 弟超石
毛脩之 孫惠素　傅弘之
朱脩之　王玄謨 子瞻 從弟玄象 玄載 玄邈

列傳第七　南史十七
劉敬宣　劉懷肅 弟懷敬 懷慎
劉粹 族弟損　孫處
蒯恩　向靖 子柳
劉鍾　虞丘進
孟懷玉 弟龍符　胡藩
劉康祖 伯父簡之 簡之子道產 簡之弟謙之 道產子延孫

列傳第八　南史十八
趙倫之 子伯符
蕭思話 子惠開 惠明 惠明子昕素 惠明弟惠基 惠基子洽 惠基弟惠休 惠休弟子介 介子允 引 惠開從子琛
臧燾 玄孫嚴 嚴族叔未甄 未甄子盾 燾弟熹 熹子質

列傳第九　南史十九
謝晦 兄瞻 從叔澹 瞻弟曒
謝方明 子惠連　謝裕 子恂 玄孫微 裕弟純 述 述孫朓
謝靈運 孫超宗 曾孫幾卿

列傳第十　南史二十
謝弘微 子莊 孫朏 曾孫諼 玄孫哲 朏弟顥 顥弟瀹 瀹子覽 覽弟舉 舉子嘏 舉兄子僑

列傳第十一　南史二十一
王弘 子錫 孫僧達 曾孫融 弘弟子微 微兄遠 遠子僧祐 僧祐子籍 弘從孫瞻 弘玄孫冲 子瑒 瑜

列傳第十二　南史二十二
王曇首 子僧綽 孫儉 曾孫騫 騫子規 騫弟暕 暕子承 訓 僧綽弟僧虔 僧虔子慈 慈子泰 慈弟志 志弟子筠 志弟彬 寂

列傳第十三　南史二十三
王誕 兄子偃 偃子藻 藻弟子瑩 瑩從弟亮
王華 從弟琨　王惠 從弟球
王彧 子絢 絢弟繢 繢孫克 彧兄子蘊 奐 奐弟份 份孫銓 錫 僉 通 勱 質 固

列傳第十四　南史二十四

王裕之 孫秀之 延之子綸之 延之 曾孫峻 阮韜 峻子琮

王鎮之 弟弘之 弘之孫曇 曇從弟思遠 王韶之

王悅之 王准之 從弟逡之 族子素 珪之

列傳第十五　南史二十五

王懿

到彥之 孫撝 洽 撝子沆 洽子仲舉 沆從兄溉

垣護之 弟子崇祖 榮祖從父閎 崇祖從兄榮祖 閎弟子曇深

張興世 子欣泰

列傳第十六　南史二十六

袁湛 弟豹 顗弟子彖 豹子洵 彖從弟昂 洵兄子顗 馬仙琕 顗從弟粲 昂子君正

君正子樞 君正弟敬 憲 沈

列傳第十七　南史二十七

孔靖 孫琇之 琇之曾孫奐 孔琳之 孫覬

殷景仁 從祖弟淳

列傳第十八　南史二十八

褚裕之 弟淡之 彥回子賁 玄孫球 蓁 裕之兄子湛之 蓁子向 湛之子彥回 向子翔

彥回弟澄 炫子澐 從弟炤 澐子蒙 炫 蒙子玠

列傳第十九　南史二十九

蔡廓 子興宗 約弟撙 孫約 曾孫凝

南史目錄　七

列傳第二十　南史三十

何尚之 子偃 徹從弟炯 孫戢 偃弟子求 尚之弟子昌寓 求弟點 昌寓子敬容 點弟胤

列傳第二十一　南史三十一

張裕 子永 瓌子率 岱 岱兄子緒 率弟盾 緒子充 瓌弟稷 充 稷子嵊 永子瓌 稷從子纘

列傳第二十二　南史三十二

張邵 子敷 實積 孫沖 徐文伯 兄子暢 文伯弟嗣伯 暢子融

列傳第二十三　南史三十三

范泰 子曄 荀伯子 族子萬秋

徐廣 郗紹 廣兄子豁 鄭鮮之

裴松之 孫昭明 曾孫子野 何承天 曾孫遜

南史目錄　八

列傳第二十四　南史三十四

顏延之 子竣 從子師伯 沈懷文 子沖 從兄曇慶

周朗 族孫顒 弘讓 顒子捨 弘直 捨弟子弘正 弘直子確

列傳第二十五　南史三十五

劉湛

庾悅 族弟登之 仲文子弘遠 登之弟仲文 仲文族孫仲容

顧琛 顧愷之 孫憲之

列傳第二十六　南史三十六

羊欣 羊玄保 子戎 兄子希

沈演之 子勃 演之從子憲 兄孫顗 憲孫浚

吳平侯景 子勵 勸 勔 勃 弟昌 昂 昱
長沙宣武王懿 子業 孫孝儼 業弟藻 猷 猷子韶 駿 猷弟朗 明
永陽昭王敷　衡陽宣王暢
桂陽簡王融 子象 象子慥
臨川靜惠王宏 宏子正仁 正義 正德 正德子見理 正德弟正則 正則弟正立 正立子賁
正立弟正表 正信
列傳第四十二　南史五十二
梁宗室下
安成康王秀 秀子機 機弟推
南平元襄王偉 偉子恪 恪弟恭 恭子靜 恭弟祗

鄱陽忠烈王恢 恢子範 範子嗣 範弟諮 諮弟脩 脩弟泰
始興忠武王憺 憺子亮 亮弟映 映弟曄
列傳第四十三　南史五十三
梁武帝諸子
昭明太子統　豫章王綜
南康簡王績　廬陵威王續
邵陵攜王綸　武陵王紀
列傳第四十四　南史五十四
梁簡文帝諸子
哀太子大器　尋陽王大心

臨川王大款　南海王大臨
南郡王大連　安陸王大春
桂陽王大成　汝南王大封
瀏陽公大雅　新興王大莊
西陽王大鈞　武寧王大威
皇子大訓　建平王大球
義安王大昕　綏建王大摯
樂良王大圜
元帝諸子
忠烈世子方等　貞惠世子方諸

愍懷太子方矩　始安王方略
列傳第四十五　南史五十五
王茂　曹景宗
席闡文　夏侯詳 子亶 夔 魚弘
吉士瞻　蔡道恭
楊公則　鄧元起 羅研 李膺
張惠紹 子登　馮道根
康絢　昌義之
列傳第四十六　南史五十六
張弘策 子緬 纘 綰　庾域 子子輿

鄭紹叔　呂僧珍

樂藹子法才

列傳第四十七　南史五十七

沈約子旋 孫衆　范雲從兄縝

列傳第四十八　南史五十八

韋叡兄纂 闡 叡子放 孫粲 放弟正 正子載 鼎 正弟稜 稜弟黯

裴邃邃子之禮 兄子之高 之高弟之平 之平子忌 之高弟之橫

列傳第四十九　南史五十九

江淹　任昉

王僧孺

南史目録　十五　丘

列傳第五十　南史六十

范岫　傅昭弟映

孔休源　江革子德藻

徐勉　許懋子亨

殷鈞宗人芸

列傳第五十一　南史六十一

陳伯之　陳慶之子昕 暄

蘭欽

列傳第五十二　南史六十二

賀瑒子革 弟子琛　司馬褧

朱异　顧協

徐摛子陵 陵子儉 份 儀 陵弟孝克　鮑泉鮑行卿 行卿弟客卿

列傳第五十三　南史六十三

王神念子僧辯　羊侃子球 鵾

羊鴉仁

列傳第五十四　南史六十四

江子一　胡僧祐

徐文盛　陰子春子鏗

杜崱兄岸 兄子龕 弟幼安　王琳

張彪

南史目録　十六

列傳第五十五　南史六十五

陳宗室諸王

永脩侯擬　遂興侯詳

宜黄侯慧紀　衡陽王昌子伯信

南康愍王曇朗子方泰 方慶

文帝諸子

始興王伯茂　鄱陽王伯山

新安王伯固　晉安王伯恭

廬陵王伯仁　江夏王伯義

武陵王伯禮　永陽王伯智

吳均 江洪　劉勰
何思澄 子朗 王子雲　任孝恭
顔協　紀少瑜
杜之偉　顔晃
岑之敬　何之元
徐伯陽　張正見
阮卓

列傳第六十三　南史七十三

孝義上

龔穎　劉瑜 董陽

南史目録　二十一

賈恩　郭世通 子原平
嚴世期　吳逵
潘綜 陳遺 秦綿　張進之 俞僉 張楚
丘傑　師覺授
王彭　蔣恭
徐耕　孫法宗
范叔孫 吳國夫　卜天與 弟天生
許昭先　余齊人
孫棘 妻許 薩 延慶 徐元妻許　何子平
崔懷順　王虛之 顧昌衍 江軻 江柔之

吳慶之　蕭叡明 鮮于文宗
蕭矯妻羊 羊緝之女風任 吳翼之母丁 吳康之妻趙 會稽陳氏三女 蔣儁之妻黃 永興概中里王氏女
諸暨[illegible]氏女 吳郡范法恂妻褚 吳興公乘[illegible]妻姚
公孫僧遠　吳欣之
韓係伯　丘冠先
孫淡　華寶 薛天生 劉懷胤
解叔謙 宗元卿 匡昕 庾震 魯康祚 朱文濟 謝昌寓
韓靈敏　劉渢 弟溓 柳叔夜
封延伯 陳玄子 范安祖 邵榮興 李聖伯 文獻叔 范道根 徐生之 譚弘寶
何弘 王續祖 陽黑頭 郗道福

南史目録　二十二

吳達之 蔡曇智 何伯璵　王文殊 庾子德
樂頤之 弟預 沈升之　江泌
庾道愍 族孫沙彌 沙彌子持

列傳第六十四　南史七十四

孝義下

滕曇恭 徐普濟 張悌　陶季直
沈崇傃　荀匠
吉翂　甄恬
趙拔扈　韓懷明
褚脩

列傳第六十九　南史七十九

夷貊下

列傳第七十　南史八十

賊臣

南史目録

宋本紀上第一　　南史一

李　延壽

宋高祖武皇帝諱裕字德輿小字寄奴彭城縣綏輿里人
姓劉氏漢楚元王交之二十一世孫也彭城楚都故苗裔
家焉晉氏東遷劉氏移居晉陵丹徒之京口里皇祖靖晉
東安太守皇考翹字顯宗郡功曹帝以晉哀帝興寧元年
歲在癸亥三月壬寅夜生神光照室盡明是夕甘露降于
墓樹及長雄傑有大度身長七尺六寸風骨奇偉不事廉
隅小節奉繼母以孝聞嘗游京口竹林寺獨卧講堂前上
有五色龍章衆僧見之驚以白帝帝獨喜曰上人無妄言

皇考墓在丹徒之候山其地秦史所謂曲阿丹徒間有天
子氣者也時有孔恭者妙善占墓帝嘗與經墓歎之曰此
墓何如孔恭曰非常地也帝由是益自負行止時見二小
龍附翼樵漁山澤同侶或亦覩焉及貴龍形更大帝素貧
時人莫能知唯琅邪王謐獨深敬焉帝嘗負刁逵社錢三
萬經時無以還被逵執謐密以己錢代償由是得釋後伐
荻新洲見大蛇長數丈射之傷明日復至洲裏聞有杵臼
聲往覘之見童子數人皆青衣於榛中擣藥問其故答曰
我王爲劉寄奴所射合散傅之帝曰王神何不殺之答曰
寄奴王者不死不可殺帝叱之皆散仍收藥而反又經客

下邳逆旅會一沙門謂帝曰江表當亂安之者其在君乎
帝先患手創積年不愈沙門有一黄藥因留與帝既而忽
亡帝以黄散傅之其創一傅而愈寶其餘及所得童子藥
每遇金創傅之並驗初爲冠軍孫無終司馬晉隆安三年
十一月妖賊孫恩作亂於會稽朝廷遣衛將軍謝琰前將軍
劉牢之東討牢之請帝參府軍事命與數十人覘賊遇賊
衆數千帝便與戰所將人多死而帝奮長刀所殺傷甚衆
牢之子敬宣疑帝爲賊所困乃輕騎尋之既而衆騎並至
遂平山陰恩遁入海四年五月恩復入會稽殺謝琰十一
月牢之復東征使帝伐句章句章城小人少帝每戰陷陣

賊乃退還浹口時東伐諸將士卒暴掠百姓皆苦之惟帝
獨無所犯五年春恩頻攻句章帝屢破之恩復入海三月
恩北出海鹽帝築城于故海鹽賊日來攻城城內兵少帝
乃選敢死士擊走之時雖連勝帝深慮衆寡不敵乃一夜
偃旗示以羸弱觀其懈乃奮擊大破之恩知城不可下進
向滬瀆帝棄城追之海鹽令鮑陋遣子嗣之以吳兵一千
爲前驅帝以吳人不習戰命之在後不從是夜帝多設奇
兵兼置旗鼓明日戰伏發賊退嗣之追奔陷没帝且退且
戰麾下死傷將盡乃至向處止令左右解取死人衣以示
暇賊疑尚有伏乃引去六月恩浮海至丹徒帝兼行與俱

至奔擊大破之恩至建鄴知朝廷有備遂走鬱洲八月晉
帝以帝爲下邳太守帝又追恩至鬱洲及海鹽頻破之恩
自是飢饉奔臨海元興元年荊州刺史桓玄舉兵東下驃
騎將軍司馬元顯遣牢之拒之帝又參其軍事玄至帝請
擊之牢之不許乃遣子敬宣詣玄請和帝與東海何無忌
並固諫不從玄尅建鄴以牢之為會稽內史牢之懼招帝
於廣陵舉兵帝曰人情去矣廣陵亦豈可得之牢之竟縊
于新洲何無忌謂帝曰我將何之帝曰可隨我還京口玄
必守臣節當與卿事之不然與卿圖之玄從兄脩以撫軍
將軍鎮丹徒以帝爲中兵參軍孫恩自敗後懼見獲乃投

水死於臨海餘衆推恩妹夫盧循為主玄復遣帝東征二
年循奔永嘉帝追破之六月加帝彭城內史十二月桓玄
簒位遷晉帝於尋陽桓脩入朝帝從至建鄴玄見帝謂司
徒王謐曰昨見劉裕風骨不恒蓋人傑也每游集贈賜甚
厚玄妻劉氏尚書令耽之女也聰明有智鑒嘗見帝因謂
玄曰劉裕龍行虎步視瞻不凡恐必不爲人下宜早爲其
所玄曰我方平蕩中原非裕莫可待關隴平定然後議之
脩奔還京口帝託以金創疾動不堪步從乃與無忌同船
共還建興復計及弟道規沛國劉毅平昌孟昶任城魏詠
之高平檀憑之琅邪諸葛長人太原王元德隴西辛扈興

東莞童厚之並同義謀時桓脩弟弘爲青州刺史鎮廣陵
道規爲弘中兵參軍昶爲州主簿乃令毅就昶謀共襲弘
長人爲豫州刺史刁逵左軍府參軍謀據歷陽相應元德
厚之謀於建鄴攻玄尅期齊發三年二月乙卯帝託游獵
與無忌詠之憑之毅從弟藩憑之從子韶祗隆道濟昶族
弟懷玉等集義徒凡二十七人願從者百餘人丙辰候城
門開無忌等義徒服傳詔服稱詔居前義衆馳入齊叫吏
士驚散即斬脩以徇帝哭之甚慟厚加斂䘏昶勸弘其日
出獵未明開門出獵人昶道規毅等率壯士五六十人因
開門直入弘方啜粥即斬之因收衆濟江義軍初尅京城

脩司馬刁弘率文武佐吏來赴帝登城謂曰郭江州已奉
乘輿反正於尋陽我等並被密詔誅逆黨今日賊玄之首
已當梟於大航諸君非大晉之臣乎弘等信之而退毅既
至帝命誅弘等毅兄邁先在建鄴事未發數日帝遣同謀
周安穆報之使爲內應邁甚懼安穆慮事發馳歸時玄以
邁爲竟陵太守邁便下船欲之郡是夜玄與邁書曰北府
人情云何卿近見劉裕何所道邁謂玄已知其謀晨起白
之玄驚封邁爲重安侯又以不執安穆故殺之誅元德扈
興厚之等乃遣頓丘太守吳甫之右衛將軍皇甫敷北拒
義軍先是帝造游擊將軍何澹之左右見帝光曜滿室以

告瀆之瀆之以白玄玄不以為意至是聞義兵起甚懼或
曰裕等甚弱陛下何慮之深玄曰劉裕足為一世之雄劉
毅家無儋石之儲摴蒱一擲百萬何無忌劉牢之之外甥
酷似其舅共舉大事何謂無成時衆推帝為盟主以孟昶
為長史總後事檀憑之為司馬百姓願從者千餘人軍次
竹里移檄都下曰夫成敗相因理不常泰狡焉肆虐或遇
聖明自我大晉屢遘陽九隆安以來皇家多故貞良斃於
豺狼忠臣碎於虎口逆臣桓玄敢肆陵慢阻兵荊郢肆暴
都邑天未忘難凶力實繁踰年之間遂傾皇祚主上播越
流幸非所神器沈辱七廟毀墜雖夏后之離浞殪有漢之

遭莽卓方之於茲未足為喻自玄篡逆于今歷載彌年元
旱人不聊生士庶疲於轉輸文武困於板築室家分析父
子乖離豈惟大東有杼軸之悲摽梅有頃筐之怨而已哉
仰觀天文俯察人事此而可存孰有可亡凡在有心誰不
扼腕裕等所以叩心泣血不遑啓處者也是故夕寐宵興
搜獎忠烈潛構崎嶇過於履虎乘機奮發義不圖全輔國
將軍劉毅廣武將軍何無忌鎮北主簿孟昶兗州主簿魏
詠之寧遠將軍劉道規龍驤參軍劉藩振威將軍檀憑之
等忠烈斷金精貫白日荷戈俟奮志在畢命益州刺史毛
璩萬里齊契掃定荊楚江州刺史郭昶之奉迎主上宮于

尋陽鎮北將軍王元德等並率部曲保據石頭揚武將軍
諸葛長人收集義士已據歷陽征虜參軍庾賾之等潛相
連結以為內應同力協契所在蠭起即日斬偽徐州刺史
安成王脩青州刺史弘義衆既集文武爭先咸謂不有一
統則事無以緝裕辭不獲命遂總軍要庶上憑祖宗之靈
下罄義夫之節翦馘逋逆蕩清京華公侯諸君或世樹忠
貞或身荷爵寵而並俛眉猾豎無由自效顧瞻周道寧不
弔乎今日之舉良其會也裕以虛薄才非古人受任於既
頹之運契接於已替之機丹誠未宣感慨憤激望霄漢以
永懷眄山川以增佇投檄之日神馳賊庭三月戊午遇吳

甫之於江乘帝躬執長刀大呼即斬甫之進至羅落橋遇
皇甫敷檀憑之戰敗死之衆退帝進戰彌厲又斬敷首初
帝建大謀有工相者相帝與無忌等近當大貴惟云憑之
無相至是憑之戰死帝知其事必捷玄聞敷等沒使桓謙
屯東陵口卞範之屯覆舟山西己未義軍進至覆舟東張
疑兵以油帔冠諸樹布滿山谷帝先馳之將士皆殊死戰
無不一當百呼聲動天地因風縱火煙焰張天謙等大敗
玄始雖遣軍而走意已決別遣領軍殷仲文具舟石頭聞
謙敗輕船南逸庚申帝鎮石頭城立留臺總百官焚桓溫
主於宣陽門外造晉新主於太廟遣諸將追玄命尚書王

總率百官奉迎乘輿司徒王謐與衆議推帝領揚州帝固
辭乃以謐爲録尚書事領揚州刺史帝爲鎮軍將軍都督
八州諸軍事徐州刺史領軍將軍初晉陵人韋叟善相術
桓脩令相帝當得州不叟曰當得邊州刺史退而私於帝
曰君相貴不可言帝笑曰若中當相用爲司馬至是叟詣
帝曰成王不負桐葉之信公亦應不忘司馬之言今不敢
希鎮軍司馬願得領軍佐於是用焉時諸葛長人失期爲
刁逵執送未至而玄敗玄經尋陽江州刺史郭昶之爲具
乘輿法物初荊州刺史王綏以江左冠族又桓氏之甥素
甚陵帝至是及其父尚書左僕射愉有自疑志並及誅四

月戊子奉武陵王遵爲大將軍承制大赦惟桓氏一祖後
不免桓玄之篡王謐佐命手解安帝璽紱及義旗建衆謂
謐宜誅惟帝素德謐保持之劉毅嘗因朝會問謐璽紱所
在謐益懼及王愉父子誅謐從弟諶謂謐曰王駒無罪而
誅此是翦除勝已兄既桓氏黨附求免得乎駒愉小字也
謐懼奔曲阿帝牋白大將軍迎還復其位玄挾天子走江
陵又浮江東下與劉毅何無忌劉道規等遇於崢嶸洲衆
軍大破之玄黨殷仲文奉晉二皇后還建鄴玄復挾天子
至江陵因走南郡太守王騰之荊州別駕王康產奉天子
入南郡府初益州刺史毛璩遣從孫祐之與參軍費恬送

弟喪下州璩弟子脩之時爲玄屯騎校尉誘玄入蜀至枚
回洲恬與祐之迎射之益州督護馮遷斬玄傳首建鄴玄
從子振逃於華容之涌中招集逆黨襲江陵城騰之康產
皆被殺桓謙先匿沮川亦聚衆應振爲玄舉哀立喪庭謙
率衆官奉璽綬于安帝劉毅何無忌進及桓振戰敗績于
靈谿十月帝領青州刺史甲仗百人入殿義熙元年正月
毅等至江津破桓謙桓振江陵平三月甲子晉帝至自江
陵庚子詔進帝侍中車騎將軍都督中外諸軍録尚書事
帝固讓旋鎮丹徒九月乙巳加帝領兖州刺史盧循浮海
破廣州獲刺史吳隱之即以循爲廣州刺史以其黨徐道

覆爲始興相二年三月進帝督交廣二州十月論匡復勳
封帝豫章郡公邑萬户賜絹三萬疋其餘封賞各有差三
年十二月司徒録尚書揚州刺史王謐薨四年正月徵帝
入輔授侍中車騎將軍開府儀同三司揚州刺史録尚書
事徐兖二州刺史如故表解兖州先是帝遣冠軍劉敬宣
伐蜀賊譙縱無功而還九月帝以敬宣挫退遜位不許十
月乃降爲中軍將軍開府如故五年二月僞燕主慕容超
大掠淮北三月帝抗表北討以丹陽尹孟昶監中軍留府
事乃浮淮入泗五月至下邳留船步軍進琅邪所過築城
留守超大將公孫五樓請斷大峴堅壁清野以待超不從

初謀是役議者以爲賊若嚴守大峴軍無所資何能自反帝曰不然鮮卑性貪略不及遠既幸其勝且愛其穀必將引我且亦輕戰師一入峴吾何患焉及入峴帝舉手指天曰吾事濟矣衆問其故帝曰師既過險士有必死之志餘糧栖畝軍無匱乏之憂勝可必矣六月超留羸老守廣固使其廣寧王賀賴盧及公孫五樓悉力據臨朐去城四十里有巨蔑水超告五樓急據之比至爲龍驤將軍孟龍符所保五樓乃退大軍分車四千兩爲二翼方軌徐行車張幰御者執矟以騎爲游軍軍令嚴肅比及臨朐賊騎交至帝命兗州刺史劉藩并州刺史劉道憐等陷其陣日向昃

戰猶酣帝用參軍胡藩策襲剋臨朐賊乃大奔超遁還廣固獲其玉璽豹尾輦等送于都丙子剋廣固大城超固其小城乃設長圍以守之館穀於青土停江淮轉輸七月超尚書郎張綱乞師於姚興自長安反太山太守申宣執送之綱有巧思先是帝脩攻具城上人曰汝不得張綱何能爲也及至升諸樓車以示之城内莫不失色超既求救不獲綱反見虜乃求稱藩割大峴爲界獻馬千疋不聽時姚興遣使聲言將涉淮左帝謂曰爾報姚興我定青州將過函谷爾能自送今其時矣録事參軍劉穆之遽入曰此言不足威敵容能怒彼若鮮卑未拔西羌又至公何以待之

帝乃笑曰此兵機也非子所及羌若能救不有先聲是自彊也十月張綱脩攻具成設飛樓縣梯木幔板屋冠以牛皮弓矢無所用之劉毅遣上黨太守趙恢以千餘人來援帝夜潛遣軍會之明旦恢衆五千方道而進每番使將到輒復如之六年二月丁亥屠廣固超踰城走追獲之斬于建康市殺其王公以下納生口萬餘馬二千疋初帝之北也徐道覆勸盧循乘虚而出循不從道覆乃至番禺說循曰今日之機萬不可失若剋京都劉公雖還無能爲也循從之是月寇南康廬陵豫章諸郡郡守皆奔走時帝將鎮下邳進兵河洛及徵使至即日班師鎮南將軍何無忌與

道覆戰敗死於豫章内外震駭朝議欲奉乘輿北走帝次山陽聞敗卷甲與數十人造江上徵問知賊尚未至四月癸未帝至都劉毅自表南征帝以賊新捷鋒鋭須嚴軍偕進使劉藩止之毅不從五月壬午盧循敗毅于桑落州及審帝凱入相視失色欲還尋陽平江陵據二州以抗朝廷道覆請乘勝遂下爭之旬日乃從于時北師始還傷痍未復戰士纔數千賊衆十餘萬舳艫亘千里孟昶諸葛長人懼欲擁天子過江帝曰今兵士雖少猶足一戰若其剋濟臣主同休如其不然不復能草間求活吾計決矣初帝征慕容超惟孟昶勸行丙辰昶乃表天子引罪仰藥而死時

議者欲分兵屯守諸津帝曰賊衆我寡分其兵則測人虛
實一處失利則沮三軍之心若聚衆石頭則衆力不分戊
午帝移鎮石城乙丑賊大至帝曰賊若新亭直上且將避
之若回泊蔡洲成禽耳徐道覆欲自新亭焚舟而戰循多
疑少決每求萬全乃泊蔡洲以待軍潰帝登石頭以望見
之悅庚辰賊設伏於南岸疑兵向白石帝率劉毅諸葛長
人北拒焉留參軍徐赤特戍查浦戒令勿戰帝既北賊焚
查浦而至張侯橋赤特與戰大敗賊進屯丹陽郡帝馳還
石頭斬徐赤特解甲久之乃出陣於南塘七月庚申循自
蔡洲退將還歸尋陽帝遣輔國將軍王仲德等追之使建

威將軍孫處自海道襲番禺戒之曰我十二月必破妖寇
卿亦足至番禺先傾其巢窟也十月帝率舟師南伐使劉
毅監太尉留府是月徐道覆寇江陵荆州刺史劉道規大
破之道覆走還湓口十一月孫處至番禺剋其城盧循父
嘏奔始興處撫其人以守十二月己卯大軍次大雷庚辰
賊方江而下帝躬提幡鼓命衆軍齊力擊之軍中多萬鈞
神弩所至莫不摧陷帝自於中流蹙之因風水之勢賊艦
悉薄西岸岸上軍先備火具焚之大敗循還尋陽遂走豫
章悉力柵左里丙申大軍次左里將戰帝麾之麾竿折幡
沈于水衆咸懼帝笑曰昔覆舟之役亦如此今勝必矣攻

其柵循單舸走衆皆降師旋晉帝遣侍中黃門勞師于行
所七年正月己未振旅而歸改授大將軍揚州牧給班劍
二十人本官並如故固辭凡南北征伐戰亡者並列上賻
贈屍喪未反者遣主帥迎接致還本土二月盧循至番禺
爲孫處所破收餘衆南走劉藩孟懷玉斬徐道覆于始興
自晉中興以來朝綱弛紊權門兼并百姓流離不得保其
產業桓玄頗欲釐改竟不能行帝既作輔大示軌則豪彊
肅然遠近禁止至是會稽餘姚虞亮復藏匿亡命千餘人
帝誅亮免會稽內史司馬休之晉帝又申前詔帝固辭於
是改授太尉中書監乃受命奉送黃鉞交州刺史杜慧度

斬盧循父子函七首送都先是諸州郡所遣秀才孝廉多
非其人帝乃表申明舊制策試之荆州刺史劉道規疾患
求歸八年四月改授豫州刺史以豫州刺史劉毅代之毅
既有雄才大志與帝俱興復晉室自謂京城廣陵功足相
抗雖權事推帝而心不服也厚自矜許朝士素望者並多
歸之與尚書僕射謝混丹陽尹郗僧施並深相結及鎮江
陵豫州舊府多割以自隨請僧施爲南蠻校尉帝知毅終
爲異端心密圖之毅至西疾篤表求從弟兗州刺史藩以
爲副貳帝偽許焉九月藩入朝帝命收藩及謝混並賜死
自表討毅又假黃鉞率諸軍西征以前鎮軍將軍司馬休

之爲平西將軍荆州刺史兗州刺史道憐鎮丹徒豫州刺史諸葛長人監太尉留府事加太尉司馬丹陽尹劉穆之建威將軍配以實力壬午發建鄴遣參軍王鎮惡龍驤將軍蒯恩前襲江陵剋之毅及黨與皆伏誅十一月帝至江陵分荆州十郡爲湘州帝乃進督焉以西陵太守朱齡石爲益州刺史使伐蜀晉帝進帝太傅揚州牧加羽葆鼓吹班劒二十人九年二月乙丑帝至自江陵初諸葛長人貪淫驕橫帝每優容之劉毅既誅長人謂所親曰昔年醢彭越今年殺韓信禍其至矣將謀作亂帝剋期至都而每淹留不進公卿以下頻日奉候於新亭長人亦驟出既而帝輕舟密至已還東府矣長人到門引前却人閑語凡平生言所不盡者皆與及之長人甚悅帝已密命左右丁旿自幔後出於坐拉焉死於牀側輿屍付廷尉并誅其弟黎人旿驍勇有力時人語曰勿跋扈付丁旿先是山湖川澤皆爲豪彊所奪百姓薪採漁釣皆責稅直至是禁斷之時人居未一帝上表定制於是依界土斷惟徐兗青三州居晉陵者不在斷例諸流寓郡縣多所併省以帝領鎮西將軍豫州刺史帝固讓太傅揚州牧及班劒奉還黃鉞七月朱齡石平蜀斬譙縱傳首建鄴九月晉帝以帝平齊定盧循功封帝次子義眞爲桂陽縣公并重申前命授帝太傅揚

州牧加羽葆鼓吹班劒二十人將遣百僚敦勸乃受羽葆鼓吹班劒餘固辭十年息人簡役築東府城起府舍帝以荆州刺史司馬休之宗室之重又得江漢人心疑其有異志而休之子譙王文思在都招聚輕俠帝執送休之令自爲其所休之表廢文思并與帝書陳謝十一年正月帝收休之子文寶兄子文祖並賜死率衆西討復加黃鉞領荆州刺史以中軍將軍道憐監留府事休之上表自陳并罪狀帝休之府錄事參軍韓延之有幹用才帝未至江陵密書招之延之報書曰承親率戎馬遠履西偏闔境士庶莫不惶駭辱疏知以譙王前事良增歎息司馬平西體國忠貞款懷待物以公有匡復之勳家國蒙賴推德委誠每事詢仰譙王往以微事見劾猶自表遜位況以大過而當默邪來示云款懷期物自有由來今伐人之君啗人以利眞可謂款懷期物者矣劉藩死於閶闔之門諸葛斃於左右之手甘言詭方伯襲之以輕兵遂使席上靡款懷之士閫外無自信諸侯以爲得算良所恥也吾雖鄙劣嘗聞道於君子以平西之至德寧可無授命之臣乎假天長喪亂九流渾濁當與臧洪游於地下不復多云帝視書歎息以示將佐曰事人當如此三月軍次江陵初雍州刺史魯宗之負力好亂且慮不爲帝容常爲讖曰魚登日輔帝室與休

之相結至是率其子竟陵太守軌會于江陵帝濟江休之
衆潰與軌等奔襄陽江陵平加領南蠻校尉將拜南蠻遇
四廢日佐史鄭鮮之等白遷日不許下書開寬大之恩四
月進軍襄陽休之等奔姚興晉帝復申前令授太傅揚州
牧劍履上殿入朝不趨讚拜不名加前部羽葆鼓吹置左
右長史司馬從事中郎四人封第三子義隆為北彭城縣
公八月甲子帝至自江陵奉還黃鉞固辭太傅州牧前部
羽葆鼓吹其餘受命十二年正月晉帝詔帝依舊辟士加
領平北將軍兖州刺史增督南秦凡二十二州帝以平北
文武寡少不宜別置於是罷平北府以併大府三月加帝

中外大都督初帝平齊仍有定關洛意遇盧循侵逼故寢
及荊雍平乃謀外略會姚興死子泓新立兄弟相殺關中
擾亂四月乙丑帝表伐關洛乃戒嚴北討加領征西將軍
司豫二州刺史以世子為徐兖二州刺史帝以義聲懷遠
奉琅邪王北伐五月盧江霍山崩獲六鍾獻之天子癸巳
加領北雍州刺史前後部羽葆鼓吹增班劍為四十人八
月乙巳率大衆進發以世子為中軍將軍監太尉留府事
尚書右僕射劉穆之為左僕射領監軍中軍二府軍司入
居東府總攝內外九月帝至彭城加領北徐州刺史十月
衆軍至洛圍金墉降之脩復晉五陵置守衛十二月壬申

晉帝加帝位相國總百揆揚州牧封十郡為宋公備九錫
之禮加璽紱遠游冠綠綟綬位在諸侯王上策曰朕以寡
昧仰纘洪基夷羿乗釁蕩覆王室越在南鄙遷于九江宗
祀絕饗人神無位提挈羣凶寄命江浦則我祖宗之烈奄
墜于地七百之祚翦焉既傾若涉巨海罔知攸濟天未絕
晉誕育英輔振厥弛維再造區寓興亡繼絕俾昏作明元
勳至德朕實攸賴今將授公典策其敬聽朕命乃者桓玄
肆僭滔天泯夏拔本塞源顛蹶六位庶僚儌冒四方莫恤
公精貫朝日氣陵虹蜺奮其靈武大殲羣慝剋復皇邑奉
歆神祇此公之大節始於勤王者也授律羣后順流長騖

薄伐崢嶸獻捷南郢大憝折首羣逆畢夷三光放采舊物
反正此又公之功也出藩入輔弘茲保弼阜財利用繁殖
黎元編户歲滋疆宇日啓導德明刑四境有截此又公之
功也鮮卑負衆僭盜三齊介恃遐阻仍為邊害公躬秉秣
馬奐入遠疆衡櫓四臨萬雉俱潰拓土三千申威龍漠此
又公之功也盧循袄凶伺隙五嶺侵覆江豫矢及王城國
議遷都之規家獻徙卜之計公秉轅南濟義形于色運奇
攄略英謨不世狡寇窮蹙喪旗宵遁俾我纖甸拯於將墜
此又公之功也追奔逐北揚旌江濆偏旅浮海指日遄至
番禺之功俘級萬數左里之捷鳥散魚潰元凶遠竄傳首

萬里此又公之功也劉毅叛換負釁西夏陵上罔主志肆奔縱公御軌以刑消之不日罪人斯得荆衡寧晏此又公之功也譙縱怙亂寇竊一隅王化阻閡三巴淪溺公指命偏師授以良圖陵波憑湍致届井絡僭豎伏鑕梁岷草偃此又公之功也馬休魯宗阻兵內侮驅率二方連旗稱亂公投袂星言研其上略江津之師勢踰風電回旆沔川寔繁震摧二叛奔迸荆雍來蘇此又公之功也永嘉不競四夷擅華五都傾蕩山陵幽辱祖宗懷沒世之憤遺甿有匪風之思公遠齊阿衡納隍之仁近同小白滅亡之恥鞠旅陳師赫然大號分命羣帥北徇司兗許鄭風靡鞏洛載清百年榛穢一朝掃滌此又公之功也公有康宇內之勳重之以明德爰初發跡則奇謨冠古電擊彊祆則鋒無前對肇寧東嶽大造黔首若乃草昧經綸化融於歲計扶危靜亂道固於包桑彌削煩苛較若畫一淳風美化盈塞區寓是以絕域獻琛遐夷納貢王略所亘九服率從雖文命之東漸西被咎繇之邁于種德何以尚茲朕聞先王之宰世也庸勳尊賢建侯胙土褒以寵章崇其徽物所以協輔皇室永隆藩屏故曲阜光啟遂荒徐宅營丘表海四履有聞其在襄王亦賴匡霸又命晉文備物光賜惟公道冠前烈勳高振古而殊典未飾朕甚憒焉今進授相國以徐州之

彭城沛蘭陵下邳淮陽山陽廣陵兗州之高平魯泰山十郡封公為宋公錫茲玄土苴以白茅爰定爾居用建冢社昔晉鄭啟藩入作卿士周召保傅出總二南內外之任公實兼之今命使持節兼太尉尚書左僕射晉寧縣五等男湛授相國印綬宋公璽紱使持節兼司空散騎常侍尚書陽遂鄉侯泰授宋公茅土金虎符第一至第五左竹使符第一至第十左相國位無不總禮絕朝班居常之名宜與事革其以相國總百揆去錄尚書之號上送所假節侍中貂蟬中外都督太傅太尉印綬豫章公印策進揚州刺史為牧領征西將軍司豫北徐雍四州刺史如故公紀綱禮度萬國是式秉介蹈方罔有遷志是用錫公大路戎路各一玄牡二駟公抑末敦本務農重積采蘩是殷稼穡惟阜是用錫公袞冕之服赤舄副焉公閑邪納正移風改俗陶鈞品物如樂之和是用錫公軒縣之樂六佾之舞公宣美王化導揚休風華夷企踵遠人胥萃是用錫公朱戶以居公官方任能網羅幽滯九皋辭野髦士盈朝是用錫公納陛以登公當軸處中率下以義式遏寇讎滌除苛慝是用錫公虎賁之士三百人公明罰恤刑庶獄詳允放命干紀罔有攸縱是用錫公鈇鉞各一公龍驤鳳矯咫尺八紘括囊四海折衝無外是用錫公彤弓一彤矢百玈弓十玈矢

千公温恭孝忠致虔禋祀忠肅之志儀刑四方是用錫公秬鬯一卣圭瓚副焉宋國置丞相以下一遵舊儀欽哉其祗服往命茂對天休簡恤庶邦敬敷顯德以終我高祖之嘉命置宋國侍中黃門侍郎尚書左丞相大使奉迎抱罕虜乞伏熾盤遣使謁帝求効力討姚泓拜爲平西將軍河南公十三年正月帝以舟師進討留彭城公義隆鎮彭城軍次陳留城經張良廟下令以時脩飾棟宇致薦焉晉帝追贈帝祖爲太常父爲特進左光祿大夫讓不受二月冠軍將軍檀道濟等軍次潼關三月庚辰帝率大軍入河五月帝至洛陽謁晉五陵七月至陝龍驤將軍王鎮惡舟師

自河浮渭八月扶風太守沈田子大破姚泓軍於藍田王鎮惡剋長安禽姚泓始義熙九年歲鎮熒惑太白聚東井至是而關中平九月帝至長安長安豐稔帑藏盈積帝先收其彝器渾儀土圭記里鼓指南車及秦始皇玉璽送之都其餘珍寶珠玉悉以班賜將帥還姚宗于江南送泓斬于建康市謁漢長陵大會文武於未央殿十月晉帝詔進宋公爵爲王加十郡益宋國並前爲二十郡其相國揚州牧領征西將軍司豫北徐雍四州刺史如故帝欲息駕長安經略趙魏十一月前將軍劉穆之卒乃歸十二月庚子發自長安以桂陽公義真爲雍州刺史鎮長安留腹心將

佐以輔之十四年正月壬戌帝至彭城解嚴息甲以輔國將軍劉遵考爲并州刺史領河東太守鎮蒲坂帝解司州領徐冀二州刺史固讓進爵時漢中成固縣漢水崖際有異聲如雷俄頃岸崩有銅鐘十二出自潛壤鞏縣人宗曜於其田所獲嘉禾九穗同莖帝以獻晉帝以歸于我帝沖讓乃止六月丁亥受相國宋公九錫之命下令赦國內殊死以下詔崇豫章太夫人爲宋公太妃世子爲中軍將軍副貳相國府百官悉依天朝之制又詔宋國所封十郡之外悉得除用先是安西中兵參軍沈田子殺安西司馬王鎮惡諸將殺安西長史王脩關中亂十月帝遣右將軍朱

齡石代安西將軍桂陽公義真爲雍州刺史義真還爲赫連勃勃所追大敗僅以身免諸將帥及齡石並沒十二月晉安帝崩大司馬琅邪王即帝位元熙元年正月晉帝詔徵帝入輔又申前令進公爵爲王以徐州之海陵北東海北譙北梁豫州之新蔡兗州之北陳留司州之陳郡汝南潁川滎陽十郡增宋國七月乃受命赦國內五歲刑以下還都壽陽九月解揚州十二月晉帝命帝冕十有二旒建天子旌旗出警入蹕乘金根車駕六馬備五時副車置旄頭雲罕樂舞八佾設鍾虡宮縣進王太妃爲太后王妃爲王后世子爲太子王子王孫爵命之號一如舊儀二年正

月帝表讓殊禮竟陵郡江濱自開出古銅禮器十餘枚帝
獻之晉帝讓不受於是歸諸瑞物藏於相府四月詔遣敦
勸兼徵帝入輔六月壬戌帝至都甲寅晉帝禪位于宋有
司草詔既成請書之天子即便操筆謂左右曰桓玄之時
天命已改重為劉公所延將二十載今日之事本所甘心
甲子遣使奉策曰咨爾宋王夫玄古權輿悠哉邈矣其詳
靡得而聞爰自書契降逮三五莫不以上聖君四海止戈
定大業然則帝王者宰物之通器君道者天下之至公也
昔在上葉深鑒茲道是以天祿既終唐虞弗得傳其嗣符
命來格舜禹不獲全其謙所以經緯三才澄序彝化作範

振古垂風萬葉莫尚於茲自是厥後歷代彌劭漢既嗣德
於放勛魏亦方軌於重華諒以協謀乎人鬼而以百姓為
心者也昔我祖宗欽明辰居其極而明晦代序盈虧有期
翦商兆禍非惟一世曾是弗克矧伊在今天之所廢有自
來矣惟王體上聖之姿包二儀之德明齊日月道合四時
乃者社稷傾覆王拯而存之中原蕪梗又濟而復之自負
固不賓干紀放命肆逆滔天竊據萬里靡不潤之以風雨
震之以雷霆九伐之道既敷八法之化自理豈伊博施於
人濟斯黔庶固已義洽四海道盛八荒者矣至於上天垂
象四靈効徵圖讖之文既明人神之望已改百工歌於朝

庶人頌乎野億兆抃踴傾佇惟新自非百姓樂推天命攸
集豈伊在予所得獨專是用仰祗皇靈俯順群議敬禪神
器授帝位于爾躬大祚告窮天祿永終於戲王其允執其
中敬遵典訓副率土之嘉願恢洪業於無窮時膺休祐以
答三靈之眷望又遣使持節兼太保散騎常侍光祿大夫
謝澹兼太尉尚書劉宣範奉璽書歸皇帝璽綬受終之禮
一如唐虞漢魏故事帝奉表陳讓晉帝已遜于琅邪王第
表不獲通於是陳留王虔嗣等二百七十人及宋臺群臣
並上表勸進猶不許太史令駱達陳天文符應曰案晉義
熙元年至元熙元年太白晝見經天凡七占曰太白經天

人更主異姓興義熙七年五虹見于東方占曰五虹見天
子黜聖人出九年鎮星歲星太白熒惑聚于東井十三年
鎮星入太微占曰鎮星守太微有立王有徙王元熙元年
冬黑龍四登于天易傳曰冬龍見天子亡社稷大人受命
冀州道人釋法稱告其弟子曰嵩神言江東有劉將軍漢
家苗裔當受天命吾以璧三十二鎮金一餅與之劉氏卜
世之數也漢建武至建安末一百九十六年而禪魏魏自
黃初至咸熙末四十六年而禪晉晉自太始至今百五十
六年三代揖讓咸窮於六又漢光武社于南陽漢末而其
樹死劉備有蜀廼應之而興及晉季年舊根始萌至是而

盛美若此者有數十條群臣又固請乃從之
永初元年夏六月丁卯皇帝即位於南郊設壇柴燎告天
曰皇帝臣裕敢用玄牡昭告于皇皇后帝晉以卜世告終
曆數有歸欽若景運以命于裕夫樹君宰世天下爲公德
充帝王樂推攸集越俶唐虞降暨漢魏靡不以爲上哲格
文祖元勳陟帝位故能大拯黔首垂訓無窮晉自東遷四
維不振宰輔焉依爲日已久難棘隆安禍成元興遂至帝
主遷播宗祀堙滅裕雖地非齊晉衆無一旅仰憤時難俯
悼横流投袂一起則皇祀克復及危而能持顛而能扶姦
究具殲僭僞亦滅誠興廢有期否終有數至於大造晉室

撥亂濟時因藉時來寔尸其重加以殊俗慕義重譯來庭
正朔所暨咸服聲教至乃三靈垂象山川告祥人神協祉
歲月滋著是以群公卿士億兆夷人僉曰皇靈降鑒於上
晉朝款誠於下天命不可以久淹宸極不可以暫曠遂逼
群議恭茲大禮猥以寡德託于兆人之上雖仰畏天威畧
是小節顧深永懷祗懼若震敬簡元日升壇受禪告類上
帝用酬萬國之情克隆天保永祚于有宋惟明靈是饗禮
畢備法駕幸建康宮臨太極前殿大赦改元賜人爵二級
鰥寡孤獨不能自存者人穀五斛逋租宿責勿收其犯鄉
論清議贓汚淫盜一皆蕩滌長徒之身特皆原遣亡官失

爵禁錮奪勞一依舊準封晉帝爲零陵王全食一郡載天
子旌旗乘五時副車行晉正朔郊祀天地禮樂制度皆用
晉典上書不爲表荅表不稱詔宮于故秣陵追尊皇考爲
孝穆皇帝妣爲穆皇后尊王太后爲皇太后詔曰夫微禹
之感歎深後昆愛人懷樹猶或勿翦雖在異代義無廢絶
降殺之儀一依前典可降始興公爲縣公廬陵公爲柴桑
縣公始安公爲荔浦縣侯長沙公爲醴陵縣侯康樂公即
降爲縣侯奉王導謝安溫嶠陶侃謝玄之祀其宣力義熙
者一仍本秩庚午以司空道憐爲太尉封長沙王立南郡
公義慶爲臨川王又詔論戰士追贈及酬賞除復之科己

亥封皇子桂陽公義真爲廬陵王彭城公義隆爲宜都王
義康爲彭城王丁丑使使廵行四方旌賢舉善問人疾苦
獄訟虧濫政刑乖愆傷化擾俗未允人聽者皆具以聞戊
寅詔增百官奉己卯改晉泰始曆爲永初曆社以孚臘以
辰秋七月丁亥原放劫賊餘口沒在臺府者諸流徙之家
並聽還本又以市稅繁苦優量減降從征關洛殞身不及
者贍賜其家己丑陳留王曹虔嗣薨辛卯復置五校三將
官增殿中將軍員二十人餘在員外戊戌征西大將軍開
府儀同三司楊盛進號車騎大將軍甲辰鎮西將軍李歆
進號征西大將軍平西將軍乞伏熾盤進號安西大將軍

征東將軍高句麗王高璉進號征東大將軍鎮東將軍百濟王扶餘映進號鎮東大將軍置東宮冗從僕射旅賁中郎將官戊申遷神主於太廟車駕親奉壬子詔改權制率從寬簡八月辛酉詔舊郡縣以北爲名者悉除之寓立於南者聽以南爲號戊辰詔曰彭城桑梓本斯隆宜同豐沛其沛郡下邳各復租布三十年辛未追諡妃臧氏爲敬皇后陵曰永寧癸酉立王太子義符爲皇太子乙亥赦見罪人閏月壬午置晉帝諸陵守衛其名賢先哲詳加灑掃丁酉林邑國遣使朝貢九月壬子置東宮殿中將軍十人員外二十人壬申置都官尚書是歲魏明元皇帝太常五年西涼亡

二年春正月辛酉祀南郊大赦丙寅斷金銀塗以揚州刺史廬陵王義真爲司徒以尚書僕射徐羨之爲尚書令揚州刺史己卯禁喪事用銅釘罷會稽郡府二月乙丑策試州郡秀孝于延賢堂倭國遣使朝貢三月乙丑初限荆州府置將不得過二千人吏不得過一萬人州置將不得過五百人吏不得過五千人兵士不在此限夏四月己卯初禁淫祀除諸房廟其先賢以勳德立祠者不在此例戊辰聽訟於華林園五月己酉置東宮屯騎步兵翊軍三校尉官秋七月己巳地震九月己丑零陵王殂宋志也車駕率百僚臨于朝堂三日如魏明帝服山陽公故事使兼太尉持節護喪事葬以晉禮冬十月己亥以涼州胡帥大且渠蒙遜爲鎮軍大將軍開府儀同三司涼州刺史十一月辛亥葬晉恭皇帝于沖平陵車駕率百官瞻送

三年春正月甲辰朔詔刑罪無輕重悉原之癸丑以尚書令揚州刺史徐羨之爲司空錄尚書事刺史如故進江州刺史王弘衛將軍開府儀同三司以太子詹事傅亮爲尚書僕射二月丙戌有星孛于虛危三月上不豫太尉長沙王道憐司空徐羨之尚書僕射傅亮領軍將軍謝晦護軍將軍檀道濟並入侍醫藥群臣請祈禱神祇上不許惟使侍中謝方明以疾告廟而已丁未以廬陵王義真爲侍中

車騎將軍開府儀同三司南豫州刺史己未上疾瘳大赦夏四月乙亥封仇池公楊盛爲武都郡王五月上疾甚召太子戒之曰檀道濟雖有幹略而無遠志非如兄韶有難御之氣徐羨之傅亮當無異圖謝晦屢從征伐頗識機變若有異必此人也小却可以會稽江州處之又爲手詔朝廷不須復有別府宰相帶揚州可置甲士千人若大臣中任要宜有爪牙以備不祥人者可以臺見留隊給之有征討悉配以臺見軍隊行還復舊後世若有幼主朝事一委宰相母后不煩臨朝仗既不許入臺殿門要重人可詳

給班劒癸亥上崩于西殿時年六十七月己酉葬丹陽建康縣蔣山初寧陵羣臣上謚曰武皇帝廟號高祖上清簡寡欲嚴整有法度未嘗視珠玉輿馬之飾後庭無紈綺絲竹之音初朝廷未備音樂長史殷仲文以為言帝曰日不暇給且所不解仲文曰屢聽自然解之帝曰政以解則好之故不習耳寧州嘗獻虎魄枕光色甚麗價盈百金時將北伐以虎魄療金創上大悅命碎分賜諸將平關中得姚興從女有盛寵以之廢事謝晦諫即時遣出財帛皆在外府內無私藏宋臺建有司奏東西堂施局腳牀金塗釘上不許使用直腳牀釘用鐵廣州嘗獻入筒細布一端八丈

帝惡其精麗勞人即付有司彈太守以布還之并制嶺南禁作此布帝素有熱病并患金創末年尤劇坐臥常須冷物後有人獻石牀寢之極以為佳乃歎曰木牀且費而況石邪即令毀之制諸主出適遣送不過二十萬無錦繡金玉內外奉禁莫不節儉性尤簡易常著連齒木屐好出神武門內左右逍遙從者不過十餘人時徐羨之住西州嘗思羨之便步出西掖門羽儀絡驛追隨已出西明門矣諸子旦問起居入閤脫公服止著裙帽如家人之禮焉微時躬耕於丹徒及受命耨耜之具頗有存者皆命藏之以留於後及文帝幸舊宮見而問焉左右以實對文帝色慚有近侍進曰大舜躬耕歷山伯禹親事土木陛下不觀列聖之遺物何以知稼穡之艱難何以知先帝之至德乎及孝武大明中壞上所居陰室於其處起玉燭殿與群臣觀之牀頭有土障壁上挂葛燈籠麻繩拂侍中袁顗盛稱上儉素之德孝武不荅獨曰田舍公得此以為過矣故能光有天下克成大業盛矣哉

少帝諱義符小字車兵武帝長子也母曰張夫人晉義熙二年生帝於京口時武帝年踰不惑尚未有男及帝生甚悅年十歲拜豫章公世子帝膂力絕人善騎射解音律宋臺建拜宋世子元熙元年進為宋太子武帝受禪立為皇

太子永初三年五月癸亥武帝崩是日太子即皇帝位大赦制服三年尊皇太后曰太皇太后六月壬申以尚書僕射傅亮為中書監尚書令司空徐羨之領軍將軍謝晦及亮輔政戊子太尉長沙王道憐薨秋九月丁未有司奏武皇帝配南郊武敬皇后配北郊冬十一月戊午有星孛于營室十二月庚戌魏軍剋滑臺

景平元年春正月己亥朔大赦改元文武賜位二等辛丑祀南郊魏軍攻金墉城癸卯河南郡失守乙卯有星孛于東壁二月丁丑太皇太后崩鎮軍大將軍大且渠蒙遜河南鮮卑吐谷渾阿豺並遣使朝貢庚辰進蒙遜驃騎大將

軍封河西王以阿豺爲安西將軍沙州刺史封澆河公三
月壬寅孝懿皇后祔葬于興寧陵是月高麗國遣使朝貢
夏閏四月己未魏軍剋虎牢秋七月癸酉尊所生張夫人
爲皇太后丁丑赦五歲刑以下冬十月己未有星孛于氐
是歲魏明元皇帝崩
二年春二月己卯朔日有蝕之廢南豫州刺史廬陵王義
真爲庶人徙新安郡乙巳大風天有雲五色占者以爲有
兵執政使使者誅皇弟義真于新安高麗國遣使朝貢時
帝居喪所爲多失夏五月己酉皇太后令暴帝過惡廢
爲營陽王一依漢昌邑晉海西故事奉迎鎮西將軍宜都
王義隆入纂皇統始徐羨之傅亮將廢帝諷王弘檀道濟
求赴國許弘等來朝使中書舍人邢安泰潘盛爲內應是
旦道濟謝晦領兵居前羨之等隨後因東掖門開入自雲
龍門盛等先戒宿衛莫有禦者時帝於華林園爲列肆親
自酤賣又開瀆聚土以象破岡埭與左右引船唱呼以爲
歡樂夕游天泉池即龍舟而寢其朝未興兵士進殺二侍
者於帝側傷帝指扶出東閤就收璽綬群臣拜辭送于東
宮遂幽于吳郡是日赦死罪以下太后令奉還璽紱檀道
濟入守朝堂六月癸丑徐羨之等使中書舍人邢安泰弒
帝於金昌亭帝有勇力不即受制突走出昌門追以門關

踣之致殞時年十九
論曰晉自社稷南遷王綱弛紊朝權國命遞歸台輔君道
雖存主威久謝桓溫雄才蓋世勳高一時移鼎之業已成
天人之望將改自斯以後帝道彌昏道子開其禍端元顯
成其釁末桓玄乘時藉運加以先資革命受終人無異望
宋武地非齊晉衆無一旅曾不浹旬夷凶翦暴誅內清外
功格上下若夫樂推所歸謳歌所集校之魏晉可謂收其
實矣然武皇將涉知命弱嗣方育顧有慈顏前無嚴訓少
帝體易染之質稟可下之姿外物莫犯其心所欲必從其
志嶮縱非學而能危亡不期而集其至顛沛非不幸也悲
哉

宋本紀上第一　南史一

宋本紀中第二　　南史二

李延壽

太祖文皇帝諱義隆小字車兒武帝第三子也晉義熙三
年生於京口十一年封彭城縣公永初元年封宜都郡王
位鎮西將軍荆州刺史加都督時年十四長七尺五寸博
涉經史善隸書是歲來朝會武帝當聽訟仍遣上訊建康
獄囚辯斷稱旨武帝甚悅景平初有黑龍見西方五色雲
隨之二年江陵城上有紫雲望氣者皆以爲帝王之符當
在西方其年少帝廢百官議所立徐羨之傅亮等以禎符
所集備法駕奉迎入奉皇統行臺至江陵尚書令傅亮奉

表進璽紱州府佐吏並稱臣請題榜諸門一依宮省上皆
不許教州府國綱紀宥所統内見刑是時司空徐羨之等
新有弑害及鑾駕西迎人懷疑懼惟長史王曇首司馬王
華南蠻校尉到彦之共期朝臣未有異志帝曰諸公受遺
不容背貳且勞臣舊將内外充滿今兵力又足以制物夫
何所疑甲戌乃發江陵命王華知州府留鎮陝西令到彦
之監襄陽車駕在道有黑龍躍負上所乘舟左右莫不失
色上謂王曇首曰此乃夏禹所以受天命我何德以堪之
及至都群臣迎拜於新亭先謁初寧陵還次中堂百官奉
璽紱冲讓未受勸請數四乃從之

元嘉元年秋八月丁酉皇帝即位于中堂備法駕入宮御
太極前殿大赦改元文武賜位二等戊戌拜太廟詔追復
廬陵王先封奉迎靈柩辛丑謁臨川烈武王陵癸卯進司
空徐羨之位司徒江州刺史王弘位司空尚書令傅亮左
光禄大夫開府儀同三司甲辰追尊所生胡婕妤爲章皇
太后封皇弟義恭爲江夏王義宣爲竟陵王義季爲衡陽
王己酉减荆湘二州今年税布之半九月丙子立妃袁氏
爲皇后是歲魏太武皇帝始光元年
二年春正月丙寅司徒徐羨之尚書令傅亮奉表歸政上
始親覽萬機辛未祀南郊大赦秋八月乙酉驃騎將軍南

徐州刺史彭城王義康以本號開府儀同三司改授司空
王弘車騎大將軍開府儀同三司冬十一月庚午以武都王
世子楊玄爲北秦州刺史襲封武都王是歲赫連屈丐死
三年春正月丙寅司徒徐羨之尚書令傅亮有罪伏誅遣
中領軍到彦之征北將軍檀道濟討荆州刺史謝晦上親
率六師西征大赦丁卯以江州刺史王弘爲司徒録尚書
事二月戊午以金紫光禄大夫王敬弘爲尚書左僕射豫
章太守鄭鮮之爲右僕射戊辰到彦之檀道濟大破謝晦
於隱磯丙子車駕自蕪湖反旆己卯禽晦於延頭送都伏
誅夏五月乙未以征北將軍南兖州刺史檀道濟爲征南

大將軍開府儀同三司江州刺史乙巳驃騎大將軍涼州牧大且渠蒙遜改爲車騎大將軍詔大使巡行四方觀省風俗丙午臨延賢堂聽訟自是每歲三訊秋旱且蝗冬十二月前吳郡太守徐佩之謀反伏誅

四年春正月乙亥朔曲赦建鄴百里內辛巳祀南郊二月乙卯行幸丹徒謁京陵三月丙子宴丹徒宮帝鄉父老咸與焉蠲丹徒今年租布原五歲刑以下丁亥車駕還宮戊子尚書右僕射鄭鮮之卒壬寅採富陽令諸葛闡議禁斷夏至日五絲命縷之屬夏五月都下疾疫遣使存問給醫藥死無家屬者賜以棺器六月癸卯朔日有蝕之

五年春正月乙亥詔以陰陽愆序求讜言甲申臨玄武館閱武戊子都下大火遣使巡慰振恤夏六月庚戌司徒王弘降爲衛將軍開府儀同三司都下大水乙卯遣使檢行振贍十二月天竺國遣使朝貢是歲魏神䴥元年大武皇帝伐赫連昌滅之乞伏熾盤死

六年春正月辛丑祀南郊癸丑以荆州刺史彭城王義康爲司徒錄尚書事三月丁巳立皇子劭爲皇太子戊午大赦賜文武位一等夏四月癸亥以尚書左僕射王敬弘爲尚書令丹陽尹臨川王義慶爲尚書左僕射吏部尚書江夷爲右僕射五月壬辰朔日有蝕之秋七月百濟國遣使朝貢冬十一月己丑朔日有蝕之星晝見十二月西河河南國並遣使朝貢

七年春二月壬戌雪且雷三月戊子遣左將軍到彥之侵魏夏六月己卯封氐楊難當爲武都王冬十月戊午立錢署鑄四銖錢戊寅魏尅金墉城十一月癸未又尅武牢壬辰遣征南大將軍檀道濟拒魏右將軍到彥之自滑臺奔退十二月都下火延燒于太社北墻是歲溤跋死倭百濟呵羅單林邑呵羅他師子等國並遣使朝貢吳興晉陵義興大水遣使巡行振恤

八年春二月辛酉魏尅滑臺癸酉檀道濟引軍還自是河

南復亡三月大雩夏六月乙丑大赦旱故又大雩閏六月乙巳遣使省行獄訟簡息徭役

九年春二月辛卯詔曰故太傅長沙景王故大司馬臨川烈武王故司徒南康文宣公穆之衛將軍華容公弘征南大將軍永脩公道濟故左將軍龍陽侯鎮惡或履道廣深執德沖邈或雅量高劭風鑒明遠或識準弘正才畧開邁咸文德以弘帝載武功以隆景業而太常未銘從祀闕享寤寐屬慮永言興懷便宜配祭廟庭勒功天府三月庚戌進衛將軍王弘爲太保丁巳加江州刺史檀道濟爲司空夏五月壬申新除太保王弘薨六月癸未置積射彊弩將

軍官乙未以征西将軍沙州刺史吐谷渾慕璝為征西大将軍西秦河二州刺史隴西王壬寅以撫軍将軍江夏王義恭為征北将軍開府儀同三司南兖州刺史秋七月庚午以領軍将軍殷景仁為尚書僕射冬〻十二月庚寅立皇子紹為廬陵王奉孝獻王祀江夏王義恭子朗為南豐王奉營陽王祀是歲魏延和元年

十年春正月甲寅改封竟陵王義宣為南譙王己未大赦夏林邑闍婆娑州訶羅單國並遣使朝貢秋七月戊戌曲赦益梁秦三州冬〻十一月氐楊難當據有梁州是月且渠蒙遜死

十一年夏四月梁秦二州刺史蕭思話破氐梁州平五月丁卯曲赦梁南秦二州劍閣以北戊寅以大且渠茂虔為征西大将軍梁州刺史封西河王是歲林邑扶南訶羅單國並遣使朝貢

十二年春正月辛酉大赦辛未祀南郊癸酉封馮弘為燕王夏四月丙辰詔内外舉士都下地震六月禁酒師子國遣使朝貢丹陽淮南吴興義興大水都下乘船己酉以徐豫南兖三州會稽宣城二郡米穀百萬斛賜五郡遭水人秋七月辛酉闍婆娑達扶南國並遣使朝貢八月乙亥原除遭水郡諸逋負九月蜀賊張尋為寇是歲魏太延元年

十三年春正月癸丑朔上有疾不朝會三月己未誅司空江州刺史檀道濟庚申大赦夏六月高麗武都等國並遣使朝貢秋七月己未零陵王太妃殂追崇為晉皇后葬以晉禮九月癸丑立皇子濬為始興王駿為武陵王是歲馮弘奔高麗

十四年春正月辛卯祀南郊大赦戊戌鳳凰二見于都下衆鳥隨之改其地曰鳳凰里夏四月蜀賊張尋趙廣降遷之建鄴冬〻十二月辛酉初停賀雪河南西河訶羅單國並遣使朝賀

十五年春正月以平東将軍吐谷渾慕延為鎮西将軍秦

河二州刺史封隴西王秋七月辛未地震新作東宮是歲武都河南高麗倭扶南林邑等國並遣使朝貢立儒學館于北郊命雷次宗居之

十六年春正月戊寅閲武于北郊庚寅進彭城王義康為大将軍領司徒以開府儀同三司江夏王義恭為司空夏六月己酉改封隴西王吐谷渾慕延為河南王秋八月庚子立皇子鑠為南平王九月魏滅且渠茂虔冬〻十二月乙亥皇太子冠大赦是歲武都河南林邑高麗等國並遣使朝貢上好儒雅又命丹陽尹何尚之立玄素學著作佐郎何承天立史學司徒參軍謝元立文學各聚門徒多就業

者江左風俗於斯爲美後言政化稱元嘉焉
十七年夏四月戊午朔日有蝕之秋七月壬子皇后袁氏崩八月徐兗青冀四州大水遣使振恤九月壬子葬元皇后于長寧陵冬十月戊午前丹陽尹劉湛有罪伏誅大赦文武賜爵一級以大將軍領司徒録尚書事彭城王義康爲江州刺史大將軍如故甲戌以司空江夏王義恭爲司徒録尚書事十一月尚書僕射揚州刺史殷景仁卒十二月癸亥以光禄大夫王球爲尚書僕射戊辰武都河南百濟等國並遣使朝貢是歲魏太平眞君元年
十八年春三月庚子雨雹戊申置尚書删定郎官夏五月

壬午衛將軍南兗州刺史臨川王義慶征北將軍南徐州刺史南譙王義宣並開府儀同三司甲申河水汎溢害居人六月戊辰遣使巡行賑贍冬十一月戊子尚書僕射王球卒己亥以丹陽尹孟顗爲尚書僕射氐楊難當寇漢川十二月晉寧太守爨松子舉兵反寧州刺史徐循討平之是歲河南肅特高麗蘇摩黎林邑等國並遣使來朝貢
十九年夏四月甲戌上以久疾愈始奉初祠大赦五月庚寅梁秦二州刺史劉眞道龍驤將軍裴方明破楊難當仇池平閏月都下水遣使巡行賑恤六月以大且渠无諱爲征西大將軍涼州刺史封西河王秋七月甲戌晦日有蝕

之九月丙辰有客星在北斗因爲彗入文昌貫五車埽畢拂天節經天苑季冬乃滅冬十二月丙申詔奉聖之胤速議承襲又令脩廟四時饗祀并命蠲近墓五家供洒埽栽松栢六百株是歲蠕蠕河南扶南婆皇國並遣使朝貢西涼武昭王孫李寶始歸于魏
二十年春正月辛亥祀南郊二月甲申閲武於白下魏軍剋仇池夏四月甲午立皇子誕爲廣陵王秋七月癸丑以楊文德爲征西將軍北秦州刺史封武都王冬十月雷十二月壬午置藉田是歲河西高麗百濟倭國並遣使朝貢自去歲至是諸州郡水旱傷稼人大飢遣使開倉賑恤

二十一年春正月己亥南徐南兗南豫州揚州之浙江西並禁酒辛酉親耕藉田大赦二月己丑司徒録尚書事江夏王義恭進位太尉領司徒辛卯立皇子宏爲建平王秋八月戊辰以荆州刺史衡陽王義季爲征北大將軍開府儀同三司南兗州刺史九月甲辰以大且渠安周爲征西將軍涼州刺史封河西王冬十月己亥命刺史郡守脩東耕丙子雷且雹
二十二年春正月辛卯朔改用御史中丞何承天元嘉新曆二月甲戌立皇子褘爲東海王昶爲義陽王秋七月己未以尚書僕射孟顗爲左僕射中護軍何尚之爲右僕射

九月己未開酒禁癸酉宴于武帳堂上將行敕諸子且勿
食至會所賜饌日旰食不至有飢色上誡之曰汝曹少長
豐佚不見百姓艱難今使爾識有飢苦知以節儉期物冬
十二月乙未太子詹事范曄謀反及黨與皆伏誅丁酉免
大將軍彭城王義康爲庶人絶屬籍是冬浚淮起湖熟廢
田千餘頃
二十三年夏四月丁未大赦六月癸未朔日有蝕之交州
刺史檀和之伐林邑國剋之是歲大有年築北堤立玄武
湖於樂遊苑北興景陽山于華林園役重人怨
二十四年春正月甲戌大赦賜文武位一等夏四月河濟

俱清六月都下疫癘使巡省給醫藥以貨貴制大錢一當
兩秋八月乙未徐州刺史衡陽王義季薨冬十一月甲寅
立皇子渾爲汝陽王是歲徐兖青冀四州大水
二十五年春閏二月己酉大蒐於宣武場三月庚辰校獵
夏四月乙巳新作閶闔廣莫二門改先廣莫門曰承明開
陽門曰津陽五月乙卯罷當兩大錢六月庚戌零陵王司
馬元瑜薨丙寅加荆州刺史南譙王義宣位司空八月甲
子立皇子彧爲淮陽王九月辛未以尚書右僕射何尚之
爲左僕射冬青州城南遠望見地中如水有影謂之地鏡
二十六年春正月辛巳祀南郊二月己亥幸丹徒謁京陵

三月丁巳宴于丹徒宮大赦復丹徒縣僑舊今歲租布之
半行所經過蠲田租之半癸亥使祭晉故司空忠肅公何
無忌墓壬午至自丹徒丙戌婆皇國壬辰婆達國並遣使
朝貢冬十月庚子改封廣陵王誕爲隨郡王癸卯彗星見
于太微甲辰以揚州刺史始興王濬爲征北將軍開府儀
同三司徐兖二州刺史
二十七年春正月辛卯百濟國遣使朝貢二月魏軍攻縣
瓠以軍興減百官奉祿三分之一三月乙丑淮南太守諸
葛闡求減奉祿同内百官於是諸州郡縣丞尉並悉同減
戊寅罷國子學秋七月庚午遣寧朔將軍王玄謨拒魏太

尉江夏王義恭出次彭城總統諸軍冬十一月丁未大赦
十二月庚午魏太武帝率大衆至瓜步聲欲度江都下震
懼咸荷擔而立壬午内外戒嚴緣江六七百里舳艫相接
始議北侵朝士多有不同至是帝登烽火樓極望不悅謂
江湛曰北伐之計同議者少今日士庶勞怨不得無慙貽
大夫之憂在予過矣甲申使饋百牢于魏
二十八年春正月丁亥魏太武帝自瓜步退歸俘廣陵居
人萬餘家以北徐豫青冀二兖六州殺略不可勝筭所過
州郡赤地無餘二月甲戌降太尉領司徒江夏王義恭爲
驃騎將軍開府儀同三司壬午幸瓜步是日解嚴三月乙

酉車駕還宮丙申拜初寧陵大旱夏四月癸酉婆達國遣
使朝貢己卯彗星見于昴是月都下疾疫使巡省給醫藥
五月乙酉立命司馬順則自號齊王據梁鄒城丁巳婆皇
國戊戌河南國並遣使朝貢戊申以尚書左僕射何尚之
爲尚書令太子詹事徐湛之爲左僕射護軍將軍壬子彗
星見太微中對帝坐秋七月甲辰進安東將軍倭王繼濟
爲安東大將軍八月癸亥梁鄒平斬司馬順則是秋猛獸
入郭內爲災冬十月癸亥高麗國遣使朝貢十一月壬寅
曲赦二兗徐豫青冀六州徙彭城流人於瓜步淮西流人
于姑孰合萬許家是歲魏正平元年

二十九年春正月甲午詔經寇六州仍逢災澇可量加赦
贍二月乙卯雷且雪戊午立皇子休仁爲建安王三月壬
午大風拔木都下火夏四月戊午訶羅單國遣使朝貢秋
七月壬辰改封汝陰王渾爲武昌王淮陽王彧爲湘東王
丁酉省大司農太子僕廷尉監官九月乙亥以平西將軍
吐谷渾拾寅爲安西將軍秦河二州刺史封河南王冬十
一月壬寅揚州刺史廬陵王紹薨十二月戊辰黃霧四塞
辛未以南兗州刺史江夏王義恭爲大將軍南徐州刺史
錄尚書如故是歲魏中常侍宗愛構逆太武皇帝崩乃奉
南安王余爲帝改元爲承平後又賊余於是殿中尚書長

孫渴侯尚書陸麗奉皇孫是爲文成皇帝改元 曰興安
三十年春正月乙亥朔會群臣於太極前殿有青黑氣從
東南來覆映宮上戊寅以司空荊州刺史南譙王義宣爲
司徒中軍將軍揚州刺史壬午以南徐州刺史始興王濬
爲衛將軍開府儀同三司荊州刺史戊子使江州刺史武
陵王駿統衆軍伐西陽蠻二月甲子元凶劭構逆帝崩于
合殿時年四十七謚景皇帝廟號中宗三月癸巳葬長寧
陵孝武帝踐祚追改謚曰文帝廟號太祖帝聰明仁厚雅
重文儒躬勤政事孜孜無怠加以在位日久惟簡靖爲心
于時政平訟理朝野悅睦自江左之政所未有也又性存

儉約不好奢侈車府令嘗以輦篷故請改易之又輦席舊
以烏皮緣故欲代以紫皮上以竹篷未至於壞紫色貴並
不聽改其率素如此云

世祖孝武皇帝諱駿字休龍小字道人文帝第三子也元
嘉七年八月庚午夜生有光照室少機穎神明爽發讀書
七行俱下才藻甚美雄決愛武長於騎射十二年立爲武
陵王二十二年累遷雍州刺史自晉江左以來襄陽未有
皇子重鎮時文帝欲經略關河故有此授及魏太武大舉
至淮南時帝鎮彭城魏使尚書李孝伯至帝遣長史張暢
與語而帝改服觀之孝伯目帝不輟及出謂人曰張侯側

有人風骨視瞻非常士也二十八年為都督江州刺史時
緣江蠻為寇文帝遣太子步兵校尉沈慶之等伐之使上
總統衆軍三十年正月出次西陽之五洲會元凶弒逆上
率衆入討荆州刺史南譙王義宣雍州刺史臧質並舉義
兵三月乙未建牙于軍門是時多不悉舊儀有一翁班白
自稱少從武帝征伐頗悉其事因使指麾事畢忽失所在
自冬至春常東北風連陰不霽其日牙立之後風轉而西
南景色開霽有紫雲二蔭于牙上四月辛酉上次溧州丙
寅次江寧丁卯大將軍江夏王義恭來奔奉表上尊號戊
辰上至新亭己巳即皇帝位大赦改文帝號謚以大將軍

江夏王義恭為太尉南徐州刺史庚午以荆州刺史南譙
王義宣為中書監丞相揚州刺史並録尚書六條事以安
東將軍隨王誕為衛將軍荆州刺史加雍州刺史臧質車
騎將軍並開府儀同三司以江州刺史撫軍將軍蕭思話
為尚書左僕射壬申以征虜將軍王僧達為右僕射改新
亭為中興亭夏五月乙亥輔國將軍朱脩之尅東府丙申
尅建鄴二凶及同逆並伏誅庚辰詔分遣大使巡省方俗
是日解嚴辛巳幸東府城甲申尊所生路淑媛為皇太后
乙酉立妃王氏為皇后壬辰以太尉江夏王義恭為太傅
領大司馬甲午謁初寧陵曲赦建鄴二百里内并蠲今年

租稅戊戌以撫軍將軍南平王鑠為司空建平王宏為尚
書左僕射六月丙午車駕還宮初置殿門及上閤門屯兵
庚午以丹楊尹褚湛之為尚書右僕射庚申詔有司論功
班賞各有差辛酉安西將軍西秦河二州刺史吐谷渾拾
寅進號鎮西大將軍開府儀同三司辛未改封南譙王義
宣為南郡王隨王誕為竟陵王閏月丙子遣兼散騎常侍
樂詢等十五人巡行風俗庚申加太傅江夏王義恭録尚
書事以荆州刺史竟陵王誕為侍中驃騎大將軍開府儀
同三司揚州刺史甲申蠲尋陽西陽郡租布三年是月置
衛尉官秋七月辛丑朔日有蝕之辛酉詔崇儉約禁淫侈

己巳司空南平王鑠薨以侍中南郡王世子恢為尚書右
僕射冬十月癸未聽訟於閱武堂十一月丙辰停臺省衆
官朔望問訊丙寅高麗國遣使朝貢十二月甲戌省都水
使者官置水衡令官癸未以將置東宮省太子率更令步
兵翊軍校尉旅賁中郎將冗從僕射左右積弩將軍官中
庶子中舍人庶子舍人洗馬各減舊員之半
孝建元年春正月己亥朔祀南郊大赦改元壬戌更鑄四
銖錢丙寅立皇子子業為皇太子賜天下為父後者爵一
級是月起正光殿二月庚子豫州刺史魯爽車騎將軍江
州刺史臧質丞相荆州刺史南郡王義宣兖州刺史徐道

實舉兵反壬午曲赦豫州三月癸亥內外戒嚴夏五月甲寅義宣等攻梁山左衛將軍王玄謨大破之己未解嚴癸亥以吳興太守劉延孫爲尚書右僕射六月戊辰臧質走至武昌爲人所斬傳首建鄴甲戌撫軍將軍柳元景進號撫軍大將軍及鎮北大將軍沈慶之並開府儀同三司癸未罷南蠻校尉官戊子省錄尚書官庚寅義宣於江陵賜死秋七月丙申朔日有蝕之既丙辰大赦賜文武爵一級冬十月戊寅詔開建仲尼廟制同諸侯之禮詳擇爽塏厚給祭秩十一月癸卯復置都水使者官始課南徐州僑人租是歲魏興光元年

二年春二月己丑婆皇國遣使朝貢丙寅以南兗州刺史沈慶之爲左光祿大夫開府儀同三司夏四月壬申河南國遣使朝貢五月乙未熒惑入南斗戊戌以湘州刺史劉遵考爲尚書右僕射六月甲子以國哀除釋大赦秋七月癸巳立皇弟休祐爲山陽王休茂爲海陵王休業爲鄱陽王己酉槃槃國遣使朝貢八月庚申雍州刺史武昌王渾有罪廢爲庶人自殺辛酉斤陀利國遣使朝貢三吳飢詔所在振貸九月丁亥閱武於宣武場冬十月壬午以揚州刺史竟陵王誕爲司空南徐州刺史以尚書左僕射建平王宏爲尚書令十一月辛亥高麗國遣使朝貢是歲魏太安元年

三年春正月庚寅立皇弟休範爲順陽郡王休若爲巴陵郡王戊戌立皇子子尚爲西陽郡王辛丑祀南郊以驃騎將軍建昌忠公到彥之衛將軍左光祿大夫新建文宣侯王華豫寧文侯王曇首配饗文帝廟庭壬子皇太子納妃甲寅大赦群臣上禮二月丁丑制朔望臨西堂接群下受奏事閏三月癸酉鄱陽王休業薨夏四月甲子初禁人車及酒肆器用銅五月辛酉制荊徐兗豫雍青冀七州統內家有馬一匹者蠲復一丁秋九月壬戌以丹楊尹劉遵考爲尚書左僕射冬十月丙午太傅江夏王義恭進位太宰領司徒

大明元年春正月辛亥朔大赦改元庚午都下雨水辛未遣使檢行賜以樵米三月壬戌制大臣加班劍者不得入宮城門夏四月都下疾疫丙申遣使巡賜給醫藥死而無收斂者官爲斂埋五月吳興義興大水人飢乙卯遣使開倉振恤癸酉聽訟于華林園自是非巡狩軍役則車駕歲三臨訊丙寅芳香琴堂東西有雙橘連理景陽樓上層西南梁栱間有紫氣清景殿西甍鴟尾中央生嘉禾一株五莖改景陽樓爲慶雲樓清景殿爲嘉禾殿芳香琴堂爲連理堂乙亥以輔國將軍梁瑾葱爲河州刺史封宕昌王秋

七月辛未土斷雍州諸僑郡縣九月建康秣陵二縣各置都官從事一人司水火劫盜冬十月甲辰以百濟王餘慶爲鎮東大將軍十二月丁亥改封順陽王休範爲桂陽王

二年春正月辛亥祀南郊丙辰復郡縣田秩并九親祿奉壬戌拜初寧陵二月丙戌衛將軍尚書令建平王宏以本號開府儀同三司以丹楊尹褚湛之爲尚書左僕射三月丁未尚書令建平王宏薨乙卯以田農要月命太官停殺牛夏四月甲申立皇子子綏爲安陸王辛丑地震六月戊寅增置吏部尚書一人省五兵尚書官丁亥加左光祿大夫何尚之開府儀同三司秋八月丙戌中書令王僧達下

獄死九月壬戌襄陽大水遣使巡行振恤庚午置武衛將軍武騎常侍官冬十二月己亥制諸王及妃主庶姓位從公者喪事聽設凶門餘悉斷是歲河南高麗林邑等國並遣使朝貢

三年春正月己丑以領軍將軍柳元景爲尚書令二月乙卯以揚州所統六郡爲王畿以東揚州爲揚州甲子復置廷尉監官夏四月乙卯司空南兗州刺史竟陵王誕有罪貶爵誕不受命據廣陵反以沈慶之爲車騎大將軍開府儀同三司南兗州刺史討誕秋八月己巳尅廣陵城斬誕悉誅城內男丁以女口爲軍賞是日解嚴辛未大赦丙子以丹楊尹劉秀之爲尚書右僕射丙戌加南兗州刺史沈慶之位司空九月壬辰於玄武湖北立上林苑甲午移南郊壇於牛頭山以正陽位冬十一月甲子立皇后蠶宮於西郊十二月辛酉置謁者僕射官是歲婆皇河西高麗肅愼等國各遣使朝貢西域獻儛馬

四年春正月辛未祀南郊甲戌宕昌國遣使朝貢乙亥親耕藉田大赦庚寅立皇子子勛爲晉安王子房爲尋陽王子頊爲歷陽王子鸞爲襄陽王三月甲申皇后親桑于西郊夏四月丙午詔四時供限詳減太半辛亥太宰江夏王義恭等表請封岱宗詔不從辛酉詔以都下疾疫遣使存

問并給醫藥其亡者隨宜賑恤五月丙戌尚書左僕射褚湛之卒秋七月甲戌光祿大夫開府儀同三司何尚之薨八月雍州大水甲寅遣加賑恤九月丁亥改封襄陽王子鸞爲新安王冬十月庚寅遣新除司空沈慶之討緣江蠻十一月戊辰改細作署令爲左右御府令丙戌復置大司農官十二月辛丑幸廷尉寺省繫囚魏遣使通和丁未幸建康縣原放獄囚倭國遣使朝貢是歲魏和平元年

五年春正月戊午朔華雪降散爲六出上悅以爲瑞二月癸巳閱武軍幢以下普加班錫多所原宥三月甲戌行幸江乘遣祭故太保王弘光祿大夫王曇首墓夏四月癸巳

改封西陽王子尚爲豫章王丙申加尚書令柳元景左光祿大夫開府儀同三司丙午雍州刺史海陵王休茂殺司馬庾深之舉兵反參軍尹玄慶起義斬之傳首建鄴五月起明堂於國學南丙巳之地癸亥制帝室朞親官非祿官者月給錢十萬秋七月丁卯高麗國遣使朝貢庚午曲赦雍州八月戊子立皇子子仁爲永嘉王子眞爲始安王已丑詔以來歲脩葺庠序旌延國胄庚寅制方鎭所假白板郡縣年限依臺除食祿三分之一不給送故衞將軍東海王禕以本號開府儀同三司九月甲寅日有蝕之丁卯行幸琅邪郡原遣囚繫庚午河濟清閏月丙申初立馳道自

閶闔門至于朱雀門又自承明門至于玄武湖壬寅改封歷陽王子頊爲臨海王冬十月甲寅以南徐州刺史劉延孫爲尚書左僕射十二月壬申以領軍將軍劉遵考爲尚書右僕射甲戌制天下人戶歲輸布四匹

六年春正月辛卯祀南郊是日又宗祀文皇帝于明堂以配上帝大赦乙未置五官中郎將左右中郎將官二月乙卯復百官祿三月庚寅立皇子子元爲邵陵王壬寅以倭世子興爲安東將軍倭國王夏四月庚申新作大航門五月丙戌置凌室于覆舟山脩藏冰之禮六月辛酉尚書左僕射劉延孫卒秋七月甲申地震有聲如雷兗州尤甚於

是魯郡山搖者二乙未立皇子子雲爲晉陵王八月乙丑置清臺令官九月制沙門致敬人主乙未以尚書右僕射劉遵考爲左僕射以丹陽尹王僧朗爲右僕射冬十月丁卯詔上林苑內士庶丘墓欲還合葬者勿禁十一月己卯陳留王曹虔秀薨

七年春正月癸未詔剋日於玄武湖大閱水師幷巡江右講武校獵丁亥以右衞將軍顏師伯爲尚書左僕射二月甲寅車駕巡南豫南兗二州丁巳校獵烏江己未登烏江縣六合山壬戌大赦行幸所經無出今年租布賜人爵一級女子百戶牛酒郡守邑宰及人夫從蒐者普加霑賚又

詔蠲歷陽郡租輸三年遣使巡慰問人疾苦癸亥行幸尉氏觀溫泉壬申車駕至都拜二廟乃還宮夏四月甲子詔自今非臨軍戰陣一不得專殺其罪人重辟者皆依舊先上須報有司嚴加聽察犯者以殺人罪論五月丙子詔自今刺史守宰動人興軍皆須守詔施行惟邊隅外警及姦釁內發變起倉卒者不從此例六月戊申蠕蠕高麗等國並遣使朝貢秋七月乙亥進高麗王高璉位車騎大將軍開府儀同三司八月乙丑立皇子子孟爲淮南王子產爲臨賀王車駕幸建康秣陵縣訊獄囚九月庚寅以南徐州刺史新安王子鸞爲兼司徒乙未幸廷尉訊獄囚丙申立

皇子子嗣爲東平王冬〻十月壬寅皇太子冠賜王公以下帛各有差戊申車駕巡南豫州奉太后以行癸丑行幸江寧縣訊獄囚加車騎將軍揚州刺史豫章王子尚開府儀同三司癸亥以開府儀同三司東海王禕爲司空加中軍將軍義陽王昶開府儀同三司己巳校獵於姑孰十一月丙子曲赦南豫州殊死以下巡幸所經詳減今歲田租乙酉詔祭晉大司馬桓溫征西將軍毛璩墓上於行所訊溧陽永世丹陽縣囚癸巳祀梁山大閱水師於中江有白雀二集華蓋有司奏改元爲神雀詔不許乙未原放行獄徒繫浙江東諸郡大旱十二月壬寅遣使開倉賑恤聽受雜物當租丙午行幸歷陽甲寅大赦賜歷陽郡女子百戶牛酒蠲郡租十年己未加太宰江夏王義恭尚書令於博望梁山立雙闕癸未至自歷陽

八年春正月辛巳祀南郊是日還宗祀文帝于明堂甲戌詔曰東境去歲不稔宜廣商貨遠近販鬻米粟者可停道中雜稅其以仗自防悉勿禁夏閏五月壬寅以太宰江夏王義恭領太尉庚申帝崩於玉燭殿時年三十五七月丙午葬于丹陽秣陵縣巖山景寧陵帝末年爲長夜之飲每旦寢興輒嗽畢仍復命飲俄頃數斗憑几惛睡若大醉者或外有奏事便肅然整容無復酒色外内服其神明莫敢

弛惰

前廢帝諱子業小字法師孝武帝長子也元嘉二十六年正月甲申生孝武鎮尋陽帝留都下三十年孝武入伐元凶囚帝於侍中下省將加害者數矣卒得無恙及孝武踐祚立爲皇太子始未之東宮中庶子二率並入直永福省大明二年出東宮七年加元服八年閏五月庚午孝武崩其日太子即皇帝位大赦加驃騎大將軍柳元景尚書令甲子置錄尚書官以太宰江夏王義恭錄尚書事加驃騎大將軍柳元景開府儀同三司秋七月庚戌婆皇國遣使朝貢崇皇太后爲太皇太后皇后曰皇太后乙卯罷南北二馳道改孝建以來所變制度還依元嘉丙辰追崇獻妃爲獻皇后八月乙丑皇太后崩九月乙卯文穆皇后祔葬景寧陵冬十二月乙酉以尚書右僕射顏師伯爲尚書僕射壬辰以王畿諸郡爲揚州以揚州爲東揚州癸巳加車騎將軍揚州刺史豫章王子尚位司徒去歲及是歲東諸郡大旱甚者米一斗數百都下亦至百餘餓死者十六七孝建以來又立錢署鑄錢百姓因此盜鑄錢轉僞小商貨不行

景和元年春正月乙未朔大赦改元爲永光乙巳省諸州臺傳二月乙丑減州郡縣田祿之半庚寅鑄二銖錢夏五

月魏文成皇帝崩秋八月庚午以尚書僕射顔師伯爲左僕射吏部尚書王景文爲右僕射癸酉帝自率宿衞兵誅太宰江夏王義恭尚書令柳元景左僕射顔師伯廷尉劉德願改元爲景和甲戌以司徒揚州刺史豫章王子尚領尚書令乙亥帝釋素服御錦衣以始興公沈慶之爲太尉庚辰以石頭城爲長樂宮東府城爲未央宮甲申以北邸爲建章宮南第爲長楊宮巳丑復立南北二馳道九月癸巳幸湖熟奏鼓吹戊戌還宮帝自以爲昔在東宮不爲孝武所愛及即位將掘景寧陵太史言於帝不利而止乃縱糞於陵肆罵孝武帝爲齇奴又遣發殷貴嬪墓忿其爲孝

武所寵初貴嬪薨武帝爲造新安寺乃遣壞之又欲誅諸遠近僧尼辛丑免南徐州刺史新安王子鸞爲庶人賜死丁未加衞將軍湘東王彧開府儀同三司巳酉車駕討徐州刺史義陽王昶内外戒嚴昶奔魏戊午解嚴開百姓鑄錢冬十月癸亥曲赦徐州丁卯東陽太守王藻下獄死以文帝第十女新蔡公主爲貴嬪夫人改姓謝氏以武賁鈒戟鸞輅龍旂出警入蹕矯言公主薨空設喪事焉乙酉以豫州刺史山陽王休祐爲鎮軍大將軍開府儀同三司十一月壬辰寧朔將軍何邁下獄死癸巳殺新除太尉沈慶之壬寅立皇后路氏四廂奏樂曲赦揚南徐二州丁未皇

子生少府劉曚之子也大赦贓汙淫盜悉皆原蕩賜爲父後者爵一級壬子以護軍將軍建安王休仁爲驃騎大將軍開府儀同三司戊午南平王敬猷廬陵王敬先安南侯敬淵並賜死時帝凶悖日甚誅殺相繼内外百官不保首領先是訛言湘中出天子帝將南巡荆湘以厭之期旦誅除四叔然後發引是夜湘東王彧與左右阮佃夫王道隆李道兒密結帝左右壽寂之姜産之等十一人謀共廢帝先是帝好遊華林園竹林堂使婦人倮身相逐有一婦人不從命斬之經少時夜夢游後堂有一女子罵曰帝悖虐不道明年不及熟矣帝怒於宮中求得似所夢者一人戮

之其夕復夢所戮女罵曰汝枉殺我已訴上帝至是巫覡云此堂有鬼帝與山陰公主及六宮綵女數百人隨群巫捕鬼屏除侍衞帝親自射之事畢將奏靡靡之聲壽寂之懷刀直入姜産之爲副諸姬迸逸廢帝亦走追及之大呼寂寂如此者三手不能舉乃崩於華光殿時年十七太皇太后令奉湘東王彧纂承皇統於是葬帝於丹揚秣陵縣南郊壇西帝鑫目鳥喙長頸鋭下幼而狷急在東宮每爲孝武所責孝武西巡帝啓參承起居書迹不謹上詰讓之曰書不長進此是一條耳聞汝比素業都懈狷戾日甚何以頑固乃爾初踐祚受璽紱懆然無哀容蔡興宗退而歎

曰昔魯昭不戚叔孫請死國家之禍其在此乎帝始猶難
諸大臣及戴法興等既殺法興諸大臣莫不震懾於是又
誅群公元凱以下皆被毆捶牽曳內外危懼殿省騷然太
后疾篤遣呼帝帝曰病人間多鬼可畏那可往太后怒語
侍者曰將刀來破我腹那得生寧馨兒及太后崩後數日
帝夢太后謂曰汝不仁不孝本無人君之相子尚愚悖如
此亦非運祚所及孝武險虐滅道怨結人神兒子雖多並
無天命大命所歸應還文帝之子故帝聚諸叔都下慮在
外為患山陰主淫恣過度謂帝曰妾與陛下雖男女有殊
俱託體先帝陛下後宮數百妾惟駙馬一人事不均平一

何至此帝乃為立面首左右三十人進爵會稽郡長公主
秩同郡王湯沐邑二千户給鼓吹一部加班劍二十人帝
每出公主與朝臣常共陪輦帝少好讀書頗識古事粗有
文才自造孝武帝誄及雜篇章往往有辭采以魏武有發
丘中郎將摸金校尉乃置此二官以建安王休仁山陽王
休祐領之其餘事迹分見諸列傳

論曰文帝幼年特秀自稟君德及正位南面歷年長久綱
維備舉條禁明密罰有恒科爵無濫品故能內清外晏四
海謐如而授將遣師事乖分閫才謝光武而遙制兵略至
於攻戰日時咸聽成旨雖覆師喪旅將非韓白而延寇蹙
境抑此之由及至言泄衾衽難結凶竪雖禍生非慮蓋亦
有以而然夫盡人命以自養蓋惟桀紂之行觀夫大明之
世其將盡人命乎雖周公之才之美亦當終之以亂由此
言之得歿亦為幸矣至如廢帝之事行著于篇假以中才
之君有一於此足以致霣況乎兼斯衆惡不亡其可得乎

宋本紀中第二　南史二

李　延壽

太宗明皇帝諱彧字休景小字榮期文帝第十一子也元嘉十六年十月生二十五年封淮陽王二十九年改封湘東王孝武踐祚累遷鎮軍將軍雍州刺史是歲入朝時廢帝凝畏諸父以上付廷尉明日將加禍害上乃與腹心阮佃夫李道兒等密謀時廢帝左右直閤將軍宋越譚金童太一等是夜並外宿佃夫道兒因結壽寂之等十一月十九日弒廢帝於後堂建安王休仁便稱臣奉引升西堂登御坐事出倉卒上失履跣猶著烏紗帽休仁呼主衣以白紗代之未即位凡衆事悉稱令書已未司徒豫章王子尚山陰公主並賜死宋越譚金童太一伏誅十二月庚申朔令書以東海王禕為中書監太尉以晉安王子勛為車騎將軍開府儀同三司癸亥以建安王休仁為司徒尚書令揚州刺史乙丑改封安陸王子綏為江夏王

泰始元年即大明九年也魏和平六年冬十二月丙寅皇帝即位于太極前殿大赦改元辛未改封臨賀王子產為南平王晉熙王子輿為廬陵王壬申以王景文為尚書僕射乙亥追尊所生沈婕妤曰宣皇太后戊寅改太皇太后為崇憲太后立皇后王氏罷二銖錢江州刺史晉安王子

勛舉兵反鎮軍長史袁顗赴之鄧琬為其謀主壬午謁太廟甲申郢州刺史安陸王子綏會稽太守尋陽王子房臨海王子頊並舉兵同逆

二年春正月乙未晉安王子勛僭即偽位於尋陽年號義嘉壬辰徐州刺史薛安都舉兵反甲午內外戒嚴司徒建安王休仁都督諸軍南討丙戌徐州刺史申令孫司州刺史龐孟虯豫州刺史殷琰青州刺史沈文秀冀州刺史崔道固湘州行事何慧文廣州刺史袁曇益州刺史蕭惠開梁州刺史柳元怙並同逆丙午車駕親御六軍頓中興堂辛亥南豫州刺史山陽王休祐改為豫州刺史西討吳郡太守顧琛吳興太守王曇生義興太守劉延熙晉陵太守袁標山陽太守程天祚並舉兵反鎮東將軍巴陵王休若統軍東討壬子崇憲皇太后崩二月乙丑以蔡興宗為尚書右僕射壬申吳興太守張永右將軍蕭道成東討平晉陵丁亥建武將軍吳喜公率諸軍破賊於吳興會稽平定三郡同逆皆伏誅輔國將軍蕭道成前鋒北討輔國將軍劉勔前鋒西討劉胡衆四萬據赭圻三月庚寅撫軍將軍殷孝祖攻赭圻死之以輔國將軍沈攸之代為南討前鋒賊衆稍盛袁顗頓鵲尾連營至濃湖衆十餘萬丙申南徐州刺史桂陽王休範總統北討諸軍事戊戌以尋陽王子

房爵爲松滋縣侯癸卯令人入米七百石者除郡減此各
有差壬子斷新錢專用古錢夏五月甲寅葬崇憲皇太后
於脩寧陵秋七月丁酉以仇池太守楊僧嗣爲北秦州刺
史封武都王八月己卯司徒建安王休仁率衆軍大破賊
斬僞尚書僕射袁顗進討江郢荊湘雍五州平之晉安王
子勛安陸王子綏臨海王子頊邵陵王子元並賜死同黨
皆伏誅諸將帥封賞各有差九月癸巳六軍解嚴戊戌以
王玄謨爲左光祿大夫開府儀同三司領護軍將軍冬十
月乙卯永嘉王子仁始安王子眞淮南王子孟南平王子
產廬陵王子輿松滋侯子房並賜死丁卯以沈攸之爲中

領軍與張永俱北討戊寅立皇子昱爲皇太子十一月壬
辰立建平王景素子延年爲新安王十二月薛安都要引
魏軍張永沈攸之大敗於是遂失淮北四州及豫州淮西
地是歲魏天安元年
三年春正月庚子以農役將興詔太官停宰牛癸卯曲赦
豫南豫二州閏正月庚午都下大雨雪遣使巡行振貸各
有差二月甲申爲戰亡將士舉哀丙申曲赦青冀二州夏
四月丙戌詔以故丞相江夏文獻王故太尉巴東忠烈公
柳元景故司空始興襄公沈慶之故征西將軍洮陽肅侯
宗慤陪祭孝武廟庭庚子立桂陽王休範第三子德嗣爲

廬陵王立侍中劉韞第三子銑爲南豐王以奉廬江昭王
南豐哀王祀五月丙辰詔宣太后崇寧陵禁內墳瘞遷徙
者給葬直蠲復其家壬戌以太子詹事袁粲爲尚書僕射
秋八月壬寅以中領軍沈攸之行南兗州刺史率衆北伐
九月戊午以皇后六宮以下雜衣千領金釵千枚賜北伐
將士冬十月壬午改封新安王延年爲始平王辛丑以鎮
西大將軍西秦河二州刺史吐谷渾拾寅爲征西大將軍
十一月立建安王休仁第二子伯猷爲江夏王是歲魏皇
興元年
四年春正月丙辰朔雨草于宮乙亥零陵王司馬勗薨二

月乙巳左光祿大夫開府儀同三司王玄謨薨三月交州
人李長仁據州叛祆賊攻廣州殺刺史羊希龍驤將軍陳
伯紹討平之夏四月丙申改封東海王禕爲廬江王山陽
王休祐爲晉平王秋九月戊辰詔定黥刖之制有司奏自
今凡劫竊執官仗拒戰邏司攻剽亭寺及傷害吏人并監
司將吏自爲劫皆不限人數悉依舊制斬刑若遇赦黥及
兩頰劫字斷去兩脚筋徙付交梁寧州五人以下上相逼
奪者亦依黥作劫字斷去兩脚筋徙付遠州若遇赦原斷
徙猶黥面依舊補冶士家口應及坐悉依舊結讁及上崩
其例乃寢庚午上備法駕幸東宮冬十月癸酉朔日有蝕

之廢諸州兵北伐
五年春正月癸亥親耕藉田乙丑魏剋青州執刺史沈文秀以歸二月丙申以廬江王禕為車騎將軍開府儀同三司南豫州刺史夏六月辛未立晉平王休祐子宣曜為南平王秋七月壬戌改輔國將軍為輔師將軍九月甲寅立長沙王纂子延之為始平王冬十月丁卯朔日有蝕之十一月丁未魏人來聘十二月庚申分荊益之五郡置三巴校尉
六年春正月乙亥初制間二年一祭南郊間一年一祭明堂夏四月癸亥立皇子燮為晉熙王六月癸卯以王景文為尚書左僕射揚州刺史以袁粲為右僕射己未改臨賀郡為臨慶郡秋七月丙戌臨慶王智井薨九月戊寅立揔明觀徵學士以充之置東觀祭酒訪舉各一人舉士二十人分為儒道文史陰陽五部學言陰陽者遂無其人冬十月辛卯立皇子贊為武陵王十二月癸巳以邊難未息制父母隔在異域者悉使婚宦
七年春正月甲戌置散騎奏舉郎二月癸丑征西將軍荊州刺史巴陵王休若進號征西大將軍及征南大將軍江州刺史桂陽王休範並開府儀同三司甲寅南徐州刺史晉平王休祐薨三月辛酉魏人來聘夏五月戊午鎮司徒

建安王休仁庚午以袁粲為尚書令褚彥回為右僕射丙戌追免晉平王休祐為庶人秋七月丁巳罷散騎奏舉郎乙丑江州刺史巴陵王休若賜死八月戊子以皇子躋繼江夏文獻王義恭庚寅帝疾間戊戌立皇子準為安成王
是歲魏孝文帝延興元年
泰豫元年春正月甲寅朔上以疾未痊故改元丁巳巨人跡見西池冰上夏四月己亥上疾大漸加江州刺史桂陽王休範位司空以劉勔為尚書右僕射蔡興宗為征西將軍開府儀同三司荊州刺史沈攸之進號安西將軍袁粲褚彥回劉勔蔡興宗沈攸之入閣被顧命是日上崩于景福殿時年三十四五月戊寅葬臨沂縣莫府山高寧陵帝好讀書愛文義在藩時撰江左以來文章志又續衛瓘所注論語二卷及即大位舊臣才學之士多蒙引進末年好鬼神多忌諱言語文書有禍敗凶喪疑似之言應回避者犯即加戮改騧馬字為馬邊瓜以騧字似禍故也嘗以南苑借張永云且給三百年期盡更請宣陽門謂之白門上以白門不祥諱之尚書右丞江謐嘗誤犯上變色曰白汝家門路太后停屍漆床移出東宮上幸宮見之怒免中庶子以之坐死者數十人內外常慮犯觸人不自保移床脩壁先祭土神使文士為祝策如大祭饗阮佃夫楊運長王

道隆皆擅威權言爲詔敕郡守令長一缺十除内外混然官以賄命王阮家富於公室中書舍人胡母顥專權奏無不可時人語曰禾絹閉眼諾胡母大張橐禾絹謂上也及泰始泰豫之際左右失旨往往有剝刲斷截禁中懍懍若踐刀劍夜夢豫章太守劉愔反遣就郡殺之軍旅不息府藏空虛内外百官並斷祿奉在朝造官者皆市井傭販之子而又令小黄門於殿内埋錢以爲私藏以蜜漬鱁鮧一食數升噉腊肉常至二百臠奢費過度每所造制必爲正御三十副御次副三十須一物輒造九十枚天下騷然民不堪命宋氏之業自此衰矣

後廢帝諱昱字德融明帝長子也大明七年正月辛丑生於衛尉府帝母陳氏李道兒妾明帝納之故人呼帝為李氏子帝亦自稱李將軍明帝諸子在孕皆以周易筮之即以所得卦爲小字故帝小字慧震泰始二年立為皇太子六年出東宫又制太子元正朝賀服袞冕九章衣明帝崩庚子太子即皇帝位大赦尚書令袁粲護軍將軍褚彦回共輔朝政班劍依舊入殿六月乙巳尊皇后曰皇太后立皇后江氏秋七月戊辰拜帝所生陳貴妃為皇太妃八月戊午中書監左光祿大夫開府儀同三司蔡興宗薨冬十一月己亥新除郢州刺史劉彦節爲尚書左僕射

元徽元年春正月戊寅大赦改元詔自元年以前徒放者並聽還本魏人來聘夏六月乙卯壽陽大水秋八月都下旱庚午陳留王曹銑薨九月丁亥立衡陽王嶷子伯玉為南平王冬十二月癸卯朔日有蝕之乙巳進桂陽王休範位太尉癸亥立前建安王世子伯融爲始安縣王

二年夏五月壬午江州刺史桂陽王休範舉兵反庚寅内外戒嚴中領軍劉勔右衛將軍蕭道成前鋒南討出屯新亭征北將軍張永屯白下前南兖州刺史沈懷明戍石頭衛將軍袁粲中軍將軍褚彦回入衛殿省壬辰賊奄至攻新亭壘道成拒擊大破之越騎校尉張苟兒斬休範賊黨

杜黑蠡丁文豪分軍向朱雀航劉勔拒賊敗績死之右將軍王道隆奔走遇害張永潰于白下沈懷明自石頭奔散甲午車騎典籤茅恬開東府納賊賊入屯中堂羽林監陳顯達擊大破之丙申張苟兒等又破賊進平東府城梟擒群賊丁酉大赦解嚴荆州刺史沈攸之南徐州刺史建平王景素郢州刺史晉熙王燮湘州刺史張興世並舉義兵赴建鄴六月癸卯晉熙王燮遣軍尅尋陽江州平壬戌改輔師將軍還爲輔國秋七月庚辰立皇弟友爲邵陵王乙酉徐州刺史建平王景素進號征北將軍開府儀同三司九月丁酉以袁粲為中書監領司徒加護軍將軍褚彦回

爲尚書令冬十一月丙戌帝加元服十二月癸亥立皇弟躋爲江夏王贊爲武陵王

三年春三月己巳都下大水夏六月魏人來聘秋七月庚戌以袁粲為尚書令九月丙辰征西大將軍河南王吐谷渾拾寅進號車騎征西大將軍

四年夏六月乙亥加蕭道成尚書左僕射秋七月戊子建平王景素據京城反己丑內外纂嚴遣驍騎將軍任農夫冠軍將軍黃回北討蕭道成總統衆軍始安王伯融都鄉侯伯猷並賜死乙未尅京城斬景素同逆皆伏誅八月丁卯立皇弟翽爲南陽王嵩爲新興王禧爲始建王九月戊子驍騎將軍高道慶有罪賜死己丑車騎將軍揚州刺史安成王準進號驃騎大將軍開府儀同三司冬十月辛酉以王僧虔爲尚書右僕射

五年夏四月甲戌豫州刺史阮佃夫步兵校尉申伯宗朱幼謀廢立皆伏誅五月地震六月甲戌誅司徒左長史沈勃散騎常侍杜幼文游擊將軍孫超之長水校尉杜叔文七月戊子夜帝遇弒於仁壽殿時年十五己丑皇太后令貶帝爲蒼梧郡王葬丹楊秣陵縣郊壇西初帝之生夕明帝夢人乘馬馬無頭及後足有人曰太子也及在東宮五六歲能緣漆帳竿去地丈餘如此者半食漸長喜怒乖節

左右失旨者手加撲打徒跣蹲踞及嗣位內畏太后外畏大臣猶未得肆志自加元服三年好出入單將左右或十里二十里或入市里遇慢罵則悅而受焉四年無日不出與左右解僧智張五兒恒夜出開承明門夕去晨反晨出暮歸從者並執鋋矛行人男女及犬馬牛驢逢無免者人間擾懼晝日不開門道無行人嘗著小袴不服衣冠有白棓數十各有名號鉗鑿錐鋸不離左右為擊腦椎陰剖心之誅日有數十常見卧屍流血然後為樂左右人見有嚬眉者帝令其正立以矛刺洞之曜靈殿上養驢數十頭所自乘馬養於御牀側與右衛翼輦營女子私通每從之遊持數千錢為酒肉之費出逢婚姻葬送輒與挽車小兒群聚飲酒以為歡適阮佃夫腹心人張羊為佃夫委信佃夫敗叛走後捕得自於承明門以車轢殺之殺杜延載杜幼文躬運矛鋋手自臠割察孫超有蒜氣剖腹視之執楯馳馬自往刺杜叔文於玄武北湖孝武帝二十八子明帝殺其十六餘皆帝殺之吳興沈勃多寶貨往劫之揮刀獨前左右未至勃時居喪在廬帝望見之便投鋋不中勃知不免手搏帝耳唾罵之曰汝罪踰桀紂屠戮無日遂見害帝自臠割制露車一乘施篷乘以出入從數十人羽儀追之恒不相及又各慮禍亦不敢追但整部伍別在一處瞻望

而已凡諸鄙事過目則能鍛銀裁衣作帽莫不精絶未嘗
吹篪執管便韻天性好殺一日無事輒慘慘不樂内外憂
惶夕不及旦領軍將軍蕭道成與直閤將軍王敬則謀之
七月戊子帝微行出北湖單馬先走羽儀不及左右張五
兒馬墜湖帝怒自馳騎刺馬屠割之與左右作羌胡伎爲
樂又於蠻岡賭跳因乘露車無復鹵簿往青園尼寺新安
寺偷狗就曇度道人煮之飲酒楊玉夫常得意忽然見憎
遇輒切齒曰明日當殺小子取肝肺是夜七夕令玉夫伺
織女度報巳因與内人穿針訖大醉卧於仁壽殿東阿氊
幄中帝出入無禁王敬則先結玉夫陳奉伯楊萬年等合
二十五人其夕玉夫候帝眠熟至乙夜與萬年同入氊幄
内取千牛刀殺之

順皇帝諱準字仲謀小字智觀明帝第三子也泰始五年
七月癸丑生七年封安成王帝姿貌端華眉目如畫見者
以爲神人廢帝即位加揚州刺史元徽二年加都督揚南
豫二州諸軍事四年進號驃騎大將軍及廢帝殞蕭道成
奉太后令迎王入居朝堂

昇明元年秋七月壬辰皇帝即位大赦改元徽五年爲昇
明元年甲午蕭道成出鎮東城輔政荆州刺史沈攸之進
號車騎大將軍蕭道成司空錄尚書事以袁粲爲中書監

司徒以褚彦回爲衛將軍劉彦節爲尚書令加中軍將軍
辛丑以王僧虔爲尚書僕射癸卯車駕謁太廟八月癸亥
司徒袁粲鎮石頭戊辰崇拜帝所生陳昭華爲皇太妃庚
午以蕭道成爲驃騎大將軍開府儀同三司錄尚書如故
九月己酉盧陵王暠薨十二月丁巳荆州刺史沈攸之舉
兵不從執政丁卯蕭道成入守朝堂侍中蕭嶷鎮東府戊
辰中外纂嚴壬申司徒袁粲據石頭謀誅道成不果旋見
覆滅乙亥以王僧虔爲左僕射王延之爲右僕射吳郡太
守劉遐據郡不從執政令張瓌攻斬之閏月辛亥屯騎校
尉王宜興貳於執政見誅癸巳沈攸之攻郢城前軍長史
柳世隆固守己亥中外戒嚴假蕭道成黄鉞乙巳道成出
頓新亭是歲魏太和元年

二年春正月丁卯沈攸之敗己巳華容縣人斬攸之首送
之辛未雍州刺史張敬兒剋江陵荆州平丙子解嚴以柳
世隆爲尚書右僕射蕭道成旋鎮東府二月庚辰以王僧
虔爲尚書令王延之爲左僕射癸未蕭道成加授太尉以
褚彦回爲中書監司空丙戌撫軍將軍楊州刺史晉熙王
燮進號中軍將軍三月己酉朔日有蝕之夏四月南兖州
刺史黄回貳于執政賜死五月戊午以倭國王武爲安東
大將軍六月丁酉以輔國將軍楊文弘爲北秦州刺史封

武都王秋九月乙巳朔日有蝕之丙午加太尉蕭道成黃鉞都督中外諸軍事太傅領揚州牧賜殊禮以揚州刺史晉熙王燮爲司徒冬十月壬寅立皇后謝氏十一月立故武昌太守劉琨息頒爲南豐縣王癸亥誅臨澧侯劉晃甲子改封南陽王翽爲隨郡王十二月丙戌皇后見于太廟三年春正月辛亥領軍將軍蕭賾加尚書右僕射進號中軍大將軍開府儀同三司二月丙子南豫州刺史邵陵王友薨丙申地震建陽門三月癸卯朔日有蝕之甲辰加蕭道成相國摠百揆封十郡爲齊公備九錫之禮庚戌誅臨川王綽夏四月壬申進齊公蕭道成爵爲王壬午安西將軍武陵王贊薨辛卯帝禪位於齊壬辰遜于東邸是日王敬則以兵陳于殿庭帝猶居內閣之逃于佛蓋下太后懼自帥閹豎索扶幸板輿黃門或促之帝怒抽刀投之中項而殞帝既出宮人行哭俱遷備羽儀乘畫輪車出東掖門

封帝爲汝陰王居丹徒宮齊兵衞之建元元年五月己未帝聞外有馳馬者懼亂作監人殺王而以疾赴齊人德之賞之以邑六月乙酉葬于遂寧陵謚曰順帝宋之王侯無少長皆幽死矣

論曰文帝負扆南面實有人君之美經國之義雖弘而隆家之道不足彭城照不窺古本無卓尔之資徒見昆弟之義深未識君臣之禮異以此家情行之國道主忌而猶犯恩離而未悟致以陵逼之釁遂成滅親之禍開端樹隙垂之後人明帝猜忍之情據已行之典翦落洪支欲不待慮既而本根莫庇幼主孤立下無磐石之託上有累卵之危方復藏璽懷紱魚服忘反危冠短制匹馬孤征以至覆亡理固然矣神器以勢弱傾移靈命隨樂推回改斯蓋履霜有漸夫豈一夕何止區區汝陰揖讓而已

宋本紀下第三　南史三

齊本紀上第四　南史四

李　延壽

齊太祖高皇帝諱道成字紹伯小字鬬將姓蕭氏其先本居東海蘭陵縣中都鄉中都里晉元康元年惠帝分東海郡為蘭陵故復為蘭陵郡人中朝喪亂皇高祖淮陰令整字公齊過江居晉陵武進縣之東城里寓居江左者皆僑置本土加以南名更為南蘭陵人也皇曾祖儁字子武位即丘令皇祖樂子字閏子位輔國參軍宋昇明中贈太常皇考承之字嗣伯少有大志才力過人仕宋為漢中太守梁州之平以功加龍驤將軍後為南太山太守封晉興縣五等男遷右軍將軍元嘉二十四年殂梁土思之於峨公山立廟祭祀昇明二年贈散騎常侍金紫光祿大夫高帝以宋元嘉四年丁卯歲生姿表英異龍顙鍾聲長七尺五寸鱗文徧體舊宅在武進縣宅南有一桑樹擢本三丈橫生四枝狀似華蓋帝年數歲好戲其下從兄敬宗曰此樹為汝生也儒生雷次宗立學於雞籠山帝年十三就受禮及左氏春秋十七年宋大將軍彭城王義康被黜徙豫章皇考領兵防守帝捨業南行十九年竟陵蠻動宋文帝遣帝領偏軍討沔北蠻二十三年雍州刺史蕭思話鎮襄陽啓帝自隨初為左軍中兵參軍二十九年領偏軍征仇池

破其武興蘭皐二壘遂從谷口入關未至長安八十里梁州刺史劉秀之遣司馬馬汪助帝攻拔談提城魏救兵至帝軍力疲少又聞文帝崩乃燒城還南鄭後襲爵晉興縣五等男為建康令有能名少府蕭惠開雅有知人鑒謂人曰昔魏武為洛陽北部時人服其英今看蕭建康但當過之耳宋明帝即位為右軍將軍時四方叛會稽太守尋陽王子房及在東諸郡皆起兵明帝加帝輔國將軍東討至晉陵一日破賊十二壘分軍定諸縣及徐州刺史薛安都據彭城歸魏遣從子索兒攻淮陰又徵帝討破之索兒走鍾離帝追至贊縣而還除驍騎將軍封西陽縣侯遷巴陵王衛軍司馬隨鎮會稽江州刺史晉安王子勛遣臨川內史張淹自鄱陽嶠道入三吳明帝遣帝討之時朝廷器甲皆充南討帝軍容寡闕乃編椶皮為馬具裝折竹為寄生夜舉火進軍賊望見恐懼未戰而走還除桂陽王征北司馬南東海太守行南徐州事及張永等敗於彭城淮南孤弱以帝為假冠軍將軍持節都督北討前鋒諸軍事鎮淮陰遷南兗州刺史加督五州督北討如故明帝嫌帝非人臣相而人間流言帝當為天子明帝愈以為疑遣冠軍將軍吳喜留軍破釜自持銀壺酒封以賜帝帝戎服出門迎懼鴆不敢飲將出奔喜告以誠先飲之帝即酌飲之喜還

明帝意乃悅泰始七年徵還都部下勸勿就徵帝曰主上
自誅諸弟為太子幼弱作萬歲後計何關佗族惟應速發
事緩當見疑今骨肉相害自非靈長之運禍難將興方與
卿等戮力耳至拜散騎常侍太子左衛率明帝崩遺詔為
右衛將軍領衛尉加兵五百人與尚書令袁粲護軍褚彥
回領軍劉勔共掌機事尋解衛尉加侍中領石頭戍軍事
元徽二年五月江州刺史桂陽王休範舉兵於尋陽朝廷
惶駭帝與褚彥回等集中書省計議莫有言者帝曰昔上
流謀逆皆因淹緩以敗休範必遠懲前失輕兵急下乘我
無備請頓新亭以當其鋒因索筆下議餘並注同中書舍

人孫千齡與休範有密契獨曰宜依舊遣軍據梁山帝正
色曰賊今已近梁山豈可得至新亭既是兵衝所欲以死
報國耳乃單車白服出新亭加帝使持節都督征討諸軍
事平南將軍加鼓吹一部築新亭城壘未畢賊前軍已至
帝方解衣高臥以安眾心乃索白虎幡登西垣使寧朔將
軍高道慶羽林監陳顯達員外郎王敬則浮舸與賊水戰
大破之未時張敬兒斬休範首臺軍及賊眾俱不知其別
率杜黑蠡急攻東壘帝挺身上馬帥數百人出戰與黑蠡
拒戰自晡達明旦矢石不息其夜大雨鼓叫不復相聞將
士積日不得寢食軍中馬夜驚城內亂走帝執燭正坐厲

聲呵止之如是者數四賊帥丁文豪設伏破臺軍於皁莢
橋直至朱雀航王道隆劉勔並戰沒初勔高尚其意託造
園宅名為東山頗忽時務帝謂曰將軍以顧命之重此是
艱難之日而深尚從容廢省羽翼一朝事至悔可追乎勔
不納竟敗及賊進至杜姥宅車騎典籤茅恬開東府納賊
冠軍將軍沈懷明於石頭奔散張永潰於白下宮內傳新
亭亦陷太后執蒼梧王手泣曰天下事敗矣帝遣軍主陳
顯達任農夫張敬兒周盤龍等從石頭濟淮間道自承明
門入衛宮闕時休範典籤許公輿詐稱休範在新亭士庶
惶惑詣壘期赴休範投名者千數及至乃是帝隨得輒燒

之登城北謂曰劉休範父子先昨皆已死戮屍在南岡下
身是蕭平南諸軍善見觀汝等名皆已焚除勿懼也臺分
遣眾軍擊平賊帝振旅凱入百姓緣道聚觀曰全國家者
此公也帝與袁粲褚彥回劉彥節引咎解職不許遷散騎
常侍中領軍都督南兗州刺史鎮軍將軍進爵為公與袁
粲褚彥回劉彥節等更日入直決事號為四貴休範平後
蒼梧王漸行凶暴屢欲害帝嘗率數十人直入鎮軍府時
暑熱帝晝臥裸袒蒼梧立帝於室內畫腹為射的自引滿
將射之帝神色不變斂板曰老臣無罪蒼梧左右王天恩
諫曰領軍腹大是佳射堋而一箭便死後無復射不如以

雹箭射之乃取雹箭一發即中帝齊蒼梧投弓於地大笑曰此手何如時建平王景素為朝野歸心潛為自全計布誠於帝帝拒而不納景素尋舉兵帝出屯玄武湖事平乃還帝威名既重蒼梧深相猜忌刻木為帝形畫腹為射堋自射之又命左右射中者加賞皆莫能中時帝在領軍府蒼梧自來燒之冀帝出因作難帝堅卧不動蒼梧益懷忿恚所見之物呼之為帝加以手自磨鋋曰明日當以刃蕭道成陳太妃罵之曰蕭道成有大功於國今害之誰為汝盡力故止高帝謀與袁褚廢立皆不見從五年七月戊子楊玉夫等與直閤將軍王敬則通謀弒蒼梧齎首使左右

陳奉伯藏衣袖中依常行法稱敕開承明門出囊貯之以與敬則敬則馳至領軍府叩門大自言報帝門猶不開敬則自門窐中以首見帝帝猶不信乃於牆上投進其首帝索水洗視敬則乃踰垣入帝跣出敬則叫曰事平矣帝乃戎服乘常所騎赤馬夜入殿中殿中驚怖及知蒼梧死咸稱萬歲至帝踐祚號此馬為龍驤赤明旦召袁粲褚彥回劉彥節入會西鍾櫆樹下計議帝以事讓彥節彥節未荅帝鬚髯盡張眼光如電次讓袁粲又不受敬則乃拔刀在牀側躍麾衆曰天下之事皆應關蕭公敢有開一言者血染敬則刀仍呼虎賁劍戟羽儀手自取白紗帽加帝首令

帝即位曰今日誰敢復動事須及熱帝正色呵之曰卿都不自解粲欲有言敬則又叱之乃止帝乃下議備法駕詣東城迎立順帝於是長刀遮粲彥節等失色而去甲午帝移鎮東府與袁粲褚彥回劉彥節各甲仗五十人入殿丙申加侍中司空錄尚書事驃騎大將軍封竟陵郡公給油幢車班劍三十人帝固辭上台即授以驃騎大將軍開府儀同三司十二月荊州刺史沈攸之反稱太后詔已下都乙卯帝入居朝堂命諸將西討平西將軍黃回為都督前驅先是太后兄子前湘州刺史王藴遭母喪罷任還至巴陵停舟與攸之密謀乃下達郢州武帝時為郢州長史藴

伺武帝出弔因作亂據郢城武帝知之不出藴還至東府前又期見高帝帝又不出弔再計不行外謀愈固司徒袁粲尚書令劉彥節見帝威權稍盛慮不自安與藴及黃回等相結舉事殿內宿衛主帥無不協同及攸之反問初至帝往石頭詣粲謀粲稱疾不相見剋壬申夜起兵據石頭其夜丹陽丞王遜告變彥節從弟領軍韞及直閤將軍卜伯興等嚴兵為內應帝命王敬則於宮內誅之遣諸將攻石頭王藴將數百精手帶甲赴粲城門已閉官軍又至乃散衆軍攻石頭斬粲彥節走額擔湖藴逃鬬場並禽斬之粲典籤莫嗣祖同粲謀藴嬖人張承伯藏匿藴高帝亦並

敖而用之時黄回頻新亭閩石頭巳下因稱敕撥高帝知
而不言撫之愈厚遣回西上流涕告别二年正月沈攸之
平二月宋帝進高帝太尉都督十六州諸軍事高帝表送
黄鉞三月巳酉增班劒四十人甲仗百人入殿丙子加羽
葆鼓吹大明泰始以來相承奢侈百姓成俗及高帝輔政
奏罷御府省二尚方諸飾玩至是又上表禁人閒華偽雜
物凡十七條其中宫及諸王服用雖依舊例亦請詳制九
月丙午加帝假黄鉞都督中外諸軍事太傅領揚州牧劒
履上殿入朝不趨贊拜不名置左右長史司馬從事中郎
掾屬各四人固辭詔遣敦勸乃受黄鉞辭殊禮甲寅給三

望車三年正月乙丑高帝表蠲百姓逋責丙辰加前部羽
葆鼓吹丁巳命太傅府依舊辟召丁卯給高帝甲仗五百
人出入殿省甲午重申前命劒履上殿入朝不趨奏拜不
名三月甲辰宋帝詔進帝位相國揔百揆封十郡為齊公
備九錫禮加遠遊冠位在諸侯王上加相國緑綟綬甲寅
使以備物典禮進策曰朕以不造夙罹閔凶嗣君失德書
契未紀威武五行虔劉九縣神獸靈繹海水群飛綴旒之
殆未足為譬豈直小宛興刺黍離作歌而已哉天贊皇宋
實啓明宰爰登寡昧纂承大業高勲至德振古絶倫雖保
衡翼殷博陸匡漢方斯蔑如也今將授公典禮其敬聽朕

命乃者袁鄧構禍是繁有徒子房不臣稱兵協亂顧瞻宫
掖將成茂草言念邦國剪為仇讎當此之時人無固志公
投袂徇難超然奮發登庫車而戒路執金板而先驅麾鉞
一臨凶黨氷泮此則霸業之基勤王之始也安都背叛竊
據徐方敢率犬羊陵虐淮浦索兒愚悖同惡相濟天祚無
象背順歸逆北鄙黔黎奄墜塗炭公受命宗祊精貫朝日
擁節和門氣踰霄漢破釜之捷斬馘蔽野石梁之戰禽其
渠帥保境全人江陽即序此又公之功也張淹迷昧弗顧
本朝爰自南區志圖東夏潛軍閒入竊覬不虞于時江服
未夷皇塗荐阻公忠誠慷慨在險彌亮以寡制衆所向風

偃朝廷無東顧之憂閩越有來蘇之慶此又公之功也匈
奴野心侵掠疆埸醜羯侜張猘振彭泗公奉辭伐罪戒旦
晨征兵車始交氛祲時蕩弔死扶傷弘宣皇澤俾我淮肥
復霑盛化此又公之功也自茲厥後獫狁孔熾封豕長蛇
重窺上國而世故相仍師出已老角城高壘稽日淪陷公
眷言王事發憤忘食躬擐甲冑視險若夷分疆畫界開創
青兗此又公之功也桂陽負衆輕問九鼎裂冠毁冕拔本
塞源烈火焚于王城飛矢集乎君屋群后憂惶元戎無主
公按劒凝神則奇謨冠世把旄指麾則懦夫成勇信宿之
閒宣陽底定此又公之功也皇室多難釁起戚藩建平失

圖與兵內侮公指授六師義形于色役未踰旬朱方寧晏
此又公之功也蒼梧肆虐諸夏㷖沸淫刑以逞誰則無辜
黔首相悲朝不謀夕高祖之業已淪文明之軌誰嗣公遠
稽殷漢之義近遵魏晉之典猥以眇身入奉宗祏七廟清
謐九區反政此又公之功也袁劉攜貳成此亂階醜圖潛
構危機竊發據有石頭志犯應路公神謀內運霜鋒外舉
祆沴載澄國塗悅穆此又公之功也沈攸包禍歲月滋彰
蠡目豺聲阻兵安忍乃眷西顧緬同異域而經綸惟始九
伐未申長惡不悛遂逞凶逆公把鉞出關凝威江甸正情
與皦日同亮明略與秋雲競爽至義所感人百其心積年

逋誅一朝顯戮沮浦安流章臺順軌此又公之功也公有
濟天下之勳重之以明哲道庇生靈志匡宇宙戮力肆心
劬勞王室險阻艱難備嘗之矣若乃締構宗稷之勤造物
資始之澤雲布霧散光被六幽竊予一人永清四海是以
秬草騰芳於郊園景星垂暉於清漢遐方款關而慕義荒
服重譯而來庭汪哉邈乎無得而名也朕聞疇庸表德前
王盛典崇樹侯伯有國攸同所以文命成功玄圭顯錫姬
旦宣哲曲阜啓藩或改玉以弘風或胙土以宣化禮絕常
班寵冠群辟爰逮桓文車服異數惟公勳業超於先烈而
殊賞闕於舊章古今之道何其爽歟靜言欽歎良有缺然

今進授相國以青州之齊郡徐州之梁郡南徐州之蘭陵
魯郡琅邪東海晉陵義興揚州之吳郡會稽凡十郡封公
爲齊公錫茲玄土苴以白茅定爾邦家用建冢社斯實尚
父故藩世作盟主紀綱侯甸率由舊則往者周召建國師
保兼任毛畢執珪入作卿士內外之寵同規在昔今命使
持節兼太尉侍中中書監司空衛將軍雩都縣開國侯彥
回授公相國印綬齊公璽紱持節兼司空守尚書令僧虔
授齊公茅土金虎符第一至第五左竹使符第一至第十
左相國位總百辟秩踰三事職以禮移號隨事革其以相
國總百揆去錄尚書之稱送所假節侍中貂蟬中外都督

太傅太尉印綬竟陵公印策其驃騎大將軍揚州牧南徐
州刺史如故又加公九錫其敬聽後命以公執禮弘律儀
形區宇遐邇一體人無異業是用錫公大輅戎輅各一玄
牡二駟公崇脩南畝所寶惟穀王府充實百姓繁衍是用
錫公衮冕之服赤舄副焉公居身以謙導物以義籓鈞燕
品罔不和悅是用錫公軒縣之樂八佾之儛公翼贊王猷
聲教遠洽蠻夷竭歡回首內附是用錫公朱戶以居公明
鑒人倫澄辯涇渭官方與能英乂克舉是用錫公納陛以
登公保佑皇朝厲身化下杜漸防萌含生賓式是用錫公
虎賁之士三百人公禦究以刑禦姦以德君親無將將而

必誅是用錫公鈇鉞各一公鳳擧四維龍騰八表威靈所振異類同乂是用錫公彤弓一彤矢百盧弓十盧矢千公明發載懷肅恭禋祀孝敬之重義感靈祇是用錫公秬鬯一卣圭瓚副焉齊國置丞相以下敬遵舊式往欽哉其祗服朕命經緯乾坤宏亮洪業茂昭爾大德闡揚我高祖之休命高帝三讓公卿敦勸固請乃受之丁巳下令赦國內殊死以下宋帝詔齊公十郡之外隨宜除用以齊國初建給錢五百萬布五千疋絹五千疋以太尉左長史王儉爲尚書右僕射領吏部四月癸酉宋帝又詔進齊公爲王以徐州之南梁陳潁川陳留南兗州之盱台山陽秦廣陵海

陵南沛增王封為二十郡使司空褚彥回奉策授璽紱改立王社餘如故丙戌命齊王冕十有二旒建天子旌旗出警入蹕乘金根車駕六馬備五時副車置旄頭雲罕樂儛八佾設鍾虡宮縣王世子為太子王女王孫爵命一如舊儀辛卯宋帝以歷數在齊乃下詔禪位是日遜于東邸壬辰遣使奉策曰咨爾齊王伊太古初陳萬化紛綸開曜靈以鑒品物立元后以馭黎元若夫容成大庭之世伏羲五龍之辰繆得而詳焉自軒黃以降墳素所紀略可言者莫崇乎堯舜披金繩而握天鏡開玉匣而總地維德之休明宸居靈極期運有終歸禪與能所以大唐遜位謗然興歌

有虞揖讓卿雲發采遺風餘烈光被無垠漢魏因循不敢失墜爰逮有晉亦遵前典昔我祖宗英叡旁格幽明末葉不造仍世多故惟王聖哲欽明榮鏡區宇仁育群生義征不憓聲化遠洎荒服無虞殊類同覩華戎一族是以五色來儀於軒庭九穗含芳於郊牧象緯昭徹布新之符已顯圖讖彪煥受終之義既彰靈祇乃眷兆庶引領朕聞至道深微惟人是弘天命無常惟德是與所以仰鑒玄情俯察群議敬禪神器授帝位于爾躬四海困窮天祿永終於戲王其允執厥中儀刑前式以副率土之欣望命司衮而謁蒼昊奏雲門而升圓丘時膺大禮永保洪業豈不盛歟并

命璽書遣兼太保司空褚彥回兼太尉守尚書令王僧虔奉皇帝璽綬受終之禮一依唐虞故事高帝固讓宋朝王公以下陳留王粲等詣門陳請帝猶未許齊世子卿士以下固請兼太史令將作匠文建陳天符瑞因言漢自建武至建安二十五年一百九十六年而禪魏魏自黃初至咸熙二年四十六年而禪晉晉自泰始至元熙二年一百五十六年而禪宋宋自永初元年至昇明三年凡六十年咸以六終六受六九位也驗往揆今若斯昭著敢以職任備陳管允伏願順天時膺符瑞二朝百辟又固請尚書右僕射王儉奏被宋詔遜位臣等參議宜尅日受禪高帝乃許焉

建元元年夏四月甲午皇帝即位於南郊柴燎告天曰皇
帝臣道成敢用玄牡昭告于皇皇后帝夫肇自生靈樹以
司牧所以闡極立則開元創物肆茲大道天下惟公命不
于常昔在虞夏受終上代粤自漢魏揖讓中葉咸煥諸方
策載在典謨水德既微仍世多故寔賴道成匡救之功以
弘濟乎厥難大造顛墜再構區宇誕惟天人罔弗和會迺
仰協歸運景屬與能用集大命于茲辭德匪嗣至于累仍
而群公卿士庶尹御事爰及黎獻暨乎百蠻僉曰皇天眷
命不可以固違人神無統不可以曠主畏天之威敢不祗
順鴻曆敬簡元辰虔奉皇符升壇受禪告類上帝以荅人

衷式敷萬國惟明靈是饗禮畢備大駕幸建康宮臨太極
前殿大赦改元賜人爵二級文武位二等鰥寡孤獨不能
自存者穀人五斛逋租宿責勿收犯鄉論清議贓汙淫盜
者一皆蕩滌洗除先注與之更始長徒敕繫者特加原遣
亡官失爵禁錮奪勞一依舊典封宋帝為汝陰王築宮於
丹楊故縣行宋正朔車旗服色一如晉宋故事上書不為
表荅表不稱詔宋諸王皆降為公郡公主為縣君縣公主
為鄉君詔降宋南康郡公為縣公華容公為侯萍鄉侯為
伯減户有差以奉劉穆之王弘何無忌之祀追尊皇考曰
宣皇帝皇妣曰孝皇后陵曰永安妃曰昭皇后陵曰泰安

詔勑賊餘口沒在臺府者悉原赦諸負釁流徙者皆聽還
本土戊戌以荊州刺史嶷為尚書令驃騎大將軍開府儀
同三司斷四方上慶禮己亥詔二宮諸王悉不得營立屯
邸封略山湖乃停太官池籞稅庚子詔宋帝后藩王諸陵
量置守衛五月丙午以河南王吐谷渾拾寅為驃騎大將
軍詔宋氏第秩量所廢置有司奏留襄陽郡公張敬兒等
六十二人除廣興郡公沈曇亮等一百二十二人改元嘉
曆為建元曆祖以正月卯臘以十二月未丁未詔曰設募
取將縣賞購士蓋出權宜自今可斷衆募乙卯河南國遣
使朝貢丙辰詔遣兼散騎常侍十二人巡行四方己未汝

陰王殂齊志也追謚為宋順帝辛酉誅陰安公劉燮等大
月乙亥詔宋末以來枯骸毀櫬宜下埋藏庚辰備法駕奉
七廟主于太廟甲申立齊太子賾為皇太子斷諸州郡禮
慶降死罪以下刑并申前赦恩百日立皇子嶷為豫章王
映為臨川王晃為長沙王曅為武陵王暠為安成王鏘為
鄱陽王鑠為桂陽王鑑為廣興王皇孫長懋為南郡王乙
酉葬宋順帝于遂寧陵秋七月丁未曲赦交州部内丁巳
詔南蘭陵桑梓本鄉長蠲租布武進王業所基給復十年
八月癸巳省陳留國丁巳立皇子鈞為衡陽王九月辛丑
詔以二吳義興三郡遭水減今年田租乙巳復置南蠻校

尉官丙午加司空褚彥回尚書令冬十月丙子立彭城劉僦為汝陰王奉宋後己卯享太廟辛巳汝陰王太妃王氏薨追贈宋恭皇后己丑荊州天井湖出綿人用與常綿不異

二年春正月戊戌朔大赦以司空褚彥回為司徒以尚書右僕射王儉為左僕射辛丑祀南郊二月丁卯魏軍攻壽陽豫州刺史垣崇祖破走之癸巳遣大使巡慰淮肥徐豫邊人尤貧遭難者三月百濟國遣使朝貢以其王牟都為鎮東大將軍夏四月丙寅進高麗王樂浪公高璉號驃騎大將軍五月立六門都牆秋九月甲午朔日有蝕之丙子蠕蠕國遣使朝貢冬十二月戊戌以司空褚彥回為司徒

壬子以驃騎豫章王嶷為司空

三年春正月壬戌朔詔王公卿士薦讜言丙子立皇子鋒為江夏王二月癸丑罷南蠻校尉官夏四月辛亥始制東宮臣僚用下官禮敬閣喜公子良等六月壬子大赦秋七月己未朔日有蝕之九月辛未蠕蠕國王遣使欲俱攻魏獻師子皮袴褶烏程令吳郡顧昌玄坐父法秀宋泰始中北征死亡屍骸不反而昌玄宴樂嬉游與常人無異有司請加以清議丙戌置會稽山陰縣獄丞冬十月戊子以河南王世子吐谷渾度易侯為西秦河二州刺史河南王十二月丁亥高麗國遣使朝貢命散騎常侍虞炎等十二人巡行諸州郡觀省風俗

四年春二月乙未上不豫庚戌詔原都下囚繫有差免元年以前逋責三月庚申召司徒褚彥回左僕射王儉受顧託壬戌皇帝崩于臨光殿年五十六群臣上謚曰高皇帝廟號太祖梓宮於東府前渚升龍舟四月丙午葬於武進泰安陵於龍舟卒哭內外反吉上少有大量喜怒不形於色深沈靜默常有四海之心博學善屬文工草隸書弈棊第二品雖經綸夷險不廢素業及即位後身不御精細之物主衣中有玉介導以長侈奢之源命打破之凡異物皆令隨例毀棄後宮器物欄檻以銅為飾者皆改用鐵內殿

施黃紗帳宮人著紫皮履華蓋除金華爪用鐵回釘每曰使我臨天下十年當使黃金與土同價欲以身率下移風易俗性寬嘗與直閤將軍周覆給事中褚思莊共棊累局不倦覆乃抑上手不許易行其弘厚如此所著文詔中書侍郎江淹撰次之又詔東觀學士撰史林三十篇魏文帝皇覽之流也始帝年十七時嘗夢乘青龍上天西行逐日帝舊塋在武進彭山岡阜相屬數百里不絕其上常有五色雲又有龍出焉上時已貴矣宋明帝甚惡之遣善占墓者高靈文往墓所占相靈文先給事太祖還詭答曰不過出方伯耳密白太祖曰貴不可言明帝意猶不已遣人踐

藉以左道厭之上後於所樹華表柱忽龍鳴震響山谷明
帝寢疾為身後之慮多翦功臣上亦見疑每云蕭道成有
不臣相時鎮淮陰每懷憂懼忽見神人謂上曰無所憂子
孫當昌盛泰始三年宋明帝遣前淮南太守孫奉伯往淮
陰監元會奉伯舊與帝款是行也帝與奉伯同室卧奉伯
夢上乘龍上天於下捉龍腳不得及覺敘夢因謂曰兗州
當大庇生靈而弟不得與也奉伯竟卒於宋世又參軍崔
靈建夢天謂已蕭道成是我第十九子我去年已使授其
天子位考自三皇五帝以降受命之次至帝為十九也及
為領軍望氣者陳安寶見上身上恒有紫黃氣安寶謂王

洪範曰此人貴不可言所居武進縣有一道相傳云天子
路或謂秦皇所游或云孫氏舊迹時訛言東城天子出其
後建安王休仁鎮東府宋明帝懼殺休仁而常閉東府不
居明帝又屢幸改代作伐以厭王氣又使子安成王代之
及蒼梧王敗安成王代立時咸言為驗術數者推之上舊
居武進東城村東城之言其在此也昇明二年冬延陵縣
季子廟沸井之北忽聞金石聲疑其異鑿深三尺得沸井
奔涌若浪其地又響即復鑿之復得一井涌沸亦然井中
得一木簡長一尺廣二分上有隱起字曰廬山道人張陵
再拜詣闕起居簡大堅白字色乃黃瑞應圖云浪井不鑿

自成王者清靜則仙人主之會稽剡縣有山名刻石父老
相傳云山雖名刻石而不知文字所在昇明末縣人兒襲
祖行獵忽見石上有文字凡三處苔生其上字不可識乃
去苔視之其大石文曰此齊者黃石公之化氣也立石文
曰黃天星姓蕭字道成得賢帥天下太平小石文曰刻石
者誰會稽南山李斯刻秦望之風也孝經鉤命決曰誰者
起視名將將帝小字也河洛讖曰歷年七十水滅緒風雲
俱起龍鱗舉又曰肅肅草成道德盡備案宋水德也義熙
元年宋武帝王業之始至齊受命七十年又讖曰蕭為二
士天下樂案二士主字也鄭文舉金雄記曰當復有作肅

入草易曰聖人作萬物覩當復有作言聖人作也壬子年
歌曰欲知其姓草肅肅穀中最細低頭熟鱗身甲體永興
福穀中精細者稻也即道也熟猶成也又歌曰金刀利刃
齊刈之金刀劉字刈猶翦也孔子河洛讖曰堨河梁塞龍
泉消除水災泄山川水即宋也宋氏為災害故曰水災梁
亦水也堨河梁則行路成矣路猶道也消除水災除宋水
氏之災害也河圖讖又曰上參南斗第一星下立草屋為
紫庭神龍之岡梧桐生鳳鳥戢翼朔旦鳴南斗吳分野草
屋者居上蕭字象也先是益州有山古老相傳曰齊后山
昇明三年四月二十三日有沙門玄暢者於此山立精舍

其日上登尊位其月二十四日滎陽郡人尹千於嵩山東
南隅見天雨石墬地石開有玉璽在其中璽方三寸文曰
戊丁之人與道俱肅然入草應天符掃平河洛清魏都又
曰皇帝運興千奉璽詣雍州刺史蕭赤斧赤斧以獻宋宋
武帝於嵩高山得玉璧三十二枚神人云此是宋卜世之
數三十二者二三十也宋自受命至禪齊凡六十年然則
帝之符應也若是今備之云
世祖武皇帝諱賾字宣遠高帝長子也以宋元嘉二十七
年六月己未生於建康縣之青溪宮將産之夕孝皇后昭
皇后並夢龍據屋故小字上為龍兒年十三夢人以筆畫

南史帝紀四　十九

身左右為兩翅又著孔雀羽衣裳空中飛舉體生毛髮長
至足有人指上所踐地曰周文王之田又於所住堂內得
璽一枚文曰皇帝行璽又得異錢文為北斗星雙刀雙貝
及有人形帶劍焉仕宋為贛令江州刺史晉安王子勛反
上不從命南康相沈肅之縶上郡獄族人蕭欣祖門客桓
康等破郡迎出上上遂率部曲百餘人起義避難揭陽山
有白雀來集聞山中有清磬傳響響又於山累石為佛圖
其側忽生一樹狀若花蓋青翠扶踈有殊群木上將討戴
凱之大饗士卒是日大熱上各令折荊枝自蔽言未終而
有雲垂蔭正當會所會罷乃散及為廣興相嶺南積旱連

水阻涸商旅不通上部伍既至無雨而川流暴起遂得利
涉元徽四年累遷晉熙王鎮西長史江夏內史行郢州事
順帝立徵晉熙王燮為撫軍揚州刺史以上為左衞將軍
輔燮俱下沈攸之事起未得朝廷處分上以中流可以待
敵即據盆口城為戰守備高帝聞之曰此真我子也於盆
城掘塹得一大錢文曰太平百歲于時城內乏水欲引水
入城始鑿城內遇伏泉涌出如此者九處用之不竭上表
求西討不許乃遣偏軍援郢平西將軍黃回等皆受上節
度昇明二年事平遷江州刺史封聞喜縣侯其年徵侍中
領軍將軍尋加督京畿諸軍事三年又加尚書僕射中軍

南史帝紀四　二十

大將軍開府儀同三司進爵為公給班劍二十人齊國建
為齊公世子改加侍中南豫州刺史給油絡車羽葆鼓吹
增班劍為三十人以石頭為世子宮官置二率以下坊省
服章一如東宮進為王太子高帝即位為皇太子建元四
年三月壬戌高帝崩是日皇太子即皇帝位大赦征鎮州
郡令長軍屯營部各行喪三日不得擅離任都邑城守防
備幢隊一不得還乙丑稱先帝遺詔以司徒褚彥回錄尚
書事尚書左僕射王儉為尚書令車騎將軍張敬兒開府
儀同三司詔曰喪禮雖有定制先旨每存簡約內官可三
日一還臨外官間日一還臨後有大喪皆如之丁卯以前

將軍王奐為尚書左僕射庚午以司空豫章王嶷為太尉
癸酉詔免逋城錢自今以後申明舊制初晉宋舊制受官
二十日輒送脩城錢二千宋泰始初軍役大起受官者萬
計兵戎機急事有未遑自是令僕以下並不輸送二十年
中大限不可勝計文符督切擾亂在所至是除蕩百姓悅
焉夏四月辛卯追尊穆妃為皇后五月庚申以高皇帝配
南郊高昭皇后配北郊六月甲申朔立河南王長懋為皇
太子詔申壬戌赦恩百日丙申立皇太子妃王氏進封聞
喜公子良為竟陵王臨汝公子卿為廬陵王應城公子敬
為安陸王江陵公子懋為晉安王枝江公子隆為隨王皇
子子真為建安王皇孫昭業為河南郡王戊戌以水潦為
患皇綿垂存恤日訊都下囚諸遠獄委刺史以時察判建
康秣陵二縣貧人加振賜必令周悉吳興義興遭水縣蠲
除租調以司徒褚彥回為司空秋八月癸卯司空褚彥回
薨九月丁巳以國哀故罷國子學辛未以征南將軍王僧
虔為左光祿大夫開府儀同三司冬十月乙未以中書令
王延之為尚書左僕射十二月己丑詔曰緣淮戍將久勤
邊勞三元行始宜霑恩慶可遣中書舍人宣旨臨會後每
歲如之
永明元年春正月辛亥祀南郊大赦改元壬子詔內外群

僚各進讜言王公卿士各舉所知又詔守宰祿奉蓋有恒
準往以邊虞告警故沿時損益今區宇寧晏宜加優獎郡
縣丞尉可還旧秩壬戌立皇弟銳為南平王鏗為宜都王
皇子子明為武昌王子罕為南海王望氣者云新林婁湖
東府西有氣甲子築青溪舊宮作新婁湖苑以厭之二月
庚寅以征虜將軍楊炅為沙州刺史封陰平王三月丙辰
詔以星緯失序陰陽愆度申辛亥赦罰五十日以期訖為
始戊寅詔四方見囚罪無輕重及劫賊餘口長徒敕繫悉
皆原赦夏五月丁酉車騎將軍張敬兒有罪伏誅秋八月
壬申魏人來聘冬十月丙寅使驍騎將軍劉纘聘于魏十
一月己卯雷十二月乙巳朔日有蝕之
二年春正月乙亥以護軍將軍柳世隆為尚書右僕射以
南兗州刺史竟陵王子良為護軍將軍兼司徒壬寅以新
除尚書右僕射柳世隆為左僕射以丹楊尹李安人為右
僕射秋七月甲申立皇子子倫為巴陵王八月丙午幸舊
宮申都下獄及三署見徒量所降宥戊申幸玄武湖講武
壬子扶南國遣使朝貢并獻頌章云甲子詔都下二縣墳
墓毀發隨宜掩埋遺骸未櫬者並加斂瘞疾困不能存者
詳加霑賚冬十二月庚申魏人來聘
三年春正月辛卯祀南郊赦三百里內罪應入重者降一

等餘依赦制三月甲寅使輔國将軍劉纘聘于魏夏五月省總明觀秋七月甲戌左光禄大夫開府儀同三司王僧虔薨辛卯於益州置平蠻校尉官八月乙未幸中堂聽訟乙巳以行宕昌王梁彌頡為河涼二州刺史封隴西公宕昌王冬十一月丙辰魏人來聘十二月以江州刺史王奐為尚書右僕射改封武昌王子明為西陽王

四年春閏正月癸巳立皇子子貞為邵陵王丁未以武都王楊集始為北秦州刺史辛亥耕籍田詔宥殊死以下甲寅幸閱武堂勞酒小會賜王公以下在位者帛有差戊午幸宣武堂講武二月丙寅大風吳興偏甚樹葉皆赤己未

立皇弟銶為晉熙王鉉為河東王壬午使通直郎裴昭明聘于魏

五年春正月戊子以太尉豫章王嶷為大司馬車騎将軍竟陵王子良為司徒驃騎将軍臨川王映衛将軍王儉中軍将軍王敬則並以本號開府儀同三司以尚書右僕射王奐為尚書左僕射辛卯賜孤寡老疾各有差夏四月庚午殷祀太廟降諸囚徒先是立商飈館於孫陵岡世呼為九日臺秋九月辛卯車駕幸焉冬十月初起新林苑

六年春三月甲申詔皇太子於東宮玄圃園宣猷堂臨訊及三署徒隸己亥封皇子子響為巴東王夏五月庚辰左衛殿中将軍邯鄲超表陳射雉書奏賜死又頴川荀丕亦以諫諍託他事及誅六月辛未詔省州郡縣送故輸錢者秋七月齊興太守劉元寶於郡城塹得錢三十七萬皆輪厚徑一寸半以獻上以為瑞班賜公卿九月壬寅於琅邪城講武習水步軍冬十月庚申立冬初臨太極殿讀時令十一月丙戌土霧竟天如煙入人眼鼻二日乃止

七年春正月丙午以鎮南将軍柳世隆為尚書左僕射以豫州刺史西昌侯鸞為右僕射辛亥祀南郊大赦申明不舉子之科若有產子者復其父壬戌驃騎将軍開府儀同三司臨川王映薨戊辰詔以諸大夫年秩隆重增俸給見

役三月甲寅立皇子子岳為臨賀王子峻為廣漢王子琳為宣成王子珉為義安王夏五月乙巳尚書令衛将軍開府儀同三司王儉薨甲子以新除尚書左僕射柳世隆為尚書令秋九月壬寅魏人來聘冬十一月戊申詔平南參軍顏幼明聘于魏

八年春正月庚子以領軍王奐為尚書左僕射丁巳以行百濟王泰為鎮東大将軍百濟王二月辛卯零陵王司馬藥師薨夏四月戊辰朔詔公卿以下各舉所知六月己巳魏人來聘庚午長沙王晃薨丙申大雷雨有黃光竟天照地狀如金乙酉都下大風發屋秋七月癸卯詔以陰陽舛

和緯象愆度儲衡嬰患淹歷旬晷可大赦八月壬辰荆州
刺史巴東王子響反遣丹陽尹蕭順之討之子響伏誅乙
酉以河南王世子休留代為西秦河二州刺史封河南王
冬十一月戊寅詔量增尚書丞郎賜祿己卯改封宣城王
子琳為南康王立皇子子建為湘東王
九年春正月甲午省平蠻府辛丑祀南郊降都下見囚戊
午詔射聲校尉裴昭明聘于魏三月癸巳明堂災夏五月
丙申林邑國獻金簟丁未魏人來聘安成王暠薨己未樂
游正陽堂災秋八月己亥使司徒參軍蕭琛聘于魏吳興
義興大水乙卯蠲二郡租九月戊辰幸琅邪城講武觀者

傾都普頒酒肉冬十月甲寅魏人來聘
十年春正月戊午以司徒竟陵王子良領尚書令以尚書
右僕射西昌侯鸞為左僕射詔增內外有務衆官祿奉丙
戌詔故太宰褚彥回故太尉王儉故司空柳世隆驃騎大
將軍王敬則鎮軍大將軍陳顯達故鎮東將軍李安人配
饗太祖廟庭二月乙巳使司徒參軍蕭琛聘于魏
十一年春正月戊午以驃騎大將軍豫州刺史王敬則為
司空乙亥皇太子長懋薨二月雍州刺史王奐有罪伏誅
三月丙寅以金紫光祿大夫王晏為尚書右僕射夏四月
癸未魏人來聘甲午立皇孫昭業為皇太孫賜天下為人

後者爵一級五月戊辰以旱故都下二縣朱方姑熟權斷
酒秋七月丁巳曲赦南兗兗豫司徐五州南豫州之歷陽
譙臨江廬江四郡三調衆逋宿責並同原除其緣淮及青
冀新附僑人復除已訖更申五年先是魏地謠言赤火南
流喪南國是歲有沙門從北齎此火而至色赤於常火而
微云以療疾貴賤爭取之多得其驗二十餘日都下大盛
咸云聖火詔禁之不止火炙至七炷而疾愈吳興丘國賓
竊以還鄉邑人楊道慶虛疾二十年依法炙即差是月上
不豫徙御延昌殿始登階而殿屋鳴吒上惡之魏軍將至
上慮朝野憂惶力疾召樂府奏正聲伎戊寅大漸詔曰始

終大期聖賢不免吾行年六十亦復何恨但皇業艱難萬
機自重不能無遺慮耳太孫進德日茂社稷有寄子良善
相毗輔思弘正道內外衆事無大小悉與鸞參懷尚書是
職務根本悉委王晏徐孝嗣軍旅捍邊之略委王敬則陳
顯達王廣之王玄邈沈文季張瓌薛深等百辟庶僚各奉
爾職謹事太孫勿有懈怠又詔曰我識滅後身上著夏衣
畫天衣純烏犀導絓諸器服悉不得用實物及織成等唯
裝複袂衣各一通常所服刀長短二口鐵環者隨入梓宮
祭敬之典本在因心靈上慎勿以牲為祭祭惟設餅茶飲
干飯酒脯而已天下貴賤咸同此制未山陵前朔望設菜

食陵墓萬世所宅意常恨休安陵未稱今可用東三處地最東邊以葬我名爲景安陵喪禮每存省約不須煩人百官停六時入臨朔望祖日可依舊諸主六宮並不須從山陵内殿鳳華壽昌曜靈三處是吾所改制夫貴有天下富兼四海宴處寢息不容乃陋謂此爲奢儉之中愼勿壞去顯陽殿玉像諸佛及供養具如别牒可盡心禮拜供養之綷有功德事可專在中自今公私皆不得出家爲道及起立塔寺以宅爲精舍並嚴斷之惟年六十必有道心聽朝賢選序已有别詔諸小小賜乞及閣内處分亦有别牒内外禁衛勞舊主帥左右悉令蕭諶優量驅使之是日上崩

于延昌殿年五十四羣臣上謚曰武皇帝廟號世祖九月丙寅葬景安陵上剛毅有斷政總大體以富國爲先頗喜游宴彫綺之事言常恨之未能頓遣臨崩又詔凡諸游費宜從休息自今遠近薦獻務存節儉不得出界營求相高奢麗金粟繒纊敝人已甚珠玉玩好傷俗尤重嚴加禁絶

論曰齊高帝基命之初武功潛用泰始開運大拯時艱及蒼梧暴虐釁結朝野而百姓懔懔命縣朝夕權道既行兼濟天下元功振主利器難以假人群方勠力實懷尺寸之望豈惟天厭水行固已人希木德歸功與能事極乎此武帝雲雷伊始功參佐命雖爲繼體事實艱難御衮垂旒深存政典文武授任不革舊章明罰厚恩皆由已出外表無塵内朝多豫機事平理職貢有恒府藏内充鮮人勞役宮室苑圃未足以傷財安樂延年衆庶所同幸亦有齊之良主也據齊梁紀録並云出自蕭何又編御史大夫望之以爲先祖之次案何及望之於漢俱爲勳德而望之本傳不有此陳齊典所書便乖實録近秘書監顔師古博考經籍注解漢書已正其非今隨而改削云

齊本紀上第四　　南史四

李　延壽

廢帝鬱林王諱昭業字元尚小字法身文惠太子長子也
高帝為相王鎮東府時年五歲牀前戲高帝方令左右拔
白髮問之曰兒言我誰耶荅曰太翁高帝笑謂左右曰豈
有為人作曾祖而拔白髮者乎即擲鏡鑷其後問訊高帝
指示賓客曰我基於此四世矣及武帝即位封為南郡王
時年十歲永明五年十一月戊子冠於東宮崇正殿其日
小會賜王公以下帛各有差給南郡王扶二人七年有司
奏給班劒二十人鼓吹一部高選友學禮絕群王十一年

給皂輪三望車文惠太子薨立南郡王為皇太孫居東宮
其年七月戊寅武帝崩皇太孫即帝位大赦八月壬午詔
稱遺詔以護軍將軍武陵王曄為衛將軍征南大將軍陳
顯達即本號並開府儀同三司以尚書左僕射西昌侯鸞
為尚書令右僕射王晏為左僕射吏部尚書徐孝嗣為右
僕射癸未加司徒竟陵王子良位太傅增班劒三十人蠲
除三調及衆逋在今年七月三十日以前者省御府及無
用池田邸冶減關市征稅先是每有蠲原之詔多無事實
督責如故是時西昌侯鸞任知朝政天下咸望風來蘇至
此恩信兩行海內莫不欣然九月辛酉追尊文惠皇太子

為世宗文皇帝冬十月壬寅尊皇太孫太妃為皇太后立
皇后何氏十一月庚戌魏人來聘辛亥立臨汝公昭文為
新安王曲江公昭秀為臨海王皇弟昭粲為永嘉王
隆昌元年春正月丁未大赦改元加太傅竟陵王子良殊
禮鎮軍將軍西昌侯鸞即本號為大將軍給鼓吹一部親
兵五百人以領軍鄱陽王鏘為尚書右僕射詔百僚極陳
得失又詔王公以下各舉所知辛亥祀南郊宥隆昌元年
以來流人戊午拜崇安陵甲戌使司徒參軍劉斆聘于魏
二月辛卯祀明堂夏四月辛巳衛將軍開府儀同三司武
陵王曄薨戊子太傅竟陵王子良薨丁酉以驃騎將軍盧

陵王子卿為衛將軍尚書右僕射鄱陽王鏘為驃騎將軍
並開府儀同三司閏月丁卯以鎮軍大將軍西昌侯鸞即
本號開府儀同三司五月甲戌朔日有蝕之秋七月癸巳
皇太后令廢帝為鬱林王帝少美容止好隸書武帝特所
鍾愛勅皇孫手書不得妄出以貴之進退音吐甚有令譽
生而為竟陵文宣王所攝養常在袁妃間竟陵王移住西
州帝亦隨住焉性甚辯慧哀樂過人接對賓客皆款曲周
至矯情飾詐陰懷鄙慝與左右無賴群小二十許人共衣
食同臥起妃何氏擇其中美貌者皆與交歡密就富市人
求錢無敢不與及竟陵王移西邸帝獨住西州每夜輒開

後堂閣與諸不逞小人至諸營署中淫宴凡諸小人並逆
加爵位皆疏官名號於黃紙使各囊盛以帶之許南面之
日即便施行又別作籥鉤兼善效人書每私出還輒扃籥
封題如故故人無知者師史仁祖侍書胡天翼聞之相與
謀曰若言之二宮則其事未易若於營署為異人所毆打
及犬物所傷豈直罪止一身亦當盡室及禍年各已七十
餘生寧足吝邪數日中二人相係自殺二宮不知也武帝
以既陽縣寒人給事中綦毋珍之代仁祖剡縣寒人馬澄
代天翼文惠太子每禁其起居節其用度帝謂豫章王妃
庾氏曰阿婆佛法言有福生帝王家今見作天王便是大

罪左右主帥動見拘執不如市邊屠酤富兒百倍文惠太
子自疾及薨帝侍疾及居喪哀容號毀旁人見者莫不嗚
咽裁還私室即歡笑酣飲備食甘滋葬畢立為皇太孫問
訊太妃截壁為閣於太妃房內往何氏間每入輒彌時不
出武帝往東宮帝迎拜號慟絕而復蘇武帝自下輿抱持
之寵愛日隆又在西州令女巫楊氏禱祀速求天位及文
惠薨謂由楊氏之力倍加敬信呼楊婆宋氏以來人間有
楊婆兒哥蓋此徵也武帝有疾又令楊氏日夜禱祈令宮
車早晏駕時何妃在西州武帝未崩數日疾稍危與何氏
書紙中央作一大喜字而作三十六小喜字繞之侍武帝

疾憂容慘感言發淚下武帝每言及存亡帝輒哽咽不自
勝武帝以此謂為必能負荷大業謂曰五年中一委宰相
汝勿厝意五年以後勿復委人若自作無成無所多恨臨
崩執帝手曰阿奴若憶翁當好作如此再而崩大斂始畢
乃悉呼武帝諸伎備奏衆樂諸伎雖畏威從事莫不哽咽
流涕素好狗馬即位未逾旬便毀武帝所起招婉殿以材
賜閹人徐龍駒於其處為馬埒馳騎墜馬面額並傷稱疾
不出者數日多聚名鷹快犬以粱肉奉之及武帝梓宮下
渚帝於端門內奉辭轀輬車未出端門便稱疾還內裁入
閤即於內奏胡伎鞞鐸之聲震響內外時司空王敬則問

新除射聲校尉蕭坦之曰便如此不當忽忽邪坦之曰此
政是內人哭響徹耳自山陵之後便於閤內乘內人車問
訊往皇后所生母宋氏閤因微服游走市里又多往文帝
崇安陵隧中與群小共作諸鄙褻擲塗賭跳放鷹走狗雜
狡獪帝既失道朝事大小皆決之西昌侯鸞鸞有諫多不
見從極意賞賜左右動至百數十萬每見錢曰我昔思汝
一箇不得今日得用汝未武帝聚錢上庫五億萬齋庫亦
出三億萬金銀布帛不可稱計即位未朞歲所用已過半
皆賜與諸不逞群小諸寶器以相擊剖破碎之以為笑樂
及至廢黜府庫悉空其在內常裸袒著紅紫錦繡新衣錦

帽紅縠褌雜采袙服好鬭雞密買雞至數千價武帝御物甘草杖宮人寸斷用之徐龍駒為後宮舍人日夜在六宮房內帝與文帝幸姬霍氏淫通改姓徐氏龍駒勸長留宮內聲云度霍氏為尼以餘人代之皇后亦淫亂齋閤通夜洞開內外淆雜無復分別中書舍人綦毋珍之朱隆之直閤將軍曹道剛周奉叔並為之羽翼西昌侯鸞屢諫不納既而尼媼外入頗傳異語乃疑鸞有異志中書令何胤以皇后從叔見親使直殿省常隨后呼胤為三父與胤謀誅鸞令胤受事胤不敢當依違杜諫乃止又謀出鸞於西州中敕用事不復關諮鸞慮變先使蕭諶坦之等於省誅曹

道剛朱隆之等率兵自尚書省入雲龍門戎服加朱衣於上比入門三失履王晏徐孝嗣蕭坦之陳顯達王廣之沈文季係進帝在壽昌殿裸身與霍氏相對聞外有變使閉內殿諸房閤令閹人登興光樓望還報云見一人戎服從數百人急裝在西鍾樓下須臾蕭諶領兵先入宮帝走向愛姬徐氏房拔劍自刺不入以帛纏頸輿接出延德殿諶初入殿宿衛將士皆衛執弓楯欲戰諶曰所取自有人卿等不須動宿衛信之及帝出各欲自奮帝竟無一言出西弄遇弒年二十二舁尸出徐龍駒宅殯葬以王禮霍氏及廣昌若宋並賜死餘黨亦見誅先是文惠太子立樓館於

鍾山下號曰東田太子屢游幸之東田反語為顛童也武帝又於青溪立宮號曰舊宮反之窮廐也果以輕猾而至於窮又武帝時有小史姓皇名太子武帝曰皇太子非名之謂於是移點於外易名為大子處士何點曰太子者天地之所懸三才之所係今化而為大不得立矣既而文惠太子薨鬱林海陵相繼廢黜此其驗也永明中百姓忽著破後帽始自建業流于四遠貴賤翕然服之此服祆也帽自蕭諶之家其流遂遠天意若曰武穆文昭皆當滅而諶亦誅死之効焉

廢帝海陵恭王諱昭文字季尚文惠太子第二子也永明

四年封臨汝公鬱林王即位改封新安王及鬱林廢西昌侯鸞奉帝纂統延興元年秋七月丁酉皇帝即位大赦改元賜文武位二等以鎮軍大將軍西昌侯鸞為驃騎大將軍開府儀同三司錄尚書事都督揚州刺史加班劒為三十人封宣城郡公出鎮東城以尚書左僕射王晏為尚書令以丹陽尹徐孝嗣為左僕射以領軍將軍沈文季為右僕射以車騎大將軍陳顯達為司空以驃騎大將軍鄱陽王鏘為司徒命宣城公鸞甲仗百人入殿陳顯達王晏徐孝嗣蕭諶各五十人入殿八月壬辰魏人來聘甲午以前司空王敬則為太尉辛丑復置南蠻校尉官甲辰詔使者

覲省風俗九月癸未誅新除司徒鄱陽王鏘中書大將軍
隨王子隆遣平西將軍王廣之誅南兗州刺史安陸王子
敬於是江州刺史晉安王子懋起兵遣中護軍王玄邈討
誅之乙酉又誅湘州刺史南平王銳郢州刺史晉熙王銶
南豫州刺史宜都王鏗丁亥以衛將軍廬陵王子卿為司
徒以撫軍將軍桂陽王鑠為中軍將軍開府儀同三司冬
十月丁酉加宣城公鸞黃鉞進授都督中外諸軍事太傅
領大將軍揚州刺史加殊禮進爵為王戊戌誅新除中軍
將軍桂陽王鑠撫軍將軍衡陽王鈞侍中秘書監江夏王
鋒鎮軍將軍建安王子真左將軍巴陵王子倫是時宣城

王鸞輔政帝起居皆諮而後行思食蒸魚菜太官令荅無
録公命竟不與辛亥皇太后令廢帝為海陵王使宣城王
入纂皇統建武元年詔海陵王依漢東海王彊故事給虎
賁旄頭畫輪車設鍾虡宮縣十一月稱王有疾數遣御師
往視乃殞之給温明秘器斂以衮冕之服大鴻臚監護喪
事葬給轀輬車九旒大輅黃屋左纛前後部羽葆鼓吹挽
歌二部依東海王彊故事謚曰恭先是武帝立禪靈寺於
都下當世以為壯觀天意若曰禪者禪也靈者神明之目
也武帝晏駕而鼎業傾移也永明世市里小兒以鐵相擊
於地謂之鬬鑿鑿之為言族也至是宗室族滅矣又武帝

時以燕支為朱衣朝士皆服之及明帝以宗子入纂此又
奪朱之效也時又多以生紗為帽半其裙而折之號曰倚
勸先是人間語好云擾攘建武至是朝士勸進實為怨還
倚勸擾攘之言於是驗矣

高宗明皇帝諱鸞字景栖始安貞王道生之子也小字玄
度少孤高帝撫育過諸子宋泰豫元年為安吉令有嚴能
之名昇明中累遷淮南宣城二郡太守進號輔國將軍高
帝踐祚封西昌侯位郢州刺史永明元年為侍中領驍騎
將軍王子侯舊乘纏帷車帝獨乘下帷儀從如素士公事
混撓販食人擔火誤燒牛鼻豫章王以白武帝帝笑焉轉

為散騎常侍左衛將軍清道而行十年累遷尚書左僕射
領右衛將軍武帝遺詔為侍中尚書令尋加鎮軍將軍給
班劒二十人隆昌元年即本號為大將軍給鼓吹一部親
兵五百人尋加中書監開府儀同三司海陵王立為驃騎
大將軍録尚書事揚州刺史加都督增班劒為三十人封
宣城郡公鎮東府城給兵五千人錢二百萬布千匹九江
事難假黃鉞事寧表送之尋加黃鉞都督中外諸軍事太
傅領大將軍揚州牧增班劒為四十人給幢絡三望車前
後部羽葆鼓吹劒履上殿入朝不趨贊拜不名置左右長
史司馬從事中郎掾屬各四人封宣城王未拜太后令廢

海陵王以上入纂高帝為第三子群臣三請乃受命建武元年冬十月癸亥皇帝即位大赦改元文武賜位二等以太尉王敬則為大司馬以司空陳顯達為太尉乙丑詔斷遠近上禮丁卯詔自今雕文篆刻歲時光新可悉停省藩牧守宰或有薦獻事非任土嚴加禁斷十一月壬申日有蝕之帝宿沐浴不御内其日潔齋蔬食斷朝務屏人單衣恰危坐以至事畢追尊始安貞王為景皇妃江氏為懿后別立寢廟號陵曰脩安封桂陽王鑠等諸王子皆為列侯凡諸王侯得罪者諸子皆復屬籍又詔遣大使觀省四方癸酉革永明之制依晉宋舊典太子以師禮敬少傅甲戌

進大司馬尋陽公王敬則等十三人爵邑各有差省新林苑先是百姓地者悉以還主廢南蠻校尉官己卯追崇妃劉氏為敬皇后號陵曰興安庚辰立皇子寶義為晉安王寶玄為江夏王寶源為廬陵王寶寅為建安王寶融為隨郡王寶攸為南平王甲申斷官長貢獻及私餉遺以安陸昭王緬第二子寶晊襲封安陸王丁亥詔細作中署材官車府凡諸工可悉開番假遞令休息戊子立皇子寶卷為皇太子賜天下為父後者爵一級己丑詔東宮肇建遠近或有慶禮可悉斷之永明中御史中丞沈淵表百官年登七十者皆令致仕並窮困私門庚子詔自縉紳年及可一

遵永明七年以前銓叙之科十二月庚戌宣德太僕劉朗之游擊將軍劉璩之子坐不贍給兄子致使隨母他嫁免官禁錮終身付之鄉論是歲魏孝文皇帝遷都洛陽

二年春正月辛未降都下繫囚殊死以下詔王公以下各舉所知内外群僚各進忠言無有所諱魏攻豫司徐梁四州壬申遣鎮軍王廣之督司州右衛將軍蕭坦之督徐州尚書右僕射沈文季督豫州以拒魏己卯詔都下二縣有毁發墳壠隨宜修理乙未魏軍攻鍾離徐州刺史蕭惠休破之丙申加太尉陳顯達使持節都督西北道諸軍事丁酉内外纂嚴三月己未司州刺史蕭誕與衆軍攻敗魏軍

詔雍豫司南兗徐五州遭遇兵戎之家悉停今年税調丙寅停青州麥租魏軍自壽春退甲申解嚴夏四月己亥朔親録三百里内獄訟自外委州郡訊察三署徒隸原遣有差魏軍圍漢中梁州刺史蕭懿拒退之五月甲午寢廟成詔監作長帥賜位一等六月壬戌誅領軍蕭諶西陽王子明南海王子罕邵陵王子貞秋九月己丑改封南平王寶攸為邵陵王蜀郡王子文為西陽王廣漢王子峻為衡陽王臨海王昭秀為巴陵王永嘉王昭粲為桂陽王冬十月癸卯詔罷東田毁光興樓并詔水衡量省御乘乙卯納皇太子妃褚氏大赦王公以下班賜各有差斷四方上禮十

二月丁酉詔晉帝諸陵悉皆修理并增守衛吳晉陵失稔
之鄉蠲三調有差
三年春正月丁酉以陰平王楊炅子崇祖為沙州刺史封
陰平王二月己巳詔申明守長六周之制事竟不行乙酉
詔以去歲魏攻緣邊諸州郡將士有臨陣及病死者並送
還本土三月壬午詔車府乘輿有金銀飾者皆剔除之夏
四月魏軍攻司州櫟城戍主魏僧岷擊破之冬閏十二月
戊寅皇太子冠賜王公以下帛各有差為父後者賜爵一
級斷遠近上禮
四年春正月庚午大赦庚辰詔人產子者蠲其父母調役

南史帝紀五　十一

一年又賜米十斛新婚者蠲夫役一年壬辰誅尚書令王
晏二月以尚書左僕射徐孝嗣為尚書令秋八月甲午追
尊景皇所生王氏為恭太后魏軍攻沔北冬十月又逼司
雍二州甲戌遣太子中庶子蕭衍右軍司馬張稷禦之十
一月丙辰以氐楊靈珍為北秦刺史封仇池公武都王十
二月丁丑遣度支尚書崔慧景率衆救雍州
永泰元年春正月癸未朔大赦中軍大將軍徐孝嗣即本
號開府儀同三司沔北諸郡為魏所攻相繼亡敗新野太
守劉忌隨宜應接食盡煮土為粥而救兵不至城被尅死
之乙巳遣太尉陳顯達持節救雍州丁未誅河東王鉉臨

賀王子岳西陽王子文衡陽王子峻南康王子琳永陽王
子珉湘東王子建南郡王子夏巴陵王昭秀桂陽王昭粲
二月癸丑遣左衛將軍蕭惠休假節援壽陽辛未豫州刺
史裴叔業敗魏軍於淮北三月丙午蠲雍州遇魏軍之縣
租布戊申詔增仲尼祭秩上以疾患不瘳望氣者云宜改
元夏四月甲寅大赦改元文武賜位二等己未立武陵昭
王子子坦為衡陽王丁丑大司馬會稽太守王敬則舉兵
反五月壬午遣輔國將軍劉山陽率軍東討乙酉斬敬則
傳首建鄴曲赦浙東吳晉陵等七郡秋七月己酉帝崩于
正福殿年四十七遺詔徐孝嗣可重申八命中書監本官

南史帝紀五　十二

悉如故沈文季可尚書左僕射常侍護軍如故江祏可右
僕射江祀可侍中劉暄可衛尉卿軍政大事委陳太尉內
外衆事無大小委徐孝嗣遙光坦之江祏其大事與沈文
季江祀劉暄參懷心腹之任可委劉悛蕭惠休崔慧景群
臣上謚曰明皇帝廟號高宗葬興安陵帝明審有吏才持
法無所借制御親幸臣下肅清驅使寡人不得用四幅繖
大存儉約罷武帝所起新林苑以地還百姓廢文惠太子
所起東田斥賣之永明中輿輦舟乘悉剔取金銀還主衣
庫以牙角代之嘗用皁莢訖授餘濼與左右曰此猶堪明
日用大官進御食有裹蒸帝十字畫之曰可四片破之餘

充晚食而武帝掖庭中宮殿服御一無所改其儉約如此
性猜忌亟行誅戮信道術用計數每出行幸先占利害簡
於出入將南則詭言之西將東則詭言之北皆不以實竟
不南郊初有疾無輟聽覽群臣莫知及疾篤敕臺省府署
文簿求白魚以為藥外始知之身衣絳衣服飾皆赤以為
厭勝巫覡云後湖水頭經過宮內致帝有疾帝乃自至太
官行水溝左右啓太官無此水則不立決意塞之欲南引
淮流會崩事寢
廢帝東昏侯諱寶卷字智藏明帝第二子也本名明賢明
帝輔政後改焉建武元年立為皇太子永泰元年七月己

酉明帝崩太子即皇帝位八月庚申鎮北將軍晉安王寶
義進號征北大將軍開府儀同三司冬十月己未詔删省
律科癸亥詔蕭坦之江祏更直殿省揔監宿衛辛未詔劉
暄江祏更直延明殿省十一月戊子立皇后褚氏庚寅尚
書令徐孝嗣議王侯貴人昏連卺以真銀盃蓋出近俗又
牢燭修績亦虧曩制今除金銀連鎖自餘新器悉用埏陶
牢燭華修亦宜停之奏可
永元元年春正月戊寅朔大赦改元辛卯祀南郊丁酉改
封隨王寶融為南康王安陸王寶晊為湘東王竟陵王昭
胄為巴陵王二月太尉陳顯達敗績於馬圈夏四月丙午

朔魏孝文皇帝崩己巳立皇子誦為皇太子大赦賜為父
後者爵一級五月癸亥加撫軍大將軍始安王遙光開府
儀同三司六月甲子詔原雍州今年三調秋七月辛未淮
水變赤如血丙戌殺尚書右僕射江祏侍中江祀地震自
此至來歲晝夜不止小屋多壞丁亥都下大水死者甚衆
賜死者材器並加振恤八月乙巳蠲遇水資財漂蕩者今
年調稅又詔為馬圈戰亡將士舉哀丙辰揚州刺史始安
王遙光據東府反詔曲赦都下中外戒嚴遣領軍將軍蕭
坦之致討戊午斬遙光傳首己巳以尚書令徐孝嗣為司
空以領軍蕭坦之為尚書左僕射閏月丙子以江陵公寶

覽為始安王九月甲辰殺尚書左僕射蕭坦之右衛將軍
曹武戊午殺領軍將軍劉暄壬戌以頻殺大臣大赦冬十
月乙未誅尚書令新除司空徐孝嗣右僕射新除鎮軍將
軍沈文季庚子以吳興太守蕭惠休為尚書右僕射辛丑
以侍中王亮為左僕射十一月丙辰太尉江州刺史陳顯
達舉兵反於尋陽乙丑加護軍將軍崔慧景平南將軍督
衆軍南討十二月甲申陳顯達至都宮城嚴警己酉斬顯
達傳其首餘黨盡平
二年春正月庚午詔討豫州刺史裴叔業二月己丑叔業
病死兄子植以壽春降魏三月乙卯命平西將軍崔慧景

攻壽春夏四月丙午尚書右僕射蕭惠休卒丁未崔慧景於廣陵反舉兵內向壬子命右衛將軍左興盛督都下水步衆軍禦之南徐州刺史江夏王寶玄以京城納慧景乙卯遣中領軍王瑩率衆軍屯北籬門壬戌慧景至瑩等敗績甲子慧景入建鄴臺城內閉門拒守豫州刺史蕭懿與兵入援己巳以懿為尚書右僕射癸酉慧景弃衆走斬之詔曲赦都下及南徐南兗二州乙亥以新除尚書右僕射蕭懿為尚書令丙子以中領軍王瑩為尚書右僕射五月己酉江夏王寶玄伏誅壬子赦己丑曲赦都下及徐兗二州六月庚寅車駕於樂游苑內會如三元都下放女人觀

秋七月甲申夜宮內火唯東閤內明帝舊殿數區及太極以南得存餘皆蕩盡冬十月己亥殺尚書令蕭懿十一月甲寅西中郎長史蕭穎冑起兵於荆州十二月雍州刺史蕭衍起兵於襄陽是歲魏宣武皇帝景明元年

三年春正月丙申朔日有蝕之帝與宮人於閱武堂元會皇后正位閹人行儀帝戎服臨視丁酉以驃騎大將軍晉安王寶義為司徒以新除撫軍將軍建安王寶寅為車騎將軍開府儀同三司乙巳長星見竟天辛亥祀南郊大赦詔百官陳讜言二月丙寅乾和殿西廂火壬午詔遣羽林兵征雍州中外纂嚴始內橫吹五部於殿內晝夜奏之壬戌蚩尤旗見三月乙巳南康王寶融即皇帝位於江陵癸丑遣平西將軍陳伯之西征六月蕭穎冑弟穎孚起兵廬陵戊子赦江州安成廬陵二郡秋七月癸巳曲赦荆雍二州雍州刺史張欣泰前南譙太守王靈秀率石頭文武奉建安王寶寅向臺至杜姥宅宮門閉乃散走丙辰龍鬬于建康淮激水五里八月辛卯以太子左率李居士總督西討諸軍事屯新亭九月甲辰蕭衍至南豫州輔國將軍監南豫州事申冑軍二萬人於姑熟奔歸丙辰李居士與衍軍戰於新亭見敗冬十月甲戌王珍國又戰敗於朱雀航戊寅寧朔將軍徐元瑜以東府城降青冀二州刺史桓

和入衛屯東宮尋亦降衍於是閉宮城門自守十二月丙寅新除雍州刺史王珍國侍中張稷率兵入殿殺帝時年十九帝在東宮便好弄不喜書學明帝亦不以為非但勗以家人之行令太子求一日再入朝發詔不許使三日一朝在宮嘗夜捕鼠達旦以為笑樂明帝臨崩屬後事以隆昌為戒曰作事不可在人後故委任群小誅諸宰臣無不如意性訥澀少言不與朝士接欲速葬惡靈在太極殿徐孝嗣固爭得踰月每當哭輒云喉痛太中大夫羊闡入臨無髮號慟俯仰幘遂脫地帝輟哭大笑謂宦者王寶孫曰此禿秋啼來乎自江祏始安王遙光等誅後無所忌憚

日夜於後堂戲馬鼓譟爲樂合夕便擊金鼓吹角令左右
數百人叫雜以羌胡横吹諸伎常以五更就卧至晡乃起
王侯以下節朔朝見晡後方前或際暗遣出臺閤案奏月
數十日乃報或不知所在閹豎以紙包裹魚肉還家並是
五省黄案二年元會食後方出朝賀裁竟便還殿西序寢
自巳至申百僚陪位皆僵仆菜色比起就會忽遽而罷太
子所生母黄貴嬪早亡令潘妃母養之拜潘氏爲貴妃乘
卧輿帝騎馬從後著織成袴褶金薄帽執七寶縛矟又有
金銀校具錦繡諸帽數十種各有名字戎服急裝縛袴上
著絳衫以爲常服不變寒暑陵冒雨雪不避阬穽馳騁渴

乏輒下馬解取腰邊蠡器酌水飲之復上馳去馬乘具用
錦繡處悉爲雨所濕織雜采珠爲覆蒙備諸雕巧教黄門
五六十人爲騎客又選營署無賴小人善走者爲逐馬鷹
犬左右數百人常以自隨奔走往來略不暇息置射雉場二
百九十六處翳中帷帳及步障皆袷以緑紅錦金銀鏤弩
牙瑇瑁帖箭每出輒與鷹犬隊主徐令孫媒翳隊主俞靈
韻齊馬而走左右爭逐之又甚有筋力牽弓至三斛五斗
能擔幢初學擔幢每傾倒在幢杪者必致踠傷其後白虎
幢七丈五尺齒上擔之折齒不倦擔幢諸校具服飾皆自
製之綴以金華玉鏡衆寳舍人主書及至左右主帥並皆

侍側逞諸變態曾無愧顔始欲騎馬未習其事俞靈韻爲
作木馬人在其中行動進退隨意所適其後遂爲善騎陳
顯達卒漸出游走不欲令人見之驅斥百姓唯置空宅而
已是時率一月二十餘出既往無定處尉司常慮得罪東
行驅西南行驅北應旦出夜便驅逐吏司奔驅叫呼盈路
打鼓蹋圍鼓聲所聞便應奔走臨時驅迫衣不暇披乃至
徒跣走出犯禁者應手格殺百姓無復作業終日路隅從
萬春門由東宫以東至郊外數十里皆空家盡室巷陌縣
幔爲高障置人防守謂之屏除高障之内設部伍羽儀後
有數部皆奏鼓吹羌胡伎鼓角横吹夜反火光照天每三

四更中鼓聲四出幡戟横路百姓喧走士庶莫辨或於市
肆左側過親幸家環繞宛轉周徧都下老小震驚啼號塞
道處處禁斷不知所過疾患困篤者悉掆移之無人掆者
扶匐道側吏司又加捶打絶命者相係從騎及左右因之
入富家取物無不蕩盡工商莫不廢業樵蘇由之路斷至
於乳婦昏姻之家移産寄室或輿病棄屍不得殯葬有棄
病人於青溪邊者吏懼爲監司所問推置水中泥覆其面
須臾便死遂失骸骨前魏興太守王敬賓新死未斂家人
被驅不得留視及家人還鼠食兩眼都盡如此非一又嘗
至沈公城有一婦人當産不去帝入其家問何獨在答曰

臨產不得去因剖腹看男女又長秋卿王儇病篤不聽停家死於路邊丹陽尹王志被驅急狼狽步走惟將二門生自隨藏朱雀航南酒壚中夜方得羽儀而歸喜游獵不避危險至蔣山定林寺一沙門病不能去藏於草間爲軍人所得應時殺之左右韓暉光曰老道人可念帝曰汝見麞鹿亦不射邪仍百箭俱發故貴人富室者皆數處立宅以爲避圍之舍每還宮常至三更百姓然後得反禁斷又不即通處處屯咽或泥塗灌注或冰凍嚴結老幼啼號不可聞見時人以其所圍處號爲長圍及建康城見圍亦名長圍識者以爲讖焉三年殿內火合夕便發其時帝猶未還

宮內諸房閤已閉內人不得出外人又不敢輒開比及開死者相枕領軍將軍王瑩率衆救火太極殿得全內外叫喚聲動天地帝三更中方還先至東宮慮有亂不敢便入參覘審無異乃歸其後出游火又燒璿儀曜靈等十餘殿及柏寢北至華林西至秘閣三千餘間皆盡左右趙鬼能讀西京賦云柏梁既災建章是營於是大起諸殿芳樂芳德仙華大興含德清曜安壽等殿又別爲潘妃起神仙永壽玉壽三殿皆帀飾以金璧其玉壽中作飛仙帳四面繡綺窻間盡畫神仙又作七賢皆以美女侍側鑿金銀爲書字靈獸神禽風雲華炬爲之玩飾椽桷之端悉垂鈴佩江左舊物有古玉律數枚悉裁以鈿笛莊嚴寺有玉九子鈴外國寺佛面有光相禪靈寺塔諸寶珥皆剝取以施潘妃殿飾性急暴所作便欲速成造殿未施梁桷便於地畫之唯須宏麗不知精密酷不別畫但取絢曜而已故諸匠賴此得不用情又鑿金爲蓮華以帖地令潘妃行其上曰此步步生蓮華也塗壁皆以麝香錦幔珠簾窮極綺麗縶役工匠自夜達曉猶不副速乃剔取諸寺佛刹殿藻井仙人騎獸以充足之武帝興光樓上施青漆世人謂之青樓帝曰武帝不巧何不純用瑠璃潘氏服御極選珍寶主衣庫舊物不復周用貴市人間金銀寶物價皆數倍虎珀釧一

隻直百七十萬都下酒租皆折輸金以供雜用猶不能足下揚南徐二州橋桁塘埭丁計功爲直斂取見錢供太樂主衣雜費由是所在塘瀆悉皆隳廢又訂出雄雉頭鶴氅白鷺縗百品千條無復窮已親倖小人因緣爲姦科一輸十又各就州縣求爲人輸準取見直不爲輸送守宰懼威口不得道須物之處以復重求如此相仍前後不息百姓困盡號泣道路少府大官凡諸市買事皆急速催求相係吏司奔馳遇便虜奪市廛離散商旅靡依又以閱武堂爲芳樂苑窮奇極麗當暑種樹朝種夕死死而復種率無一生於是徵求人家望樹便取毀撤牆屋以移置之大樹合

抱赤皆移掘插葉鬆華取玩俄頃剗取細草來植階庭烈
日之中至便焦燥紛紜往還無復已極山石皆塗以采色
跨池水立紫閣諸樓壁上畫男女私褻之像明帝時多聚
金寶至是金以為泥不足周用令富室買金不問多少限
以賤價又不還直張欣泰嘗謂舍人裴長穆曰宮殿何事
頓爾夫以秦之富起一阿房而滅今不及秦一郡而頓起
數十阿房其危殆矣荅曰非不恍子之道顧言不用耳潘
妃放恣威行遠近父寶慶與諸小共逞姦毒富人悉誣為
罪田宅貲財莫不啓乞或云寄附隱藏復加收沒計一家
見陷禍及親鄰又慮後患男口必殺明帝之崩竟不一日

蔬食居處衣服無改平常潘妃生女百日而亡制斬衰經
杖衣悉麤布群小來弔盤旋地坐舉手受執蔬膳積旬不
聽音伎左右直長閹豎王寶孫諸人共營肴羞云為天子
解菜又於苑中立店肆模大市日游市中雜所貨物與宮
人閹豎共為裨販以潘妃為市令自為市吏録事將鬬者
就潘妃罰之帝小有得失潘則與杖乃敕虎賁威儀不得
進大荆子閤內不得進實中荻雖畏潘氏而竊與諸姊妹
淫通每游走潘氏乘小輿宮人皆露褌著綠絲屩帝自戎
服騎馬從後又開渠立埭躬自引船埭上設店坐而屠肉
于時百姓歌云閱武堂種楊柳至尊屠肉潘妃酤酒又偏

信蔣侯神迎來入宮晝夜祈禱左右朱光尚詐云見神動
輒諮啓並云降福始安之平遂加位相國末又號為靈帝
車服羽儀一依王者又曲信小祠日有十數師巫魔媼迎
送紛紜光尚輒託云神意范雲謂光尚曰君是天子要人
當思百全計光尚曰至尊不可諫正當託鬼神以達意耳
後東入樂游人馬忽驚以問光尚光尚曰向見先帝大瞋
不許數出帝大怒拔刀與光尚等尋覓既不見處乃縛菰
為明帝形北向斬之縣首苑門上自永元以後魏每來伐
繼以內難揚南徐二州人丁三人取兩以此為率遠郡悉
令上米準行一人五十斛輸米既畢就役如故又先是諸

郡役人多依人士為附隸謂之屬名又東境役苦百姓多
注籍詐病遣外醫巫在所檢占諸屬名并取病身凡屬名
多不合役止避小小假並是役蔭之家凡注病者或已積
年皆攝充將役又追責病者租布隨其年歲多少銜命之
人皆給貨賂隨意縱捨又橫調徵求皆出百姓群小以陳
顯達下數日便敗崔慧景圍城正得十日及蕭衍師至亦
謂為然裹糧食樵芻凡所須物為百日備帝謂茹法珍曰
須來至白門前當一決及至近郊乃聚兵為固守計召王
侯分置尚書都坐及殿省尚書舊事悉充紙鎧使冠軍將
軍王珍國領三萬人據大桁莫有鬬志遣王寶孫督戰呼

為王偃子寶孫圾爲諸將帥直閤將軍席豪發憤突陣死
豪驍將也既斃衆軍於是土崩軍人從朱雀觀上自投及
赴淮水死者無數於是閉城自守城内軍事委王珍國兗
州刺史張稷入衛以稷為副實甲猶七萬人帝著鳥帽袴
褶備羽儀登南掖門臨望又虛設鎧馬齋仗千人皆張弓
拔白出東掖門稱蔣王出盪又受刀敕等敎著五音兒衣
登城望戰還與御刀左右及六宮於華光殿立軍壘以金
玉為鎧仗親自臨陣詐被創勢以板擱將去以此厭勝又
於閱武堂設牙門軍頓每夜嚴警帝於殿内騎馬從鳳莊
門入徽明門馬被銀蓮葉具裝鎧雜羽孔翠寄生逐馬左

右衛從晝眠夜起如平常聞外鼓吹叫聲被大紅袍登景
陽樓望弩幾中之衆皆怠怨不為致力募兵出戰至城門
數十步皆坐甲而歸慮城外有伏兵乃燒城傍諸府署六
門之内皆盡城中閣道西掖門内相聚為市販死牛馬肉
蕭衍長圍既立塹柵嚴固然後出盪屢戰不捷帝尤惜金
錢不肯賞賜茹法珍叩頭請之帝曰賊來獨取我邪何為
就我求物後堂儲數百具榜啓為城防帝曰擬作殿竟不
與城防巧手而悉令作殿晝夜不休又催御府細作三百
人精仗須圍解以擬屏除金銀雕鏤雜物倍急於常法珍
虫兒又説帝曰大臣不留意使圍不解宜悉誅之珍國張

稷懼禍乃謀應蕭衍以計告後閤舍人錢強強許之密令
游盪主崔叔智夜開雲龍門稷及珍國勒兵入殿分軍又
從西上閤入後宮御刀豐勇之為内應是夜帝在含德殿
吹笙歌作女兒子卧未熟聞兵入趨出北户欲還後宮清
曜閣已閉閹人禁防黃泰平刀傷其膝仆地顧曰奴反邪
直後張齊斬首送蕭衍宣德太后令依漢海昏侯故事追
封東昏侯

和帝諱寶融字智昭明帝第八子也建武元年封隨郡王
永元元年改封南康王出為西中郎將荆州刺史督九州
軍事二年十一月甲寅長史蕭穎胄奉王舉兵其日太白

及辰星俱見西方乙卯教纂嚴丙辰以雍州刺史蕭衍為
使持節都督前鋒諸軍事戊午衍表勸進十二月乙亥群
僚勸進並不許壬辰驍騎將軍夏侯亶自建鄴至江陵稱
宣德太后令西中郎將南康王宜纂承皇祚光臨億兆可
且封宣城王相國荆州牧加黃鉞置僚屬三年正月乙巳
王受命大赦唯梅虫兒茹法珍等不在例是日長星見竟
天甲寅建牙于城南二月己巳群僚上尊號立宗廟及南
北郊

中興元年春三月乙巳皇帝即位大赦改永元三年為中
興文武賜位二等是夜彗星竟天以相國左長史蕭穎胄

為尚書令加雍州刺史蕭衍尚書左僕射都督征討諸軍
以晉安王寶義為司空廬陵王寶源為車騎將軍開府儀
同三司丙午有司奏封庶人寶卷為零陵侯詔不許又奏
為涪陵王詔可夏四月戊辰詔凡東討衆軍及諸向義之
衆普復除五年秋七月丁卯魯山城主孫樂祖以城降己
未郢城主薛元嗣降八月丙子平西將軍陳伯之降九月
己未詔假黃鉞蕭衍若定京邑得以便宜從事冬十一月
壬寅尚書令鎮軍將軍蕭穎胄卒十二月丙寅建康城平
己巳宣德皇太后令以征東大將軍蕭衍為大司馬錄尚
書驃騎大將軍揚州刺史封建安郡公依晉武陵王遵承

制故事壬申改封建安王寶夤為鄱陽王癸酉以司徒揚
州刺史晉安王寶義為太尉領司徒乙酉以尚書右僕射
王瑩為左僕射
二年春正月戊戌宣德皇太后臨朝入居內殿壬寅大司
馬蕭衍都督中外諸軍事加殊禮己酉以大司馬長史王
亮為守尚書令甲寅加大司馬蕭衍位相國梁公備九錫
禮二月壬戌誅湘東王寶晊丙戌進梁公蕭衍爵為王三
月辛丑鄱陽王寶夤奔魏誅邵陵王寶攸晉熙王寶貞庚
戌車駕東歸至姑熟丙辰遜位于梁丁巳廬陵王寶源薨
四月辛酉禪詔至皇太后遜居外宮梁受命奉帝為巴陵

王宮于姑熟戊辰巴陵王殂年十五追尊為齊和帝葬恭
安陵初梁武帝欲以南海郡為巴陵國邑而遷帝焉以問
范雲雲俛眉未對沈約曰今古殊事魏武所云不可慕虛
名而受實禍梁武頷之於是遣鄭伯禽進以生金帝曰我
死不須金醇酒足矣乃引飲一升伯禽就加摺焉先是文
惠太子與才人共賦七言詩句後輒云愁和帝至是其言
方驗又永明中望氣者云新林婁湖青溪並有天子氣於
其處大起樓苑宮觀武帝屢游幸以厭之又起舊宮於青
溪以弭其氣而明帝舊居東府城西延興末明帝龍飛至
是梁武帝衆軍城於新林而武帝舊宅亦在征虜百姓皆

著下屋白紗帽而反裙覆頂東昏曰裙應在下今更在上
不祥命斷之於是百姓皆反裙向下此服袄也帽者首之
所寄今而向下天意若曰元首方為猥賤乎東昏又令左
右作逐鹿帽形甚窄狹後果有逐鹿之事東昏宮裏又作
散叛髮反髻根向後百姓爭學之及東昏狂惑天下散叛
矣東昏又與群小別立帽褰其口而舒兩翅名曰鳳度三
橋帮向後揔而結之名曰反縛黃麗東昏與刀敕之徒親
自著之皆用金寶鐾以璧璫又作著調帽鏤以金玉間以
孔翠此皆天意梁武帝舊宅在三橋而鳳度之名鳳翔之
驗也黃麗者皇離為日而反縛之東昏戮死之應也調者

梁武帝至都而風俗和調先是百姓及朝士皆以方帛填胷名曰假兩此又服袄假非正名也儲兩而假之明不得眞也東昏誅其子廢為庶人假兩之意也

論曰鬱林地居長嫡瑕釁未彰而武皇之心不變周道故得保茲守器正位尊極旣而愆鄙內作兆自宮闈雖為害未遠而足傾社稷郭璞稱永昌之名有二日之象隆昌之號實亦同焉明帝越自支庶任當負荷乘機而作大致殲夷流滯行誅非云義舉事苟非安能無內愧旣而自樹本枝根微孤弱貽厥所授屬在凶愚用覆宗祊亦其理也夫名以行義往賢垂範備而之禪術士誡之東昏以卷矣藏以終之其兆先徵蓋亦天所命矣

齊本紀下第五　　南史五

梁本紀上第六　　南史六

李　延壽

梁高祖武皇帝諱衍字叔達小字練兒南蘭陵中都里人姓蕭氏與齊同承淮陰令整整生皇高祖鎋位濟陰太守鎋生皇曾祖副子位州治中從事副子生皇祖道賜位南臺治書侍御史道賜生皇考諱順之字文緯於齊高帝為始族弟皇考外甚清和而內懷英氣與齊高少而款狎嘗共登金牛山路側有枯骨縱橫齊高謂皇考曰周文王以來幾年當復有掩此枯骨者乎言之慘然動色皇考由此知齊高有大志常相隨逐齊高每外討皇考常為軍副及北討薛索兒夜遣人入營提刀徑至齊高眠牀皇考手刃之頻為齊高鎮軍司馬長史時宋帝昏虐齊高謀出外皇考以為一旦奔亡則危幾不測不如因人之欲行伊霍之事齊高深然之歷黃門郎安西長史吳郡內史所經皆著名吳郡張緒常稱文武兼資有德有行吾敬蕭順之袁粲之據石頭黃回與之通謀皇考聞難作率家兵據朱雀橋回覘人還告曰朱雀橋南一長者英威毅然坐胡牀南向回曰蕭順之也遂不敢出時微皇考石頭幾不據矣及齊高創造皇業推鋒決勝莫不垂拱仰成焉齊建元末齊高從容謂皇考曰當令阿玉解揚州相授玉豫章王嶷小名

也齊武帝在東宮皇考嘗問訊及退齊武指皇考謂嶷曰
非此翁吾徒無以致今日及即位深相忌憚故不居台輔
以參豫佐命封臨湘縣侯歷位侍中衛尉太子詹事領軍
將軍丹陽尹贈鎮北將軍謚曰懿帝以宋孝武大明元年
歲次甲辰生于秣陵縣同夏里三橋宅初皇妣張氏嘗夢
抱日已而有娠遂產帝帝生而有異光狀貌殊特日角龍
顏重岳虎顧舌文八字項有浮光身映日無景兩髂駢骨
項上隆起有文在右手曰武帝為兒時能蹈空而行及長
博學多通好籌略有文武才幹所居室中常若雲氣人或
遇者體輒肅然初為衛軍王儉東閤祭酒儉一見深相器

南史帝紀六　二

異請為戶曹屬謂廬江何憲曰此蕭郎三十內當作侍中
出此則貴不可言竟陵王子良開西邸招文學帝與沈約
謝朓王融蕭琛范雲任昉陸倕等並游焉號曰八友融俊
爽識鑒過人尤敬異帝每謂所親曰宰制天下必在此人
累遷隨王鎮西諮議參軍行經牛渚逢風入泊龍瀆有一
老人謂帝曰君龍行虎步相不可言天下方亂安之者其
在君乎問其名氏忽然不見尋以皇考艱去職歸建鄴及
齊武帝不豫竟陵王子良以帝及兄懿王融劉繪王思遠
顧暠之范雲等為帳內軍主融欲因帝晏駕立子良帝曰
夫立非常之事必待非常之人融才非負圖視其敗也范

雲曰憂國家者惟有王中書帝曰憂國欲為周召欲為豎
刀邪懿曰直哉史魚何其木強也初皇考之薨不得志事
見齊魚復侯傳至是鬱林失德齊明帝作輔將為廢立計
帝欲助齊明傾齊武之嗣以雪心恥齊明亦知之每與帝
謀時齊明將追隨王恐不從又以王敬則在會稽恐為變
以問帝帝曰隨王雖有美名其實庸劣既無智謀之士爪
牙惟仗司馬垣歷生武陵太守卞白龍耳此並惟利是與
若啗以顯職無不載馳隨王止須折簡耳敬則志安江東
窮其富貴宜選美女以娛其心齊明曰亦吾意也即徵歷
生為太子左衛率白龍游擊將軍並至續召隨王至都賜

南史帝紀六　三

自盡豫州刺史崔慧景既齊武舊臣不自安齊明憂之乃
起帝鎮壽陽外聲備魏實防慧景師次長瀨慧景懼罪白
服來迎帝撫而宥之將軍房伯玉徐玄慶並曰慧景反跡
既彰實是見賊我曹武將譬如韝上鷹將軍一言見命便
即制之帝笑曰其如掌中嬰兒殺之不武於是曲意和釋
之慧景遂安隆昌元年拜中書侍郎遷黃門侍郎建武二
年魏將王肅劉昶攻司州刺史蕭誕甚急齊明遣左衛將
軍王廣之赴救帝為偏帥隸廣之行次鄴斗洲有人長八
尺餘容貌衣冠皓然皆白緣江呼曰蕭王大貴帝既屢有
徵祥心益自負時去誕百里衆軍以魏軍盛莫敢前帝欲

大振威略謂諸將曰今屯下梁之城塞鑿峴之險守雉脚
之路據賢首之山以通西關以臨賊壘三方犄角出其不
備破賊必矣廣之等不從後遣徐玄慶進據賢首山魏絶
其糧道衆懼莫敢棧之惟帝獨奮請先進於是廣之益帝
精甲銜枚夜前失道望見如持兩炬者隨之果得道徑上
賢首山廣之軍因得前魏軍來脅帝堅壁不進時王肅自
攻城一鼓而退劉昶有疑心帝因與書間成其隙一旦有
風從西北起陣雲隨之來當肅營尋而風回雲轉還向西
北帝曰此所謂歸氣魏師遁矣令軍中曰望麾而進聽鼓
而動肅乃傾壁十萬陣于水北帝揚麾鼓譟響振山谷敢

死之士執短兵先登長戟翼之城中見樓至因出軍攻魏
稱魏軍表裏受敵因大崩肅昶單騎走斬獲千計流血絳
野得肅昶巾箱中魏帝敕曰聞蕭衍善用兵勿與爭鋒待
吾至若能禽此人則江東吾有也以功封建陽縣男尋為
司州刺史有沙門自稱僧惲謂帝曰君項有伏龍非人臣
也復求莫知所之帝在州甚有威名嘗有人餉馬帝不受
餉者密以馬繫齋柱而去帝出見馬答書殷勤縛之馬首
令人驅出城外馬自還都為太子中庶子領四廂直出鎮
石頭齊明性猜忌帝避時嫌解遣部曲常乘折角小牛車
齊明每稱帝清儉以勗勵朝臣四年魏孝文帝自率大衆逼

雍州刺史曹武度沔守樊城武舊齊武腹心齊明忌之欲
使后弟劉暄為雍州暄不願出外因江祏得留齊明帝擬
帝雍州受密旨出頓聲為軍事發遣又命五兵尚書崔慧
景征南將軍陳顯達相續援襄陽慧景與帝進行鄧城魏
孝文帥十餘萬騎奄至慧景引退帝止之不從於是大敗
帝帥衆拒戰獨得全軍及魏軍退以帝為輔國將軍監雍
州事先是雍州相傳樊城有王氣至是謡言更甚及齊明
崩遺詔以帝為都督雍州刺史時楊州刺史始安王遥光
尚書令徐孝嗣右僕射江祏右將軍蕭坦之侍中江祀衛
尉劉暄更直內省分日帖敕世所謂六貴又有御刀茹法

珍梅虫兒豐勇之等八人號為八要及舍人王咺之等四
十餘人皆口擅王言權行國憲帝謂張弘策曰政出多門
亂其階矣當今避禍惟有此地勤行仁義可坐作西伯但
諸弟在都恐離時患須與益州圖之耳時上長兄懿罷益
州還仍行郢州事乃使弘策詣郢陳計於懿語在懿傳言
既不從弘策還帝乃召弟偉及憺是歲至襄陽乃潛造器
械多伐竹木沈於檀溪密為舟裝之備時帝所住齋常有
氣五色回轉狀若蟠龍季秋出九日臺忽暴風起煙塵四
合帝所居獨白日清朗其上紫雲騰起形如繖蓋望者莫
不異焉尋而大臣相次誅戮永元二年冬懿又被害信至

帝密召長史王茂中兵吕僧珍别駕柳慶遠功曹史吉士
瞻等謀之既定以十一月乙巳召僚佐集於聽事告以舉
兵是日建牙出檀溪竹木裝艑艦旬日大辦百姓願從者
得鐵馬五千匹甲士三萬人先是東昏以劉山陽為巴西
太守使過荆州就行事蕭穎胄以襲襄陽帝知其謀乃遣
參軍王天武龐慶國詣江陵徧與州府人書論軍事天武
既發帝謂諸議參軍張弘策曰今日天武坐收天下矣荆
州得天武至必回遑無計若不見同取之如拾地芥耳斷
三峽據巴蜀分兵定湘中便全有上流以此威聲臨九派
斷彭蠡傳檄江南風之靡草不足比也政小引日月耳江

陵本憚襄陽人加脣亡齒寒必不孤立寧得不闇見同邪
挾荆雍之兵掃定東夏韓白重出不能為計況以無筭之
昬主役御刀應敕之徒哉及山陽至巴陵帝復令天武齎
書與穎胄兄弟去後帝謂張弘策曰用兵之道攻心為上
攻城次之心戰為上兵戰次之今日是也近遣天武往州
府人皆有書今段止有兩封與行事兄弟云一二天武口
具及問天武口無所說天武是行事心膂彼聞必謂行事
與天武共隱其事則人人生疑山陽惑於衆口判相嫌貳
則行事進退無以自明是馳兩空函定一州矣山陽至江
安聞之果疑不上柳忱勸斬天武送首山陽穎胄乃謂天

武曰天下之事縣之在卿今就卿借頭以詐山陽昔樊於
期亦以頭借荆軻於是斬之送首山陽山陽信之馳入城
將踰閫縣門發折其車轅投車而走中兵參軍陳秀拔戟
逐之斬于門外傳首于帝仍以南康王尊號之議來告且
曰時有未利當須來年二月遽便進兵恐非廟筭帝荅曰
今坐甲十萬糧用自竭若頓兵十旬必生悔吝且太白出
西方杖義而動天時人謀有何不利昔武王伐紂行逆太
歲復須待年月乎竟陵太守曹景宗遣杜思沖勸帝迎南
康都襄陽待正尊號帝不從王茂又私于張弘策曰今以
南康置人手中彼挾天子以令諸侯節下前去為人所使

此豈歲寒之計弘策言之於帝帝曰若前塗大事不捷故
自蘭艾同焚若功業克建誰敢不從豈是碌碌受人處分
於沔南立新野郡以集新附三年二月南康王為相國以
帝為征東將軍戊申帝發襄陽自冬積稸至是開釋士卒
咸悅帝遂留弟偉守襄陽城謂曰當置心於襄陽人腹中
推誠信之勿有疑也天下一家乃當相見遂移檄建鄴闡
揚威武及至竟陵命長史王茂與太守曹景宗為前軍中
兵參軍張法安守竟陵城茂景宗帥衆濟岸進頓九里其
日郢州刺史張沖迎戰茂等大破之荆州遣冠軍將軍鄧
元起軍主王世興田安等會大軍於夏口帝築漢口城以

守魯山命水軍主張惠紹朱思遠等游過中江絕郢魯二城信使時張沖死其衆推軍主薛元嗣及沖長史程茂為主三月乙巳南康王即帝位於江陵遥廢東昏為涪陵王以帝為尚書左僕射加征東將軍都督征討諸軍假黃鉞西臺又遣冠軍將軍蕭穎達領兵來會四月帝出沔命王茂蕭穎達等逼郢城五月己酉帝移屯漢南是日有紫雲如蓋蔭于帝軍甲寅東昏遣寧朔將軍吳子陽光子衿等十三軍救郢州進據巴口七月帝命王茂帥軍主曹仲宗康絢武會超等潛師襲加湖將逼子陽水涸不通艦子衿喜其夜流星墜其城四更中無雨而水暴長衆軍乘流齊

進鼓譟攻之俄而大潰子陽等竄走衆盡溺于江王茂虜其餘而旋郢魯二城相視奪氣先是東昏遣冠軍將軍陳伯之鎮江州為子陽等聲援帝謂諸將曰夫征討未必須實力所聽威聲耳今加湖之敗誰不讋服陳武牙即伯之之子狼狽奔歸彼間人情理當忷懼我謂九江傳檄可定也因命搜所獲俘囚得伯之幢主蘇隆之厚加賞賜使致命焉戊午魯山城主孫樂祖降己未夜郢城有數百毛人踰堞且泣因投黃鵠磯蓋城之精也及旦其城主程茂薛元嗣遣參軍朱曉求降帝謂曰城中自可不識天命何意恒罵曉曰明公未之思耳桀犬何嘗不吠堯初郢城之閉

將佐文武男女口十餘萬人疾疫流腫死者十七八及城開帝並加隱卹其死者命給棺槥東昏聞郢城沒乃為城守計簡二尚方二冶囚徒以配軍其不可活者於朱雀門內日斬百餘人尚書令王亮苦諫不從陳伯之遣蘇隆之反命求未便進軍帝曰伯之此言意懷首鼠可及其猶豫逼之乃命鄧元起即日沿流八月天子遣兼黃門郎蘇回勞軍帝登舟命諸軍以進路留上庸太守韋叡守郢城行州事鄧元起將至尋陽陳伯之猶懼乃收兵退保湖口留其子武牙守盆城及帝至乃束甲請罪九月天子詔帝平定東夏以便宜從事前軍之次蕪湖南豫州刺史申胄棄

姑孰走至是大軍進據之自發雍州帝所乘艦恒有兩龍導引左右莫不見者緣道奉迎百姓皆如挾纊仍遣曹景宗蕭穎達領馬步進頓江寧東昏遣征虜將軍李居士迎戰景宗擊走之於是王茂鄧元起呂僧珍進據赤鼻邏曹景宗陳伯之為游兵是日新亭城主江道林率兵出戰衆軍禽之於陣大軍次新林建康士庶傾都而至送款或以血為書命王茂進據越城曹景宗據皁莢橋鄧元起據道士墩陳伯之據籬門道林餘衆退屯航南迫之因復散走退保朱雀憑淮自固時李居士猶據新亭壘請東昏燒南岸邑屋以開戰場自大航以西新亭以北蕩然矣十月東

昏石頭軍主朱僧勇歸降東昏又遣征虜將軍王珍國列
陣於航南大路悉配精手利器尚十餘萬人閹人王倀子持
白虎幡督諸軍王茂曹景宗等掎角奔之珍國之衆一時
土崩衆軍退至宣陽門李居士以新亭壘徐元瑜以東府
城降石頭白下諸軍並宵潰壬午帝鎮石頭命衆軍圍六
門東昏悉焚門内驅逼營署官府並入城有衆二十萬青
州刺史桓和紿東昏出戰因降先是俗語謂密相欺變者
為和欺於是虫兒法珍等曰今日敗於桓和可謂和欺矣
帝命諸軍築長圍初衆軍既逼東昏遣軍主左僧慶鎮京
口常僧景鎮廣陵李叔獻屯瓜步及申胄自姑孰奔歸又

使屯破墩以為東北聲援至是帝遣曉喻並降帝乃遣弟
輔國將軍秀鎮京口輔國將軍恢屯破墩從弟寧朔將軍
景鎮廣陵吳郡太守蔡夤弃郡赴降十二月丙寅兼衛尉
張稷北徐州刺史王珍國斬東昏其夜以黄油裹首送軍
帝命呂僧珍張彌勒兵封府庫及圖籍帝乃入收嬖妾潘
妃誅之及兇黨王咺之以下四十八人屬吏以宫女二千
人分賚將士宣德皇后令追廢涪陵王為東昏侯授帝中
書監大司馬録尚書驃騎大將軍都督揚州刺史封建安
郡公食邑萬户給班劍四十人黄鉞侍中征討諸軍事並
如故依晉武陵王遵承制故事百僚致敬己卯帝入屯閲

武堂下令大赦丙戌入鎮殿内是日鳳皇集建鄴又下令
凡昏制謬賦淫刑濫役外可詳檢前源悉皆除蕩其主守
散失諸所損耗精立科條咸從原例丁亥遣豫州刺史李
元履以兵五千慰勞東方十二郡二年正月辛卯下令通
檢尚書衆曹東昏時諸諍訟失理及主者淹停不時施行
者精加訊辯依事議奏其義師臨陣致命疾病死亡者並
加葬斂收恤遺孤甲午天子遣兼侍中席闡文兼黄門侍
郎樂法才慰勞都下追贈皇祖散騎常侍左光禄大夫皇
考侍中丞相乙未下令朱雀之捷逆徒送死者特許家人
殯葬若無親屬或有貧苦二縣長尉即為埋掩建康城内

不達天命自取淪滅亦同此科又下令減損浮費自非奉
粢盛脩紱冕習禮樂之容繕甲兵之備此外一皆禁絕御
府中署量宜罷省命外詳為條格戊戌宣德皇后臨朝入
居内殿拜帝大司馬解承制百僚致敬如前丁亥詔進帝
都督中外諸軍事劍履上殿入朝不趨贊拜不名加前後
部羽葆鼓吹置左右長史司馬從事中郎掾屬各四人并
依舊辟士餘並如故甲寅詔進帝位相國揔百揆封十
郡為梁公備九錫之禮加遠游冠緑綟綬位在諸王上策
曰上天不造難鍾皇室世祖以休明早崩世宗以仁德不
嗣高宗襲統宸居弗永雖夙夜劬勞而隆平不洽嗣君昏

暴書與弗睹朝權國柄委之群孽勦戮忠賢誅殘台輔含
冤抱痛噍類靡餘公藉昏明之期因兆庶之願爰率群后
翊成中興宗社之危已固天人之望允塞此實公紐我絕
綱大造皇家者也永明季年邊隙大啓荆河連率招引戎
荒公受言本朝輕兵赴襲排危冒險剛柔遞用坦然一方
還成藩服此又公之功也在昔隆昌洪基已謝高宗慮深
社稷將行權道公定策帷帳激揚大節廢帝立王謀猷深
著此又公之功也建武闡業厥猶雖遠戎狄内侵憑陵關
塞司部危逼淪陷指期公總兵外討卷甲長騖英虜喪帳
胡奔亡言歸此又公之功也樊漢阽切羽書續至公星言鞠

旅稟命徂征極我邊危重獲安堵此又公之功也漢南迥
弱咫尺勍寇公作藩爰始因資靡託練兵訓卒蒐狩有序
俾我危城翻為強鎮此又公之功也永元紀號瞻烏已及
雖廢昏有典而伊霍難行公首建大策爰立明聖義踰邑
綸勳高代入此又公之功也文王之風雖被江漢京邑蠢
蠢湮為洪流公投袂萬里事惟拯溺義聲所覃無思不韙
此又公之功也魯城夏汭梗據中流乘山置壘縈川自固
公御此烏集陵茲地險費無遺矢戰未窮兵踐華之固相
望俱拔此又公之功也惟此群凶同惡相濟緣江負險蟻
聚淮湖檣艪一臨應時潰此又公之功也姦孽震皇復

懷聚旁蓄兵九派用擬亂臣公稜威直指勢踰風電旌旆
小臨全州稽服此又公之功也姑孰衝要密邇京畿兇徒
熾聚斷塞津路公兵威所震望旗自駭此又公之功也群
豎猖狂志在借一豕突淮涘武騎如雲公爰命英勇因機
騁銳氣冠阪泉勢踰洹水此又公之功也琅邪石首襟帶
岨固新壘東墉金湯是埒憑險作守兵食兼資風激電駭
莫不震疊城復于隍於是乎在此又公之功也獨夫昏很
憑城靡懼鼓鐘鞺鞳傲若有餘狎是邪孽忌斯冠冕凶狡
因之將逞孥戮公奇謀密運盛略潛回忠勇之徒得申厥
效白旗宣室未之或比此又公之功也公有拯億兆之勳

重之以明德爰初厲志服道儒門濯纓來仕清猷映世時
運艱難宗社危殆崐岡已燎玉石同焚驅率貔貅抑揚霆
電義等南巢功齊牧野若夫禹功寂寞微管誰嗣拯其將
魚驅其被髮解茲亂網理此棼絲復禮衽席反樂河海永
平故事聞之者歎息司隸舊章見之者隕涕請我人命還
之斗極憫憫搢紳重荷戴天之慶哀哀黔首復蒙履地之
恩德踰於嵩岱功隣於造物超哉邈矣越無得而言焉朕
又聞之疇庸命德建侯作屏咸用克固四維永隆萬葉是
以二南流化九伯斯征王道淳洽刑厝罔用惟公經綸天
地寧濟區夏道冠乎伊稷賞薄於桓文豈所以憲章齊魯

長轡宇宙敬惟前烈朕甚懼焉今進授相國改揚州刺史
為牧以豫州之梁郡歷陽南徐州之義興揚州之淮南宣
城吳吳興會稽新安東陽十郡封公為梁公錫茲白土苴
以白茅爰定爾邦用建冢社在昔旦奭入居保佑逮于畢
毛亦作卿士任兼內外禮實宜之今命使持節兼太尉王
亮授相國揚州牧印綬梁公璽紱使持節兼司空王志授
梁公茅土金虎符第一至第五左竹使符第一至第十左
相國位冠群后任總百司恒典彝數宜與事革其以相國
總百揆去錄尚書之號上所假節侍中貂蟬中書監印中
外都督大司馬印綬建安公印策驃騎大將軍如故又加

公九錫其敬聽後命以公禮律兼脩刑德備舉哀矜折獄
罔不用情是用錫公大輅戎輅各一玄牡二駟公勞心稼
穡念在人天丕崇務本惟穀是寶是用錫公衮冕之服赤
舄副焉公鎔鈞所被變風以雅易俗陶人載和邦國是用
錫公軒縣之樂六佾之舞公文德廣覃義聲遠洽椎髻盤
首夷歌請吏是用錫公朱戶以居公揚清抑濁官方有序
多士聿興棫樸流詠是用錫公納陛以登公正色御下以
身範物式遏不虞折衝惟遠是用錫公虎賁之士三百人
公威同夏日志清姦宄放命圮族刑茲罔赦是用錫公鈇
鉞各一公跨躡嵩溟陵厲區宇譬諸日月容光必至是用

錫公彤弓十彤矢百盧弓百盧矢千公永言惟孝至感通
神恭嚴祀典祭有餘敬是用錫公秬鬯一卣圭瓚副焉梁
國置丞相以下一遵舊式欽哉其敬循往策祗服大禮對
揚天眷用膺多福以弘我太祖之休命帝固辭府僚勸進
不許二月辛酉府僚重請曰近以朝命蘊策冒奏丹誠奉
被還令未蒙虛受縉紳顒顒深所未達蓋聞受金於府通
人之弘致高蹈海隅匹夫之小節是以履乘石而周公不
以為疑贈玉璜而太公不以為讓況世哲繼軌先德在人
經綸草昧歎深微管加以朱方之役荊河是依班師振旅
大造王室雖復累繭救宋重胝存楚居今觀古曾何足云

而惑甚盜鍾功疑不賞皇天后土不勝其酷是以玉馬駿
奔表微子之去金板出地告龍逢之冤明公據鞌號哭厲
三軍之志獨居掩涕激義士之心故能使海若登祇罄圖
効祉山戎孤竹束馬景從伐罪弔人一匡靜亂匪叨天功
寔勤濡足龜玉不毀誰之功歟獨為君子將使伊周何地
於是始受相國梁公之命命焚東昏淫奢異服六十二種
於都街齊帝追贈梁公夫人為梁國妃乙丑南兗州隊主
陳文興於宣武城內鑿井得玉鏤騏驎金鏤玉璧水精環
各二又鳳凰見建康縣桐下里宣德皇后稱美符瑞歸于
相國府丙寅詔梁國依舊選諸要職悉依天朝之制帝上

表以前代選官皆立選簿請自今選曹精加隱括依舊立
簿使冠屨無爽名實不違庶人識涯涘造請自息且聞中
間立格甲族以二十登仕後門以過立試吏豈所以弘奬
風流希向後進此實巨蠹尤宜刊革詔依表施行丙戌詔
進梁公爵為王以豫州之南譙廬江江州之尋陽郢州之
武昌西陽南徐州之南琅邪南東海晉陵揚州之臨海永
嘉十郡益梁國并前為二十郡其相國揚州牧驃騎大將
軍如故帝固辭有詔斷表相國左長史王瑩等率百僚敦
請三月癸巳受梁王之命下令赦國內殊死以下鰥寡孤
獨不能自存者賜穀五斛府州所統亦同蠲蕩丙午齊帝
命帝冕十有二旒建天子旌旗出警入蹕乘金根車駕六
馬備五時副車置旄頭雲罕樂儛八佾設鍾虡宮縣王妃
王子王女爵命之號一如舊儀丙辰齊帝下詔禪位即安
姑孰四月辛酉宣德皇后令曰西詔至帝憲章前代敬禪
神器于梁明可臨軒遣使恭授璽紱未亡人便歸于別宮
壬戌策曰咨爾梁王惟昔邃古之載肇有生靈皇雄大庭
之辟赫胥尊盧之后斯並龍圖鳥跡以前慌惚杳冥之世
固無得而詳焉洎乎農軒炎皞之代放勛重華之主莫不
以大道君萬姓　器御八紘居之如執朽索去之若釋重
負一駕汾陽便有窅然之志暫適箕嶺即動讓王之心故

知戴黃屋服玉璽非所以示貴稱尊秉大輅建旂旗蓋欲
令歸趣有地是故忘己而字兆庶徇物而君四海及於菁
華內竭畚橇外勞則撫茲歸運惟能是與四百告終有漢
所以高揖黃德既謝魏氏所以樂推爰及晉宋亦弘斯典
我太祖握河受曆應符啟運二葉重光三聖係軌嗣君喪
德昏棄紀度毀紊天綱彫絕地紐是以谷滿川枯山飛鬼
哭七廟已危人神無主惟王體茲上哲明聖在躬端冕而
協邕熙推鋒而拯塗炭武功與日車並運文教與鵬翼齊
舉固以幽顯宅心謳訟斯屬豈徒桴鼓播地卿雲叢天而
已哉至於晝睹爭明夜飛枉矢除舊之徵必顯更姓之符
允集今便仰祇乾象俯從人願敬禪神器授帝位于爾躬
大祚告窮天祿永終於戲王允執其中式遵前典以副昊
天之望禋上帝而臨億兆格文祖而膺大業以傳無疆之
祚豈不盛與并命璽書遣兼太保中書監兼尚書令王亮
兼太尉中書令王志奉皇帝璽紱受終之禮一依唐虞故
事帝抗表陳讓表不獲通於是齊百官豫章王元琳等八
百一十九人及梁臺侍中范雲等一百一十七人並上表
勸進帝謙讓不受是日太史令將道秀陳天文符讖六十
四條事並明著群臣重表固請乃從之
天監元年夏四月丙寅皇帝即位于南郊設壇柴燎告天

曰皇帝臣衍敢用玄牡昭告于皇皇后帝齊氏以歷運斯
既否終則亨欽若天應以命于衍夫任是司牧惟能是授
天命不于常帝王非一族唐謝虞受漢替魏升爰及晉宋
憲章在昔咸以君德馭四海元功子萬姓故能大庇甿黎
光宅區宇齊代云季世主昏凶狡焉群慝是崇是長肆厥
姦回暴亂以播虐于我有邦俾九服八荒之內連率岳牧
之君蹶角頓顙匡救無術衍投袂星言推鋒萬里厲其挂
冠之情用拯兆庶之切遂因時來宰司邦國濟物康世寔
有厥勞而晷緯呈祥川岳効祉代終之符既顯革運之期
已昭殊俗百蠻重譯獻款人神遠邇罔不和會於是群公

卿士咸致厥誠並以皇乾降命難以謙拒衍自惟匪德辭
不獲遂仰迫上玄之眷俯惟億兆之心宸極不可久曠人
神不可乏主遂藉樂推膺此嘉祚以茲寡薄臨馭萬方顧
求夙志永言祇惕敬簡元辰恭茲大禮升壇受禪告類上
帝克播休祉以弘盛烈式傳厥後用永保于我有梁惟明
靈是饗禮畢有詔放觀乃備法駕還建康宮臨太極前殿
大赦改元賜人爵二級文武位二等鰥寡孤獨不能自存
者人穀五斛逋布口錢宿責勿復收其犯鄉論清議贓汙
淫盜一皆蕩滌洗除前注與之更始封齊帝為巴陵王全
食一郡載天子旌旗乘五時副車行齊正朔郊祀天地禮

樂制度皆用齊典以齊宣德皇后為齊文帝妃齊帝后王
氏為巴陵王妃齊代王侯封爵悉皆降省其効著艱難者
別有後命惟宋汝陰王不在除例劫賊餘口沒在臺府者
悉皆蠲放諸流徙之家並聽還本以兼尚書令王亮為尚
書令兼尚書右僕射沈約為尚書僕射封皇弟中護軍宏
為臨川王南徐州刺史秀為安成王雍州刺史偉為建安
王右衛將軍恢為鄱陽王荊州刺史憺為始興王自郡王
以下列爵為縣六等皇弟皇子封郡王二千戶王之庶子
為縣侯五百戶謂之諸侯功臣爵邑無定科鳳凰集南蘭
陵丁卯詔凡後宮樂府西解暴室諸如此例被幽逼者一

皆放遣若衰老不能自存者官給廩食戊辰遣巴陵王錢
二百萬絹布各千疋綿二千斤車騎將軍高麗王高雲進
號車騎大將軍鎮東大將軍百濟王餘大進號征東大將
軍鎮東大將軍倭王武進號征東將軍己巳巴陵王殂于
姑孰追謚為齊和帝終禮一依故事庚午詔分遣內侍周
省四方觀政聽謠訪賢舉滯其有田野不闢獄訟無章志
公徇私侵漁是務者悉隨事以聞若懷寶迷邦蘊奇待價
蓄響藏真不求聞達各依名騰奏罔或遺隱又詔曰金作
贖刑有聞自昔入縑以免施於中代永言叔季偷薄成風
嬰愆入罪厥塗匪一死者不可復生刑者無因自反由此

而望滋實廣可致乎可依周漢舊典有罪入贖外詳為條
格以時奏聞辛未以新除謝沐公蕭寳義為巴陵王以奉
齊祀復南蘭陵武進縣依前代之科徵新除相國軍諮祭
酒謝朏為侍中左光禄大夫開府儀同三司改南東海為
蘭陵郡土斷南徐州諸僑郡縣癸酉詔於公車府謗木肺
石傍各置一函若肉食莫言山阿欲有横議投謗木函若
從我江漢功在河業犀兕徒弊龍蛇方縣次身才高妙擯
壓莫通懷傅呂之術抱屈賈之歎其理有皦然受困包匭
夫大政侵小豪門陵賤百姓已窮九重莫達若欲自申並
可投肺石函甲戌詔斷遠近上慶禮閏月丁酉以行宕昌

王梁彌邕為安西將軍河涼二州刺史正封宕昌王壬寅
詔以憲網日弛漸以為俗令端右以風聞奏事依元熙舊
制有司奏追尊皇考為文皇帝廟號太祖皇妣張氏為獻
皇后陵曰建陵郗氏為德皇后陵曰脩陵五月乙亥夜盜
入南北掖燒神武門總章觀害衛尉卿張弘策戊子江州
刺史陳伯之舉兵反以領軍將軍王茂為征南將軍江州
刺史率衆討之六月庚戌封北秦州刺史楊紹先為武都
王是月陳伯之奔魏江州平前益州刺史劉季連據成都
反秋七月丁巳朔日有蝕之八月戊戌置建康三官癸卯
鑾駕幸樂游苑乙巳平北將軍西涼州刺史象舒彭進號

安西將軍封鄧至王丁未命中書監王瑩等八人參定律
令詔尚書郎依昔奏事交州獻能歌鸚鵡詔不納林邑干
陁利國各遣使朝貢冬十一月己未立小廟甲子立皇子
統為皇太子賜天下為父後者爵一級十二月大雪深三
尺是歲大旱米斗五千人多餓死

二年春正月乙卯以尚書僕射沈約為左僕射吏部尚書
范雲為右僕射辛酉祀南郊降死罪以下囚庚辰以仇池
公楊靈珍為北梁州刺史封仇池王夏四月癸卯尚書删
定郎蔡法度上梁律二十卷令三十卷科四十卷五月尚
書右僕射范雲卒乙巳益州刺史鄧元起尅成都曲赦益

州六月丁亥以新除左光禄大夫謝朏為司徒尚書令申
午以中書監王瑩為尚書右僕射是夏多癘疫秋七月扶
南龜茲中天竺國各遣使朝貢冬十月皇子綱生降都下
死罪以下四十一月乙卯雷電大雨晦

三年春正月癸丑以尚書右僕射王瑩為左僕射太子詹
事柳惔為右僕射二月魏尅梁州三月隕霜殺草夏五月
丁巳以扶南王僑陳如闍耶跋摩為安南將軍六月丙子
詔分遣使巡察州部視人冤酷癸未大赦秋七月甲子立
皇子綜為豫章王八月魏尅司州九月壬子以河南王世
子伏連籌為鎮西將軍西秦河二州刺史封河南王北天

竺國遣使朝貢冬十一月甲子詔除贖罪科是歲魏正始
元年
四年春正月癸卯詔自今九流常選年未三十不通一經
不得解褐若有才同甘顏勿限年次置五經博士各一人
有司奏吳令唐傭鑄盤龍火鑪翔鳳硯蓋詔禁錮終身丙
午省鳳凰銜書伎戊申詔往代多命宮人帷宮觀禋郊之
禮非所以仰虔蒼昊自今停止辛亥祀南郊大赦二月初
置胄子律博士壬午遣衛尉卿楊公則率宿衛兵塞洛口
壬辰交州刺史李凱據州反長史李畟討平之曲赦交州
是月立建興苑於秣陵建興里夏四月丁巳以行宕昌王
梁彌博為安西將軍河涼二州刺史正封宕昌王六月庚
戌立孔子廟冬十月使中軍將軍揚州刺史臨川王宏都
督北討諸軍事侵魏以興師費用王公以下各上國租及
田穀以助軍資是歲大穰米斛三十
五年春正月丁卯朔詔凡諸郡國舊族邦內無在朝位者
選官搜括使郡有一人乙亥起前司徒謝朏為中書監司
徒甲申立皇子綱為晉安王三月丙寅朔日有蝕之夏四
月甲寅初立詔獄詔建康縣置三官與廷尉三官分掌獄
事號建康為南獄廷尉為北獄五月置集雅館以招遠學
秋七月乙丑鄧至國遣使朝貢八月辛酉作東宮九月臨

川王宏軍至洛口大潰所亡萬計宏單騎而歸冬十一月
甲子都下地震生白毛乙丑以師出淹時大赦魏人乘勝
攻鍾離十二月癸卯司徒謝朏薨
六年春三月庚申隕霜殺草是月有三象入建鄴夏四月
壬辰置左右驍騎左右游擊將軍官癸巳曹景宗韋叡等
破魏師於邵陽洲斬獲萬計己酉以江州刺史王茂為尚
書右僕射丁巳以楊州刺史臨川王宏為驃騎大將軍開
府儀同三司以右光祿大夫沈約為尚書左僕射五月己
巳置中衛中權將軍改驍騎為雲騎游擊為游騎秋八月
戊子赦戊戌都下大水九月乙亥改閱武堂為德陽堂聽
訟堂為儀賢堂冬閏十月乙丑以開府臨川王宏為司徒
以行太子太傅尚書左僕射沈約為尚書令以行太子少
傅吏部尚書袁昂為兼尚書右僕射甲申以左光祿大夫
夏侯詳為左僕射十二月丙辰左僕射夏侯詳卒
七年春正月戊子以元樹為恒朔二州都督封魏郡王戊
戌詔作神龍仁獸闕於端門大司馬門外二月乙卯新作
國門于越城南乙丑增置鎮衛將軍以下為十品以法日
數凡二十四班以法氣序不登十品別有八班以象八風
又置施外國將軍二十四班合一百九號庚午詔於州郡
縣置州望郡宗鄉豪各一人專掌搜薦乙亥以車騎大將

軍高麗王高雲為撫東大將軍開府儀同三司夏四月乙
卯以皇太子納妃故赦大辟以下頒賜朝臣及近侍各有
差五月都下大水戊子詔蘭陵縣脩建二陵周回五里內
居人賜復終身己亥詔復置宗正太僕大匠鴻臚又增太
府太舟仍先為十二卿及置朱衣直閤將軍官六月辛酉
改陵監為令秋八月丁巳皇子繹生赦大辟以下未結正
者九月壬辰置童子奉車郎癸巳立皇子績為南康王冬〻
十月丙寅以吳興太守張稷為尚書左僕射丙子詔大舉
北侵丁丑魏縣瓠鎮主白皁生豫州刺史胡遜以城內屬
是歲魏永平元年

八年春正月辛巳祀南郊大赦壬辰魏鎮東參軍成景儁
以宿豫城內屬夏四月戊申以司徒臨川王宏為司空揚
州刺史以車騎將軍領太子詹事王茂即本號開府儀同
三司秋七月癸巳巴陵王蕭寶義薨冬〻十一月壬寅立皇
子續為廬陵王

九年春正月乙亥以左光祿大夫王瑩為尚書令庚寅新
作緣淮塘三月己丑幸國子學親臨講肄賜祭酒以下各
有差乙未詔皇太子及王侯之子年在從師者皆入學夏
四月丁巳選尚書五都令史革用士流六月癸丑盜殺宣
城太守朱僧勇閏六月己丑宣城盜轉寇吳興太守蔡撙

討平之冬十二月癸未幸國子學策試胄子賜訓授之司
各有差是歲于闐林邑國並遣使朝貢

十年春正月辛丑祀南郊大赦戊子荊州言騶虞見三月
盜殺東莞琅邪二郡太守劉晰以朐山引魏徐州刺史盧
昶夏六月以國子祭酒張充為尚書右僕射冬十二月山
車見臨城縣振遠將軍馬仙琕大破魏軍斬馘十餘萬復
朐山城是歲初作宮城門三重樓及開二道宕昌國遣使
朝貢婆利國貢金席

十一年春正月壬辰詔自今捕謫之家及罪應質作若年
有老小可停將送加鎮南將軍江州刺史建安王偉開府

儀同三司司空揚州刺史臨川王宏進位太尉以驃騎將
軍王茂為司空二月戊辰新昌濟陽二郡野蠶成繭三月
丁巳為旱故曲赦揚徐二州庚申高麗國遣使朝貢夏四
月百濟扶南林邑等國各遣使朝貢秋九月宕昌國遣使
朝貢冬〻十月乙未以吳郡太守袁昂為兼尚書右僕射己
酉降太尉揚州刺史臨川王宏為驃騎將軍開府同三司
之儀癸丑齊宣德太妃王氏薨是歲魏延昌元年

十二年春正月辛卯祀南郊赦大辟罪以下辛酉兼尚書
右僕射袁昂即正丙寅詔明下遠近若委骸不葬或條衣
莫改量給棺具收斂辛巳新作太極殿改為十三間以從

閏數閏三月乙丑特進中軍將軍沈約卒夏四月都下大水六月癸巳新作太廟增基九尺秋九月加揚州刺史臨川王宏位司空以司空王茂為驃騎將軍開府同三司之儀位江州刺史冬十月丁亥詔曰明堂地居卑濕可量就埤起以盡誠敬

十三年春二月庚辰朔震于西南天如裂丁亥耕藉田大赦賜孝悌力田爵一級夏六月都下訛言有棖棖取人肝肺及血以飴天狗百姓大懼二旬而止秋七月乙亥立皇子綸為邵陵王繹為東湘王紀為武陵王是歲林邑扶南于闐國各遣使朝貢作浮山堰

十四年春正月乙巳朔皇太子冠大赦賜為父後者爵一級王公以下班賚各有差停遠近上慶禮辛亥祀南郊詔班下遠近博採英異又前以墨刑用代重辟者除其條丙寅汝陰王劉胤薨丁巳魏宣武皇帝崩夏四月丁丑驃騎將軍開府同三司之儀江州刺史王茂薨冬十月浮山堰壞是歲蠕蠕狼牙脩國各遣使來朝貢

十五年春三月戊辰朔日有蝕之既夏四月高麗國遣使朝貢六月庚子以尚書令王瑩為左光祿大夫開府儀同三司尚書右僕射袁昂為左僕射吏部尚書王暕為右僕射秋八月蠕蠕河南國各遣使朝貢九月辛巳左光祿大夫開府儀同三司王瑩薨壬辰大赦冬十一月交州刺史李畟斬反者阮宗孝傳首建鄴曲赦交州是歲魏孝明皇帝熙平元年

十六年春正月辛未祀南郊詔尤貧家勿收今年三調無田業者所在量宜賦給及優蠲産子之家恤理寃獄并賑孤老鰥寡不能自存者二月辛亥耕藉田甲寅赦罪人三月丙子敕太醫不得以生類為藥公家織官紋錦飾並斷仙人鳥獸之形以為褻衣裁翦有乖仁恕於是祈告天地宗廟以去殺之理欲被之含識郊廟牲牷皆代以麪其山川諸祀則否時以宗廟去牲則為不復血食雖公卿異議

朝野喧囂竟不從冬十月宗廟薦羞始用蔬果是歲河南扶南婆利等國各遣使朝貢

十七年春二月癸巳雍州刺史安成王秀薨甲辰大赦三月丙申改封建安郡王偉為南平王夏六月乙酉中軍將軍中書監臨川王宏以本號行司徒秋八月壬寅詔兵騶奴婢男年六十六女年六十免為編户閏八月干陁利國遣使朝貢冬十月乙亥以行司徒臨川王宏即正十一月辛亥以南平王偉為左光祿大夫開府儀同三司是歲魏神龜元年

十八年春正月甲申以領軍將軍鄱陽王恢為征西將軍

荊州刺史以荊州刺史始興王憺為中撫將軍並開府儀
同三司以尚書左僕射袁昂為尚書令以右僕射王暕為
左僕射以太子詹事徐勉為右僕射辛卯祀南郊孝悌力
田賜爵一級夏四月丁巳帝於無碍殿受佛戒赦罪人秋
七月于闐扶南國各遣使朝貢

梁本紀上第六　南史六

梁本紀中第七　南史七

李　延壽

普通元年春正月乙亥朔大赦改元丙子日有蝕之己卯
以司徒臨川王宏為太尉揚州刺史以金紫光祿大夫王
份為尚書左僕射庚子扶南高麗等國並遣使朝貢二月
癸丑以高麗王嗣子安為寧東將軍高麗王三月滑國遣
使朝貢夏四月河南國遣使朝貢秋七月己卯江淮海並
溢九月乙亥有星晨見東方光爛如火是歲魏正光元年
二年春正月辛巳祀南郊詔置孤獨園以恤孤幼戊子大
赦二月辛丑祀明堂三日庚寅大雪平地三尺夏四月乙
卯改作南北郊丙辰詔曰平秩東作義不在南前代因襲
有乖禮制可於震方具茲千畝於是徙藉田於東郊外十
五里五月癸卯琬琰殿火延燒後宮屋三千間閏月丁巳
詔自今可停賀瑞六月丁卯義州刺史文僧明以州歸魏
秋七月丁酉假大匠卿裴邃節督衆軍侵魏甲寅魏荊州
刺史桓叔興帥衆降八月丁亥始平郡石鼓村地自開成
井方六尺六寸深三十二丈冬十一月百濟新羅國各遣
使朝貢十二月戊辰以鎮東大將軍百濟王餘隆為寧東
大將軍
三年春正月庚子以吳郡太守王暕為尚書左僕射庚戌

都下地震三月乙卯巴陵王蕭昇薨夏四月丁卯汝陰王
劉端薨五月壬辰朔日有蝕之既癸巳大赦詔公卿百僚
各上封事連率郡國舉賢良方正直言之士秋八月甲子
婆利白題國各遣使朝貢冬〻十一月甲申開府儀同三司
始興王憺薨
四年春正月辛卯祀南郊大赦辛亥祀明堂二月乙亥耕
籍田孝弟力田賜爵一級祿耕之司尅日勞酒冬〻十月庚
午以中衞將軍袁昂為尚書令即本號開府儀同三司十
一月癸未朔日有蝕之甲辰尚書左僕射王暕卒十二月
戊午用給事中王子雲議始鑄鐵錢狼牙脩國遣使朝貢

五年夏六月乙酉龍鬬于曲阿王陂因西行至建陵城所
經樹木倒折開數十丈庚子以員外散騎常侍元樹為平
北將軍北青兗二州刺史率衆侵魏
六年春正月辛亥祀南郊大赦庚申魏徐州刺史元法僧
以彭城來降自去歲以來北侵諸軍所在尅獲甲戌以元
法僧為司空封始安郡王二月辛巳改封法僧為宋王三
月丙午賜新附人長復除註誤罪失一無所問夏五月己
酉脩宿豫堰又脩曹公堰於濟陰壬子遣中護軍夏侯亶
督壽陽諸軍侵魏六月庚辰豫章王綜奔魏魏復據彭城
秋七月壬戌大赦冬〻十二月壬辰都下地震是歲魏壽昌

元年
七年春正月辛丑朔赦死罪以下夏四月乙酉太尉臨川
王宏薨南州津改置校尉增加奉秩詔在位群臣各舉所
知凡是清吏咸使薦聞秋九月己酉荆州刺史鄱陽王恢
薨冬〻十一月庚辰丁貴嬪薨大赦是歲河南高麗林邑滑
國並遣使朝貢
大通元年春正月乙丑以尚書右僕射徐勉為尚書左僕
射詔百官奉祿自今可長給見錢辛未祀南郊詔流亡者
聽復宅業蠲役五年尤貧家勿收今年三調孝弟力田賜
爵一級是月司州刺史夏侯夔進軍三關所至皆尅初帝

創同泰寺至是開大通門以對寺之南門取反語以協同
泰自是晨夕講義多由此門三月辛未幸寺捨身甲戌還
宮大赦改元大通以符寺及門名夏五月丙寅成景儁尅
魏臨潼竹邑冬〻十月庚戌魏東豫州刺史元慶和以渦陽
內屬甲寅曲赦東豫州十一月丁卯以中護軍蕭淵藻為都
督侵魏鎮于渦陽是歲林邑師子高麗等國各遣使朝貢
二年春正月乙酉蠕蠕國遣使朝貢二月築寒山堰癸丑
魏孝明皇帝崩夏四月戊戌魏尒朱榮推奉孝莊帝庚子
榮殺幼主及太后胡氏辛丑魏郢州刺史元顯達以義陽
降封顯達為樂平王是時魏大亂其北海王顥臨淮王彧

汝南王悅並來奔北青州刺史元儁南荊州刺史李志皆以地降冬十月丁亥以魏北海王顥主魏遣東宮直閤將軍陳慶之衞送還北魏衞州刺史鄧獻以地降是歲魏武泰元年尋改為建義又改曰永安

中大通元年春正月辛酉祀南郊大赦賜孝悌力田爵一級辛巳祀明堂夏四月癸巳陳慶之攻拔魏梁城進屠考城禽魏濟陰王暉業五月癸酉進尅虎牢魏孝莊帝出居河北乙亥元顥入京師僭號建武六月壬午以永興公主疾篤故大赦公主志也是月都下疫甚帝於重雲殿為百姓設救苦齋以身為禱閏月護軍將軍南康王績薨己卯魏將尒朱榮攻殺元顥京師反正秋九月辛巳朱雀航華表災癸巳幸同泰寺設四部無遮大會上釋御服披法衣行清淨大捨以便省為房素床瓦器乘小車私人執役甲午升講堂法坐為四部大衆開涅槃經題癸卯群臣以錢一億萬奉贖皇帝菩薩大捨僧衆默許乙巳百辟詣寺東門奉表請還臨宸極三請乃許帝三答書前後並稱頓首冬十月己酉又設四部無遮大會道俗五萬餘人會畢帝御金輅還宮御太極殿大赦改元十一月戊子魏巴州刺史嚴始欣以城降是歲盤盤蠕蠕國並遣使朝貢

二年夏四月癸丑幸同泰寺設平等會庚申大雨雹六月丁巳遣魏汝南王悅還北主魏庚申以魏尚書左僕射范遵為司州牧隨悅北侵是月林邑扶南國遣使朝貢秋八月庚戌幸德陽堂祖魏主元悅山賊冦會稽郡縣九月壬午假超武將軍湛海珍節以討之是歲魏莊帝殺其權臣尒朱榮其黨奉魏　廣王曄為主而殺孝莊帝年號建明

三年春正月辛巳祀南郊大赦丙申以魏尚書僕射鄭元護為征北大將軍二月辛丑祀明堂夏四月乙巳皇太子統薨六月癸丑立昭明太子子華容公歡為豫章郡王枝江公譽為河東郡王曲江公詧為岳陽郡王是月冊冊國遣使朝貢秋七月乙亥立晉安王綱為皇太子大赦賜為父後者及出處忠孝文武清勤並爵一級庚寅詔宗戚有服屬者並賜湯沐食鄉亭侯各隨遠近以為差次壬辰以吏部尚書何敬容為尚書右僕射九月狼牙脩國遣使朝貢是秋吳興生野稻飢者賴焉冬十月己酉上幸同泰寺升法坐為四部衆說涅槃經迄于乙卯前樂山縣侯蕭正則有罪流徙至是招誘亡命欲寇廣州在所討平之十一月乙未上幸同泰寺升法座為四部衆說般若經迄于十二月辛丑是歲魏尒朱兆又廢其主曄而奉節閔皇帝改建明二年為普泰元年又魏勃海王高歡舉兵信都別奉勃海太守朗為主改普泰元年為中興

四年春正月丙寅以開府儀同三司南平王偉為大司馬以司空宋王元法僧為太尉尚書令以開府儀同三司袁昂為司空立臨川靖惠王宏子正德為臨賀郡王庚午立嫡皇孫大器為宣城郡王位列諸王上癸未魏南兖州刺史劉世明以城降二月壬寅以太尉元法僧還北主魏以侍中元景隆為徐州刺史封彭城郡王通直常侍元景宗為青州刺史封平昌郡王隨法僧北侵庚戌新除楊州刺史邵陵王綸有罪免為庶人三月庚午侍中領國子博士蕭子顯表置制旨孝經助教一人生十人專通帝所釋孝經義夏四月盤盤國遣使朝貢秋七月甲辰星隕如雨九

月乙巳加司空袁昂尚書令冬十一月高麗國遣使朝貢十二月丙子魏彭城王尒朱仲遠來奔以為定洛將軍封河南王北侵隨所尅土使自封建庚辰以太尉元法僧為郢州刺史驃騎大將軍開府同三司之儀是歲魏相勃海王高歡平尒朱氏廢節閔皇帝及自所奉勃海故王朗而奉平陽王脩是為孝武皇帝改中興二年為太昌尋又改為永熈元年

五年春正月辛卯祀南郊大赦賜孝悌力田爵一級先是一日丙夜南郊令解滌之等到郊所履行忽聞異香三隨風至及將行事奏樂迎神畢有神光圓滿壇上朱紫黄白雜色食頃乃滅戊申都下地震己酉長星見辛亥祀明堂二月癸未幸同泰寺設四部大會升法坐發金字般若經題訖于己丑三月丙辰大司馬南平王偉薨夏五月戊子都下大水御道通船六月己卯魏建義城主蘭保殺東徐州刺史崔祥以下邳降冬十月庚申以尚書右僕射何敬容為左僕射以吏部尚書謝舉為右僕射是歲河南波斯盤盤等國並遣使朝貢

六年春二月癸亥耕籍田大赦賜孝悌力田爵一級三月己亥以行河南王可沓振為西秦河二州刺史正封河南王甲辰百濟國遣使朝貢夏四月丁卯熒惑在南斗秋七

月甲辰林邑國遣使朝貢冬十月丁卯以信武將軍元慶和為鎮北將軍封魏王率衆北侵閏十二月丙午西南有雷聲二是歲魏孝武帝迫于其相高歡出居關中歡又別奉清河王世子善見為主是為孝靜帝改永熈三年為天平元年魏於是始分為兩孝武既至關中又與丞相宇文泰不平未幾遇鴆而崩

大同元年春正月戊申朔大赦改元二月辛巳祀明堂丁亥耕籍田辛丑高麗丹丹國並遣使朝貢三月丙寅幸同泰寺設無遮大會辛未滑國遣使朝貢夏四月庚子波斯國遣使朝貢壬戌幸同泰寺鑄十方銀像并設無导會秋

七月辛卯扶南國遣使朝貢冬〻十月雨黃塵如雪十一月
壬戌北梁州刺史蘭欽攻漢中魏梁州刺史元羅降癸亥
復梁州是歲西魏文皇帝大統元年
二年春二月乙亥耕藉田三月庚申詔求讜言及令文武
在位舉士戊寅帝幸同泰寺設平等法會夏四月乙未以
開府同三司之儀元法僧為太尉五月癸卯以魏梁州刺
史元羅為青冀二州刺史封東郡王六月丁亥詔郊明堂
陵廟等令改視散騎侍郎秋九月辛亥幸同泰寺設四部
無导法會冬〻十月乙亥詔大舉北侵壬午幸同泰寺設無
导大會十一月雨黃塵如雪攬之盈掬己亥詔北侵衆軍

班師辛亥都下地震生白毛長二尺十二月壬申與東魏
通和
三年春正月辛丑祀南郊大赦賜孝悌力田爵一級是夜
朱雀門災壬寅雨灰黃色二月丁亥耕藉田癸巳以護軍
將軍蕭藻為尚書左僕射三月戊戌立昭明太子子譽為
武昌郡王詧為義陽郡王夏五月癸未幸同泰寺鑄十方
金銅像設無导法會六月青州朐山隕霜秋七月青州雪
害苗稼癸卯東魏人來聘己酉義陽王詧薨八月辛卯幸
阿育王寺設無导法喜食大赦九月使兼散騎常侍張皐
聘于東魏閏九月甲子侍中太尉元法僧薨冬〻十月丙辰

都下地震是歲飢
四年春二月己亥耕藉田三月河南蠕蠕國並遣使朝貢
夏五月甲戌東魏人來聘六月辛丑日有蝕之秋七月癸
亥詔以東冶徒李胤之降象牙如來真形大赦戊辰使兼
散騎常侍劉孝儀聘于東魏八月甲辰詔南兗等十二州
既經飢饉曲赦逋租宿責勿收今年三調九月閣武宇樂
游苑
五年春正月乙卯以護軍將軍廬陵王續為驃騎將軍安
右將軍尚書左僕射蕭藻為中衛將軍並開府儀同三司
中權將軍丹楊尹何敬容以本號為尚書令吏部尚書張

纘為尚書左僕射丁巳御史中丞參禮儀事賀琛奏今南
北二郊及藉田往還並宜御輦不復乘路三郊請用素輦
藉田往還乘常輦皆以侍中陪乘停大將軍及太僕詔付
尚書博議施行改素輦名大同輦郊祀宗廟乘佩輦辛未
祀南郊詔孝悌力田及州閭鄉黨稱為善人者各賜爵一
級秋八月乙酉扶南國獻生犀冬〻十一月乙亥東魏人來
聘十二月使兼散騎常侍柳豹聘于東魏是歲都下訛言
天子取人肝以飴天狗大小相驚日晚便閉門持仗數月
乃止
六年春正月庚戌朔曲赦司豫徐兗四州二月己亥耕藉

因夏四月癸未詔晉宋齊三代諸陵有職司者勤加守護
五月己卯河南王遣使朝獻馬及方物求釋迦像并經論
十四條敕付像并制旨涅槃般若金光明講疏一百三卷
秋七月丁亥東魏人來聘遣散騎常侍陸晏子報聘八月
戊午大赦辛未盤盤國遣使朝貢九月戊戌司空袁昂薨
冬十一月己卯曲赦都下十二月壬子江州刺史豫章王
歡薨
七年春正月辛巳祀南郊大赦辛丑祀明堂二月乙巳以
行宕昌王梁弥泰為平西將軍河涼二州刺史正封宕昌
王辛亥耕籍田乙卯都下地震夏四月戊申東魏人來聘

遣兼散騎常侍明少遐報聘冬十一月丙子詔停所在使
役女丁十二月壬寅東魏人來聘遣兼散騎常侍袁狎報
聘丙辰於宮城西立士林館延集學者是歲宕昌蠕蠕高
麗百濟滑國各遣使朝貢百濟求涅槃等經疏及醫工畫
師毛詩博士並許之交州人李賁攻刺史蕭諮
八年春正月安成郡人劉敬躬挾左道以反二月戊戌江
州刺史湘東王繹遣中兵曹子郢討禽之送于都斬之建
康市三月於江州新蔡高塘立頌平屯墾作蠻田
九年春閏正月丙申地震生毛三月以太子詹事謝舉為
尚書僕射夏四月林邑王破德州攻李賁賁將范脩又破

林邑王於九德敗走之冬十一月益州刺史武陵王紀進
號征西將軍開府儀同三司
十年春正月李賁竊號於交阯年號天德三月甲午幸蘭
陵庚子謁建陵有紫雲蔭陵上食頃乃散帝望陵流涕所
霑草皆變色陵傍有枯泉至是而流水香潔辛丑哭于脩
陵壬寅於皇基寺設法會詔賜蘭陵老少位一階并加頒
賚所經縣邑無出今年租賦因賦還舊鄉詩癸卯詔園陵
職司恭事勤勞並錫位一階并加賜賚己酉幸京口城北
固樓因改名北顧庚戌幸回賓亭宴帝鄉故老及所經近
縣奉迎候者少長數千人各賚錢二千夏四月乙卯至自

蘭陵詔鰥寡孤獨尤貧者贍恤各有差五月廣州人盧子
略反刺史新渝侯映討平之詔曲赦廣州秋九月己丑赦冬
十一月大雪平地三尺
十一年春正月震華林園光嚴殿重雲閣帝自殿拜謝上
天累刻乃止夏四月東魏人來聘冬十月己未詔復開贖
罪典
中大同元年春正月丁未曲阿縣建陵隧口石辟邪起舞
有大蛇鬬隧中其一被傷奔走青蟲食陵樹葉略盡癸丑
交州刺史楊瞟剋交阯嘉寧城李賁竄入屈獠洞交州平
三月乙巳大赦庚戌幸同泰寺講金字三慧經仍施身夏

四月丙戌皇太子以下奉贖仍於同泰寺解設法會大赦
改元是夜同泰寺災六月辛巳竟天有聲如風水相薄秋
七月甲子詔自今有犯罪者非大逆父母祖父母勿坐丙
寅詔曰朝四暮三衆狙皆喜名實未虧而喜怒為用頃聞
外間多用九佰錢佰減則物貴佰足則物賤非物有貴賤
是心有顛倒至於遠方日更滋甚自今可通用足佰錢八
月丁丑東揚州刺史武昌王整薨甲午渴槃陁國遣使獻
方物冬、十一月癸酉汝陰王劉哲薨
太清元年春正月己亥朔日有蝕之壬寅荊州刺史廬陵
王續薨辛酉祀南郊大赦甲子祀明堂是月東魏相勃海

王高歡薨二月己卯白虹貫日庚辰東魏司徒侯景求以
河南十三州內屬壬午以景為大將軍封河南王大行臺
承制如鄧禹故事丁亥耕藉田三月庚子幸同泰寺設無
遮大會上釋御服服法衣行清淨大捨名曰羯磨以五明
殿為房設素木牀葛帳土瓦器乘小輿私人執役乘輿法
服一皆屏除甲辰遣司州刺史羊鴉仁率土州刺史桓和
仁州刺史湛海珍等應接侯景兵未至而東魏遣兵攻景
景又割地求救於西魏方解圍乙巳帝升光嚴殿講堂坐
師子講金字三慧經捨身夏四月庚寅群臣以錢一億萬
奉贖皇帝菩薩僧衆默、許戊寅百辟詣鳳莊門奉表三請

三答頓首並如中大通元年故事丁亥服袞冕御輦還宮
幸太極殿如即位禮大赦改元是月神馬出皇太子獻寶
馬頌六月戊辰以前雍州刺史鄱陽王範為征北將軍總
督漢北征討諸軍事秋七月庚申羊鴉仁入縣瓠城八月
乙丑諸軍北征以南豫州刺史蕭明為大都督赦緣邊初
附諸州戊子以大將軍侯景錄行臺尚書事九月癸卯王
游苑成、輿駕幸苑冬、十一月東魏將慕容紹宗大敗蕭明
于寒山明被俘執紹宗進圍潼州十二月戊辰命太子舍
人元貞還北為東魏主
二年春正月癸巳朔兩月相承如鉤見于西方戊戌詔在

位各舉所知己亥東魏克渦陽辛丑以尚書僕射謝舉為
尚書令以守吏部尚書王克為尚書僕射甲辰東魏尅殷
豫二州三月甲辰撫軍將軍高麗王高延卒以其子成為
寧東將軍高麗王樂浪公己未屈獠洞斬李賁傳首建鄴
夏四月丙子詔在朝及州郡各舉士五月辛丑以新除中
書令邵陵王綸為安前將軍開府儀同三司辛亥曲赦交
愛德三州六月天裂于西北長十丈闊二丈光出如電其
聲若雷秋七月使兼散騎常侍謝珽聘于東魏結和八月
戊戌侯景舉兵反甲辰使開府儀同三司邵陵王綸都督
衆軍討景曲赦南豫州九月戊辰地震江左尤甚壞屋殺

人地生白毛長二尺益州市有飛鼠萬群螫人死冬十月
侯景襲譙州進攻陷歷陽戊申以臨賀王正德為平北將
軍都督諸軍屯丹楊郡己酉景自横江濟採石辛亥至建
鄴臨賀王正德率衆附賊十一月戊午朔設壇刑白馬祀
蚩尤於太極殿前己未景立蕭正德為天子於南闕前辛
酉賊攻陷東府城庚辰邵陵王綸帥武州刺史蕭弄璋前
譙州刺史趙伯超等入援乙酉進軍湖頭與賊戰賊敗績
丙戌安北將軍鄱陽王範遣世子嗣雄信將軍裴之高等
率衆入援次張公洲十二月戊申天西北裂有光如火尚
書令謝舉卒丙辰司州刺史柳仲禮前衡州刺史韋粲高

南史帝紀七　十四　双平

州刺史李遷仕前司州刺史羊鴉仁等率軍入援
三年春正月丁巳大都督柳仲禮率衆軍分據南岸賊濟
軍於青塘襲殺韋粲庚申白虹貫日三重邵陵王綸臨城
公大連等率兵集南岸戊辰有流星長三十丈墜武庫李
遷仕及天門太守樊文皎進軍青溪東為賊所破文皎死
之壬午熒惑守心二月侯景遣使求和皇太子固請帝乃
許之盟于西華門下景既運東城米歸于石頭亦不解圍
啓求遣諸軍退丁未皇太子又命南兗州刺史南康王會
理前青冀二州刺史湘潭侯退率江北之衆頓于蘭亭苑
甲子以開府儀同三司丹陽尹邵陵王綸為司空以合州

刺史鄱陽王範為征北大將軍開府儀同三司以司州刺
史柳仲禮為侍中尚書僕射時景姧計既成乃表陳帝失
復舉兵向闕三月城內以景違盟設壇告天地神祇戊午
前司州刺史羊鴉仁等進軍東府北與賊戰大敗時四方
征鎮入援者三十餘萬莫有鬬志自相抄奪而已丁卯賊
攻陷宮城縱兵大掠己巳賊矯詔遣石城公大款解外援
軍庚午侯景自為都督中外諸軍事大丞相録尚書事辛
未援軍各退散丙子熒惑守心夏四月己丑都下地震丙
申又震己酉帝以所求不供憂憤寢疾是月青冀二州刺
史明少遐東徐州刺史湛海珍北青州刺史王奉伯各舉

南史帝紀七　十五　刘宣

州附東魏五月丙辰帝崩于淨居殿時年八十六辛亥遷
梓宮于太極前殿十一月乙卯葬于脩陵追尊為武皇帝
廟號高祖帝性淳孝六歲獻皇太后崩水漿不入口三日
哭泣有過成人及丁文帝憂時為齊隨王諮議隨府在荊
鎮以疾聞便投劾星馳不復寢食倍道就路憤風驚浪不
暫停止帝形容本壯及至都銷毀骨立親表士友皆不復
識望宅奉諱氣絕久之每哭輒歐血數升服內日惟食麥
二溢拜掃山陵涕淚所洒松草變色及居帝位即於鎮山
造大愛敬寺青溪邊造智度寺於臺內立至敬等殿又立
七廟堂月中再設淨饌每至展拜涕泗滂沲哀動左右少

而篤學能事畢究雖萬機多務猶卷不輟手然燭側光常
至戊夜撰通史六百卷金海三十卷制旨孝經義周易講
疏及六十四卦二繫文言序卦等義樂社義毛詩春秋荅
問尚書大義中庸講疏孔子正言孝經講疏凡二百餘卷
王侯朝臣皆奉表質疑帝皆為解釋脩飾國學增廣生員
立五館置五經博士天監初何佟之賀瑒嚴植之明山賓
等覆述制旨并撰吉凶賓軍嘉五禮一千餘卷帝稱制斷
疑焉大同中於臺西立士林館領軍朱异太府卿賀琛舍
人孔子祛等遞互講述皇太子宣城王亦於東宮宣猷堂
及揚州廨開講於是四方郡國莫不向風爰自在田及登

寶位躬製贊序詔誥銘誄說箴頌牋奏諸文又百二十卷六
藝備閑棊登逸品陰陽緯候卜筮占決草隸尺牘騎射莫
不稱妙晚乃溺信佛道日止一食膳無鮮腴惟豆羹糲飯
而已或遇事擁日儻移中便嗽口以過製涅槃大品淨名
三慧諸經義記數百卷聽覽餘閑即於重雲殿及同泰寺
講說名僧碩學四部聽衆常萬餘人身衣布衣木綿皁帳
一冠三載一被二年自五十外便斷房室後宮職司貴妃
以下六宮褘褕三翟之外皆衣不曳地傍無錦綺不飲酒
不聽音聲非宗廟祭祀大會饗宴及諸法事未嘗作樂勤
於政務孜孜無怠每冬月四更竟即敕把燭看事執筆觸

寒手為皴裂然仁愛不斷親親及所愛愆犯多有縱捨故
政刑弛紊每決死罪常有哀矜涕泣然後可奏性方正雖
居小殿暗室恒理衣冠小坐暑月未嘗褰袒雖見內豎小
臣亦如遇大賓也初齊高帝夢屐而登殿顧見武明二帝
後一人手張天地圖而不識問之荅曰順子後及崔慧景
之逼長沙宣武王入援至越城夢乘馬飛半天而墜帝所
馭化為赤龍騰虛獨上時臺內有宿衛士為覡常見太極
殿有六龍各守一柱末忽失其二後見在宣武王宅時宣
武為益州覡乃往蜀伏事及宣武在郢此覡還都乃見六
龍俱在帝所寢齋遂去郢之雍中途遇疾且死謂同侶曰

蕭雍州必作天子具以前事語之推此而言蓋天命也雖
在蒙塵齋戒不廢及疾不能進膳盥漱如初皇太子日中
再朝每問安否涕泗交面賊臣侍者莫不掩泣疾久口苦
索蜜不得再曰荷荷遂崩賊祕之太子問起居不得見慟
于閤下始天監中沙門釋寶誌為詩曰昔年三十八今年
八十三四中復有四城北火酣酣帝使周捨封記之及中
大同元年同泰寺災帝啓封見捨手迹為之流涕帝生於
甲辰三十八尅建鄴之年也遇災歲實丙寅八十三矣四
月十四日而火起之始自浮屠第三層三者帝之昆季次
也帝惡之召太史令虞履筮之遇巛豫曰無害其繇云西

南得朋東北喪朋安貞吉文言云東北喪朋乃終有慶帝曰斯魔鬼也酉應見卯金來剋木卯為陰賊鬼而帶賊非魔何也孰為致之酉為口舌當乎説位説言乎兑故知善言之口宜前為法事於是人人讚善莫不從風或刺血灑地或刺血書經穿心然燈坐禪不食及太清元年帝捨身光嚴重雲殿游仙化生皆震動三日乃止當時謂之祥瑞識者以非動而動在鴻範為妖以比石季龍之敗殿壁畫人頸皆縮入頭之類時海中浮鵠山去餘姚岸可千餘里上有女人年三百歲有女官道士四五百人年並出百但在山學道遣使獻紅席帝方捨身時其使適至云此草常

有紅鳥居下故以為名觀其圖狀則鸞鳥也時有男子不知何許人於大衆中自割身以飴飢鳥血流徧體而顔色不變又沙門智泉鐵鈎挂體以然千燈一日一夜端坐不動閲講日有三足鳥集殿之東户自户適于西南縣楣三飛三集白雀一見于重雲閣前連理樹又有五色雲浮於華林園昆明池上帝既流遁益甚境内化之遂至喪亡云

論曰梁武帝時逢昏虐家遭冤禍既地居勢勝乘機而作以斯文德有此武功始用湯武之師終濟唐虞之業豈曰人謀亦惟天命及據圖籙多歷歲年制造禮樂敦崇儒雅自江左以來年踰二百文物之盛獨美于茲然先王文武遞用德刑備舉方之水火取法陰陽為國之道不可獨任而帝留心俎豆忘情干戚溺於釋教弛於刑典既而帝紀不立悖逆萌生反噬彎弧皆自子弟履霜弗戒卒至亂亡自古撥亂之君固已多矣其或樹置失所而以後嗣失之未有自已而得自已而喪追蹤徐偃之仁以致窮門之酷可為深痛可為至戒者乎

梁本紀中第七　南史七

梁本紀下第八　　　南史八

李　延壽

太宗簡文皇帝諱綱字世讚小字六通武帝第三子昭明太子母弟也天監二年十月丁未生于顯陽殿五年封晉安王普通四年累遷都督雍州刺史中大通三年被徵入朝未至而昭明太子謂左右曰我夢與晉安王對奕擾道我以班劒授之王還當有此加乎四月昭明太子薨五月丙申立晉安王為皇太子七月乙亥臨軒策拜以脩繕東宮權居東府四年九月移還東宮太清三年臺城陷太子坐永福省見侯景神色自若無懼容五月丙辰帝崩辛巳太子即皇

帝位大赦癸未追尊穆貴嬪為皇太后追謚妃王氏為簡皇后六月丙戌以南康王會理為司空丁亥立宣城王大器為皇太子壬辰立當陽公大心為尋陽郡王石城公大款為江夏郡王寧國公大臨為南海郡王臨城公大連為南郡王西豐公大春為安陸郡王新塗公大成為山陽郡王臨湘公大封為宜都郡王高唐公大莊為新興郡王秋七月甲寅廣州刺史元景仲謀應侯景西江督護陳霸先攻之景仲自殺霸先迎定州刺史蕭勃為刺史庚午以司空南康王會理為兼尚書令是月九江大饑人相食者十四五八月癸卯征東大將軍開府儀同三司南徐州刺史

蕭淵藻薨丙午侯景矯詔儀同三司位比正公自今悉不加將軍以為定準冬十月丁未地震是月百濟國遣使朝貢見城寺荒蕪哭于闕下

大寶元年春正月辛亥朔大赦改元丁巳天雨黃沙己未西魏剋安陸執司州刺史柳仲禮盡有漢東地丙寅月晝見于東方癸酉前江都令祖皓起義兵于廣陵二月癸未侯景攻下廣陵皓見害乙巳以尚書僕射王克為左僕射丙午侯景逼帝幸西州夏五月丙辰東魏靜帝遜位于齊庚午開府儀同三司鄱陽王範薨自春迄夏大旱人相食都下尤甚六月庚子前司州刺史羊鴉仁自尚書省出奔

江陵秋七月戊辰賊行臺任約寇江州刺史尋陽王大心以州降之八月甲午湘東王繹遣領軍將軍王僧辯逼郢州邵陵王綸棄郢州走九月乙亥侯景自進位相國封二十郡為漢王冬十月乙未景又逼帝幸西州曲宴自加宇宙大將軍都督六合諸軍事立皇子大鈞為西陽郡王大威為武寧郡王大球為建安郡王大昕為義安郡王大摯為綏建郡王大圜為樂梁郡王壬寅侯景害司空南康王會理十一月任約進據西陽分兵寇齊昌執衡陽王獻送都下害之湘東王繹遣前寧州刺史徐文盛拒約南郡王前中兵參軍張彪起義於會稽若邪山攻破浙東諸縣

二年春二月邵陵王綸走至安陸董城爲魏所攻見殺三
月庚戌魏文帝崩夏閏四月侯景圍巴陵六月乙巳解圍
宵遁秋七月景還至建鄴八月戊午景遣僞衛尉卿彭雋
廂公王僧貴入殿廢帝爲晉安王害皇太子大器尋陽王
大心西陽王大鈞武寧王大威建安王大球義安王大昕
及尋陽王諸子二十餘人矯爲帝詔以爲次當支庶宜歸
正嫡禪位于豫章王棟使呂季略送詔令帝寫之帝書至
先皇念神器之重思社稷之固越外非次遂主震方嗚咽
不能自止賊衆皆爲掩泣乃幽帝于永福省棟即位改元
天正使害南海王大臨於吳郡南郡王大連於姑孰安陸

王大春於會稽新興王大莊於京口冬十月壬寅帝崩於
永福省時年四十九賊僞謚曰明皇帝廟稱高宗明年三
月己丑王僧辯平侯景率百官奉梓宮升朝堂元帝追崇
爲簡文皇帝廟號太宗四月乙丑葬莊陵帝幼而聰睿六
歲便能屬文武帝弗之信於前面試帝攬筆立成文武帝
歎曰常以東阿爲虛今則信矣及長器宇寬弘未嘗見喜
慍色尊嚴若神方頰豐下須鬢如畫直髮委地雙眉翠色
項毛左旋連錢入背手執玉如意不相分辨眄睞則目光
燭人讀書十行俱下辭藻艷發博綜羣言善談玄理自十
一便能親庶務歷試藩政所在稱美性恭孝居穆貴嬪憂

哀毀骨立所坐席霑濕盡爛在襄陽拜表侵魏遣長史柳
津司馬董當門壯武將軍杜懷寶振遠將軍曹義宗等進
軍剋南陽新野等郡拓地千餘里及居監撫多所弘宥文
案簿領纖豪必察弘納文學之士賞接無倦嘗於玄圃述
武帝所製五經講疏聽者傾朝野雅好賦詩其自序云七
歲有詩癖長而不倦然帝文傷於輕靡時號宮體所著昭
明太子傳五卷諸王傳三十卷禮大義二十卷長春義記
一百卷法寶連璧三百卷謝客文涇渭三卷玉簡五十卷
光明符十二卷易林十七卷竈經二卷沐浴經三卷馬槊
譜一卷棊品五卷彈棊譜一卷新增白澤圖五卷如意方

十卷文集一百卷並行於世初即位制年號將曰文明以
外制強臣取周易內文明而外柔順之義恐賊覺乃改爲
大寶雖在蒙塵尚引諸儒論道說義披尋墳史未嘗暫釋
及見南康王會理誅知不久指所居殿謂舍人殷不害曰
龐涓死此下又曰吾昨夢吞土試思之不害曰昔重耳饋
塊卒反晉國陛下所夢將符是乎帝曰儻幽冥有徵冀斯
言不妄初景納帝女溧陽公主公主有美色景惑之妨於
政事王偉每以爲言景以告主主出惡言偉知之懼見讒
乃謀廢帝而後間主苦勸行殺以絶衆心廢後王偉乃與
彭雋王脩纂進觴於帝曰丞相以陛下幽憂既久使臣上

壽帝笑曰已禪帝位何得言陛下此壽酒將不盡此乎於是僑等并齎酒餚曲項琵琶與帝極飲帝知將見殺乃盡酣謂曰不圖為樂一至於斯既醉而寢偉乃出僑進土囊王脩纂坐上乃崩竟協於夢偉撤户扉為棺遷殯于城北酒庫中帝自幽縶之後賊乃撤内外侍衛使突騎圍守牆垣悉有枳棘無復紙乃書壁及板鄣為文自序云有梁正士蘭陵蕭世讃立身行道終始若一風雨如晦雞鳴不已弗欺暗室豈況三光數至於此命也如何又為文數百篇崩後王偉觀之惡其辭切即使刮去有隨偉入者誦其連珠三首詩四篇絕句五篇文並悽愴云

世祖孝元皇帝諱繹字世誠小字七符武帝第七子也初武帝夢眇目僧執香鑪稱託生王宮既而帝母在采女次侍始褰户幔有風回裾武帝意感幸之采女夢月墮懷中遂孕天監七年八月丁巳生帝舉室中非常香有紫胞之異武帝奇之因賜采女姓阮進為脩容十三年封湘東王太清元年累遷為鎮西將軍都督荊州刺史三年三月侯景陷建鄴四月世子方等至自建鄴知臺城不守帝命柵江陵城周回七十里鎮西長史王沖等拜牋請為太尉都督中外諸軍事承制主盟帝不許曰吾於天下不賤寧俟都督之名帝子之尊何藉上台之位議者可斬投筆流淚

沖等重請不從又請為司空以主諸侯亦弗聽乃開鎮西府辟天下士是月帝徵兵於湘州刺史河東王譽譽拒命尋上甲侯韶自建鄴至宣三月十五日密詔授帝位假黃鉞大都督中外諸軍事司徒承制於是立行臺於南郡而置官司焉七月遣世子方等討河東王譽軍敗死之又遣鎮兵將軍鮑泉討譽九月乙卯雍州刺史岳陽王詧舉兵寇江陵其將杜崱兄弟來降詧遁走鮑泉攻湘州未尅又遣左衛將軍王僧辯代將及簡文帝即位改元為大寶元年帝以簡文制于賊臣卒不遵用正月使少子方略質于魏魏不受質而結為兄弟四月尅湘州斬譽湘州平雍州

刺史岳陽王詧自稱梁王蕃于魏魏遣兵助伐襄陽先是邵陵王綸書已言凶事祕之以待湘州之捷是月壬寅始命陳瑩報武帝崩問帝哭于正寢六月江夏王大款山陽王大成宜都王大封自信安來奔九月辛酉以前郢州刺史南平王恪為中衛將軍尚書令開府儀同三司改封大款為臨川郡王大成為桂陽郡王大封為汝南郡王十一月甲子南平王恪等奉牋進位相國揔百揆帝不從二年三月侯景悉兵西上閏四月景遣其將宋子仙任約襲郢州執刺史方諸庚戌領軍王僧辯屯師巴陵五月癸未帝遣將胡僧祐陸法和援巴陵六月僧祐等擊破景將任約

軍禽約景解圍宵遁以王僧辯為征東將軍開府儀同三司尚書令帥衆追景所至皆捷進圍郢州獲賊將宋子仙等九月盤盤國獻馴象十月辛丑朔紫雲如蓋臨江陵城是月簡文帝崩開府儀同三司王僧辯等奉表勸進帝奉諱大臨三日百官縞素荅表不許司空南平王恪率宗室領軍將軍胡僧祐率群僚江州別駕張佚率吏人並奉牋勸進帝固讓十一月乙亥僧辯又奉表勸進又不從時巨寇尚存帝未欲即位而四方表勸前後相屬乃下令斷表承聖元年二月王僧辯衆軍發自尋陽帝馳檄四方購獲景及逆者封萬户開國公絹布五萬疋三月僧辯等平景

傳首江陵戊子以賊平告明堂太社己丑僧辯等又表勸進曰衆軍以今月戊子總集建康賊景烏伏獸窮頻擊頻挫姦竭詐盡深溝自固臣等分勒武旅百道同趨突騎短兵犀函鐵楯結隊千羣持戟百萬止紂七步圍項三重轟然大潰羣凶四滅京師少長俱稱萬歲長安酒食於此價高九縣雲開六合清朗矧伊黔首誰不載躍伏惟陛下咀痛茹哀嬰憤忍酷自紫庭絳闕胡塵四起壖垣好時冀馬雲屯泣血臨兵嘗膽誓衆而吳楚一家方與七國俱反管蔡流言又以三監作亂西涼義衆阻秦塞而不通并州遺黎踐飛狐而見絕豺狼當路非止一人鯨鯢不梟倏焉五

載英武克振怨恥並雪永尋霜露伊何可勝臣等輒依故實奉脩社廟使者持節分告園陵嗣后升遐龍道未殯承華掩耀梓宮莫測並即隨由備辦禮具凶荒四海同哀六軍袒哭聖情孝友理當感慟日者百司岳牧仰祈宸鑒以錫珪之功既歸有道當璧之禮允屬聖明而優詔謙冲杳然凝邈飛龍可躋而乾爻在四帝閽云叫而閶闔未開謳歌再馳是用翹首所以越人固執熏丹穴以求君周人樂推踰岐山而事主漢王不即位無以貴功臣光武止蕭王豈謂紹宗廟黃帝迷於襄城尚訪御人之道放勛寂於姑射猶使鑄祖有歸伊此儻來豈聖人所欲帝王所應不獲

已而然伏讀璽書尋諷制旨頌懷物外未奉慈衷陛下日角龍顏之姿表於徇齊之日彤雲素靈之瑞基於應物之初博學則大哉無所與名深言則睟乎文章之觀忠為令德孝實動天加以英威茂略雄圖武筭指麾則丹浦不戰顧眄則阪泉自蕩地維絶而重紐天柱傾而更植鑿河津於孟門百川復啓補穹儀以五石萬物再生縱陛下拂衣而游廣城登崆山而去東土羣臣安得仰訴兆庶何所歸仁況郊祀配天罍匪禮曠齋宮清廟匏竹不陳仰望鑾輿匪朝伊夕瞻言法駕載渴且飢豈可久稽衆議有曠彝則舊邦凱復函洛已平高奴櫟陽宮館雖毀濁河清渭佳氣

猶存皐門有亢甘泉四敞土圭測景仙人承露斯蓋九州
之赤縣六合之樞機博士捧圖書而稍還太常定禮儀其
已立豈得不揚清蹕而赴名都具玉鑾而旋正寢昔東周
旣遷鎬京遂其不復長安一亂郟洛永以爲居夏后以萬
國朝諸侯文王以六州臣天下方之跡基百里劍杖三尺
以殘楚之地抗拒六戎一旅之卒翦夷三叛坦然大定御
辯東歸解五牛於冀州秣六馬於譙郡緬求前古其可得
歟對揚天命無所讓德有理存焉敢重祈奏帝尚未從辛
卯宣猛將軍朱買臣奉帝密旨害豫章王棟及其二弟橋
樛四月乙巳益州刺史新除假黃鉞太尉武陵王紀僭位

癸酉年號天正帝遣兼司空蕭泰祠部尚書樂子雲拜謁
塋陵脩復社廟丁巳下令解嚴五月庚午司空南平王恪
及宗室王侯大都督王僧辯等復拜表上尊號帝猶固讓
甲申以開府儀同三司江州刺史王僧辯爲司徒乙酉斬
賊左僕射王偉尚書呂季略少府卿周石珍舍人嚴亶於
江陵市乃下令赦境內齊將潘樂辛術等攻秦郡王僧辯
遣將杜崱帥衆拒之以陳霸先爲征北大將軍開府儀同
三司徐州刺史齊人賀平侯景八月武陵王紀率巴蜀之
衆東下遣護軍將軍陸法和屯巴峽以拒之九月甲戌司
空南平王恪薨十月乙未前梁州刺史蕭循自魏至江陵

以爲平北將軍開府儀同三司戊申執湘州刺史王琳於
殿內庚戌琳長史陸納及其將潘烏累等舉兵反攻陷湘
州是月四方征鎮王公卿士復勸進表三上乃許之冬十
一月丙子皇帝卽位於江陵改太淸六年爲承聖元年逋
租宿責並許弘宥孝子順孫悉皆賜爵長徒鎖士特加原
宥禁錮奪勞一皆曠蕩是日帝不升正殿公卿陪列而已
時有兩日俱見己卯立王太子方矩爲皇太子改名元良
立皇子方智爲晉安郡王方略爲始安郡王追尊所生妣
阮脩容爲文宣太后改謚忠壯太子爲武烈太子封武烈
子莊爲永嘉王是月陸納遣將軍潘烏累等破衡州刺史

丁道貴於淥口道貴走零陵十二月陸納分兵襲巴陵湘
州刺史蕭循擊走之天門山獲野人出山三日而死星隕
吳郡淮南有野象數百壞人室廬宣城郡猛獸暴食人是
歲魏廢帝元年
二年春正月乙丑詔王僧辯討陸納戊寅以吏部尚書王
褒爲尚書僕射己卯江夏宮南門鶬牡飛三月庚寅有兩
龍見湘州西江夏五月甲申魏大將尉遲迥進兵逼巴西
潼州刺史楊乾運以城納迥己丑武陵王紀軍至西陵六
月乙卯王僧辯平湘州秋七月武陵王紀衆大潰見殺八
月戊戌尉遲迥平蜀九月齊遣郭元建及將邢景遠步大

汗薩東方老帥衆頓合肥冬十一月辛酉僧辯留鎮姑熟豫州刺史侯瑱據東關壘徵兵與太守裴之橫帥衆繼之戊戌以尚書僕射王褒為左僕射湘東太守張綰為右僕射十二月宿豫土人東方光據城歸北齊江西州郡皆起兵應之

三年春正月魏帝為相安定公所廢而立齊王廓是為恭帝元年三月主衣庫見黑蛇長丈許數十小蛇隨之舉頭高丈餘南望俄失所在帝又與宮人幸玄洲苑復見大蛇盤屈於前羣小蛇遶之並黑色帝惡之宮人曰此非怪也恐是錢龍帝敕所司即日取數千萬錢鎮於蛇處以厭之

因設法會赦囚徒振窮乏退居栖心省又有蛇從屋墮落帝帽上忽然便失又龍光殿上所御肩輿復見小蛇縈屈輿中以頭駕夾膝前金龍頭上見人走去逐之不及城濠中龍騰出煥爛五色竦躍入雲六七小龍相隨飛去羣魚騰躍墜死於陸道龍處為窟者數百斛圖舊大城上常有紫氣至時稍復消歇甲辰以司徒王僧辯為太尉車騎大將軍戊申以護軍將軍郢州刺史陸法和為司徒夏四月癸酉以征北大將軍開府儀同三司陳霸先為司空六月癸未有黑氣如龍見于殿內秋九月辛卯帝於龍光殿述老子義先是魏使宇文仁恕來聘齊使又至江陵帝接仁恕有闕魏相安定公憾焉乙巳使柱國萬紐于謹來攻冬十月丙寅魏軍至襄陽梁王蕭詧率衆會之丁卯停講內外戒嚴輿駕出行城柵大風拔木丙子續講百寮戎服以聽詔徵王僧辯十一月甲申幸津陽門講武置南北兩城主帝親觀閱風雨總集部分未交旗幟飄亂帝趣駕而回無復次序風雨隨息衆竊駭焉乙酉以領軍胡僧祐為都督城東城北諸軍事右僕射張綰為副左僕射王褒都督城西城南諸軍事直殿省元景亮為副丁亥魏軍至柵下丙申徵廣州刺史王琳入援丁酉大風城內火燒居人數千家以為失在婦人斬首尸之是日帝猶賦詩無廢以胡

僧祐為開府儀同三司庚子信州刺史徐世譜晉安王司馬任約軍次馬頭岸是夜有流星墜城中帝援蓍筮之卦成取龜式驗之因抵于地曰吾若死此下豈非命乎因裂帛為書催僧辯曰吾忍死待公可以至矣戊申胡僧祐朱買臣等出戰買臣敗績辛亥魏軍大攻帝出枇杷門親臨陣督戰僧祐中流矢薨軍敗反者斬西門守卒以納魏軍帝見執如梁王蕭詧營甚見詰辱他日乃見魏僕射長孫儉譎儉云埋金千斤於城內欲以相贈儉乃將帝入城帝因述詧相辱狀謂儉曰向聊相譎欲言耳豈有天子自埋金乎儉乃留帝於主衣庫十二月丙辰徐世譜任約退戍

巴陵辛未魏人戕帝明年四月梁王方智承制追尊為元皇帝廟號世祖帝聰悟俊朗天才英發出言為論音響若鐘年五六歲武帝嘗問所讀書對曰能誦曲禮武帝使誦之即誦上篇左右莫不驚歎初生患眼醫療必增武帝自下意療之遂盲一目乃憶先夢彌加愍愛及長好學博極羣書武帝嘗問曰孫策在江東于時年幾荅曰十七武帝曰正是汝年帝性不好聲色頗慕高名為荊州刺史起州學宣尼廟嘗置儒林參軍一人勸學從事二人生三十人加稟餼帝工書善畫自圖宣尼像為之贊而書之時人謂之三絕與裴子野劉顯蕭子雲張纘及當時才秀為布衣

南史帝紀八　十三

交常自比諸葛亮桓溫惟纘許焉性好矯飾多猜忌於名無所假人微有勝己者必加毀害帝姑義興昭長公主子王銓兄弟八九人有盛名帝妬害其美遂改寵姬王氏兄王珩名琳以同其父名忌劉之遴學使人鴆之如此者甚衆雖骨肉亦徧被其禍始居文宣太后憂依丁蘭作木母及武帝崩祕喪踰年乃發凶問方刻檀為像置于百福殿內事之甚謹朝夕進蔬食動靜必咨聞迹其虛矯如此性愛書籍既患目多不自執卷置讀書左右番次上直晝夜為常略無休已雖睡卷猶不釋五人各伺一更恒致達曉常眠熟大鼾左右有睡讀失次第或偷卷度紙帝必驚覺

更令追讀加以檟楚雖戎略殷湊機務繁多軍書羽檄文章詔誥點毫便就殆不游手常曰我韜於文士愧於武夫論者以為得言始在尋陽夢人曰天下將亂王必維之又背生黑子巫媼見曰此大貴不可言初武帝敕賀革為帝府諮議使講三禮革西上意甚不悅過別御史中丞江革江革告之曰吾嘗夢主上徧見諸子至湘東王脫帽授之此人後必當璧卿其行乎革領之及太清之禍遂膺歸運自侯景之難州郡太半入魏自巴陵以下至建康緣以長江為限荊州界北盡武寧西拒峽口自嶺以南復為蕭勃所據文軌所同千里而近人戶著籍不盈三萬中興之盛

南史帝紀八　十四　立

盡於是矣武陵之平議者欲因其舟艦遷都建鄴宗懍黃羅漢皆楚人不願移帝及胡僧祐亦俱未欲動僕射王褒左戶尚書周弘正驟言即楚非便宗懍及御史大夫劉懿以為建鄴王氣已盡且渚宮洲已滿百於是乃留尋而歲星在井熒惑守心帝觀之慨然而謂朝臣文武曰吾觀玄象將恐有賊但吉凶在我運數由天避之何益及魏軍逼閭人朱買臣按劍進曰惟有斬宗懍黃羅漢可以謝天下帝曰曩實吾意宗黃何罪二人退入於人中及魏人燒柵買臣謝荅仁勸帝乘暗潰圍出就任約帝素不便馳馬曰事必無成徒增辱耳荅仁又求自扶帝以問僕射王褒褒

曰荅仁侯景之黨豈是可信成彼之勳不如降也乃聚圖書十餘萬卷盡燒之荅仁又請守子城收兵可得五千人帝然之即授城内大都督以帝鼓吹給之配以公主既而又召王褒謀之荅仁請入不得歐血而去遂使皇太子王褒出質請降有頃黃門郎裴政犯門而出帝乘白馬素衣出東門抽劒擊闔曰蕭世誠一至此乎魏師至凡二十八日徵兵四方未至而城見剋在幽逼求酒飲之製詩四絕其一曰南風且絕唱西陵最可悲今日還蒿里終非封禪時其二曰人世逢百六天道異貞恒何言異螻蟻一旦損鵾鵬其三曰松風侵曉哀霜霧當夜來寂寥千載後誰畏

軒轅臺其四曰夜長無歲月安知秋與春原陵五樹杏空得動耕人梁王詧遣尚書傅準監行刑帝謂之曰卿幸爲我宣行準捧詩流涙不能禁進土囊而殞之梁王詧使以布帊纏屍斂以蒲席束以白茅以車一乘葬于津陽門外愍懷太子元良及始安王方略等皆見害徐世譜任約自馬頭走巴陵約後降于齊將軍裴畿畿弟機並被害謝荅仁三人相抱俱見害汝南王大封尚書左僕射王褒以下並爲俘以歸長安乃選百姓男女數萬口分爲奴婢小弱者皆殺之帝於技術無所不該嘗不得南信筮之遇剥之艮曰南信已至今當遣左右季心往看果如所說賓客咸

驚其妙凡所占決皆然初從劉景安相術因訊以年荅曰未至五十當有小厄禳之可免帝自勉曰苟有期會禳之何益及是四十七矣特多禁忌牆壁崩倒屋宇傾頹年月不便終不脩改庭草蕪没令鞭去之其慎護如此著孝徳傳忠臣傳各三十卷丹楊尹傳十卷注漢書一百十五卷周易講疏十卷内典博要百卷連山三十卷詞林三卷玉韜金樓子補闕子各十卷老子講疏四卷懷舊傳二卷古今全德志荆南地記貢職圖古今同姓名録一卷筮經十二卷式贊三卷文集五十卷初承聖二年三月有二龍自南郡城西升天百姓聚觀五采分明江陵故老竊相泣曰

昔年龍出建康淮而天下大亂今復有焉禍至無日矣帝聞而惡之踰年而遘禍又江陵先有九十九洲古老相承云洲滿百當出天子桓玄之爲荆州刺史内懷篡逆之心乃遣鑿破一洲以應百數隨而崩散竟無所成宋文帝爲宜都王在藩一洲自立俄而文帝纂統後遇元凶之禍此洲還没太清末枝江楊之閣浦復生一洲羣公上疏稱慶明年而帝即位承聖末其洲與大岸相通惟九十九云

敬皇帝諱方智字慧相小字法真元帝第九子也太清三年封興梁侯承聖元年封晉安郡王二年出爲江州刺史三年十一月魏剋江陵太尉王僧辯司空陳霸先定議以

帝為梁王太宰承制四年二月癸丑於江州奉迎至建鄴
入居朝堂以太尉王僧辯為中書監録尚書驃騎大將軍
都督中外諸軍事加司空陳霸先班劒二十人以湘州刺
史蕭循為太尉廣州刺史蕭勃為司徒三月齊遣其上黨
王高渙送貞陽侯蕭明來主梁嗣至東關遣吳興太守裴
之橫拒之與戰敗績死之四月司徒陸法和以郢州附齊
遣江州刺史侯瑱討之七月辛丑僧辯納貞陽侯蕭明自
採石濟江甲辰入建鄴丙午即偽位年號天成以帝為皇
太子司空陳霸先襲殺王僧辯黜蕭明而奉帝焉
紹泰元年秋九月丙午皇帝即位冬十月己巳大赦改元

南史帝紀八　十七　付資

以貞陽侯蕭明為司徒封建安郡公壬子加司空陳霸先
尚書令都督中外諸軍事震州刺史杜龕舉兵攻信武將
軍陳蒨於長城義興太守韋載應之癸丑以太尉蕭循為
太保以司徒蕭明為太傅司徒蕭勃為太尉以鎮南將軍
王琳為車騎將軍開府儀同三司戊午尊所生夏貴妃為
皇太后立妃王氏為皇后辛未司空陳霸先東討韋載降
之丙子南豫州刺史任約譙秦二州刺史徐嗣徽舉兵據
石頭反十一月庚辰齊安州刺史翟子崇楚州刺史柳達
摩率衆赴任約入石頭十二月庚戌任約徐嗣徽等至採
石迎齊援丙辰遣猛烈將軍侯安都於江寧邀擊敗之約

嗣徽等奔江西庚申翟子崇等降並放還北
太平元年春正月戊寅大赦追贈謚簡文帝諸子封故永
安侯確子後為邵陵王奉攜王後癸未震州刺史杜龕降
詔賜死赦吳興郡己亥以太保宜豐侯蕭循襲封鄱陽王
東揚州刺史張彪圍臨海太守王懷振於剡巖二月庚戌
遣周文育陳蒨襲會稽討彪敗走以中衛將軍臨川王大
款即本號開府儀同三司丙辰若邪村人斬張彪傳首建
鄴赦東揚州甲子以東土經杜龕張彪之亂遣大使巡省
是月齊人來聘使侍中王廓報聘三月壬午班下遠近並
雜用今古錢戊戌齊將蕭軌出柵口向梁山陳霸先大敗

南史帝紀八　十八

之夏四月壬申侯安都輕兵襲齊行臺司馬恭於歷陽大
破之五月癸未太傅建安公蕭明薨庚寅齊軍水步入丹
楊縣內外纂嚴六月壬子齊軍至玄武湖西北乙卯陳霸
先大破齊軍戊午大赦辛酉解嚴秋七月丙子司空陳霸
先進位司徒丁亥以開府儀同三司侯瑱為司空八月己
酉太保鄱陽王循薨九月壬寅大赦改元司徒陳霸先進
位丞相録尚書事改封義興郡公加中權將軍王沖開府
儀同三司以吏部尚書王通為尚書右僕射冬十月乙亥
魏相安定公薨十一月起雲龍神武門十二月壬申進太
尉蕭勃為太保甲午封前壽昌令劉叡為汝陰王前鎮西

法曹行參軍蕭沆為巴陵王奉宋齊二代後庚子魏恭帝遜位于周

二年春正月壬寅詔求魯國孔氏族為奉聖侯并繕廟堂供備祀典又詔諸州各置中正舊放舉選不得輙承單狀序官皆須中正押上然後量授其選中正每求耆德該悉以他官領之以開府儀同三司王琳為司空以尚書右僕射王通為左僕射二月庚午遣領軍將軍徐度入東關太保廣州刺史蕭勃舉兵反詔平西將軍周文育平南將軍侯安都等南討戊子徐度至合肥燒齊船舶三千艘癸巳周文育軍於巴山獲蕭勃偽帥歐陽頠三月甲寅德州刺

史陳法武前衡州刺史譚遠於始興攻殺蕭勃夏四月癸酉曲赦江廣衡三州并督内為賊所拘逼者己卯鑄四柱錢一當二十齊遣使通和壬辰改四柱錢一當十丙申復用細錢五月乙巳平西將軍周文育進號鎮南將軍平南將軍侯安都進號鎮北將軍並開府儀同三司戊辰余孝頃遣使詣丞相府求降秋八月加丞相陳霸先殊禮九月周冢宰宇文護殺閔帝丞相陳霸先改授相國封陳國公冬十月戊辰進陳國公爵為王辛未帝遜位于陳陳受命奉帝為江陰王薨于外邸時年十六追謚敬皇帝

論曰帝王之位天下之重職文武之道守聘所常遵其於行用義均水火相資則可專任成亂觀夫有梁諸帝皆一之而已簡文文明之姿稟乎天授粤自支庶入居明兩經國之筭其道弗聞宮體所傳且變朝野雖主虛號何救滅亡元帝居勢勝之地啓中興之業既雪讎恥且應天人而内積猜忍外崇矯飾攀號之節忍酷於踰年定省之制申情於木偶竟而雍州引寇褰起河東之戮益部親尋事習邵陵之窘悖辭屈於僧辯殘虐極於圓正不義不昵若斯之甚而復謀無經遠心勞志大近捨宗國遠迫強隣外弛藩籬内崇講肆卒於溘至戕隕方追始皇之迹雖復文籍滿腹何救社廟之墟歷觀書契以來蓋亦廢興代有未見

三葉遘愍頻若蕭宗之酷敬皇以此沖年當斯頹運將不高揖其可得乎初武帝末年都下用錢每百皆除其九謂爲九佰竟而有侯景之亂及江陵將覆每百復除六文稱為六佰識者以為九者陽九六者百六蓋符歷數非人事也善乎鄭文貞公論之曰高祖固天攸縱聰明稽古道亞生知學為博物允文允武多藝多才爰自諸生有不羈之度屬昏凶肆虐天倫及禍糾合義旅將雪家寃曰紂可伐不期而會龍躍樊漢電擊湘郢翦離德如振槁取獨夫如拾遺其雄才大略固無得而稱矣既縣白旗之首方應皇天之眷布德施惠悅近來遠開蕩蕩之王道革靡靡之商

俗大惰文教盛飾禮容鼓扇玄風闡揚儒業介胄仁義折衝尊俎聲振寰宇澤流遐裔干戈載戢凡數十年濟濟焉洋洋焉魏晉以來未有若斯之盛也然不能息末敦本斵彫為樸慕名好事崇尚浮華抑揚孔墨流連釋老或終夜不寢或日旰不食非弘道以利物惟飾智以驚愚且心未遺榮虛厠蒼頭之位高談脫屣終戀黃屋之尊夫人之大欲在乎飲食男女至於軒冕殿堂非有切身之急高祖屛除嗜欲眷戀軒冕得其所難而滯於所易可謂神有所不達智有所不通矣逮夫精華稍竭鳳德已衰惑於聽受權在姧佞儲后百辟莫能盡言險躁之心暮年逾甚見利而

動愎諫違卜開門揖盜棄好即讎釁起蕭牆禍成戎羯身殞非命災被億兆衣冠斃鋒鏑之下老幼粉戎馬之足瞻彼黍離痛深周廟永言麥秀悲甚殷墟自古以安為危既成而敗顛覆之速書契所未聞也易曰天之所助者順人之所助者信高祖之遇斯屯剝不得其死蓋動而之險不由信順失天人之助其能免於此乎太宗敏叡過人神采秀發多聞博達富贍詞藻然文艷用寡華而不實體窮淫麗義罕疎通哀思之音遂移風俗以此而貞萬國異乎周誦漢莊矣我生不辰載離多難桀逆構扇巨猾滔天始同牖里之拘終類望夷之禍悠悠蒼昊其可問哉昔國步初屯兵纒魏闕群后釋位投袂勤王元帝以盤石之宗受分陝之任屬君親之難居連率之長不能撫劒嘗膽枕戈泣血躬先士卒致命前驅遂乃擁衆逡巡內懷觖望坐觀國變以為身幸不急莽卓之誅先行昆弟之戮又沈猜忍酷多行無禮騁智辯以飾非肆忿戾以害物爪牙重將心膂謀臣或顧眄以就拘囚或一言而及葅醢朝之君子相顧懔然自謂安若太山舉無遺策怵於邪說即安荊楚雖元惡克翦社稷未寧而西鄰責言禍敗旋及斯乃上靈降鑒此焉假手夫道人事其可誣乎其篤志藝文採浮華而棄忠信戎昭果毅先胥肉而後寇讎口誦六經心通百氏有

仲尼之學有公旦之才適足以益其驕矜增其禍患何補金陵之覆沒救江陵之滅亡哉敬帝遭家不造紹茲屯運征伐有所自出政刑不由於己時無伊霍之輔焉得不為高讓歟

梁本紀下第八　南史八

陳本紀上第九　南史九

李　延壽

陳高祖武皇帝諱霸先字興國小字法生吳興長城下若里人姓陳氏其本甚微自云漢太丘長寔之後也寔玄孫晉太尉準準生匡匡生達永嘉中南遷為丞相掾太子洗馬出為長城令悅其山水遂家焉嘗謂所親曰此地山川秀麗當有王者興焉二百年後我子孫必鍾斯運達生康復為丞相掾咸和中土斷故為長城人康生盱台太守英英生尚書郎公弼公弼生步兵校尉鼎鼎生散騎侍郎高高生懷安令詠詠生安成太守猛猛生太常卿道巨道巨

生皇考文讚帝以梁天監二年癸未歲生少倜儻有大志長於謀略意氣雄傑不事生產及長涉獵史籍好讀兵書明緯候孤虛遁甲之術多武藝明達果斷為當時推服身長七尺五寸日角龍顏垂手過膝嘗游義興館於許氏夢天開數丈有四人朱衣捧日而至納之帝口及覺腹內猶熱帝心獨喜初仕鄉為里司後至建鄴為油庫吏徙為新諭侯蕭映傳教勤於其事為映所賞及映為吳興太守甚重帝謂僚佐曰此人將來遠大必勝於我及映為廣州帝為中直兵參軍隨之鎮映令帝招集士馬先是武林侯蕭諮為交州刺史以嚴刻失和土人李賁連結數州豪傑同時反臺遣高州刺史孫冏新州刺史盧子雄將兵擊賁冏等不時進皆於廣州伏誅子雄弟子略與冏子姪及其主帥杜天合杜僧明共舉兵執南江督護沈顗進寇廣州晝夜苦攻州中震恐帝率精兵救之賊眾大潰僧明後有功業遂降梁武帝深歎異焉授直閤將軍封新杭縣子仍遣圖帝貌而觀之其年冬蕭映卒明年帝送喪還至大庾嶺會有詔以帝為交州司馬與刺史楊瞟南討帝益招勇敢器械精利瞟委帝經略時蕭勃為定州刺史於西江相會勃知軍士憚遠役因詭說留瞟瞟集諸將問計帝曰交阯叛換罪由宗室節下奉辭伐罪故當死生以之於是鼓行

而進軍至交州瞟推帝為前鋒所向摧陷賁竄入屈獠洞中屈獠斬賁傳首建鄴是歲太清元年也賁兄天寶遁入九真與劫帥李紹隆收餘兵殺德州刺史陳文戒進圍愛州帝討平之除西江督護高要太守督七郡諸軍事二年冬侯景寇逼帝將赴援廣州刺史元景仲陰將圖帝帝知之與成州刺史王懷明等集兵於南海馳檄以討景仲景仲縊於閤下帝迎蕭勃鎮廣州時臨賀內史歐陽頠監衡州蘭裕蘭京禮扇誘始興等十郡共攻頠頠請援於勃勃令帝救之悉禽裕等仍監始興郡事帝遣杜僧明胡穎將二千人頓于嶺上并厚結始興豪傑同謀義舉侯安都張

偲等率衆來附蕭勃聞之遣鍾休悅說停帝帝泣謂休悅曰君辱臣死誰敢愛命僕行計決矣時蔡路養起兵據南康勃遣腹心譚世遠為曲江令與路養相結同遏義軍大寶元年正月帝發始興次大庾嶺大破路養軍進頓南康湘東王繹承制授帝交州刺史改封南野縣伯於是脩理崎頭古城徙居之劉惠騫等望見恒有紫氣冒城上遠近驚異故惠騫等深自結於帝尋改封長城縣侯南江州刺史時寧都人劉藹等資高州刺史李遷仕舟艦兵仗將襲南康帝遣杜僧明等據白口築之二年僧明禽遷仕送南康斬之承制授帝江州刺史帝發南康灨石舊有二十四

南史帝紀九　三　黃千

灘灘多巨石行旅以為難帝之發水暴起數丈三百里間巨石皆沒進軍頓西昌有龍見水濱高五丈五采鮮曜軍人觀者數萬人帝又嘗獨坐胡牀於閣下忽有神光滿閤廊廡之間並得相見趙知禮侍側恠而問帝帝笑不答時承制遣征東將軍王僧辯督衆軍討侯景次盆城帝率杜僧明等合三萬將會焉時西軍乏食帝先計軍糧五十萬石至是分三十萬石以資之仍頓巴丘會侯景廢簡文立豫章嗣王棟帝遣兼長史沈袞奉表於江陵勸進承制授帝東揚州刺史領會稽太守三年帝帥師發自豫章二月次桑落洲時僧辯已發盆城會帝于白茅灣乃登岸結壇

刑牲盟約進次大雷軍人杜稜夢雷池君周何神自稱征討大將軍乘朱航陳甲仗稱下征侯景須臾便還云已殺景竟三月帝與諸軍進克姑孰仍次蔡洲侯景登石頭城望官軍之盛不悅曰一把子人何足可打密謂左右曰此軍上有紫氣不易可當乃以舩舫貯石沈塞淮口緣淮作城自石頭迄青溪十餘里中樓雉相接僧辯遣杜崱問計於帝帝以諸將不敢當鋒請先往立柵即於石頭西橫壠築柵衆軍次連八城直出東北賊恐西州路斷亦於東北果林作五城以遏大路帝曰善用兵者如常山之蛇使救首救尾困而無暇今我師既衆賊徒甚寡應分賊兵力以

南史帝紀九　四

弱制彊乃命諸將分處置兵帝與王琳杜龕等悉力乘之景衆大潰僧辯啓命帝鎮京口五月齊遣將辛術圍嚴超達秦郡帝命徐度領兵助其固守齊衆起土山穿地道攻之甚急帝乃自率萬人解其圍振旅南歸承制授帝征北大將軍開府儀同三司南徐州刺史進封長城縣公及王僧辯征陸納於湘州承制命帝代鎮楊州承聖二年湘州平帝旋鎮京口三年三月進帝位司空及魏平江陵帝與王僧辯等進啓請晉安王以太宰承制十二月晉安王至自尋陽入居朝堂給帝班劒二十人四年五月齊送貞陽侯明還主社稷王僧辯納之明即位改元天成以晉安

王為皇太子初齊之納貞陽也帝固爭之以為不可不見
從帝居常憤歎曰嗣主高祖之孫元皇之子竟有何辜坐
致廢黜假立非次此情可知乃密具袍數千領及錦綵金
銀以為賞賜之資九月壬寅帝召徐度侯安都周文育仍
部列將士水陸俱進夜發南徐州討王僧辯甲辰帝至石
頭前遣勇士自城北踰入時僧辯方視事閣外白有兵遽
走帝大兵尋至因風縱火僧辯就禽是夜縊之及其子顗
於是廢貞陽侯而奉晉安王即位改承聖四年為紹泰元
年壬子詔授帝侍中大都督中外諸軍事車騎將軍揚南
徐二州刺史持節司空班劒鼓吹並如故仍詔甲仗百人

出入殿省震州刺史杜龕據吳興與義興太守韋載舉兵
逆命辛未帝表自東討留高州刺史侯安都石州刺史杜
稜宿衛臺省甲戌軍至義興秦州刺史徐嗣徽據城入齊
又要南豫州刺史任約舉兵應龕齊人資其兵食嗣徽乘
虛奄至闕下侯安都出戰嗣徽等退據石頭丁丑載及龕
從弟北叟來降帝撫而釋之仍以載兄鼎知郡事以嗣徽
寇逼卷甲還都命周文育進討杜龕十一月己卯齊遣兵
五千度據姑孰又遣安州刺史翟子崇楚州刺史劉士榮
淮州刺史柳達摩領兵萬人於胡墅度米粟三萬石馬千
匹入石頭帝乃遣侯安都領水軍夜襲胡墅燒齊船周鐵

武率舟師斷齊運輸帝領鐵騎自西明門襲之齊人大潰
嗣徽留達摩等守城自率親屬腹心往南州採石以迎齊
援先是太白自十一月丙戌不見十二月乙卯出于東方
丙辰帝盡命眾軍分部甲卒對冶城日立航度兵攻其水
南二柵柳達摩等度淮置陣帝督兵疾戰縱火燒柵煙塵
漲天齊人大潰盡收其船艦是日嗣徽約等領齊兵還據
石頭帝遣侯安都領水軍襲破之嗣徽等單舸脫走丁巳
拔石頭南岸柵移度北岸起柵以絕其汲路又堙塞東門
故城中諸井齊所據城中無水水一合貿米一升一升米
貿絹一匹或炒米食之達摩謂其眾曰頃在北童謠云石

頭擣兩襠擣青復擣黃侯景服青已倒於此今吾徒衣黃
豈謠言驗邪庚申達摩遣侯子欽劉士榮等請和帝許之
乃於城外盟約其將士恣其南北辛酉帝出石頭南門陳
兵送齊人歸北者及至齊人殺之壬戌齊和州長史烏丸
遠自南州奔還歷陽江寧令陳嗣黃門侍郎曹朗據姑孰
不從帝命侯安都徐度等討平之聚其首為京觀是月杜
龕以城降二年正月癸未誅龕其弟龕從弟北叟司馬沈
孝敦並賜死三月戊戌齊遣水軍儀同蕭軌庫狄伏連堯
難宗東方老侍中裴英起東廣州刺史獨孤辟惡洛州刺
史李希光并任約徐嗣徽王僧愔等眾十萬出柵口向梁

山帳內盡主黃叢逆擊敗之燒其前軍船艦齊頓軍保蕪湖五月丙申齊兵至秣陵故城己亥帝率宗室王侯及朝臣於大司馬門外白虎闕下刑牲告天以齊人背約發言慷慨涕泗交流士卒觀者益奮辛丑齊軍於秣陵故城跨淮立橋柵引度兵馬癸卯自方山進及兒塘游騎至臺都下震駭帝潛以精卒三千配沈泰度江襲齊行臺趙彥深於瓜步獲其舟粟六月甲辰齊兵潛至鍾山龍尾丁未進至莫府山帝遣錢明領水軍出江乘要擊齊人糧運盡獲之齊軍大餒殺馬驢而食之壬子齊軍至玄武湖西北莫府山南將據北郊壇衆軍自覆舟東移頓郊壇北與齊人

相對其夜大雨震電暴風拔木平地水丈餘齊軍晝夜坐立泥中縣鬲以爨足指皆爛而臺中及潮溝北水退路燥官軍每得番易甲寅少霽是時食盡調市人餽軍皆是麥屑為飯以荷葉裹而分給間以麥麨兵士皆困會文帝遣送米三千石鴨千頭帝即炊米煑鴨誓申一戰士及防身計糧數臠人人裹飯媲以鴨肉帝命衆軍蓐食攻之齊軍大潰執嗣徽及其弟嗣宗斬之以徇虜蕭軌東方老王敬寶李希光裴英起王僧智等將帥四十六人其軍士得竄至江者縛筏以濟中江而溺流屍至京口者彌岸惟任約王僧愔獲免先是童謠云虜萬夫入五湖城南酒家使虜

奴自晉宋以後經絓在魏境江淮以北南人皆謂為虜衆時以賞俘貿酒者一人裁得一醉丁巳衆軍出南州燒賊舟己未斬劉歸義徐嗣產傅野豬于建康市是日解嚴庚申誅蕭軌東方老王敬寶李希光裴英起等太平元年九月壬寅帝進位丞相錄尚書事鎮衛大將軍揚州牧進封義興郡公庚申追贈皇考侍中光祿大夫封義興郡公諡曰恭十月甲戌梁帝敕丞相自今閒訊可施別榻以近扆坐二年正月壬寅詔加帝班劒十人并前為三十丁未詔贈皇兄道談南兗州刺史長城縣公諡曰昭烈皇弟休先侍中南徐州刺史武康縣侯諡曰忠壯甲寅遣兼侍中謁

者僕射陸繕策拜長城縣夫人章氏為義興國夫人丁卯詔贈皇祖侍中太常卿諡曰孝追封皇祖妣許氏吳郡嘉興縣君諡曰敬皇妣張氏義興國太夫人諡曰宣二月庚午蕭勃舉兵自廣州度嶺頓南康遣其將歐陽頠傅泰及其子孜為前軍至豫章分屯要險南江州刺史余孝頃起兵應勃帝命周文育侯安都率衆討平之八月甲午帝進位太傅加黃鉞劒履上殿入朝不趨贊拜不名丙申加前後部羽葆鼓吹是時湘州刺史王琳擁兵不應命遣周文育侯安都率衆討之九月辛丑梁帝進帝位相國總百揆封十郡為陳公備九錫之禮加璽紱遠游冠綠綟綬位在

諸侯王上策曰大哉乾元資日月以貞觀至哉坤元憑山
川以載物故惟天爲大陟配者欽明惟王建國翼輔者齊
聖是以文武之佐磻谿韞其玉璜堯舜之臣滎河鏤其金
板況乎體得一之鴻姿寧陽九之危厄援橫流於碣石撲
燎火於崑岡驅馭於韋彭跨躡於齊晉神功行而靡用聖
道運而無名者乎今將授公典策其敬聽朕命日者昊天
不弔鍾亂于我國家網漏吞舟彊胡內鼎茫茫宇宙慄慄
黎元方趾圓顱萬不遺一太清否亢橋山之痛以深大寶
屯如平陽之禍相繼上宰膺運康救黔黎鞠旅於滇池之
南揚旌於桂嶺之北縣三光於已墜謐四海於群飛光啓

中興此則公之大造於皇家者也既而天未悔禍夷醜荐
臻南夏崩騰西京蕩覆冢司昏撓旁引寇讎既見貶於桐
宮方謀危於漢閣皇運已殆何殊贅旒中國搖然非徒如
綫公赫然投袂匡救本朝復宮齊都平殄王室朕所以還
膺寶曆重覆宸居拯建武之風猷歌宣王之雅頌此又公
之再造於皇家者也公應務之初登庸惟始孫盧肇釁越
貊爲災番部阽危勢將淪殄公赤旗所指袄壘洞開白羽
纔撝凶徒粉潰此又公之功也大同之末邊政不脩李賁
狂狡竊我交愛公英謨雄算電埽風行馳御樓船直跨滄
海三山獠洞八角蠻陬逖矣水寓之鄉悠哉火山之國馬

援之所不届陶璜之所未開莫不懼我王靈爭朝邊候歸
賝天府獻狀鴻臚此又公之功也自寇虜陵江宮闈幽辱
而番禺連率本自諸夷言得其朋是懷同惡公仗此忠誠
乘機勦定執沛令而釁鼓平新野而搴旗此又公之功也
世道初艱方隅多難公以國盜邊警知無不爲恤是同盟
誅其醜類南土黔黎重保蘇息此又公之功也長驅嶺嶠
夢想京畿緣道酋豪遽爲榛梗路養渠帥全據大都蓄聚
逋逃方謀阻亂公龍驤虎步嘯吒風雲山靡堅城野無彊
陣清袄氛於瀨石滅沴氣於雩都此又公之功也遷仕凶
慝屯據大皐乞活類馬騰之軍流人多杜弢之衆公坐揮

三略遙制六奇義勇同心貔貅騁力雷奔電擊谷靜山空
列郡無犬吠之驚叢祠罷狐鳴之盜此又公之功也王師
討虜次屆淪波兵乏兼儲士有飢色公回麾彭蠡積穀巴
丘億庾之詠斯豐壼漿之毗是衆故使三軍勇銳百戰無
前承此兵糧遂殄凶逆此又公之功也盆壘猜攜用淹戎
略公志惟同獎師克在和屈禮交盟神祇感咽故能使舟
師並路遠邇崩心此又公之功也姑熟襟要崤函所憑寇
虜據其關梁大盜負其高鎬公一校纔撝三雄並奮左賢
右角沙潰土崩鄂坂之隘斯開夷庚之道無塞此又公之
功也義軍大衆俱集帝京逆豎凶徒猶屯皇邑公回茲地

軸抗此天羅罔不崇朝俾無遺噍此又公之功也內難初
静諸侯出關外郡傳烽鮮卑犯塞公舟師步甲亘野橫江
殲殄羣氐遂殫封豕此又公之功也公克黜禍難劬勞皇
室而孫箕之黨翻啓狄人伊洛之間咸為鬻戎朝闕戎塵
夜喧胡鼓公三籌既畫八陣斯張裁舉靈鉦亦抽金僕咸
俘醜類悉反高墉此又公之功也任約叛涣梟聲不悛戎
羯貪婪狼心無改公左甄右落箕張翼舒㦸是攙槍驅其
獫狁投秦阬而盡沸噎滍水而不流此又公之功也一相
居中自折彝鼎五湖小守妄懷同惡公夙駕兼道衣製杖
戎玉斧將揮金鉦且戒祓酋震慴遽請灰釘此又公之功

南史帝紀九　十一

也賊龕凶横陵虐具區阻兵安忍遘災怙亂公雖宗居汝
穎世寓東南眷言桑梓公私憤切戮此大憝如烹小鮮此
又公之功也同姓有扈頑凶不賓憑藉宗盟圖危社稷公
論兵於廟堂之上決勝於尊俎之閒寇賈樊滕浮江下瀨
一朝翦撲無待甸師此又公之功也豫章祅寇依憑山澤
繕甲完聚多歷歲時結從連横爰泊交廣呂嘉既獲吳濞
已縶命我還師征其不恪連營盡拔偽黨斯禽此又公之
功也自八紘九野瓜剖豆分竊帝偷王連州比縣公武靈
已暢文德又宣折簡馳書風猷斯遠此又公之功也京師
禍亂亟積寒暄饑闕低昂九門寥豁公求衣昧旦夙食高

春興搆宮闈具瞻遐邇郊庠宗稷之典六符十等之章還
聞太始之風流重覩永平之遺事此又公之功也公有濟
天下之勳重之以明德凝神體道合德符天周百姓以為
心隨萬機以成務上德不德無為以為憂長春生顯仁藏
用功成化洽樂奏咸雲安上御人禮兼文質是以天無藴
寶地有呈祥既景煥於圖書方蔵蕤於史牒高勳踰於象
緯積德冠於嵩華固無得而稱者矣朕又聞之前王宰世
茂賞尊賢式樹藩長摠征羣伯二南宗絕四履遐曠泱泱
表海祚土維齊巖巖泰山俾侯于魯況復經營宇宙寧惟
斷鼇足之功弘濟蒼生非直鑿龍門之險而疇庸報德寂

南史帝紀九　十二　口后

爾無聞朕所以垂拱當宁載懷慙悸者也今授公相國以
南豫州之陳留南丹楊宣城揚州之吳興東陽新安新寧
南徐州之義興江州之鄱陽臨川十郡封公為陳公錫茲
青土苴以白茅爰定爾邦用建冢社昔旦奭分陝俱為保
師晉鄭諸侯咸作卿士兼其內外禮實攸宜今命使持節
兼太尉王通授相國印綬陳公璽紱使持節兼司空王瑒
授陳公茅土金武符第一至第五左竹使符第一至第十
左相國秩踰三鉉任總百司位絕朝班禮由事華以相國
摠百揆除錄尚書之號上所假節侍中貂蟬中書監印章
中外都督太傅印綬義興公印策其鎮衛大將軍揚州牧

如故又加公九錫其敬聽後命以公禮為楨幹律等銜策
四維皆舉八柄有章是用錫公大輅戎輅各一玄牡二駟
以公賤寶崇穀疏爵待農室富京坻人知榮辱是用錫公
袞冕之服赤舄副焉以公調理陰陽燮諧風雅三靈允降
萬國同和是用錫公軒縣之樂六佾之舞以公宣導王猷
弘闡風教光景所照鞮象必通是用錫公朱戶以居以公
抑揚清濁褒德進賢髦士盈朝幽人虛谷是用錫公納陛
以登以公嶷然廊廟為世銘範折衝四表臨御八荒是用
錫公武賁之士三百人以公軌茲明罰期在刑厝象恭無
赦干紀必誅是用錫公斧鉞各一以公英猷遠量跨厲嵩

濱包一車書括囊寰寓是用錫公彤弓一彤矢百盧弓十
盧矢千以公天經地義貫徹幽明春露秋霜允供粢盛是
用錫公秬鬯一卣圭瓚副焉陳國置丞相以下一遵舊式
往欽哉其恭循朕命克相皇天弘建邦家允興鴻業以光
我高祖之休命十月戊辰又進帝爵為王以揚州之會稽
臨海永嘉建安南徐州之晉陵信安江州之尋陽豫章安
成廬陵并前為二十郡益封陳國其相國揚州牧鎮衛大
將軍並如故又命陳王冕十有二旒建天子旌旗出警入
蹕乘金根車駕六馬備五時副車置旄頭雲罕樂舞八佾
設鐘虡宮縣王妃王子王女爵命之號陳臺百官一依舊

典辛未梁帝禪位于陳策曰咨爾陳王惟昔上古厥初生
人驪連栗陸之前容成大庭之世杳冥恍惚故靡得而詳
焉自羲農軒昊之君陶唐有虞之主或垂衣而御四海或
無為而子萬姓居之如馭朽索去之如脫敝屣裁遇許由
便能捨帝暫逢善卷即以讓王故知玄扈璇璣非關尊貴
金根玉輅示表君臨及南觀河渚東沈刻璧菁華既竭耄
勤已倦則抗首而笑惟賢是與謗然作歌簡能斯授遺風
餘烈昭晰圖書漢魏因循是為故實宋齊授受又弘斯義
我高祖應期撫運握樞御宇三后重光祖宗齊聖及時屬
陽九封豕荐食西都失馭夷狄交侵乃聚天成輕筭龜鼎

慄慄黔首若崩厥角黴黴皇極將甚綴旒惟王乃聖乃神
欽明文思二儀並運四時合序天錫智勇人挺雄傑珠庭
日角龍行虎步爰初投袂日延勤王電埽番禺雲撤彭蠡
翦其元惡定我京畿及王賀帝弘賓茲寇蹙既行伊霍用
保沖人震澤稽塗並懷叛逆獯羯醜虜三亂皇都裁命偏
師二郛自殄薄伐獫狁六戎盡殪嶺南叛換湘郢連結賊
帥既禽凶渠傳首用能百揆時序四門允穆無思不服無
遠不屆上達穹昊下漏深泉蛟魚並見謳歌攸屬況乎長
彗橫天已徵布新之兆璧日斯既實表更姓之符七百無
常期皇王非一族昔木德既季而傳祚于我有梁天之歷

數允集明哲式遵前典廣詢群議王公卿尹莫不攸屬敬
從人祇之願授帝位于爾躬四海困窮天祿永終王其允
執厥中軌儀前式以副溥天之望禋郊祀帝時膺大禮永
固洪業豈不盛歟又命璽書遣兼太保尚書左僕射王通
兼太尉司徒左長史王瑒奉皇帝璽紱受終之禮一依唐
虞故事是日梁帝遜于別宮帝謙讓再三群臣固請乃許之
永定元年冬十月乙亥皇帝即位于南郊柴燎告天曰皇
帝臣霸先敢用玄牡昭告于皇皇后帝梁氏以圮剝荐臻
歷運有極欽若天應以命于霸先夫肇有黎蒸乃樹司牧
選賢與能未常厥姓有梁末運仍葉遘屯獯醜憑陵久移

南史帝紀九　十五

神器承聖在外非能祀夏天未悔禍復罹寇逆嫡嗣廢黜
宗枝僭詐天地板蕩紀綱泯絕霸先爰初投袂大拯橫流
重舉義兵寔戡多難廢王立帝寔有厥功安國定社用盡
其力是謂小康方期大道既而煙雲表色日月呈祥除舊
布新既彰玄象遷虞事夏且協謳謌九域八荒同布衷款
百神群祀皆有誠願梁帝高謝萬邦授以大寶霸先自惟
菲薄讓德不嗣至于再三辭弗獲許僉以百姓須主萬機
難曠皇靈眷命非可謙拒畏天之威用膺嘉祚永言夙志
能無慙德敬簡元辰升壇受禪告類上帝用答甿心永保
于我有陳惟明靈尚饗是日氛霧雨雪晝夜晦冥至是日

景氣清晏禮畢輿駕還宮臨太極前殿大赦改元賜百姓
爵二級文武二等鰥寡孤獨不能自存者人穀五斛逋租
宿責皆勿復收有犯鄉論清議贓汙淫盜者皆洗除先注
與之更始其長徒敕繫特皆原之士官失爵禁錮奪勞一
依舊典又詔以江陰郡奉梁主為江陰王行梁正朔車旗
服色一依前準梁皇太后為江陰國太妃皇后為江陰國
妃又詔百司各依位攝職丙子幸鍾山祭蔣帝廟戊寅幸
華林園覽辭訟臨赦囚徒己卯分遣大使宣勞四方庚辰
詔出佛牙於杜姥宅集四部設無遮大會辛巳追尊皇考
曰景皇帝廟號太祖皇妣董太夫人曰安皇后前夫人錢

南史帝紀九　十六

氏為昭皇后世子克為孝懷太子立夫人章氏為皇后癸
未尊景帝陵曰瑞陵昭皇后陵曰嘉陵依梁初園陵故事
立刪定郎刊定律令戊子遷景皇帝神主祔于太廟是月
西討都督周文育侯安都於郢州敗績沒于王琳十一月
丙申封皇兄子長城縣侯蒨為臨川郡王頊襲封始興郡
王皇弟子曇朗襲封南康郡王庚申都下火十二月庚辰
皇后謁太廟是歲周閔帝元年及九月冢宰宇文護廢閔
帝而奉明帝又為明帝元年
二年春正月乙未以車騎將軍開府儀同三司侯瑱為司
空辛丑祀南郊大赦甲寅遣中書舍人韋鼎策吳興楚王

神爲帝戊午祀明堂二月壬申南豫州刺史沈泰奔齊辛卯詔司空侯瑱摠督水陸衆軍以禦齊三月王琳立梁永嘉王蕭莊以奉梁後即位于郢州夏四月甲子祀太廟乙丑江陰王殂陳志也追謚梁敬帝詔太宰弔祭司空監護喪事以梁武林侯蕭諮子季卿嗣爲江陰王戊辰重雲殿東鴟尾有紫煙屬天五月乙未都下地震壬寅立梁邵陵攜王廟室祭以太牢辛酉帝幸大莊嚴寺捨身壬戌群臣表請還宮六月己巳詔司空侯瑱領軍將軍徐度討王琳初侯景之平也太極殿被焚承聖中議欲營之獨闕一柱秋七月有樟木大十八圍長四丈五尺流泊陶家後渚監

軍鄒子度以聞詔中書令沈衆兼起部尚書構太極殿八月周文育侯安都等於王琳所逃歸自劾廷尉即日引見宥之並復本官丁亥加江州刺史周迪平南將軍開府儀同三司冬十月庚午遣鎮南將軍周文育都督衆軍出豫章討余孝勱乙亥幸莊嚴寺發金光明經題丁酉加高州刺史黃法𣰰平南將軍開府儀同三司十二月甲子幸大莊嚴寺設無㝵大會捨乘輿法物羣臣備法駕奉迎即日還宮丙戌加北江州刺史熊曇朗平西將軍開府儀同三司三年春正月丁酉鎮南將軍廣州刺史歐陽頠即本號開府儀同三司是夜大雪及旦太極殿前有龍跡見甲子廣

州言仙人見于羅浮山寺小石樓二月辛酉加平西將軍桂州刺史淳于量鎮西大將軍開府儀同三司夏閏四月甲午詔依前代置西省學士兼取伎術士是時久不雨丙午幸鍾山祭蔣帝廟是日降雨迄于月晦五月丙辰朔日有蝕之有司奏舊儀帝御前殿服朱紗袍通天冠詔曰此乃前代承用意有未同合朔仰助太陽宜備袞冕之服自今永可爲準丙子扶南國遣使朝貢乙酉北江州刺史熊曇朗殺都督周文育舉兵反王琳遣其將常衆愛曹慶率兵援余孝勱六月戊子儀同侯安都敗衆愛等於左里獲琳從弟襲主帥羊暕等四十餘人衆愛遁走庚寅廬山人

斬之傳首建鄴甲午衆軍凱歸丁酉帝不豫遣兼太宰尚書右僕射王通以疾告太廟兼太宰中書令謝哲告大社南北郊辛丑帝小瘳故司空周文育之柩至自建昌壬寅帝素服哭于朝堂哀甚癸卯上臨訊獄訟是夜熒惑在天尊上疾甚丙午帝崩于璿璣殿時年五十七遺詔追臨川王蒨入纘大業甲寅殯于太極殿西階八月甲午羣臣上謚曰武皇帝廟號高祖丙申葬萬安陵帝雄武多英略性甚仁愛及居阿衡恒崇寬簡雅尚儉素常膳不過數品私饗曲宴皆瓦器蚌盤肴核庶羞裁令充足不爲虛費初平侯景及立敬帝子女玉帛皆班將士其充閨房者衣不重

采飾無金翠聲樂不列於前踐祚之後彌厲恭儉故能隆
功茂德光于江左云
世祖文皇帝諱蒨字子華始興昭烈王之長子也少沈敏
有識量美容儀留意經史武帝甚愛之常稱吾家英秀梁
太清初帝夢兩日鬭一大一小大者光滅墜地色正黃其
大如斗帝三分取一懷之侯景之亂避地臨安縣郭文舉
舊宅及武帝舉兵南下景遣兵與太守信都遵收帝及衡
陽獻王出都帝乃密袖小刀候見景欲圖之及至以付郎
中王翺幽守故其事不遂武帝圍石頭景欲加害者數矣
會景敗乃得出起家吳興太守武帝之討王僧辯也先召

帝與謀時僧辯婿杜龕據吳興兵衆甚盛武帝密令帝還
長城立柵備之龕遣將杜泰乘虛掩至將士相視失色帝
言笑自若部分益明於是衆心乃定及武帝遣周文育討
龕帝遣將軍劉澄蔣元舉攻下龕拜會稽太守武帝受禪
立為臨川王夢梁武帝以寶刀授己周文育侯安都之敗
於沌口武帝詔帝入總軍政尋命率兵城南皖永定三年
六月丙午武帝崩皇后稱遺詔徵帝入纂皇統甲寅至自
南皖入居中書省皇后令帝嗣膺寶籙帝辭讓至于再三
公卿固請其日即皇帝位於太極前殿大赦詔州郡悉停
奔赴秋七月丙辰尊皇后為皇太后辛酉以司空侯瑱為

太尉以南豫州刺史侯安都為司空以南徐州刺史徐度
為侍中中撫軍將軍開府儀同三司乙丑重雲殿災八月
庚戌立皇子伯茂為始興王奉昭烈王後徙封始興嗣王頊
為安成王九月辛酉立皇子伯宗為皇太子王公以下賜
帛各有差乙亥立妃沈氏為皇后冬十月甲子齊文宣帝
殂十一月乙卯王琳寇大雷詔太尉侯瑱司空侯安都儀
同徐度禦之是歲周明帝改天王稱皇帝復建年號曰武
成元年
天嘉元年春正月癸丑大赦改元詔賜鰥寡孤獨不能自
存者人粟五斛孝悌力田殊行異等加爵一級甲寅分遣

使者宣勞四方辛酉祀南郊詔賜人爵一級二月丙申太
尉侯瑱敗王琳于梁山敗齊兵于博望禽齊將劉伯球王
琳及其主蕭莊奔齊庚子分遣使者齎璽書宣勞四方乙
巳遣太尉侯瑱鎮盆城庚戌立武帝第六子昌為衡陽王
三月丙辰蕭莊所署郢州刺史孫瑒舉州內附丁巳江州
刺史周迪平南中斬賊帥熊曇朗傳首建鄴戊午齊軍棄
魯山城走詔南豫州刺史程靈洗守之丙子衡陽王昌沈
于江夏四月丁亥立皇子伯信為衡陽王奉獻王後辛丑
周明帝崩六月辛巳改謚皇祖妣景安皇后曰景文皇后
壬辰詔改葬梁元帝於江寧舊塋車騎禮章悉同梁典仍

依魏葬漢獻帝故事甲午追策故始興昭烈王妃曰孝妃辛丑國哀周忌上臨于太極前殿百僚陪哭赦建鄴殊死以下秋七月丙辰立皇子伯山為鄱陽王八月壬午齊孝昭帝廢太子殷而自立戊子詔非兵器及國容所須金銀珠玉衣服雜玩悉皆禁斷丁酉幸正陽堂閱武九月癸丑彗星見乙卯周將獨孤盛領水軍趣巴湘與賀若敦水陸俱進太尉侯瑱自尋陽禦之冬十月癸巳侯瑱襲破獨孤盛於楊葉洲盛眷岸築城自保丁酉詔司空侯安都率衆會侯瑱南拒周軍十二月己亥周巴陵城主尉遲憲降庚子獨孤盛潛遁走

二年春正月庚戌大赦辛未周湘州城主殷亮降湘州平二月庚寅曲赦湘州諸郡三月乙卯太尉湘州刺史侯瑱薨夏六月己亥齊人通好秋七月丙午周將賀若敦遁歸武陵天門南平義陽河東宜都郡悉平九月甲寅詔以故太尉侯瑱故司空周文育故開府儀同三司杜僧明故中護軍胡穎故領軍陳擬配食武帝廟庭冬十月癸丑霍州西山蠻率部內屬乙卯高麗國遣使朝貢十一月甲辰齊孝昭帝殂十二月甲申立始興國廟于都下用王者禮以國用不足立煮海鹽賦及榷酤科先是縉州刺史留異應王琳丙戌詔司空侯安都討之是歲周武帝保定元年

三年春正月庚戌設帷宮於南郊幣告胡公以配天辛亥祀南郊詔賜人爵一級孝悌力田加等二月梁宣帝殂閏月己酉以百濟王餘明為撫東大將軍高麗王高湯為寧東將軍江州刺史周迪舉兵應留異甲子改鑄五銖錢三月丙子安成王頊至自周丁丑以安右將軍吳明徹為安南將軍江州刺史督衆軍南討甲申大赦庚寅司空侯安都破留異於姚支嶺異奔晉安東陽郡平夏四月癸卯曲赦東陽郡乙巳齊人來聘秋七月己丑皇太子納妃王氏在位文武賜帛各有差孝悌力田為父後者賜爵二級九月戊辰朔日有蝕之以侍中到仲舉為尚書右僕射丁亥周迪請降

四年春正月丙子千陁利國遣使朝貢甲申周迪走投閩州刺史陳寶應納之夏四月辛丑設無㝵大會捨身於太極前殿乙卯加驃騎將軍揚州刺史安成王頊開府儀同三司六月癸巳司空侯安都賜死秋九月壬戌開府儀同三司廣州刺史歐陽頠薨癸亥曲赦都下辛未周迪復寇臨川詔護軍將軍章昭達討平之冬十二月丙申大赦詔昭達進軍建安討陳寶應

五年春三月壬午詔以故護軍將軍周鐵武配食武帝廟庭夏五月周齊並遣使來聘秋七月丁丑曲赦都下九月

城西城冬十一月己丑章昭達禽陳寶應留異送建鄴晉安郡平甲辰以護軍將軍章昭達為鎮軍將軍開府儀同三司十二月甲子曲赦建安晉安二郡討陳寶應將士死王事者並給棺槥送還本鄉并復其家癸未齊人來聘

六年春正月甲午皇太子加元服王公以下賜帛各有差孝悌力田為父後者賜爵一級鰥寡孤獨不能自存者穀人五斛夏四月甲寅以開府儀同三司揚州刺史安成王頊為司空五月齊武成帝傳位於太子緯自號太上皇帝六月辛酉彗星見于上台北周人來聘秋七月癸未有大風自西南至廣百餘步激壞靈臺候樓甲申儀賢堂無故

自壞丙戌臨川太守駱牙斬周迪傳首建鄴梟於朱雀航八月己卯立皇子伯固為新安王伯恭為晉安王伯仁為廬陵王伯義為江夏王九月新作大航冬十月辛亥齊人來聘十二月乙卯立皇子伯禮為武陵王癸亥曲赦都下

天康元年春二月丙子大赦改元三月己卯以司空安成王頊為尚書令夏四月乙卯皇孫至澤生賜在位文武帛各有差為父後者賜爵一級癸酉皇帝崩于有覺殿遺詔皇太子可即君臨山陵務存儉速大斂竟群臣三日一臨公除之制率依舊典六月甲子群臣上謚曰文皇帝廟號世祖丙寅葬永寧陵文帝起自布衣知百姓疾苦國家資用務從儉約妙識真偽下不容姦一夜內刺閨取外事分判者前後相續每雞人伺漏傳籤於殿中者令投籤於階石上鎗然有聲云吾雖得眠亦令驚覺其自彊若此云

廢帝諱伯宗字奉業小字藥王文帝嫡長子也梁承聖三年五月庚寅生永定二年二月戊辰拜臨川王世子三年文帝嗣位八月庚戌立為皇太子自梁室亂離東宮焚燼太子居于永福省天康元年四月癸酉文帝崩是日太子即皇帝位于太極前殿大赦詔內外文武各復其職遠方悉停奔赴五月己卯尊皇太后曰太皇太后皇后曰皇太后庚寅以司空揚州刺史新除尚書令安成王頊為司徒

錄尚書都督中外諸軍事丁酉以中軍大將軍開府儀同三司徐度為司空以鎮東將軍東揚州刺史始興王伯茂為征東將軍開府儀同三司以吏部尚書袁樞為尚書左僕射以吳興太守沈欽為右僕射秋七月丁酉立妃王氏為皇后冬十月庚申享太廟十一月乙亥周人來弔十二月甲子高麗國遣使朝貢是歲周天和元年

光大元年春正月癸酉尚書左僕射袁樞卒乙亥大赦改元賜孝悌力田爵一級辛卯祀南郊二月辛亥南豫州刺史余孝頃謀反伏誅三月甲午以尚書右僕射沈欽為侍中尚書僕射夏五月乙未湘州刺史華皎不從執政丙申

以中撫軍大將軍淳于量爲征南大將軍摠舟師討之六
月壬寅以中軍大將軍司空徐度爲車騎將軍摠督都下
衆軍自步道襲湘州秋七月戊申立皇子至澤爲皇太子
賜天下爲父後者爵一級王公以下賚帛各有差九月丙
辰百濟國遣使朝貢是月周將拓拔定入郢州與華皎水
陸俱進都督淳于量吳明徹等大破之皎單舸奔江陵禽
定送建鄴冬十月辛巳曲赦湘巴二州爲皎所詿誤者十
一月甲子中權將軍開府儀同三司王沖薨十二月庚寅
以儀同三司兼從事中郎孔英哲爲奉聖亭侯奉孔子祀
二年春正月己亥司徒安成王頊進位太傅領司徒加殊

禮以新除征南大將軍淳于量爲中軍大將軍及安南將
軍湘州刺史吳明徹即本號並開府儀同三司庚子詔討
華皎軍人死王事者並給棺槥送還本鄉仍復其家甲子
司空徐度薨夏五月丙辰太傅安成王頊獻玉璽一六月
丁亥彗星見秋七月戊申新羅國遣使朝貢壬戌立皇弟
伯智爲永陽王伯謀爲桂陽王九月林邑狼牙脩國並遣
使朝貢冬十一月甲寅慈訓太后令曰伯宗昔在儲宮本
無令問及居崇極遂騁凶淫太傅親承顧託義深垣屏而
攢塗未御翌日無淹仍遣劉師知殷不佞等顯言排斥陰
謀禍亂賴元相維持但除君側又以余孝頃密遣京師便

相徵召宗社之靈袄氛是滅於是密詔華皎稱兵上流國
祚憂惶幾移醜類又別敕歐陽紇等攻逼衡州嶺表紛紜
殊淹弦望但賊豎皆亡日望懲改而悖禮忘德情性不悛
盪主侯法喜等太傅麾下恒游府內陷以深利謀興肘腋
又盪主孫泰等潛相連結大有交通天誘其衷自然開發
此諸文迹今以相示豈可復肅恭禋祀臨御生靈今可特
降爲臨海郡王送還藩邸太傅安成王固天生德齊聖廣
深二后鍾心三靈佇眷自前朝不豫任總邦家威惠相宣
刑禮兼設且地彰靈璽天表長彗布新除舊禎祥咸顯文
皇知子之鑒事甚帝堯傳弟之懷又符太伯今可還申舊

志崇立賢君外宜依舊典奉迎輿駕是日帝出居別第太
建二年四月乙卯薨時年十九帝性仁弱無人君之器及
即尊位政刑甘歸冢宰故宣太后稱文帝遺志而廢焉
論曰陳武帝以雄毅之姿屬殷憂之運功存拯溺道濟橫
流應變無方蓋惟人傑及平西都盪覆江表阽危僭辯任
同伊尹空結桐宮之恨貞陽入假秦兵不息穆嬴之泣帝
乘隙以舉乃蹈玄機王業所基始自於此柴天改物蓋有
憑云文帝以宗枝承統情存兢惕加以崇尚儒術愛悅文
義恭儉行己勤勞濟物志度弘遠有前哲之風至於臨下
明察得求平之政矣臨海懦弱有同於帝摯文后雖欲不

鑒殷道蓋亦其可得邪

陳本紀上第九　　南史九

陳本紀下第十　　南史十

李　延壽

高宗孝宣皇帝諱頊字紹世小字師利始興昭烈王第二子也梁中大通二年七月辛酉生有赤光滿室少寬容多智略及長美容儀身長八尺三寸垂手過膝有勇力善騎射武帝平侯景鎮京口梁元帝徵武帝子姪入侍武帝遣帝赴江陵累官為中書侍郎時有軍主李㧾與帝有舊每同游處帝嘗夜被酒張燈而寐㧾適出尋反乃見帝是大龍便驚走他室魏平江陵遷于長安帝貌若不慧魏將楊忠門客張子煦見而奇之曰此人虎頭當大貴也永定元

年遙襲封始興郡王文帝嗣位改封安成王天嘉三年自周還授侍中中書監中衛將軍置佐吏歷位司空尚書令廢帝即位拜司徒錄尚書都督中外諸軍事光大二年正月進位太傅領司徒加殊禮劍履上殿十一月甲寅慈訓太后黜廢帝為臨海王以帝入纘皇統是月齊武成帝殂太建元年春正月甲午皇帝即位於太極前殿大赦改元文武賜位一階孝悌力田及為父後者賜爵一級鰥寡不能自存者人賜穀五斛復太皇太后尊號曰皇太后立妃柳氏為皇后世子叔寶為皇太子封皇子江州刺史康樂侯叔陵為始興王奉昭烈王祀乙未謁太廟丁酉分命大

使觀省四方風俗以尚書僕射沈欽為左僕射度支尚書王勱為右僕射辛丑祀南郊壬寅封皇子建安侯叔英為豫章王豐城侯叔堅為長沙王二月乙亥耕藉田夏五月甲午齊人來聘丁巳以吏部尚書徐陵為尚書右僕射秋七月辛卯皇太子納妃沈氏王公以下賜帛各有差冬十月新除左衛將軍歐陽紇據廣州反辛未遣開府儀同三司章昭達討之

二年春二月癸未章昭達禽歐陽紇送都斬于建康市廣州平三月丙申皇太后崩丙午曲赦廣衡二州丁未大赦又詔自討周迪華皎以來兵所有死亡者並令收斂并給

棺櫬送還本鄉夏四月乙卯臨海王伯宗薨戊寅皇太后祔葬于萬安陵五月壬午齊人來弔六月戊子新羅國遣使朝貢辛卯大雨雹乙巳分遣大使巡州郡省寃屈冬十一月辛酉高麗國遣使朝貢十二月癸巳雷

三年春正月癸丑以尚書右僕射徐陵為尚書僕射辛酉祀南郊二月辛巳祀明堂丁酉耕藉田三月丁丑大赦夏四月壬辰齊人來聘五月辛亥高麗新羅丹丹天竺盤盤等國並遣使朝貢六月丁亥江陰王蕭季卿以罪免甲辰封東中郎長沙王府諮議參軍蕭彝為江陰王冬十月乙酉周人來聘十二月壬辰司空章昭達薨

四年春正月丙午以尚書僕射徐陵為左僕射中書監王勱為右僕射二月乙酉立皇子叔卿為建安王三月乙丑扶南林邑國並遣使朝貢夏五月癸卯尚書右僕射王勱卒是月周人誅冢宰宇文護秋八月辛未周人來聘九月庚子朔日有蝕之辛亥大赦丙寅以故太尉徐度儀同三司杜稜程靈洗配食武帝廟庭故司空章昭達配食文帝廟庭冬十一月己亥地震是歲周建德元年

五年春正月癸酉以吏部尚書沈君理為尚書右僕射領吏部辛巳祀南郊二月辛丑祀明堂乙卯夜有白氣如虹自北方貫北斗紫宮三月壬午以開府儀同三司吳明徹

都督征討諸軍事略地北邊丙戌西衡州獻馬生角己丑皇孫胤生內外文武賜帛各有差為父後者賜爵一級夏六月癸卯周人來聘秋九月癸未尚書右僕射沈君理卒壬辰晦夜明冬十月己亥以特進周弘正為尚書右僕射乙巳吳明徹剋壽陽城斬王琳傳首建鄴梟于朱雀航十二月壬辰詔熊曇朗留異陳寶應周迪鄧緒等及王琳首並還親屬以弘廣宥乙巳立皇子叔明為宜都王叔獻為河東王是歲諸軍略地所在剋捷

六年春正月壬戌赦江右淮北諸州甲申周人來聘高麗國遣使朝貢二月壬辰朔日有蝕之辛亥耕藉田夏四月

庚子彗星見六月壬辰尚書右僕射周弘正卒冬十一月
乙亥詔北邊行軍之所並給復十年十二月戊戌以吏部
尚書王瑒為尚書右僕射
七年春正月辛未祀南郊三月辛未詔豫二兖譙徐合霍
南司定九州及南豫江郢所部在江北諸郡置雲旗義士
往大軍及諸鎮備防夏四月丙戌有星孛于大角庚寅監
豫州陳桃根獻青牛詔以還百姓乙未桃根又上織成羅
紋錦被表各二詔於雲龍門外焚之壬子郢州獻瑞鍾六
六月丙戌詔為北行將士死王事者剋日舉哀壬辰以尚
書右僕射王瑒為尚書僕射己酉改作雲龍神獸門秋八

月癸卯周人來聘閏九月壬辰都督吳明徹大破齊軍於
呂梁是月甘露頻降樂游苑丁未輿駕幸苑採甘露宴群
臣詔於苑龍舟山立甘露亭冬十月己巳立皇子叔齊為
新蔡王叔文為晉熙王十二月壬戌以尚書僕射王瑒為
左僕射太子詹事陸繕為右僕射甲子南康郡獻瑞鍾一
八年春二月壬申以開府儀同三司吳明徹為司空夏五
月庚寅尚書左僕射王瑒卒六月甲寅以尚書右僕射陸
繕為左僕射新除晉陽太守王克為右僕射秋九月戊戌
立皇子叔彪為淮南王
九年春正月乙亥齊主傳位於其太子恒自號太上皇是

月周滅齊二月壬子耕藉田秋七月己卯百濟國遣使朝貢
庚辰大雨震萬安陵華表己丑震慧日寺剎及瓦官寺重
門一女子震死冬十月戊午司空吳明徹破周將梁士彥
於呂梁十二月戊申東宮成皇太子移于新宮
十年春二月甲子周軍救梁士彥大敗司空吳明徹於呂
梁及將卒皆見囚俘不反三月辛未震武庫丙子分命衆
軍以備周乙酉大赦夏四月庚戌詔絓在軍者並賜爵二
級又詔御府堂署所營造禮樂儀服軍器之外悉皆停息
掖庭常供王侯妃主諸有奉卹者並各量減庚申大雨雹
六月丁酉周武帝崩閏六月丁卯大雨震大皇寺剎莊嚴

寺露盤重陽閣東樓千秋門內槐樹及鴻臚府門秋七月
戊戌新羅國遣使朝貢八月戊寅隕霜殺稻菽九月乙巳
立方明壇于婁湖戊申以揚州刺史始興王叔陵兼王官
伯臨盟甲寅幸婁湖臨誓衆乙卯分遣大使以盟誓班下
四方以上下相警冬十月戊子以尚書左僕射陸繕為尚
書僕射十二月乙亥合州廬江蠻田伯興出寇樅陽刺史
魯廣達討平之是歲周宣政元年
十一年春正月丁酉南兖州言龍見二月癸亥耕藉田秋
七月辛卯初用大貨六銖錢八月丁卯幸大壯觀閱武冬
十月甲戌以尚書僕射陸繕為尚書左僕射以祠部尚書

晉安王伯恭為右僕射十一月辛卯大赦戊戌周將梁士
彥圍壽陽剋之辛亥又剋霍州癸丑以揚州刺史始興王
叔陵為大都督摠督水步衆軍十二月乙丑南北兗晉三
州及盱台山陽陽平馬頭秦歷陽沛北譙南梁等九郡民
並自拔向建鄴周又剋譙北徐二州自是淮南之地盡歸
于周矣己巳詔非軍國所須多所減損歸于儉約是歲周
宣帝大象元年
十二年夏四月癸亥尚書左僕射陸繕卒己卯大雩壬午
雨五月癸巳以尚書右僕射晉安王伯恭為尚書僕射己
酉周宣帝崩六月壬戌大風吹壞皐門中闥秋八月己未

周鄖州摠管司馬消難以所統九州八鎮之地來降詔因
以消難為大都督加司空封隨郡公庚申詔鎮西將軍樊
毅進督沔漢諸軍事遣南豫州刺史任忠率衆趣歷陽超
武將軍陳慧紀為前軍都督趣南兗州戊辰以司空司馬
消難為大都督水陸諸軍事庚午通直散騎常侍淳于陵
剋臨江郡癸酉智武將軍魯廣達剋郭默城甲戌大雨霖
丙子淳于陵剋祐州城九月癸未周臨江太守劉顯光率
衆來降是夜天東南有聲如風水相激三夜乃止丁亥周
將王延貴率衆援歷陽任忠擊破之禽延貴等己酉周廣
陵義軍主曹藥率衆來降冬十月癸丑大雨震電十二月

庚辰南徐州刺史河東王叔獻薨
十三年春正月壬午以中權將軍護軍將軍鄱陽王伯山
即本號開府儀同三司以尚書僕射晉安王伯恭為左僕
射吏部尚書袁憲為右僕射二月乙亥耕藉田秋九月癸
亥夜大風從西北來發屋拔樹大雨雹冬十月壬寅丹丹
國遣使朝貢十二月辛巳彗星見西南是歲周靜帝大定
元年遜位于隋文帝改元開皇元年
十四年春正月己酉上弗豫甲寅崩于宣福殿時年五十
三遺詔凡厥終制事從省約金銀之飾不以入壙明器皆
用瓦以日易月及公除之制悉依舊準在位百司三日一

臨四方州鎮五等諸侯各守所職並停奔赴二月辛卯群
臣上謚曰孝宣皇帝廟號高宗癸巳葬顯寧陵帝之在田
本有恢弘之度及居尊位寬允天人之屬于時國步初弭
創痍未復淮南之地並入于齊帝志復舊境意及侵地彊
弱之形理則縣絕犯斯不韙適足為禽及周兵滅齊乘勝
而舉略地還至江際自此懼矣既而脩飾都城為扞禦之
備獲銘云二百年後當有癡人脩破吾城者時莫測所從云
後主諱叔寶字元秀小字黃奴宣帝嫡長子也梁承聖二
年十一月戊寅生于江陵明年魏平江陵宣帝遷于長安
留後主於穰城天嘉三年歸建鄴立為安成王世子光大

二年累遷侍中太建元年正月甲午立為皇太子十四年正月甲寅宣帝崩乙卯始興王叔陵構逆伏誅丁巳太子即皇帝位于太極前殿大赦在位文武及孝悌力田為父後者並賜爵一級孤老鰥寡不能自存者賜穀人五斛帛二匹癸亥以侍中丹陽尹長沙王叔堅為驃騎將軍開府儀同三司揚州刺史乙丑尊皇后為皇太后丁卯立皇弟叔敖為始興王奉昭烈王祀己巳立妃沈氏為皇后辛未立皇弟叔儼為尋陽王叔慎為岳陽王叔達為義陽王叔熊為巴山王叔虞為武昌王甲戌設無㝵大會於太極前殿三月癸亥詔內外眾官九品以上各薦一人又詔求忠

讜無所隱諱己巳以新除翊左將軍永陽王伯智為尚書僕射夏四月丙申立皇子永康公胤為皇太子賜天下為父後者爵一級王公以下賚帛各有差庚子詔鏤金銀薄度物化生土木人綵華之屬及布帛短狹輕疎者並傷財廢業尤成蠹患又僧尼道士挾邪左道不依經律人間淫祀祆書諸珍怪事詳為條制並皆禁絕秋七月辛未大赦是月自建鄴至荊州江水色赤如血八月癸未天有聲如風水相激乙酉夜又如之九月丙午設無㝵大會於太極前殿捨身及乘輿御服大赦辛亥夜天東北有聲如蟲飛漸移西北丙寅以驃騎將軍開府儀同三司揚州刺史長沙王叔堅為司空征南將軍江州刺史豫章王叔英即本號開府儀同三司

至德元年春正月壬寅大赦改元以江州刺史豫章王叔英為驃騎將軍開府儀同三司以司空揚州刺史長沙王叔堅為江州刺史征東將軍開府儀同三司癸卯立皇子深為始安王秋八月丁卯以驃騎將軍開府儀同三司長沙王叔堅為司空九月丁巳天東南有聲如蟲飛冬十月丁酉立皇弟叔平為湘東王叔敖為臨賀王叔宣為陽山王叔穆為西陽王叔儉為南安王叔澄為南郡王叔興為沅陵王叔韶為樂山王叔純為新興王十二月丙辰頭和

國遣使朝貢司空長沙王叔堅有罪免戊午夜天開自西北至東南其內有青黃雜色隆隆若雷聲

二年春正月丁卯分遣大使巡省風俗癸巳大赦夏五月戊子以吏部尚書江總為尚書僕射秋七月壬午皇太子加元服在位文武賜帛各有差孝悌力田為父後者賜爵一級鰥寡癃老不能自存者人穀五斛冬十一月丙寅大赦是月盤盤百濟國並遣使朝貢

三年春正月戊午朔日有蝕之庚午鎮左將軍長沙王叔堅即本號開府儀同三司三月辛酉前豐州刺史章大寶舉兵反夏四月庚戌豐州義軍主陳景詳斬大寶傳首建

鄯冬十月己丑丹丹國遣使朝貢十一月己未詔脩後仲
尼廟辛巳幸長干寺大赦十二月癸卯高麗國遣使朝貢
是歲梁明帝殂
四年春正月甲寅詔王公以下各薦所知無隔輿皁二月
丙申立皇弟叔謨為巴東王叔顯為臨江王叔坦為新會
王叔隆為新寧王夏五月丁巳立皇子莊為會稽王秋九
月甲午幸玄武湖肄艫艦閱武丁未百濟國遣使朝貢冬
十月癸亥以尚書僕射江摠為尚書令吏部尚書謝伷為
尚書僕射十一月己卯大赦
禎明元年春正月戊寅大赦改元乙未地震秋九月庚寅

梁太傅安平王蕭巖荆州刺史蕭瓛遣其都官尚書沈君
公詣荆州刺史陳紀請降辛卯巖等帥其文武官男女濟
江甲午大赦冬十一月丙子以蕭巖為平東將軍開府儀
同三司東揚州刺史丁亥以驃騎大將軍開府儀同三司
豫章王叔英為兼司徒十二月丙辰以前鎮衛大將軍開
府儀同三司東揚州刺史鄱陽王伯山為鎮衛大將軍開
府儀同三司
二年春正月辛巳立皇子恮為東陽王恬為錢唐王夏四
月戊申有群鼠無數自蔡洲岸入石頭淮至于青塘兩岸
數日自死隨流出江是月郢州南浦水黑如墨五月甲午

東冶鑄鐵有物赤色大如數升自天墜鎔所有聲隆隆如
雷鐵飛出墻外燒人家六月戊戌扶南國遣使朝貢庚子
廢皇太子胤為吳興王立揚州刺史始安王深為皇太子
辛丑以太子詹事袁憲為尚書僕射丁巳大風自西北激
濤水入石頭城淮渚暴溢漂没舟乘冬十月己亥立皇子
蕃為吳王己酉幸莫府山大校獵十一月丁卯詔剋日於
大政殿訊獄丙子立皇弟叔榮為新昌王叔匡為太原王
初隋文帝受周禪甚敦鄰好宣帝尚不禁侵掠太建末隋
兵大舉聞宣帝崩乃命班師遣使赴弔修敵國之禮書稱
姓名頓首而後主益驕書末云想彼統內如宜此宇宙清

泰隋文帝不說以示朝臣清河公楊素以為主辱再拜請
罪及襄邑公賀若弼並奮求致討後副使袁彥聘隋竊圖
隋文帝狀以歸後主見之大駭曰吾不欲見此人每遣間
諜隋文帝皆給衣馬禮遣以歸後主愈驕不虞外難荒于
酒色不恤政事左右嬖佞珥貂者五十人婦人美貌麗服
巧態以從者千餘人常使張貴妃孔貴人等八人夾坐江
摠孔範等十人預宴號曰狎客先令八婦人襞采箋製五
言詩十客一時繼和遲則罰酒君臣酣飲從夕達旦以此
為常而盛脩宮室無時休止稅江稅市徵取百端刑罰酷
濫牢獄常滿覆舟山及蔣山栢林冬月常多采醴後主以

為甘露之瑞前後災異甚多有神自稱老子游於都下與人對語而不見形言吉凶多驗得酒輒酬之經三四年乃去船下有聲云明年亂視之得嬰兒長三尺而無頭蔣山衆鳥鼓兩翼以拊膺曰奈何帝奈何帝又建鄴城無故自壞青龍出建陽門井涌霧赤地生黑白毛大風拔朱雀門臨平湖草舊塞忽然自通後主又夢黃衣圍城乃盡去繞城橘樹又見大蛇中分首尾各走夜中索飲忽變為血有血霑階至於坐牀頭而火起有狐入其牀下捕之不見以為祅乃自賣於佛寺為奴以禳之於郭內大皇佛寺起七層塔未畢火從中起飛至石頭燒死者甚衆又采木湘州

擬造正寢栰至牛渚磯盡沒水中既而漁人見栰浮於海上起齊雲觀國人歌曰齊雲觀寇來無際畔始北齊末諸省官人多稱省主未幾而滅至是舉朝亦有此稱識者以為省主主將見省之兆隋文帝謂僕射高熲曰我為百姓父母豈可限一衣帶水不拯之乎命大作戰船人請密之隋文帝曰吾將顯行天誅何密之有使投柹於江若彼能改吾又何求及納梁蕭瓛蕭巖隋文愈忿以晉王廣為元帥督八十揔管致討乃送璽書暴後主二十惡又散寫詔書書三十萬紙徧喻江外諸軍既下江濱鎮戍相繼奏聞新除湘州刺史施文慶中書舍人沈客卿掌機密並抑而

不言初蕭巖蕭瓛之至也德教學士沈君道夢殿前長人朱衣武冠頭出欄上攘臂怒曰那忽受叛蕭誤人事後主聞之忌二蕭故遠散其衆以巖為東揚州刺史瓛為吳州刺史使領軍任忠出守吳興郡以襟帶二州使南平王嶷鎮江州永嘉王彥鎮南徐州尋召二王赴期明年元會命緣江諸防船艦悉從二王還都為威勢以示梁人之來者由是江中無一鬭船上流諸州兵皆阻楊素軍不得至都下甲士尚十餘萬人及聞隋軍臨江後主曰王氣在此齊兵三度來周兵再度至無不摧沒虜今來者必自敗孔範

無度江理但奏伎縱酒作詩不輟

三年春正月乙丑朔朝會大霧四塞入人鼻皆辛酸後主昏睡至晡時乃罷是日隋將賀若弼自北道廣陵濟韓擒趨橫江濟分兵晨襲採石取之進拔姑孰次於新林時弼攻下京口緣江諸戍望風盡走弼分兵斷曲阿之衝而入丙寅採石戍主徐子建至告變戊辰乃下詔曰犬羊陵縱侵竊郊畿蠭蠆有毒宜時埽定朕當親御六師廓清八表內外並可戒嚴於是以蕭摩訶為皇畿大都督樊猛為上流大都督樊毅為下流大都督司馬消難施文慶並為大監軍重立賞格分兵鎮守要害僧尼道士盡皆執役庚午賀若弼攻陷南徐州辛未韓擒又陷南豫州隋軍南北道

並進辛巳賀若弼進軍鍾山頓白土岡之東南衆軍敗績弼乘勝進軍宮城燒北掖門是時韓擒率衆自新林至石子岡鎮東大將軍任忠出降擒仍引擒經朱雀航趣宮城自南掖門入城內文武百司皆遁出唯尚書僕射袁憲後閤舍人夏侯公韻侍側憲勸端坐殿上正色以待之後主曰鋒刃之下未可及當自有計乃逃於井二人苦諫不從以身蔽井後主與爭久之方得入沈后居處如常太子深年十五閉閤而坐舍人孔伯魚侍焉戍士叩閤而入深安坐勞之曰戎旅在塗不至勞也既而軍人窺井而呼之後主不應欲下石乃聞叫聲以繩引之驚其太重及出乃

與張貴妃孔貴人三人同乘而上隋文帝聞之大驚開府鮑宏曰東井上於天文為秦今王都所在投井其天意邪先是江東謠多唱王獻之桃葉辭云桃葉復桃葉度江不用檝但度無所苦我自接迎汝及晉王廣軍於六合鎮其山名桃葉果乘陳船而度丙戌晉王廣入據臺城送後主于東宮三月己巳後主與王公百司同發自建鄴之長安隋文帝權分京城人宅以俟內外脩整遣使迎勞之陳人謳詠忘其亡焉使還奏言自後主以下大小在路五百里累累不絕隋文帝嗟歎曰一至於此及至京師列陳之輿服器物於庭引後主於前及前後二太子諸父諸弟衆子之為王者凡二十八人司空司馬消難尚書令江總僕射袁憲驃騎蕭摩訶護軍樊毅中領軍魯廣達鎮軍將軍任忠吏部尚書姚察侍中中書令蔡徵左衛將軍樊猛自尚書郎以上二百餘人文帝使納言宣詔勞之次使內史令宣詔讓後主後主伏地屏息不能對乃見宥隋文帝詔陳武文宣三帝陵摠給五戶分守之初武帝始即位其夜奉朝請史普直宿省夢有人自天而下導從數十至太極殿前北面執玉策金字曰陳氏五帝三十二年及後主在東宮時有婦人突入唱曰畢國主有鳥一足集其殿庭以觜畫地成文曰獨足上高臺盛草變為灰欲知我家處朱門

當水開解者以為獨足蓋指後主獨行無衆盛草言荒穢隋承火運草得火而灰及至京師與其家屬館於都水臺所謂上高臺當水也其言皆驗或言後主名叔寶反語為少福亦敗亡之徵云既見宥隋文帝給賜甚厚數得引見班同三品每預宴恐致傷心為不奏吳音後監守者奏言叔寶云既無秩位每預朝集願得一官號隋文帝曰叔寶全無心肝監者又言叔寶常耽醉罕有醒時隋文帝使節其酒既而曰任其性不爾何以過日未幾帝又問監者叔寶所嗜對曰嗜驢肉問飲酒多少對曰與其子弟日飲一石隋文帝大驚及從東巡登芒山侍飲賦詩曰日月光天

德山川壯帝居太平無以報願上東封書并表請封禪隋文帝優詔謙讓不許後從至仁壽宮常侍宴及出隋文帝目之曰此敗豈不由酒將作詩功夫何如思安時事當賀若弼度京口彼人密啓告急叔寶為飲酒遂不省之高熲至日猶見啓在牀下未開封此亦是可笑蓋天亡也昔苻氏所征得國皆榮貴其主苟欲求名不知違天命與之官乃違天也隋文帝以陳氏子弟既多恐京下為過皆分置諸州縣每歲賜以衣服以安全之後主以隋仁壽四年十一月壬子終於洛陽時年五十二贈大將軍封長城縣公謚曰煬葬河南洛陽之芒山

論曰陳宣帝器度弘厚有人君之量文帝知冢嗣仁弱早存太伯之心及乎弗悆咸已委託矣至於纘業之後拓土開疆蓋德不逮文智不及武志大不已晚致吕梁之敗江左日蹙抑此之由也後主因削弱之餘鍾滅亡之運刑政不樹加以荒淫夫以三代之隆歷世數十及其亡也皆敗於婦人況以區區之陳外鄰明德覆車之跡尚且追蹤叔季其獲支數年亦為幸也雖忠義感慨致慟井隅何救麥秀之深悲適足取笑乎千祀嗟乎始梁末童謠云可憐巴馬子一日行千里不見馬上郎但見黃塵起黃塵汙人衣皁莢相料理及僧辯滅群臣以謠言奏聞曰僧辯本乘巴馬以擊侯景馬上郎王字也塵謂陳也而不解皁莢之謂既而陳滅於隋說者以為江東謂羖羊角為皁莢隋氏姓楊楊羊也言終滅於隋然則興亡之兆蓋有數云

陳本紀下第十　　南史十

列傳第一　　南史十一

李　延壽

后妃上

宋孝穆趙皇后　孝懿蕭皇后

武敬臧皇后　武張夫人

文章胡太后　少帝司馬皇后

文元袁皇后 潘淑妃　孝武昭路太后

明宣沈太后　孝武文穆王皇后 宣貴妃

前廢帝何皇后　明恭王皇后

後廢帝陳太妃　後廢帝江皇后

順陳太妃　順謝皇后

齊宣孝陳皇后　高昭劉皇后

武穆裴皇后　文安王皇后

鬱林王何妃　海陵王王妃

明敬劉皇后　東昏褚皇后

和王皇后

六宮位號前史代有不同晉武帝采漢魏之制置貴嬪夫人貴人是為三夫人位視三公淑妃淑媛淑儀脩華脩容脩儀婕妤容華充華是為九嬪位視九卿其餘有美人才人中才人爵視千石以下宋武帝省二才人其餘仍用晉制案貴嬪魏文帝所制夫人魏武初建魏國所制貴人漢光武所制淑妃魏明帝所制淑媛魏文帝所制淑儀脩華晉武帝所制脩容魏文帝所制脩儀魏明帝所制婕妤容華前漢舊號充華晉武帝所制美人漢光武所制及孝武孝建三年省夫人置貴妃位比相國進貴嬪比丞相貴人比三司以為三夫人又置昭儀昭容昭華以代脩華脩儀脩容又置中才人充衣以為散位案昭儀漢元帝所制昭容孝武所制昭華魏明帝所制中才人晉武帝所制充衣前漢舊制及明帝泰始二年省淑妃昭華中才人充衣復置脩華脩儀脩容十人良人三年又省貴人置貴姬以備

三夫人之數又置昭華增淑容承徽列榮以淑媛淑儀淑容昭華昭儀昭容脩華脩儀脩容為九嬪婕妤容華充華承徽列榮凡五職亞九嬪美人才人良人三職為散役其後帝留心後房擬百官備置內職焉及齊高帝建元元年有司奏置貴嬪夫人貴人為三夫人脩華脩儀脩容淑妃淑媛淑儀婕妤容華充華為九嬪美人中才人才人為散職三年太子宮置三內職良娣比開國侯保林比五等侯才人比駙馬都尉及永明元年有司奏貴妃淑妃竝加金章紫綬佩于窴玉淑妃舊擬九棘以淑為溫恭之稱妃為亞后之名進同貴妃以比三司夫人之號不殊蕃國降淑

媛以比九卿七年復置昭容位在九嬪焉梁武撥亂反正
深鑒奢逸配德早終長秋曠位定令制貴妃貴嬪貴姬為
三夫人淑媛淑儀淑容昭華昭儀昭容脩華脩儀脩容為
九嬪婕妤容華充華承徽列榮為五職美人才人良人為
三職東宮置良娣保林為二職及簡文元帝出自儲藩或
迫在拘縶或逼於寇亂且妃並先殂更不建椒闈陳武光
膺天歷以朴素自居故後宮員位其數多闕文帝天嘉之
後詔宮職備員其所制立無改梁舊編之令文以為後法
然帝性恭儉而嬪嬙不備宣帝後主無所改作今揔綴緝
以立此篇云

宋孝穆趙皇后諱安宗下邳僮人也父裔平原太守后以
晉穆帝升平四年嬪于孝皇帝以產武帝殂于丹徒官舍
葬晉陵丹徒縣東鄉諫壁里雩山宋初追崇號謚陵曰興
寧永初二年有司奏追贈裔光祿大夫加金章紫綬裔命
婦孫氏封豫章郡建昌縣君其年又追封裔臨賀縣侯裔
子倫之自有傳

孝懿蕭皇后諱文壽蘭陵人也父卓字子略洮陽令后為
孝皇帝繼室生長沙景王道憐臨川烈武王道規義熙七
年拜豫章公太夫人武帝為宋公宋王又加太妃太后之
號帝踐祚尊曰皇太后居宣訓宮上以恭孝為行奉太后
素謹及即大位春秋已高每旦朝太后未嘗失時刻少帝
即位加崇曰太皇太后景平元年崩于顯陽殿年八十一
遺令漢世帝后陵皆異處今可於塋域之內別為一壙一
遵往式乃開別壙與興寧合墳初武帝微時貧約過甚孝
皇之殂葬禮多闕帝遺旨太后百歲後不須祔葬至是故
稱后遺令云卓初與趙裔俱贈金紫光祿大夫又追封封
陽縣侯妻下邳趙氏封吳郡壽昌縣君卓子源之襲爵源
之見子思話傳

武敬臧皇后諱愛親東莞人也祖汪尚書郎父儁郡功曹
后適武帝生會稽宣長公主興弟帝以儉正率下后恭謹

不違義熙四年正月甲子殂於東城故贈豫章公夫人還
葬丹徒帝臨崩遺詔留葬建鄴於是備法駕迎梓宮祔葬
初寧陵宋初追贈儁金紫光祿大夫妻高密叔孫氏遷陵
永平鄉君儁子燾熹並自有傳

武帝張夫人諱闕不知何許人也生少帝及義興恭長公
主惠媛永初元年拜夫人少帝即位有司奏上尊號為皇
太后宮曰永樂少帝廢太后還璽紱隨居吳郡文帝元嘉
元年拜營陽國太妃二年薨

文章胡太后諱道女淮南人也義熙初武帝所納文帝生
五年被譴賜死葬丹徒武帝踐祚追贈婕妤文帝即位有

司奏上尊號曰章皇太后陵曰熙寧立廟建鄴
少帝司馬皇后諱茂英晉恭帝女也初封海鹽公主少帝
以公子尚焉宋初拜皇太子妃少帝即位為皇后元嘉元
年降為營陽王妃又為南豐王太妃十六年薨
文元袁皇后諱齊嬀陳郡陽夏人左光祿大夫湛之庶女
也母本卑賤后年五六歲方見舉後適文帝初拜宜都王
妃生子劭東陽獻公主英娥上待后恩禮甚篤袁氏貧薄
后每就上求錢帛以贍之上性儉所得不過五三萬五三
十匹後潘淑妃有寵愛傾後宮咸言所求無不得后聞之
未知信否乃因潘求三十萬錢與家以觀上意宿昔便得

因此恚恨稱疾不復見上遂憤恚成疾元嘉十七年疾篤
上執手流涕問所欲言后視上良久乃引被覆面崩于顯
陽殿上甚悼痛之詔前永嘉太守顏延之為哀策文甚麗
及奏上自益撫存悼亡感今懷昔八字以致意焉有司奏
謚宣皇后詔謚曰元初后生劭自詳視之使馳白帝此兒
形貌異常必破國亡家不可舉便欲殺之文帝狼狽至后
殿戶外手撥幔禁之乃止后亡後常有小小靈應明帝所
生沈美人嘗以非罪見責應賜死從后昔所住徽音殿前
度此殿有五間自后崩後常閉美人至殿前流涕大言曰
今日無罪就死先后若有靈當知之殿戶應聲豁然開職

掌者遽白文帝驚往視之美人乃得釋大明五年孝武乃
詔追后之所生外祖親王夫人為豫章郡新淦平樂鄉君
又詔趙蕭臧光祿袁敬公平樂鄉君墓先未給塋戶各給
蠻戶三以供灑埽后父湛之自有傳
潘淑妃者本以貌進始未見賞帝好乘羊車經諸房淑妃
每莊飾褰帷以候并密令左右以鹹水灑地帝每至戶羊輒
舐地不去帝曰羊乃為汝徘徊況於人乎於此愛傾後宮
孝武昭路太后諱惠男丹楊建康人也以色貌選入後宮
生孝武帝拜為淑媛及年長無寵常隨孝武出蕃孝武即
位有司奏奉尊號曰太后宮曰崇憲太后居顯陽殿上於

閨房之內禮敬甚寡有所御幸或留止太后房內故人間
咸有醜聲宮掖事祕亦莫能辨也孝建二年追贈太后父
興之散騎常侍興之妻餘杭縣廣昌鄉君大明四年太后
弟子撫軍參軍瓊之上表自陳有司承旨奏贈瓊之父道
慶給事中瓊之及弟休之茂之並居顯職太后頗豫政事
賜與瓊之等財物家累千金居處器服與帝子相侔大明
五年太后隨上巡南豫州妃主以下並從廢帝立號太皇
太后明帝踐祚號崇憲太后初明帝少失所生為太后所
攝養撫愛甚篤及即位供奉禮儀不異舊日有司奏宜別
居外宮詔欲親奉晨昏盡懽閨禁不如所奏及聞義嘉難

作太后心幸之延上飲酒置毒以進侍者引上衣上寤起以其卮上壽是日太后崩祕之喪事如禮遷殯東宮題曰崇憲宮又詔述太后恩慈特齋衰三月以申追遠謚曰昭皇太后葬孝武陵東南號曰脩寧陵先是晉安王子勛未平巫者謂宜開昭太后陵毀去梓宮以厭勝脩復倉卒不得如禮上性忌慮將來致災泰始四年夏詔有司曰崇憲昭太后脩寧陵地大明之世久所考卜前歲遭諸蕃之難禮從權宜未暇營改而塋隧之所山原卑陋可式遵舊典以禮改創有司奏請脩寧陵玄宮補葺毀壞權施油殿暫出梓宮事畢即定詔可廢帝景和中又追贈興之侍中金

紫光祿大夫謚曰孝侯道慶光祿大夫開府儀同三司謚曰敬侯道慶女為皇后以休之為侍中

明宣沈太后諱容姬不知何許人也為文帝美人生明帝拜婕妤元嘉三十年卒葬建康之莫府山孝武即位追贈湘東國太妃明帝即位有司奏上尊號為皇太后謚曰宣陵號崇寧

孝武文穆王皇后諱憲嫄琅邪臨沂人也元嘉二十年拜武陵王妃生廢帝豫章王子尚山陰公主楚玉臨淮康哀公主楚佩皇女楚琇康樂公主脩明孝武在蕃后甚寵異及即位為皇后焉大明四年后率六宮躬桑于西郊皇太后觀禮妃主以下並加班錫廢帝即位尊曰皇太后宮曰永訓其年崩于含章殿祔葬景寧陵父偃別有傳

殷淑儀南郡王義宣女也麗色巧笑義宣敗後帝密取之寵冠後宮假姓殷氏左右宣泄者多死故當時莫知所出及薨帝常思見之遂為通替棺欲見輒引替覩屍如此積日形色不異追贈貴妃謚曰宣及葬給轀輬車虎賁班劍鑾輅九旒黃屋左纛前後部羽葆鼓吹上自於南掖門臨過喪車悲不自勝左右莫不掩泣上痛愛不已精神罔罔頗廢政事每寢先於靈牀酌奠酒飲之既而慟哭不能自反又諷有司奏曰據春秋仲子非魯惠公元嫡尚得考別

宮今貴妃蓋天秩之崇班理應創新乃立別廟於都下時有巫者能見鬼說帝言貴妃可致帝大喜令召之有少頃果於帷中見形如平生帝欲與之言默然不對將執手奄然便歇帝尤哽恨於是擬李夫人賦以寄意焉謝莊作哀策文奏之帝卧覽讀起坐流涕曰不謂當今復有此才都下傳寫紙墨為之貴或云貴妃是殷琰家人入義宣家義宣敗入宮云

前廢帝何皇后諱令婉廬江灊人也孝建三年納為皇太子妃大明五年薨于東宮徽光殿謚曰獻妃廢帝即位追崇曰獻皇后明帝踐祚遷后與廢帝合葬龍山北后父瑀

字幼玉晉尚書左僕射澄曾孫也瑀尚武帝少女豫康長公主諱次男公主先適徐喬美容色聰敏有智數文帝世禮待特隆瑀豪競於時與平昌孟靈休東海何勗等並以輿馬相尚公主與瑀情愛隆密何氏疎戚莫不霑被恩禮瑀位右衛將軍主薨瑀墓開孝武追贈瑀金紫光祿大夫子邁尚文帝第十女新蔡公主諱英媚邁少以貴戚居顯官好犬馬馳逐多聚才力士位南濟陰太守廢帝納公主於後宮偽言薨殯殺一婢送出邁第殯葬行喪禮常疑邁有異圖邁亦招聚同志欲因行廢立事覺見誅明帝即位追封建寧縣侯瑀兄子衍性躁動位黃門郎拜竟求司徒

司馬得司馬復求太子右率拜一二日復求侍中旬日之間求進無已不得侍中以怨罵賜死

明恭王皇后諱貞風琅邪臨沂人也初拜淮陽王妃明帝改封又為湘東王妃生晉陵長公主伯姒建安長公主伯媛明帝即位立為皇后上嘗宮內大集而裸婦人觀之以為歡笑后以扇鄣面獨無所言帝怒曰外舍家寒乞今共作笑樂何獨不視后曰為樂之事其方自多豈有姑姊妹集聚而裸婦人形體以此為樂外舍為歡適與此不同帝大怒令后起后兄揚州刺史景文以此事語從舅陳郡謝緯曰后在家為儜弱婦人不知今段遂能剛正如此廢帝

即位尊為皇太后宮曰弘訓廢帝失德太后每加勗譬始猶見順後狂慝稍甚太后嘗賜帝玉柄毛扇帝嫌毛扇不華因此欲加酖害令太醫煮藥左右止之曰若行此事官便作孝子豈得出入狡獪帝曰汝語大有理乃止順帝即位齊高帝執權宗室劉昺劉緯卜伯興等有異志太后頗與相關順帝禪位太后與帝遜于東邸因遷居丹楊宮拜汝陰王太妃順帝殂于丹楊更立第都下建元元年薨于第追加謚葬以宋禮后父僧朗別有傳

後廢帝陳太妃諱妙登丹楊建康屠家女也孝武嘗使尉司采訪人間子女有姿色者太妃家在建康縣居有草屋

兩三間上出行問尉曰御道那得此草屋當由家貧賜錢三萬令起瓦屋尉自送錢與之家人並行唯太妃在家時年十二三尉見其美即以白孝武於是迎入宮在路太后房內經二年再呼不見幸太后因言於上以賜明帝始有寵一年衰歇以賜李道兒尋又迎還生廢帝先是人間言明帝不男故皆呼廢帝為李氏子廢帝後每微行自稱李將軍或自謂李統明帝即位拜貴妃秩同皇太子廢帝踐祚有司奏上尊號曰皇太妃輿服一如晉孝武李太妃故事宮曰弘化置家令一人改諸國太妃曰太姬昇明初降為蒼梧王太妃

後廢帝江皇后諱簡圭濟陽考城人也太始五年明帝訪太子妃而雅信小數名家女多不合江氏雖爲華族而后父祖並已亡弟又弱小以卜筮吉故爲太子納之六年拜皇太子妃諷朝士州郡皆令獻物多者將直百金始興太守孫奉伯止獻琴書其外無餘物上大怒封藥賜死既而原之太子即帝位立爲皇后帝既廢降后爲蒼梧王妃祖智深自有傳

順陳太妃諱法容丹楊建康人也明帝素肥晚年廢疾不能內御諸弟姬人有懷孕者輒取以入宮及生男皆殺其母而與六宮所愛者養之順帝桂陽王休範子也以陳昭

華爲母明帝崩昭華拜安成王太妃順帝即位進爲皇太妃順帝禪位去皇存太妃之號

順謝皇后諱梵境陳郡陽夏人右光祿大夫莊之孫也父颺車騎功曹昇明二年立爲皇后順帝禪位降爲汝陰王妃祖莊自有傳

齊宣孝陳皇后諱道止臨淮東陽人魏司徒矯之後也后家貧少勤織作家人矜其勞或止之后終不改嫁于宣帝宣帝庶生子衡陽元王道度始安貞王道生后生高帝高帝年二歲乳人乏乳后夢人以兩甌麻粥與之覺而乳驚因此豐足宣帝從任在外后常留家有相者謂后曰夫人有貴子而不見之后歎曰我三子誰當應之呼高帝小字曰政應是汝耳宣帝殂後后親執勤婢使有過皆恕而不問高帝雖從宦而家業本貧爲建康令時明帝等冬月猶無縑纊而奉膳甚厚后每撤去兼肉曰於我過足矣殂于縣舍昇明二年追贈竟陵公國太夫人齊國建爲齊國太妃並密印畫青綬祠以太牢建元元年追尊孝皇后贈外祖父肇之金紫光祿大夫諡敬侯后母胡氏爲永昌縣靖君永明九年詔太廟四時祭宣皇帝薦起麪餅鴨臛孝皇后薦笋鴨卵脯醬炙白肉高皇帝薦肉膾葅羮昭皇后薦茗粣炙魚並生平所嗜也

高昭劉皇后諱智容廣陵人也祖玄之父壽之並員外郎后母桓氏夢吞玉勝生后時有紫光滿室以告壽之壽之曰恨非是男桓笑曰雖女亦足興家矣后寢臥見有羽蓋蔭其上家人試察之常見其上掩藹如似雲氣年十七裴方明爲子求婚酬許已定后夢見先有迎車至猶如常家迎法后不肯去次有迎至龍旂豹尾有異於常后喜而從之既而與裴氏不成婚竟嬪于上嚴整有軌度造次必依禮法生太子及豫章王嶷太子初在孕后嘗歸寧遇家奉祠爾日陰晦失曉舉家狼狽共營祭食后助炒胡麻始復內薪未及索火火便自然宋泰豫元年殂歸葬宣帝墓側

則泰安陵也門生王清與墓工始下插有白兔跳起尋之
不得及墳成兔還栖其上昇明二年贈竟陵公國夫人三
年贈齊國妃印綬齊建元元年尊謚昭皇后二年贈后父
壽之金紫光祿大夫母桓氏上虞都鄉君
武穆裴皇后諱惠昭河東聞喜人也祖封之給事中父璣
之左軍參軍后少與豫章王妃庾氏爲娣姒庾氏勤女工
奉事高昭后恭謹不倦后不能及故不爲舅姑所重武帝
亦薄焉性剛嚴竟陵王子良妃袁氏布衣時有過后加訓
罰昇明三年爲齊世子妃建元元年爲皇太子妃二年后
薨謚穆妃葬休安陵時議欲立石誌王儉曰石誌不出禮

起宋元嘉中顏延之爲王球石誌素族無銘策故以紀行
自爾以來共相祖習儲妃之重禮絕恒例既有哀策不煩
石誌從之武帝即位追尊皇后贈父璣之金紫光祿大夫
后母檀氏餘杭廣昌鄉元君舊顯陽昭陽二殿太后皇后
所居也永明中無太后皇后羊貴嬪居昭陽殿西范貴妃
居昭陽殿東寵姬荀昭華居鳳華栢殿宮內御所居壽昌
畫殿南閣置白鷺鼓吹二部乾光殿東西頭置鍾磬兩箱
皆宴樂處也上數游幸諸苑囿載宮人從後車宮內深隱
不聞端門鼓漏聲置鍾於景陽樓上應五鼓及三鼓宮人
聞鍾聲早起莊飾車駕數幸琅邪城宮人常從早發至湖

北埭雞始鳴故呼爲雞鳴埭婦人吳郡韓蘭英有文辭宋
孝武時獻中興賦被賞入宮宋明帝時用爲宮中職僚及
武帝以爲博士教六宮書學以其年老多識呼爲韓公云
文安王皇后諱寶明琅邪臨沂人也祖韶之吳興太守父
曄之太宰祭酒宋世高帝爲文惠太子納后建元元年爲
南郡王妃四年爲皇太子妃無寵太子宮人製新麗衣裳
及首飾而后牀帷陳故古舊釵鑷十餘枚永明十一年爲
皇太孫太妃鬱林即位尊爲皇太后稱宣德宮置男左右
三十人前代所未有也贈后父曄之金紫光祿大夫母桓
氏豐安縣君其年十二月備法駕謁太廟明帝即位出居

鄱陽王故第爲宣德宮永元三年梁武帝定建鄴迎入宮
后稱制至禪位遜居外宮梁天監十一年薨葬崇安陵謚
曰安后祖韶之自有傳
鬱林王何妃諱婧英廬江灊人撫軍將軍戢女也初將納
爲南郡王妃文惠太子嫌戢無男門孤不欲與昏王儉以
南郡王妃便爲將來外戚唯須高冑不須強門今何氏蔭
華族弱寔允外戚之義永明三年乃成昏妃稟性淫亂南
郡王所與無賴人游妃擇其美者皆與交歡南郡王侍書
人馬澄年少色美甚爲妃悅常與鬬腕較力南郡王以爲
歡笑澄者本剡縣寒人嘗於南岸逼略人家女爲秣陵縣

所録南郡王語縣散遣之澄又逼求姨女爲妾姨不與澄詣建康令沈徽孚訟之徽孚曰姨女可爲婦不可爲妾澄曰僕父爲給事中門户既成姨家猶是寒賤政可爲妾耳徽孚訶而遣之十一年爲皇太孫妃又有女巫子楊珉之亦有美貌妃尤愛悦之與同寢處如伉儷及太孫即帝位爲皇后封后嫡母劉爲高昌縣都鄉君所生母宋爲餘杭廣昌鄉君后將拜鏡在牀無因墮地其冬與太后同日謁太廟楊珉之爲帝所幸常居中侍明帝爲輔與王晏徐孝嗣王廣之竝面請不聽又令蕭諶坦之固請皇后與帝同席坐流涕覆面謂坦之曰楊郎好年少無罪過何可枉殺

坦之耳語於帝曰此事别有一意不可令人聞帝謂皇后爲阿奴曰阿奴暫去坦之乃曰外間竝云楊珉之與皇后有異情彰聞遐邇帝不得已乃爲敕坦之馳報明帝即令建康行刑而果有敕原之而珉之已死后既淫亂又與帝相愛褻故帝恣之又迎后親戚入宫嘗賜人百數十萬以武帝曜靈殿處后家屬帝廢后貶爲王妃父戢自有傳

海陵王王妃諱韶明琅邪臨沂人太常慈之女也永明八年納爲臨沂公夫人鬱林王即位爲新安王妃延興元年爲皇后其年降爲海陵王妃妃父慈自有傳

明敬劉皇后諱惠端彭城人光禄大夫道弘孫也高帝爲明帝納之建元三年除西昌侯夫人永明七年卒葬江乘縣張山延興元年贈宣城王妃明帝即位追尊敬皇后贈父通直郎景猷爲金紫光禄大夫母王氏平陽鄉君明帝崩改葬祔于興安陵

東昏褚皇后諱令璩河南陽翟人太常澄之女也建武二年納爲皇太子妃而無寵帝謂左右曰若得如山陰主無恨矣山陰主明帝長女也後遂與之爲亂明年妃謁敬后廟東昏即位爲皇后帝寵潘妃后不被遇黄淑儀生太子誦而卒東昏廢后及誦竝爲庶人后父澄自有傳

和王皇后諱蕣華琅邪臨沂人太尉儉之孫也初爲隨王妃中興元年爲皇后帝禪位后降爲妃妃祖儉自有傳

列傳第一　　南史十一

李　延壽

后妃下

梁文獻張皇后　武德郗皇后
武丁貴嬪　武阮脩容
簡文王皇后　元徐妃
敬夏太后　敬王皇后
陳武宣章皇后　文沈皇后
廢帝王皇后　宣柳皇后
後主沈皇后　張貴妃

梁文獻張皇后諱尚柔范陽方城人也父穆之娶文帝從姑而生后后以宋元嘉中嬪於文帝生長沙宣武王懿永陽昭王敷次生武帝方孕忽見庭前昌蒲花光采非常驚報侍者皆云不見后曰常聞見昌蒲花者當富貴因取吞之是月生武帝將產之夕后見庭内若有衣冠陪列焉次生衡陽宣王暢義興昭長公主令嫕后宋泰始七年殂於秣陵縣同夏里舍葬晉陵武進縣東城里山天監元年五月甲辰追上尊號為皇后謚曰文獻穆之字思靜晉司空華六世孫也少方雅有識鑒初為員外散騎侍郎深被始興王濬引納穆之鑒其禍萌求為交阯太守政有異績宋文帝將以為交州刺史會病卒子弘籍字真藝齊初為鎮西參軍卒於官梁武踐祚追贈穆之光祿大夫加金章紫綬贈弘籍廷尉卿弘籍無子從父弟弘策以子纘嗣別有傳

武德郗皇后諱徽高平金鄉人也祖紹宋國子祭酒領東海王師父曄太子舍人早卒后母宋文帝女尋陽公主也方娠夢當生貴子及后生有赤光照室器物盡明家人怪之巫言此女光高將有所妨乃於水濱祓除之后幼明慧善隷書讀史傳女工之事無不閑習宋後廢帝將納為后齊初安陸王緬又欲結婚郗氏竝辭以女疾乃止齊建元末嬪于武帝生永興公主玉姚永世公主玉婉永康公主玉嬛及武帝為雍州刺史殂于襄陽官舍年三十二其年歸葬南徐州南東海武進縣東城里山中興二年武帝為梁公齊帝詔贈后為梁公妃及武帝踐祚追崇為皇后謚曰德陵曰脩陵后父曄贈金紫光祿大夫后酷妬忌及終化為龍入于後宮通夢於帝或見形光彩照灼帝體將不安龍輒激水騰涌於露井上為殿衣服委積常置銀鹿盧金瓶灌百味以祀之故帝卒不置后

武丁貴嬪諱令光譙國人也祖父從官襄陽因居沔北五女村寓於劉惠明廡下貴嬪生於樊城初產有神光之異紫氣滿室故以光為名相者云當大貴少時與鄰女月下

紡績諸女並患蚊蚋而貴嬪弗之覺也鄉人魏益德將娉之未及成而武帝鎮樊城嘗登樓以望見漢濱五采如龍下有女子擘絖則貴嬪也又丁氏因人以相者言聞之於帝帝贈以金環納之時年十四貴嬪生而有赤誌在左臂療之不滅又體多疣子至是無何並失所在德后酷忌遇貴嬪無道使日舂五斛舂每中程若有助者被遇雖嚴益小心祗敬嘗於供養經案側髣髴若見神人心獨異之天監元年五月有司奏為貴人未拜其年八月又奏初貴嬪居顯陽殿及太子定位有司奏曰皇太子副貳宸極率土咸執吏禮既盡禮皇儲則所生不容無敬王侯妃主常得

通信問者及六宮三夫人雖與貴嬪同列並應以敬皇太子之禮敬貴嬪宋元嘉中始與武陵國臣並以吏敬敬王所生潘淑妃路淑媛貴嬪於宮臣雖非小君其義不異與宋泰豫朝議百官以吏敬敬帝所生事義政同謂宮僚施敬宜同吏禮詣神獸門奉牋致謁年節稱慶亦同如此且儲妃作配率由盛則以婦踰姑彌乖從序謂貴嬪典章一與太子不異於是貴嬪備典章禮數同乎太子言則稱令貴嬪性仁恕及居宮接馭自下皆得其歡心不好華飾器服無珍麗未嘗為親戚私謁及武帝弘佛教貴嬪長進蔬膳受戒日甘露降于殿前方一丈五尺帝所立義皆得其

指歸尤精淨名經普通七年十一月庚辰薨移殯於東宮臨雲殿時年四十二詔吏部郎張纘為哀冊文有司奏謚曰穆葬寧陵祔于小廟簡文即位追崇曰太后貴嬪父道遷天監初為歷陽太守廬陵威王之生武帝謂之曰賢女復育一男荅曰莫道豬狗子世人以為笑後位兖州刺史宣城太守

文宣阮太后諱令嬴會稽餘姚人也本姓石初齊始安王遙光納焉遙光敗入東昏宮建康城平為武帝采女在孕夢龍罩其牀天監六年八月生元帝于後宮是日大赦尋拜為脩容賜姓阮氏嘗隨元帝出藩大同六年六月薨于

江州正寢時年六十七其年十一月歸葬江寧縣通望山謚曰宣元帝即位有司奏追崇為文宣太后還祔小廟承聖二年追贈太后父齊故奉朝請石靈寶散騎常侍左衛將軍封武康縣侯母陳氏武康侯夫人

簡文王皇后諱靈賓琅邪臨沂人也祖儉齊太尉南昌文憲公父騫金紫光祿大夫南昌安侯后幼而柔明叔父暕見之曰吾家女師也天監十一年拜晉安王妃生哀太子大器南郡王大連長山公主妙碧大通三年十月拜皇太子妃太清三年三月薨于永福省時年四十五其年簡文即位追崇為皇后謚曰簡大寶元年九月葬莊陵

元帝徐妃諱昭佩東海郯人也祖孝嗣齊太尉枝江文忠公父緄侍中信武將軍妃以天監十六年十二月拜湘東王妃生世子方等益昌公主含貞妃無容質不見禮帝三二年一入房妃以帝眇一目每知帝將至必為半面粧以俟帝見則大怒而出妃性嗜酒多洪醉帝還房必吐衣中與荊州後堂瑤光寺智遠道人私通酷妬忌見無寵之妾便交杯接坐纔覺有娠者即手加刀刃帝左右暨季江有姿容又與淫通季江每歎曰栢直狗雖老猶能獵蕭溧陽馬雖老猶駿徐娘雖老猶尚多情時有賀徽者美色妃要之於普賢尼寺書白角枕為詩相贈荅既而貞惠世子方諸母王氏寵愛未幾而終元帝歸咎於妃及方等死愈見疾太清三年遂逼令自殺妃知不免乃透井死帝以屍還徐氏謂之出妻葬江陵瓦官寺帝制金樓子述其淫行初妃嫁夕車至西州而疾風大起發屋折木無何雪霰交下帷簾皆白及長還之日又大雷震西州聽事兩柱俱碎帝以為不祥後果不終婦道

敬夏太后會稽人也普通中納于湘東王宮生敬帝承聖元年冬拜晉安王國太妃紹泰元年尊為太后明年冬降為江陰國太妃

敬王皇后琅邪臨沂人也承聖元年十一月拜晉安王妃紹泰元年十月拜皇后明年降為江陰王妃父僉自有傳

陳武宣章皇后諱要兒吳興烏程人本姓鈕父景明為章氏所養因改姓焉后母蘇嘗遇道士以小龜遺已光采五色曰三年有徵及期后生紫光照室因失龜所在后少聰慧美容儀手爪長五寸色並紅白每有朞功之服則一爪先折武帝先娶同郡錢仲方女早卒後乃聘后后善書計能誦詩及楚辭帝為長城縣公后拜夫人永定元年立為皇后追贈后父梁散騎侍郎景明特進金紫光祿大夫加金章紫綬拜后母蘇安吉縣君二年安吉君卒與后父葬吳興明年追封后父為廣德縣侯謚曰溫武帝崩后與中書舍人蔡景歷定計秘不發喪時衡陽獻王昌未至召文帝及即位尊后為皇太后宮曰慈訓廢帝即位后為太皇太后光大二年后下令黜廢帝為臨海王命宣帝嗣立大建元年復為皇太后二年三月丙申崩于紫極殿時年六十五遺令喪事並從儉約諸饋奠不用牲牢其年四月群臣上謚曰宣太后祔葬萬安陵后親屬無在朝者唯本族兄鈕洽官至中散大夫

文沈皇后諱妙容吳興武康人也父法深梁安前中錄事參軍后年十歲餘以梁大同中歸于文帝武帝之討侯景文帝時在吳興及后並被收景平乃獲免武帝踐祚后為

臨川王妃文帝即位為皇后追贈后父法深光祿大夫加
金章紫綬封建城縣侯謚曰恭追贈后母高為綏安縣君
謚曰定廢帝即位尊后為皇太后宮曰安德時宣帝與僕
射到仲舉舍人劉師知等並受遺輔政師知與仲舉恒居
禁中參決衆事而宣帝為揚州刺史與左右三百人入居
尚書省師知忌宣帝權重矯敕令還東府理州務宣帝將
出毛喜止帝曰今若出外便受制於人如曹爽願作富家
公不可得也宣帝乃稱疾召師知留與語使毛喜先入言
之於后后曰今伯宗年幼政事並委二郎此非我意喜又
言於廢帝廢帝曰此自師知等為非朕意也喜出報宣帝

帝因囚師知自入見后及帝極陳師知之短仍自草敕請
畫以師知付廷尉其夜於獄賜死自是政歸宣帝后憂悶
計無所出乃密賂宦者蔣裕令誘建安人張安國使據郡
反冀因此圖帝安國事發被誅時后左右近侍頗知其事
后恐連逮黨與並殺之宣帝即位以后為文皇后陳亡入
隋大業初自長安歸于江南頃之卒后兄欽襲爵建城侯
位尚書左僕射欽素無伎能奉己而已卒謚曰成子觀嗣
頗有學識官至御史中丞

廢帝王皇后琅邪臨沂人也天嘉元年為皇太子妃廢帝
即位立為皇后廢帝為臨海王后廢為妃至德中薨后生
臨海嗣王至澤至澤光大元年為皇太子大建元年襲封
臨海嗣王陳亡入長安后父固自有傳

宣柳皇后諱敬言河東解縣人也曾祖世隆祖惲父偃並
有傳后九歲幹理家事有若成人侯景之亂后與弟盼往
江陵依梁元帝帝以長城公主故待遇甚厚以配宣帝承
聖二年后生後主於江陵及魏剋江陵宣帝遷于關右后
與後主俱留穰城天嘉二年與後主還朝后為安成王妃
宣帝即位立為皇后后美姿容身長七尺二寸手垂過膝
初宣帝居鄉里先娶吳興錢氏及即位拜貴妃甚有寵后
傾心下之每尚方供奉物其上者皆推於貴妃而已御其

次焉宣帝崩始興王叔陵為亂後主賴后與吳媪救而獲
免後主即位尊后為皇太后宮曰弘範是時新失淮南地
隋師臨江又國遭大喪後主患劇不能聽政其誅叔陵供
大行喪事邊境防守及百司衆務雖假後主之敕實皆決
之於后後主創愈乃歸政焉后性謙謹未嘗以宗族為請
雖衣食亦無所分遺陳亡入長安隋大業十二年薨於東
都年八十三葬于洛陽之芒山

後主沈皇后諱婺華吳興武康人也父君理自有傳后母
即武帝女會稽穆公主早亡時后尚幼而毀瘠過甚及服
畢每歲時朔望恒獨坐涕泣哀動左右內外敬異焉大建

三年拜為皇太子妃後主即位立為皇后后性端靜有識量寡嗜欲聰敏強記涉獵經史工書翰後主在東宮而后父君理卒居憂處別殿哀毀踰禮後主遇后既薄而張貴妃有寵總後宮之政后澹然未嘗有所忌怨而身居儉約衣服無錦繡之飾左右近侍纔百許人唯尋閱圖史及釋典為事嘗遇歲旱自暴而誦佛經應時雨降無子養孫姬子胤為己子數上書諫爭後主將廢之而立張貴妃會國亡不果乃與後主俱入長安及後主薨后自為哀辭文甚酸切隋煬帝每巡幸恒令從駕及煬帝被殺后自廣陵過江於毗陵天靜寺為尼名觀音貞觀初卒

張貴妃名麗華兵家女也父兄以織席為業後主為太子以選入宮時龔貴嬪為良娣貴妃年十歲為之給使後主見而悅之因得幸遂有娠生太子深後主即位拜為貴妃性聰慧甚被寵遇後主始以始興王叔陵之亂被傷卧于承香殿時諸姬竝不得進唯貴妃侍焉而柳太后猶居柏梁殿即皇后之正殿也而沈皇后素無寵於後主不得侍疾別居求賢殿至德二年乃於光昭殿前起臨春結綺望仙三閣高數十丈竝數十間其窻牖壁帶縣楣欄檻之類皆以沈檀香為之又飾以金玉間以珠翠外施珠簾內有寶牀寶帳其服玩之屬瑰麗皆近古未有每微風暫至香聞數里朝日初照光映後庭其下積石為山引水為池植以奇樹雜以花藥後主自居臨春閣張貴妃居結綺閣龔孔二貴嬪居望仙閣竝複道交相往來又有王李二美人張薛二淑媛袁昭儀何婕妤江脩容等七人竝有寵遞代以游其上以宮人有文學者袁大捨等為女學士後主每引賓客對貴妃等游宴則使諸貴人及女學士與狎客共賦新詩互相贈荅采其尤豔麗者以為曲調被以新聲選宮女有容色者以千百數令習而歌之分部迭進持以相樂其曲有玉樹後庭花臨春樂等其略云璧月夜夜滿瓊樹朝朝新大抵所歸皆美張貴妃孔貴嬪之容色張貴妃

髮長七尺鬒黑如漆其光可鑑特聰慧有神彩進止閑華容色端麗每瞻視眄睞光彩溢目照映左右嘗於閣上靚粧臨于軒檻宮中遙望飄若神仙才辯強記善候人主顏色薦諸宮女後宮咸德之競言其善又工厭魅之術假鬼道以惑後主置淫祀於宮中聚諸女巫使之鼓舞時後主怠於政事百司啓奏竝因宦者蔡臨兒李善度進請後主倚隱囊置張貴妃於膝上共決之李蔡所不能記者貴妃竝為疏條無所遺脫因參訪外事人間有一言一事貴妃必先知白之由是益加寵異冠絕後庭而後宮之家不遵法度有絓於理者但求恩於貴妃貴妃則令李蔡先啓其

事而後從容為言之大臣有不從者因而譖之言無不聽於是張孔之權熏灼四方內外宗族多被引用大臣執政亦從風而靡閹宦便佞之徒內外交結轉相引進賄賂公行賞罰無常綱紀瞀亂矣及隋軍剋臺城貴妃與後主俱入井隋軍出之晉王廣命斬之於青溪中

論曰飲食男女人之大欲存焉故聖人順于人情而為之度王宮六列士室二等皆隨事升降以立節文若夫義篤閨闈政刑邦國古先哲王有以之致化矣夫后妃專夕配以德升姬嬙竝御進非色幸欲使情有尊被愛罔偏流專貞內表妖蠱外息乃可以輔興君德燮理陰政宋氏因晉

之舊典聘納有方俔天作儷必四岳之後自元嘉以降內職稍繁所選止於軍署微引極乎廝皁非若晉氏采擇濫及冠冕者焉而愛止帷房權無外授戚屬餼賚歲時不過肴漿斯為美矣及文帝之傾惑潘嬿謀及婦人大明之淪波殺嬿竝后匹嫡其為覆敗亦已甚矣齊氏孝昭二后竝有賢明之訓惜乎早世不得母臨萬國有婦人焉空慕周典禎符顯瑞徒萃徽名高皇受命宮禁貶約衣不文繡色無紅采永巷貧空有同素室武帝嗣位運藉休平壽昌前興鳳華晚構香栢文櫄花梁繡柱雕金鏤寶照燭房帷趙㜲吳趍承閑奏曲事由私蓄無損國儲明帝統業矯情儉陋奉己之制曾莫云改東昏喪道侈風大扇哲婦傾城同符殷夏可以垂誡其在斯乎梁武志在約己示存宮掖雖貴嬪之徽華早著誕育元良唯見崇重無聞正位徐妃無行其殲滅也宜哉陳武撫茲歸運奄開帝業若夫儷天作則燮隆王化則宣太后其懿焉文宣宮壼無聞於畏德後主嗣業實敗于椒房既曰牝晨亦唯家之索也

列傳第二 南史十二

列傳第三　　南史十三

李　延壽

宋宗室及諸王上

長沙景王道憐　臨川烈武王道規（鮑照）

營浦侯遵考（從子季連）　武帝諸子

長沙景王道憐宋武帝中弟也謝琰為徐州命為從事史
武帝克京城及平建鄴道憐常留侍太后後以軍功封新
渝縣男從武帝征廣固所部獲慕容超以功改封竟陵縣
公又討司馬休之道憐監太尉留府事江陵平為驃騎將
軍開府儀同三司荊州刺史護南蠻校尉加都督北府文

武悉配之道憐素無才能言音甚楚舉止多諸鄙拙畜聚
常若不足去鎮日府庫為空徵拜司空徐兗二州刺史加
都督出鎮京口武帝受命遷太尉封長沙王先是廬陵王
義真為揚州刺史太后謂上曰道憐汝布衣兄弟宜用為
揚州上曰寄奴於道憐豈有所惜揚州根本所寄事務至
重非道憐所了太后曰道憐年五十豈不如十歲兒邪上
曰車士雖為刺史事無大小皆由寄奴道憐年長不親其
事於聽望不足太后乃無言竟不授永初三年薨加贈太
傅葬禮依晉太宰安平王孚故事鸞路九旒黃屋左纛轀
輬車挽歌二部前後羽葆鼓吹虎賁班劍百人文帝元嘉

九年詔故太傅長沙景王故大司馬臨川烈武王故司徒
南康文宣公劉穆之開府儀同三司華容縣公王弘開府
儀同三司永脩縣公檀道濟故青州刺史龍陽縣公王鎮
惡並勤功天府配祭廟庭道憐子義欣嗣位豫州刺史鎮
壽陽境內畏服道不拾遺遂為盛藩強鎮薨贈開府儀同
三司謚曰成王子悼王瑾嗣傳爵至子齊受禪國除瑾弟
韞字彥文位雍州刺史侍中領右衛將軍領軍將軍昇明
二年被齊高帝誅韞人才凡鄙特為明帝所寵在湘州雍
州使善畫者圖其出行鹵簿羽儀常自披玩嘗以圖示征
西將軍蔡興宗興宗戲之陽若不解畫者指韞形問之曰

此何人而在輿韞曰政是我其庸底類如此韞弟述字彥
思亦甚庸劣從子俁疾危篤父彥節母蕭對之泣述賓候
之便命左右取酒肉令俁進之皆莫知其意或問焉答曰
禮云有疾飲酒食肉述又嘗新有緦慘或詣之問其母安
否述曰惟有愁惛次訪其子對曰所謂父子聚麀蓋謂麀
為憂也義欣弟義融封桂陽縣侯邑千戶凡王子為侯食
邑皆千戶義融位五兵尚書領軍有質幹善於用短卒謚
恭侯子孝侯覬嗣無子弟襲以子晃繼襲字茂德性庸鄙
為郢州刺史暑月露褌上聽事時網紀政伏閤怪之訪問
乃知是襲義融弟義宗幼為武帝所愛字曰伯奴封新渝

縣侯位太子左衛率坐門生杜德靈放橫打人入義宗第藏
𨼆免官德靈以姿色故義宗愛寵之義宗卒於南兗州刺史
謚曰惠侯子懷珍嗣無子弟彥節以子承繼彥節少以宗室
清謹見知孝武時其弟遐坐通嫡母殷氏養女雲敷殷宗禁
之及殺亡口血出衆疑遐行毒害孝武使彥節從弟祗諷彥
節啓證其事彥節曰行路之人尚不應爾今日𨒂可一門同
盡無容奉敕衆以此稱之後廢帝即位累遷尚書左僕射
參選元徽元年領吏部加兵五百人桂陽王休範為逆中
領軍劉勔出守石頭彥節權兼領軍將軍所給加兵自隨
入殿封當陽侯與齊高帝袁粲褚彥回分日入直平決機

事遷中書令加撫軍將軍及帝廢為蒼梧王彥節出集議
於路逢從弟韞韞問曰今日之事故當歸兄邪彥節曰吾
等已讓領軍矣韞搥胸曰兄肉中詎有血邪今年族矣齊
高帝聞而惡之順帝即位轉尚書令時齊高帝輔政彥節
知運祚將遷密懷異圖及沈攸之舉兵齊高入屯朝堂袁
粲鎮石頭潛與彥節及諸大將黃回等謀夜會石頭詰旦
乃發彥節素怯騷擾不自安再晡後便自丹楊郡車載婦
女盡室奔石頭臨去婦蕭氏強勸令食彥節歡羹寫胸中
手振不自禁其主簿丁靈衛聞難即入語左右曰今日之
事難以取濟但我受劉公厚恩義無二情及至見粲粲驚

曰何遽便來事今敗矣彥節曰今得見公萬死何恨從弟
韞直省內與直閤將軍卜伯興謀其夜共攻齊高帝會彥
節事覺秣陵令劉寶建康令劉遐密告齊高帝高帝夜使
驍騎將軍王敬則收殺之伯興亦遇害粲敗彥節踰城走
於額檐湖見禽被殺彥節子俁嘗賦詩云城上草植根非
不高所恨風霜早時咸云此為祅句事敗俁與弟陔剃髮
被法服向京口於客舍為人識執於建康獄盡殺之彥節
既貴士子自非三署不得上方榻時人以此少之其妻蕭
思話女也常懼禍敗每謂曰君富貴已足故應為兒作計
彥節不從故及禍彥節弟遐字彥道為嫡母殷暴亡有司

糾之徙始安郡後得還位吳郡太守至是亦見誅遐人才
甚凡自諱名有同至諱嘗對客曰孝武無道見枉殺母其
頑騃若此及彥節當權遐累求方伯彥節曰我在事而用
汝作州於聽望不足遐曰富貴則言不可相關從坐之日
得免不至是果死義宗弟義賓封興安侯位徐州刺史卒
謚曰肅侯義賓弟義綦封營道縣侯凡鄙無識始興王濬
嘗謂曰陸士衡詩云營道無烈心其何意苦阿父如此義
綦曰下官初不識士衡何忽見苦其庸塞皆然位湘州刺
史謚僖侯
臨川烈武王道規字道則武帝少弟也倜儻有大志預謀

誅桓玄時桓弘鎮廣陵以為征虜中兵參軍武帝剋京城道規亦以其日與劉毅孟昶斬弘玄敗走道規與劉毅何無忌追破之無忌欲乘勝追玄直造江陵道規曰諸桓世居西楚群小皆為竭力桓振勇冠三軍且可頓兵以計策縻之無忌不從果為振敗乃退還尋陽繕舟甲復進遂平巴陵江陵之平道規推毅為元功無忌為次自居其末以起義勳封華容縣公累遷領護南蠻校尉荆州刺史加都督善於刑政士庶畏而愛之盧循寇逼建鄴道規遣司馬王鎮之及揚武將軍檀道濟廣武將軍到彥之等赴援朝廷至尋陽為循黨荀林所破林乘勝伐江陵聲言徐道覆

已剋建鄴而桓謙自長安入蜀譙縱以謙為荆州刺史與其大將譙道福俱寇江陵道規乃會將士告之曰吾東來文武足以濟事欲去者不禁因夜開城門衆咸憚服莫有去者雍州刺史魯宗之自襄陽來赴或謂宗之未可測道規乃單車迎之衆咸感悅衆議欲使檀道濟到彥之共擊荀林等道規曰非吾自行不決乃使宗之居守委以心腹率諸將大敗謙斬之諮議劉遵追荀林斬之巴陵初謙至枝江江陵士庶皆與謙書言城內虛實道規一皆焚燒衆乃大安徐道覆奄至破冢魯宗之已還襄陽人情大震或傳循已剋都邑遣道覆上為刺史江漢士庶感其焚書之恩

無復二志道規使劉遵為游軍拒道覆前驅失利道規壯氣愈厲遵自外橫擊大破之初使遵為游軍衆咸言不宜割見力置無用之地及破道覆果得游軍之力衆乃服焉遵字慧明淮南海西人道規從母兄也位淮南太守追封監利縣侯道規進號征西大將軍開府儀同三司改授豫州以疾不拜義熙八年薨于都贈司徒謚曰烈武進封南郡公武帝受命贈大司馬追封臨川王無子以長沙景王第二子義慶嗣初文帝少為道規所養武帝命紹焉咸以禮無二繼文帝還本而定義慶為後義慶為荆州廟主當隨往江陵文帝下詔褒美勳德及慈蔭之重追崇丞相加

殊禮鸞路九旒黃屋左纛給節鉞前後部羽葆鼓吹虎賁班劍百人及長沙太妃檀氏臨川太妃曹氏後薨祭皆準給義慶幼為武帝所知年十三襲封南郡公永初元年襲封臨川王元嘉中為丹陽尹有百姓黃初妻趙殺子婦遇赦應避孫讎義慶議以為周禮父母之仇避之海外蓋以莫大之冤理不可奪至於骨肉相殘當求之法外禮有過失之宥律無讎祖之文況趙之縱暴本由於酒論心即實事盡荒耄豈得以荒耄之王母等行路之深讎宜共天同域無虧孝道六年加尚書左僕射八年太白犯左執法義慶懼有災禍乞外鎮文帝詔諭之以為玄象茫昧左執法

嘗有變王光祿至今平安日蝕三朝天下之至忌晉孝武初有此異彼庸主耳猶竟無他義慶固求解僕射乃許之九年出為平西將軍荊州刺史加都督荊州居上流之重資實兵甲居朝廷之半故武帝諸子徧居之義慶以宗室令美故特有此授性謙虛始至及去鎮迎送物並不受十二年普使內外羣臣舉士義慶表舉前臨沮令新野庾實前徵奉朝請武陵龔祈處士南郡師覺授義慶留心撫物州統內官長親老不隨在官舍者一年聽三吏餉家先是王弘為江州亦有此制在州八年為西土所安撰徐州先賢傳十卷奏上之又擬班固典引為典敘以述皇代之美

改授江州又遷南兗州刺史並帶都督尋即本號加開府儀同三司性簡素寡嗜慾愛好文義文辭雖不多足為宗室之表歷任無浮淫之過唯晚節奉沙門頗致費損少善騎乘及長不復跨馬招聚才學之士遠近必至太尉袁淑文冠當時義慶在江州請為衞軍諮議其餘吳郡陸展東海何長瑜鮑照等並有辭章之美引為佐史國臣所著世說十卷撰集林二百卷並行於世文帝每與義慶書常加意斟酌鮑照字明遠東海人文辭贍逸嘗為古樂府文甚遒麗元嘉中河濟俱清當時以為美瑞照為河清頌其序甚工照始嘗謁義慶未見知欲貢詩言志人止之曰卿位

尚卑不可輕忤大王照勃然曰千載上有英才異士沈沒而不聞者安可數哉大丈夫豈可遂蘊智能使蘭艾不辨終日碌碌與燕雀相隨乎於是奏詩義慶奇之賜帛二十匹尋擢為國侍郎甚見知賞遷秣陵令文帝以為中書舍人上好文章自謂人莫能及照悟其旨為文章多鄙言累句咸謂照才盡實不然也臨海王子頊為荊州照為前軍參軍掌書記之任子頊敗為亂兵所殺義慶在廣陵有疾而白虹貫城野麕入府心甚惡之因陳求還文帝許解州以本號還朝二十一年薨于都下追贈司空諡曰康王子哀王曄嗣為元凶所殺曄子綽嗣昇明三年見殺國除

營浦侯遵考武帝族弟也曾祖淳皇曾祖武原令混之弟位正員郎祖巖海西令父涓子彭城內史始武帝諸子並弱宗室唯有遵考及北伐平定以為并州刺史領河東太守鎮蒲坂關中失守南還再遷冠軍將軍晉帝遜位居秣陵宮遵考領兵防衞武帝初即位封營浦縣侯元嘉中累遷寧蠻校尉雍州刺史加都督為政嚴暴聚斂無節為有司所糾上寢不問孝武大明中位尚書左僕射領崇憲太僕後老疾失明元徽元年卒贈左光祿大夫開府儀同三司謚曰元公子澄之昇明末貴達澄之弟琨之為竟陵王誕司空主簿誕有寶琴左右犯其徽誕罰焉琨之諫誕曰

此余寶也琨之曰前哲以善人為寶不以珠玉為寶故王
孫圉稱觀父為楚國之寶未聞以琴瑟為寶誕怛然不悦
誕之叛以為中兵參軍辭曰忠孝不得並琨之老父在將
安之乎誕殺之後贈黃門郎詔謝莊為誄遵考從父弟思
考亦官歷清顯卒於散騎常侍金紫光祿大夫子季連字
惠續早歷清官齊高帝受禪將及誅太宰褚彥回素善之
固請乃免建武中為平西蕭遙欣長史南郡太守遙欣多
招賓客明帝甚惡之季連有憾於遙欣乃密表明帝言其
有異迹明帝乃以遙欣為雍州刺史而心德季連以為益
州刺史令據遙欣上流季連父思考宋時為益州雖無政

績州人猶以義故故喜得之季連存問故老見父時人吏
皆泣對之遂寧人龔愜累世有學行辟為府主簿及聞東
昏失德稍自驕矜性忌褊遂嚴愎酷很士人始怨永元元
年九月因聲講武遂遣中兵參軍宋買以兵襲中水穰人
李託買戰不利退還州郡遂多叛亂明年十月巴西人趙
續伯及奉其鄉人李弘為聖主弘乘佛輿以五綵裹青石
誑百姓云天與己玉印當王蜀季連遣中兵參軍李奉伯
大破獲之將刑謂刑人曰我須臾飛去復曰汝空殺我我
三月三日會更出遂斬之梁武帝平建鄴遣左右陳建孫
送季連二子及弟通直郎子淵喻旨季連受命脩還裝武

帝以西臺將鄧元起為益州刺史元起南郡人季連為南
郡時待之素薄元起典籤朱道琛者嘗為季連府都錄無
賴季連欲殺之逃免至是說元起請先使檢校緣路奉迎
及至言語不恭又歷造府州人士見器物輒奪之曰會屬
人何須苦惜軍府大懼言於季連季連以為然又惡昔之
不禮元起益憤懣司馬朱士略說季連求為巴西郡守三
子為質季連許之既而召兵筭之精甲十萬臨軍歎曰據
天嶮之地握此盛兵進可以匡社稷退不失作劉備欲以
此安歸乎遂矯稱齊宣德皇后令復反收朱道琛殺之書
報朱士略兼召涪令李膺並不受命天監元年六月元起

至巴西季連遣其將李奉伯拒戰見敗季連固守元起圍
之城中餓死者相枕又從而相食二年乃肉袒請罪元起
遷季連于外俄而造焉待之以禮季連謝曰早知如此豈
有前日之事元起誅李奉伯送季連還都將發人莫之視
唯龔愜送焉初元起在道懼事不集無以賞士之至者皆
許以辟命於是受別駕中從事檄者將二千人季連既至
詣闕謝罪自東掖門入數步一稽首以至帝前帝笑謂曰
卿欲慕劉備而曽不及公孫述豈無卧龍之臣乎赦為庶
人四年出建陽門為蜀人藺相如所殺季連在蜀殺其父
變名走建鄴至是報焉乃面縛歸罪帝壯而赦之

宋武帝七男張夫人生少帝孫脩華生廬陵孝獻王義真
胡婕妤生文帝王脩容生彭城王義康桓美人生江夏文獻
王義恭孫美人生南郡王義宣呂美人生衡陽文王義季
廬陵孝獻王義真美儀貌神情秀徹初封桂陽縣公年十
二從北征及關中平武帝東還欲留偏將恐不足固人心
乃以義真為雍州刺史加都督以太尉諮議參軍京兆王
脩為長史委以關中任帝將還三秦父老泣訴曰殘生不
霑王化於今百年始覩衣冠方仰聖澤長安十陵是公家
墳墓咸陽宮殿是公家屋宅捨此何之武帝為之憫然慰
譬曰受命朝廷不得擅留今留第二兒令文武才賢共鎮

此境臨還自執義真手以授王脩令脩執其子孝孫手授
帝義真又進都督并東秦二州領東秦州刺史時隴上流
戶多在關中望得歸本及置東秦州父老知無復經略隴
右固關中之意咸共歎息而赫連勃勃寇逼交至沈田子
既殺王鎮惡王脩又殺田子兼裁減義真賜左右物左右
怨之因白義真曰鎮惡欲反故田子殺之脩殺田子豈又
欲反也義真使左右劉乞殺脩脩字叔京兆霸城人初南
度見桓玄玄謂曰君平世吏部郎才也脩既死人情離異
武帝遣右將軍朱齡石代義真鎮關中使義真疾歸諸將
競斂財貨方軌徐行建威將軍傅弘之曰虜騎若至何以

待之賊追兵果至至青泥大敗義真獨逃草中中兵參軍
段宏單騎追尋義真識其聲曰君非段中兵邪身在此行
矣必不兩全可刎身頭以南使家公望絕宏泣曰死生共
之下官不忍乃束義真於背單馬而歸義真謂宏曰丈夫
不經此何以知艱難初武帝未得義真審問怒甚剋日北
伐謝晦諫不從及得宏啓知義真免乃止義真尋為司州
刺史加都督以段宏為義真諮議參軍宏鮮卑人為慕容
超尚書左僕射武帝伐廣固歸降義真改揚州刺史鎮石
頭永初元年封廬陵王武帝始踐祚義真色不悅侍讀博
士蔡茂之問其故對曰安不忘危何可恃也明年遷司徒

武帝不豫以為車騎將軍開府儀同三司南豫州刺史加
都督鎮歷陽未之任而武帝崩義真聰敏愛文義而輕動
無德業與陳郡謝靈運琅邪顏延之慧琳道人並周旋異
常云得志日以靈運延之為宰相慧琳道人為西豫州刺
史徐羨之等嫌義真靈運延之昵狎過甚故吏范晏戒之
義真曰靈運空疎延之隘薄魏文云鮮能以名節自立者
但性情所得未能忘言於悟賞故與游耳將之鎮列部伍
於東府前既有國哀義真與靈運延之慧琳等坐視部伍
因宴舫裏使左右剔母舫函道施己船而取其勝者及至
歷陽多所求索羨之等每不盡與深怨執政表求還都初

少帝之居東宮多狎羣小謝晦嘗言於武帝曰陛下春秋既高宜思存萬代神器至重不可使負荷非才帝曰廬陵何如晦曰臣請觀焉晦造義真義真盛欲與談晦不甚荅還曰德輕於才非人主也由是出居于外及羡之等專政義真愈不悦時少帝失德羡之等謀廢立次第應在義真以義真輕訬不任主社稷因其與少帝不協奏廢為庶人徙新安郡前吉陽令張約之上疏諫徙為梁州府軍參軍尋殺之景平二年羡之等遣吏殺義真於徙所時年十八元嘉元年八月詔追復先封迎靈柩并孫脩華謝妃一時俱還三年正月誅徐羡之傅亮等是日詔追崇侍中大將軍王如

故贈張約以郡義真無子文帝第五子紹字休胤嗣襲廬陵王紹少寬雅位揚州刺史薨無子以南平王鑠子敬先嗣

彭城王義康永初元年封彭城王歷南豫南徐二州刺史竝加都督文帝即位為驃騎將軍開府儀同三司元嘉三年改授都督荆州刺史給班劒三十人義康少而聰察及居方任職事脩理六年司徒王弘表義康宜還入輔徵為侍中司徒録尚書事都督南徐州刺史二府置佐領兵與王弘共輔朝政弘既多疾且每事推謙自是內外衆務一斷之義康太子詹事劉湛有經國才用義康昔在豫州湛為長史既素情款至是待遇特隆動皆諮訪故前後在藩

多善政九年王弘薨又領揚州刺史十二年又領太子太傅義康性好吏職鋭意文案糾剔是非莫不精盡既專朝權事決自已生殺大事皆以録命斷之凡所陳奏入無不可方伯以下竝委義康授用由是朝野輻湊權傾天下義康亦自強不息無有懈倦府門每旦常有數百乘車雖復位卑人微皆被接引又聰識過人一聞必記嘗所暫遇終身不忘稠人廣坐每標題所憶以示聰明人物益以此推服之愛惜官爵未嘗以階級私人凡朝士有才用者皆引入已府自下樂為竭力不敢欺負文帝有虛勞疾每意有所想便覺心中痛裂屬纊者相係義康入侍醫藥盡心衛

奉湯藥飲食非口所嘗不進或連夕不寢彌日不解衣內外衆事皆專決施行十六年進位大將軍領司徒義康素無術學待文義者甚薄袁淑嘗謂義康義康問其年荅曰鄧仲華拜袞之歲義康曰身不識也淑又曰陸機入洛之年義康曰身不讀書君無為作才語見向其淺陋若此既闇大體自謂兄弟至親不復存君臣形迹率心而行曾無猜防私置僮六千餘人不以言臺時四方獻饋皆以上品薦義康而以次者供御上嘗冬月噉柑歎其形味竝劣義康在坐曰今年柑殊有佳者遣還東府取柑大供御者三寸僕射殷景仁為帝所寵與劉湛素善而意好晚乖湛常

欲因宰輔之權傾之景仁為帝所保持義康屢言不見用
湛愈憤南陽劉斌湛之宗也有俗才用為義康所知自司
徒右長史擢為左長史從事中郎琅邪王履主簿沛郡劉
敬文祭酒魯郡孔胤秀並以傾側自入見帝疾篤皆謂宜
立長君上嘗危殆使義康具顧命詔義康還省流涕以告
湛及景仁曰天下艱難詎是幼主所御湛景仁並不荅而
胤秀等輒就尚書儀曹索晉咸康立康帝舊事義康不知
也及帝疾瘳微聞之而斌等既為義康所寵遂結朋黨若
有盡忠奉國不同己者必構以罪黜每采景仁短長或虛
造同異以告湛自是主相之勢分矣義康欲以斌為丹楊

尹言其家貧上覺之曰以為吳郡後會稽太守羊玄保求
還義康又欲以斌代之上時未有所擬倉卒曰我已用王
鴻上以嫌隙既成將致大禍十七年乃收劉湛又誅斌及
大將軍錄事參軍劉敬文并賊曹孔邵秀中兵邢懷明主
簿孔胤秀丹楊丞孔文秀司空從事中郎司馬亮烏程令
盛曇泰從尚書庫部郎何默子餘姚令韓景之永興令顏
遥之湛弟黃門郎素斌弟給事中溫於廣州王履廢於家
青州刺史杜驥勒兵殿內以備非常義康時入宿留止中
書省遣人宣旨告以湛等罪義康上表遜位改授江州刺
史出鎮豫章實幽之也停省十餘日桂陽侯義融新渝侯

義宗秘書監徐湛之往來慰視於省奉辭便下渚上唯對
之慟哭遣沙門慧琳視之義康曰弟子有還理不琳公曰
恨公不讀數百卷書征虜司馬蕭斌為義康所昵劉斌等
讒之被斥乃以斌為諮議領豫章太守事無大小皆委之
司徒主簿謝綜素為義康所狎以為記室左右愛念者並
聽隨從至豫章辭州見許資奉優厚朝廷大事皆報示之
義康未敗時東府聽事前井水忽涌野雉江鷗並入所住
齋前龍驤參軍巴東令扶育上表申明義康奏即收付建
康賜死會稽長公主於兄弟為長帝所親敬上嘗就主宴
集甚歡主起再拜頓首悲不自勝上不曉其意起自扶之

主曰車子歲暮必不見容特乞其命因慟哭上亦流涕指
蔣山曰必無此慮若違今誓便是負初寧陵即封所飲酒
賜義康曰會稽姊飲憶弟所飲餘今封送車子義康小字
也二十二年太子詹事范曄等謀反事連義康詔特宥大
辟并子女並免為庶人絕屬籍徙安成郡義康在安成讀
漢書見淮南厲王長事廢書歎曰前代乃有此我得罪為
宜也二十四年豫章胡誕世前吳平令袁惲等謀奉戴義
康太尉江夏王義恭奏徙義康廣州奏可未行會魏軍至
瓜步天下擾動上慮有異志者奉義康為亂孝武時鎮彭
城及尚書左僕射何尚之並言宜早為之所二十八年正

月遣中書舍人嚴龍齎藥賜死義康不肯服藥曰佛教自
殺不復人身乃以被掩殺之以侯禮葬安成郡子允元凶
殺之孝武大明四年義康女玉秀等乞反葬舊塋詔聽之
江夏文獻王義恭幼而明穎姿顏端麗武帝特所鍾愛帝
性儉諸子飲食不過五醆盤義恭求須果食日中無筭得
未嘗噉悉以與傍人諸王未嘗敢求求亦不得元嘉六年
為都督荊州刺史義恭涉獵文義而驕奢不節及出藩文
帝與書誡之曰禮賢下士聖人垂訓驕侈矜尚先哲所去
豁達大度漢祖之德猜忌褊急魏武之累漢書稱衛青云
大將軍遇士大夫以禮與小人有恩西門安于矯性齊美

關羽張飛任偏同弊行己舉事深宜鑒此汝一月日自用
不可過三十萬若能省此益美西楚蕃曠常宜早起接對
賓侶園池堂觀計無須改作凡訊獄前一二日可取訊簿
密與劉湛輩粗共詳論慎無以喜怒加人能擇善者從之
美自歸己不可專意自決以矜獨斷之明也刑獄不可壅
滯一月可再訊凡事皆應慎密名器深宜慎惜不可妄以
假人聲樂嬉游不宜令過宜數引見佐史非惟臣主自應
相見不數則彼我不親不親無因得盡人人不盡何由具
知眾事九年為南兖州刺史加都督鎮廣陵十六年進位
司空明年彭城王義康有罪出藩徵義恭為侍中都督揚

南徐兖三州司徒録尚書事領太子太傅給班劒二十人
置佐領兵二十一年進太尉領司徒義恭小心且戒義康
之失雖為總録奉行文書而已文帝安之年給相府錢二
千萬佗物稱此而義恭性奢用常不足文帝又別給錢年
至千萬時有獻五百里馬者以賜義恭二十七年文帝欲
有事河洛義恭總統群帥出鎮彭城及魏軍至瓜步義恭
與孝武閉城自守初魏軍深入上慮義恭不能固彭城備
加誡勅義恭答曰臣雖未能臨瀚海濟居延庶免劉仲奔
逃之恥及魏軍至義恭果欲走賴眾議得停降號驃騎將
軍開府儀同三司魯郡孔子舊廟有柏樹二十四株歷漢

晉其大連抱有二株先倒折土人崇敬莫之敢犯義恭悉
遣伐取父老莫不歎息又以本官領南兖州刺史加都督
移鎮盱眙修館宇擬東城二十九年冬還朝上以御所乘
蒼鸞船上迎之遭太妃憂改授大將軍南徐州刺史還鎮
東府元凶肆逆其日劭急召義恭先是詔召太子及諸王
慮有詐妄致害者召皆有人至是義恭求常所遣傳詔劭
遣之而後入義恭凡府內兵仗並送還臺進位太保孝武
入討劭疑義恭異志使入尚書下省分諸子並神獸門外
侍中下省孝武前鋒至新亭劭挾義恭出戰故不得自拔
戰敗義恭單馬南奔劭大怒遣始興王濬殺義恭十二子

義恭旣至勸孝武即位授太尉録尚書六條事假黄鉞事
寧進位太傅領大司馬增班劒為三十人以在藩所服玉
環大綬賜之上不欲致禮太傅諷有司奏天子不應加拜
從之及立太子東宮文案使先經義恭及南郡王義宣等
反又加黄鉞白直百人入六門事平以減貲七百里馬賜
義恭孝武以義宣亂逆由是彊盛欲削王侯義恭希旨請
省録尚書上從之又與驃騎大將軍竟陵王誕奏陳貶損
之格九條詔外詳議於是有司奏九條之格猶有未盡更
加附益凡二十四條大抵聽事不得南面坐施帳國官正
冬不得跣登國殿公主妃傳令不得朱服輿不得重𢱢鄣

扇不得雉尾劒不得鹿盧形槊毦不得孔雀白氅夾轂隊
不得絳襖平乘但馬不得過二匹胡伎不得綵衣舞伎正
冬著褂衣不得裝面諸妃主不得著緄帶信幡非臺省官
悉用絳郡縣内史相及封内長官於其封君罷官則不復
追敬不稱臣諸鎮常行車前不得過六隊刀不得過銀銅
飾諸王女封縣主諸王子孫襲封王之妃及封侯者夫人
行並不得鹵簿諸王子繼體為王者婚葬吉凶悉依諸國
公侯之禮不得同皇弟皇子車輿非軺車不得油幢平乘
船皆下兩頭作露平形不得擬象龍舟詔可孝建二年為
揚州刺史加入朝不趨贊拜不名劒履上殿固辭殊禮義

恭撰要記五卷起前漢訖晉太元表上之詔付秘閣時西
陽王子尚有盛寵義恭解揚州以避之乃進位太宰領司
徒義恭常慮為孝武所疑及海陵王休茂於襄陽為亂乃
上表稱諸王貴重不應居邊有州不須置府其餘制度又
多所減省時孝武嚴暴義恭慮不見容乃卑辭曲意附會
皆有容儀每有祥瑞輒上賦頌大明元年有三脊茅生石
頭西岸又勸封禪上甚悅及孝武崩遺詔義恭解尚書令
加中書監柳元景領尚書令入住城内事無巨細悉關二
公大事與沈慶之參決若有軍旅可為總統尚書中事委
顔師伯外監所統委王玄謨前廢帝即位復録尚書本官

如故尚書令柳元景即本號開府儀同三司領兵置佐一
依舊準又增義恭班劒為四十人更申殊禮之命固辭殊
禮義恭性嗜不恒與時移變自始至終屢遷第宅與人游
款意好亦多不終奢侈無度不愛財寶左右親幸一日乞
與或至一二百萬小有忤意輒追奪之大明時資供豐厚
而用常不足賒市百姓物無錢可還民有通辭求錢者輒
題後作原字善騎馬解音律游行或二三百里孝武恣其
所之東至吳郡登虎丘山又登無錫縣烏山以望太湖大
明中撰國史孝武自為義恭作傳及永光中雖任宰輔而
承事近臣戴法興等常若不及前廢帝狂悖無道義恭元

景謀欲廢立廢帝率羽林兵於第害之并四子斷析義恭
支體分裂腸胃挑取眼睛以蜜漬之以為鬼目粽明帝定
乱令書追崇侍中都督中外諸軍丞相領太尉中書監録
尚書事王如故給九旒鸞輅虎賁班劒百人前後部羽葆
鼓吹轀輬車泰始三年又詔陪祭廟庭
南郡王義宣生而舌澀於言論元嘉元年封竟陵王都督
南兖州刺史遷中書監中軍将軍給鼓吹時竟陵群蠻充
斥役刻民散改封南譙王十三年出為江州刺史加都督
初武帝以荊州上流形勝地廣兵彊遺詔諸子次第居之
謝晦平後以授彭城王義康義康入相次江夏王義恭又

以臨川王義慶宗室令望且臨川烈武王有大功於社稷
義慶又居之其後應在義宣上以義宣人才素短不堪居
上流十六年以衡陽王義季代義慶而以義宣為南徐州
刺史而會稽公主每以為言上遲回久之二十一年乃以
義宣都督七州諸軍事車騎将軍荊州刺史先賜中詔曰
師護以在西久比表求還出内左右自是經國常理亦何
必其應於一徃今欲聽許以汝代之護雖無殊績潔己節
用通懷期物不忞羣下此信未易在彼已有次第為士庶
所安論者乃謂未議遷之今之回換更在欲為汝耳汝與
護年時一輩各有其美方物之義亦互有少劣若今向事

脫一減之者既於西夏交有巨礙遷代之讖必歸責於吾
矣師護義季小字也義宣至鎮勤自課厲政事脩理白晳
美須眉長七尺五寸腰帶十圍多畜嬪媵後房千餘尼媪
數百男女三十人崇飾綺麗費用殷廣進位司空改侍中
二十七年魏軍南侵義宣慮寇至欲奔上明及魏軍退文
帝詔之曰善脩民務不須營潛逃計也遷司徒揚州刺史
侍中如故元凶殺立以義宣為中書監太尉領司徒義宣
聞之即時起兵徵聚甲卒傳檄近遠會孝武入討義宣遣
參軍徐遺寶率衆三千助為先鋒孝武即位以義宣為中
書監都督揚豫二州丞相録尚書六條事揚州刺史加羽

葆鼓吹給班劒四十人改封南郡王追謚義宣所生為獻
太妃封次子宜陽侯愷為南譙王義宣固辞内任及愷王
爵於是改授都督八州諸軍事荊湘二州刺史持節侍中
丞相如故降愷為宜陽縣王将佐以下並加賞秩義宣在
鎮十年兵彊財富既首創大義威名著天下凡所求欲無
不必從朝廷所下制度意不同者一不遵承嘗孝武先自
酌飲封送所餘其不識大體如此初臧質陰有異志以義
宣凡弱易可傾移欲假手為亂以成其姦自襄陽往江陵
見義宣便盡禮及至江州每密信說義宣以為有大才負
大功挾震主之威自古鮮有全者宜在人前早有處分不

爾一旦受禍悔無所及義宣陰納質言而孝武閨庭無禮
與義宣諸女淫乱義宣因此發怒密治舟甲剋孝建元年
秋冬舉兵報豫州刺史魯爽兗州刺史徐遺寶使同爽狂
酒失旨其年正月便反遣府戶曹送版以義宣補天子并
送天子羽儀遺寶亦勒兵向彭城義宣及質狼狽起兵二
月加都督中外諸軍事置左右長史司馬使僚佐悉稱名
遣傳奉表以姦臣交乱圖傾宗社輙徵召甲卒翦此凶醜
詔右之太傅江夏王義恭又與義宣書諭以禍福義宣移
檄諸州郡遣參軍劉諶之尹周之等率軍下就臧質雍州
刺史朱脩之起兵奉順義宣率衆十萬發自江津舳艫數

百里是日大風船垂覆僅得入中夏口以第八子慆為
輔國將軍留鎮江陵遣魯秀朱曇韶萬餘人北討朱脩之
秀初至江陵見義宣既出拊膺曰阿兄誤人事乃與癡人
共作賊今年敗矣義宣至尋陽與質俱下質為前鋒至鵲
頭聞徐遺寶敗魯爽於小峴授首相視失色孝武使鎮北
大將軍沈慶之送爽首於義宣并與書義宣質並駭懼上
先遣豫州刺史王玄謨舟師頓梁山洲内東西兩岸為却
月城營柵甚固撫軍柳元景據姑熟為大統偏師鄭琨武
念戍南浦質徑入梁山去玄謨一里許結營義宣屯蕪湖
五月十九日西南風猛質乘風順流攻玄謨西壘冗從僕

射胡子友等戰失利棄壘度就玄謨質又遣將龐法起數
千兵趣南浦仍使自後掩玄謨與琨念相遇法起戰大敗
赴水死略盡義宣至梁山質上出軍東岸攻玄謨玄謨分
遣游擊將軍垣護之竟陵太守薛安都等出壘奮擊大敗
質軍軍人一時投水護之等因風縱火焚其舟乘風勢猛
盛煙爓覆江義宣時屯西岸延火燒營殆盡諸將乘風火
之埶縱兵攻之衆一時奔潰義宣與質相失各單舸迸走
東人士庶並歸順西人與義宣相隨者船舸猶有百餘女
先適臧質子過尋陽入城取女載以西奔至江夏聞巴陵
有軍被抄斷回入遲口步向江陵衆散且盡左右唯有十

許人脚痛不復能行就民僦露車自載無復食緣道求告
至江陵郭外竺超人具羽儀迎之時帶甲尚萬餘人義宣
既入城仍出聽事見客左右翟靈寶誡使撫慰衆賓以臧
質違指授之宜用致失利今治兵繕甲更為後圖昔漢高
百敗終成大業而義宣誤云項羽千敗衆咸掩口而笑魯
秀竺超人等猶為之爪牙欲收合餘燼更圖一決而義宣
惛墊無復神守入内不復出左右腹心相率奔叛魯秀北
走義宣不復自立欲隨秀去乃於内戎服盛粮糗帶背刀
攜息慆及所愛妾五人皆著男子服相隨城内擾乱白刃
交横義宣大懼落馬仍便步地超人送城外更以馬與之

超人還守城義宣與及秀望諸將迸北入魏既失秀所在未出郭將士迸盡唯餘慆及五妾兩黃門而已夜還向城入南郡空廨無牀席地至旦遣黃門報超人超人遣故車一乘載送刺姦義宣止獄戶坐地歎曰臧質老奴誤我始與五妾俱入獄五妾尋被遣出義宣號泣語獄吏曰常日非苦今日分別始是苦大司馬江夏王義恭諸公王八坐與荊州刺史朱脩之書言義宣反道叛恩便宜專行大戮書未達脩之已至江陵於獄盡之孝武聽還葬舊墓長子愜年十一拜南譙王世子晉氏過江不置城門校尉及衞尉官孝武欲重城禁故復置衞尉卿以愜為侍中領衞尉

衞尉之置自愜始也義宣反録付廷尉自殺愜弟愷字景穆生而養於宮中寵均皇子十歲封宜陽侯孝武時進為王義宣反問至愷於尚書寺內著婦人衣乘問訊車投臨汝公孟詡詡於妻室內為地窟藏之事覺并詡誅其餘並為脩之所殺

衡陽文王義季幼而夷簡無鄙近之累文帝為荊州武帝使隨往由是特為文帝所愛元嘉元年封衡陽王十六年代臨川王義慶為都督荊州刺史先是義慶在任遇巴蜀擾亂師旅應接府庫空虛義季畜財節用數年還復充實隊主續豐母老家貧無以充養遂不食肉義季哀其志給豐母月米二斛錢一千并制豐噉肉義季素拙書上聽使人書啓事唯自署名而已嘗大蒐於郢有野老帶苫而耕命左右斥之老人擁耒對曰昔楚子盤游受譏令尹今陽和扇氣播厥之始一日不作人失其時大王馳騁為樂驅斥老夫非勸農之意義季止馬曰此賢者也命賜之食老人曰吁願大王均其賜也苟不奪人時則一時皆享王賜老人不偏其私矣斯飯也弗敢當問其名不言而退義季素嗜酒自彭城王義康廢後遂為長夜飲略少醒日文帝詰責曰此非唯傷事業亦自損性皆汝所諳近長沙兄弟皆緣此致故將軍蘇徽耽酒成疾旦夕待盡一門無此酣

法汝於何得之義季雖奉旨酣縱不改成疾以至於終二十一年徵為征北大將軍開府儀同三司南兗州刺史加都督發州之日帷帳器服諸應隨刺史者悉留之荊楚以為美談二十二年遷徐州刺史明年魏攻邊北州擾動義季慮禍不欲以功勤自業無他經略唯飲酒而已文帝又詔責之二十四年薨於彭城太尉江夏王義恭表解職迎喪不許上遣東海王褘迎喪追贈司空傳國至孫齊受禪國除

論曰自古帝王之興雖係之于歷數至於經啓多難莫不兼藉親賢當於餘祅內侮菌桓交逼荊楚之勢同于累卵

如使上略未盡一算或遺則得喪之機未可知也烈武王譬群才楊盛業一舉而埽勍寇蓋亦人謀之致乎長沙雖位列台鼎不受本根之寄跡其行事有以知武皇之則哲盧陵以帝子之重兼高明之姿釁跡未彰禍生忌克痛矣夫天倫猶子分形共氣親愛之道人理斯同富貴之情其義則舛善乎龐公之言比之周公管蔡若處茅屋之內宜無放殺之酷觀夫彭城南郡其然乎江夏地居愛子位當上相大明之世親禮冠朝屈體降身歸于卑下得使兩朝暴主永無猜色歷載踰十以尊戚自保及在永光幼主南面公旦之重屬有所歸自謂踐冰之慮已除太山之安可恃曾未云幾而磔體分肌古人以隱微致誠斯為篤矣衡陽晚存酒德何先後之云殊其將存覆車之鑒不然何以致於是也

列傳第三　南史十三

列傳第四　南史十四

李　延壽

宋宗室及諸王下

宋文帝諸子　孝武諸子

孝明諸子

文帝十九男元皇后生元凶劭潘淑妃生始興王濬路淑媛生孝武帝吳淑儀生南平穆王鑠高脩儀生盧陵昭王紹殷脩華生竟陵王誕曹婕妤生建平宣簡王宏陳脩容生東海王禕謝容華生晉熙王昶江脩容生武昌王渾沈婕妤生明帝楊美人生始安王休仁邢美人生山陽王休祐蔡美人生海陵王休茂董美人生鄱陽哀王休業顏美人生臨慶沖王休倩陳美人生新野懷王夷父荀美人生桂陽王休範羅美人生巴陵哀王休若紹出繼盧陵孝獻王義真

元凶劭字休遠文帝長子也帝即位後諒闇中生劭故秘之元嘉三年閏正月方云劭生自前代人君即位後皇后生太子唯殷帝乙踐祚正妃生紂至此又有劭焉始生三日帝往視之簪帽甚堅無風而墜于劭側上不悅初命之曰劭在文為召刀後惡焉改刀為力年六歲拜為皇太子中庶子二率入直永福省為更築宮制度嚴麗年十二出

居東宮納黃門侍郎殷淳女為妃十三加元服好讀史傳尤愛弓馬及長美鬚眉大眼方口長七尺四寸親覽宮事延賓客意之所欲上必從之東宮置兵與羽林等十七年劭拜京陵大將軍彭城王義康竟陵王誕桂陽侯義融並從二十七年上將北侵劭與蕭思話固諫不從魏太武帝至瓜步上登石頭城有憂色劭曰不斬江湛徐湛之無以謝天下上曰北伐自我意不關二人但湛等不異耳由是與江徐不平上時務本業使宮內皆蠶欲以諷勵天下有女巫嚴道育夫為劫坐沒入奚官劭姊東陽公主應閤婢王鸚鵡白公主道育通靈主乃白上託云善蠶求召入道

育云所奉天神當賜符應時主夕臥見流光相隨狀若螢火遂入巾箱化為雙珠圓青可愛於是主及劭並信惑之始興王濬素佞事劭並多過失慮上知使道育祈請欲令過不上聞歌儛呪詛不捨晝夜道育輒云自上天陳請必不泄露劭等敬事號曰天師後遂為巫蠱刻玉為上形像埋於含章殿前初東陽公主有奴陳天興鸚鵡養以為子而與之淫通鸚鵡天興及寧州所獻黃門慶國並與巫蠱事劭以天興補隊主東陽主薨鸚鵡應出嫁劭慮言語泄與濬謀之嫁與濬府佐吳興沈懷遠為妾不啓上慮事泄因臨賀公主微言之上後知天興領隊遣閹人奚承祖讓劭

曰汝間用隊主副盡是奴邪欲嫁者又嫁何處劭答南第昔屬天興求將吏驅使視形容粗健便兼隊副下人欲嫁者猶未有處時鸚鵡已嫁懷遠矣劭懼書告濬并使報臨賀主上若問嫁處當言未定濬答書曰啓此事多日今始來問當是有感發之者計臨賀故不應翻覆言語自生寒熱也此姥由來挾兩端難可孤保正爾自問臨賀冀得審實也其若見問當作依違答之天興先署佞人府位不審監上當無此簿領可急宜推之殿下已見王未宜依此具令嚴自躬上啓聞彼人若為不已政可促其餘命或是大慶之漸凡劭濬相與書類如此所言皆為名號謂上為彼

人或以為其謂太尉江夏王義恭為佞人東陽主第在西掖門外故云南第王即鸚鵡姓躬上啓聞者令道育上天白天神也鸚鵡既適懷遠慮與天興私通事泄請劭殺之劭密使人害天興既而慶國謂往來唯有二人天興既死慮將見及乃以白上上驚惋即收鸚鵡家得劭濬手書皆呪詛巫蠱之言得所埋上形像於宮內道育叛亡捕之不得上詰責劭濬劭濬唯陳謝而已道育變服為尼逃匿東宮濬往京口又以自隨或出止人張旿家上謂江夏王義恭曰常見典籍有此謂之傳空言不意親覩劭南面之日非復我及汝事汝兒子多將來遇此不幸耳先是二十八

年彗星起畢昴入太微掃帝坐端門滅翼軫二十九年熒
惑逆行守氐自十一月霖雨連雪陽光罕曜時道士范材
脩練形術是歲自言死期如期而死既殯江夏王疑其仙
也使開棺視之首如新刎血流于背上聞而惡焉三十年
正月大風飛霰且雷上憂有竊發輒加劭兵東宮實甲萬
人其年二月濬自京口入朝當鎮江陵復載道育還東宮
欲將西上有告上云京口人張旿家有一尼服食出入征
北內似是嚴道育上使掩得二婢云道育隨征北還都上
惆悵惋駭須檢覆廢劭賜濬死初濬母卒命潘淑妃養以
為子淑妃愛濬濬心不附妃被寵上以謀告之妃以告濬

濬報劭因有異謀每夜饗將士或親自行酒密與腹心隊
主陳叔兒齋帥張超之任建之謀之其月二十一日夜詐
作上詔云魯秀謀反汝可平明率眾入因使超之等集素
所養士二千餘人皆被甲云有所討宿召前中庶子右軍
長史蕭斌及左衛率袁淑中舍人殷仲素左積弩將軍王
正見並入告以大事自起拜斌等因流涕並驚愕明旦劭
以朱服加戎服上乘畫輪車與蕭斌同載衛從如常入朝
儀從萬春門入舊制東宮隊不得入城劭語門衛云受詔
有所收討令後速來張超之等數十人馳入雲龍東中華
門及齋閤拔刃徑上合殿上其夜與尚書僕射徐湛之屏

人語至旦燭猶未滅門階戶席並無侍衛上以几自鄣超
之行殺上五指俱落并殺湛之劭進至合殿中閤文帝已
崩出坐東堂蕭斌執刀侍直呼中書舍人顧瑕瑕懼不時
出及至問曰欲共見廢何不早啟未及答斬之遣人於崇
禮闥殺吏部尚書江湛文帝左細仗主卜天與攻劭於東
堂見殺又使人入殺潘淑妃剖其心觀其邪正使者阿旨
荅曰心邪劭曰邪佞之心故宜邪也又殺文帝親信左右
數十人急召始興王濬率眾屯中堂劭即偽位百僚至者
裁數十人乃為書曰徐湛之殺逆吾勒兵入殿已無所及
今罪人斯得元凶剋殄可大赦改元為太初素與道育所

定也蕭斌曰舊踰年改元劭以問侍中王僧綽僧綽曰晉
惠帝即位便改年劭喜而從之初使蕭斌作詔斌以不文
乃使王僧綽始文帝未崩前一日甲夜太史奏東方有急
兵其禍不測宜列萬人兵於太極前殿可以銷災上不從
及劭殺逆聞而歎曰幾誤我事乃問太史令曰我得幾年
對曰得十年退而語人曰十旬耳劭聞而怒毆殺之即位
訖便稱疾還入永福省然後遷大行皇帝升太極殿以蕭
斌為尚書僕射何尚之為司空大行大斂劭辭疾不敢出
先給諸處兵仗悉收還武庫遣人謂魯秀曰徐湛之常欲
相危我已為卿除之使秀與屯騎校尉龐秀之對掌軍隊

以侍中王僧達為吏部尚書司徒左長史何偃為侍中戊
服日劭登殿臨靈號慟不自持博訪公卿詢求政道遣使
分行四方分浙江以東五郡為會州省揚州立司隷校尉
以殷沖補之以大將軍江夏王義恭為太保司徒南譙王
義宣為太尉荊州刺史始興王濬進號驃騎將軍王僧綽
以先豫廢立見誅長沙王瑾弟楷臨川王燁桂陽侯覬新
渝侯玠並以宿恨死禮官希旨謚文帝不敢盡美稱謚曰
中宗景皇帝及聞南譙王義宣隨王誕等起義師悉聚諸
王於城內移江夏王義恭住尚書下舍分義恭諸子住侍
中下省四月立妻殷為皇后孝武檄至劭自謂素習武事

謂朝士曰卿等助我理文書勿厝意戎陣若有寇難吾當
自出唯恐賊虜不敢動耳中外戒嚴防孝武世子於侍中
省南譙王義宣諸子於太倉空屋劭使濬與孝武書言上
親御六師太保又執鉞臨統吾與烏羊相尋即道上聖恩
每厚法師令在殿內住想弟欲知消息故及烏羊者南平
王鑠法師孝武世子小名也劭欲殺三鎮士庶家口江夏
王義恭何尚之說曰凡舉大事不顧家口且多是驅逼今
忽誅其餘累政足堅彼意耳劭乃下書一無所問濬及蕭
斌勸劭勒水軍自上決戰江夏王義恭慮義兵倉卒船舫
陋小不宜水戰乃進策以為宜以近待之遠出則京師空

弱東軍乘虛容能為患不如養銳待期劭善其議蕭斌厲
色曰中郎二十年業不少能建如此大事豈復可量劭不
納疑朝廷舊臣不為之用厚撫王羅漢魯秀悉以兵事委
之多賜珍玩美色以悅其志羅漢先為南平王鑠右軍參
軍劭以其有將用故以心膂委焉或勸劭保石頭城者劭
曰昔人所以固石頭俟諸侯勤王耳我若守此誰當見救
唯應力戰決之日日自出行軍慰勞將士使有司奏立子
偉之為皇太子及義軍至新亭劭登朱雀門躬自督戰將
士懷劭重賞皆為之力戰將剋而魯秀打退鼓軍乃止為
柳元景等所乘故大敗褚湛之攜二子與檀和之同歸順

劭懼走還臺城其夜魯秀又南奔二十五日江夏王義恭
單馬南奔劭遣濬殺義恭諸子以輦迎蔣侯神像於宮內
乞恩拜為大司馬封鍾山郡王蘇侯為驃騎將軍使南平
王鑠為祝文罪狀孝武二十七日臨軒拜子偉之為皇太
子百官皆戎服劭獨衮衣下書大赦唯孝武劉義恭義宣
誕不在原例五月三日魯秀等攻大航鉤得一舶王羅漢
昏酣作妓聞官軍已度驚放仗歸降是夜劭閉守六門於
門內鑿壍立柵以露車為樓城內沸亂將吏並踰城出奔
劭使詹叔兒燒輦及衮冕服蕭斌聞大航不守惶窘不知
所為宣令所統皆使解甲尋戴白幡來降即於軍門伏誅

四日劭腹心白直諸同逆先屯閶闔門外並走還入殿程天祚與薛安都副譚金因而乘之即得俱入臧質從廣莫門入同會太極殿前即斬太子左衛率王正見建平東海等七王並號哭俱出劭穿西垣入武庫井中副隊高禽執之濬率左右數十人與南平王鑠於西明門出俱南奔於越城遇江夏王義恭濬下馬曰南中郎今何在義恭曰已君臨萬國又稱字曰虎頭來得無晚乎義恭曰恨晚又曰故當不死義恭曰可詣行闕請罪又曰未審猶能得一職自效不義恭又曰此未可量勒與俱自歸命於馬上斬首濬字休明將產之夕有鵩鳴於屋上聞者莫不惡之元嘉

十三年八歲封始興王濬少好文籍資質端妍母潘淑妃有盛寵時六宮無主潘專總內政濬人才既美母又至愛文帝甚所留心與建平王宏侍中王僧綽中書郎蔡興宗等並以文義往復初元皇后性忌以潘氏見幸恚恨致崩故劭深病潘氏及濬濬慮將來受禍乃曲意事劭劭與之遂善多有過失屢爲上所讓憂懼乃與劭共爲巫蠱後出鎮京口乃因員外散騎侍郎徐爰求鎮江陵又求助於尚書僕射徐湛之而尚書令何尚之等咸謂濬太子次弟不應遠出上以上流之重宜有至親故以濬爲衛將軍開府儀同三司荊州刺史加都督領護南蠻校尉濬入朝遣還

京口爲行留處分至京口數日而巫蠱事發時二十九年七月也上惋歎彌日謂潘淑妃曰太子圖富貴更是一理虎頭復如此非復思慮所及汝母子豈可一日無我邪明年荊州事方行二月濬還朝十四日臨軒受拜其日藏嚴道育事發明旦濬入謝上容色非常其夕即加詰問濬唯謝罪潘淑妃抱濬泣曰汝始咒詛事發猶冀刻己思愆何意忽藏嚴道育今日用活何爲可送藥來吾當先自取盡不忍見汝禍敗濬奮衣去曰天下事尋自判必不上累劭入殺之旦濬在西州府舍人朱法瑜曰臺內叫喚宮門皆閉道上傳太子反未測禍變所至濬陽驚曰今當奈何濬

未得劭信不知事之濟不騷擾不知所爲將軍王慶曰今宮內有變未知主上安危預在臣子當投袂赴難濬不聽俄而劭遣張超之馳馬召濬濬問狀訖即戎服乘馬而去朱法瑜固止濬濬不從至中門王慶又諫不宜從逆濬曰皇太子令敢有復言者斬及入見劭勸殺荀赤松等劭謂濬曰潘淑妃遂爲亂兵所害濬曰此是下情由來所願其悖逆如此劭將敗勸劭入海輦珍寶繒帛下船及劭入井高禽於井出之劭問天子何在禽曰至尊近在新亭將劭至殿前臧質見之慟哭劭曰天地所不覆載丈人何爲見哭質因辨其逆狀荅曰先朝當見枉廢不能作獄中囚問

計於蕭斌斌見勸如此又語質曰可得為乞遠徙不質曰
主上近在航南自當有處分縛劭馬上防送軍門及至牙
下據鞍顧望太尉江夏王義恭與諸王共臨視之義恭曰
我背逆歸順有何大罪頓殺十二兒劭曰殺諸弟此一事
負阿父江湛妻庾氏乘車罵之龐秀之亦加誚讓劭厲聲
曰汝輩復何煩爾先殺其四子語南平王鑠曰此何有哉
乃斬于牙下臨刑歎曰不圖宋室一至於此劭濬及其子
並梟首大航暴尸於市劭妻殷氏賜死於廷尉臨刑謂獄
丞江恪曰汝家骨肉相殘何以枉殺天下無罪人恪曰受
拜皇后非罪而何殷氏曰此權時耳當以鸚鵡為后也濬

妻褚氏丹楊尹湛之之女湛之南奔之始即見離絕故免
於誅其餘子女妾媵並於獄賜死投劭濬尸首於江其餘
同逆及王羅漢等皆伏誅張超之聞兵入遂至合殿故基
止於御床之所為亂兵所殺剖腹刳心臠割其肉諸將生
噉之焚其頭骨時不見傳國璽問劭云在嚴道育處就取
得之道育鸚鵡並都街鞭殺於石頭四望山焚其尸揚灰
于江毀劭東宮所住齋汙潴其處封高禽新陽縣男追贈
潘淑妃為長寧國夫人置守冢偽司隸校尉殷沖丹楊尹
尹弘並賜死沖為劭草立符文又妃叔父弘為劭簡配兵
士盡其心力故也

南平穆王鑠字休玄文帝第四子也元嘉十六年年九歲
封南平王少好學有文才未弱冠擬古三十餘首時人以
為亞迹陸機二十二年為南豫州刺史加都督時文帝方
事外略罷南豫州併壽陽以鑠為豫州刺史領安蠻校尉
二十六年魏太武圍汝南懸瓠城行汝南太守陳憲保城
自固魏作高樓施弩射城內城內負戶以汲又毀佛圖取
金像以為大鉤施之衝車端以牽樓堞城內有一沙門頗
有機思輒設奇以應之魏人以蝦蟆車填塹內薄攻城死
者與城等遂登尸以陵城憲銳氣愈奮戰士無不一當百
殺傷萬計汝水為之不流相拒四十餘日鑠遣安蠻司馬

劉康祖與寧朔將軍臧質救之魏人燒攻具而退元凶殺
立以鑠為侍中錄尚書事劭迎蔣侯神於宮內疏孝武年
諱厭呪祈請假授位號使鑠造策文及義軍入宮鑠與濬
俱歸孝武濬即伏法上迎鑠入宮當時倉卒失國璽事寧
更鑄給之進侍中司空領兵置佐以國哀未闋讓侍中鑠
既歸義最晚常懷憂懼每於眠中蹶起坐與人語亦多謬
僻語家人云我自覺無復魂守鑠為人負才狡競每與兄
弟討度藝能與帝又不能和食中遇毒尋薨贈司徒加以
楚穆之謚三子敬猷敬深敬先敬深封南安縣侯敬先繼
廬陵王紹前廢帝景和末召鑠妃江氏入宮命左右於前

逼之江氏不受命謂曰若不從當殺汝三子江氏猶不從
於是遣使於第殺敬猷敬深敬先等鞭江氏一百其夕廢
帝亦殞明帝即位追贈敬猷侍中謚曰懷改封孝武帝第
十八子臨賀王子産字孝仁為南平王繼鑠後未拜被殺
泰始五年立晉平王休祐第七子宣曜為南平王繼鑠休
祐死宣曜被廢還本後廢帝元徽元年立衡陽恭王嶷第
二子伯玉為南平王繼鑠後昇明三年被誅
竟陵王誕字休文文帝第六子也元嘉二十年年十一封
廣陵王二十六年為雍州刺史加都督以廣陵凋弊改封
隨郡王上欲大舉侵魏以襄陽外接關河欲廣其資力乃

罷江州軍府文武悉配雍州湘州入臺租稅雜物悉給襄
陽及大舉北侵命諸藩並出師皆奔敗唯誕遣中兵參軍
柳元景剋弘農關陝元凶立以揚州浙江西屬司隸校尉
浙江東五郡立會州以誕為刺史孝武入討遣寧朔將軍
顧彬之受誕節度誕遣參軍劉季之舉兵與彬之并遇劭
將華欽庾導於曲阿之奔牛塘大敗之事平以誕為荊州
刺史加都督衛將軍開府儀同三司誕以位號正與濬同
惡之請求回改乃進號驃騎將軍加班劒二十人南譙王
義宣不肯就徵以誕為侍中驃騎大將軍揚州刺史開府
如故改封竟陵王誕性恭和得士庶之心頗有勇略明年

義宣反有荊江兗豫四州之力勢震天下上即位日淺朝
野大懼上欲奉乘輿法物以迎義宣誕固執不可曰柰何
持此座與人帝加誕節仗士五十人出入六門上流平定
誕之力也誕初討元凶豫同舉兵有奔牛之捷至是又有
殊勳上性多猜頗相疑憚而誕造立第舍窮極工巧園池
之美冠於一時多聚材力之士實之第內精甲利器莫非
上品上意愈不平孝建二年以司空太子太傅出為都督
南徐州刺史上以京口去都密邇猶疑之大明元年秋又
出為南兗州刺史加都督誕知見猜亦潛為之備至廣陵
因魏侵邊脩城隍聚糧練甲嫌隙既著道路常云誕反三

年建康人陳文詔訴父饒為誕府史恒使入山圖畫道路
不聽歸家誕大怒使人殺饒吳郡人劉成又訴稱息道就
伏事誕見誕在石頭城內脩乘輿法物習唱警蹕向伴侶
言之誕知密捕殺道就豫章人陳談之又上書稱弟詠之
在誕左右見誕與左右莊慶傅元禮等潛圖姦逆常疏陛
下年紀姓諱往巫鄭師憐家呪詛詠之與建康右尉黃達
往來誕疑其宣漏誕以罪被殺其年四月上使有司奏誕
罪惡宜絕屬籍削爵土收付法獄上不許有司又固請乃
貶爵為侯遣令之國上將謀誕以義與太守垣閬為兗州
刺史配以羽林禁兵遣給事中戴明寶隨閬襲誕使閬以

之鎮爲名閭至廣陵誕未悟也明寶夜報誕典籤蔣成使爲內應成以告府舍人許宗之宗之告誕誕驚起召録事參軍王璵之曰我何罪於天以至此斬蔣成勒兵自衞遣腹心率壯士擊明寶等破之閭即遇害明寶逃自海陵界還上遣車騎大將軍沈慶之討誕誕奉表投之城外自申於國無負幷言帝宮闈之醜孝武忿誕深切凡誕左右腹心同籍朞親並誅之死者千數車駕出頓宣武堂內外纂嚴誕見衆軍大集欲棄城北走行十餘里衆並不欲去請誕乃還城五月十九日夜有流星長十餘丈從西北來墜城內是謂天狗占曰天狗所下有伏尸流血廣陵城舊不開南門云開南門者其主王誕乃開焉彭城邵領宗在城內陰結死士欲襲誕先欲布誠於慶之乃說誕求爲間構見許領宗既出致誠畢復還城內事泄誕鞭二百考問不伏遂支解之上遣逆章二紐其一曰竟陵縣開國侯食邑千戶募賞禽誕其二曰建興縣開國男食邑三百戶募賞先登若剋外城舉一烽剋內城舉二烽禽誕舉三烽七月二日慶之進軍剋其外城乘勝又剋小城誕聞軍入走趣後園隊水引出殺之傳首建鄴因葬廣陵貶姓留氏帝命城中無大小悉斬慶之執諫自五尺以下全之於是同黨悉伏誅城內女口爲軍賞男丁殺爲京觀死者尚數千人

每風晨雨夜有號哭之聲誕母殷妻徐並自殺追贈殷長寧國淑妃初誕爲南徐州刺史在京口夜大風飛落屋瓦城門鹿床倒覆誕心惡之及遷鎮廣陵將入城衝風暴起揚塵晝晦又嘗中夜閑坐有赤光照室見者莫不駭愕誕左右侍直眠中夢人告之曰官須髮爲稍毦既覺已失髻矣如此者數十人誕甚怪懼大明二年發人築廣陵城誕循行有人干輿揚聲大罵曰大兵尋至何以辛苦百姓誕使執之問其本末荅曰姓夷名孫家在海陵天公與道佛先議欲燒除此間人道佛苦諫強得至今大禍將至何不立六愼門誕問六愼門云何荅曰古有言禍不過六愼門誕以其言狂勃殺之又五音士忽狂易見鬼驚怖啼哭曰外軍圍城城上張白布帆誕執録二十餘日乃赦城陷之日雲霧晦冥白虹臨北門亘屬城內八年前廢帝即位義陽王昶爲徐州刺史道經廣陵至墓盡哀表請改葬誕詔葬誕及妻子並以庶人禮明帝泰始四年又改葬祭以少牢王璵之琅邪人有才局其五子悉在建鄴璵之嘗乘城慶之縛其五子示而招之許以富貴璵之曰吾受主王厚恩不可以二心三十之年未獲死所耳安可以私親誘之五子號叫於外呼其父及城平慶之悉撲殺之

建平宣簡王宏字休度文帝第七子也早喪母元嘉二十

一年年十一封建平王宏少而閑素篤好文籍文帝寵愛
殊常為立第於雞籠山盡山水之美建平國職高他國一
階歷位中護軍中書令元凶殺立孝武入討劭錄宏殿內
自拔莫由孝武先嘗以一手板與宏宏遣左右親信周法
道齎手板詣孝武事平以為尚書左僕射使迎太后還加
中軍將軍中書監為人謙儉周慎禮賢接士明達政事上
甚信仗之轉尚書令宏少多病求解尚書令本號開府儀
同三司未拜薨追贈司徒上痛悼甚至每朔望出臨靈自
為墓誌銘并誄五年益諸第國各千户薨者不在其例唯
宏追益子景素嗣景素少有父風位南徐州刺史加都督

桂陽王休範為逆景素雖纂集兵衆以赴朝廷為名而陰
懷兩端及事平進號鎮北將軍景素好文章書籍招集才
義之士以收名譽由是朝野屬意而後廢帝狂凶失道內
外皆謂景素宜當神器唯廢帝所生陳氏親戚疾忌之而
楊運長阮佃夫並明帝舊隸貪幼主以久其權慮景素立
不見容於長主深相忌憚元徽三年景素防閤將軍王季
符恨景素因奔告之運長等便欲遣軍討之齊高帝及衛
將軍袁粲以下並保持之景素亦馳遣世子延齡還都具
自申理運長等乃徙季符於梁州又奪景素征北將軍開
府儀同三司自是廢帝狂悖日甚朝野並屬心景素陳氏

及運長等彌相猜疑景素因此稍為自防之計多以金帛
結材力之士時大臣誅夷孝武諸子孫或殺或廢無復在
朝者且景素在蕃甚得人心而謗聲日積深懷憂懼嘗與
故吏劉璡獨處曲臺有鸛集於承塵上飛鳴相追景素泫
然曰若斯鳥者游則參于風煙之上止則隱于林木之下
飢則啄渴則飲形體無累于物得失不關於心一何樂哉
時廢帝單馬獨出游走郊野輔國將軍曹欣之等謀候廢
帝出行因聚衆作難事剋奉景素景素每禁之未欲怱怱
舉動運長密遣僞人周天賜僞投景素勸為異計景素知
即斬之送首還臺四年七月羽林監桓祗祖奔景素言臺

城已潰景素信之即舉兵運長等常疑景素有異志即纂
嚴景素本乏威略不知所為竟為臺軍破斬之即葬京口
景素性甚仁孝事獻太妃朝夕不違侍養太妃有不安景
素傍行蓬髮與人言呴呴常恐傷其情又甚儉素為荆州
時州有高齋刻檻栢構景素竟不處朝廷欲賜以甲第辭
而不當兩宮所遺珍玩塵於笥篋食常不過一肉器用瓦
素時有獻鏤玉器景素顧主薄何昌寓曰我持此安所用
哉乃謝而反之及敗後昌寓與故記室王摛等上書訟其
冤齊受禪景素故秀才劉璡又上書述其德美陳冤並不
見省至齊武帝即位下詔曰宋建平王劉景素名父之子

雖末路失圖而原心有本可聽以禮葬舊塋
廬陵王禕字休秀文帝第八子也元嘉二十二年年十一
封東海王大明七年進位司空明帝踐祚進太尉封廬陵
王初廢帝目禕以驢上以廢帝之言類故改封焉文帝諸
子禕尤凡劣諸兄弟並蚩鄙之南平王鑠孝子敬深婚禕
視之白孝武借伎孝武答曰婚禮既不舉樂且敬深孤苦
伎非宜也至是明帝與建安王休仁詔曰人既不比數西
方公汝便為諸王之長時禕住西故謂之西方公泰始五
年河東柳欣慰謀反欲立禕禕與相酬和欣慰結征北諮
議參軍杜幼文幼文具奏其事上暴其罪惡黜為南豫州

刺史車騎將軍開府儀同三司上遣腹心楊運長領兵防
衛明年又令有司奏禕怨懟逼令自殺葬宣城
晉熙王昶字休道文帝第九子也元嘉二十二年年十歲
封義陽王大明中位中書令中軍將軍開府儀同三司廢
帝即位為徐州刺史加都督昶輕訬褊急不能事孝武大
明中常被嫌責人間常言昶當有異志廢帝既誅群公彌
縱狂惑常語左右曰我即大位來遂未戒嚴使人邑邑江
夏王義恭誅後昶表求入朝遣典籤蘧法生銜使帝謂法
生義陽與太宰謀反我政欲討之今知求還甚善又問法
生義陽謀反何不啓法生懼走還彭城帝因此北討法生

至昶即起兵統內諸郡並不受命昶知事不捷乃夜開門
奔魏棄母妻唯攜妾一人作丈夫服騎馬自隨在道慷慨
為斷句曰白雲滿鄣來黃塵半天起關山四面絕故鄉幾
千里因把姬手南望慟哭左右莫不哀哽每節悲慟遙拜
其母昶家還都二妾各生一子明帝即位名長者曰思遠
小者曰懷遠尋並卒帝以金千兩贖昶子魏不獲乃以第
六皇子燮字仲綏繼昶封為晉熙王明帝既以燮繼昶乃
詔曰晉熙國太妃謝氏沈刻無親物理罕比骨肉至親尚
相棄蔑況以義合免苦為難可還其本家削絕蕃秩先是
改射氏為謝氏元徽元年燮年四歲以為郢州刺史明年

復昶所生射氏為晉熙國太妃齊受禪燮降封安陰縣公
謀反賜死
武昌王渾字休深文帝第十子也元嘉二十四年年九歲
封汝陰王後徙武昌渾少而凶戾嘗忿左右拔防身刀斫
之元凶弒立以為中書令山陵夕裸身露頭往散騎省戲
因彎弓射通直郎周朗中枕以為笑樂孝建元年為雍州
刺史監雍梁南北秦四州荊州之竟陵隨二郡諸軍事寧
蠻校尉至鎮與左右人作文檄自稱楚王號年為元光備
置百官以為戲笑長史王翼之得其手迹封呈孝武上使
有司奏免為庶人下太常絕屬籍使付始安郡逼令自殺

即葬襄陽大明四年聽還葬母江太妃墓次明帝即位追
封武昌縣侯
建安王休仁文帝第十二子也元嘉二十九年年十歲立
為建安王前廢帝景和元年累遷護軍將軍時帝狂悖無
道誅害群公忌憚諸父並聚之殿内毆捶陵曳無復人理
休仁及明帝山陽王休祐形體並肥壯帝乃以籠盛稱之
以明帝尤肥號為豬王號休仁為殺王休祐為賊王以三
王年長尤所畏憚故常錄以自近不離左右東海王禕凡
劣號之驢王桂陽王休範巴陵王休若年少故並得從容
嘗以木槽盛飯内諸雜食攪令和合掘地為阬穽實之以

泥水裸明帝内坑中以槽食置前令以口就槽中食之用
為歡笑欲害明帝及休仁休祐前後以十數休仁多計數
每以笑調佞諛訓悅之故得推遷常於休仁前使左右淫
逼休仁所生楊太妃左右並不得已順命至右衛將軍劉
道隆道隆歡以奉旨盡諸醜狀時廷尉劉蒙妾孕臨月帝
迎入後宫冀其生男欲立為太子明帝嘗忤旨帝怒乃裸
之縛其手脚以杖貫手脚内使擔付太官即日屠豬休仁
笑謂帝曰未應死帝問其故休仁曰待皇太子生殺豬取
肝肺帝意解曰且付廷尉一宿出之帝將南游荊湘二州
明旦欲殺諸父便發其夕被殺於華林園休仁即日便執

臣禮於明帝時南平王敬猷廬陵王敬先兄弟被害猶未
殯斂休仁休祐同載臨之開帷歡笑鼓吹往反時人咸非
焉明帝以休仁為侍中司徒尚書令揚州刺史給三望車
時劉道隆為護軍休仁求解職曰臣不得與此人同朝上
乃賜道隆死尋諸方逆命休仁都督征討諸軍事增班劒
為三十人出據獸檻進蕭圻尋領太子太傅總統諸軍中
流平定休仁之力也明帝初與蘇侯神結為兄弟以祈福
助及事平與休仁書曰此段殊得蘇兄神力休仁年與明
帝相亞俱好文籍素相愛友廢帝世同經艱危明帝又資
其權譎之力泰始初四方逆命休仁親當矢石大勳克建

任總百揆親寄甚隆四方輻湊上甚不悅休仁悟其旨表
解揚州見許進位太尉領司徒固讓又加漆輪車劒履升
殿受漆輪固辭劒履明帝末年多忌休仁轉不自安及殺
晉平王休祐其年上疾篤與楊運長為身後計運長等又
慮帝晏駕後休仁一旦居周公之地其輩不得執權彌贊
成上使害諸王及上疾暴甚内外皆屬意休仁主書以下
皆往東府詣休仁所親信豫自結納其或直不得出者皆
懼上與運長等定謀召休仁入宿尚書下省其夜遣人齎
藥賜休仁死休仁對使者罵曰上有天下誰之功也孝武
以誅子孫而至于滅今復遵覆車枉殺兄弟奈何忠臣抱

此寬濫我大宋之業其能久乎上疾久慮人情同異自力乘輿出端門休仁死後乃入詔稱其自殺宥其二子并全封爵有司奏請降休仁為庶人絕屬籍兒息悉徙遠郡詔休仁特降為始安縣王并停子伯融等流徙聽襲封爵及帝疾甚見休仁為崇叫曰司徒小寬我尋崩伯融妣殷氏所生殷氏吳興太守沖女也范陽祖翻有醫術姿貌又美殷氏有疾翻入視脉悅之遂與姦事泄遣還家賜死

晉平剌王休祐文帝第十三子也孝建二年年十一封山陽王明帝即位以山陽荒弊改封晉平王位驃騎大將軍開府儀同三司荊州刺史休祐素無才能強梁自用大明

之世不得自專至是貪淫好財色在荊州多營財貨以短錢一百賦人田登就求白米一斛米粒皆令徹白若碎折者悉不受人間糴此米一斗一百至時又不受米評米責錢凡諸求利皆如此百姓嗷然不復堪命徵為南徐州刺史加都督上以休祐貪虐不可莅人留之都下遣上佐行府州事休祐狠戾前後忤上非一在荊州時左右范景達善彈棊上召之休祐留不遣上怒詰責之且慮休祐將來難制方便除之七年二月車駕於巖山射雉有一雉不肯入場日暮將反留休祐射之令不得雉勿歸休祐時從在黃麾內左右從者並在部伍後休祐便馳去上遣左右數

人隨之上既還前驅清道休祐人從悉散不復相得上遣壽寂之等諸壯士追之日已欲闇與休祐相及蹴令墜馬休祐素勇壯有氣力奮拳左右排擊莫得近有一人自後引陰因頓地即共拉殺之遣人馳白上行唱驃騎落馬上聞驚曰驃騎體大落馬殊不易即遣御醫上藥相係至頃之休祐左右人至久已絕矣輿以還第贈司空時巴陵王休若在江陵其日即馳信報休若曰吾與驃騎南山射雉驃騎馬驚與直閤夏文秀馬相蹋文秀墮地驃騎失控馬重驚觸松樹墜地落硎中時頓悶故馳報弟其年五月追免休祐為庶人十三子並徙晉平明帝尋病見休祐為崇

付彥成

使使至晉平撫其諸子帝尋崩廢帝元徽元年聽諸子還都順帝昇明三年稱謀反並賜死

海陵王休茂文帝第十四子也孝建二年年十一封海陵王大明二年為雍州刺史加都督北中郎將寧蠻校尉時司馬庾深之行府州事休茂性急欲自專深之及主帥每禁之常懷忿因左右張伯超至所親愛多罪過主帥常加訶責伯超懼罪謂休茂曰主帥密疏官罪欲以啓聞休茂曰今為何計伯超曰唯殺行事及主帥舉兵自衞縱不成不失入虜中為王休茂從之夜使伯超等殺司馬庾深之集兵建牙馳檄休茂出城行營諮議參軍沈暢之等閉門

拒之城陷斬暢之其日叅軍尹玄慶起兵攻休茂禽之斬首母妻皆自殺同黨悉伏誅有司奏絶休茂屬籍貶姓為留不許即葬襄陽

鄱陽哀王休業文帝第十五子也孝建二年年十一封鄱陽王三年薨以山陽王休祐次子士弘嗣被廢國除

臨慶沖王休倩文帝第十六子也孝建元年年九歲疾篤封東平王未拜薨大明七年立第二十七皇子子嗣為東平王紹休倩泰始三年還本遂絶六年以第五皇子智井為東平王繼休倩未拜薨其年追改休倩為臨慶王休倩為文帝所愛故前後屢加紹嗣

新野懷王夷父文帝第十七子也元嘉二十九年薨明帝泰始五年追加封謚

桂陽王休範文帝第十八子也孝建三年年九歲封順陽王大明元年改封桂陽泰始六年累遷驃騎大將軍江州刺史加都督遺詔進位司空侍中加班劔三十人休範素凡訥少知解不為諸兄齒遇明帝常指左右人謂王景文曰休範人才不及此以我故生便富貴釋氏願生王家良有以也及明帝晚年晉平王休祐以狠戾致禍建安王休仁以權逼不容巴陵王休若素得人情以此見害唯休範謹澁無才不為物情所向故得自保而常憂懼及明帝晏駕主幼時艱休範自謂宗戚莫二應居宰輔事既不至怨憤彌結招引勇士繕脩器械行人經過尋陽者莫不降意折節於是至者如歸朝廷知之密相防禦母荀太妃薨即葬廬山以示不還之志時夏口闕鎮朝議以居尋陽上流欲樹置腹心重其兵力元徽元年乃以第五皇弟晉熙王燮為郢州刺史長史王奐行府州事配以實力出鎮夏口慮為休範所撥留自太子洑去不過尋陽休範怒欲舉兵乃上表脩城堞其年進位太尉明年五月遂反發自尋陽晝夜取道大雷戍主杜道欣馳下告變道欣至一宿休範已至新林朝廷震動齊高帝出次新亭壘時事起倉卒朝

廷兵力甚弱及開武庫隨將士意取休範於新林步上攻新亭壘屯騎校尉黃回乃偽往降并宣齊高帝意休範大悅置之左右休範壯士李恒鍾爽進諫不宜親之休範曰不欺人以信恃休範日飲醇酒以二子德宣德嗣付與齊高帝為質至即斬之回與越騎校尉張苟兒直前斬休範首持還左右並散初休範自新林分遣同黨杜墨蠡丁文豪等直向朱雀門休範雖死墨蠡等不知王道隆率羽林兵在朱雀門內鬭賊至急召劉勔勔自石頭來赴戰死之墨蠡等乘勝直入朱雀門道隆為亂兵所殺墨蠡等唱云太尉至休範之死也齊高帝遣隊主陳靈寶齎首還臺逢

賊埋首道側挺身得逹雖唱云已平而無以為據衆愈疑
惑墨蠡徑至杜毋宅宮省恇擾無復固志撫軍長史褚澄
以東府納賊賊擁安成王據東府稱休範教曰安成王吾
子也勿得侵賊勢方逼衆莫能振尋而丁文豪之衆知休
範已死稍欲退散文豪勇氣殊壯厲聲曰我獨不能定天
下邪休範首至又羽林監陳顯達率所領於杜毋宅破墨
蠡等諸賊一時奔散斬墨蠡文豪等晉熙王燮自夏口遣
軍平尋陽
巴陵哀王休若文帝第十九子也孝建三年年九歲封巴
陵王明帝即位出為會稽太守加都督二年遷都督雍州

刺史寧蠻校尉前在會稽録事參軍陳郡謝沈以謟側事
休若多受財賂時內外戒嚴並袴褶沈居母喪被起聲樂
酣飲不異吉人衣冠既無殊異並不知沈居喪沈嘗自稱
孤子衆乃駭愕休若坐與沈褻黷降號鎮西將軍典籤夏
寶期事休若無禮啓明帝殺之慮不許啓未報於獄行刑
信反令鎖送而寶期已死上怒勑之曰孝建之世汝何敢
爾使其母羅加杖三百四年改行湘州刺史六年為荆州
刺史加都督征西大將軍開府儀同三司七年晉平王休
祐被殺建安王休仁見疑都下訛言休若有至貴之表明
帝以此言報之休若甚憂嘗衆賓滿坐有一異鳥集席隅

哀鳴墜地死又聽事上有二大白蛇長丈餘唅唅有聲休
若甚惡之會被徵為南徐州刺史加都督征北大將軍開
府如故休若腹心將佐咸謂還朝必有大禍中兵參軍京
兆王敬先勸割據荆楚休若執録馳使白明帝敬先坐誅
休若至京口上以休若善能諧緝物情慮將來傾幼主欲
遣使殺之慮不奉詔徵入朝又恐猜駭乃偽授為江州刺
史至即於第賜死贈侍中司空子沖始襲封
孝武帝二十八男文穆皇后生廢帝子業豫章王子尚陳
淑媛生晉安王子勛阮容華生安陸王子綏徐昭容生皇
子子深何淑儀生松滋侯子房史昭華生臨海王子頊殷

貴妃生始平孝敬王子鸞次永嘉王子仁與皇子子深同
生何婕妤生皇子子鳳謝昭容生始安王子眞江婕妤生
皇子子玄史昭儀生邵陵王子元次齊敬王子羽與始平
孝敬王子鸞同生江美人生皇子子衡楊婕妤生淮南王
子孟次皇子子況與皇子子玄同生次南平王子産與永
嘉王子仁同生次晉陵孝王子雲次皇子子文並與始平
孝敬王子鸞同生次廬陵王子輿與淮南王子孟同生次
南海哀王子師與始平孝敬王子鸞同生次淮陽思王子
霄與皇子子玄同生次皇子子雍與始安王子眞同生次
皇子子趨與皇子子鳳同生次皇子子期與皇子子衡同

生次東平王子嗣與始安王子眞同生張容華生皇子子
悅安陸王子綏南平王子産廬陵王子輿並出繼皇子子
深子鳳子玄子衡子況子文子雍未封早夭子趨子期子
悅未封爲明帝所殺
豫章王子尚字孝師孝武第二子也孝建三年年六歲封
西陽王大明三年分浙江西立王畿以浙江東爲揚州以
子尚爲刺史加都督六年改封豫章王領會稽太守七年
進號車騎大將軍開府儀同三司時東土大旱鄞縣多畯
田孝武使子尚表至鄞縣勸農又立左學召生徒置儒林
祭酒一人學生師敬位比州中從事文學祭酒一人比州

西曹勸學從事二人比祭酒從事前廢帝即位罷王畿復
舊徵子尚都督揚南徐二州諸軍事領尚書令初孝建中
孝武以子尚太子母弟甚留心後新安王子鸞以母幸見
愛子尚寵衰及長凶慝有廢帝之風明帝既殞廢帝乃稱
太皇太后令曰子尚頑凶楚玉淫亂並於第賜盡楚玉廢
帝姊山陰公主也廢帝改封會稽郡長公主給鼓吹一部
加班劍二十人未拜受而廢敗
晉安王子勛字孝德孝武第三子也眼患風不爲孝武所
愛大明四年年五歲封晉安王七年爲江州刺史加都督
八年改授雍州未拜而孝武崩還爲江州時廢帝狂凶多

所誅害前撫軍諮議參軍何邁謀因帝出爲變迎立子勛
事泄帝誅邁使八坐奏子勛與邁通謀遣左右朱景先藥
賜子勛死景至盆口遣報長史鄧琬琬等奉子勛起兵以
廢立爲名明帝定亂進子勛車騎將軍開府儀同三司琬
等不受命泰始二年正月七日奉子勛爲帝即僞位於尋
陽年號義嘉備置百官四方響應是歲四方貢計並詣尋
陽及軍敗子勛見殺時年十一即葬尋陽廬山
松滋侯子房字孝良孝武第六子也大明四年年五歲封
尋陽王前廢帝景和元年爲會稽太守加都督明帝即位
徵爲撫軍領太常長史孔覬不受命舉兵應晉安王子勛

上虞令王晏殺覬送子房還建鄴上宥之貶爲松滋縣侯
司徒建安王休仁以子房兄弟終爲禍難勸上除之廢徙
遠郡見殺年十一
臨海王子頊字孝烈孝武第七子也初封歷陽王後改封
臨海位荆州刺史明帝即位進督雍州長史孔道存不受
命應晉安王子勛事敗賜死年十一
始平孝敬王子鸞字孝羽孝武第八子也大明四年封襄
陽王尋改封新安五年爲北中郎將南徐州刺史領南琅
邪太守母殷淑儀寵傾後宮子鸞愛冠諸子凡爲上所遇
者莫不入子鸞府國爲南徐州又割吳郡屬之六年丁母

憂前廢帝素疾子鸞為有寵及即位既誅群臣乃遣使賜子
鸞死時年十歲子鸞臨死謂左右曰願後身不復生王家
同生弟妹並死明帝即位改封始平王以建平王景素子
延年嗣
永嘉王子仁字孝餘孝武第九子也大明五年封永嘉王
明帝即位以為湘州刺史帝尋從司徒建安王休仁討未
拜賜死時年十歲
始安王子真字孝貞孝武第十一子也
邵陵王子元字孝善孝武第十三子也並被明帝賜死
齊敬王子羽字孝英孝武第十四子也生二歲而薨追加

封謚
淮南王子孟字孝光孝武第十六子也初封淮南王明帝
改封安成王未拜賜死
晉陵孝王子雲字孝舉孝武第十九子也大明六年封未
拜而亡
南海哀王子師字孝友孝武第二十二子也大明七年封
未拜為前廢帝所害明帝即位追謚
淮陽思王子霄字孝雲孝武第二十三子也早薨追加封謚
東平王子嗣字孝叔孝武帝第二十七子也明帝賜死
武陵王贊字仲敷小字智隨明帝第九子也明帝既誅孝

武諸子詔以智隨奉孝武為子封武陵郡王順帝昇明二
年薨國除
明帝十二男陳貴妃生後廢帝謝脩儀生皇子法良陳昭
華生順帝徐婕妤生第四皇子鄭脩容生皇子智井次晉
熙王爕與皇子法良同生泉美人生邵陵殤王友次江夏
王躋與第四皇子同生徐良人生武陵王贊杜脩華生隨
陽王翽次新興王嵩與武陵王贊同生又泉美人生始建王
禧智井爕躋贊並出繼法良未封第四皇子未有名早夭
邵陵殤王友字仲賢明帝第七子也年五歲出為南中郎
將江州刺史封邵陵王後廢帝元徽二年桂陽王休範誅

後王室微弱友府州文案及臣吏不諱有無君之心順帝
昇明二年徙南豫州刺史薨無子國除
隨陽王翽字仲儀明帝第十子也初封南陽王昇明二年
改封隨陽齊受禪封舞陰縣公
新興王嵩字仲岳明帝第十一子也齊受禪降封定襄縣公
始建王禧字仲安明帝第十二子也齊受禪降封荔浦縣
公尋並云謀反賜死
論曰甚矣哉元嘉之遇禍也殺逆之釁事起肌膚因心之
童遂亡天性雖鳴鏑之酷未極於斯其不至覆亡亦為幸
也明皇統運疑隙內構尋斧所加先自王戚晉剌以獲暴

摧軀已哀由和良酖體保身之路未知攸適昔之戒子愼勿為善詳求其旨將遠有以乎詩云不自我先不自我後蓋古人之畏乱也孝武諸子提挈以成釁乱遂至宇內沸騰王室如燬而帝之諸胤莫不殲焉強不如弱義在於此明帝負螟之慶事非己出枝葉不茂豈能庇其本乎

列傳第四　南史十四

列傳第五　南史十五

李　延壽

劉穆之 曾孫祥 從子秀之　徐羨之 從孫湛之 湛之孫孝嗣 嗣孫君蒨

傅亮 族兄隆　檀道濟 兄韶 韶弟祗 韶孫珪

劉穆之字道和小字道人東莞莒人也世居京口初為琅邪府主簿嘗夢與宋武帝泛海遇大風驚俯視船下見一白龍挾船既而至一山山峯聳秀意甚悅及武帝剋京城從何無忌求府主簿無忌進穆之帝曰吾亦識之即馳召焉時穆之聞京城有叫聲晨出陌頭屬與信會直視不言者久之反室壞布裳為袴往見帝帝謂曰我始舉大義須一軍吏甚急誰堪其選穆之曰無見踰者帝笑曰卿能自屈吾事濟矣即於坐受署從平建鄴諸大處分皆倉卒立定並穆之所建遂動見諮詢穆之亦竭節盡誠無所遺隱時晉綱寬弛威禁不行盛族豪家負勢陵縱重以司馬元顯政令違舛桓玄科條繁密穆之斟酌時宜隨方矯正不盈旬日風俗頓改遷尚書祠部郎復為府主簿記室錄事參軍領堂邑太守以平桓玄功封西華縣五等子及揚州刺史王謐薨帝次應入輔劉毅等不欲帝入議以中領軍謝混為揚州或欲令帝於丹徒領州以內事付僕射孟昶遣尚書右丞皮沈以二議諮帝沈先與穆之言穆之偽如

廁即密疏白帝言沈語不可從帝既見沈且令出外呼穆之問焉穆之曰公今日豈得居謙遂為守藩將邪劉孟諸公俱起布衣共立大義事乃一時相推非宿定臣主分也力敵勢均終相吞咀揚州根本所係不可假人前授王謐事出權道今若復佗授便應受制於人一失於權無由可得公功高勳重不可直置疑畏便可入朝共盡同異公至京邑彼必不敢越公更授餘人帝從其言由是入輔從廣固還拒盧循常居幕中畫策劉毅等疾之每從容言其權重帝愈信仗之穆之外所聞見大小必白雖閭里言謔皆一二以聞帝每得人間委密消息以示聰明皆由穆之又愛賓游坐客恒滿布耳目以為視聽故朝野同異穆之莫不必知雖親昵短長皆陳奏無隱人或譏之穆之曰我蒙公恩義無隱諱此張遼所以告關羽欲叛也帝舉止施為穆之皆下節度帝書素拙穆之曰此雖小事然宣布四遠願公小復留意帝既不能留意又稟分有在穆之乃曰公但縱筆為大字一字徑尺無嫌大既足有所包其勢亦美帝從之一紙不過六七字便滿穆之凡所薦達不納不止常云我雖不及荀令君之舉善然不舉不善穆之與朱齡石並便尺牘嘗於武帝坐與齡石答書自旦至日中穆之得百函齡石得八十函而穆之應對無廢遷中軍太尉

南史列傳五　二

司馬加丹楊尹帝西討劉毅以諸葛長人監留府疑其難獨任留穆之輔之加建威將軍置佐吏配給實力長人果有異謀而猶豫不能發屏人謂穆之曰悠悠之言云太尉與我不平何以至此穆之曰公泝流遠伐以老母弱子委節下若一豪不盡豈容若此長人意乃小安穆之亦厚為之備謂所親曰貧賤常思富貴富貴必踐機危今日思為丹徒布衣不可得也帝還長人伏誅進前將軍帝西伐司馬休之中軍將軍道憐知留任而事無大小一決穆之遷尚書左僕射領選將軍尹如故帝北伐留世子為中軍將軍監太尉留府轉穆之左僕射領監軍中軍二府軍司將軍尹領選如故甲仗五十人入殿入居東城穆之內總朝政外供軍旅決斷如流事無擁滯賓客輻湊求訴百端內外諮稟盈階滿室目覽詞訟手答牋書耳行聽受口並酬應不相參涉皆悉贍舉又言談賞笑彌日亘時未嘗倦苦裁有閑暇手自寫書尋覽篇章校定墳籍性奢豪食必方丈旦輒為十人饌未嘗獨餐每至食時客止十人以還帳下依常下食以此為常嘗白帝曰穆之家本貧賤贍生多闕叨忝以來雖每存約損而朝夕所須微為過豐此外無一豪負公義熙十三年卒帝在長安本欲頓駕關中經略趙魏聞問驚慟哀惋者數日以根本虛乃馳還彭城以司

南史列傳五　三

馬徐羡之代管留臺而朝廷大事常決於穆之者並悉北諮穆之前軍府文武二萬人以三千配羨之建威府餘悉配世子中軍府追贈穆之開府儀同三司帝又表天子曰臣聞崇賢旌善王敎所先念功簡勞義深追遠故司勳執策在勤必記德之休明没而彌著故尚書左僕射前將軍臣穆之爰自布衣協佐義始内竭謀猷外勤庶政密勿軍國心力俱盡及登庸朝右尹司京畿敷讚百揆翼新大猷頃戎車遠役居中作捍撫寧之勳實洽朝野識量局致棟幹之器也方宣讚盛化緝隆聖世忠績未究遠邇悼心皇恩褒述班同三事榮哀既備寵靈已泰臣伏思尋自義熈草創艱患未弭外虞既殷内難亦荐時屯世故靡有寧歲臣以寡乏負荷國重實賴穆之匡翼之勳豈唯讜言嘉謀溢于人聽若乃忠規密謨潛慮帷幕造膝詭辭莫見其際事隔於皇朝功隱於視聽者不可勝紀所以陳力一紀遂克有成出征入輔幸不辱命微夫人之左右未有寧濟其事者矣履謙居寡守之彌固每議及封爵輒深自抑絶所以勳高當年而茅土弗及撫事永念胡寧可昧謂宜加贈正司追甄土宇俾忠貞之烈不泯於身後大賚所及永旌於善人臣契闊屯夷旋觀終始金蘭之分義深情感是以獻其乃懷布之朝聽於是重贈侍中司徒封南昌縣侯及

帝受禪每歎憶之曰穆之不死當助我理天下可謂人之云亡邦國殄瘁光禄大夫范泰對曰聖主在上英彦滿朝穆之雖功著艱難未容便關興毀帝笑曰卿不聞驥騄乎貴日致千里耳帝後復曰穆之死人輕易我其見思如此以佐命元勳追封南康郡公謚曰文宣穆之少時家貧誕節嗜酒食不脩拘檢好往妻兄家乞食多見辱不以爲恥其妻江嗣女甚明識每禁不令往江氏後有慶會屬令勿來穆之猶往食畢求檳榔江氏兄弟戲之曰檳榔消食君乃常飢何忽須此妻復截髮市肴饌爲其兄弟以餉穆之自此不對穆之梳沐及穆之爲丹楊尹將召妻兄弟妻泣而稽顙以致謝穆之曰本不匿怨無所致憂及至醉穆之乃令廚人以金柈貯檳榔一斛以進之元嘉二十五年車駕幸江寧經穆之墓詔致祭墓所長子慮之嗣卒子邕嗣先是郡縣爲封國者内史相並於國主稱臣去任便止孝建中始革此制爲下官致敬河東王歆之嘗爲南康相素輕邕後歆之與邕俱豫元會並坐邕嗜酒謂歆之曰卿昔見臣今能見勸一盃酒不歆之因斆孫皓歌荅曰昔爲汝作臣今與汝比肩既不勸汝酒亦不願汝年邕性嗜食瘡痂以爲味似鰒魚嘗詣孟靈休靈休先患灸瘡痂落在牀邕取食之靈休大驚痂未落者悉褫取飴邕邕去靈休與

何勗書曰劉邕向顧見噉遂舉體流血南康國吏二百許人不問有罪無罪遞與鞭瘡痂常以給膳邕卒子肜嗣坐刀斫妻奪爵以弟彪紹齊建元初降封南康縣侯虎賁中郎將坐廟墓不脩削爵爲羽林監又坐與亡弟母楊別居楊死不殯葬崇聖寺尼慧首剃頭爲尼以五百錢爲買棺以泥洹轝送葬爲有司奏事寢不出

穆之中子式之字延叔爲宣城淮南二郡太守犯贓貨楊州刺史王弘遣從事檢校之式之召從事謂曰還白使君劉式之於國粗有微分偷數百萬錢何有況不偷邪從事還白弘由此得停從征關洛有功封德陽縣五等侯卒謚

曰恭子瑀字茂琳始與王濬爲南徐州以瑀爲別駕瑀性陵物護前時濬征北府行參軍吳郡顧邁輕薄有才能濬待之厚瑀乃折節事邁以瑀與之款盡濬所言密事悉以語瑀瑀與邁共進射堂下忽顧左右索單衣幘邁問其故瑀曰公以家人待卿言無不盡卿外宣泄我是公吏何得不啓白之濬大怒啓文帝徙邁廣州瑀性使氣尚人後爲御史中丞甚得志彈蕭惠開云非才非望非勳非德彈王僧達云蔭藉高華人品冗末朝士莫不畏其筆端轉右衛將軍年位本在何偃前孝武初偃爲吏部尚書瑀圖侍中不得與偃同從郊祀時偃乘車在前瑀策駟居後相去數十步瑀蹋馬及之謂偃曰君轡何疾偃曰牛駿馭精所以疾耳偃曰君馬何遲曰騏驥羅於羈絆所以居後偃曰何不著鞭使致千里荅曰一蹙自造青雲何至與駑馬爭路然甚不得意謂所親曰人仕宦不出當入不入當出安能長居戶限上因求益州及行甚不得意至江陵與顏竣書曰朱脩之三世叛兵一日居荊州青油幕下作謝宣明面目向使齋帥以長刀引吾下席於吾何有政恐匈奴輕漢耳坐奪人妻爲妾免官後爲吳興太守侍中何偃嘗案之云參伍時望瑀大怒曰我於時望何參伍之有遂與偃絕族叔秀之爲丹楊瑀又與親故書曰吾家黑面阿秀遂居劉

安衆處朝廷不爲多士其年疽發背何偃亦發背癰瑀疾已篤聞偃亡懽躍叫呼於是亦卒謚曰剛

祥字顯徵式之孫也父敳太宰從事中郎祥少好文學性韻剛疎輕言肆行不避高下齊建元中爲正員郎司徒褚彥回入朝以腰扇鄣日祥從側過曰作如此舉止羞面見人扇障何益彥回曰寒士不遜祥曰不能殺袁劉安得免寒士永明初撰宋書譏斥禪代尚書令王儉密以啓聞上銜而不問爲臨川王驃騎從事中郎祥兄整爲廣州卒官祥就整妻求還資事聞朝廷又於朝士多所貶忽王奐爲尚書僕射祥與奐子融同載行至中堂見路人驅驢祥曰

驢汝好爲之如汝人才皆已令僕著連珠十五首以寄其懷其辭議者云希世之寶違時必賤偉俗之器無聖則淪是以明王黜於楚岫章甫窮於越人有以祥連珠啓上上令御史中丞任遐奏其過惡付廷尉上別遣敕祥曰我當原卿性命令卿萬里思愆卿若能改革當令卿得還乃徙廣州不得意終日縱酒少時卒

秀之字道寶穆之從父兄子也祖爽山陰令父仲道餘姚令秀之少孤貧十歲時與諸兒戲前渚忽有大蛇來勢甚猛莫不顛沛驚呼秀之獨不動衆並異之東海何承天雅相知器以女妻之兄欽之爲朱齡石右軍參軍隨齡石敗

没秀之哀慼不歡宴者十年宋景平二年除駙馬都尉元嘉中再爲建康令政績有聲孝武鎮襄陽以爲撫軍錄事參軍襄陽令襄陽有六門堰良田數千頃堰久决壞公私廢業孝武遣秀之脩復雍部由是大豐後除西戎校尉梁南秦二州刺史加都督漢川饑饉秀之躬自儉約先是漢川悉以絹爲貨秀之限令用錢百姓利之二十七年大舉北侵遣輔國將軍楊文德巴西梓潼二郡太守劉弘宗受秀之節度震蕩汧隴元凶弑逆秀之即日起兵求赴襄陽司空南譙王義宣不許事寧遷益州刺史折留奉祿二百八十萬付梁州鎮庫此外蕭然梁益二州土境豐富前後刺史莫不

大營聚畜多者致萬金所攜賓僚並都下貧子出爲郡縣皆以苟得自資秀之爲政整肅遠近悅焉南譙王義宣據荆州爲逆遣徵兵於秀之秀之斬其使以起義功封康樂縣侯徙丹楊尹先是秀之從叔穆之爲丹楊與子弟聽事上宴聽事柱有一穿穆之謂子弟及秀之等試以栗遥擲柱入穿者後必得此郡唯秀之獨入焉其言遂驗時賒買百姓物不還錢秀之以爲非宜陳之甚切雖納其言竟不用遷尚書右僕射時定制令隸人殺長吏科議者謂會赦宜以徙論秀之以爲律文雖不顯人殺官長之旨若遇赦但止徙論便與悠悠殺人曾無一異人敬官長比之父

毋行害之身雖遇赦謂宜長付尚方窮其天命家口補兵從之後爲寧蠻校尉雍州刺史加都督將徵爲左僕射會卒贈司空謚忠成公秀之野率無風采而心力堅正上以其莅官清潔家無餘財賜錢二十萬布三百疋傳封至孫齊受禪國除

徐羨之字宗文東海郯人也祖寧尚書吏部郎父祚之上虞令羨之爲桓脩撫軍中兵參軍與宋武帝同府深相親結武帝北伐稍遷太尉左司馬掌留任副貳劉穆之帝議北伐朝士多諫唯羨之默然或問何獨不言羨之曰今二方已平拓地萬里唯有小羌未定公寢食不安何可輕豫

其議稍之卒帝欲用王弘代之謝晦曰休元輕易不若徐羨之乃以羨之爲丹楊尹揔知留任甲仗二十人出入加尚書僕射義熈十四年軍人朱興妻周生子道扶年三歲先得癎病周因其病發掘地生埋之爲道扶姑雙女所告周棄市羨之議曰自然之愛豺狼猶仁周之凶忍宜加顯戮臣以爲法律之外尚弘通理毋之卽刑由子明法爲子之道焉有自容之地愚謂可特申之遐裔從之及武帝卽位封南昌縣公位司空錄尚書事揚州刺史羨之起自布衣又無術學直以局度一旦居廊廟朝野推服咸謂有宰臣之望沈密寡言不以憂喜見色頗工弈棊觀戲常若未

解當世倍以此推之傅亮蔡廓嘗言徐公曉萬事安異同嘗與傅亮謝晦宴聚亮晦才學辯博羨之風度詳整時然後言鄭鮮之歎曰觀徐傅言論不復學問爲長武帝不豫加班劒三十人宮車晏駕與中書令傅亮領軍將軍謝晦鎭北將軍檀道濟同被顧命少帝詔羨之亮率衆官內月一決獄帝後失德羨之等將謀廢立而廬陵王義眞多過不任四海乃先廢義眞然後廢帝時謝晦爲領軍以府舍内屋敗應脩理悉移家人出宅聚將士於府內檀道濟以先朝舊將威服殿省且有兵衆召入朝告之謀旣廢帝侍中程道惠勸立皇子義恭羨之不許及文帝卽位改封南

平郡公固讓加封有司奏車駕依舊臨華林園聽訟詔如先二公權訊元嘉二年羨之與傅亮歸政三奏乃見許羨之仍遜位退還私第兄子佩之及程道惠吳興太守王韶之等並謂非宜敦勸甚苦復奉詔攝任三年正月帝以羨之亮晦旬月閒再肆醜毒下詔暴其罪誅之爾日詔召羨之至西門外時謝晦弟皭爲黃門郎正直報亮云殿中有異處分亮馳報羨之羨之乘內人問訊車出郭步走至新林入陶竈中自縊而死年六十三羨之初不應召上遣領軍到彥之右衞將軍王華追討及死野人以告載尸付廷尉初羨之年少時嘗有一人來謂曰我是汝祖羨之拜此

人曰汝有貴相而有大厄宜以錢二十八文埋宅四角可以免災過此可位極人臣後羨之隨親之縣住在縣內嘗暫出而賊自後破縣縣内人無免者雞犬亦盡唯羨之在外獲全又隨從兄履之爲臨海樂安縣嘗行經山中見黑龍長丈餘頭有角前兩足皆具無後足曳尾而行及拜司空守關將入彗星辰見危南又當拜時雙鶴集太極殿東鴟尾鳴喚竟以凶終羨之兄欽之位祕書監欽之子佩之輕薄好利武帝以其姻戚累加寵任爲丹楊尹景平初以羨之知權頗豫政事與王韶之程道惠中書舍人邢安泰潘盛爲黨時謝晦久病連灸不堪見客佩之等疑其詐疾

有異圖與詔之道惠同載謂傳亮稱羨之意欲令作詔誅
之亮曰已等三人同受顧命豈可自相殘戮佩之等乃止
羨之既誅文帝特宥佩之免官而已其冬佩之謀反事發
被誅佩之弟逵之尚武帝長女會稽宣公主爲彭城沛二
郡太守武帝諸子並幼以逵之姻戚將大任之欲先令立
功及討司馬休之使統軍爲前鋒待剋當即授荊州於陣
見害追贈中書侍郎子湛之
湛之字孝源幼孤爲武帝所愛常與江夏王義恭寢食不
離帝側永初三年詔以公主一門嫡長且湛之致節之胤
封枝江縣侯數歲與弟淳之共車行牛奔車壞左右人馳

來赴之湛之先令取弟衆咸歎其幼而有識及長頗涉文
義善自位待事祖母及母以孝聞元嘉中以爲黃門侍郎
祖母年老辭以朝直不拜後拜祕書監會稽公主身居長
嫡爲文帝所禮家事大小必諮而後行西征謝晦使公主
留止臺內總攝六宮每有不得意輒號哭上甚憚之初武
帝微時貧陋過甚嘗自新洲伐荻有納布衣襖等皆是敬
皇后手自作武帝既貴以此衣付公主曰後世若有驕奢
不節者可以此衣示之湛之爲大將軍彭城王義康所愛
與劉湛之等頗相附及得罪事連湛之文帝大怒將致大
辟湛之憂懼無計以告公主公主即日入宮及見文帝因

號哭下牀不復施臣妾之禮以錦囊盛武帝納衣擲地以
示上曰汝家本賤貧此是我母爲汝父作此納衣今日有
一頓飽食便欲殘害我兒子上亦號哭湛之由此得全再
遷太子詹事尋加侍中湛之善尺牘音辭流暢貴戚豪強
產業甚厚室宇園池貴游莫及伎樂之妙冠絕一時門生
千餘皆三吳富人子姿質端美衣服鮮麗每出入行游塗
巷盈滿泥雨日悉以後車載之文帝每嫌其侈縱時安成
公何勗無忌之子臨汝公孟靈休昶之子也並名奢豪與
湛之以肴膳器服車馬相尚都下爲之語曰安成食臨汝
飾湛之美兼何孟勗官至侍中追謚荒公靈休善彈棊官

至祕書監湛之後還丹楊尹加散騎常侍以公主憂不拜
過葬復授前職二十二年范曄等謀反湛之始與之同後
發其事所陳多不盡爲曄等款辭所連有司以湛之關豫
逆黨事起積歲末乃歸聞多有蔽匿請免官削爵付廷尉
上不許湛之詣闕上疏請罪以爲初通其謀爲誘引之辭
曄等並見怨咎規相禍陷又昔義康南出之始敕臣入相
伴慰慇懃異意頗形言旨遺臣利刃期以際會臣苦相諫
譬深加拒塞以爲怨憤所至不足爲虞便以關啓懼成虛
妄非爲納受曲相蔽匿又令申情范曄釋中間之憾致懷
蕭思話恨紙筆意未申謂此僥倖亦不宣達陛下敦惜天倫

彰於四海蕃禁優簡親理咸通又昔蒙眷顧不容自絕音
翰信命時相往來或言少意多旨深文淺辭色之閒往往
難測臣顧惟心無邪悖故不稍以自嫌慺慺丹實具如此
啓臣雖駑下情匪木石豈不知醜點難嬰伏劍爲易而靦
然視息忍此餘生實非苟吝微命假延漏刻誠以負戾灰
滅貽恥方來貪及視息少自披訴乞蒙隨放伏待鈇鑕上
優詔不許二十四年服闋轉中書令太子詹事出爲南兗
州刺史善政俱肅威惠並行廣陵舊有高樓湛之更脩整
之南望鍾山城北有陂澤水物豐盛湛之更起風亭月觀
吹臺琴室果竹繁茂花藥成行招集文士盡遊玩之適時

有沙門釋惠休善屬文湛之與之甚厚孝武命使還俗本
姓湯位至揚州從事史二十六年湛之入爲丹楊尹領太
子詹事二十七年魏太武帝至瓜步湛之與皇太子分守
石頭二十八年魯爽兄弟率部曲來奔爽等軌子也湛之
以爲廟筭特所獎納不敢苟申私怨乞屛田里不許轉尚
書僕射領護軍將軍時尚書令何尚之以湛之國戚任遇
隆重欲以朝政推之湛之以令事無不總又以事歸尚之
互相推委御史中丞袁淑奏並免官詔乃使湛之與尚之
並受辭訴尚之雖爲令而以朝事悉歸湛之初劉湛伏誅
殷景仁卒文帝任沈演之庾仲文范曄等後又有江湛何

瑀之自曄誅仲文免演之瑀之並卒至是江湛爲吏部尚
書與湛之並居權要世謂之江徐上每疾湛之輒侍醫藥
二凶巫蠱事發上欲廢劭賜濬死而孝武無寵故累出外
藩不得停都下南平王鑠建平王宏並被愛而鑠妃即湛
之妹湛之勸上立之徵鑠自壽陽入朝至又失旨欲立宏
嫌其非次議又不決與湛之議或連日累夕每夜使湛之
自執燭繞壁檢行慮有竊聽者劭入殺之旦其夕上與湛
之屛人語至曉猶未滅燭湛之驚起趣北戶未及開見害
時年四十四孝武即位追贈司空諡曰忠烈公子聿之爲
元凶所殺聿之子孝嗣

孝嗣字始昌父被害孝嗣在孕母年少欲更行不願有子
自牀投地者無筭又以擣衣杵舂其腰并服墮胎藥胎更
堅及生故小字遺奴幼而挺立八歲襲爵枝江縣公見宋孝
武升階流涕迄于就席帝甚愛之尚康樂公主拜駙馬都
尉泰始中以登殿不著韎爲書侍御史蔡準所奏罰金二
兩孝嗣姑適東莞劉舍舍兄藏爲尚書左丞孝嗣往詣之
藏退謂舍曰徐郎是令僕人三十餘可知汝宜善自結昇
明中爲齊高帝驃騎從事中郎帶南彭城太守轉太尉諮
議參軍齊建元初累遷長史兼侍中善趨步閑容止與太
宰褚彥回相埒尚書令王儉謂人曰徐孝嗣將來必爲宰

相轉御史中丞武帝問儉曰誰可繼卿儉曰臣東都之日
其在徐孝嗣乎出爲吳興太守儉贈孝嗣四言詩曰方軌
叔茂追清彥輔柔亦不茹剛亦不吐時人以比蔡子尼之
行狀也在郡有能名王儉亡上徵孝嗣爲五兵尚書其年
敕撰江左以來儀典令諮受孝嗣明年遷太子詹事從武
帝幸方山上曰朕經始此山之南復爲離宮應有邁靈丘
靈丘山湖新林苑也孝嗣荅曰繞黃山款牛首乃盛漢之
事今江南未廣願陛下少更留神上乃止竟陵王子良甚
善之歷吏部尚書右軍將軍領太子左衞率臺閣事多以
委之武帝崩遺詔以爲尚書右僕射隆昌元年爲丹楊尹

明帝謀廢鬱林遣左右莫智明以告孝嗣孝嗣奉旨無所
釐替即還家草太后令明帝入殿孝嗣戎服隨後鬱林既
死明帝須太后令孝嗣於袖出而奏之帝大悅時議悉誅
高武子孫孝嗣堅保持之故得無恙以廢立功封枝江縣
侯甲仗五十人入殿轉左僕射明帝即位進爵爲公給班
劒二十人加兵百人舊拜三公乃臨軒至是帝特詔與陳
顯達王晏並臨軒拜授時王晏爲令人情物望不及孝嗣
晏誅轉尚書令孝嗣愛好文學器量弘雅不以權勢自居
故見容明帝之世初在率府晝臥齋北壁下夢兩童子遽
云移公牀孝嗣驚起聞壁有聲行數步而壁崩壓牀建武

四年即本號開府儀同三司讓不受時連年魏軍動國用
虛乏孝嗣表立屯田帝已寢疾兵事未已竟不行及崩受
遺託重申開府之命加中書監永元初輔政自尚書下省
出住宮城南宅不得還家帝失德孝嗣不敢諫及江祏誅
內懷憂恐然未嘗表色始安王遙光反衆懷遑惑見孝嗣
入宮乃安然群小用事不能制也時孝嗣以帝終亂天常
與沈文季俱在南掖門欲要文季以門爲應四五目之文
季輒亂以他語孝嗣乃止進位司空固讓求解丹楊尹不
許孝嗣文人不顯同異名位雖大故得未及禍虎賁中郎
將許準有膽力陳說事機勸行廢立孝嗣遲疑謂必無用

干戈理須少主出游閉城門召百僚集議廢之雖有此懷
終不能決羣小亦稍憎孝嗣勸帝除之其冬孝嗣入華林
省遣茹法珍賜藥孝嗣容色不異謂沈昭略曰始安事吾
欲以門應之賢叔若同無今日之恨少能飲酒飲藥至斗
餘方卒乃下詔言誅之于時凡被殺者皆取其蟬冕剝其
衣服衆情素敬孝嗣得無所侵長子演尚齊武帝女武康
公主位太子中庶子第三子況尚明帝女山陰公主並拜
駙馬都尉俱見殺孝嗣之誅衆人懼無敢至者唯會稽魏
溫仁奔赴以私財營喪事當時稱之初孝嗣復故封使故
吏吳興丘叡筮之當傳幾世叡曰恐不終尊身孝嗣容色

甚惡徐曰緣有此慮故令卿決之中興元年和帝贈孝嗣
太尉二年改葬宣德太后詔增班劒四十人加羽葆鼓吹
謚曰文忠改封餘干縣公子緄仕梁位侍中太常信武將
軍謚頃子
緄子君蒨字懷簡幼聰朗好學尤長丁部書問無不對善
弦歌為梁湘東王鎮西諮議參軍頗好聲色侍妾數十皆
佩金翠曳羅綺服玩悉以金銀飲酒數升便醉而閉門盡
日酣歌每遇歡讌則飲至斗有時載伎肆意游行荆楚山
川靡不畢踐朋從遊好莫得見之時襄陽魚弘亦以豪侈
稱於是府中謡曰北路魚南路徐然其服翫次於弘也君

蒨辯於辭令湘東王嘗出軍有人將婦從者王曰才愧李
陵未能先誅女子將非孫武遂欲驅戰婦人君蒨應聲曰
項籍壯士猶有虞兮之愛紀信成功亦資姬人之力君蒨
文冠一府特有輕艷之才新聲巧變人多諷習竟卒於官
傅亮字季友北地靈州人晉司隸校尉咸之玄孫也父瑗
以學業知名位至安成太守瑗與郗超善超常造瑗見二
子迪及亮亮年四五歲超令人解衣使持去初無恡色超
謂瑗曰卿小兒才名位宦當遠踰於兄然保家終在大者
迪字長猷宋初終五兵尚書贈太常亮博涉經史尤善文
辭義熙中累遷中書黃門侍郎直西省宋武帝以其久直

之勤勞欲以為東陽郡先以語迪大喜告亮亮不荅即馳
見武帝陳不樂出帝笑曰謂卿須祿耳能如此甚協所望
也以為太尉從事中郎掌記室宋國初建除侍中領世子
中庶子加中書令從還壽陽武帝有受禪意而難於發
言乃集朝臣宴飲從容曰桓玄暴篡鼎命已移我首唱大
義興復皇室今年時衰暮欲歸老京師群臣唯盛稱功德
莫曉此意亮悟旨日晚宮門已閉叩扉請見曰臣暫宜還
都帝知意無復他言直云須幾人自送亮曰須數十人於
是奉辭及出夜見長星竟天拊髀曰我常不信天文今始
驗矣亮至都即徵帝入輔永初元年加太子詹事封建城

縣公入直中書省專典詔命以亮任總國權聽於省見客
神獸門外每旦車常數百兩武帝登庸之始文筆皆是參
軍滕演北征廣固悉委長史王誕自此之後至于受命表
策文誥皆亮辭也演字彥將南陽西鄂人位至祕書監二
年加亮尚書僕射及帝不豫與徐羨之謝晦並受顧命給
班劒二十人少帝即位進中書監尚書令領護軍將軍少
帝廢亮奉迎文帝立行臺於江陵城南題曰大司馬門率
行臺百僚詣門拜表威儀甚盛文帝將下引見亮哭泣哀
動左右既而問義真及少帝薨廢本末悲號嗚咽侍側者
莫能仰視亮流汗霑背不能荅於是布腹心於到彥之王

華等又至都徐羨之問帝可方誰亮曰晉文景以上人羨之曰必能明我赤心亮曰不然及文帝即位加左光祿大夫開府儀同三司司空府文武即為左光祿府進爵始興郡公固讓進封元嘉三年帝將誅亮先呼入見省內密有報之者亮辭以嫂病暫還遣信報徐羨之因乘車出郭門騎馬奔兄迪墓屯騎校尉郭泓收之初至廣莫門上亦使以詔謂曰以公江陵之誠當使諸子無恙亮讀詔訖曰亮受先帝布衣之眷遂蒙顧託黜昏立明社稷之計欲加之罪其無辭乎於是伏誅妻子流建安亮之方貴兄迪每深誡焉而不能從及見世路屯險著論名曰演慎及少帝失

德內懷憂懼直宿禁中睹夜蛾赴燭作感物賦以寄意初奉大駕道路賦詩三首其一篇有悔懼之辭自知傾覆求退無由又作辛有穆生董仲道贊稱其見微之美云

隆字伯祚亮族兄也曾祖晞司徒屬父祖並早卒隆少孤貧有學行義熙初年四十為孟昶建威參軍累遷尚書左丞以族弟亮為僕射緦服不得相臨從太子率更令元嘉初為御史中丞甚得司直之體轉司徒左長史會稽剡縣人黃初妻趙打殺息載妻王遇赦王有父母及男稱女葉依法徙趙二千里外隆議曰禮律之興本之自然求之情理非從天墮非從地出父子至親分形同氣稱之於載即載之於趙雖言三世為體猶一稱雖創鉅痛深固無讎祖之義向使石厚之子日磾之孫砥鋒挺鍔不與二祖同戴天日則石碏秺侯何得流名百代舊令言殺人父母徙之一千里外不施父子孫祖明矣趙當避王朞功千里外耳令亦云凡流徙者同籍親近欲相隨者聽之此又大通情之體因親以教愛也趙既流移載為人子何得不從載從而稱不行豈名教所許如此稱趙竟不可分趙雖內愧終身稱沈痛沒齒孫祖之義自不得以永絕事理然也從之出為義興太守有能名拜左戶尚書坐正直受節假對人未至委出白衣領職尋轉太常文帝以新撰禮論付隆使

更下意隆表上五十二事後致仕拜光祿大夫歸老於家手不釋卷博學多通特精三禮年八十三卒

檀道濟高平金鄉人也世居京口少孤居喪備禮奉兄姊以和謹稱宋武帝建義道濟與兄韶祗等從平京城俱參武帝建武將軍事累遷太尉參軍封作唐縣男義熙十二年武帝北伐道濟為前鋒所至望風降服徑進洛陽議者謂所獲俘囚應悉戮以為京觀道濟曰伐罪弔人正在今日皆釋而遣之於是中原感悅歸者甚衆長安平以為琅邪內史武帝受命以佐命功改封永脩縣公位丹楊尹護軍將軍武帝不豫給班劒二十人出為鎮北將軍南兗州

刺史徐羨之等謀廢立諷道濟入朝告以將廢廬陵王義
眞道濟屢陳不可竟不納將廢帝夜道濟入領軍府就謝
晦晦悚息不得眠道濟寢便睡熟晦以此服之文帝即位
給鼓吹一部進封武陵郡公固辭進封道濟素與王弘善
時被遇方深道濟彌相結附每構羨之等弘亦雅仗之上
將誅徐羨之等召道濟欲使西討王華曰不可上曰道濟
從人者也曩非創謀撫而使之必將無慮道濟至之明日
上誅羨之亮既而使道濟與中領軍到彥之前驅西伐上
問策於道濟對曰臣昔與謝晦同從北征入關十策晦有
其九才略明練殆難與敵然未嘗孤軍決勝戎事恐非其

南史列傳五　九二

長臣悉晦智晦悉臣勇今奉王命外討必未陣而禽時晦
本謂道濟與羨之同誅忽聞來上遂不戰自潰事平遷征
南大將軍開府儀同三司江州刺史元嘉八年到彥之侵
魏已平河南復失之道濟都督征討諸軍事北略地轉戰
至濟上魏軍盛遂克滑臺道濟時與魏軍三十餘戰多捷
軍至歷城以資運竭乃還時人降魏者具說糧食已罄於
是士卒憂懼莫有固志道濟夜唱籌量沙以所餘少米散
其上及旦魏軍謂資糧有餘故不復追以降者妄斬以徇
時道濟兵寡弱軍中大懼道濟乃命軍士悉甲身自服乘
輿徐出外圍魏軍懼有伏不敢逼乃歸道濟雖不剋定河

南全軍而反雄名大振魏甚憚之圖之以禳鬼還進位司
空鎮壽陽道濟立功前朝威名甚重左右腹心並經百戰
諸子又有才氣朝廷疑畏之時人或目之曰安知非司馬
仲達也文帝寢疾累年屢經危殆領軍劉湛貪執朝政慮
道濟爲異說又彭城王義康亦慮宮車晏駕道濟不復可
制十二年上疾篤會魏軍南伐召道濟入朝其妻向氏曰
夫高世之勳道家所忌今無事相召禍其至矣及至上已
間十三年春將遣還鎮下渚未發有似鶴鳥集船悲鳴會
上疾動義康矯詔召入祖道收付廷尉及其子給事黃門
侍郎植司徒從事中郎粲太子舍人混征北主簿承伯祕

南史列傳五　九三

書郎中尊等八人並誅時人歌曰可憐白浮鳩枉殺檀江
州道濟死日建鄴地震白毛生又誅司空參軍薛彤高進
之並道濟心腹也道濟見收憤怒氣盛目光如炬俄爾間
引飲一斛乃脫幘投地曰乃壞汝萬里長城魏人聞之皆
曰道濟已死吳子輩不足復憚自是頻歲南伐有飲馬長
江之志文帝問殷景仁曰誰可繼道濟荅曰道濟以累有
戰功故致威名餘但未任耳帝曰不然昔李廣在朝匈奴
不敢南望後繼者復有幾人二十七年魏軍至瓜步文帝
登石頭城望甚有憂色歎曰若道濟在豈至此
韶字令孫以桓玄功封邑丘縣侯從征廣固率所領先登

位琅邪内史從討盧循以功更封宜陽縣後拜江州刺史
以罪免韶嗜酒貪橫所莅無政績上嘉其合門從義道濟
又有大功故特見寵授卒子臻字係宗位員外郎臻子珪
珪字伯玉位沅南令元徽中王僧虔爲吏部尚書以珪爲
征北板行參軍珪訴僧虔求祿不得與僧虔書曰僕一門
雖謝文通乃忝武達羣從姑叔三嬪帝姻而令子姪餓死
遂不荷潤蟬腹龜腸爲日已久飢彪能嚇人遽與肉餓驎
不噬誰爲落毛雖復孤微百世國士姻媾位宦亦不後物
尚書同堂姊爲江夏王妃檀珪同堂姑爲南譙王妃尚書
伯爲江州檀珪祖亦爲江州僕於尚書人地本懸至於婚

南史列傳五　九四　刘状

宦皆不殊絕今通塞雖異猶忝氣類尚書何事爲爾見苦
僧虔報書曰吾與足下素無怨憾何以相苦直是意有左
右耳乃用爲安成郡丞
祗字恭叔與兄韶弟道濟俱參義舉封西昌縣侯歷位廣
陵相義熙十年亡命司馬國璠兄弟自北徐州界潛得過
淮因天陰闇夜率百許人緣廣陵城入叫喚直上聽事祗
被射傷股語左右曰賊乘暗得入欲掩我不備但打五鼓
懼之曉必走矣賊聞鼓鳴直謂爲曉乃奔散追殺百餘人
宋國初建爲領軍祗性矜豪樂在外放恣不願內職不得
志發疾不自療其年卒于廣陵謚曰威侯傳嗣至齊受禪
國除
論曰自晉綱不綱主威莫樹亂基王室毒被江左宋武一
朝創業事屬橫流改易素章歸乎平道以建武永平之風
變太元隆安之俗此蓋宣公之爲乎其配饗清廟豈徒然
也若夫恬才驕物公旦其猶病諸而以劉祥居之斯亡亦
爲幸焉秀之行己有道可謂位無虛授當徐傅二公跪承
顧託若使死而可再固當赴蹈爲期及至處權定機當震
主之地甫欲攘抑後禍釁畿身災使桐宮有卒迫之痛淮
王非中霧之疾若以社稷爲存亡則義異於此湛之孝嗣
臨機不決既以敗國且以殞身及受其亂斯其効也道濟

南史列傳五　九五

始因錄用故得忘瑕晚困大名以至顛覆韶祗克傳亂嗣
其木鴈之間乎

列傳第五　南史十五

李延壽

王鎮惡北海劇人也祖猛仕苻堅任兼將相父休為河東太守鎮惡以五月生家人以俗忌欲令出繼疎宗猛曰此非常兒昔孟嘗君惡月生而相齊是兒亦將興吾門矣故名為鎮惡年十三而苻氏敗寓食黽池人李方家方善遇之謂方曰若遭英雄主要取萬戶侯當厚相報方曰君丞相孫人材如此何患不富貴至時願見用為本縣令足矣後隨叔父曜歸晉客荊州頗讀諸子兵書喜論軍國大事騎射非長而從橫善果斷宋武帝伐廣固鎮惡時為天門郡臨澧令人或薦之武帝召與語異焉因留宿旦謂諸佐曰鎮惡王猛孫所謂將門有將即以署前部賊曹拒盧循有功封博陸縣五等子武帝謀討劉毅鎮惡曰公若有事西楚請給百舸為前驅及西討轉鎮惡參軍事使率龍驤將軍蒯恩百舸前發鎮惡受命便晝夜兼行揚聲劉兗州上毅謂為信不知見襲鎮惡去江陵城二十里舍船步上蒯恩軍在前鎮惡次之舸留一二人對舸岸上豎旗安鼓

語所留人曰計我將至城便長嚴令後有大軍狀又分隊在後令燒江津船鎮惡徑前襲城津戍及百姓皆言劉藩實上晏然不疑將至城逢毅要將朱顯之馳前問藩所在軍人答云在後及至軍後不見藩又望見江津船艦被燒而鼓聲甚盛知非藩上便躍馬告毅令閉城門鎮惡亦馳進得入城便因風放火燒大城南門及東門又遣人以詔及赦并武帝手書凡三函示毅毅皆燒不視金城內亦未信帝自來及短兵接戰鎮惡軍人與毅下將或是父兄子弟中表親親且鬬且語知武帝在後人情離懈初毅常所乘馬在城外不得入倉卒無馬使就子肅取馬肅不與朱顯之謂曰人取汝父而惜馬汝走欲何之奪馬以授毅從大城東門出奔牛牧佛寺自縊鎮惡身被五箭手所執矟手中破折江陵平後二十日大軍方至以功封漢壽縣子及武帝北伐為鎮西諮議行龍驤將軍領前鋒將發前將軍劉穆之謂曰昔晉文王委蜀於鄧艾今亦委卿以關中卿其勉之鎮惡曰吾等因託風雲並蒙抽擢今咸陽不剋誓不濟江三秦若定而公九錫不至亦卿之責矣鎮惡入賊境戰無不捷破虎牢及柏谷塢進次黽池造故人李方家升堂見母厚加酬賚即授方黽池令方軌徑據潼關將士乏食乃親到弘農督人租百姓競送義粟軍食復振初

武帝與鎮惡等期若剋洛陽須待大軍未可輕前既而鎮
惡等至潼關爲偽大將軍姚紹所拒不得進馳告武帝求
糧援時帝軍入河魏軍屯河岸軍不得進帝呼所遣人開
舫北戶指河上軍示之曰我語令勿進而深入岸上如此
何由得遣軍鎮惡既得義租紹又病死偽撫軍將軍姚讚
代紹守嶮衆力猶盛武帝至湖城讚引退大軍次潼關謀
進取計鎮惡請率水軍自河入渭直至渭橋鎮惡所乘皆
蒙衝小艦行船者悉在艦內泝渭而進艦外不見有行船
人北土素無舟檝莫不驚以爲神鎮惡既至令將士食畢
便棄船登岸渭水流急諸艦悉逐流去鎮惡撫士卒曰此

是長安城北門外去家萬里而舫乘衣糧並已逐流唯宜
死戰可立大功乃身先士卒即陷長安城城內六萬餘戶
鎮惡撫慰初附號令嚴肅於灞上奉迎武帝勞之曰成吾
霸業者眞卿也謝曰此明公之威諸將之力帝笑曰卿欲
學馮異邪時關中豐全鎮惡性貪收斂子女玉帛不可勝
計帝以其功大不問時有白帝言鎮惡藏姚泓偽輦有異
志帝使覘之知鎮惡剔取飾輦金銀棄輦於垣側帝乃安
帝留第二子桂陽公義眞爲安西將軍雍秦二州刺史鎮
長安鎮惡以征虜將軍領安西司馬馮翊太守委以扞禦
之任及大軍東還赫連勃勃逼北地義眞遣中兵參軍沈

田子拒之虜甚盛田子退屯劉因堡遣使還報鎮惡鎮惡
對田子使謂安西長史王脩曰公以十歲兒付吾等當共
思竭力今擁兵不進賊何由得平使反言之田子甚懼王
猛之相苻堅也北人以方諸葛亮入關之功又鎮惡爲首
時論者深憚之田子嶢柳之捷威震三輔而與鎮惡爭功
武帝將歸留田子與鎮惡私謂田子曰鍾會不得遂其亂
者爲有衞瓘等也語曰猛獸不如羣狐卿等十餘人何懼
王鎮惡故二人常有猜心時鎮惡師于涇上與田子俱會
傅弘之壘田子求屏人因斬之幕下并兄基弟鴻遵深從
弟昭朗凡七人弘之奔告義眞義眞率王智王脩被甲登

橫門以察其變俄而田子至言鎮惡反脩執田子以專戮
斬焉是歲義熙十四年正月十五日也追贈左將軍青州
刺史及帝受命追封龍陽縣侯謚曰壯傳國至曾孫叡齊
受禪國除

朱齡石字伯兒沛郡沛人也世爲將伯父憲及斌並爲西
中郎袁眞將佐桓溫伐眞於壽陽眞以憲兄弟潛通溫並
殺之齡石父綽逃歸溫壽陽平眞已死綽輒發棺戮尸溫
怒將斬之溫弟冲請得免綽受冲更生之恩事冲如父位
西陽廣平太守及冲薨綽歐血而死齡石少好武不事崖
檢舅淮南蔣氏才劣齡石使舅卧聽事翦紙方寸帖着舅

枕以刀子懸擲之相去八九尺百擲百中覓畏齡石終不
敢動覓頭有大瘤齡石伺眠密割之即死武帝剋京城以
爲建武參軍從至江乘將戰齡石言世受桓氏恩不容以
兵刃相向乞於軍後帝義而許之以爲鎮軍參軍遷武康
令縣人姚係祖專爲劫郡縣畏不能討齡石至縣僞與厚
召爲參軍係祖恃彊乃出應召齡石斬之掩其家悉殺其
兄弟由是一部得清後領中兵齡石有武幹又練吏職帝
甚親委之平盧循有功爲西陽太守義熙九年從益州刺
史爲元帥伐蜀初帝與齡石密謀進取曰劉敬宣往年出
黃武無功而退賊謂我今應從外水往而料我當出其不

意猶從內水來也必重兵守涪城以備內道若向黃武正
墮其計今以大衆自外水取成都疑兵出內水此制敵之
奇也而慮此聲先馳賊審虛實別有函封付齡石署曰至
白帝乃開諸軍雖進未知處分至白帝發書曰衆軍悉從
外水取成都臧熹朱枚於中水取廣漢使羸弱乘高艦十
餘由內水向黃武譙縱果備內水使其大將譙道福戍涪
城遣其秦州刺史侯暉僕射譙詵等屯彭模夾水爲城十
年六月齡石至彭模七月齡石率劉鍾蒯恩等於北城斬
侯暉譙詵朱枚至廣漢復破譙道福別軍譙縱奔涪城巴
西人王志斬送之并獲道福斬于軍門帝之伐蜀將謀元

帥乃舉齡石衆咸謂齡石資名尚輕慮不辦克論者甚衆
帝不從乃分大軍之半令猛將勁卒悉以配之臧熹敬皇
后弟也亦命受其節度及戰剋捷衆咸服帝知人又美齡
石善於事以平蜀功封豐城侯十四年桂陽公義眞被徵
以齡石爲雍州刺史督關中諸軍事齡石至長安義眞乃
發義眞敗于青泥齡石亦舉城奔走見殺傳國至孫齊受
禪國除

齡石弟超石亦果銳雖出自將家兄弟並閑尺牘桓謙爲
衛將軍以補行參軍後爲武帝徐州主簿收迎桓謙身首
躬營殯葬義熙十二年北伐超石前鋒入河時軍人緣河

南岸牽百丈有漂度北岸者輒爲魏軍所殺略帝遣白直
隊主丁旿率七百人及車百乘於河北岸爲却月陣兩頭
抱河車置七仗士事畢使豎一長白毦魏軍不解其意並
未動帝先命超石戒嚴白毦既舉超石赴之并齎大弩百
張一車益二十人設彭排於轅上魏軍見營陣立乃進圍
營超石先以弱弓小箭射之魏軍四面俱至魏明元皇帝
又遣南平公長孫嵩三萬騎內薄攻營於是百弩俱發魏
軍既多弩不能制超石初行別齎大槌并千餘張矟乃斷
矟三四尺以槌之一矟輒洞貫三四人魏軍不能當遂潰
大軍進剋蒲坂以超石爲河東太守後除中書侍郎封興

平縣五等侯関中乱帝遣超石慰勞河洛與齡石俱没赫
連勃勃見殺
毛脩之字敬文滎陽陽武人也祖武生伯父璩並益州刺
史父瑾梁秦二州刺史脩之仕桓玄為屯騎校尉隨玄西
奔玄欲奔漢川脩之誘令入蜀馮遷斬玄於枚洄洲脩之
力也宋武帝以為鎮軍諮議遷右衛將軍既有斬玄之謀
又父伯並在蜀帝欲引為外助故頻加榮爵及父瑾為譙
縱所殺帝表脩之為龍驤將軍配兵遣奔赴時益州刺史
鮑陋不肯進討脩之言狀帝乃令冠軍將軍劉敬宣伐蜀
無功而退譙縱由此送脩之父伯及中表喪柩口累並得

還後劉毅西鎮江陵以為衛軍司馬南郡太守脩之雖為
毅將佐而深結於帝及毅敗見宥時遣朱齡石伐蜀脩之
固求行帝慮脩之至蜀多所誅殺且土人既與毛氏有嫌
亦當以死自固不許脩之不信鬼神所至必焚房廟時蔣
山廟中有好牛馬並奪取之累遷相國右司馬行司州事
戍洛陽脩立城壘武帝至履行善之賜衣服玩好當時評
直二千萬王鎮惡死脩之代為安西司馬桂陽公義真敗
為赫連勃勃所禽及赫連昌滅入魏脩之在洛敬事嵩高
道士寇謙之謙之為魏太武帝信敬營護之故不死脩之
嘗為羊羹薦魏尚書尚書以為絶味獻之太武大悅以為

太官令被寵遂為尚書光祿大夫封南郡公太官令常如
故後朱脩之俘于魏亦見寵脩之問朱脩之南國當權者
為誰荅云殷景仁脩之笑曰吾昔在南殷尚幼少我歸罪
之日便當巾韝到門經年不忍問家消息久之乃訪焉脩
之具荅并云賢子元矯甚能自處脩之悲不得言直視良
久乃長歎曰嗚呼自此一不復及初北人去來言脩之勸
魏侵邊并不以在南禮制文帝甚疑責之朱脩之後得還
具相申理上意乃釋脩之在魏多妻妾男女甚衆身遂死
於魏
孫惠素仕齊為少府卿性至孝母服除後更脩母所住處

牀帳屏帷每月朔十五向帷悲泣傍人為之感傷終身如
此惠素吏才彊濟而臨事清刻敕市銅官碧青一千二百
斤供御畫用錢六十五萬有讒惠素納利武帝怒敕尚書
評價貴二十八萬餘有司奏伏誅死後家徒四壁武帝後
知無罪甚悔恨之
傅弘之字仲度北地泥陽人也傅氏舊屬靈州漢末失土
寄馮翊置泥陽富平二縣廢靈州故傅氏悉屬泥陽晉武
帝太康三年復立靈州縣傅氏還屬靈州弘之高祖祗晉
司徒後封靈州公不欲封本縣故祗一門還屬泥陽曾祖
暢祕書丞没石勒生子洪晉穆帝永和中石氏乱度江洪

生梁州刺史歆歆生弘之少倜儻有大志歷位太尉行參
軍宋武帝北伐弘之與扶風太守沈田子等七軍自武關
入弘之素習騎乘於姚泓馳道內戲馬甚有姿制羌胡觀
者數千並歎稱善留為桂陽公義眞雍州中從事史及義
眞東歸赫連勃勃傾國追躡於青泥大戰弘之躬貫甲冑
氣冠三軍軍敗陷沒不為之屈時天大寒裸弘之弘之叫
罵見殺

朱脩之字恭祖義陽平氏人也曾祖燾晉平西將軍祖序
豫州刺史父諶益州刺史脩之初為州主簿宋元嘉中累
遷司徒從事中郎文帝謂曰卿曾祖昔為王導丞相中郎

卿今又為王弘中郎可謂不忝爾祖矣後隨右軍到彥之
北侵彥之自河南回脩之留戍滑臺被魏將安頡攻圍糧
盡將士熏鼠食之脩之被圍既久母常悲憂忽一旦乳汁
驚出母號慟告家人曰我年老非復有乳汁時今如此兒
必沒矣魏果以其日剋滑臺囚之太武嘉其固守之節以
為雲中鎮將妻以宗室女脩之潛謀南歸妻疑之每流涕
謂曰觀君無停意何不告我以實義不相負脩之深嘉其
義而不告也及太武伐馮弘脩之及同沒人邢懷明並從
又有徐卓者亦沒魏復欲率南人竊發事泄見誅脩之懷
明懼禍同奔馮弘不見禮停一年會宋使至脩之名位素

顯傳詔見便拜彼國敬傳詔呼為天子邊人見傳詔致敬
乃始禮之時魏屢伐黃龍弘遣使求救脩之乃使傳詔說
而遣之泛海未至東萊舫柂折風猛海師慮向海北垂長
索舫乃正海師視上有鳥飛知去岸不遠須臾至東萊及
至以為黃門侍郎孝武初累遷寧蠻校尉雍州刺史加都
督脩之政在寬簡士庶悅附及荊州刺史南郡王義宣反
檄脩之舉兵雍土時飢脩之偽與之同既而遣使陳情於
孝武孝武嘉之以為荊州刺史加都督義宣乃聞脩之不
同更以魯秀為雍州刺史擊襄陽脩之命斷馬鞍山道秀
不得前乃退脩之率衆向江陵竺超已執義宣脩之至於

獄殺之以功封南昌縣侯脩之立身清約百城貺贈一無
所受唯以蠻人宜存撫納有餉皆受得輒與佐史賭之未
嘗入已去鎮之日秋毫無犯計在州以來然油及私牛馬
食官穀草以私錢六十萬償之而儉刻無潤薄於恩情姊
在鄉里饑寒不立脩之貴為刺史未曾供贍往姊家姊為
設菜羹麤飯以激之脩之曰此是貧家好食進之致飽先
是新野庾彥達為益州刺史攜姊之鎮資給供奉中分秩
祿西土稱焉脩之後拜左戶尚書領軍將軍坐建鄴牛奔
墜車折腳辭尚書徙崇憲太僕仍加特進金紫光祿大夫
腳疾不堪獨行見特給扶侍卒謚貞侯

王玄謨字彥德太原祁人也六世祖宏河東太守緜竺侯以從叔司徒允之難棄官北居新興仍為新興鴈門太守其自序云爾祖牢仕慕容氏為上谷太守隨慕容德居青州父秀早卒玄謨幼而不群世父蕤有知人鑒常笑曰此兒氣槩高亮有太尉彥雲之風宋武帝臨徐州辟為從事史與語異之少帝末謝晦為荆州請為南蠻行參軍武寧太守晦敗以非大帥見原元嘉中補長沙王義欣鎮軍中兵參軍領汝陰太守每陳北侵之規上謂殷景仁曰聞王玄謨陳說使人有封狼居胥意後為興安侯義賓輔國司馬彭城太守義賓薨玄謨上表以彭城要兼水陸請以皇子

撫臨州政乃以孝武出鎮及大舉北侵以玄謨為寧朔將軍前鋒入河受輔國將軍蕭斌節度軍至碻磝玄謨進向滑臺圍城二百餘日魏太武自來救之衆號百萬鼓鞞動天地玄謨之行也衆力不少器械精嚴而專依所見多行殺戮初圍城城內多茅屋衆求以火箭燒之玄謨曰損亡軍實不聽城中即撤壞之空地為窟室及魏救將至衆請發車為營又不從將士並懷離怨又營貨利一匹布責人八百梨以此倍失人心及太武軍至乃夜遁麾下散亡略盡蕭斌將斬之沈慶之固諫曰佛狸威震天下控弦百萬豈玄謨所當殺戰將以自弱非良計也斌乃止初玄謨始

將見殺夢人告曰誦觀世音千徧則免玄謨夢中曰何可竟也仍見授既覺誦之且得千徧明日將刑誦之不輟忽傳唱停刑遣代守碻磝江夏王義恭為征討都督以碻磝沙城不可守召令還為魏軍所追大破之流矢中臂二十八年正月還至歷城義恭與玄謨書曰聞因敗為成臂上金創將非金印之徵邪元凶殺立以玄謨為冀州刺史孝武伐逆玄謨遣濟南太守垣護之等將兵赴義事平除徐州刺史加都督及南郡王義宣與江州刺史臧質反朝廷假玄謨輔國將軍為前鋒南討拜豫州刺史質尋至大破之加都督封曲江縣侯中軍司馬劉冲之白孝武言玄謨

在梁山與義宣通謀檢雖無實上意不能明使有司奏玄謨沒匿所得賊寶物虛張戰簿與徐州刺史垣護之並免官尋為寧蠻校尉雍州刺史加都督雍土多諸僑寓玄謨上言所統僑郡無有境土新舊錯乱租課不時宜加并合見許乃省并郡縣自此便之百姓當時不願屬籍其年玄謨又令九品以上租使貧富相通境內莫不嗟怨人間訛言玄謨欲反時柳元景當權元景弟僧景為新城太守以元景之勢制令雍土南陽順陽上庸新城諸郡並發兵欲討玄謨玄謨令內外晏然以解衆惑馳啓孝武具陳本末帝知其虛馳遣主書吳喜公慰撫之又答曰玄謨啓明白

之日七十老公反欲何求聊復爲笑想足以申卿眉頭耳玄謨性嚴未曾妄笑時人言玄謨眉頭未曾申故以此見戲後爲金紫光祿大夫領太常及建明堂以本官領起部尚書又領北選孝武狎侮羣臣各有稱目多須者謂之羊短長肥瘦皆有比擬顔師伯缺齒號之曰齴劉秀之儉悋常呼爲老慳黄門侍郎宗靈秀體肥壯拜起艱難每一集會輒於坐賜靈秀器服飲食前後相係欲其占謝傾踣以爲歡笑又刻木作靈秀父光祿勲叔獻像送其家聽事柳元景垣護之雖並北人而玄謨獨受老傖之目凡諸稱謂四方書疏亦如之嘗爲玄謨作四時詩曰菫茹供春膳

南史列傳六　十三　刘宗

粟漿充夏飡䱹醬調秋菜白醝解冬寒又寵一崑崙奴子名白主常在左右令以杖擊羣臣自柳元景以下皆罹其毒玄謨尋遷徐州刺史加都督時北土饑饉乃散私穀十萬斛牛千頭以賑之孝武崩與羣公俱被顧命時朝政多門玄謨以嚴直不容徙青冀二州刺史加都督少帝誅顔師伯柳元景等狂悖滋甚以領軍徵玄謨子姪咸勸稱疾玄謨曰避難苟免既乖事君之節且吾荷先朝厚恩彌不得逡巡及至屢表諫諍又流涕請緩刑去殺以安元元之意少帝大怒明帝即位禮遇甚崇時四方反叛玄謨領水軍前鋒南討以脚疾未差聽乘輿出入尋除車騎大將軍

江州刺史副司徒建安王休仁於赭圻賜以諸葛亮筩袖鎧頃之以爲左光祿大夫開府儀同三司領護軍將軍遷南豫州刺史加都督薨年八十二謚曰莊公子深早卒深子績嗣深弟寬泰始初爲隨郡太守逢四方反父玄謨在建鄴寬棄郡自歸以母在西爲賊所執請西行遂襲破隨郡收其母事平明帝嘉之使圖寬形以上齊永明元年爲太常坐於宅殺牛免官後卒於光祿大夫

寬弟瞻字明遠一字叔鸞負氣傲俗好貶裁人物仕宋爲王府參軍嘗詣劉彦節直登榻曰君侯是公孫僕是公子引滿促膝唯余二人彦節外跡雖酬之意甚不悅齊豫章

南史列傳六　十四

王嶷少時早與瞻友瞻常候嶷高論齊武帝時在大牀寢瞻謂嶷曰帳中人物亦復隨人寢興嶷言次忽問王景文兄楷賢愚何如殷道矜瞻曰卿遂復言他人兄邪武帝笑稱嶷小名多王汝兄愚那得忽來王參軍此句瞻曰直恐如卿來談武帝銜之未嘗形色後歷黄門侍郎及齊建元初瞻爲永嘉太守詣闕跪拜不如儀武帝知之召入東宮仍送付廷尉殺之命左右啓高帝曰父辱子死王瞻傲朝廷臣輒已收之高帝曰此何足計及聞瞻已死乃默無言

玄謨從弟玄象位下邳太守好發冢地無完槨人間垣内有小冢墳上殆平每朝日初升見一女子立冢上近視則

亡或以告玄象便命發之有一棺尚全有金蠶銅人以百數剖棺見一女子年可二十姿質若生卧而言曰我東海王家女應生資財相奉幸勿見害女臂有玉釧破冢者斬臂取之於是女復死玄謨時爲徐州刺史以事上聞玄象坐免郡

玄載字彥休玄謨從弟也父蘂東莞太守玄載仕宋位益州刺史沈攸之之難玄載起義送誠於齊高帝封鄂縣子齊建元元年爲左戶尚書永明四年位兗州刺史卒官謚烈子

玄載弟玄邈字彥遠仕宋位青州刺史齊高帝之鎮淮陰

爲宋明帝所疑乃北勸魏遣書結玄邈玄邈長史房叔安進曰夫布衣韋帶之士銜一餐而不忘義使之然也今將軍居方州之重託君臣之義無故舉忠孝而棄之三齊之士寧蹈東海死耳不敢隨將軍也玄邈意乃定仍使叔安使建鄴發高帝謀高帝於路執之并求玄邈表叔安荅曰寡君使表上天子不上將軍且僕之所言利國家而不利將軍無所應聞荀伯玉勸殺之高帝曰物各爲主無所責也玄邈罷州還高帝塗中要之玄邈嚴軍直過還都啓宋明帝稱高帝有異謀高帝不恨也昇明中高帝引為驃騎司馬太山太守玄邈甚懼高帝待之如初再遷西戎校尉梁南秦二州刺史封河陽縣侯兄弟同時爲方伯齊建元初亡命李烏奴作亂梁部玄邈使人僞降烏奴告之曰王使君兵弱攜愛妾二人已去矣烏奴喜輕兵襲州城玄邈奇兵破之高帝聞之曰玄邈果不負吾延興元年爲中護軍明帝使玄邈往江州殺晉安王子懋玄邈苦辭不行及遣王廣之往廣陵取安陸王子敬玄邈不得已奉旨建武中卒於護軍贈雍州刺史謚壯侯叔安字子仁清河人高帝即位懷其忠正時爲益州司馬寧蜀太守就拜前將軍方用爲梁州會病卒帝歎曰叔安節義古人中求之耳恨不至方伯而終子長瑜亦有義行永明中爲州中從事

論曰自晉室播遷來宅揚越關邊遥阻汧隴遐荒區甸分其內外山河判其表裏桓溫一代英人志移晉鼎自非兵屈霸上戰衄枋頭則光宅之運中年允集宋武帝屈起布衣非藉人譽一旦驅率烏合奄興霸緒功雖有餘而德猶未洽非樹奇功於難立震大威於四海則不能成配天之業一異同之心故須外積武功以收人望及金墉請吏元勳既立心欲挂旆龍門折衝冀趙跨功桓氏取高昔人方復觀兵崤渭陳師天嶮及靈威薄震重關自闢故知英筭所包先勝而後戰也王鎮惡推鋒直指前無彊陣爲宋方叔其壯矣乎朱齡石超石毛脩之傅弘之等以歸衆難固

之情逢英勇乘機之運以至顛陷爲不幸矣脩之滑臺之守有踈勤之難苟城節在焉所在爲重其取榮大國豈徒然哉終假道自歸首丘之義也玄謨封狼之心雖簡帝念然天方相魏人豈能支宋氏以三吳之弱卒當八州之勁勇欲以邀勝不亦難乎處境亡師固其宜也覩夫慶之言可謂達於時変瞻傲佷不悔卒至亡軀然齊武追恨魚服匹夫懼矣玄邈行已之度有士君子之風乎

列傳第六　南史十六

列傳第七　南史十七

李　延壽

劉敬宣　劉懷肅 弟懷敬 懷慎
劉粹 族弟損　孫處
蒯恩　向靖 子柳
劉鍾　虞丘進
孟懷玉 弟龍符　胡藩
劉康祖 伯父簡之 簡之子道產 簡之弟謙之 道產子延孫

劉敬宣字萬壽彭城人也父牢之晉鎮北將軍敬宣八歲喪母晝夜號泣中表異之輔國將軍桓序鎮蕪湖牢之參序軍事四月八日敬宣見衆人灌佛乃下頭上金鏡爲母灌像因悲泣不自勝序謂牢之曰卿此兒非唯家之孝子必爲國之忠臣起家王恭前軍參軍又參會稽世子元顯征虜軍事隆安二年王恭起兵京口以誅司馬尚之爲名牢之時爲恭前軍司馬恭以豪戚自居甚相陵忽牢之心不能平及恭此舉使牢之爲前鋒牢之遣敬宣襲恭敗之元顯以敬宣爲後將軍諮議參軍三年孫恩爲亂牢之自表東討敬宣請以騎傍南山趣其後吳賊畏馬又懼首尾受敵遂大敗之進平會稽遷後軍從事中郎宋武帝既累破祅賊功名日盛敬宣深相憑結元顯進號驃騎敬宣仍

隨府轉元顯驕肆羣下化之敬宣每預宴會調戲無所酬
荅元顯甚不悅元興元年牢之南討桓玄元顯爲征討大
都督日夜昏酣牢之以道子昏闇元顯淫凶慮平玄之日
乱政方始會玄遣信說牢之牢之欲假手於玄誅執政然
後乘玄之隙可以得志天下將許玄降敬宣諫恐玄威望
既成則難圖牢之怒曰吾豈不知今日取之如反覆手但
平後令我奈驃騎何遣敬宣爲任玄既得志害元顯廢道
子以牢之爲會稽太守牢之與敬宣謀襲玄期以明旦爾
日大霧府門晚開日旰敬宣不至牢之謂謀泄欲奔廣陵
而敬宣還京口迎家牢之謂已爲玄禽乃縊而死敬宣奔

喪哭畢就司馬休之高雅之等俱奔洛陽往來長安求救
於姚興後奔慕容德敬宣素明天文知必有興復晉室者
尋夢丸土服之覺而喜曰丸者桓也桓吞吾當復本土乎
乃結青州大姓諸省封謀滅德推休之爲主時德司空劉
軌大被任高雅之又要軌謀泄乃相與殺軌而去會宋武
帝平京口手書召敬宣即馳還襲封武岡縣男後拜江州
刺史劉毅之少人或以雄桀許之敬宣曰此人外寬內忌
自伐而尚人若一旦遭逢當以陵上取禍毅聞深恨及在
江陵知敬宣還尋知爲江州大駭惋敬宣愈不自安安帝
反正自表求解武帝恩款周洽所賜莫與爲比敬宣女嫁

賜錢三百萬雜綵千匹帝方大相寵任欲令立功義熙三
年表遣敬宣伐蜀博士周祗諫以爲道遠運漕難繼毛脩
之家讎不雪不應以得死爲恨劉敬宣蒙生存之恩亦宜
性命仰荅將軍欲驅二死之甘心忘國家之重計愚情竊
所未安不從假敬宣節監征蜀諸軍事敬宣至黃武去成
都五百里食盡遇疾疫而還爲有司奏免官五年武帝伐
慕容超除中軍諮議參軍與兖州刺史劉藩大破超軍進
圍廣固屢獻規略盧循逼建鄴敬宣分領鮮卑獸斑突騎
置陣甚整循走仍從南討爲左衛將軍敬宣寬厚善待士
多伎藝弓馬音律無事不善尚書僕射謝混羙才地少所

交納與敬宣遇便盡禮或問混卿未嘗輕交而傾盖劉壽
何也混曰孔文舉禮太史子義天下豈有非之邪初敬宣
蜀還劉毅欲以重法繩之武帝既相任待又何無忌謂不
宜以私憾傷至公毅雖止猶謂武帝曰平生之舊豈可孤
信光武悔之於龐萌曹公失之於孟卓宜深慎之毅出爲
荊州謂敬宣曰欲屈卿爲長史南蠻豈有見輔意乎敬宣
懼禍以告武帝帝笑曰但令老兄平安必無過慮後領冀
州刺史時帝西討劉毅豫州刺史諸葛長人監太尉軍事
貽敬宣書曰盤龍狠戾專恣自取夷滅異端將盡世路方
夷富貴之事相與共之敬宣報曰下官常懼福過災生實

思避盈居損富貴之言非所敢當便以長人書呈帝謂王誕曰阿壽故爲不負我十一年進號右軍將軍時晉宗室司馬道賜爲敬宣參軍會武帝西征司馬休之而道賜乃陰結同府辟閭道秀左右小將王猛子等謀反道賜自號齊王規據廣固舉兵應休之猛子取敬宣刀殺敬宣文武佐吏即討道賜道秀猛子斬之先是敬宣嘗夜與僚佐宴空中有投一隻芒屩於坐墜敬宣食盤上長三尺五寸已經人著耳鼻間並欲壞𡐓之而敗喪至武帝臨哭甚哀子光祖嗣宋受禪國除

劉懷肅彭城人宋武帝從母兄也家世貧窶而躬耕好學仕晉爲費令及聞武帝起義棄縣來奔義熙元年爲輔國將軍淮南歷陽二郡太守二年又領劉毅撫軍司馬以建義功封東興縣侯其冬桓石綏司馬國璠陳襲於胡桃山聚衆爲寇懷肅討破之江淮間羣蠻及桓氏餘黨爲亂懷肅自請討之及行失旨毅上表免懷肅官三年卒追贈左將軍無子弟懷慎以子蔚祖嗣位江夏内史蔚祖卒子道存嗣位太尉江夏王義恭諮議參軍孝武伐元凶道存出奔義軍元凶乃殺其母以徇景和中爲義恭太宰從事中郎義恭敗以黨與下獄死

懷肅次弟懷敬澀訥無才能初武帝產而皇妣殂孝皇帝貧薄無由得乳人議欲不舉帝從母生懷敬未朞乃斷懷敬乳而自養帝帝以舊恩懷敬累見寵授至會稽太守時以爲速武帝曰亡姨於我恩重此何可忘歷尚書金紫光祿大夫懷敬子真道爲錢唐令元嘉十三年東土飢帝遣揚州中從事史沈演之巡行在所演之表真道及餘杭令劉道錫有美政上嘉之各賜穀千斛以真道爲步兵校尉十四年出爲梁南秦二州刺史十八年氐帥楊難當侵寇漢中真道討破之而難當寇盜猶不已文帝遣龍驤將軍裴方明率禁兵五千受真道節度十九年方明至武興率太子積弩將軍劉康祖等進軍大致剋捷以真道爲建威將軍雍州刺史方明輔國將軍梁南秦二州刺史又詔故晉壽太守姜道盛殞身鋒鏑可贈給事中賜錢十萬道盛注古文尚書行於世真道方明並坐破仇池斷割金銀諸雜寶貨又藏難當善馬下獄死

懷敬弟懷慎少謹慎質直從宋武帝征討位徐州刺史爲政嚴猛境内震肅以平廣固盧循功封南城縣男十二年武帝北伐以爲中領軍征虜將軍宿衛輦轂坐府内相殺免官雖名位轉優而恭恪愈至每所之造位任不踰已者皆束帶門外下車其謹退類如此永初元年以佐命功進爵爲侯位五兵尚書加散騎常侍光祿大夫景平元年遷

護軍將軍祿賜班於宗族家無餘財卒謚肅侯子德願嗣大明初爲游擊將軍領石頭戍事坐受賈客韓佛智貨下獄奪爵後爲秦郡太守德願性麤率爲孝武狎侮上寵姬殷貴妃薨葬畢數與羣臣至殷墓謂德願曰卿哭貴妃若悲當加厚賞德願應聲便號慟撫膺擗踴涕泗交流上甚悅以爲豫州刺史又令醫術人羊志哭殷氏志亦嗚咽他日有問志卿那得此副急淚志時新喪愛姬荅曰我爾日自哭亡妾耳志滑稽善爲諧謔上亦愛狎之德願善御車嘗立兩柱使其中劣通車軸乃於百餘步上振轡長驅未至數尺打牛奔從柱間直過其精如此孝武聞其能爲之

乘畫輪車幸太宰江夏王義恭第德願岸著籠冠短朱衣執轡進止甚有容狀永光中爲廷尉與柳元景厚善元景敗下獄誅懷慎庶長子榮祖少好騎射爲武帝所知及盧循攻逼時賊乘小艦入淮拔柵武帝宣令三軍不得輒射賊榮祖不勝憤怒冒禁射之所中應弦而倒帝益奇焉以戰功參太尉軍事從討司馬休之彭城內史徐逵之敗沒諸將意沮榮祖請戰愈厲上乃解所著鎧授之榮祖陷陣身被數創及帝北伐轉鎮西中兵參軍水軍入河與朱超石大破魏軍於半城帝大饗戰士謂榮祖曰卿以寡剋衆攻無堅城雖古名將何以過此永初中爲輔國將軍追論半城功賜爵都鄉侯榮祖爲人輕財貴義善撫將士然性褊頗失士君子心卒于官懷慎弟懷默江夏內史子孫登武陵內史孫登子亮少工刀楯以軍功封順陽縣侯歷梁益二州刺史在任廉儉所得公祿悉以還官宋明帝下詔褒美亮在梁州忽服食欲致長生迎武當山道士孫懷道使合仙藥藥成服之而卒及就斂屍弱如生謚曰剛侯孫登弟道隆前廢帝景和中位右衛將軍封永昌縣侯委以腹心之任泰始初又爲明帝盡力還左衛將軍中護軍賜死事在建安王休仁傳

劉粹字道冲沛郡蕭人也家在京口初爲州從事從宋武

帝平建鄴征廣固以功封西安縣五等侯累遷中軍諮議參軍盧循之逼京口任重文帝時年四歲武帝使粹奉文帝鎮京口後爲江夏相族兄毅貳於武帝粹不與毅同而盡心武帝帝將謀毅衆並疑粹在夏口帝愈信之及大軍至竭其誠力事平封灄縣男永初元年以佐命功改封建安縣侯文帝即位爲雍州刺史加都督元嘉三年討謝晦初晦與粹善以粹子曠之爲參軍至是帝甚疑之王弘曰粹無私必無憂也及受命南討一無所顧文帝以此嘉之晦亦不害曠之遣還粹尋卒曠之嗣粹弟道濟位益州刺史任長史費謙等聚斂傷政害人初晉末有司馬飛龍者

自稱晉宗室走仇池元嘉九年聞道濟綏撫失和遂自仇池入綿竹爲亂道濟遣軍討斬之先是道濟以五城人帛氐奴梁顯爲參軍督護費謙固執不與遠方商人至者謙又抑之商旅呼嗟百姓咸欲爲亂氐奴等因聚黨爲盜又趙廣等詐言司馬殿下猶在陽泉山中蜀土僑舊翕然並反奉道人程道養言是飛龍道養枹罕人也趙廣改名爲龍興號爲蜀王車騎大將軍益梁二州牧建號泰始元年備置百官以道養弟道助爲驃騎將軍長沙王鎮涪城廣自號鎮軍將軍帛氐奴爲征虜將軍梁顯爲鎮北將軍奉道養圍成都道濟遣中兵參軍裴方明頻破之十年正月賊復大至攻逼成都道濟卒方明等共埋尸於後齋使書與道濟相似者爲教酬答籤疏不異常日雖母妻不知也二月道養升壇郊天方就柴燎方明擊大敗之會平西將軍臨川王義慶使巴東太守周籍之帥衆援成都廣等屯據廣漢分守郫川籍之與方明攻郫克之方明禽僞驃騎將軍司馬龍伸斬之龍伸即道助也涪蜀皆平賊帥張尋攻破陰平復與道養合逃于郪山其餘羣賊出爲盜不絕文帝遣寧朔將軍蕭汪之討之十四年餘黨乃平遷趙廣張尋等於建鄴十六年廣尋復與國山令司馬敬琳謀反伏誅粹族弟損字子騫衛將軍毅從父弟也父鎮之字仲

德以毅貴顯閑居京口未嘗應召常謂毅汝必破我家毅甚畏憚每還京口未嘗敢以羽儀入鎮之門左光祿大夫徵不就卒於家損元嘉中爲吳郡太守至昌門便入太伯廟時廟室頹毀垣牆不脩損愴然曰清塵尚可髣髴衡宇一何摧頹即令脩葺卒贈太常損同郡宗人有劉伯龍者少而貧薄及長歷位尚書左丞少府武陵太守貧窶尤甚常在家慨然召左右將營十一之方忽見一鬼在傍撫掌大笑伯龍歎曰貧窮固有命乃復爲鬼所笑也遂止

孫處字季高會稽永興人也籍注字故以字行少任氣武帝征孫恩季高樂從及平建鄴封新番縣五等侯盧循之難武帝謂季高曰此賊行破非卿不能破其窟穴即遣季高泛海襲番禺拔之循父嘏長史孫建之司馬虞尩夫等輕舟奔始興即分遣振武將軍沈田子等討平嶺表諸郡循於左里走還襲廣州季高破走之義熙七年季高卒追贈南海太守封侯官縣侯九年武帝表贈交州刺史

蒯恩字道恩蘭陵承人也武帝征孫恩縣差恩伐馬芻常負大束兼倍餘人每捨芻於地歎曰大丈夫彎弓三石柰何充馬士武帝聞之即給器仗自征妖賊常爲先登膽力過人甚見愛信於婁縣戰箭中右目平京城定建鄴以軍功封都鄉侯從伐廣固破盧循蹟劉毅追斬徐道覆與王

鎭惡襲江陵隨朱齡石伐蜀又從伐司馬休之自從征討凡百餘戰身被重創武帝錄其前後功封新寧縣男武帝北伐留恩侍衞世子命朝士與之交恩益自謙損與人語常呼位官自稱鄙人撫士卒甚有恩紀世子開府再遷爲司馬後入關迎桂陽公義眞沒於赫連勃勃傳國至孫無子國除

向靖字奉仁小字彌河內山陽人也名與武帝祖諱同故以小字行靖與武帝有舊從平京城參建武軍事進平建鄴以功封山陽縣五等侯又從征廣固討盧循所在著績封安南縣男武帝西伐司馬休之征關中並見任使及帝受命以佐命功封曲江縣侯位太子左衞率加散騎常侍

卒于官彌立身儉約不營室宇無園田商貨之業時人稱之子植嗣多過失不受母訓奪爵更以植次弟禎紹封又坐殺人國除

楨弟柳字玄季有學義才能立身方雅太尉袁淑司空徐湛之東揚州刺史顏竣皆與友善及竣貴柳猶以素情自許不推先之順陽范璩誡柳曰名位不同禮有異數卿何得作曩時意邪柳曰我與士遜心期久矣豈可一旦以勢利處之及柳爲南康郡涉義宣事敗繫建康獄屢密請竣求相申救孝武嘗與竣言及柳事竟不助之柳遂伏法璩字伯玉平北將軍汪曾孫也位淮南太守

劉鍾字世之彭城人也少孤依鄉人中山太守劉回共居常慷慨於貧賤從宋武帝征伐盡其心力及義旗建帝板鍾爲郡主簿曰豫是彭城鄉人赴義者並可依劉主簿於是立義隊連戰皆捷及桓謙屯于東陵卞範之屯覆舟山西武帝疑賊有伏兵顧左右政見鍾謂曰此山下當有伏兵卿可往探之鍾馳進果有伏兵一時奔走後除南齊國內史封安丘縣五等侯求改葬父祖及親屬十喪帝厚加資給從征廣固孟龍符於陣陷沒鍾直入取其屍而反盧循逼建鄴鍾拒柵身被重創賊不得入循南走鍾又隨劉

藩追徐道覆斬之後隨朱齡石伐蜀爲前鋒去成都二百里鍾于時腳疾齡石乃詣鍾謀且欲養銳息兵以伺其隙鍾曰不然前揚言大衆向內水譙道福不敢捨涪城今重軍卒至出其不意蜀人已破膽矣賊今阻兵守險是其懼不敢戰非能持久也因其兇懼攻之其勢必尅若緩兵彼將知人虛實當爲蜀子虜耳齡石從之明日陷其二城徑平成都以廣固功封永新縣男十二年武帝北伐鍾居守累遷右衞將軍元熙元年卒傳國至孫齊受禪國除

虞丘進字豫之東海郯人也少時隨謝玄討苻堅有功封關內侯後從宋武帝征孫恩頻戰有功從定建鄴除

燕國內史封龍川縣五等侯及盧循逼都孟昶等議奉天
子過江進廷議不可面折昶等武帝甚嘉之除鄱陽太守
後隨劉藩斬徐道覆義熙九年以前後功封望蔡縣男永
初二年累遷太子右衛率卒追論討司馬休之功進爵為
子傳國至曾孫齊受禪國除
孟懷玉平昌安丘人也世居京口宋武帝東伐孫恩以為
建武司馬豫義旗從平京口定建鄴以功封鄱陽縣五等
侯盧循逼都以戰功為中書諮議參軍循平封陽豐縣男
位江州刺史南中郎將卒官無子國除
懷玉弟龍符驍果有膽氣早為武帝所知以軍功封平昌

縣五等子從伐廣固以車騎將軍加龍驤將軍廣川太守
乘勝追奔被圍見害追贈青州刺史封臨沅縣男
胡藩字道序豫章南昌人也少孤居喪以毀聞太守韓伯
見之謂藩叔尚書少廣曰卿此姪當以義烈成名州府辟
不就須二弟冠婚畢乃參郗恢征虜軍事時殷仲堪為荊
州刺史藩外兄羅企生為仲堪參軍藩過江陵省企生因
說仲堪曰桓玄意趣不常節下崇待太過非將來計也仲
堪不悅藩退謂企生曰倒戈授人必至大禍不早去後悔
無及後玄自夏口襲仲堪藩參玄後軍軍事仲堪敗企生
果以附從及禍藩轉參太尉大將軍相國軍事宋武帝起

兵玄戰敗將出奔藩扣馬曰今羽林射手猶有八百皆是
義故西人一旦捨此欲歸可復得乎玄直以鞭指天而已
於是奔散相失追及玄於蕪湖玄見藩喜謂張須無曰卿
州故為多士今復見王脩桑落之敗藩艦被燒并鎧入水
潛行三十許步方得登岸乃還家武帝素聞藩直言於殷
氏又為玄盡節召參鎮軍軍事從征慕容超超軍屯聚臨
朐藩言於武帝曰賊屯軍城外留守必寡今往取其城而
斬其旗幟此韓信所以剋趙也帝乃遣檀韶與藩潛往即
剋其城賊見城陷一時奔走還保廣固圍之將拔之夜忽
有烏大如鵝蒼黑色飛入帝帳裏眾以為不祥藩賀曰蒼

黑者胡虜色胡虜歸我大吉之祥明旦攻城陷之從討盧
循於左里頻戰有功封吳平縣五等子尋除鄱陽太守從
伐劉毅初毅當之荊州表求東道還建鄴辭墓去都數十
里不過拜闕帝出倪塘會毅藩請殺之乃謂帝曰公謂劉
衛軍為公下乎帝曰卿謂何如對曰夫豁達大度功高天
下連百萬之眾允天人之望毅固以此服公至於涉獵記
傳一詠一點自許以雄豪加以誇伐搢紳白面之士輻湊
而歸此毅不肯為公下也帝曰吾與毅俱有剋復功其過
未彰不可自相圖至是謂藩曰昔從卿倪塘之謀無今舉
也又從征司馬休之復為參軍徐逵之敗沒帝怒即日於

馬頭岸度江江津岸壁立數丈休之臨岸置陣無由可登帝呼藩令上藩有疑色帝怒命左右錄來欲斬之藩不受命顧曰寧前死耳以刀頭穿岸劣容脚指徑上隨之者稍多及登殊死戰敗之從伐關中參太尉軍事統別軍至河東暴風漂輜重艦度北岸魏軍牽得此艦藩氣憤率左右十二人乘小船徑往魏騎五六百見藩來並笑之藩素善射登岸射之應弦而倒者十許人魏軍皆退悉收所失而反又遣藩及朱超石等追魏軍於半城魏騎數萬合圍藩及超石不盈五千力戰大破之武帝還彭城參相國軍事論平司馬休之及廣固功封陽山縣男元嘉中位太子左

衛率卒謚曰壯侯子隆世嗣藩諸子多不遵法度第十四子遵世同孔熙先逆謀文帝以藩功臣不欲顯其事使江州以他事殺之十六子誕世十七子茂世後欲奉庶人義康交州刺史檀和之至豫章討平之

劉康祖彭城呂人也世居京口父虔之輕財好施位江夏相宋武帝西征司馬休之及魯宗之宗之子軌襲殺虔之追贈梁秦二州刺史封新康縣男康祖便弓馬膂力絕人以浮蕩蒱酒為事每犯法為郡縣所錄輒越屋踰牆莫之能禽夜入人家為有司所圍突圍去並莫敢追因夜還京口半夕便至明旦守門詣府州要職俄而建康移書錄之府州執事者並證康祖其夕在京遂得無恙前後屢被糺劾文帝以勳臣子每原貸之後襲封拜員外郎再坐摴蒱免官孝武為豫州刺史鎮歷陽以康祖為征虜中兵參軍既被委任折節自脩歷南平王鑠安蠻府司馬元嘉二十七年魏太武帝親率大衆攻圍汝南文帝遣諸軍救援康祖摠統為前驅次新蔡攻破魏軍去懸瓠四十里太武燒營而還轉左軍將軍文帝欲大舉北侵康祖以歲月已晚請待明年上不許其年秋蕭斌王玄謨沈慶之等入河康祖率豫州軍出許洛玄謨等敗歸南平王鑠在壽陽上慮為魏所圍召康祖速反康祖回軍未至壽陽數十里會魏

永昌王以長安之衆八万騎與康祖相及於尉武康祖有八千人乃結車營而進魏軍四面來攻衆分為三且休且戰康祖率厲將士無不一當百魏軍死者太半流血沒踝矢中頸而死於是大敗舉營淪覆免者裁數十人魏人傳康祖首示彭城面如生贈益州刺史謚曰壯

康祖伯父簡之有志幹為宋武帝所知帝將謀興復收集才力之士嘗再造簡之會有客簡之悟其意謂虔之曰劉下邳再來必當有意既不得語汝可試往見之及虔之至武帝已尅京口虔之即投義簡之聞之殺耕牛會衆以赴之位太尉諮議參軍簡之弟謙之好學撰晉紀二十卷位

廣州刺史太中大夫

簡之子道產初爲無錫令襲爵晉安縣五等侯元嘉三年累遷梁南秦二州刺史加都督在州有惠化後爲雍州刺史領寧蠻校尉加都督兼襄陽太守善於臨職在雍部政績尤著蠻夷前後不受化者皆順服百姓樂業由此有襄陽樂歌自道產始也卒于官謚曰襄侯道產澤被西土及喪還諸蠻皆備縗絰號哭追送至于沔口

長子延孫孝武初位侍中封東昌縣侯累遷尚書右僕射大明元年除金紫光祿大夫領太子詹事又出爲南徐州刺史先是武帝遺詔京口要地去都密邇自非宗室近戚

不得居之劉氏之居彭城者分爲三里帝室居綏輿里左將軍劉懷肅居安上里豫州刺史劉懷武居叢亭里三里及延孫所居呂縣凡四劉雖同出楚元王由來不序昭穆延孫於帝室本非同宗不應有此授時司空竟陵王誕爲徐州上深相畏忌不欲使居京口遷之廣陵廣陵與京口對岸使腹心爲徐州據京口以防誕故以南徐州授延孫而與之合族使諸王序親三年南兗州刺史竟陵王誕有罪不受徵延孫馳遣中兵參軍杜幼文赴討及至誕已閉城自守乃還誕遣劉公泰齎書要之延孫斬公泰送首建鄴復遣幼文受沈慶之節度五年詔延孫曰舊京樹親由來常準今此防久弭當以還授小兒乃徵延孫爲侍中尚書左僕射領護軍延孫病不任拜赴卒贈司徒給班劒二十人有司奏謚忠穆詔改爲文穆子質嗣

論曰劉敬宣與宋武恩結龍潛義分早合雖興復之始事隔逢迎而深期久要未之或爽隆赫之任遂止於人存飾終之數無聞於身後恩禮之有厚薄將別有以乎劉懷肅劉懷慎劉粹孫處蒯恩向靖劉鍾虞丘進孟懷玉孟龍符胡藩等或階緣恩舊一其心力或攀附風雲奮其鱗羽咸能振拔塵滓自致封侯詩云無德不報其言信矣康祖門奉興王早烈封壤受委疆埸赴蹈爲期道產樹績漢南歷

年踰十遺風餘烈有足稱焉覽其行事可謂異迹均美延孫隆名盛寵擇而後授遂以腹心之託自致宗臣之重亦其過也

列傳第七　南史十七

李延壽

趙倫之 子伯符

蕭思話 子惠開 惠明子昕 素 惠明
惠明弟惠基 惠基子洽 惠基弟惠休
惠休弟子介 介子允 引 惠開從孫琛
臧燾 玄孫嚴 嚴族叔未甄 未甄子盾 厥
燾弟熹 熹子質

趙倫之字幼成下邳僮人宋孝穆皇后之弟也幼孤貧事母以孝稱宋武帝起兵以軍功封閬中縣五等侯累遷雍州刺史武帝北伐倫之遣順陽太守傅弘之扶風太守沈田子出嶢柳大破姚泓於藍田及武帝受命以佐命功封霄城縣侯少帝即位徵拜護軍元嘉三年拜領軍將軍倫之雖外戚貴寵而居身儉素性野拙澀於人間世事多所不解久居方伯公私富貴入為護軍資力不稱以為見貶光祿大夫范泰好戲笑謂曰司徒公缺必用汝老奴我不言汝資地所任要是外戚高秩次第所至耳倫之大喜每載酒肴詣泰五年卒謚元侯子伯符嗣

伯符字潤遠少好弓馬為寧遠將軍總領義徒以居宮城北每火起及有劫盜輒身貫甲冑助郡縣赴討武帝甚嘉之文帝即位累遷徐兗二州刺史為政苛暴吏人畏懼如與虎狼居而劫盜遠迸無敢入境元嘉十八年徵為領軍將軍先是外監不隸領軍宜相統攝者自有別詔至此始

統領焉後為丹楊尹在郡嚴酷曹局不復堪命或委叛被戮透水而死典筆吏取筆失旨頓與五十鞭子倩尚文帝第四女海鹽公主甚愛重倩嘗因言戲以手擊主事上聞文帝怒離婚伯符慙懼發病卒謚曰肅傳國至孫勗齊受禪國除

蕭思話南蘭陵人宋孝懿皇后弟子也父源之字君流歷徐兗二州刺史永初元年卒贈前將軍思話十許歲時未知書好騎屋棟打細腰鼓侵暴鄰曲莫不患毒之自此折節數年中遂有令譽頗工隸書善彈琴能騎射後襲爵封陽縣侯元嘉中為青州刺史亡命司馬朗之兄弟聚黨謀為亂思話遣北海太守蕭汪之討斬之八年魏軍大至乃棄鎮奔平昌魏軍定不至由是徵繫尚方初在青州常所用銅斗覆在藥廚下忽於斗下得二死雀思話歎曰斗覆而雙雀殞其不祥乎既而被繫及梁州刺史甄法護在任失和氐帥楊難當因此寇漢中乃自徒中起思話為梁南秦二州刺史平漢中悉收侵地置戍葭萌水思話遷鎮南鄭法護中山無極人也過江寓居南郡弟法崇自少府為益州刺史法護委鎮之罪為府所收於獄賜死文帝以法崇受任一方命言法護病卒文帝使思話上定漢中本末下之史官十四年遷臨川王義慶平西長史南蠻校尉文

帝賜以弓琴手敕曰前得此琴言是舊物今以相借并往桑弓一張理材乃快良材美器宜在盡用之地丈人真無所與讓也嘗從文帝登鍾山北嶺中道有盤石清泉上使於石上彈琴因賜以銀鍾酒謂曰相賞有松石間意歷寧蠻校尉雍州刺史監四州軍事徵爲吏部尚書思話以去州無復事力倩府軍身九人文帝戲之曰丈人終不爲田父於閭里何憂無人使邪未拜遷護軍將軍是時魏攻懸瓠文帝將大舉北侵朝士僉同思話固諫不從魏軍退即代孝武爲徐兗二州刺史監四州軍事後爲圍碻磝城不拔退師歷下爲江夏王義恭所奏免官元凶殺立以爲徐兗二州刺史即起義以應孝武孝武即位徵爲尚書左僕射固辭改爲中書令丹陽尹散騎常侍時都下多劫掠二旬中十七發引咎陳遜不許後拜郢州刺史加都督卒贈征西將軍開府儀同三司謚曰穆侯思話外戚令望早見任待歷十二州杖節監督者九焉所至雖無皎皎清節亦無穢黷之累愛才好士人多歸之

長子惠開少有風氣涉獵文史家雖貴戚而居服簡素初爲秘書郎意趣與人多不同比肩或三年不共語外祖光祿大夫沛郡劉成戒之曰汝恩戚家子無多異以取天下之疾轉太子舍人與汝南周朗同官友善以偏奇相尚孝

建元年爲黃門侍郎與侍中何偃爭推積射將軍徐沖之事偃任遇甚隆怒使門下推彈惠開乃上表解職由此忤旨別敕有司以屬疾多免之思話素恭謹與惠開不同每加嫌責及見惠開自解表歎曰兒不幸與周朗周旋理應如此杖之二百尋除中庶子丁父艱居喪有孝性家素事佛凡爲父起四寺南岡下名曰禪岡寺曲阿舊鄉宅名曰禪鄉寺京口墓亭名曰禪亭寺所封封陽縣名曰禪封寺謂國僚曰封秩鮮而兄弟甚多若全關一人則在我所讓若人人等分又事可悲恥寺衆既立自宜悉供僧衆襲封封陽縣侯爲新安王子鸞冠軍長史惠開妹當適桂陽王休範女又當適孝武子發遣之資應須二千萬乃以爲豫章內史聽其肆意聚納由是在郡著貪暴之聲再還御史中丞孝武與劉秀之詔曰今以蕭惠開爲憲司冀當稱職但一往眼額已自殊有所震及在職百僚憚之後拜益州刺史路經江陵時吉翰子在荆州共惠開有舊爲設女樂樂人有美者惠開就求不得又欲以四女妓易之不許惠開怒收吉斬之即納其妓啓云吉爲劉義宣所遇交結不逞向臣訕毀朝政輒已戮之孝武稱快惠開素有大志至蜀欲廣樹經略善於敘述聞其言者皆以爲大功可立才疎意廣竟無成功嚴用威刑蜀人號曰臥虎明識過人嘗

三千沙門一闕其名退無所失明帝即位晉安王子勛反惠開乃集將佐謂曰吾荷世祖之眷當投袂萬里推奉九江蜀人素怨惠開嚴及是所遣兵皆不得前晉原郡及諸郡悉應並來圍城城內東兵不過二千凡蜀人惠開疑之悉皆遣出子勛尋敗蜀人並欲屠城以望厚賞明帝以蜀土險遠赦其誅責遣其弟惠基使蜀宣旨而蜀人志在屠城不使王命速達遏留惠基惠基破其渠帥然後得前惠開奉旨歸順城圍得解明帝又遣惠開宗人寶首水路慰勞益州寶首欲以平蜀為功更獎說蜀人處處蜂起惠開乃啟陳情事遣宋寧太守蕭惠訓州別駕費欣業分兵並

南史列傳八　五

進大破之禽寶首送之惠開至都明帝問其故侍衛左右莫不悚然側目惠開舉動自若從容荅曰臣唯知逆順不識天命又云非臣不亂非臣不平初惠開府錄事參軍劉希徽負蜀人責將百萬為責主所制未得俱還惠開與希徽共事不厚而觀中凡有馬六十疋悉以乞希徽償責其意趣不常如是惠開還資二千餘萬悉散施道俗一無所留後除桂陽王休範征北長史南東海太守其年會稽太守蔡興宗之郡惠開自京口請假還都相逢於曲阿惠開先與興宗名位略同又經情款自以負釁摧屈慮興宗不能詣己戒勒部下蔡會稽部伍若問慎不得荅惠開素嚴

部下莫敢違興宗見惠開舟力甚盛遣人訪訊事力二三百人皆低頭直去無一人荅者尋除少府加給事中惠開素剛至是益不得志曰大丈夫入管喉舌出莅方伯乃復低頭入中邪寺內所住齋前嚮種花草甚美惠開悉剗除別種白楊每謂人曰人生不得行胷懷雖壽百歲猶為夭也發病嘔血吐物如肝肺者卒子睿嗣齊受禪國除惠開與諸弟並不睦惠基使至益州遂不相見與同產弟惠明亦致嫌隙云

惠明其次弟也亦有時譽泰始初為吳興太守郡界有卞山山下有項羽廟相承云羽多居郡聽事前後太守不敢

南史列傳八　六

上惠明謂綱紀曰孔季恭嘗為此郡未聞有災遂盛設筵榻接賓數日見一人長丈餘張弓挾矢向惠明既而不見因發背旬日而卒

子昕素梁天監中位丹楊尹丞初拜日武帝賜錢八萬昕素一朝散之親友遷司徒左西屬南徐州中從事性靜退少嗜慾好學能清言榮利不關於中喜怒不形於色在人間及居職並任情通率不自矜尚天然簡素及在京口便有終焉之志後為中書侍郎在位少時求為諸暨令到縣十餘日挂衣冠於縣門而去獨居屏事非親戚不得至其籬門妻即齊太尉王儉女父與別居遂無子卒親故迹其

事行諡曰貞文先生
惠明弟惠基幼以外戚見宋江夏王義恭歎其詳審以女
結婚歷中書黃門郎惠基善隸書及弈棊齊高帝與之情
好相得桂陽王休範妃惠基姊也高帝謂之曰卿家桂陽
遂復作賊高帝頓新亭壘以惠基爲軍副惠基弟惠朗親
爲休範攻戰惠基在城內了不自疑後爲長兼侍中袁粲
劉彥節起兵之夕高帝以彥節是惠基妹夫惠基時直在
省遣王敬則觀其指趣見惠基安靜不與彥節相知由是
益加恩信仕齊爲都官尚書掌吏部永明中爲侍中領驍
騎將軍尚書令王儉朝宗貴望惠基同在禮閣非公事不

私覿焉遷太常加給事中自宋大明以來聲伎所尚多鄭
衛而雅樂正聲鮮有好者惠基解音律尤好魏三祖曲及
相和歌每奏輒賞悅不能已當時能棊人琅邪王抗第一
品吳郡褚思莊會稽夏赤松第二品赤松思速善於大行
思莊戲遲巧於鬬棊宋文帝時羊玄保爲會稽帝遣思莊
入東與玄保戲因置局圖還於帝前覆之齊高帝使思莊
與王抗交賭自食時至日暮一局始竟上倦遣還省至五
更方決抗睡於局後寢思莊達旦不寐時或云思莊所以
品第致高緣其用思深久人不能對抗思莊並至給事中
永明中敕使抗品棊竟陵王子良使惠基掌其事初思話

先於曲阿起宅有閑曠之致惠基常謂所親曰須婚嫁畢
當歸老舊廬立身退素朝廷稱爲善士卒贈金紫光祿大
夫子洽字宏稱幼敏寤年七歲誦楚辭略上口及長好學
博涉善屬文仕梁位南徐州中從事近畿重鎮職吏數千
人前後居者皆致巨富洽清身率職饋遺一無所受妻子
不免飢寒累遷臨海太守爲政清平不尚威猛人俗便之
還拜司徒左長史敕撰當塗堰碑辭甚贍麗卒於官文集
二十卷行於世
惠基弟惠休齊永明四年爲廣州刺史罷任獻奉傾資上
敕中書舍人茹法亮曰可問蕭惠休故當不復私邪吾欲

分受之也後封建安縣子永元元年從吳興太守徵爲尚
書右僕射吳興郡項羽神舊酷烈人云惠休事神謹故得
美遷于時朝士多見殺二年惠休還至平望帝令服藥而
卒贈金紫光祿大夫惠休弟惠朗同桂陽賊齊高帝赦之
後爲西陽王征虜長史行南兗州事坐法免官惠朗弟惠
蒨仕齊左戶尚書子介
介字茂鏡少穎悟有器識梁大同中武陵王紀爲揚州刺
史以介爲府長史在職以清白稱武帝謂何敬容曰蕭介
甚貧可以處一郡復曰始興郡頻無良守可以介爲之由
是出爲始興太守及至甚著威德徵爲少府卿尋加散騎

常侍會侍中闕選司舉王筠等四人並不稱旨帝曰我門中久無此職宜用蕭介爲之應對左右多所匡正帝甚重之遷都官尚書每軍國大事必先訪介帝謂朱异曰端右材也中大同二年辭疾致仕帝優詔不許終不肯起乃遣謁者僕射魏祥就拜光祿大夫太清中侯景於渦陽敗走入壽陽帝敕助防韋黯納之介聞而上表致諫極言不可帝省表歎息卒不能用介性高簡少交游唯與族兄琛從兄眎素及洽從弟溆等文酒賞會時人以比謝氏烏衣之游初武帝摠延後進二十餘人置酒賦詩臧盾以詩不成罰酒一斗盾飲盡顏色不變言笑自若介染翰便成文無加點帝兩美之曰臧盾之飲蕭介之文卽席之美也年七十三卒於家

第三子允字叔佐少知名風神凝遠通達有識鑒容止醞藉仕梁位太子洗馬侯景攻陷臺城百僚奔散允獨整衣冠坐于宮坊景軍敬焉弗之逼也尋出居京口時寇賊縱橫百姓波駭允獨不行人問其故允曰性命自有常分豈可逃而免乎方今百姓爭欲奮臂而論大功何事於一書生哉莊周所謂畏影避迹吾弗爲也乃閉門靜處併日而食卒免於患陳永定中侯安都爲南徐州刺史躬造其廬以申長幼之敬宣帝卽位爲黃門侍郎晉安王爲南豫州

以爲長史時王尚少未親人務故委允行府事入爲光祿卿允性敦重未嘗以榮利干懷及晉安出鎮湘州又苦攜允允少與蔡景歷善子徵脩父黨之敬聞允將行乃詣允曰公年德並高國之元老從容坐鎮旦夕自爲列曹何爲方辛苦蕃外荅曰已許晉安豈可忘信其恬榮勢如此至德中鄱陽王出鎮會稽允又爲長史帶會稽郡丞行經延陵季子廟設蘋藻之薦託異代之交爲詩以敘意辭理清典後主嘗問蔡徵允之爲人徵曰其清虛玄遠殆不可測至於文章可得而言因誦允詩以對後主嗟賞久之尋拜光祿大夫及隋師濟江允遷于關右時南士至長安者例皆授官允與尚書僕射謝伷辭以老疾隋文帝義之並厚賜帛尋卒年八十四

弟引字叔休方正有器度性聰敏博學善屬文仕梁位西昌侯儀同府主簿侯景之亂梁元帝爲荆州刺史朝士多歸之引曰諸王力爭禍患方始今日逃難未是擇君之秋吾家再世爲始興郡遺愛在人政可南行以存家門耳乃與弟肜及宗親等百餘人南奔嶺表時始興人歐陽頠爲衡州刺史乃往依焉頠遷廣州病死子紇領其衆引疑紇異圖因事規正由是情禮漸疏及紇反時都下士人岑之敬公孫挺等並惶駭唯引怡然謂之敬等曰管幼安袁曜

卿亦但安耳君子正身以明道直己以行義亦何憂乎及
章昭達平番禺引始北還拜尚書金部侍郎引善書爲當
時所重宣帝嘗披奏事指引署名曰此字筆趣翩翩似鳥
之欲飛引謝曰此乃陛下假其毛羽耳帝又謂引曰我每
有所忿見卿輒意解何也引曰此自陛下不遷怒臣何預
此恩引性抗直不事權貴宣帝每欲遷用輒爲用事者所
裁及呂梁覆師戎儲空匱轉引爲庫部侍郎掌知營造引在
職一年而器械充足歷中書黃門吏部侍郎廣州刺史馬
靖甚得嶺表人心而甲兵精練每年深入俚洞數有戰功
朝野頗生異議宣帝以引悉嶺外物情且遣引觀靖審其

舉措諷令送質及至靖即悟旨遣兒弟爲質後主即位爲
中庶子建康令時殿內隊主吳璡及宦者李善度蔡脫兒
等多所請屬引一皆不許引始族子密時爲黃門郎諫引
曰李蔡之權在位皆憚亦宜少爲身計引曰吾之立身自
有本末亦安能爲李蔡致屈就令不平不過免職耳吳璡
竟作飛書李蔡證之坐免官卒於家子德言最知名引弟
彤位太子中庶子南康王長史
琛字彥瑜惠開從子也祖僧珍宋廷尉卿父惠訓齊末爲
巴東相梁武帝起兵齊和帝於荊州即位惠訓與巴西太
守魯休烈並以郡相抗惠訓使子璌據上明建康城平始

歸降武帝宥之以爲太中大夫卒官琛少明悟有才辯數
歲時從伯惠開見而奇之撫其背曰必興吾宗起家齊太
學博士時王儉當朝琛年少未爲儉所識負其才氣候儉
宴于樂游乃著虎皮靴策桃枝杖直造儉坐儉與語大悅
儉時爲丹楊尹辟爲主簿永明九年魏始通好琛再銜命
北使還爲通直散騎侍郎時魏遣李彪來使齊武帝讌之
琛於御筵舉酒勸彪彪不受曰公庭無私禮不容受勸琛
荅曰詩所謂雨我公田遂及我私坐者皆悅服彪乃受琛
酒累遷尚書左丞時齊明帝用法嚴峻尚書郎坐杖罰者
皆即科行琛乃密啓曰郎有杖起自後漢尒時郎官位卑

親主文案與令史不異故郎三十五人令史二十人是以
古人多恥爲此職自魏晉以來郎官稍重今方參用高華
吏部又近於通貴不應官高昔品而罰遵曩科所以從來
彈舉雖在空文而許以推遷或逢赦恩或入春令便得息
停宋元嘉大明中經有被罰者別由犯忤主心非關常準
自泰始建元以來未經施行事廢已久人情未習自奉敕
之後已行倉部郎江重欣杖督五十皆無不人懷慙懼兼
有子弟成長彌復難爲儀適其應行罰可特賜輸贖使與
令史有異以彰優緩之澤帝納之自是應受罰者依舊不
行東昏初嗣立時議無廟見文琛議據周頌烈文閔予皆

爲即位朝廟之典於是從之梁武在西邸與琛有舊梁臺
建以爲御史中丞天監九年累遷平西長史江夏太守始
琛爲宣城太守有北僧南度唯齎一瓠蘆中有漢書序傳
僧云三輔舊書相傳以爲班固眞本琛固求得之其書多
有異今者而紙墨亦古文字多如龍舉之例非隷非篆琛
甚秘之及是以書餉鄱陽王範獻于東宮後爲吳興太守
郡有項羽廟土人名爲憤王甚有靈驗遂於郡聽事安牀
幕爲神坐公私請禱前後二千石皆於聽拜祠以軛下牛
充祭而避居他室琛至著屐登聽事聞室中有叱聲琛厲
色曰生不能與漢祖爭中原死據此聽事何也因遷之於

廟又禁殺牛解祀以脯代肉琛頻莅大郡不事產業有闕
則取不以爲嫌歷左户度支二尚書侍中帝每朝讌接琛
以舊恩嘗犯武帝偏諱帝斂容琛從容曰名不偏諱陛下
不應諱順上曰各有家風琛曰其如禮何又經預御筵醉
伏上以棗投琛琛仍取栗擲上正中面御史中丞在坐帝
動色曰此中有人不得如此豈有說邪琛即荅曰陛下投
臣以赤心臣敢不報以戰栗上笑悅上每呼琛爲宗老琛
亦奉陳昔恩以早簉中陽夙忝同閈雖迷興運猶荷洪慈
上荅曰雖云早契闊乃自非同志勿談興運初且道狂奴
異琛常言少壯三好音律書酒年長以來二事都廢唯書

籍不衰而琛性通脫常自解竈事畢餘餕必陶然致醉位
特進金紫光祿大夫卒遺令諸子與妻同墳異藏祭以蔬
菜葬止車十乘事存率素乘輿臨哭甚哀諡曰平子琛所
撰漢書文府齊梁拾遺并諸文集數十萬言子遊位少府
卿遊子密字士幾幼聰敏博學有文詞位黃門郎太子中
庶子散騎常侍

臧燾字德仁東莞莒人宋武敬皇后兄也少好學善三禮
貧約自立操行爲鄉里所稱晉太元中衞將軍謝安始立
國學徐兖二州刺史謝玄舉燾爲助教晉孝武帝追崇庶
祖母宣太后議者或謂宜配食中宗燾議曰陽秋之義母

以子貴故仲子成風咸稱夫人經言考仲子宮若配食惠
廟則宮無緣別築前漢孝文孝昭太后並繫子爲號祭於
寢園不配於高祖孝武之廟後漢和帝之母曰恭懷皇后
安帝祖母曰敬隱皇后順帝之母曰恭愍皇后雖不繫子
爲號亦祭於陵寢不配章安二帝此則二漢雖有太后皇
后之異至於並不配食義同陽秋唯光武追廢呂后故以
薄后配高廟又衞后既廢霍光追尊李夫人爲皇后配孝
武廟此非母以子貴之例直以高武二廟無配故耳又漢
世立寢於陵自是晉制所異謂宜遠準陽秋考宮之義近
慕二漢不配之典尊號既正則罔極之情申別建寢廟則

嚴稱之義顯繫子爲稱兼明母貴之所由一舉而允三義
固哲王之高致也議者從之頃之去官以父母老家貧與
第熹俱棄人事躬耕自業約已養親者十餘年父母喪亡
居喪六年以毀瘠著稱宋武帝義旗建參右將軍何無忌
軍事隨府轉鎮南參軍武帝鎮京口參帝中軍軍事入補
尚書度支郎改掌祠部襲封高陵亭侯時太廟鴟尾災壽
謂著作郎徐廣曰昔孔子在齊聞魯廟災曰必桓僖也今
征西京兆四府君宜在毀落而猶列廟饗此其徵乎乃上
議曰臣聞國之大事在祀與戎將營宮室宗廟爲首古先
哲王莫不致肅恭之誠心盡崇嚴乎祖考然後能流淳化

於四海通幽感於神明固宜詳廢興於古典脩情禮以求
中者也禮天子七廟三昭三穆與太祖而七自考廟以至
祖考五廟皆月祭之遠廟爲祧有二祧享嘗乃止去祧爲
壇去壇爲墠有禱然後祭之此宗廟之次親疏之序也鄭
玄以爲祧者文王武王之廟王肅以爲五世六世之祖尋
去祧之言則祧非文武之廟矣文武周之祖宗何云去祧
爲壇乎明遠廟爲祧者無服之祖也又遠廟則有享嘗之
降去祧則有壇墠之殊明世遠者其義彌疏也若祧是文
武之廟宜同月祭於太祖雖推后稷以配天由功德之所
始非尊崇之義每有差降也又禮有以多爲貴者故傳稱

德厚者流光德薄者流卑又言自上以下降殺以兩禮也
此則尊卑等級之典上下殊異之文而云天子諸侯俱祭
五廟何哉又王祭嫡殤下及來孫而上祀之禮不過高祖
推隆恩於下流替誠敬於尊廟亦非聖人制禮之意也是
以泰始建廟從王氏議以禮父爲士子爲天子諸侯祭以
天子諸侯其尸服以士服故上及征西以備六世之數宣
皇雖爲太祖尚在子孫之位至於殷祭之日未申東向之
禮所謂子雖齊聖不先父食者矣今京兆以上既遷太祖
始得居正議者以昭穆未足欲屈太祖於卑坐臣以爲非
禮典之旨也所謂與太祖而七自是昭穆既足太廟在六

世之外非爲須滿七廟乃得居太祖也議者又以四府君
神主宜永同於殷祫臣又以爲不然傳所謂毀廟之主陳
乎太祖謂太祖以下先君之主也故白虎通云禘祫祭遷
廟者以其繼君之體持其統而不絕也豈如四府君在太
祖之前非繼統之主無靈命之瑞非王業之基昔以世近
而及今則情禮已遠而當長饗殷祫永虛太祖之位求之
禮籍未見其可昔永和之初大議斯禮于時虞喜范宣並
以洪儒碩學咸謂四府君神主無緣永存於百世或欲瘞
之兩階或欲藏之石室或欲爲之改築雖所執小異而大
歸是同若宣皇既居羣廟之上而四主禘祫不已則大晋

殺祭長無太祖之位矣夫理貴有中不必過厚禮與世遷
豈可順而不斷故臣子之情雖篤而靈厲之謚彌彰追遠
之懷雖切而遷毀之禮爲用豈不有心於加厚顧禮制不
可踰耳石室則藏於廟北改築則未知所處虞主所以依
神神移則有瘞埋之禮四主若饗祀宜廢亦神之所不依
也準傍事例宜同虞主之瘞埋然經典難詳群言錯繆非
臣淺識所能折中時學者多從壽議竟未施行宋武帝受
命拜太常雖外戚貴顯而彌自沖約茅屋蔬飧不改其舊
所得奉祿與親戚共之永初三年致事拜光祿大夫加金
章紫綬卒少帝贈左光祿大夫長子邃宜都太守邃子凝

之學涉有當世才與司空徐湛之爲異常交年少時與傅
僧祐俱以通家子始爲文帝所引見時上與何尚之論鑄
錢事凝之便干其語次上因回與語僧祐引凝之衣令止
凝之大言曰明主難再遇便應政盡所懷上與往復十餘
反凝之辭韻詮序上甚賞焉後爲尚書左丞以徐湛之黨
爲元凶所殺凝之子寅字士若事在沈攸之傳寅弟稜後
軍參軍稜子嚴

嚴字彥威幼有孝性居父憂以毀聞孤貧勤學行止書卷
不離手從叔未甄爲江夏郡攜嚴之官於途作屯游賦又
作七箅辭並典麗性孤介未嘗造請梁僕射徐勉欲識之

嚴終不詣累遷湘東王宣惠輕車府參軍兼記室嚴於季
多所諳記尤精漢書諷誦略皆上口王嘗自執四部書目
試之嚴自甲至丁卷中各對一事并作者姓名遂無遺失
王遷荆州隨府轉西中郎安西録事參軍歷義陽武寧郡
守郡界蠻左前郡守常選武人以兵鎮之嚴獨以數門生
單車入境郡蠻悅服後卒於鎮南諮議參軍文集十卷

嚴族叔未甄壽曾孫也父潭左户尚書未甄有才幹少爲
外兄汝南周顒所知仕梁爲太尉長史丁所生母憂三年
廬于墓側歷廷尉卿江夏太守卒子盾

盾字宣卿幼從徵士琅邪諸葛璩受五經璩學徒常有數

十百人盾處其間無所狎比璩曰此生王佐才也爲尚書
中兵郎美風姿善容止每趨奏梁武帝甚悅焉又兼中書
通事舍人盾有孝性嘗隨父宿直廷尉府母劉氏在宅夜
暴亡盾左手中指忽痛不得寢及旦宅信果報凶問其感
通如此服未終父卒居喪五年不出廬户形骸枯悴家人
不識武帝累勅抑譬後累遷御史中丞性公強甚稱職中
大通五年帝幸同泰寺開講設四部大會衆數萬人南越
所獻馴象忽於衆中狂逸衆皆駭散唯盾與散騎侍郎裴
之禮嶷然自若帝甚嘉焉大同二年爲中領軍領軍管天
下兵要監局事多盾爲人敏贍有風力長於撥繁職事甚

理先是吳平侯蕭景居此職著聲至是及眘復繼之後卒於
領軍將軍謚曰忠
眘弟厥字獻卿亦以幹局稱爲晉安太守郡居山海常結
聚逋逃前二千石討捕不能止厥下車宣化凶黨皆襁負
而出自是居人復業然政嚴百姓謂之臧彪前後再兼中
書通事舍人卒於兼司農卿厥前後居職所掌之局大事
及蘭臺廷尉所不能決者敕並付厥辯斷精明咸得其理
卒後有撾登聞鼓訴求付清直舍人帝曰臧厥既亡此事
便無所付其見知如此子操尚書三公郎
熹字義和燾之弟也與燾並好經學隆安初兵起熹乃習

騎射志立功名嘗與溧陽令阮崇獵遇猛獸突圍獵徒並
散熹射之應弦而倒從宋武入京城進至建鄴桓玄走武
帝便使熹入宮收圖書器物封府庫有金飾樂器武帝問
熹卿欲此乎熹正色曰主上幽逼播越非所將軍首建大
義劬勞王室雖復不肖實無情於樂帝笑曰聊以戲耳以
建義功封始興縣五等侯參武帝車騎中軍軍事武帝將
征廣固議者多不同熹贊成其行武帝遣朱齡石統大衆
伐蜀命熹奇兵出中水領建平巴東二郡太守蜀主譙縱
遣大將譙撫之屯牛脾又遣譙小苟重兵塞打鼻熹至牛
脾撫之敗走追斬之成都平熹遇疾卒於蜀追贈光祿勳

子質字含文少好鷹犬善蒱博意錢之戲長六尺七寸出
面露口頹頂拳髮初為世子中軍參軍嘗詣護軍趙倫之
倫之名位已重不相接質憤然起曰大丈夫各以老嫗作
門戶何至以此中相輕倫之慙謝質拂衣而去後為江夏
王義恭撫軍參軍以輕薄無檢為文帝所嫌徙給事中會
稽長公主每為之言乃出為建平太守甚得蠻楚心歷竟
陵內史巴東建平二郡太守吏人便之質年始出三十屢
居名郡涉獵文史尺牘便敏有氣幹好言兵文帝謂可大
任以為徐兗二州刺史加都督在鎮奢費爵命無章為有
司所糾遇赦與范曄徐湛之等厚善曄謀反量質必與之
同會事發復為義興太守二十七年遷南譙王義宣司空

司馬南平內史未之職會魏太武帝圍汝南戍主陳憲固
守告急文帝遣質輕往壽陽與安蠻司馬劉康祖等救憲
後太武率大衆數十萬向彭城以質為輔國將軍北救始
至盱台太武已過淮二十八年正月太武自廣陵北返悉
力攻盱台就質求酒質封溲便與之太武怒甚築長圍一
夜便合質報太武書云爾不聞童謠言邪虜馬飲江水佛
狸死卯年冥期使然非復人事寡人受命相滅期之白登
師行未遠爾自送死豈容復令爾饗有桑乾哉假令寡人
不能殺爾爾由我而死爾若有幸得為亂兵所殺爾若不

幸則生相鎖縛載以一驢馬送都市爾識智及衆豈能勝
苻堅邪頃年展爾陸梁者是爾未飲江太歲未卯故耳時
魏地童謠曰軺車北來如穿雉不意虜馬飲江水虜主北
歸石濟死虜欲度江天不徙故荅書引之太武大怒乃作
鐵牀於上施鐵鑱破城得質當坐之此上質又與魏軍書
寫臺格購斬太武封萬户侯賜布絹各萬疋魏以鉤車鉤
垣樓城內繫緪數百人叫呼引之車不能退質夜以木桶
盛人縣出城外截鉤獲之明日又以衝車攻城土堅密每
頹落下不過數斗魏軍乃自薄登城墜而復升莫有退者
殺傷萬計死者與城平如此三旬死者過半太武乃解圍

而歸上嘉質功以為寧蠻校尉雍州刺史監四州諸軍事
明年文帝又北侵使質率見力向潼關質頓兵不肯時發
又顧戀嬖妾棄軍營壘單馬還城散用臺庫見錢六七百
萬為有司所糾上不問元凶殺立以質為丹楊尹質家遣
門生師顗報質具言文帝崩問質使告司空義宣及孝武
帝而自率衆五千馳下討逆自陽口進江陵見義宣時質
諸子在都聞質舉義並逃亡義宣始得質報即日舉兵馳
信報孝武板進質號征北將軍孝武即位加質車騎將軍
開府儀同三司都督江州諸軍事使質自白下步上薛安
都程天祚等亦自南掖門入與質同會太極殿庭生禽元

凶仍使質留守朝堂封始興郡公之鎮舫千餘乘部伍前
後百餘里六平乘並施龍子幡時孝武自攬威權而質以
少主遇之刑政慶賞不復諮稟朝廷自謂人才足為一世
英傑始聞國禍便有異圖以義宣凡闇易制欲外相推奉
以成其志及至江陵便致拜稱名質於義宣雖為兄弟而
年近大十歲義宣驚曰君何意拜弟質曰事中宜然時義
宣已推崇孝武故其計不行每慮事泄及至新亭又拜江
夏王義恭義恭愕然問質所以質曰天下屯危禮異常日
前在荆州亦拜司空會義宣有憾於孝武質因此密信說
誘陳朝廷得失又謂震主之威不可持久質無復異同納

其說且義宣腹心將佐蔡超竺超人等咸有富貴情願又
勸義宣義宣時未受丞相質子敦為黃門侍郎奉詔敦勸
道經尋陽質令敦具更譬說義宣義宣意乃定馳報豫州
刺史魯爽期孝建元年秋同舉爽失旨即起兵遣人至都
報弟瑜席卷奔叛瑜弟弘為質府佐孝武馳使報質誅弘
於是執臺使狼狽舉兵馳報義宣孝武遣撫軍將軍柳元
景統豫州刺史王玄謨等屯梁山洲兩岸築偃月壘水陸
待之元景檄書宣告而義宣亦相次係至江夏王義恭書
曰昔桓玄借兵於仲堪有似今日義宣由此與質相疑質
進計曰今以萬人取南州則梁山中絕萬人綴玄謨必不

敢輕動質浮舟外江直向石頭此上略也義宣將從之義
宣客顏樂之說義宣曰質若復拔東城則大功盡歸之矣
宜遣麾下自行義宣遣腹心劉諶之就質陳軍城南玄謨
留羸弱守城悉精兵出戰薛安都騎軍前出垣護之督諸
將繼之乃大潰質求義宣欲計事密已走矣質不知所為
亦走至尋陽焚府舍載妓妾入南湖摘蓮噉之追兵至以
荷覆頭沈於水出鼻軍士鄭俱兒望見射之中心兵刃亂
至腸胃纏縈水草隊主裘應斬質傳首建鄴錄尚書江夏
王義恭等奏依漢王莽事漆其頭藏于武庫詔可

論曰趙倫之蕭思話俱以外戚之親並接風雲之會言親

則在趙為密論望則於蕭為重古人云人能弘道蓋此之
謂乎惠開親禮雖篤弟隙尤著方寸之內孝友異情嶮於
山川有驗於此臧氏文義之美傳于累代含文以致誅滅
好亂之所致乎

列傳第八　　南史十八

列傳第九　　南史十九

李　延壽

謝晦 兄瞻 從叔澹 弟曜　謝裕 子恂 裕弟純 述 玄孫微 孫朓

謝方明 子惠連　謝靈運 孫超宗 曾孫幾卿

謝晦字宣明陳郡陽夏人晉太常裒之玄孫也裒子奕據
安萬鐵並著名前史據子朗字長度位東陽太守朗子重
字景重位會稽王道子驃騎長史重生絢瞻晦曜遯絢位
至宋文帝鎮軍長史早卒晦初為孟昶建威府中兵參軍
昶死帝問劉穆之昶府誰堪入府穆之舉晦即命為太尉
參軍武帝嘗訊獄其旦刑獄參軍有疾以晦代之晦車中

一覽訊牒隨問酬對無失帝奇之即日署刑獄賊曹累遷
大尉主簿從征司馬休之時徐逵之戰死帝將自登岸諸
將諫不從晦持帝帝曰我斬卿晦曰天下可無晦不可無
公晦死何有會胡藩登岸賊退乃止晦美風姿善言笑眉
目分明鬢髮如墨涉獵文義博贍多通時人以方楊德祖
微將不及晦闇猶以為恨帝深加愛賞從征關洛內外要
任悉委之帝於彭城大會命紙筆賦詩晦恐帝有失起諫
帝即代作曰先蕩臨淄穢却清河洛塵華陽有逸驥桃林
無伏輪於是群臣並作時謝琨風華為江左第一嘗與晦
俱在武帝前帝目之曰一時頓有兩玉人耳劉穆之遣使

陳事晦往往異同穆之怒曰公復有還時不及帝欲以晦爲從事中郎穆之堅執不與故終穆之世不遷及穆之喪問至帝哭之甚慟曰喪我賢友晦時正直喜甚自入閤參審其日教出轉晦從事中郎宋臺建爲右衛將軍加侍中武帝閲咸陽淪没欲復北伐晦諫以士馬疲怠乃止於是登城北望慨然不悦乃命羣僚誦詩晦詠王粲詩曰南登霸陵岸回首望長安悟彼下泉人喟然傷心肝帝流涕不自勝及帝受命於石頭登壇備法駕入宮晦領游軍爲警加中領軍封武昌縣公永初二年坐行璽封鎮西司馬南郡太守王華而誤封北海太守球板免晦侍中尋轉領軍

將軍加散騎常侍依晉中軍羊祜故事入直殿省總統宿衛及帝不豫給班劒二十人與徐羨之傅亮檀道濟並侍醫藥少帝即位加中書令與徐傅輔政及少帝廢徐羨之以晦領護南蠻校尉荆州刺史加都督欲令居外爲援慮文帝至或別用人故遽有此授精兵舊將悉以配之文帝即位晦慮不得去甚憂惶及發新亭顧石頭城喜曰今得脫矣進封建平郡公固讓又給鼓吹一部至江陵深結侍中王華冀以免禍二女當配彭城王義康新野侯義賓元嘉二年遣妻及長子世休送女還都先是景平中魏師攻取河南至是欲誅羨之等并討晦聲言北行又言拜京陵

裝舟艦傅亮與晦書言薄伐河朔事猶未已朝野之慮憂懼者多又言當遣外監萬幼宗往時朝廷處分異常其謀頗泄三年正月晦弟黃門侍郎皭馳使告晦晦猶謂不然呼諮議參軍何承天示以亮書曰計幼宗一二日必至傅公慮我好事故先遣此書承天曰外間所聞咸謂西討已定幼宗豈有上理晦尚謂虛使承天豫立荅詔啓草北行宜須明年江夏內史程道惠得尋陽人書言其事已審使執晦晦問討於承天對曰蒙將軍殊顧常思報德事變至矣何敢隱情然明日戒嚴動用軍法區區所懷懼不得盡晦懼曰卿豈欲我自裁哉承天曰尚未至此其在境外晦

曰荆州用武之地兵糧易給聊且決戰走復何晚吾不愛死負先帝之顧如何又謂承天曰幼宗尚未至若後二三日無消息便是不復來邪承天曰程說其事已判豈容復疑晦欲焚南蠻兵籍率見力決戰士人多勸發兵晦問諸將戰士三千足守城乎南蠻司馬周超曰非徒守城若有外寇亦可立勳司馬庾登之請解司馬南郡以授之晦即命超爲司馬轉登之爲長史文帝誅羨之等及晦子世休收皭子世平兄子紹等晦知訖先舉羨之亮哀次發子弟凶問既而自出射堂集得精兵三萬人乃奉表言臣等若志欲專權不顧國典便當輔翼幼主孤背天日豈得沿流

二千盧館三月奉迎鑾駕以遵下武故廬陵王於滎陽之世屢彼猜嫌積怨犯上自貽非命不有所廢將何以興耿弇不以賊遺君父臣亦何負於宋室邪又言羨之亮無罪見誅王弘兄弟輕躁昧進王華猜忌忍害帝時已戒嚴尚書符荆州暴其罪狀晦率衆二萬發自江陵舟艦列自江津至于破冢旗旌相照歎曰恨不得以此爲勤王之師移檄建鄴言王弘曇首王華等罪又上表陳情初晦與徐傅謀爲自全計晦據上流檀鎮廣陵各有強兵足制朝廷羨之亮於中知權可得持久及帝將行召檀道濟委之以衆晦始謂道濟不全及聞其來大衆皆潰晦得小船還江陵

初雍州刺史劉粹遣弟竟陵太守道濟與臺軍主沈敞之襲江陵至沙橋周超大破之俄而晦至江陵無佗唯愧周超而已超其夜詣到彥之降晦乃攜弟遯兄子世基等七騎北走遯肥不能騎馬晦每待不得速至安陸延頭晦故吏戍主光順之檻送建鄴於路作悲人道以自哀周超既降到彥之以參府事劉粹遣告彥之沙橋之事敗由周超彥之乃執與晦等並伏誅世基絢之子也有才氣臨死爲連句詩曰偉哉橫海鱗壯矣垂天翼一旦失風水翻爲螻蟻食晦續之曰功遂侔昔人保退無智力既涉太行險斯路信難陟晦女爲彭城王義康妃聰明有才貌被髮徒跣與晦訣曰阿父大丈夫當橫屍戰場柰何狼藉都市言訖叫絕行人爲之落淚晦死時年三十七庾登之殷道鸞何承天自晦下並見原

瞻字宣遠一曰名檐字通遠晦次兄也六歲能屬文爲紫石英贊果然詩爲當時才士歎異與從叔琨族弟靈運俱有盛名嘗作喜霽詩靈運寫之琨詠之王弘在坐以爲三絕瞻幼孤叔母劉撫養有恩兄弟事之同於至親劉弟柳爲吳郡將姊俱行瞻不能違遠自楚臺祕書郎解職隨從故爲柳建威長史後爲宋武帝相國從事中郎晦時爲宋臺右衛權遇已重於彭城還都迎家賓客輻湊時瞻在家驚

駭謂晦曰吾家以素退爲業汝遂勢傾朝野此豈門戶福邪乃籬隔門庭曰吾不忍見此後因宴集靈運問晦潘陸與賈充優劣晦曰安仁諂於權門士衡邀競無已並不能保身自求多福公閭勳名佐世不得爲並靈運曰安仁士衡才爲一時之冠方之公閭本自遼絕瞻斂容曰若處貴而能遺權斯則是非不得而生傾危無因而至君子以明哲保身其在此乎常以裁止晦如此及還彭城言於武帝曰臣本素士父祖位不過二千石弟年始三十志用凡近位任顯密福過災生特乞降黜以保衰門前後屢陳帝欲以瞻爲吳興郡又自陳請乃爲豫章太守晦或以朝廷密

車語瞻瞻輒向親舊說以爲戲笑以絕其言晦遂建佐命
功瞻愈憂懼永初二年在郡遇疾不療幸於不永晦聞疾
奔波瞻見之曰汝爲國大臣又揔戎重萬里遠出必生疑
謗時果有詐告晦反者瞻疾篤還都帝以晦禁旅不得出
宿使瞻居于晉南郡公主壻羊賁故第在領軍府東門瞻
曰吾有先人弊廬何爲於此臨終遺晦書曰吾得歸骨山
足亦何所多恨弟思自勉爲國爲家卒時年三十五瞻文
章之美與從叔琨族弟靈運相抗靈運父瑍無才能爲祕
書郎早卒而靈運好臧否人物琨患之欲加裁折未有其
方謂瞻曰非汝莫能乃與晦瞻弘微等共游戲使瞻與靈

運共車靈運登車便商較人物瞻謂曰祕書早亡談者亦
互有同異靈運默然言論自此衰止
弟皭字宣鏡年數歲所生母郭氏疾皭晨昏溫凊勤容戚
顏未嘗暫改恐僕役營疾懈倦躬自執勞母爲疾畏驚而
微賤過甚一家尊卑感皭至性咸納屨行屏氣語如此者
十餘年位黃門侍郎從坐伏誅
澹字景恒晦從叔也祖安晉太傅父琰琅邪王友澹任達
仗氣不營當世與順陽范泰爲雲霞之交歷位尚書宋武
帝將受禪有司議使侍中劉廞進璽帝曰此選當須人望
乃使澹攝澹官侍帝宴酣飲大言無所屈鄭鮮之欲按之

帝以爲澹方外士不宜規矩繩之然意不說不以任寄後
復侍飲醉謂帝曰陛下用群臣但須委屈順者乃見貴汲
黯之徒無用也帝大笑景平中累遷光祿大夫從子晦爲
荆州將之鎮詣澹別晦色自矜澹問晦年荅曰三十五澹
笑曰昔荀中郎年二十九爲北府都督卿比之已爲老矣
晦色甚愧元嘉中位侍中特進金紫光祿大夫卒初澹從
弟混與劉毅昵澹常以爲憂漸疎混每謂弟璞從子瞻曰
益壽此性終當破家混尋見誅朝廷以澹先言故不及禍
璞字景山幼孝友祖安深賞愛之位光祿勳
謝裕字景仁朗弟允之子而晦從父也名與宋武帝諱同

故以字行允字令度位宣城內史景仁幼爲從祖安所知
始爲前軍行參軍會稽王世子元顯嬖人張法順權傾一
時內外無不造門唯景仁不至年三十而方爲著作佐郎
桓玄誅元顯見景仁謂四坐曰司馬庶人父子云何不敗
遂令謝景仁三十而方佐著作郎玄建楚臺以補黃門侍
郎及篡位領驍騎將軍景仁博聞強識善叙前言往行玄
每與言不倦玄出行殷仲文卞範之之徒皆騎馬散從而
使景仁陪輦宋武帝爲桓脩撫軍中兵參軍嘗詣景仁諮
事景仁與語說因留帝食食未辦而景仁爲玄所召玄性
促俄頃間騎詔續至帝屢求去景仁不許曰主上見待要

應有方我欲與客食豈不得待竟安坐飽食然後應召帝
甚感之及平建鄴景仁與百僚同見武帝目之曰此名公
孫也歷位武帝鎮軍司馬復爲車騎司馬義熙五年帝將
伐慕容超朝議皆謂不可劉毅時鎮姑熟固止帝以爲苻
堅侵境謝太傅猶不自行宰相遠出傾動根本景仁獨曰
公建桓文之烈應天人之心雖業高振古而德刑未樹宜
推亡固存廣振威略平定之後養銳息徒然後觀兵洛汭
脩復園寢豈有繼敵貽患者哉帝從之及北伐大司馬琅
邪王天子母弟屬當儲副帝深以根本爲憂轉景仁大司
馬左司馬專總府任又遷吏部尚書時從兄混爲尚書左

僕射依制不得相監帝啓依僕射王彪之尚書王劭前例
不解職坐選吏部令史邢安泰爲都令史平原太守二官
共除安泰以令史職拜謁陵廟爲御史中丞鄭鮮之所糾
白衣領職十一年爲左僕射景仁性矜嚴整潔居宇淨麗
每唾輒唾左右人衣事畢即聽一日澣濯每欲唾左右爭
來受之武帝雅相知重申以昏姻廬陵王義眞妃景仁女
也十二年卒贈金紫光祿大夫葬日武帝親臨甚慟
子恂字泰溫位鄱陽太守恂子孺子少與族兄莊齊名多
藝能尤善聲律車騎將軍王或孺子姑之子也嘗與孺子
宴桐臺孺子吹笙或自起舞既而歎曰今日眞使人飄飄

有伊洛間意爲新安王主簿出爲廬江郡辭宋孝武謂有
司曰謝孺子不可屈爲小郡乃以爲司徒主簿後以家貧
求西陽太守卒官子璟少與從叔朓俱知名齊竟陵王子
良開西邸招文學璟亦預焉位中書郎梁天監中爲左戶
尚書再遷侍中固辭年老求金紫帝不悅未敘會卒
子微字玄度美風采好學善屬文位兼中書舍人與河東
裴子野沛國劉顯同官友善時魏中山王元略還北梁武
帝餞於武德殿賦詩三十韻限三刻成微二刻便就文甚美
帝再覽焉又爲臨汝侯猷製放生文亦見賞於世後除尚
書左丞及昭明太子薨帝立晉安王綱爲皇太子將出詔

唯召尚書右僕射何敬容宣惠將軍孔休源及微三人與
議微時年位尚輕而任遇已重後卒於北中豫章王長史
南蘭陵太守文集二十卷
純字景懋景仁弟也劉毅鎮江陵以爲衛軍長史南平相
及王鎮惡襲毅毅時病佐史聞兵至馳還入府左右引車
欲還外解純叱之曰我人吏也逃欲安之及入毅兵敗衆
散純爲人所殺純弟甝字景甝位司徒右長史
甝弟述字景先小字道兒少有至行隨純在江陵純遇害
述奉純喪還都至西塞遇暴風純喪舫流漂不知所在述
乘小船尋求純妻庾舫過庾遣人謂曰小郎去必無及

寧可存亡俱盡邪述號泣答曰若安全至岸尚須營理如
其已致意外述亦無心獨存因冒浪而進見純喪幾沒述
號叫呼天幸而獲免咸以爲精誠所致武帝聞而嘉之及
臨豫州諷中正以爲迎主簿甚被器遇景仁愛甝而憎述
嘗設饌請宋武帝帝命甝豫坐而帝召述述知非景仁夙
意又慮帝命之請急不從帝馳遣呼述須至乃歡其見重
如此及景仁疾述盡心視湯藥飲食必嘗而後進衣不解
帶不盥櫛者累旬景仁深感愧焉友愛遂篤及景仁卒哀
號過禮景仁肥壯實材數具皆不合用述哀惶親選延獲
焉爲太尉參軍從征司馬休之封吉陽縣五等侯元嘉二

年拜中書侍郎後爲彭城王義康驃騎長史領南郡太守
義康入相述又爲司徒左長史轉左衛將軍莅官清約私
無宅舍義康遇之甚厚尚書僕射殷景仁領軍將軍劉湛
並與述爲異常之交述美風姿善舉止湛每謂人曰我見
謝道兒未嘗足雍州刺史張邵以贓貨將致大辟述表陳
邵先朝舊勳宜蒙優貸文帝手詔酬納焉述語子綜曰主
上矜邵夙誠自將曲恕吾所啓謬會故特見納若此跡宜
布則爲侵奪主恩使綜對前焚之帝後謂邵曰卿之獲免
謝述力焉述有心虛疾性理時或乖謬卒於吳興太守喪
還未至都數十里殷景仁劉湛同乘迎赴望船流涕及劉

湛誅義康外鎮將行歎曰謝述唯勸吾退劉湛唯勸吾進
述亡而湛存吾所以得罪也文帝亦曰謝述若存義康必
不至此三子綜約緯綜有才藝善隸書爲太子中舍人與
范曄謀反伏誅約亦死緯尚宋文帝第五女長城公主素
爲綜約所憎免死徙廣州孝建中還都方雅有父風位正
員郎子朓

朓字玄暉少好學有美名文章清麗爲齊隨王子隆鎮西
功曹轉文學子隆在荊州好辭賦朓尤被賞不捨日夕長
史王秀之以朓年少相動欲以啓聞朓知之因事求還道
中爲詩寄西府曰常恐鷹隼擊時菊委嚴霜寄言罻羅者

寥廓已高翔是也仍除新安王中軍記室朓箋辭子隆曰
朓聞潢汙之水思朝宗而每竭駑蹇之乘希沃若而中疲
何則皋壤搖落對之惆悵岐路東西或以嗚唈況乃服義
徒擁歸志莫從邈若墜雨飄似秋蔕朓實庸流行能無算
屬天地休明山川受納褒采一介搜揚小善故得捨耒場
圃奉筆兔園東泛三江西浮七澤契闊戎旃從容讌語長
裾日曳後乘載脂榮立府廷恩加顏色沐髮晞陽未測涯
涘撫臆論報早誓肌骨不悟滄溟未運波臣自蕩渤澥方
春旅翮先謝清切藩房寂寥舊蓽輕舟反泝弔影獨留白
雲在天龍門不見去德滋永思德滋深唯待青江可望候

歸艎於春渚朱邸方開效蓮心於秋實如其簪屨或存衽
席無改雖復身塡溝壑猶望妻子知歸攬涕告辭悲來橫
集時荆州信去倚待朓執筆便成文無點易以本官兼尚
書殿中郎隆昌初敕朓接北使朓自以口訥啓讓見許明
帝輔政以爲驃騎諮議領記室掌霸府文筆又掌中書詔
誥轉中書郎出爲晉安王鎮北諮議南東海太守行南徐
州事啓王敬則反謀上甚賞之遷尚書吏部郎朓上表三
讓中書疑朓官未及讓以問國子祭酒沈約約曰宋元嘉
中范曄讓吏部朱脩之讓黃門蔡興宗讓中書並三表詔
答近代小官不讓遂成恒俗恐有乖讓意王藍田劉安西

並貴重初自不讓今豈可慕此不讓邪孫興公孔顗並讓
記室今豈可三署皆讓邪謝吏部今授超階讓別有意豈
關官之大小撝謙之美本出人情若大官必讓便與詣闕
章表不異例既如此謂都非疑朓讓優答不許朓善草隸
長五言詩沈約常云二百年來無此詩也敬皇后遷祔山
陵朓撰哀策文齊世莫有及者東昏失德江祏欲立江夏
王寶玄末更回惑與弟祀密謂朓曰江夏年少脫不堪不
可復行廢立始安年長入纂不乖物望非以此要富貴只
求安國家爾遥光又遣親人劉渢致意於朓朓自以受恩
明帝不肯答少日遥光以朓兼知衛尉事朓懼見引即以

祏等謀告左興盛又說劉暄曰始安一旦南面則劉渢劉
晏居卿今地但以卿爲反覆人爾暄陽驚馳告始安王及
江祏始安欲出朓爲東陽郡祏固執不與先是朓常輕祏
爲人祏常詣朓朓因言有一詩呼左右取既而便停祏問
其故云定復不急祏以爲輕己後祏及弟祀劉渢劉晏俱
候朓朓謂祏曰可謂帶二江之雙流以嘲弄之祏轉不堪
至是構而害之詔暴其過惡收付廷尉又使御史中丞范
岫奏收朓下獄死時年三十六臨終謂門賓曰寄語沈公
君方爲三代史亦不得見沒初朓告王敬則反敬則女爲
朓妻常懷刀欲報朓朓不敢相見及當拜吏部謙挹尤甚

尚書郎范縝嘲之曰卿人才無慙小選但恨不可刑于寡
妻朓有愧色及臨誅歎曰天道其不可昧乎我雖不殺王
公王公因我而死朓好獎人才會稽孔顗粗有才筆未爲
時知孔珪嘗令草讓表以示朓朓嗟吟良久手自折簡寫
之謂珪曰士子聲名未立應共獎成無惜齒牙餘論其好
善如此朓及殷叡素與梁武以文章相得帝以大女永興
公主適叡子鈞第二女永世公主適朓子謨及帝爲雍州
二女並暫隨母向州及武帝即位二主始隨内還武帝意
薄謨又以門單欲更適張弘策子策卒又以與王志子諲
而謨不堪歎恨爲書狀如詩贈主主以呈帝甚蒙矜歎而

婦終不得還尋用謨為信安縣稍遷王府諮議時以為沈
約早與朓善為制此書云
謝方明裕從祖弟也祖鐵字鐵石位永嘉太守父沖字秀
度中書郎家在會稽病歸為孫恩所殺贈散騎常侍方明
隨伯父吳興太守邈在郡孫恩寇會稽東土諸郡響應吳
興人胡桀郜驃破東遷縣方明勸邈避之不從賊至被害
方明逃免初邈舅子長樂馮嗣之及北方學士馮翊仇玄
達俱投邈禮待甚簡二人並恨遂與恩通謀劉牢之謝琰
等討恩恩走臨海嗣之等不得同去方更聚合方明體素
羸弱而勇決過人結邈門生討嗣之等悉禽手刃之時亂

後吉凶禮廢方明合門遇禍資產無遺而營舉凶功盡力
數月葬送並畢平世備禮無以加也頃之孫恩重陷會稽
謝琰見害因購方明甚急方明於上虞載母妹奔東陽由
黃蘗嶠出鄱陽附載還都寄居國子學流離險厄屯苦備
經而貞履之操在約無改桓玄剋建鄴丹楊尹卞範之勢
傾朝野欲以女嫁方明方明終不回桓玄聞而賞之即除
著作佐郎後從兄景仁舉為宋武中軍主簿方明知無不
為帝謂曰愧未有瓜衍之賞且當與卿共豫章國祿屢加
賞賜方明嚴恪善自居遇雖暗室未嘗有惰容從兄混有
重名唯歲節朝拜而已丹楊尹劉穆之權重當時朝野輻

湊其不至者唯混方明郗僧施蔡廓四人而已穆之甚恨
及混等誅後方明廓來往造穆之穆之大悅白武帝曰謝
方明可謂名家駒及蔡廓直置並台鼎人無論復有才用
頃之轉從事中郎仍為右將軍道憐長史武帝令府中衆
事皆諮決之府轉為中軍長史尋加晉陵太守復為驃騎
長史南郡相委任如初嘗年終江陵縣獄囚事無輕重悉
放歸家使過正三日還到罪重者二十餘人綱紀以下莫
不疑懼時晉陵郡送故主簿弘季咸徐壽之並隨在西固
諫以為昔人雖有其事或是記籍過言且當今人情偽薄
不可以古義相許方明不納一時遣之囚及父兄並驚喜

涕泣以為就死無恨至期有重罪一人醉不能歸違二日
乃反餘一囚十日不來五官朱千期請見欲自討之方明
知為囚事使左右謝五官不須入囚自當反囚逡巡墟里
不能自歸鄉村責讓率領將送竟無逃者遠近歎服焉宋
武帝受命位侍中丹楊尹有能名轉會稽太守江東人戶殷
盛風俗峻刻強弱相陵姦吏蜂起符書一下文攝相續方
明深達政體不拘文法闊略苛細務在統領貴族豪士莫
敢犯禁除比伍之坐判久繫之獄前後征伐每兵運不充
悉倩士庶事寧皆使還本而守宰不明與奪乖謬人事不
至必被抑塞方明簡汰精當各順所宜東土稱詠之性尤

愛惜未嘗有所是非承代前人不易其政必宜改者則漸變使無迹可尋卒官

子惠連年十歲能屬文族兄靈運加賞之云每有篇章對惠連輒得佳語嘗於永嘉西堂思詩竟日不就忽夢見惠連即得池塘生春草大以爲工常云此語有神功非吾語也本州辟主簿不就惠連先愛幸會稽郡吏杜德靈及居父憂贈以五言詩十餘首秉流遵歸路諸篇是也坐廢不豫榮位尚書僕射殷景仁愛其才言次白文帝言臣小兒時便見此文而論者云是惠連其實非也文帝曰若此便應通之元嘉七年方爲司徒彭城王義康法曹行參軍義

南史列傳九　十六

康修東府城城塹中得古冢爲之改葬使惠連爲祭文留信待成其文甚美又爲雪賦以高麗見奇靈運見其新文每曰張華重生不能易也文章並行於世年三十七卒既早亡輕薄多尤累故官不顯無子惠連弟惠宣位臨川太守

謝靈運安西將軍弈之曾孫而方明從子也祖玄晉車騎將軍父瑍生而不慧位秘書郎早亡靈運幼便穎悟玄甚異之謂親知曰我乃生瑍瑍兒何爲不及我靈運少好學博覽羣書文章之美與顏延之爲江左第一縱横俊發過於延之深密則不如也從叔混特加愛之襲封康樂公以國公例除員外散騎侍郎不就爲琅邪王大司馬行參軍

性豪侈車服鮮麗衣物多改舊形制世共宗之咸稱謝康樂也累遷祕書丞坐事免宋武帝在長安靈運爲世子中軍諮議黃門侍郎奉使慰勞武帝於彭城作撰征賦後爲相國從事中郎世子左衛率坐輒殺門生免官宋受命降公爵爲侯又爲太子左衛率靈運多愆禮度朝廷唯以文義處之不以應實相許自謂才能宜參權要既不見知常懷憤惋廬陵王義眞少好文籍與靈運情款異常少帝即位權在大臣靈運構扇異同非毁執政司徒徐羨之等患之出爲永嘉太守郡有名山水靈運素所愛好出守既不得志遂肆意遊遨徧歷諸縣動踰旬朔理人聽訟不復關

南史列傳九　十七

懷所至輒爲詩詠以致其意在郡一周稱疾去職從弟晦曜弘微等並與書止之不從靈運父祖並葬始寧縣并有故宅及墅遂移籍會稽脩營舊業傍山帶江盡幽居之美與隱士王弘之孔淳之等放蕩爲娛有終焉之志每有一首詩至都下貴賤莫不競寫宿昔間士庶皆徧名動都下作山居賦并自注以言其事文帝誅徐羨之等徵爲秘書監再召不起使光祿大夫范泰與書敦奬乃出使整秘閣書遺闕又令撰晉書粗立條流書竟不就尋遷侍中賞遇甚厚靈運詩書皆兼獨絕每文竟手自寫之文帝稱爲二寶既自以名輩應參時政至是唯以文義見接每侍上宴

談賞而已王曇首王華殷景仁等名位素不踰之並見任遇意既不平多稱疾不朝直穿池植援種竹樹果驅課公役無復期度出郭游行或一百六七十里經旬不歸既無表聞又不請急上不欲傷大臣諷旨令自解靈運表陳疾賜假東歸將行上書勸伐河北而游娛宴集以夜續晝復爲御史中丞傅隆奏免官是歲元嘉五年也靈運既東與族弟惠連東海何長瑜潁川荀雍太山羊璿之以文章賞會共爲山澤之游時人謂之四友惠連幼有奇才不爲父方明所知靈運去永嘉還始寧時方明爲會稽靈運造方明過視惠連大相知賞靈運性無所推唯重惠連與爲刎頸

交時何長瑜教惠連讀書亦在郡內靈運又以爲絕倫謂方明曰阿連才悟如此而尊作常兒遇之長瑜當今仲宣而餉以下客之食尊既不能禮賢宜以長瑜還靈運載之而去荀雍字道雍官至員外散騎郎璿之字曜璠爲臨川內史被司空竟陵王誕所遇誕敗坐誅長瑜才亞惠連雍璿不及也臨川王義慶招集文士長瑜自國侍郎至平西記室參軍嘗於江陵寄書與宗人何勗以韻語序義慶州府僚佐云陸展染白髮欲以媚側室青青不解久星星行復出如此者五六句而輕薄少年遂演之凡人士並爲題目皆加劇言苦句其文流行義慶大怒白文帝除廣州所

統曾城令及義慶薨朝士並詣第敘哀何勗謂袁淑曰長瑜便可還也淑曰國新喪宋宜以流人爲念廬陵王紹鎮尋陽以長瑜爲南中郎行參軍掌書記之任行至板橋遇暴風溺死靈運因祖父之資生業甚厚奴僮既衆義故門生數百鑿山浚湖功役無已尋山陟嶺必造幽峻巖嶂數十重莫不備盡登躡常著木屐上山則去其前齒下山去其後齒嘗自始寧南山伐木開徑直至臨海從者數百臨海太守王琇驚駭謂爲山賊末知靈運乃安又要琇更進琇不肯靈運贈琇詩曰邦君難地嶮旅客易山行在會稽亦多從衆驚動縣邑太守孟顗事佛精懇而爲靈運所輕

嘗謂顗曰得道應須慧業丈人生天當在靈運前成佛必在靈運後顗深恨此言又與王弘之諸人出千秋亭飲酒倮身大呼顗深不堪遣信相聞靈運大怒曰身自大呼何關癡人事會稽東郭有回踵湖靈運求決以爲田文帝令州郡履行此湖去郭近水物所出百姓惜之顗堅執不與靈運既不得回踵又求始寧休崲湖爲田顗又固執靈運謂顗非存利人政慮決湖多害生命言論傷之與顗遂隙因靈運橫恣表其異志發兵自防露板上言靈運馳詣闕上表自陳本末文帝知其見誣不罪也不欲復使東歸以爲臨川內史在郡游放不異永嘉爲有司所糾司徒遣使

隨州從事鄭望生收靈運靈運興兵叛逸遂有逆志爲詩曰韓亡子房奮秦帝魯連耻本自江海人忠義感君子追討禽之送廷尉廷尉論正斬刑上愛其才欲免官而已彭城王義康堅執謂不宜恕詔以謝玄勳參微管宜宥及後嗣降死徙廣州後秦郡府將宋齊受使至涂口行達桃墟村見有七人下路聚語疑非常人還告郡縣遣兵隨齊掩討禽之其一人姓趙名欽云同村薛道雙先與靈運共事道雙因同村成國報欽云靈運犯事徙廣州給錢令買弓箭刀楯等物使道雙要合鄉里健兒於三江口篡之若得者如意後功勞是同遂合部黨要謝不得及還饑饉緣路

爲刼有司奏收之文帝詔於廣州棄市臨死作詩曰龔勝無餘生李業有終盡嵇公理既迫霍生命亦殞所稱龔勝李業猶前詩子房魯連之意也時元嘉十年年四十九所著文章傳於世孟顗字彥重平昌安丘人衛將軍昶弟也昶顗並美風姿時人謂之雙珠昶貴盛顗不就辟昶死後顗歷侍中僕射太子詹事散騎常侍左光祿大夫嘗就徐羨之因敘關洛中事顗歎劉穆之終後便無繼者王弘亦在甚不平曰昔魏朝酷重張郃謂不可一日無之及郃死何關興廢顗不悅衆賓笑而釋之後卒於會稽太守靈運子鳳坐靈運徙嶺南早卒

鳳子超宗隨父鳳嶺南元嘉末得還與慧休道人來往好學有文辭盛得名譽選補新安王子鸞國常侍王母殷淑儀卒超宗作誄奏之帝大嗟賞謂謝莊曰超宗殊有鳳毛靈運復出時右衛將軍劉道隆在御坐出候超宗曰聞君有異物可見乎超宗曰懸罄之室復有異物邪道隆武人無識正觸其父名曰旦侍宴至尊說君有鳳毛超宗徒跣還內道隆謂檢覓鳳毛至闇待不得乃去泰始中爲尚書殿中郎三年都令史駱宰議策秀孝格五問並得爲上四三爲中二爲下一不第超宗議不同詔從宰議齊高帝爲領軍愛其才衛將軍袁粲聞之謂高帝曰超宗開亮善可與語取爲長史臨淮太守粲誅高帝以超宗爲義興太守昇明二年坐公事免詣東府門自通其日風寒高帝謂四坐曰此客至使人不衣自暖矣超宗既坐飲酒數盃辭氣橫出高帝對之甚歡及齊受禪爲黃門郎有司奏撰郊廟歌上敕司徒褚彥回侍中謝朏散騎侍郎孔珪太學博士王咺之總明學士劉融何法圖何曇秀作者凡十人超宗辭獨見用爲人恃才使酒多所陵忽在直省常醉上召見語及北方事超宗曰虜動來二十年矣佛出亦無如之何以失儀出爲南郡王中軍司馬人問曰承有朝命定是何府超宗怨望答曰不知是司馬爲是司驢既是驢府政應爲

司驪爲有司奏以怨望免禁錮十年後司徒褚彥回因送
湘州刺史王僧虔閣道壞墜水僕射王儉驚跳下車超宗
拊掌笑曰落水三公墜車僕射彥回出水沾濕狼藉超宗
先在僧虔舫抗聲曰有天道焉天所不容地所不受投畀
河伯河伯不受彥回大怒曰寒士不遜超宗曰不能賣袁
劉得富貴焉免寒士前後言誚稍布朝野武帝即位使掌
國史除竟陵王征北諮議領記室愈不得志超宗爲子娶
張敬兒女爲婦帝甚疑之及敬兒誅超宗謂丹陽尹李安
人曰往年殺韓信今年殺彭越君欲何計安人具啓之上
積懷超宗輕慢使兼中丞袁彖奏超宗請付廷尉武帝雖

可其奏以彖言辭依違使左丞王逡之奏彖輕文略奏撓
法容非請免彖所居官詔彖匿情欺國愛朋罔主免官禁
錮十年超宗下廷尉一宿鬢白皓首詔徙越嶲行至豫章
上敕豫章內史虞悰賜盡勿傷其形骸明年超宗門生王
永先又告超宗子才卿死罪二十餘條上疑其妄以才卿
付廷尉辯以不實見原永先於獄盡之
才卿弟幾卿清辯時號神童超宗徙越嶲詔家人不得相
隨幾卿年八歲別父於新亭不勝其慟遂投於江超宗命
佑客數人入水救之良久涌出得就岸壓耳目口鼻出水
數斗十餘日乃裁能言居父憂哀毀過禮年十二召補國

子生齊文惠太子自臨策試謂王儉曰幾卿本長玄理今
可以經義訪之儉承旨發問幾卿辯釋無滯文惠大稱賞
焉儉謂人曰謝超宗爲不死矣及長博學有文采仕齊爲
大尉晉安王主簿梁天監中自尚書三公郎爲書侍御史
舊郎官轉爲此職者世謂之南奔幾卿頗失志多陳疾臺
事略不復理累遷尚書左丞幾卿詳悉故實僕射徐勉每
有疑滯多詢訪之然性通脫會意便行不拘朝憲嘗預樂
遊苑宴不得醉而還因詣道邊酒壚停車褰幔與車前三
騶對飲時觀者如堵幾卿處之自若後以在省署夜著犢
鼻褌與門生登閣道飲酒酣呼爲有司糾奏坐免普通六

年詔西昌侯藻督衆軍北侵幾卿啓求行擢爲藻軍師長
史將行與僕射徐勉別勉云淮淝之役前謝已著奇功未
知今謝何如幾卿應聲曰已見今徐勝於前徐後謝何必
愧於前謝勉默然軍至渦陽退敗幾卿坐免官居白楊石
井宅朝中交好者載酒從之客恒滿坐時左丞庾仲容亦
免歸二人意相得並肆情誕縱或乘露車歷游郊野醉則
執鐸挽歌不屑物議湘東王繹在荊鎮與書慰勉之後爲
太子率更令放達不事容儀性不容非與物多忤有乖己
者輒肆意罵之退無所言遷左丞僕射省嘗議集公卿幾
卿外還宿醉未醒取枕高卧傍若無人又嘗於閤省裸袒

酣飲及醉小遺下霑令史爲南司所彈幾卿亦不介意轉
左光祿長史卒文集行於世幾卿雖不持檢操然於家門
篤睦兄才卿早卒子藻幼孤幾卿撫養甚至及藻成立歷
清官皆幾卿獎訓之力也
論曰謝晦以佐命之功當顧托之重殷憂在日黜昏啓聖
於社稷之計蓋爲大矣但廬陵之殞事非主命昌門之覆
有乖臣道憣陸所慎理異於斯加以身處上流兵權總己
將欲以外制內豈人主所久堪乎向令徐傅不亡道濟居
外四權制命力足相侔劉氏之危則有逾累卵以此論罰
豈曰妄誅宣遠所爲寒心可謂睹其萌矣然謝氏自晉以

降雅道相傳景恬景仁以德素傳美景懋景先以節義流
譽方明行已之度玄暉藻繢之奇各擅一時可謂德門者
矣靈運才名江左獨振而猖獗不已自致覆亡人各有能
茲言乃信惜乎

列傳第九　南史十九

列傳第十　南史二十

李　延壽

謝弘微

子莊　孫朏　曾孫譓　玄孫哲　朏弟顥　顥弟瀹　瀹子覽　覽弟舉　舉子嘏　舉兄子僑

謝密字弘微晉西中郎萬之曾孫尚書左僕射景仁從子
也祖韶車騎司馬父思武昌太守弘微年十歲繼從叔峻
名犯所繼內諱故以字行童幼時精神端審時然後言所
繼叔父混名知人見而異之謂思曰此兒深中夙敏方成
佳器有子如此足矣峻司空琰子也於弘微本服緦親戚
中表素不相識率意承接皆合禮衷義熙初襲爵建昌縣
侯弘微家素貧儉而所繼豐泰唯受數千卷書國吏數人

而已遺財祿秩一不關預混聞而驚歎謂國郎中令漆凱
之曰建昌國祿本應與北舍共之國侯既不厝意今可依
常分送弘微重混言乃少有所受北舍弘微本家也混風
格高峻少所交納唯與族子靈運瞻晦曜以文義賞會常
共宴處居在烏衣巷故謂之烏衣之游混詩所言昔爲烏
衣游戚戚皆親姓者也其外雖復高流時譽莫敢造門瞻
等才辭辯富弘微每以約言服之混特所敬貴號曰微子
謂瞻等曰汝諸人雖才義豐辯未必皆愜衆心至於領會
機賞言約理要故當與我共推微子常云阿遠剛躁負氣
阿客博而無檢曜仗才而持操不篤晦自知而納善不周

設復功濟三才終亦以此爲恨至如微子吾無間然又言微子異不傷物同不害正若年造六十必至公輔嘗因酣讌之餘爲韻語以獎勸靈運瞻等曰康樂誕通度實有名家韻若加繩染功剖瑩乃瓊瑾宣明體遠識穎達且沈儁若能去方執穆穆三才順阿多標獨解弱冠纂華胤質勝誠無文其尚又能峻通遠懷清悟采采摽蘭訥直轡鮮不躓抑用解偏吝微子基微尚無倦由慕藺勿輕一簣少進往必千仞數子勉之哉風流由爾振如不犯所知此外無所慎靈運瞻等並有誠厲之言唯弘微獨盡褒美曜弘微兄多其小子通遠即瞻字客兒靈運小名也晉世名家身

有國封者起家多拜員外散騎侍郎弘微亦拜員外散騎侍郎琅邪王大司馬參軍義熙八年混以劉毅黨見誅混妻晉陵公主改適琅邪王練公主雖執意不行而詔與謝氏離絕公主以混家事委之弘微混仍世宰相一門兩封田業十餘處僮役千人唯有二女年並數歲弘微經紀生業事若在公一錢尺帛出入皆有文簿宋武受命晉陵公主降封東鄉君以混得罪前代東鄉君節義可嘉聽還謝氏自混亡至是九年而室宇脩整倉廩充盈門徒不異平日田疇墾闢有加於舊東鄉君歎曰僕射生平重此一子可謂知人僕射爲不亡矣中外姻親道俗義舊見東鄉之

歸者入門莫不歎息或爲流涕感弘微之義也性嚴正舉止必脩禮度事繼親之黨恭謹過常伯叔二母歸宗兩姑晨夕瞻奉盡其誠敬內外或傳語通訊輒正其衣冠婢僕之前不妄言笑由是尊卑大小敬之若神時有蔡湛之者及見謝安兄弟謂人曰弘微貌類中郎而性似文靖文帝初封宜都王鎮江陵以琅邪王球爲友弘微爲文學母憂去職居喪以孝稱服闋疏素踰時文帝即位爲黃門侍郎與王華王曇首殷景仁劉湛等號曰五臣遷尚書吏部郎參機密尋轉右衛將軍諸故吏臣佐並委弘微選擬居身清約器服不華而飲食滋味盡其豐美兄曜歷御史中丞

彭城王義康驃騎長史卒官弘微哀戚過禮服雖除猶不噉魚肉沙門釋慧琳嘗與之食見其猶蔬素謂曰檀越素既多疾即吉猶未復膳若以無益傷生豈所望於得理弘微曰衣冠之變禮不可踰在心之哀實未能已遂廢食歔欷不自勝弘微少孤事兄如父友睦之至舉世莫及口不言人短見兄曜好臧否人物每聞之常亂以他語歷位中庶子加侍中志在素宦畏忌權寵固讓不拜乃聽解中庶子每獻替及陳事必手書焚草人莫之知上以弘微能膳羞每就求食弘微與親舊經營及進之後親人問上所御弘微不荅別以餘語詶之時人比之漢世孔光及東鄉君

薨遺財千萬園宅十餘所及會稽吳興琅邪諸處太傅安
司空琰時事業奴僮猶數百人公私咸謂室內資財宜歸
二女田宅僮僕應屬弘微弘微一不取自以私祿營葬混
女夫殷叡素好摴蒲聞弘微不取財物乃濫奪其妻妹及
伯母兩姑之分以還戲責內人皆化弘微之讓一無所爭
弘微舅子領軍將軍劉湛謂弘微曰天下事宜有裁衷卿
此不問何以居官弘微笑而不答或有譏以謝氏累世財
產充殷君一朝戲責譬棄物江海以為廉耳弘微曰親戚
爭財為鄙之甚今內人尚能無言豈可導之使爭今分多
共少不至有乏身死之後豈復見關東鄉君葬混墓開弘

微牽疾臨赴病遂甚元嘉十年卒年四十二文帝歎惜甚
至謂謝景仁曰謝弘微王曇首年踰四十名位未盡其才
此朕之責也弘微性寬博無喜慍末年嘗與友人棊友人
西南棊有死勢復一客曰西南風急或有覆舟者友悟乃
救之弘微大怒投局於地識者知其暮年之事果以此歲
終時有一長鬼寄司馬文宣家言被遣殺弘微弘微疾每
劇輒豫告文宣及弘微死與文宣分別而去弘微臨終語
左右曰有二厨書須劉領軍至可於前燒之慎勿開也書
是文帝手敕上甚痛惜之使二衞千人營畢葬事追贈太
常弘微與琅邪王慧王球並以簡淡稱人謂沈約曰王慧
何如約曰令明簡次問王球約曰倩玉淡又次問弘微約
曰簡而不失淡而不流古之所謂名臣弘微當之其見美
如此子莊

莊字希逸七歲能屬文及長韶令美容儀宋文帝見而異
之謂尚書僕射殷景仁領軍將軍劉湛曰藍田生玉豈虛
也哉為隨王誕後軍諮議領記室分左氏經傳隨國立篇
製大方文圖山川土地各有分理離之則州郡殊別合之
則寓內為一元嘉二十七年魏攻彭城遣尚書李孝伯與
鎮軍長史張暢語孝伯訪問莊及王微其名聲遠布如此
二十九年除太子中庶子時南平王鑠獻赤鸚鵡普詔群

臣為賦太子左衞率袁淑文冠當時作賦畢示莊及見莊
賦歎曰江東無我卿當獨秀我若無卿亦一時之傑遂隱
其賦元凶弒立轉司徒左長史孝武入討密送檄書與莊
令加改正宣布之莊遣腹心門生具慶奉啓事密詣孝武
陳誠及帝踐祚除侍中時魏求通互市上詔羣臣博議莊
議以為拒而觀釁有足表強驃騎竟陵王誕當為荊州徵
丞相荊州刺史南郡王義宣入輔義宣固辭不入而誕便
克日下船莊以丞相既無入志而驃騎發便有期如似欲
相偪切帝乃申誕發日義宣竟亦不下孝建元年遷左將
軍莊有口辯孝武嘗問顏延之曰謝希逸月賦何如答曰

羨則羨矣但莊始知隔千里兮共明月帝召莊以延之荅
語語之莊應聲曰延之作秋胡詩始知生爲久離別沒爲
長不歸帝撫掌竟日又王玄謨問莊何者爲雙聲何者爲
疊韻荅曰玄護爲雙聲磝碻爲疊韻其捷速若此初孝武
甞賜莊寶劒莊以與豫州刺史魯爽後爽叛帝因宴問劒
所在荅曰昔以與魯爽別竊爲陛下杜郵之賜上甚悅當
時以爲知言于時搜才路狹莊表陳求賢之義曰臣聞功
傾魏后非特照車之珍德柔秦客豈徒秘璧之貴隆陂所
漸成敗之由何甞不興資得才替因失士故楚書以善人
爲寶虞典以則哲爲難而進選之擧既隤於中代登造之律

未聞當今必欲豐本康務庇人濟俗匪更懲濫奚取九成
夫才生於時古今豈貳士出於世屯泰焉殊升歷中陽英
賢起於徐沛受籙白水茂異出於荊宛寧二都智之所產
七隩愚之所育寔遇與不遇用與不用耳今大道光亨萬
務俟德而九服之曠九流之艱提鈞懸衡委之選部一人
之鑒易限天下之才難源以易限之鑒鏡難源之才使國
罔遺賢野無滯器其可得乎昔公叔登臣管仲升盜趙文
非私親疎嗣祁奚豈謟讎比子姑茅以彙作範前經舉爾
所知式昭往牒且自古任薦弘明賞罰成子擧三哲而身
致魏輔應侯任二士而已捐秦相臼季稱冀缺而疇以田

菜張勃進陳湯而坐之弛爵此則先事之盛準亦後王之
彝鑒臣謂宜普命大臣各擧所知以付尚書依分銓用若
任得其才擧主延賞有不稱職宜及其坐重者免黜輕者
左遷被擧之身加以禁錮年數多少隨愆議制若犯大辟
則任者刑論又政平訟理莫先親人親人之要實歸守宰
故黃霸莅潁川累稔杜畿居河東歷載或就加恩秩或入
崇暉寵今莅人之職宜遵六年之限進得章明庸情退得
人不勤勞如此則上靡棄能下無浮謗考績之風載泰薪
櫄之歌克昌初文帝世限年三十而仕郡縣六周乃選代
刺史或十年餘至是皆易之仕者不拘長少莅人以三周

爲滿宋之善政於是乎衰是年拜吏部尚書莊素多疾不
願居選部與大司馬江夏王義恭牋自陳兩脇癖疾殆與
生俱一月發動不減兩三每痛來逼心氣餘如綖利患數
年遂成痼疾吸吸惙惙常如行尸眼患五月來便不復得
夜坐恒閉帷避風晝夜惛懵爲此不復得朝謁諸王慶弔
親舊今之所止唯在小閤下官微命於天下至輕在己不
能不重家世無年亡高祖四十曾祖三十三亡祖四十七
下官新歲便四十五加以疾患如此當復幾時入年當申
前請以死自固願侍坐言次賜垂接助三年坐疾多免官
大明元年起爲都官尚書上時親覽朝政慮權移臣下以

吏部尚書選舉所由欲輕其勢力二年詔吏部尚書依部
分置并詳省閑曹又別詔太宰江夏王義恭曰吏部尚書
由來與錄共選良以一人之識不辦洽通兼與奪威權不
宜專一故也於是置吏部尚書二人省五兵尚書莊及度
支尚書顧覬之並補選職遷左衞將軍加給事中時河南
獻舞馬詔羣臣為賦莊所上甚美又使莊作舞馬歌令樂
府歌之五年又為侍中領前軍將軍時孝武出行夜還敕
開門莊居守以棨信或虛須墨詔乃開上後因宴從容曰
卿欲劾郅君章邪對曰臣聞蒐巡有度郊祀有節盤于遊
田著之前誡陛下今蒙犯塵露晨往宵還容致不逞之徒

妄生矯詐臣是以伏須神筆六年又為吏部尚書領國子
博士坐選公車令張奇免官事在顏師伯傳後除吳郡太
守前廢帝即位以為金紫光祿大夫初孝武寵姬殷貴妃
薨莊為誄言贊軌堯門引漢昭帝母趙婕妤堯母門事廢
帝在東宮銜之至是遣人詰莊曰卿昔作殷貴妃誄知有
東宮不將誅之孫奉伯說帝曰死是人之所同政復一往
之苦不足為困莊少長富貴且繫之尚方使知天下苦劇
然後殺之未晚帝曰卿言有理繫於左尚方明帝定亂得
出使為赦詔莊夜出署門方坐命酒酌之已微醉傳詔停
待詔成其文甚工後為尋陽王師加中書令散騎常侍尋

加金紫光祿大夫給親信二十人卒贈右光祿大夫謚憲
子所著文章四百餘首行于世五子颺朏顥纘瀹世謂莊
名子以風月景山水颺位晉平太守女為順帝皇后追贈
金紫光祿大夫

朏字敬沖幼聰慧莊器之常置左右十歲能屬文莊游土
山使朏命篇攬筆便就琅邪王景文謂莊曰賢子足稱神
童復為後來特達莊撫朏背曰真吾家千金宋孝武
帝游姑孰敕莊攜朏從駕詔為洞井讚於坐奏之帝曰雖
小重也仕宋為衞將軍袁粲長史粲性簡峻時人方之李
膺朏謁退粲曰謝令不死矣宋明帝嘗敕朏與謝鳳子超

宗從鳳莊門入二人俱至超宗曰君命不可以不往乃趨
而入朏曰君處臣以禮進退不入時人兩稱之以比王尊
王陽後為臨川內史以賄見劾袁粲寢其事齊高帝為驃
騎將軍輔政選朏為長史高帝方圖禪代欲以朏佐命遷
左長史每夕置酒獨與朏論魏晉故事言石苞不早勸晉
文死方慟哭方之馮異非知機也朏曰昔魏臣有勸魏武
即帝位魏武曰有用我者其周文王乎晉文世事魏氏將
必終身北面假使魏早依唐虞故事亦當三讓彌高帝不
悅更引王儉為左長史以朏為侍中領祕書監及齊受禪
朏當日在直百僚陪位侍中當解璽朏佯不知曰有何公

章傳詔云解璽授齊王朏曰齊自應有侍中乃引枕臥傳
詔懼乃使稱疾欲取兼人朏曰我無疾何所道遂朝服出
東掖門乃得車仍還宅是日遂以王儉為侍中解璽既而
武帝請誅朏高帝曰殺之則成其名正應容之度外又以
家貧乞郡辭旨抑揚詔免官禁錮五年永明中為義興太
守在郡不省雜事悉付綱紀曰吾不能作主者吏但能作
太守耳歷都官尚書中書令侍中領新安王師求出仍為
吳興太守明帝謀入嗣位引朝廷舊臣朏內圖止足且實
避事弟㵾時為吏部尚書朏至郡致㵾數斛酒遺書曰可
力飲此勿豫人事朏居郡每不理常務聚斂眾頗譏之亦

不屑也建武四年徵為侍中中書令不應遣諸子還都獨
與母留築室郡之西郭明帝詔加優禮旌其素槩賜牀帳
褥席奉以卿祿時國子祭酒廬江何胤亦抗表還會稽永
元中詔徵朏胤並不屈時東昏皆命迫遣會梁武帝起兵
及建鄴平徵朏胤並補軍諮祭酒皆不至及即位詔徵朏
為侍中左光祿大夫開府儀同三司胤散騎常侍特進右
光祿大夫又並不屈仍遣領軍司馬王果敦譬朏朏謀於
何胤胤欲獨高其節紿曰與王之世安可久處明年六月
朏輕出詣闕自陳帝笑曰子陵遂能屈志詔以為侍中司
徒尚書令朏辭腳疾不堪拜謁乃角巾自輿詣雲龍門謝

詔見於華林園乘小車就席明旦乘輿出幸朏宅宴語盡
歡朏固陳本志不許又固請自還迎母許之臨發輿駕臨
幸賦詩餞別王人送迎相望於道到都敕材官起府於舊
宅武帝臨軒遣謁者於府拜授詔停諸公事及朔望朝謁
三年元會詔朏乘小輿升殿朏素憚煩及居台鉉兼掌內
臺職事多不覽以此頗失眾望其年母憂尋有詔攝職如
故五年改授中書監司徒衛將軍固讓不受遣謁者敦授
留府門及暮至於經春夏八月乃拜受焉是冬薨車駕出
臨哭謚曰靖孝武初朏為吳興以雞卵賦人收雞數千及
遁節不全為清談所少著書及文章行於世子諼位司徒

右長史坐殺牛廢黜為東陽內史及還五官送錢一萬止
留一百答曰數多劉寵更以為愧
次子譓不妄交接門無雜賓有時獨醉曰入吾室者但有
清風對吾飲者唯當明月位右光祿大夫子哲字頤豫美
風儀舉止醞籍襟情豁朗為士君子所重仕梁至廣陵太
守侯景之亂因寓居焉仕陳歷吏部尚書中書令侍中司
徒左長史卒謚康子
顥字仁悠朏弟也少簡靜宋末為豫章太守至石頭遂白
服登烽火樓坐免官詣齊高帝自占謝言辭清麗容儀端
雅左右為之傾目宥而不問齊永明初高選文學以顥為

竟陵王友歷吏部郎有簡秀之目卒於北中郎長史
顥弟瀹字義潔年七歲王景文見而異之言於宋孝武召
見於人衆中瀹舉止閑詳應對合旨帝悅詔尚公主景和
敗事寢僕射褚彥回以女妻之厚爲資送性甚敏贍嘗與
劉悛飲推讓久之悛曰謝莊兒不可云不能飲瀹曰苟得
其人自可流湎千日悛甚慙無言仕齊累遷中書侍郎衛
軍王儉引爲長史雅相禮遇後拜吏部尚書明帝廢鬱林
領兵入殿左右驚走報瀹瀹與客圍棊每下子輒云其當
有意竟局乃還齋臥竟不問外事明帝即位瀹又屬疾不
知公事蕭諶以兵臨起之瀹曰天下事公卿處之足矣且

死者命也何足以此懼人後宴會功臣上酒尚書令王晏
等興席瀹獨不起曰陛下受命應天王晏以爲已力獻觴
遂不見報上大笑解之坐罷晏呼瀹共載欲相撫悅瀹又
正色曰君巢窟在何處晏初得班劒瀹謂曰身家太傅裁
得六人若何事頓得二十晏甚憚之謂江祏曰彼上人者
難爲訓對加領右軍將軍兄朏在吳興論啓公事稽晚瀹
輒代朏爲啓上知非朏手迹被問見原永泰元年卒於太
子詹事贈金紫光祿大夫謚簡子初朏爲吳興瀹於征虜
渚送別朏指瀹口曰此中唯宜飲酒瀹建武之朝專以長
酣爲事與劉瑱沈昭略交飲各至數斗齊武帝問王儉當

今誰能爲五言儉曰朏得父膏腴江淹有意上起禪靈寺
敕瀹撰碑文瀹子覽
覽字景滌選尚齊錢唐公主拜駙馬都尉梁武平建鄴朝
士王亮王瑩等數人揖自餘皆拜覽時年二十餘爲太子
舍人亦長揖而已意氣閑雅視瞻聰明武帝目送良久謂
徐勉曰覺此生芳蘭竟體想謝莊政當如此自此仍被賞
味天監元年爲中書侍郎掌吏部事頃之即眞嘗侍坐受
敕與侍中王暕爲詩荅贈其文甚工乃使重作復合旨帝
賜詩云雙文旣後進二少實名家豈伊爾棟隆信乃俱國
華爲侍中頗樂酒因宴席與散騎常侍蕭琛辭相詆毀爲

有司所奏武帝以覽年少不直出爲中權長史後拜吏部
尚書出爲吳興太守中書舍人黃睦之家居烏程子弟專
橫前太守皆折節事之覽未到郡睦之弟迎覽覽逐去其
船杖吏爲通者自是睦之家杜門不出郡境多刧爲東道
患覽下車肅然初齊明帝及覽父瀹東海徐孝嗣並爲吳
興號爲名守覽皆過之覽昔在新安頗聚斂至是遂稱廉
絜時人方之王述卒於官贈中書令
覽弟舉字言揚幼好學與覽齊名年十四嘗贈沈約詩爲
約所賞弱冠丁父憂毀幾致滅服闋爲太常博士與兄覽
俱預元會江淹一見並相欽挹曰所謂馭二龍於長塗者

也爲太子家令掌管記深爲昭明太子賞接祕書監任昉出爲新安郡別舉詩云詎念耆嗟人方深老夫託其屬意如此梁武嘗訪舉於覽覽曰識藝過臣甚遠唯飲酒不及於臣帝大悅尋除安成郡守母往於郡喪辭不赴歷位左戶尚書遷掌吏部尚書舉祖莊父瀹兄覽並經此職前代少比舉尤長玄理及釋氏義爲晉陵郡時常與義學僧遞講經論徵士何胤自虎丘山出赴之其盛如此先是北度人盧廣有儒術爲國子博士於學發講僕射徐勉以下畢至舉造坐屢折廣辭理遒邁廣深歎服仍以所執麈尾班竹枝滑石書格薦之以況重席焉加侍中遷尚書右僕射

大同三年出爲吳郡太守先是何敬容居郡有美績世稱爲何吳郡及舉爲政聲跡略相比曾要何徵君講中論何難以巾褐入南門乃從東囷進致詩往復爲虎丘山賦題于寺入爲侍中太子詹事翊左將軍舉父瀹齊時終此官累表乞改數不許後遷尚書僕射侍中將軍如故舉雖屢居端揆未嘗肯預時政保身固寵不能有所發明因疾陳解數輒賜假并敕處方加給上藥其恩遇如此侯景來降帝詢訪朝臣舉及朝士皆請拒之帝從朱异言納之以爲景能立功趙魏舉等不敢復言太清二年遷尚書令辛于內臺上曰舉非止歷官已多亦人倫儀表乂著公望悵恨未授之可贈侍中衛將軍開府儀同三司舉宅內山齋捨以爲寺泉石之美殆若自然臨川始興諸王常所游踐邵陵王綸於婁湖立園廣讌酒後好聚衆賓冠手自裂破投之唾壺皆莫敢言舉嘗預宴王欲取舉幘舉正色曰裂冠毀冕下官弗敢聞命拂衣而退王屢召不返甚有慚色舉託情玄勝尤長佛理注淨名經常自講說有文集二十卷

子嘏

嘏字含茂風神清雅頗善屬文仕梁爲太子中庶子建安太守侯景之亂之廣州依蕭勃勃敗在周迪門後依陳寶應寶應平方詣闕歷侍中中書令都官尚書卒謚曰光子

有文集行於世子儼位侍中御史中丞太常卿伷位尚書僕射

舉兄子僑字國美父玄大仕梁侍中僑素貴嘗一朝無食其子啓欲以班史質錢答曰寧餓死豈可以此充食乎太清元年卒集十卷長子穚僑弟札字世高亦博涉文史位湘東王諮議先僑卒

論曰易云積善之家必有餘慶弘微立履所蹈人倫播美其世濟不隕蓋有憑焉敬沖出入三代驟經遷革遒俗之志無闕貞固之道居官之方未免貨財之累因偃成敬偃仰當年古人云勵士全盜虛聲斯之謂矣

列傳第十

李　延壽

王弘 子錫 曾孫融 錫子僧達 弘弟子微 兄遠 遠子僧祐 僧祐子籍 弘從孫瞻 弘玄孫沖 沖子瑒 瑜

王弘字休元琅邪臨沂人也曾祖導晉丞相祖洽中領軍父珣司徒弘少好學以清悟知名弱冠爲會稽王道子驃騎主簿珣頗好積聚財物布在人間及薨弘悉燔券書一不收責其餘舊業悉委諸弟時內外多難在喪者皆不得終其哀唯弘徵召一無所就桓玄尅建業收道子付廷尉臣吏莫敢瞻送弘時尚居喪獨道側拜辭攀車涕泣論者

稱焉宋武帝召補鎮軍諮議參軍以功封華容縣五等侯累遷太尉左長史從北征前鋒已平洛陽而未遣九錫弘銜使還都諷朝廷時劉穆之掌留任而旨乃從北來穆之愧懼發病遂卒宋國建爲尚書僕射掌選領彭城太守奏彈世子左衛率謝靈運爲軍人桂興淫其嬖妾靈運殺興棄屍洪流御史中丞王准之曾不彈舉武帝荅曰端右肅正風軌誠副所期自今以爲永制於是免靈運官後遷江州刺史省賦簡役百姓安之永初元年以佐命功封華容縣公三年入朝進號衞將軍開府儀同三司帝因宴集曰我布衣始望不至此傅亮之徒並撰辭欲盛稱功德弘率爾對曰此所謂天命求之不可得推之不可去時稱其簡舉少帝景平二年徐羨之等謀廢立召弘入朝文帝即位以定策安社稷進位司空封建安郡公固辭見許進號車騎大將軍開府刺史如故徐羨之等以廢弒罪將及誅弘以非首謀且弟曇首又爲上所親委事將發密使報弘羨之既誅遷侍中司徒揚州刺史錄尚書事給班劒三十人上西征謝晦與彭城王義恭居守入住中書下省引隊仗出入司徒府權置參軍元嘉五年春大旱弘引咎遜位先是彭城王義康爲荊州刺史鎮江陵平陸令河南成粲與弘書誡以盈滿兼陳彭城王宜入知朝政竟陵衡陽宜出

據列藩弘由是固自陳請乃遷爲衞將軍開府儀同三司六年弘又上表陳彭城王宜入輔并求解州義康由是代弘爲司徒與之分錄弘又辭分錄弘博練政體留心庶事斟酌時宜每存優允與八座丞郎疏曰同伍犯法無人士不罪之科然每至詰謫輒有請訴若常垂恩宥則法廢不行依事糾責則物以爲苦恐宜更爲其制時議多不同弘以爲謂之人士便無庶人之坐署爲庶人輒受人士之罰不其頗與謂人士可不受同伍之謫取罪其奴客庸何傷邪無奴客可令輸贖有修身閭閻與羣小實隔又或無奴僮爲衆所明者官長二千石便親臨列上依事遣判又主

守倫五疋常倫四十匹並加大辟議者咸以爲重弘以爲小吏無知臨財易昧或由疎慢事蹈重科宜進主守倫十匹常倫五十疋死四十匹降以補兵至於官長以上荷蒙榮祿冒利五匹乃已爲弘士人至此何容復加哀矜且此輩人士可殺不可謫謂宜奏聞决之聖旨文帝從弘議弘又上言舊制人年十三半役十六全役今四方無事應存消息請以十五至十六爲半丁十七爲全丁從之及弟曇首亡文帝嗟悼不已見弘流涕歔欷弘歛容而已既而彭城王義康言於帝曰曇首既爲家寶又爲國器弘情不稱何也帝曰賢者意不可度其見體亮如此九年進位太保

領中書監餘如故其年薨贈太保中書監給節加羽葆鼓吹增班劒爲六十人謚曰文昭公配食武帝廟庭弘既人望所宗造次必存禮法凡動止施爲及書翰儀體後人皆依放之謂爲王太保家法雖歷藩輔而不營財利薨亡之後家無餘業而輕率少威儀客有疑其諱者弘曰家諱與蘇子高同性褊隘人有忤意輒加詈辱少嘗摴蒲公城子野舍及後當權有人就弘求縣此人嘗以蒲戲得罪弘詰之曰君得錢會戲何用祿爲荅曰不審公城子野何所在弘默然自領選及當朝總録將加榮爵於人者每先呵責譴辱之然後施行若美相盼接語欣懽者必無所誚人問

其故荅曰王爵既加於人又相撫勞便成與主分功此所謂姦以事君者也若求者絶官叙之分既無以爲惠又不微借顏色即大成怨府亦鄙薄所不任聞者悅伏子錫嗣錫字寡光位太子左衛率江夏內史高自位遇太尉江夏王義恭當朝錫箕踞大坐殆無推敬卒子僧亮嗣齊受禪降爵爲侯僧亮弟僧衍位侍中僧衍弟僧達

僧達幼聰敏弘爲揚州時僧達六七歲遇有通訟者竊覽其辭謂爲有理及大訟者亦進弘意其小留左右僧達爲申理闇誦不失一句兄錫質訥乏風采文帝聞僧達早慧召見德陽殿應對閑敏上甚知之妻以臨川王義慶女少

好學善屬文爲太子舍人坐屬疾而於揚列橋觀鬬鴨爲有司所糾原不問性好鷹犬與閭里少年相馳逐又躬自屠牛義慶聞之令周旋沙門慧觀造而觀之僧達陳書滿席與論文義慧觀酬荅不暇深相稱美詐家貧求郡文帝欲以爲秦郡吏部郎庾仲文曰王弘子既不宜作秦郡僧達亦不堪莅人乃止遷太子洗馬母憂去職與兄錫不恊錫罷臨海郡還送故及奉祿百萬以上僧達一夕令奴輩取無餘服闋爲宣城太守性好游獵而山郡無事僧達肆意馳騁或五日三日方歸受辭辯訟多在獵所人或逢不識問府君所在僧達且曰在近其後徙義興及元凶弑立

孝武發尋陽沈慶之謂人曰王僧達必來赴義人問其所以慶之曰虜馬飲江王出赴難見其在先帝前議論開張執意明決以此言之其必至也僧達尋至孝武即以為長史及即位為尚書右僕射僧達自負才地三年間便望宰相嘗答詔曰亡父亡祖司徒司空其自負若此後為護軍將軍不得志乃求徐州上不許固陳乃以為吳郡太守朞歲五遷彌不得意吳郭西臺寺多富沙門僧達求須不稱意乃遣主簿顧曠率門義劫寺內沙門竺法瑤得數百萬荊江反叛加僧達置佐領兵臺符聽置千人而輒立三十隊隊八十人立宅於吳多役功力坐免官後孝武獨

南史列傳十一　五

召見慠然了不陳遜唯張目而視及出帝歎曰王僧達非狂如何乃戴面向天子後頹師伯詣之僧達慨然曰大丈夫寧當玉碎安可以沒沒求活師伯不荅逡巡便退初僧達為太子洗馬在東宮愛念軍人朱靈寶及出為宣城靈寶已長僧達詐列死亡寄宣城左永籍之注以為子改名元序啓文帝以為武陵國典衛令又以補竟陵國典書令建平國中軍將軍孝建元年事發又加禁錮表謝言不能因依左右傾意權貴上愈怒僧達族子確少美姿容僧達與之私款確叔父休為永嘉太守當將確之郡僧達欲逼留之確知其意避不往僧達潛於所住屋後作大阬欲誘

確來別殺埋之從弟僧虔知其謀禁呵乃止御史中丞劉瑀奏請收案上不許二年除太常意尤不悅頃之上表解職文旨抑揚侍中何偃以其言不遜啓付南臺又坐免官先是何尚之致仕復膺朝命於宅設八關齋大集朝士自行香次至僧達曰願郎且放鷹犬勿復游獵僧達荅曰家養一老狗放無處去已復還尚之失色大明中以歸順功封寧陵縣五等侯累遷中書令黃門郎路瓊之太后兄慶之孫也宅與僧達門並嘗盛車服詣僧達僧達將獵已改服瓊之就坐僧達了不與語謂曰身昔門下騶人路慶之者是君何親遂焚瓊之所坐牀太后怒泣涕於帝曰我尚

南史列傳十一　六

在而人陵之我死後乞食矣帝曰瓊之年少無事詣王僧達門見辱乃其宜耳僧達貴公子豈可以此加罪乎太后又謂帝曰我終不與王僧達俱生先是南彭城蕃縣人高闍沙門釋曇標道方等共相誑惑自言有鬼神龍鳳之瑞常聞簫鼓音與秣陵人藍宏期等謀為亂又結殿中將軍苗乞食等起兵攻宮門事發凡黨與死者數十人僧達屢經犯忤以為終無悛心因高闍事陷之收付廷尉於獄賜死時年三十六帝亦以為恨謂江夏王義恭曰王僧達遂不免死追思太保餘烈使人慨然於是詔太保華容文昭公門爵國姻一不敗絕時有蘇寶者名寶生本寒門有文

義之美官至南臺侍御史江寧令坐知高閣謀反不即聞
啓亦伏誅僧達子道琰徙新安元徽中爲廬陵内史未至
郡卒子融
融字元長少而神明警慧母臨川太守謝惠宣女性敦敏
教融書學博涉有文才從叔儉謂人曰此兒至四十名位
自然及祖舉秀才累遷太子舍人以父官不通弱年便欲
紹興家業啓齊武帝求自試遷祕書丞從叔儉初有儀同
之授贈儉詩及書儉甚奇之笑謂人曰穰侯印詎便可解
歷丹陽丞中書郎永明末武帝欲北侵使毛惠秀畫漢武
北伐圖融因此上疏開張北侵之議圖成上置琅邪城射

堂壁上游幸輒觀焉九年芳林園禊宴使融爲曲水詩序
當時稱之上以融才辯使兼主客接魏使房景高宋弁弁
見融年少問主客年幾融曰五十之年久踰其半景高又
云在北聞主客曲水詩序勝延年實願一見融乃示之後
日宋弁於瑤池堂謂融曰昔觀相如封禪以知漢武之德
今覽王生詩序用見齊主之盛融曰皇家盛明豈直比蹤
漢武更慙鄙製無以遠匹相如上以魏所送馬不稱使融
問之曰秦西冀北實多駿驥而魏之良馬乃駑不若將旦
旦信誓有時而爽駉駉之牧遂不能嗣宋弁曰當是不習
地土融曰周穆馬迹徧於天下若騏騮之性因地而遷則

造父之策有時而躓弁曰王主客何爲勤勤於千里融曰
卿國既異其優劣聊復相訪若千里斯至聖上當駕鼓車
弁曰向意既須必不能駕鼓車也融曰買死馬之骨亦以
郭隗之故弁不能荅融躁於名利自恃人地三十内望爲
公輔初爲司徒法曹詣王僧祐因遇沈昭略未相識昭略
屢顧眄謂主人曰是何年少融殊不平謂曰僕出於扶桑
入於湯谷照耀天下誰云不知而卿此問昭略云不知許
事且食蛤蜊融曰物以羣分方以類聚君長東隅居然應
嗜此族其高自標置如此及爲中書郎甞撫案歎曰爲爾
寂寂鄧禹笑人行逢朱雀桁開路人塡塞乃搥車壁曰車

中乃可無七尺車前豈可乏八騶及魏軍動竟陵王子良
於東府募人板融寧朔將軍軍主融文辭捷速有所造作
援筆可待子良特相友好晚節大習騎馬招集江西傖楚
數百人竝有幹用融特爲謀主武帝病篤暫絶子良在殿
内太孫未入融戎服絳衫於中書省閤口斷東宮仗不得
進欲矯詔立子良詔草已立上重蘇朝事委西昌侯鸞梁
武謂范雲曰左手據天下圖右手刎其喉愚夫不爲主上
大漸國家自有故事道路籍籍將有非常之舉卿聞之乎
雲不敢荅俄而帝崩融乃處分以子良兵禁諸門西昌侯
聞急馳到雲龍門不得進乃曰有敕召我仍排而入奉太

孫登殿命左右扶出子良指麾音響如鍾殿內無不從命
融知不遂乃釋服還省歎曰公誤我鬱林深怨融即位十
餘日收下廷尉獄使中丞孔珪倚爲奏曰融姦性剛險立
身浮競動迹驚羣抗言異類近塞外微塵苦求將領遂招
納不逞扇誘荒傖狡弄威聲專行權利反覆脣齒之間傾
動頰舌之內威福自己無所忌憚誹謗朝政歷毀王公謂
己才流無所推下事暴遠近使融依源據答融辭曰囚實
頑蔽觸行多愆但夙忝門素得奉教君子爰自總髮迄將
立年州閭鄉黨見許愚睿過蒙大行皇帝獎育之恩又荷
文皇帝識擢之重司徒公賜預士林安陸王曲垂盼接前

後陳伐虜之計亦仰簡先朝今段犬羊乍擾令囚草撰符
詔及司徒宣敕招募同例非一實以戎事不小不敢承教
續又蒙軍號賜使招集銜敕而行非敢虛扇且張弄威聲應
有形迹專行權利又無贓賄反覆脣齒之間未審惡與誰
言傾動頰舌之內不容無主自上甘露頌及銀甕啓三日
詩序接虜使語辭竭思稱揚得非誹謗因才分本劣謬被
策用悚怍之情夙宵兢惕自循自省並愧流言伏惟明皇
臨守普天蒙澤戊寅赦恩輕重必宥百日曠期始蒙旬日
一介罪身獨嬰憲劾撫被收朋友部曲參閣北寺相繼於
道請救於子良子良不敢救西昌侯固爭不得詔於獄賜

死時年二十七臨死歎曰我若不爲百歲老母當吐一言
融意欲指斥帝在東宮時過失也先是太學生會稽魏準
以才學爲融所賞既欲奉子良而準鼓成其事太學生虞
義丘國賓竊相謂曰竟陵才弱王中書無斷敗在眼中矣
及融誅召準入舍人省詰問遂懼而死舉體皆青時人以
準膽破融文集行於時
微字景玄弘弟光祿大夫孺之子也少好學善屬文工書
兼解音律及醫方卜筮陰陽數術之事宋文帝賜以名書
初爲始興王友父憂去職微素無宦情服闋除南平王鑠
右軍諮議參軍仍爲中書侍郎時兄遠免官歷年微歎曰

我兄無事而屏廢我何得而叨忝踰分文帝即以遠爲光
祿勳微爲文好古言頗抑揚袁淑見之謂爲訴屈吏部尚
書江湛舉微爲吏部郎微確乎不拔時論者或云微之見
舉廬江何偃亦參其議偃慮爲微所咎與之書自陳微報
書深言塵外之適其從弟僧綽宣文帝旨使就職因留之
宿微妙解天文知當有大故獨與僧綽仰視謂曰此上不
欺人非智者其孰能免之遂辭不就尋有元凶之變微常
住門屋一間尋書玩古遂足不履地終日端坐牀席皆生
塵埃唯當坐處獨淨弟僧謙亦有才譽爲太子舍人遇疾
微躬自處療而僧謙服藥失度遂卒深自咎恨發病不復

自療哀痛僧謙不能已以書告靈僧謙卒後四旬而微終遺令薄葬不設轜旐鼓挽之屬施五尺牀為靈二宿便毀以常所彈琴置牀上何長史偃來以琴與之無子家人遵之所著文集傳於世贈祕書監微兄遠字景舒位光祿勳時人謂遠如屏風屈曲從俗能蔽風露言能不乖物理也遠子僧祐字胤宗幼聰悟叔父微撫其首曰兒神明意用當不作率爾人雅為從兄儉所重每鳴笳列騶到其門候之僧祐輙稱疾不前儉曰此吾之所望於若人也世皆推儉之愛名德而重僧祐之不趨勢也未弱冠頻經憂居喪至孝服闋鬢落略盡殆不立冠帽舉秀才為驃騎法曹羸

瘠不堪受命雅好博古善老莊不尚繁華工草隸善鼓琴亭然獨立不交當世沛國劉瓛聞風而悅上書薦之為著作佐郎遷司空祭酒謝病不與公卿游齊高帝謂王儉曰卿從可謂朝隱荅曰臣從非敢妄同高人直是愛閑多病耳經贈儉詩云汝家在市門我家在南郭汝家饒賓侶我家多鳥雀儉時聲高一代賓客填門僧祐不為之屈時人嘉之稍遷晉安王文學而陳郡袁利為友時人以為妙選齊武帝數閱武僧祐獻講武賦王儉借觀不與竟陵王子良聞其工琴於坐取琴進之不從命永明末為太子中舍人在直屬疾不待對人輒去中丞沈約彈之云肆情運氣

不顧朝典揚眉闊步直轡高驅坐贖論時何點王思遠之徒請交並不降意自天子至于侯伯未嘗與一人游卒於黃門郎子籍

籍字文海仕齊為餘杭令政化如神善於擿伏自下莫能欺也性頗不儉俄然為百姓所訟又為錢唐縣下車布政咸謂數十年來未之有也籍好學有才氣為詩慕謝靈運至其合也殆無愧色時人咸謂康樂之有王籍如仲尼之有立明老聃之有嚴周梁天監中為輕車湘東王諮議參軍隨府會稽郡至若邪溪賦詩云蟬噪林逾靜鳥鳴山更幽劉孺見之擊節不能已已以公事免及為中散大夫彌

忽忽不樂乃至徒行市道不擇交游有時途中見相識輒以笠傘覆面後為作唐侯相小邑寡事彌不樂不理縣事人有訟者鞭而遣之未幾而卒籍又甚工草書筆勢遒放蓋孔琳之流亞也湘東王集其文為十卷云

瞻字思範弘從孫也祖柳字休季位光祿大夫東亭侯父猷字世倫位侍中光祿大夫瞻年六歲從師時有伎經門過同業皆出觀瞻獨不視習業如初從父僧遠聞而異之謂其父猷曰大宗不衰寄之此子年十二居父憂以孝聞服闋襲封東亭侯後頗好逸游為閭里患以輕薄稱及長折節脩士操涉獵書記善棊工射歷位驃騎將軍王晏長

史晏誅出為晉陵太守歎己為政妻子不免飢寒時號廉
平王敬則作亂瞻赴都敬則經晉陵郡人多附之敬則敗
臺軍討賊黨瞻言愚人易動不足窮法齊明帝從之所全
萬數還御史中丞梁臺建為侍中吏部尚書性率亮居選
所舉其意多行頗嗜酒每飲或彌日而精神朗贍不廢簿
領梁武每稱瞻有三術射棊酒也卒謚康侯子長玄早卒
弘四弟震柳璩曇首震字休仲位廷尉卿震子深字景度
有美名位新安太守柳璩事列于前曇首別卷
沖字長深弘玄孫也祖僧衍位侍中父茂璋字徽光仕梁
位給事黃門侍郎沖母梁武帝妹新安公主卒於齊世武

帝深鍾愛沖賜爵東安亭侯累遷侍中南郡太守習於法
令政號平理雖無赫赫之譽久而見思曉音樂習歌儛善
與人交貴游之中聲名藉甚侯景之亂元帝承制沖求解
南郡讓王僧辯并獻女伎十人以助軍賞侯景平授丹楊
尹魏平江陵敬帝為太宰承制以沖為左長史紹泰中累
遷光祿大夫尚書左僕射開府儀同三司給扶陳武帝受
禪領太子少傅加特進左光祿大夫領丹楊尹參撰律令
帝以沖前代舊臣特申長幼之敬文帝即位益加尊重嘗
從幸司空徐度宅宴筵之上賜以几光大元年薨年七十
六贈司空謚曰元簡沖有子三十人並致通官第十二子瑒

瑒字子瑛沈靜有器局美風儀梁元帝時位太子中庶子
陳武帝入輔以為司徒左長史文帝即位累遷太子中庶
子散騎常侍侍中父沖嘗為瑒辭領中庶子文帝顧沖曰
所以久留瑒於承華正欲使太子微有瑒風法耳宣帝即
位歷中書令吏部尚書瑒性寬和務清靜無所抑揚還尚
書左僕射加侍中參選事瑒居家篤睦每歲時饋遺徧及
近親敦誘諸弟專其規訓卒贈特進謚曰光子
瑒弟瑜字子珪亦知名美容儀年三十官至侍中永定元
年使齊以陳郡袁憲為副齊以王琳故囚之齊文宣每行
載死囚以從齊人呼曰供御囚每佗怒則召殺之瑜及憲

並危殆者數矣齊僕射楊遵彥每救護之天嘉二年還朝
復為侍中卒謚曰貞子

論曰語云不有君子其能國乎晉自中原沸騰介居江左
以一隅之地抗衡上國年移三百蓋有憑焉其初謗云王
與馬共天下蓋王氏人倫之盛實始是矣及夫休元弟兄
並舉棟梁之任下逮世嗣無虧文雅之風其所以簪纓不
替豈徒然也僧達猖狂成性元長躁競不止闕

列傳第十一　　南史二十一

李　延壽

王曇首

子僧綽　孫儉　曾孫騫　騫子規　騫弟暕　暕子承　訓
僧綽弟僧虔　僧虔子慈　慈子泰　慈弟志　志弟子筠　志弟揖　寂

王曇首太保弘之弟也幼有素尚兄弟分財曇首唯取圖書而已辟琅邪王大司馬屬從府公脩復洛陽園陵與從弟球俱詣宋武帝帝曰並膏粱世德乃能屈志戎旅曇首荅曰既從神武自使懦夫立志時謝晦在坐曰仁者果有勇帝悅及至彭城大會戲馬臺賦詩曇首文先成帝問弘曰卿弟何如卿荅曰若但如下官門戶何寄帝大笑曇首

有智局喜愠不見於色閨門內雍雍如也手不執金玉婦女亦不得以為飾玩自非祿賜一豪不受於人為文帝鎮西長史武帝謂文帝曰曇首輔相才也汝可每事諮之及文帝被迎入奉大統議者皆致疑曇首與到彥之從兄華並勸上行上猶未許曇首固諫幷言天人符應上乃下率府州文武嚴兵自衞臺所遣百官眾力不得近部伍中兵參軍朱容子抱刀在平乘戶外不解帶者累旬及即位謂曇首曰非宋昌獨見無以致此以曇首為侍中領驍騎將軍容子為右軍將軍誅徐羨之等及平謝晦皆曇首及華力也元嘉四年車駕出北堂使三更竟開廣莫門南臺云應須白獸幡銀字棨不肯開尚書左丞羊玄保奏免御史中丞傳隆　下曇首曰既無異敕又闕幡棨雖稱上旨不異單刺元嘉元年二年雖有再開門例此乃前事之違今之守舊未為非禮其不請白獸幡銀字棨致開門不時由尚書相承之失亦合糾正上特無問更立科條遷太子詹事侍中如故自謝晦平後上欲封曇首等會讌集舉酒勸之因拊御牀曰此坐非卿兄弟無復今日出詔以示之曇首曰豈可因國之災以為身幸陛下雖欲私臣當如直史何封事遂寢時弘錄尚書事又為揚州刺史曇首為上所親委任兼兩宮彭城王義康與弘並錄意常怏怏又欲得

揚州以曇首居中分其權任愈不悅曇首固乞吳郡文帝曰豈有欲建大廈而遺其棟梁賢兄比屢稱疾固辭州任將來若相申許此處非卿而誰時弘久疾屢遜位不許義康謂賓客曰王公久疾不起神州詎合臥臨曇首勸弘減府兵力之半以配義康乃悅七年卒時年三十七文帝臨慟歎曰王詹事所疾不救國之衰也中書舍人周赳侍側曰王家欲衰賢者先殞上曰直是我家衰耳贈光祿大夫九年以預誅徐羨之等謀追封豫寧縣侯諡曰文孝武即位配饗文帝廟庭子僧綽嗣

僧綽幼有大成之度眾便以國器許之好學練悉朝典年

十三文帝引見拜便流涕哽咽上亦悲不自勝襲爵封豫寧縣侯尚文帝長女東陽獻公主初爲江夏王義恭司徒叅軍累遷尚書吏部郎叅掌大選究識流品任舉咸盡其分僧綽深沈有局度不以才能高人父曇首與王華並被任遇華子新建侯嗣才劣位遇亦輕僧綽嘗謂中書侍郎蔡興宗曰弟名位與新建齊弟超至今日蓋姻戚所致也遷侍中時年二十九始興王濬嘗問其年僧綽自嫌早達逡巡良久乃荅其謙退若此元嘉末文帝頗以後事爲念大相付託朝政大小皆叅焉從兄微清介士也懼其太盛勸令損抑僧綽乃求吴郡及廣州並不許會巫蠱事泄上先

召僧綽具言之及將廢立使尋求前朝舊典劭於東宮夜饗將士僧綽密以啓聞上又令撰漢魏以來廢諸王故事送與江湛徐湛之欲立隨王誕江湛欲立南平王鑠文帝欲立建平王宏議久不決誕妃即湛之女鑠妃湛妹也僧綽曰建立之事仰由聖懷臣謂惟宜速斷幾事雖密不可使難生慮表取笑千載上曰卿可謂能斷大事此事不可不殷勤且庶人始亡人將謂我無復慈愛之道僧綽曰恐千載之後言陛下惟能裁弟不能裁兒上默然江湛出閤謂僧綽曰卿向言將不傷直邪僧綽曰弟亦恨君不直及劭弑逆江湛在尚書上省聞變曰不用王僧綽言至此劭

立轉僧綽吏部尚書及檢文帝巾箱及湛家書疏得僧綽所啓饗士并廢諸王事乃收害焉因此陷北第諸侯王以爲與僧綽有異志孝武即位追贈金紫光禄大夫謚曰愍侯初太社西空地本吴時丁奉宅孫晧流徙其家江左初爲周顗蘇峻宅後爲袁悅宅又爲章武王司馬秀宅皆以凶終及給臧燾亦頻遇禍故世稱凶地僧綽嘗謂宅無吉凶請以爲第始造未及居而敗子儉

儉字仲寶生而僧綽遇害爲叔父僧虔所養數歲襲爵豫寧縣侯拜受茅土流涕嗚咽幼篤學手不釋卷賓客或相稱美僧虔曰我不患此兒無名政恐名太盛耳乃手書崔

子玉座右銘以貽之丹陽尹袁粲聞其名及見之曰宰相之門也栝柏豫章雖小已有棟梁氣矣終當任人家國事言之宋明帝選尚陽羨公主拜駙馬都尉帝以儉嫡母武康主同泰初巫蠱事不可以爲婦姑欲開冢離葬儉因人自陳密以死請故事不行年十八解褐秘書郎太子舍人超遷秘書丞依七略撰七志四十卷表獻之又撰定元徽四部書目母憂服闋爲司徒右長史晉令公府長史著朝服宋大明以來著朱衣儉上言宜復舊制時議不許及蒼梧暴虐儉告袁粲求外出引晉新安主婿王獻之任吴興爲例補義興太守昇明二年爲長兼侍中以父終此職固

讓先是齊高帝為相欲引時賢參讚大業時謝朏為長史
帝夜召朏却人與語久之朏無言唯有二小兒捉燭帝慮
朏難之仍取燭遣兒朏又無言帝乃呼左右儉素知帝雄
異後請間言於帝曰功高不賞古來非一以公今日位地
欲北面居人臣可乎帝正色裁之而神采內和儉因又曰
儉蒙公殊眄所以吐所難吐何賜拒之深宋以景和元徽
之淫虐非公豈復寧濟但人情澆薄不能持久公若小復
推遷則人望去矣豈唯大業永淪七尺豈可得保帝笑曰
卿言不無理儉又曰公今名位故是經常宰相宜禮絕羣
后微示變革當先令褚公知之儉請銜命帝曰我當自往

經少日帝自造彥回款言移晷乃謂曰我夢應得官彥回
曰今授始爾恐一二年間未容便移且吉夢未必便在旦
夕帝還告儉儉曰褚是未達理虞整時為中書舍人甚閑
辭翰儉乃自報整使作詔及高帝為太尉引儉為右長史
尋轉左車見任用大典將行禮儀詔策皆出於儉褚彥回
唯為詔又使儉參懷定之齊臺建遷尚書右僕射領吏部
時年二十八多所引進時客有姓譚者詣儉求官儉謂曰
齊桓滅譚那得有君答曰譚子奔莒所以有僕儉賞其善
據卒得職焉高帝嘗從容謂儉曰我今日當以青溪為鴻
溝對曰天應人順庶無楚漢之事時朝儀草創衣服制則

未有定準儉議曰漢景六年梁王入朝中郎謁者金貂出
入殿門左思魏都賦云藹藹列侍金貂齊光此藩國侍臣
有貂之明文晉百官表云太尉參軍四人朝服武冠此又
宰府之明文又疑百僚敬齊公之禮儉又曰晉王受命勸
進云沖等眷眷稱名則應盡禮而世子禮秩未定儉又曰
春秋曹世子來朝待以上公之禮下其君一等今齊公九
命禮冠列蕃世子亦宜異數並從之世子鎮石頭城仍以
為世子宮儉又曰魯有靈光殿漢之前例也聽事為崇光
殿外齋為宣德殿以散騎常侍張緒為世子詹事車服悉
依東宮制度高帝踐阼與儉議佐命功臣從容謂曰卿謀

謨之功莫與為二卿止二千户意以為少趙充國猶能自
舉西零之任況卿與我情期異常儉曰昔宋祖創業佐命
諸公開國不過二千以臣比之唯覺超越上笑曰張良辭
侯何以過此建元元年改封南昌縣公時都下舛雜且多
姦盜上欲立符伍家家以相檢括儉諫曰京師翼翼四方
是湊必也持符於事既煩理成不曠謝安所謂不爾何以
為京師乃止是歲有司奏定郊殷之禮儉以為宜以今年
十月殷祭宗廟自此以後五年再殷祭二年正月上辛有
事南郊即以其日還祭明堂又用次辛饗祀北郊而並無
配從之明年轉左僕射領選如故初宋明帝紫極殿珠簾

綺桂飾以金玉江左所未有高帝欲以其材起宣陽門儉與褚彥回及叔父僧虔連名表諫上手詔酬納宋世宮門外六門城設竹籬是年初有發白虎樽言白門三重門竹籬穿不完上感其言改立都墻儉又諫上荅曰吾欲後世無以加也朝廷初基制度草創儉問無不決上每曰詩云惟岳降神生甫及申今天爲我生儉也其年固請解選見許帝幸樂遊宴集謂儉曰卿好音樂孰與朕同儉曰沐浴唐風事兼比屋亦既在齊不知肉味帝稱善後幸華林宴集使各効伎藝褚彥回彈琵琶王僧虔柳世隆彈琴沈文季歌子夜來張敬兒舞儉曰臣無所解唯知誦書因跪上

前誦相如封禪書上笑曰此盛德之事吾何以堪之後上使陸澄誦孝經起自仲尼居儉曰臣所謂博而寡要臣請誦之乃誦君子之事上章上曰善張子布更覺非奇也於是王敬則脫朝服袒以絳糾髻奮臂拍張叫動左右上不悅曰豈聞三公如此荅曰臣以拍張故得三公不可忘拍張時以爲名荅儉尋以本官領太子詹事加兵三百人時皇太子妃薨左衛將軍沈文季經爲宮臣未詳服不儉議曰漢魏以來宮僚先備臣隸之節具體在三存既盡敬亡豈無服昔庾翼喪妻王允賸含[?]猶謂府吏宜有小君之服況臣節之重宜依舊君之妻齊衰三月而除上崩遺詔以

儉爲侍中尚書令鎮軍每上朝令史恒有三五十人隨上諮事辯析未嘗壅滯褚彥回時爲司徒錄尚書笑謂儉曰觀令判斷甚樂儉曰所以得厝私懷寔由稟明公不言之化武帝即位給班劍二十人進號衛將軍掌選事時有司以前代嗣位或仍前郊年或別爲郊始晉宋以來未有畫一儉議曰晉明帝太寧三年南郊其年九月崩成帝即位明年改元亦郊簡文咸安三年南郊其年七月崩孝武即位明年改元亦郊宋元嘉三十年正月南郊二月崩孝武嗣位明年亦郊此二代明例差可依放今聖明係業幽顯宅心言化則頻郊非嫌語事則元號初改禋燎登配孝敬

兼遂謂明年正月宜饗禮二郊虔祭明堂自茲以後依舊間歲有司又以明年正月上辛應南郊而立春在上辛後郊在立春前爲疑儉曰宋景平元年正月三日辛丑南郊其月十一日立春元嘉十六年正月六日辛未南郊其月八日立春此近世明例也並從之永明二年領丹楊尹三年領國子祭酒又領太子少傅舊太子敬二傅同至是朝議接少傅以賓友禮宋時國學頹廢未暇脩復宋明帝泰始六年置揔明觀以集學士或謂之東觀置東觀祭酒一人揔明訪舉郎二人儒玄文史四科科置學士十人其餘令史以下各有差是歲以國學既立省揔明觀於儉宅開

學士館以總明四部書充之又詔儉以家爲府四年以本官領吏部先是宋孝武好文章天下　以文采相尚莫以專經爲業儉弱年便留意三禮尤善春秋發言吐論造次必於儒教由是衣冠翕然竝尚經學儒教於此大興何承天禮論三百卷儉抄爲八帙又別抄條目爲十三卷朝儀舊典晉宋來施行故事撰次諳憶無遺漏者所以當朝理事斷決如流每博議引證先儒罕有其例八坐丞郎無能異者令史諮事賓客滿席儉應接銓序傍無留滯十日一還監試諸生巾卷在庭劒衛令史儀容甚盛作解散幘斜插簪朝野慕之相與放効儉常謂人曰江左風流宰相惟

有謝安蓋自況也武帝深委仗之士流選用奏無不可五年儉即本號開府儀同三司固讓六年重申前命先是詔儉三日一還朝尚書令史出諮事上以往來煩數詔儉還尚書下省月聽十日出外儉啓求解選上不許七年乃上表固請見許改領中書監參掌選事其年疾上親臨視薨年四十八詔衛軍文武及臺所給兵仗悉停侍葬又詔追贈太尉加羽葆鼓吹增班劒爲六十人葬禮依太宰文簡公褚彦回故事謚文憲公儉寡嗜慾唯以經國爲務車服塵素家無遺財手筆典裁爲當時所重少便有宰臣之志賦詩云稷契匡虞夏伊呂翼商周及生子字曰玄成取仍

世作相之義撰古今喪服集記并文集並行於世梁武帝受禪詔爲儉立碑降爵爲侯儉弟遜宋昇明中爲丹楊丞告劉彦節事不蒙封賞建元初爲晉陵太守有怨言儉慮爲禍因褚彦回啓聞中丞陸澄依事舉奏詔以儉竭誠佐命特降刑書宥遜遠徙永嘉郡於道伏誅長子騫嗣

騫字思寂本字玄成與齊高帝偏諱同故改焉性凝簡慕樂廣爲人未嘗言人之短諸女子姪皆嬪王尚主朔望來歸輜軿塡咽非所欲也敕歲中不過一再見嘗從容謂諸子曰吾家本素族自可依流平進不須苟求也歷黃門郎司徒右長史不事産業有舊墅在鍾山八十餘頃與諸宅

及故舊共佃之常謂人曰我不如鄭公業有田四百頃而食常不周以此爲愧永元末召爲侍中不拜三年春枉矢晝見西方長十餘丈騫曰此除舊布新之象也及梁武起兵騫曰天時人事其在此乎梁武霸府建引爲大司馬諮議參軍遷侍中及帝受禪降封爲侯歷位度支尚書中書令武帝於鍾山西造大愛敬寺騫舊墅在寺側者即王導賜田也帝遣主書宣旨就騫市之欲以施寺荅云此田不賣若敕取所不敢言酬對又脫略帝怒遂付市評田價以直逼還之由是忤旨出爲吳興太守騫性侈於味而儉於服翫以多忌爲累又惰於接物雖主書宣敕或過時不見

才望不及弟暕特以儉之嫡故不棄於時暕爲尚書左丞
僕射當朝用事騫自中書令爲郡邑邑不樂在郡卧不視
事徵復爲度支尚書加給事中領射聲校尉以母憂去職
普通三年卒年四十九贈侍中金紫光祿大夫謚曰安子規
規字威明八歲丁所生母憂居喪有至性齊太尉徐孝嗣
每見必爲流涕稱曰孝童叔父暕亦深器重之常曰此兒
吾家千里駒也年十二略通五經大義及長遂博涉有口
辯爲本州迎主簿起家秘書郎累遷太子洗馬天監十二
年改造太極殿畢規獻新殿賦其辭甚工後爲晉安王綱
雲麾諮議參軍久之爲新安太守父憂去職服闋襲封南

昌縣侯除中書黃門侍郎敕與陳郡殷芸琅邪王錫范陽
張緬同侍東宮俱爲昭明太子所禮湘東王繹時爲丹楊
尹與朝士宴集屬規爲酒令規從容曰江左以來未有茲
舉特進蕭琛金紫光祿大夫傅昭在坐並謂爲知言朱异
嘗因酒卿規規責以無禮普通初陳慶之北侵陷洛陽百
僚稱慶規退曰可吊也又何賀焉道家有云非爲功難成
功難也昔桓溫得而復失宋武竟無成功我孤軍無援深
入寇境將爲亂階俄見覆沒六年武帝於文德殿餞廣州
刺史元景隆詔羣臣賦詩同用五十韻規援筆立奏其文
又美武帝嘉焉即日授侍中後爲晉安王長史王立爲太

子仍爲散騎常侍太子中庶子侍東宮太子賜以所服貂
蟬并降令書悅是舉也尋爲吳郡太守主書芮珍宗家在
吳前守宰皆傾意附之至是珍宗假還規遇之甚薄珍宗
還都密奏規不理郡事俄徵爲左戶尚書郡境千餘人詣
闕請留表三奏不許求於郡樹碑許之規常以門宗貴盛
恒思減退後爲太子中庶子領步兵校尉辭疾不拜遂於
鍾山宋熙寺築室居焉卒贈光祿大夫謚曰文皇太子出
臨哭與湘東王繹令曰王威明風韻遒上神峯標映千里
絕迹百尺無枝實俊人也一爾過隙永歸長夜金刀掩芒
長淮絕涸去歲冬中已傷劉子今茲寒孟復悼王生俱往

之傷信非虛說規集後漢衆家異同注續漢書二百卷文
集二十卷子褒魏剋江陵入長安
暕字思晦騫弟也年數歲而風神警拔有成人之度時父
儉作宰相賓客盈門見暕曰公才公望復在此矣弱冠選
尚淮南長公主拜駙馬都尉歷秘書丞齊明帝詔求異士
始安王遙光薦暕及東海王僧孺除暕驃騎從事中郎天監
中歷位侍中吏部尚書領國子祭酒門貴與物隔不能留
心寒素頗稱刻薄後爲尚書左僕射領國子祭酒卒謚曰
靖子承幼訓並通顯
承字安期初爲秘書郎累遷中書黃門侍郎兼國子博士

時膏腴貴遊咸以文學相尚罕以經術爲業唯承獨好儒業遷長兼侍中俄轉國子祭酒承祖儉父暕皆爲此職三世爲國師前代未之有久之出爲東陽太守政存寬惠吏人悅之卒郡謚曰章承性簡貴有風格右衛朱异當朝用事每休下車馬塡門有魏郡申英者門寒才俊好危言高論以忤權右嘗指异門曰此中輻湊皆爲利往能不至者唯大小王東陽耳小東陽即承弟幼也時唯承兄弟及褚翔不至异門世並稱之

訓字懷範生而紫胞師媼云法當貴幼聰警有識量僧正惠超見而奇之謂門人羅智國曰四郎眉目疎朗舉動和

韻此是興門戶者智國以白暕暕亦曰不墜基業其在文殊文殊訓小字也年十三暕亡憂毀家人莫識十六召見文德殿應對爽徹上目送之久謂朱异曰可謂相門有相初補國子生問說師袁昻昻曰久籍高名有勞虛想及覩容止若披雲霧俄而諸袁子弟來昻謂諸助教曰我兒出十數若有一子如此實無所恨射策除秘書郎累遷秘書丞嘗詩云旦奭匡世功蕭曹佐氓俗追祖儉之志也後拜侍中入見武帝帝問何敬容曰褚彥回年幾爲宰相敬容曰少過三十上曰今之王訓無謝彥回訓美容儀善進止文章爲後進領袖年二十六卒謚溫子

僧虔金紫光祿大夫僧綽弟也父曇首與兄弟集會子孫任其戲適僧達跳下地作彪子時僧虔累十二博棊既不墜落亦不重作僧綽採蠟燭珠爲鳳皇僧達奪取打壞亦復不惜伯父弘歎曰僧達俊爽當不減人然亡吾家者終此子也僧虔必至公僧綽當以名義見美或云僧虔採燭珠爲鳳皇弘稱其長者云僧虔弱冠雅善隸書宋文帝見其書素扇歎曰非唯跡逾子敬方當器雅過之爲太子舍人退默少交接與袁淑謝莊善淑每歎之曰卿文情鴻麗學解深拔而韜光潛實物莫之窺雖魏陽元之射王汝南之騎無以加焉遷司徒左西屬兄僧綽爲宋元凶所害親

賓咸勸之逃僧虔泣曰吾兄奉國以忠貞撫我以慈愛今日之事苦不見及耳若同歸九泉猶羽化也孝武初出爲武陵太守攜諸子姪兄子儉中塗得病僧虔爲廢寢食同行客慰喻之僧虔曰昔馬援子姪之間一情不異鄧攸於弟子更逾所生吾實懷其心誠未異古士兄之胤不宜忽諸若此兒不救便當回舟謝職還爲中書郎再遷太子中庶子孝武欲擅書名僧虔不敢顯跡大明世常用掘筆書以此見容後爲御史中丞領驍騎將軍甲族由來多不居憲臺王氏分枝居烏衣者位官微減僧虔爲此官乃曰此是烏衣諸郎坐處我亦可試爲耳泰始中爲吳興太守始

王獻之善書爲吳興郡及僧虔工書又爲郡論者稱之徙
會稽太守中書舍人阮佃夫家在東請假歸客勸僧虔以
佃夫要幸宜加禮接僧虔曰我立身有素豈能曲意此輩
彼若見惡當拂衣去耳佃夫言於宋明帝使御史中丞孫
敻奏僧虔坐免官尋以白衣領侍中元徽中爲吏部尚書
尋加散騎常侍轉右僕射昇明二年爲尚書令嘗爲飛白
書題尚書省壁曰圓行方止物之定質脩之不已則溢高
之不已則慄馳之不已則躓引之不已則迭是故去之宜
疾當時嗟賞以比坐右銘兄子儉每覲見輒勗以前言往
行忠貞止足之道雅好文史解音律以朝廷禮樂多違正

典人間競造新聲時齊高帝輔政僧虔上表請正聲樂高
帝乃使侍中蕭惠基調正清商音律齊受命轉侍中丹楊
尹郡縣獄相承有上湯殺囚僧虔上言湯本救疾而實行
冤暴若罪必入重自有正刑若去惡宜疾則應先啓豈有
死生大命而潛制下邑上納其言而止文惠太子鎮雍州
有盜發古冢者相傳云是楚王冢大獲寶物玉屐玉屏風
竹簡書青絲綸簡廣數分長二尺皮節如新有得十餘簡
以示僧虔云是科斗書考工記周官所闕文也高帝素善
書篤好不已與僧虔賭書畢謂曰誰爲第一對曰臣書第
一陛下亦第一帝笑曰卿可謂善自爲謀或云帝問我書

何如卿荅曰臣正書第一草書第二陛下草書第二而正
書第三臣無第三陛下無第一帝大笑曰卿善爲辭然天
下有道丘不與易也帝示僧虔古迹十一卷就求能書人
名僧虔得人間所有卷中所無者吳大皇帝景帝歸命侯
書桓玄書及王丞相導領軍洽中書令珉張芝索靖衛伯
儒張翼十一卷奏之又上羊欣所撰能書人名一卷遷湘
州刺史侍中如故清簡不營財產百姓安之武帝即位以
風疾欲陳解遷侍中左光祿大夫開府儀同三司僧虔少
時羣從並會客有相之云僧虔年位最高仕當至公餘人
莫及及此授僧虔謂兄子儉曰汝任重於朝行當有八命

之禮我若復此授一門有二台司實所畏懼乃固辭上優
而許之客問其故僧虔曰吾榮位已過無以報國豈容更
受高爵方貽官謗邪儉既爲朝宰起長梁齋制度小過僧
虔視之不悅竟不入户儉即日毁之永明三年薨時年六
十追贈司空侍中如故謚簡穆僧虔頗解星文夜坐見豫
章分野當有事故時僧虔子慈爲豫章内史慮有公事少
時而僧虔薨慈棄郡奔赴時有前將軍陳天福坐討唐寓之
於錢唐掠奪百姓財物棄市先是天福將行令家人豫作
壽冢未至東又信催速就冢成而得罪因以葬焉又宋世
光祿大夫劉鎮之年三十許病篤已辦凶具既而疾愈因

畜棺以爲壽九十餘乃亡此器方用因此而言天道未易知也僧虔論書云宋文帝書自言可比王子敬時議者云天然勝羊欣功夫少於欣王平南廙右軍叔過江右軍之前以爲最亡曾祖領軍右軍云弟書遂不減吾變古制今惟右軍領軍不爾至今猶法鍾張亡從祖中書令書子敬云弟書如騎騾駸駸恒欲度驊騮前庾征西翼書少時與右軍齊名右軍後進庾猶不分在荆州與都下人書云小兒輩賤家雞皆學逸少書須吾下當比之張翼王右軍自書表晉穆帝令翼寫題後荅右軍當時不別久後方悟云小人幾欲亂眞張芝索靖韋誕鍾會二衞竝得名前代無

以辨其優劣唯見其筆力驚異耳張澄當時亦呼有意郗愔章草亞於右軍郗嘉賓草亞於二王緊媚其父桓玄自謂右軍之流論者以比孔琳之謝安亦入能書録亦自重爲子敬書嵇康詩羊欣書見重一時親受子敬行書尤善正乃不稱名孔琳之書天然縱放極有筆力規矩恐在羊欣後丘道護與羊欣俱面受子敬故當在欣後范曄與蕭思話同師羊欣後小叛既失故步爲復小有意耳蕭思話書羊欣之影風流趣好殆當不減筆力恨弱謝綜書其舅云緊生起是得賞也恨少媚好謝靈運書乃不倫遇其合時亦得入流賓道力書亞丘道護庾昕學右軍亦欲亂眞

矣僧虔嘗自書讓尚書令表辭制既雅筆迹又麗時人以比子敬崇賢吳郡顧寶先卓越多奇自以伎能僧虔乃作飛白以示之寶先曰下官今爲飛白屈矣僧虔著書賦傳爲注序甚工僧虔宋世嘗有書誡子曰知汝恨吾未許汝學欲自悔厲或以闔棺自欺或更擇美業且得有慨亦慰窮生但亟聞斯唱未覩其實吾未信汝非徒然也往年有意於史取三國志聚置牀頭百日許復從業就玄汝曾未窺其題目未辨其指歸而終日自欺人人不受汝欺也由吾不學無以爲訓然重華無嚴父放勛無令子亦各由己耳汝輩竊議亦當云阿越不學何忽自課汝見其一耳不

全爾也設令吾學如馬鄭亦復甚勝復倍不如今亦必大減致之有由從身上來也汝今壯年自勤數倍許勝劣及吾耳吾在世雖乏德素要復推排人間十許年故是一舊物人或以比數汝耳即化之後若自無調度誰復知汝事者舍中亦有少負令譽弱冠越超清級者于時王家門中優者龍鳳劣猶虎豹失蔭之後豈龍虎之議況吾不能爲汝蔭政應各自努力耳或有身經三公蔑爾無聞布衣寒素輕相屈體父子貴賤殊兄弟聲名異何也體盡讀數百卷書耳吾今悔無所及欲以前車誡爾後乘也汝年入立境方應從宦兼有室累何處復得下帷如王郎時邪各爾

身已切豈復關吾邪鬼唯知愛深松茂栢寧知子弟毀譽事因汝有感故略叙胸懷子慈

慈字伯寶年八歲外祖宋太宰江夏王義恭迎之內齋施寶物恣所取慈取素琴石硯及孝子圖而已義恭善之表淑見其幼時撫其背曰叔慈內潤也少與從弟儉共書學謝鳳子超宗嘗候僧虔仍往東齋詣慈慈正學書未即放筆超宗曰卿書何如虔公慈曰慈書比大人如雞之比鳳超宗狼狽而退十歲時與蔡興宗子約入寺禮佛正遇沙門懺約戲慈曰衆僧今日可謂虔虔慈應聲曰卿如此何以興蔡氏之宗歷位吳郡太守大司馬長史侍中領步兵

校尉司徒左長史慈患脚齊武帝敕王晏慈有微疾不能騎聽乘車在仗後江左以來少例也慈妻劉彥節女子觀尚武帝長女吳縣公主脩婦禮姑未嘗交荅江夏王鋒為南徐州王妃慈女也以慈為東海太守行徐州府州事還為冠軍將軍廬陵王中軍長史未拜永明九年卒贈太常謚懿子泰

泰字仲通幼敏悟年數歲時祖母集諸孫姪散棗栗於牀羣兒競之泰獨不取問其故對曰不取自當得賜由是中表異之少好學手所抄寫二千許卷及長通和温雅家人不見喜慍之色姊夫齊江夏王鋒為齊明帝所害外生蕭子支並孤弱泰贍給撫訓逾於子姪梁天監元年為秘書丞自齊永元之末後宮火延燒秘書書圖散亂殆盡泰表校定繕寫武帝從之歷中書侍郎掌吏部仍即真自過江吏部郎不復典大選令史以下小人求競者輻湊前後少能稱職泰為之不為貴賤請屬易意天下稱平轉黃門侍郎每預朝宴刻燭賦詩文不加點帝深賞歎沈約常曰王有養炬謝有覽舉養泰小字炬筠小字也始革大理以泰為廷尉卿拜歷侍中後為都官尚書泰能接人士故每願其居選官頃之為吏部尚書衣冠屬望未及選舉仍疾改除散騎常侍左驍騎將軍未拜卒謚夷子廓

志字次道慈之弟也九歲居所生母憂哀容毀瘠為中表所異弱冠選尚宋孝武女安固公主拜駙馬都尉褚彥回為司徒引志為主簿謂其父僧虔曰朝廷之恩本為殊特所可光榮在屈賢子累遷宣城內史清謹有恩惠郡人張倪吳慶爭田經年不決志到官父老相謂曰王府君有德政吾鄉里乃有如此爭倪慶因相攜請罪所訟地遂成閑田後為東陽太守郡獄有重囚十餘冬至日悉遣還家過節皆反唯一人失期志曰此自太守事主者勿憂明旦果至以婦孕吏人益歎服之為吏部尚書在選以和理稱崔慧景平以例加右軍將軍封臨汝侯固讓改領右衛將軍

及梁武軍至城内殺東昏百僚署名送首志歎曰冠雖弊可加足乎因取庭樹葉挼服之僞悶不署名梁武覽牋無志署心嘉之弗以讓也霸府開爲驃騎大將軍長史梁臺建位散騎常侍中書令天監初爲丹楊尹爲政清靜都下有寡婦無子姑亡舉責以斂葬既而無以還之志愍其義以俸錢償焉時年饑每旦爲粥於郡門以賦百姓衆悉稱惠常懷止足謂諸子姪曰謝莊在宋孝武時位止中書令吾自視豈可過之三年爲散騎常侍中書令因多謝病簡通賓客九年遷爲散騎常侍金紫光祿大夫卒志善藁隸當時以爲楷法齊游擊將軍徐希秀亦號能書常謂志爲

書聖志家居建康禁中里馬糞巷父僧虔門風寬恕志尤惇厚所歷不以罪咎劾人門下客嘗盜脫志車幰賣之志知而不問待之如初賓客遊其門者專蓋其過而稱其善兄弟子姪皆篤實謙和時人號馬糞諸王爲長者普通四年志改葬武帝厚賻贈之謚曰安有五子緝休諲操素志弟揖位太中大夫揖子筠

筠字元禮一字德柔幼而警悟七歲能屬文年十六爲芍藥賦其辭甚美及長清靜好學與從兄泰齊名沈約見筠以爲似外祖袁粲謂僕射張稷曰王郎非唯額類袁公風韻都欲相似稷曰袁公見人輒矜嚴王郎見人必娛笑唯此一條不能酷似仕爲尚書殿中郎王氏過江以來未有居郎署或勸不就筠曰陸平原東南之秀王文度獨步江東吾得比蹤昔人何所多恨乃欣然就職沈約每見筠文咨嗟嘗謂曰昔蔡伯喈見王仲宣稱曰王公之孫吾家書籍悉當相與僕雖不敏請附斯言自謝脁諸賢零落平生意好殆絶不謂疲暮復逢於君約於郊居宅閣齋請筠爲草木十詠書之壁皆直寫文辭不加篇題約謂人曰此詩指物程形無假題署約製郊居賦搆思積時猶未都畢示筠草筠讀至雌霓（五的反）連蜷約撫掌欣抃曰僕常恐人呼爲霓（五兮反）次至墜石磓星及冰懸埳而帶坻筠皆擊節稱贊約

曰知音者希眞奇殆絶所以相要政在此數句耳筠又嘗爲詩呈約約即報書歎詠以爲後進擅美筠又能用強韻每公宴並作辭必妍靡約嘗啓上言晚來名家無先筠者又於御筵謂王志曰賢弟子文章之美可謂後來獨步謝脁常見語云好詩圓美流轉如彈丸近見其數首方知此言爲實累遷太子洗馬中舍人並掌東宮管記昭明太子愛文學士常與筠及劉孝綽陸倕到洽殷鈞等遊宴玄圃太子獨執筠袖撫孝綽肩曰所謂左把浮丘袖右拍洪崖肩其見重如此筠又與殷鈞以方雅見禮後爲中書郎奉敕製開善寺寶誌法師碑文辭甚麗逸又敕撰中書表奏

三十卷及所上賦頌都為一集後為太子家令復掌管人普通元年以母憂去職筠有孝性毀瘠過禮大通二年為司徒左長史三年昭明太子薨敕製哀策文復見嗟賞尋出為臨海太守在郡侵刻還資有芒屩兩舫他物稱是為有司奏不調累年後歷秘書監太府卿度支尚書司徒左長史及簡文即位為太子詹事筠家累千金性儉嗇外服羸弊所乘牛嘗飼以青草及遇亂舊宅先為賊焚乃寓居國子祭酒蕭子雲宅夜忽有盜攻懼墜井卒時年六十九家人十三口同遇害人棄尸積於空井中筠狀貌寢小長不滿六尺性弘厚不以藝能高人而少擅才名與劉孝綽

見重當時其自序云余少好抄書老而彌篤雖遇見瞥觀皆即疏記後重省覽懽興彌深習與性成不覺筆倦自年十三四建武二年乙亥至梁大同六年四十載矣幼年讀五經皆七八十遍愛左氏春秋吟諷常為口實廣略去取凡三過五抄餘經及周官儀禮國語爾雅山海經本草並再抄子史諸集皆一遍未嘗倩人假手並躬自抄錄大小百餘卷不足傳之好事蓋以備遺忘而已又與諸兒書論家門集云史傳稱安平崔氏及汝南應氏並累葉有文才所以范蔚宗云崔氏彫龍然不過父子兩三世耳非有七葉之中名德重光爵位相繼人人有集如吾門者也沈少

傅約常語人云吾少好百家之言身為四代之史自開闢以來未有爵位蟬聯文才相繼如王氏之盛也汝等仰觀堂構思各努力筠自撰其文章以一官為一集自洗馬中書中庶吏部左佐臨海太府各十卷尚書三十卷凡一百卷行於世子祥仕陳位黃門侍郎揖弟彬

彬字思文好文章習篆隸與志齊名時人為之語曰三真六草為天下宝齊武帝起舊宮彬獻賦文辭典麗尚齊高帝女臨海長公主拜駙馬都尉仕齊歷太子中庶子從永嘉太守卜室於積穀山有終焉之志梁天監中歷吏部尚書秘書監卒謚惠彬立身清白推賢接士有士君子風彬

弟寂

寂字子玄性迅動好文章讀范滂傳未嘗不歎挹王融敗後賓客多歸之齊建武初欲獻中興頌兄志謂曰汝膏粱年少何患不達不鎮之以靜將恐貽譏寂乃止位秘書郎卒年二十一

論曰王曇首之才器王僧綽之忠直其世祿不替也豈徒然哉仲宝雅道自居早懷伊呂之志竟而逢時遇主自致宰輔之隆所謂衣冠礼樂盡在是矣齊有人焉於斯為盛其餘文雅儒素各稟家風箕裘不墜亦云美矣

列傳第十二 南史二十二

列傳第十三　　南史二十三

李延壽

王誕 兄子僱 僱子藻 藻弟子瑩 瑩從弟亮　王華 從弟琨
王惠 從弟球　王彧 子絢 絢弟續 續孫克 彧兄子蘊
奐 奐弟份 份孫銓 錫
僉 通 勤 質 固

王誕字茂世太保弘從祖兄也祖恬晉中軍將軍父混太常卿誕少有才藻晉孝武帝崩從叔尚書令珣為哀策出本示誕曰猶恨少序節物誕攬筆便益之接其秋冬代變後云霜繁廣除風回高殿珣歎美因而用之襲爵雉鄉侯為會稽王世子元顯後軍長史琅邪內史誕結事元顯嬖人張法順故見寵元顯納妻誕為之親迎隨府轉驃騎長史內史如故元顯討桓玄欲悉誅諸桓誕救桓脩等由此得免脩誕甥也及玄得志將見誅脩為陳請乃徙廣州盧循據廣州以誕為其平南府長史甚賓禮之誕久客思歸乃說循曰下官與劉鎮軍情味不淺若得北歸必蒙任寄時廣州刺史吳隱之亦為循所拘留誕又曰將軍今留吳公公私非計孫伯符豈不欲留華子魚但以一境不容二君耳於是誕及隱之俱得還誕為宋武帝太尉長史盡心歸奉帝甚仗之盧循自蔡洲南走劉毅固求追討誕密白帝曰公既平廣固復滅盧循則功蓋終古勳無與二如此大

威豈可使餘人分之毅與公同起布衣一時相推耳今既喪敗不宜復使立功帝納其說後為吳國內史母憂去職武帝伐劉毅起為輔國將軍誕固辭以墨絰從行時諸葛長人行太尉留府事心不自安武帝甚慮之毅既平誕求先下帝曰長人似有自疑心卿詎宜便去誕曰長人知下官蒙公垂盻今輕身單下必當以為無虞可少安其意帝笑曰卿勇過賁育矣於是先還後卒追封作唐縣五等侯子詡早卒誕兄嘏字偉世侍中左户尚書始興公嘏子偃偃字子游母晉孝武帝女鄱陽公主宋受禪封永成君偃尚宋武帝第二女吳興長公主諱榮男常保偃縛諸庭樹時天夜雪噤凍久之偃兄恢排閤訴主乃免偃謙虛恭謹不以世事關懷位右光祿大夫贈開府儀同三司謚恭公長子藻位東陽太守尚文帝第六女臨川長公主諱英媛公主性妬而藻別愛左右人吳崇祖景和中主讒之於廢帝藻下獄死主與王氏離婚宋世諸主莫不嚴妬明帝每疾之湖熟令袁慆妻以妬賜死使近臣虞通之撰妬婦記左光祿大夫江湛孫斅當尚孝武帝女上乃使人為斅作表讓婚曰伏承詔旨當以臨海公主降嬪榮出望表恩加典外顧審輶蔽伏用憂惶臣寒門悴族人凡質陋閭閻有對本隔天姻如臣素流家貧業寡年近將冠皆已有室荊

斂布帬足得成禮每不自解無偶迄兹婚訪莫寄素族弟
間自帷門屢蒙降公主天恩所覃庸及醜末懷憂抱惕慮
不獲免徵命所當果膺兹舉雖門忝宗榮於臣非倖仰緣
聖代督責陳愚實自晉氏以來配尚王姬者雖累經美胄亟
有名才至如王敦懾氣桓溫斂威真長佯愚以求免子敬
灸足以違禍王偃無仲都之質而倮雪於北階何瑀闕龍
工之姿而投軀於深井謝莊殆自害於蒙叟殷沖幾不免
於強鉏彼數人者非無才意而勢屈於崇貴事隔於聞覽
吞悲茹氣無所逃訴制勤甚於僕隸防閑過於婢妾行來
出入人理之常當待賓客朋從之義而令掃轍息駕無闚

門之期廢筵抽席絕接對之理非唯交友離異乃亦兄弟
疎闊第令受酒肉之賜制以動靜監子待錢帛之私節其
言笑姆妳爭媚相勸以嚴尼媼競前相謟以急第令必凡
庸下才監子皆葭萌愚豎議舉止則未閑是非聽言語則
謬於虛實姆妳敢恃耆舊唯贊妬忌尼媼自唱多知務檢
口舌其間又有應荅問訊卜筮師母乃至殘餘飲食詰辯
與誰衣被故弊必責頭領又出入之宜繁省難衷或進不
獲前或入不聽出不入則嫌於欲疎求出則疑有別意召
必以三晡為期遣必以日出為限夕不見晚魄朝不識曙
星至於夜步月而弄琴晝拱袂而披卷一生之內與此長

乖又聲影裁聞則少婢奔迸裾袂向席則老叢來左右
整斂以疑寵見嫌賓客未冠以少容致斥禮有列媵象有
貫魚本無嫚嫡之嫌豈有輕婦之誚今義絕傍私虔恭正
匹而每事必言無儀適設辭輒云輕易我又竊聞諸主聚
集唯論夫族緩不足為急者法急則可為緩者師更相扇
誘本其恒意不可貸借固實常辭或云野敗去或云人笑
我雖曰家事有甚王憲發口所言恒同科律王藻雖復彊
很頗經學涉戲笑之事遂為冤魂褚曖憂憤用致夭絕傷
理害義難以具聞夫螽斯之德實致克昌專妬之行有妨
繁衍是以尚主之門往往絕嗣駙馬之身通離釁咎以臣

凡弱何以克堪必將毀族淪門豈伊身眚前後嬰此其人
雖衆然皆患彰遐邇事隔天朝故吞言咽理無敢論訴臣
幸屬聖明矜照由道弘物以典奧親以公臣之鄙懷可得
自盡如臣門分世荷殊榮足守前基便預提拂清官顯位
或由才升一叨婚戚咸成恩假是以仰冒非宜披露丹實
非唯止陳一己規全身願寔乃廣申諸門受患之切伏願
天慈照察特賜蠲停使燕雀微群得保叢蔚蠢物憐生自
已彌篤若恩詔難降披請不申便當刊膚剪髮投山竄海
帝以此表遍示諸王以諷切之并為戲笑元徽中臨川主
表求還身王族守養弱嗣許之藻弟懋字昌業光祿大夫

封南鄉侯懋子瑩

瑩字奉光選尚宋臨淮公主拜駙馬都尉累遷義興太守代謝超宗去郡與瑩交惡還都就懋求書屬瑩求一吏曰丈人一旨如湯澆雪耳及至瑩荅旨以公吏不可超宗往懋處對諸賓謂懋曰湯定不可澆雪懋面洞赤唯大恥愧懋後往超宗處設精白鯽美鮓麞肶懋問那得佳味超宗詭言義興始見餉陽驚曰丈人豈應不得邪懋大忿言於朝廷稱瑩供養不足坐失郡廢棄久之後歷侍中東陽太守以居郡有惠政還吳興太守齊明帝勤憂庶政瑩頻處二郡皆有能名還為中領軍隨王長史意不平改為太子

詹事中領軍永元初政由群小瑩守職而已不能有所是非及尚書令徐孝嗣誅瑩頗綜朝政啓取孝嗣所居宅又取孝嗣封名枝江縣侯以為已封從弟亮謂曰此非盛德也瑩怒曰我昔從東度為吳興束身登岸徐時為宰相不能見知相用為領軍長史今住其宅差無多慙時人咸謂失德亮既當朝於瑩素雖不善時欲引與同事遷尚書左僕射未拜會護軍崔惠景自京口奉江夏王內向瑩拒惠景於湖頭衆敗瑩赴水乘舫人樂遊因得還臺城惠景敗瑩還居領軍府梁武兵至復假節都督宮城諸軍事建康平瑩乃以宅還徐氏初為武帝相國左長史及踐阼封建城縣公累遷尚書令瑩性清慎帝深善之時有猛獸入郭上意不悅以問羣臣群臣莫對瑩在御筵乃斂板荅曰昔擊石拊石百獸率舞陛下膺籙御圖虎象來格帝大悅衆咸服焉十五年位左光祿大夫開府儀同三司丹陽尹既為公須開黃閤宅前促欲買南鄰朱侃半宅侃懼見侵貨得錢百萬瑩乃回閤向東時人為之語曰欲向南錢可貪遂向東為黃銅及將拜印工鑄印六鑄而龜六毀及成頭空不實補而用之居職六日暴疾薨謚曰靜恭少子實嗣起家秘書郎尚梁武帝女安吉公主襲爵建城縣公為新安太守實從兄來郡就求告實與銅錢五十萬不聽於郡

及道散用從兄密於郡市貨還都求利及去郡數十里實乃知命追之呼從兄上岸盤頭令卒與杖搏頰乞原劣得免後為南康嗣王湘州長史長沙郡王三日出裸實衣冠傾崎王性方嚴見之意殊惡實稱主名謂王曰蕭玉誌念實殿下何見憎王驚赧即起後密啓之因此廢錮

亮字奉叔瑩從父弟也父攸字昌達仕宋位太宰中郎贈給事黃門侍郎亮以名家子宋世尚公主拜駙馬都尉歷任秘書丞齊竟陵王子良開西邸延才俊以為士林使工圖其像亮亦預焉累遷晉陵太守在職清公有美政時有晉陵令沈巑之性麤疏好犯亮諱亮不堪遂啓代之巑之

怏怏乃造坐云下官以犯諱被代未知明府諱若爲攸字當
作無骸尊傍犬爲犬傍無骸尊若是有心攸無心攸乞告
示亮不履下牀跣而走蹟之撫掌大笑而去建武末累遷
吏部尚書時右僕射江祏管朝政多所進拔爲士所歸亮
自以身居選部每持異議始亮未爲吏部郎時以祏帝之
内弟故深友祏祏爲之延譽益爲帝所器重至是與祏情
好攜薄祏昵之如初及祏遇誅羣小放命凡所除拜悉由
内寵亮弗能止外若詳審内無明鑒所選用拘資次而已
當時不謂爲能後爲尚書左僕射及東昏肆雲亮取容以
免梁武帝至新林内外百僚皆道迎其不能拔者亦間路

送誠款亮獨不遣及東昏遇殺張稷乃集亮等於太極殿
前西鍾下坐議欲立齊湘東嗣王寶晊領軍瑩曰城閉已
久人情離解征東在近何不諮問張稷又曰桀有昏德鼎
遷于殷今實微子去殷項伯歸漢之日亮默然朝士相次
下牀乃遣國子博士范雲齎東昏首送石頭推亮爲首城
平朝士畢至亮獨後袞復見武帝帝謂曰顛而不扶安用
彼相亮曰若其可扶明公豈有今日之舉因泣而去霸府
開以爲大司馬長史梁臺建授侍中尚書令固讓乃爲侍
中中書監兼尚書令及受禪遷侍中尚書令中軍將軍封
豫寧縣公天監二年轉左光禄大夫元日朝會亮辭疾不

登殿設饌別省語笑自若數日詔公卿問訊亮無病色御
史中丞樂藹奏亮大不敬論棄市詔削爵廢爲庶人四年
帝宴華光殿求讜言尚書左丞范縝起曰司徒謝朏本有
虛名陛下擢之如此前尚書令王亮頗有政體陛下棄之
如彼愚臣所不知帝變色曰卿可更餘言縝固執不已帝
不悦御史中丞任昉因奏縝妄陳褒貶請免縝官詔可亮
因屏居閉掃不通賓客遭母憂居喪盡禮後爲中書監加
散騎常侍卒謚煬子

王華字子陵誕從祖弟也祖會衛將軍會稽内史父廞司
徒右長史晉安帝隆安初王恭起兵討王國寶時廞丁母

憂在家恭檄令起兵廞即聚衆應之以女爲貞烈將軍以
女人爲官屬及國寶死恭檄廞罷兵廞起兵之際多所誅
戮至是不復得已因舉兵以討恭爲名恭遣劉牢之擊廞
廞敗走不知所在長子泰爲恭所殺華時年十三在軍中
與廞相失隨沙門釋曇冰逃使提衣樸從後津邏咸疑焉
華行遲曇冰罵曰奴子怠懈行不及我以杖捶華數十衆
乃不疑由此得免遇赦還吳以父存没不測布衣蔬食不
交游者十餘年宋武帝欲收其才用乃發廞喪使華制服
服闋武帝北伐長安領鎮西將軍北徐州刺史辟華爲州
主簿後爲別駕歷職著稱文帝鎮江陵爲西中郎主簿諮

議參軍文帝未親政事悉委司馬張邵華性尚物不欲人
在已前邵性豪每行來常引夾轂華出入乘牽車從者不
過兩三人以矯之甞相逢華陽若不知是邵謂左右曰此
鹵簿甚盛必是殿下乃下牽車立於道側及邵至乃驚邵
白服登城爲華所糾邵坐被徵華代爲司馬文帝將入奉
大統以少帝見害不敢下華曰先帝有大功於天下四海
所服雖嗣主不綱人望未改徐羨之中才寒士傅亮布衣
諸生非有晉宣帝王大將軍之心明矣畏廬陵嚴斷將來
必不自容殿下寬叡慈仁所知已且越次奉迎冀以見德
悠悠之論殆必不然羨之亮晦又要檀道濟王弘五人同

功孰肯相讓勢必不行今日就徵萬無所慮帝從之曰卿
復欲爲吾之宋昌矣乃留華總後任上即位以華爲侍中
右衛將軍先是會稽孔甯子爲文帝鎮西諮議參軍以文
義見賞至是爲黄門侍郎領步兵校尉甯子先爲何無忌
安成國侍郎還東脩宅令門可容高蓋鄰里笑之甯子曰
大丈夫何常之有甯子與華並有富貴之願自羨之等執
權日夜構之於文帝甯子嘗東歸至金昌亭左右欲泊船
甯子命去之曰此殺君亭不可泊也華每閑居諷詠常誦
王粲登樓賦曰冀王道之一平假高衢而騁力出入逢羨
之等每切齒憤叱歎曰當見太平時否元嘉二年甯子卒

三年誅羨之等華遷護軍將軍侍中如故宋世唯華與南
陽劉湛不爲飾讓得官即拜以此爲常華以情事異人未
甞預宴集終身不飲酒有宴不之詣若有論事者乘車造
門主人出車就之及王弘輔政而弘弟曇首爲文帝所任
與華相埒華常謂巳力用不盡每歎曰宰相頓有數人天
下何由得安四年卒年四十三九年以誅羨之功追封新
建縣侯謚曰宣孝武即位配享文帝廟庭子定侯嗣卒子
長嗣坐罵母奪爵以長弟終紹封齊受禪國除
琨華從父弟也父懌不辨菽麥時以爲殷道矜之流人無
肯與婚家以獠婢恭心侍之遂生琨初名崐崘懌後娶南

陽樂玄女無子故即以琨爲名立以爲嗣琨少謹篤爲從
伯司徒謐所愛宋武帝初爲桓脩參軍脩待帝厚後帝以
事計圖脩猶懷昔顧使王華訪素門嫁其二女華爲琨娶
大女以小女適潁川庾敬度亦是舊族除琨郎中駙馬都
尉奉朝請先是琨伯父歆得罪晉世諸子並從誅唯華得
免華宋世貴盛以門衰提攜琨恩若同生爲之延譽歷位
宣城義熙太守皆以廉約稱華終又託之宋文帝故琨屢
居清顯孝建中爲吏部郎吏曹選局貴要多所屬請琨自
公卿下至士大夫例爲用兩門生江夏王義恭甞屬琨用
二人後復屬琨答不許出爲平越中郎將廣州刺史加都

晉南土沃實在任者常致巨富世云廣州刺史但經城門一過便得三千萬琨無所取納表獻祿俸之半鎮舊有鼓吹又啓輸還及罷任孝武知其清問還資多少琨曰臣買宅百三十萬餘物稱之帝悅其對後爲歷陽內史上以琨忠實從爲寵子新安王北中郎長史冉歷度支尚書加光祿大夫初琨從兄華孫長襲華爵新建縣侯嗜酒多愆失琨表以長將傾基緒請以長小弟佟嗣焉琨後出爲吳郡太守遷中領軍坐在郡用朝舍錢三十六萬營餉二宮諸王及作絳襖奉獻軍用左遷光祿大夫尋加太常及金紫加散騎常侍廷尉虞龢議社稷各一神琨案舊糾駁不爲

屈時龢見寵朝廷歎琨強正明帝臨崩出爲會稽太守加都督坐誤竟囚降爲冠軍順帝即位進右光祿大夫順帝遜位百僚陪列琨攀畫輪獺尾慟泣曰人以壽爲歡老臣以壽爲戚既不能先驅螻蟻頻見此事嗚噎不自勝百官人人雨淚齊高帝即位領武陵王師加侍中時王儉爲宰相屬琨用東海郡迎吏琨使謂曰語郎三臺五省皆是郎用人外方小郡當乞寒賤省官何容復奪之遂不過其事累解王師及高帝崩琨聞國諱牛不在宅去臺數里遂步行入宮朝士皆謂曰故宜待車有損國望琨曰今日奔赴皆自應爾遂得病卒贈左光祿大夫年八十四琨謙恭謹

慎老而不渝朝會必早起簡閱衣裳料數冠幘如此數四或爲輕薄所笑大明中尚書僕射顏師伯豪貴下省設女樂琨時爲度支尚書要琨同聽傳酒行炙皆悉內妓琨以男女無親授傳行每至令置牀上回面避之然後取畢又如此坐上莫不撫手嗤笑琨容色自若師伯後爲設樂邀琨琨不往中領軍劉勔晚節有栖退志表求東陽郡尚書令袁粲以下莫不贊美之琨曰永初景平唯謝晦殷景仁爲中領軍元嘉有到彥之爲人望才譽勔不及也近聞加侍中已爲怏怏便求東陽臣恐子房赤松未易輕擬其鯁直如此而儉於財用設酒不過兩盌輒云此酒難遇鹽豉

薑蒜之屬並挂屏風酒漿悉置牀下內外有求琨手自賦之景和中討義陽王昶六軍戒嚴應須紫標左右欲營辦琨曰元嘉初征謝晦有紫標在匣中不須更作檢取果得焉而避諱過甚父名懌母名恭心並不得犯焉時咸謂矯枉過正

王惠字令明誕從祖弟也祖劭車騎將軍父默左光祿大夫惠幼而夷簡爲叔父司徒謐所知恬靜不交遊未嘗有雜事陳郡謝瞻才辯有風氣嘗與兄弟群從造惠談論鋒起文史間發惠時相訓應言清理遠瞻等慙而退宋武帝聞其名以問其從兄誕誕曰惠後來秀令鄙宗之美也即

以爲行參軍累遷世子中軍長史時會稽內史劉懷敬之郡送者傾都惠亦造別還過從弟球球問向何所見惠言唯覺逢人耳素不與謝靈運相識嘗得交言靈運辯博辭義鋒起惠時然後言時荀伯子在坐退而告人曰靈運固自蕭散直上王郎有如萬頃陂焉嘗臨曲水風雨暴至坐者皆馳散惠徐起不異常日不以霑濡而改宋國初建當置郎中令武帝難其人謂傅亮曰今用郎中令不可減袁曜卿既而曰吾得其人矣曜卿不得獨擅其奇乃以惠居之宋少帝即位以蔡廓爲吏部尚書不肯拜乃以惠代焉惠被召即拜未嘗接客人有與書求官得輒聚閣上及去

職印封如初時以廓不拜惠即拜事異而意同也兄鑒頗好聚斂惠意不同謂曰何用田爲鑒怒曰無田何由得食惠又曰何用食爲其標寄如此卒贈太常無子

球字蒨玉司徒謐之子惠從父弟也少與惠齊名宋武帝受命爲太子中舍人宜都王友轉諮議參軍文帝即位王弘兄弟貴動朝廷球終日端拱未嘗相往來弘亦雅敬之歷位侍中中書令吏部尚書時中書舍人徐爰有寵於上上嘗命球及殷景仁與之相知球辭曰士庶區別國之章也臣不敢奉詔上改容謝焉球簡貴勢不交游筵席虛靜門無異客曇首常云蒨玉亦是王卮無當耳既而尚書僕射殷景仁領軍將軍劉湛並執重權傾動內外球雖通家姻戚未嘗往來居選職接客甚稀不視求官書疏而銓衡有序遷光祿大夫領廬陵王師時大將軍彭城王義康專以政事爲本刀筆幹練者多被意遇謂劉湛曰王敬弘王球之屬竟何所堪施爲自富貴復那可解球兄子履深結劉湛委誠義康與劉斌等球每訓厲不納自大將軍從事中郎轉太子中庶子流涕訴義康不願違離故復爲從事中郎文帝甚銜之及誅湛之夕履徒跣告球球命爲取履先溫酒與之謂曰常日謂汝何履怖不得答球徐曰阿父在汝何憂左右扶郎還齋亦以球故履免死廢於家殷景

仁卒球除尚書僕射王師如故素有脚疾多病還家朝直至少錄尚書江夏王義恭謂尚書何尚之曰當今乏才羣下宜加戮力而王球放恣如此宜以法糾之尚之曰球有素尚加又多疾公應以淡退求之未可以文案責也義恭又面啓文帝曰王球誠有素譽頗以物外自許端任要切或非所長帝曰誠知如此要是時望所歸昔周伯仁終日飲酒而居此任蓋所以崇素德也遂見優容後以白衣領職十八年卒時年四十九贈特進金紫光祿大夫無子從孫奐爲後

王彧字景文球從子也祖穆字伯遠司徒謐之長兄位臨

海太守父僧朗仕宋位尚書右僕射明帝初以后父加特進贈開府儀同三司謚元公或名與明帝諱同故以字行伯父智少簡貴有高名宋武帝甚重之常言見王智使人思仲祖武帝與劉穆之討劉毅而智在焉他日穆之白武帝曰伐國重事公言何乃使王智知武帝笑曰此人高簡豈闇此輩論議其見知如此為宋國五兵尚書封建陵縣五等子追贈太常智無子故父僧朗以景文繼智幼為從叔球所知憐美風姿為一時推謝表粲見之歎曰景文非但風流可悅乃哺歠亦復可觀有一客少時及見謝混荅曰景文方謝叔源則為野父矣粲惆悵良久曰恨眼中不

見此人景文好言理少與陳郡謝莊齊名文帝嘗與群臣臨天泉池帝垂綸良久不獲景文越席曰臣以為垂綸者清故不獲貪餌衆皆稱善文帝甚相欽重故為明帝娶景文妹而以景文之名名明帝武帝第五女新安公主先適太原王景深離絕當以適景文景文固辭以疾故不成婚襲爵建陵子元凶以為黃門侍郎未及就孝武入討景文遣間使歸款以父在都下不獲致身事平頗見嫌責猶以舊恩累遷司徒左長史上以散騎常侍舊與侍中俱掌獻替欲高其選以景文及會稽孔覬俱南北之望以補之尋復為司徒左長史以姊喪開棺臨赴免官後拜侍中領射

聲校尉左衛將軍加給事中太子中庶子坐與奉朝請毛法因蒲戲得錢百二十萬白衣領職景和元年為尚書右僕射明帝即位加領左衛將軍尋加丹陽尹遭父憂起為尚書左僕射丹陽尹固辭僕射出為江州刺史加都督服闋乃受詔封江安縣侯固讓不許後徵為尚書左僕射領吏部揚州刺史加太子詹事不願還朝求為湘州不許時又謂景文在江州不能潔己景文與上幸臣王道隆書深自申理景文屢辭內授上手詔譬之曰尚書左僕射卿已經此任東宮詹事用人雖美職次政可比中書令耳庶姓作揚州徐干木王休元殷鐵竝處之不辭卿清令才望何

愧休元毗贊中興豈謝干木綢繆相與何後殷鐵邪司徒以宰相不應帶神州遠遵先旨京口鄉基義重密邇幾內又不得不同驃騎陝西任要由來用宗室驃騎既去巴陵理應居之中流雖曰閑地控帶二江通接荊郢經塗之要由來有重鎮如此則揚州自成關刺史卿若有辭便不知誰應處之此選大備與公卿疇懷非聊爾也固辭詹事領選徙為中書令常侍僕射揚州如故又進中書監領太子太傅常侍揚州如故景文固辭太傅上遣新除尚書右僕射褚彥回宣旨不得已乃受拜時太子及諸皇子竝小上猶為身後計諸將帥吳喜壽寂之之徒慮其不能奉幼主

竝殺之而景文外戚貴盛張永累經軍旅又疑其將來難信乃自爲謠言曰一士不可親弓長射殺人一士王字指景文弓長張字指張永景文彌懼乃自陳求解揚州詔荅曰人居貴要但問心若爲耳大明之世巢徐二戴位不過執戟權亢人主顏師伯白衣僕射橫行尚書中袁粲作僕射領選而人往往不知有粲粲遷爲令居之不疑今既省錄令便居昔之錄至置省事及幹僮竝依錄格粲作令來亦不異爲僕射人情向粲淡然亦復不改常以此居貴位要任當有致憂兢不卿今雖作揚州太子太傅位雖貴而闕朝政可安不懼差於粲也卿虛心受榮有而不爲累貴高有危殆之懼卑賤有溝壑之憂張單雙災未應兩失有心於避禍不如無心於任運夫千仞之木既摧於斧斤一寸之草亦悴於踐蹋高崖之脩幹與深谷之淺條存亡之要巨細一揆耳晉將畢萬七戰死於牖下蜀相費禕從容坐談斃於刺客故甘心於履危未必逢禍縱意於處安不必全福但貴者自惜故每憂其身賤者自輕故易忘其己然爲教者每誡貴不誡賤言其貴滿好自恃也凡名位貴達人以存懷泰則觸人改容否則行路嗟愕至如賤者否泰不足以動人存亡不足以絓數死於溝瀆困於塗路者天地之間亦復何限人不係意耳以此而推貴何必難處

賤何必易安但人生自應卑慎爲道行己用心務思謹惜若乃吉凶大期正應委之理運遭隨參差莫不由命也既非聖人不能見吉凶之先見正是依俙於理言可行而爲之耳得吉者是其命吉遇不吉者是其命凶以近事論之景和之世晉平庶人從壽陽歸亂朝人皆爲之戰慄而乃遇中興之運袁顗圖避禍於襄陽當時皆羨之謂爲陵霄駕鳳遂與義嘉同滅駱宰見狂主語人言越王長頸鳥喙可與共憂不可共樂范蠡去而全身文種留而遇禍今主口頸頗有越王之狀我在尚書中久不去必危遂求江南縣諸都令史住京師者皆遭中興之慶人人蒙爵級宰逢義嘉染罪金木纏身性命幾絕卿耳目所聞見安危在運何可豫圖邪上既有疾而諸弟竝已見殺唯桂陽王休範人才本劣不見疑出爲江州刺史慮一旦晏駕皇后臨朝則景文自然成宰相門族強盛藉元舅之重歲暮不爲純臣泰豫元年春上疾篤遣使送藥賜景文死使謂曰朕不謂卿有罪然吾不能獨死請子先之因手詔曰與卿周旋欲全卿門戶故有此處分敕至之夜景文政與客棊扣函看復還封置局下神色怡然不變方與客棊思行爭劫竟歛子內奩畢徐謂客曰奉敕見賜以死方以敕示客酒至未飲門客焦度在側憤怒發酒覆地曰大丈夫安能坐受

死州中文武可數百人足以一奉景文曰知無至心若見
念者爲我百口計乃墨啓荅敕并謝贈詔酌謂客曰此酒
不可相勸自仰而飲之時年六十追贈開府儀同三司謚
曰懿長子絢

絢字長素早惠年五六歲讀論語至周監於二代外祖何
尚之戲之曰可改耶耶乎文哉絢應聲荅曰尊者之名安
可戲寧可道草翁之風必舅及長篤志好學位祕書丞先
景文卒謚曰恭世子絢弟繢

繢字叔素弱冠祕書郎太子舍人轉中書舍人景文以此
授超階令繢經年乃受景文封曲安侯繢襲其本爵爲始
平縣五等男元徽末爲黃門郎東陽太守齊武帝爲撫軍
吏部尚書張岱選繢爲長史呈選牒高帝笑曰此可謂素
望再遷義興太守輒録郡吏陳伯壽付陽羨獄欲殺之縣
令孔逭不知何罪不受繢教爲有司奏坐白衣領職後長
兼侍中武帝出射雉繢信佛法稱疾不從永元元年卒於
太常謚靖子繢女適武帝寵子安陸王子敬永明二年納
妃脩外舅姑之敬武帝遣文惠太子相隨往繢家置酒設
樂公卿皆冠冕而去當世榮之繢弟約齊明帝世數年廢
錮梁武帝時爲太子中庶子嘗謂約曰卿方當富貴必不
容久滯屈及帝作輔謂曰吾嘗相卿當富貴不言卿今日

富貴便當見由歷侍中左户尚書廷尉繢長子儁不慧位
止建安太守儁子克克美容貌善容止仕梁歷司徒右長
史尚書僕射臺城陷仕侯景位太宰侍中録尚書事景敗
克迎侯王僧辯問克曰勞事夷狄之君克不能對次問璽
紱何在克默然良久曰趙平原將去平原名思賢景腹心
也景授平原太守故克呼焉僧辯乃謂克曰王氏百世卿
族便是一朝而墜仕陳位尚書右僕射

蘊字彥深彧兄子也父楷太中大夫楷人才凡劣故蘊不
爲羣從所禮常懷恥慨家貧爲廣德令明帝即位四方叛
逆欲以將領自奮每撫刀曰龍泉太阿汝知我者叔父景
文常誡之曰阿荅汝滅我門户蘊曰荅與童烏貴賤異塗
烏絢小字荅蘊小字也及事寧封吉陽男歷晉陵義興太
守所莅並貪縱後爲給事黃門侍郎桂陽之逼王道隆爲
亂兵所殺蘊力戰重創御溝側或扶以免事平撫軍長史
褚澄爲吳郡太守司徒左長史蕭惠開明言於朝曰褚澄
開城以納賊更爲股肱大郡王蘊被甲死戰棄而不收賞
罰如此何憂不亂褚彥回慙乃議用蘊爲湘州刺史及齊
高帝輔政蘊與沈攸之連謀事敗斬於秣陵市

奐字道明彧兄子也父粹字景深位黃門侍郎奐繼從祖
球故小字彥孫年數歲常侍球許甚見愛奐與諸兄出身諸

王國常侍而奐起家著作佐郎琅邪顏延之與球情款稍異常撫奐背曰阿奴始免寒士奐少而強濟叔父景文常以家事委之仕宋歷侍中祠部尚書轉掌吏部昇明初遷丹陽尹初王晏父普曜為沈攸之長史常懼攸之舉事不得還奐為吏部轉普曜為內職晏深德之及晏仕齊武帝以奐宋室外戚而從弟蘊又同逆疑有異意晏叩頭保奐無異志時晏父母在都請以為質武帝乃止永明中累遷尚書右僕射王儉卒上欲用奐為尚書令以問晏晏位遇已重意不推奐答曰柳世隆有動望恐不宜在奐後乃轉左僕射加給事中出為雍州刺史加都督與寧蠻長史劉

興祖不睦十一年奐遣軍主朱公恩征蠻失利興祖欲以啟聞奐大怒收付獄興祖於獄以針畫漆合盤為書報家稱枉令啟聞而奐亦馳信啟上誣興祖扇動荒蠻上知其枉敕送興祖還都奐恐辭情翻背輒殺之上大怒遣中書舍人呂文顯直閤將軍曹道剛領兵收奐又別詔梁州刺史曹武自江陵步出襄陽奐子彪凶愚頗干時政士人咸切齒時文顯以漆匣匣奏稜在船中因相誑云臺使封刀斬王彪及道剛曹武文顯俱至衆力既盛又懼漆匣之言於是議閉門拒命長史殷叡奐女壻也諫曰今開城門白服接臺使不過檻車徵還喪官免爵耳彪堅執不同叡又

曰宜遣典籤間道遣啟自申亦不患不被宥乃令叡書啟遣典籤陳道齊出城便為文顯所執叡又曰忠不背國勇不逃死百世門戶宜思後計孰與仰藥自全則身名俱泰叡請先驅螻蟻又不從奐門生鄭羽叩頭啟奐乞出城迎臺使奐曰我不作賊欲先遣啟自申政恐曹呂輩小人相陵藉故且閉門自守耳彪遂出戰敗走歸士人起義攻州西門彪登門拒戰却之司馬黃瑤起寧蠻長史裴叔業於城內起兵攻奐奐聞兵入禮佛未及起軍人斬之彪及弟爽弼殷叡皆伏誅奐長子太子中庶子融融弟司徒從事中郎琛於都棄市餘孫皆原宥琛弟肅秉並奔魏後得黃

瑤起臠食之叡弟伷女為長沙王晃妃以男女並長又且出繼特不離絕奐既誅故舊無敢至者汝南許明達先為奐參軍躬為殯斂經理甚厚當時高其節奐弟份

份字季文仕宋位始安內史袁粲之誅親故無敢視者份獨往致慟由是顯名累遷大司農奐誅後其子肅奔魏份自拘請罪齊武帝宥之肅屢引魏人至邊份嘗因侍坐武帝謂曰比有北信不份斂容對曰肅既近忘墳柏寧遠憶有臣帝亦以此亮焉後位祕書監仕梁位散騎常侍領步兵校尉兼起部尚書武帝嘗於宴席問群臣曰朕為有為無份曰陛下應萬物為有體至理為無帝稱善後累遷尚

書左僕射歷侍中特進左光禄大夫監丹楊尹卒謚曰胡
子長子琳字孝璋位司徒左長史琳齊代取梁武帝妹義
興長公主有子九人竝知名長子銓字公衡美風儀善占
吐尚武帝女永嘉公主拜駙馬都尉銓雖學業不及弟錫
而孝行齊焉時人以爲銓錫二王可謂玉昆金友母長公
主疾銓形貌瘠毁人不復識及居喪哭泣無常因得氣疾
位侍中丹楊尹卒於衛尉卿子溥字伯淮尚簡文帝女餘
姚公主
銓弟錫字公嘏幼而警悟與兄弟受業至應休散輒獨留
不起精力不倦致損右目十二爲國子生十四舉清茂除

祕書郎再遷太子洗馬時昭明太子尚幼武帝敕錫與祕
書郎張纘使入宮不限日數與太子游狎情兼師友又敕
陸倕張率謝舉王規王筠劉孝綽到洽張緬爲學士十人
盡一時之選錫以戚屬封永安侯普通初魏始連和使劉
善明來聘敕中書舍人朱异接之善明彭城舊族氣調甚
高負其才氣酒酣謂异曰南國辯學如中書者幾人异曰
异所以得接賓宴乃分職是司若以才辯相尚則不容見
使善明乃曰王錫張纘北間所聞云何可見异具啓聞敕
即使南苑設宴錫與張纘朱异四人而已善明造席遍論
經史兼以嘲謔錫纘隨方酬對無所稽疑善明甚相歎挹

他日謂异曰一日見二賢實副所期不有君子安能爲國
引宴之日敕使左右徐僧權於坐後言則書之累遷吏部
郎中時年二十四謂親友曰吾以外戚謬被時知兼比羸
病庶務難擁安能稽其所好而徇所不能乃稱疾不拜便
謝遣胥徒拒絶賓客掩扉覃思室宇蕭然諸子温凊閒簾
趨倚公主乃命穿壁使子涉湜觀之卒年三十六贈侍中
謚貞子錫弟僉
僉字公會八歲丁父憂哀毁過禮初補國子生祭酒袁昂
稱爲通理累遷始興内史丁所生母憂固辭不拜又除南
康内史在郡義興主薨詔起復郡後爲太子中庶子掌東

宮管記卒贈侍中元帝下詔賢而不伐曰恭追謚曰恭子
僉弟通
通字公達仕梁爲黄門侍郎敬帝承制以爲尚書右僕射
陳武帝受禪遷右僕射太建元年爲左光禄大夫六年加
特進侍中將軍光禄佐吏扶竝如故未拜卒謚曰成弟勱
勱字公齊美風儀博涉書史恬然清簡未嘗以利欲干懷
仕梁爲輕車河東王功曹史王出鎮京口勱將隨之蕃范
陽張纘時典選舉勱造纘言别纘嘉其風采乃曰王生才
地豈可游外府乎奏爲太子洗馬後爲南徐州别駕從事
史大同末梁武帝謁園陵道出朱方勱隨例迎候敕令從

輦側所經山川莫不顧問勱隨事應對咸有故實又從登北顧樓賦詩辭義清典帝甚嘉之時河東王爲廣州刺史乃以勱爲冠軍河東王長史南海太守王至嶺南多所侵掠因懼罪稱疾委州還朝勱行州府事越中饒沃前後守宰例多貪縱勱獨以清白著聞入爲給事黃門侍郎侯景之亂奔江陵歷位晉陵太守時兵飢之後郡中彫弊勱爲政清簡吏人便安之徵爲侍中遷五兵尚書會魏軍至元帝徵湘州刺史宜豐侯蕭循入援以勱監湘州及魏平江陵敬帝承制以爲中書令加侍中歷陳武帝司空丞相長史侍中中書令並如故及蕭勃平以勱爲廣州刺史未行

改爲衡州刺史王琳據有上流衡廣攜貳勱不得之鎮留于大庾嶺太建元年累遷尚書右僕射時東境大水以勱爲晉陵太守在郡甚有惠政郡人表請立碑頌勱政德詔許之徵爲中書監重授尚書左僕射領右軍將軍卒謚曰溫子勱弟質

質字子貞少慷慨涉獵書史梁世以武帝甥封甲口亭侯位太子中舍人庶子侯景濟江質領步騎頓于宣陽門外景軍至都質不戰而潰爲桑門潛匿人間城陷後西奔荊州元帝承制歷位侍中吳州刺史領鄱陽內史魏平荊州侯瑱鎮盆城與質不協質率所部依于留異陳永定二年武帝命質率所部隨都督周文育討王琳質與琳素善或譖云於軍中潛信交通武帝命文育殺質文育啟救之獲免文帝嗣位以爲五兵尚書宣帝輔政爲司徒左長史坐招聚博徒免官後爲都官尚書卒謚曰安子弟固

固字子堅少清正頗涉文史梁時以武帝甥封莫口亭侯位丹楊尹丞梁元帝承制以爲相國戶曹屬掌管記尋聘魏魏人以其梁氏外戚待之甚厚承聖元年爲太子中庶子遷尋陽太守魏克荊州固之鄱陽隨兄質度東嶺居信安縣陳永定中移居吳郡文帝以固清靜且欲申以婚姻天嘉中歷位中書令散騎常侍國子祭酒以其女爲皇太

子妃禮遇甚重廢帝即位授侍中金紫光祿大夫宣帝輔政固以廢帝外戚妳媼恒往來禁中頗宣密旨事洩比黨皆誅宣帝以固本無兵權且居處清素止免所居官禁錮太建中卒於太常卿謚恭子固清虛寡欲居喪以孝聞又信佛法及丁所生母憂遂終身蔬食夜則坐禪晝誦佛經嘗聘魏因宴饗請停殺一羊羊於固前跪拜又宴昆明池魏人以南人嗜魚大設罟網固以佛法呪之遂一鱗不獲子寬位侍中

論曰王誕夙有名輩而間關夷險卒獲攀光日月遭遇蓋其時焉奉光奉叔並得官成齊代而亮自著寒松固爲傑

矣瑩印章六毁豈鬼神之害盈乎是以文獻年立譽芳聲藉
甚榮貴之來匪由勢至若使泰始之朝身非外戚與袁粲
群公方驂並路傾覆之災庶幾可免廬江元規之讓中書令義
歸此矣奐有愚子自致誅夷份微嗣克昌特鍾門慶美矣

列傳第十三　南史二十三

列傳第十四　南史二十四

李　延壽

王裕之字敬弘晉驃騎將軍廙之曾孫司州刺史胡之之孫也名與宋武帝諱同故以字行父茂之字興元晉陵太守敬弘少有清尚起家本國左常侍衛軍參軍性恬靜樂山水求為天門太守及之郡妻弟荊州刺史桓玄遣信要令過己敬弘至巴陵謂人曰靈寶正當欲見其姊我不能為桓氏贅婿乃遣別船送妻往江陵彌年不迎山郡無事恣其游適意甚好之後為南平太守去官居作唐縣界玄輔政及篡位屢召不下宋武帝以為車騎從事中郎徐州中從事史征西將軍道規諮議參軍時府主簿宋協亦有高趣道規並以事外相期嘗共酣飲敬弘因醉失禮為外司所白道規即便引還重申初識永初中累遷吏部尚書敬弘每被召即便祗奉既到宜退旋復解官武帝嘉其志不苟違也除廬陵王師加散騎常侍自陳無德不可師範令王固讓不拜元嘉三年為尚書僕射關署文案初不省讀嘗豫聽訟上問疑獄敬弘不對上變色問左右何故不

以訊牒副僕射敬弘曰臣乃得訊牒讀之正自不解上甚
不悅雖加禮敬亦不以時務及之六年遷尚書令固讓表
求還東上不能奪改授侍中特進左光祿大夫給親信三
十人及東歸車駕幸冶亭餞送十二年徵為太子少傅敬
弘詣都上表固辭不拜東歸上時不豫自力見焉十六年
以為左光祿大夫開府儀同三司侍中如故又詣都表辭竟
不拜東歸二十三年復申前命復辭明年薨於餘杭之舍亭
山年八十八順帝昇明三年追謚文貞公敬弘形狀短而
起坐端方桓玄謂之彈棊發八勢所居舍亭山林澗環周
備登臨之美故時人謂之王東山文帝嘗問為政得失對

曰天下有道庶人不議上高其言左右嘗使二老婦女戴
五條辮著青紋袴襬飾以朱粉女適尚書僕射何尚之弟
述之敬弘嘗往何氏看女遇尚之不在因寄齋中卧俄頃
尚之還敬弘還使二婦女守閤不聽尚之入云正熱不堪
相見君可且去尚之於是移於他室上將為廬陵王納其
女辭曰臣女幼既許孔淳之息子恢之被召為秘書郎敬
弘求為奉朝請與恢之書曰彼秘書有限故有競朝請無
限故無競吾欲使汝處不競之地文帝嘉之並見許敬弘
見兒孫歲中不過一再相見見輒剋日未嘗教子孫學問
各隨所欲人或問之答曰丹朱不應乏教寧越不聞被捶

恢之位新安太守嘗請假定省敬弘剋日見之至日輒不
果假日將盡恢之求辭敬弘呼前至閤復不見恢之於閤
外拜辭流涕而去恢之弟瓚之位吏部尚書金紫光祿大
夫謚貞子瓚之弟昇之位都官尚書瓚之子秀之
秀之字伯奮幼時祖父敬弘愛其風采仕宋為太子舍人
父卒廬於墓側服闋復職吏部尚書褚彥回欲與結婚秀
之不肯以此頻為兩府外兵參軍後為晉平太守朞年求還
或問其故答曰此郡沃壤珍阜日至人所昧者財財生則禍
逮智者不昧財亦不逐禍吾山資已足豈可久留以妨賢
路乃上表請代時人以為王晉平恐富求歸仕齊為豫章

王嶷驃騎長史嶷於荊州立學以秀之領儒林祭酒武帝
即位累遷侍中祭酒轉都官尚書秀之祖父敬弘性貞正
徐羨之傳亮當朝不與來往及致仕隱吳興與秀之父瓚
之書深勗以靜退瓚之為五兵尚書未嘗詣一朝貴江湛
謂何偃曰王瓚之今便是朝隱及柳元景顏師伯貴要瓚
之竟不候之至秀之為尚書又不與王儉款接三世不事
權貴時人稱之轉侍中領射聲校尉出為隨王鎮西長史
南郡內史後為輔國將軍吳興太守秀之先為諸王長史
行事便歎曰仲祖之識見於已多便無復仕進止營理舍
亭山宅有終焉之志及除吳興郡隱業所在心願為之到

郡脩舊山移置輜重墓隆昌元年卒遺令朱服不得入棺祭
則酒脯而已世人以僕妾直靈助哭當由喪主不能淳至
欲以多聲相亂魂而有靈吾當笑之謚曰簡子
延之字希季昇之子也少靜默不交人事仕宋為司徒左
長史清貧居宇穿漏褚彥回以啓宋明帝即敕材官為起
三間齋屋歷吏部尚書尚書右僕射宋德既衰齊高帝輔
政朝野之情人懷彼此延之與尚書令王僧虔中立無所
去就時人語曰二王居平不送不迎高帝以此善之昇明
三年出為江州刺史加都督齊建元元年進號鎮南將軍
延之與金紫光祿大夫阮韜俱宋領軍將軍劉湛外甥並

有早譽湛甚愛之曰韜後當為第一延之為次也延之甚
不平每致餉下都韜與朝士同例高武聞之與延之書曰韜
云卿未嘗有別意當由劉家月旦故邪韜字長明陳留人
晉金紫光祿大夫裕玄孫也為南兗州別駕刺史江夏王
義恭逆求資費錢韜曰此朝廷物執不與宋孝武選侍中
四人並以風貌王彧謝莊為一雙韜與何偃為一雙常充
兼假至始興王師卒延之居身簡素清靜寡慾凡所經歷
務存不擾在江州祿俸外一無所納獨處齋內未嘗出戶
吏人罕得見焉雖子弟亦不妄前時時見親舊未嘗及世
事從容談詠而已後為尚書左僕射尋領竟陵王師卒謚簡

子綸之字元章為安成王記室參軍偃仰召會退居僚末
司徒袁粲聞而歎曰格外之官便今日為重貴游居此位
者遂以不掌文記為高自綸之始也齊永明中歷位侍中
出為豫章太守下車祭徐孺子許子將墓圖畫陳蕃華歆
謝鯤像於郡朝堂為政寬簡稱良二千石武帝幸琅邪城
綸之與光祿大夫全景文等二十一人坐不參承為有司
奏免官後位侍中都官尚書卒自敬弘至綸之並方嚴皆
剋日乃見子孫蓋家風也綸之子昕有業行居父憂過禮
謝瀹欲遣參之孔珪曰何假參此豈有全理以憂卒
峻字茂遠秀之子也少美風姿善容止仕齊為桂陽內史

梁天監初為中書侍郎武帝甚悅其風采與陳郡謝覽同
見賞擢累遷侍中吏部尚書處選甚得名譽峻性詳雅無
趨競心嘗與謝覽約官至侍中不復謀進仕覽自吏部尚
書出為吳興郡平心不畏強禦亦由處俗情薄故也峻為
侍中已後雖不退身亦淡然自守無所營務遷金紫光祿
大夫未拜卒謚惠子子琮為國子生尚始興王女繁昌主
琮不慧為學生所嗤遂離婚峻謝王王曰此自上意僕極
不願如此峻曰下官曾祖是謝仁祖外孫亦不藉殿下姻
婣為門戶耳
王鎮之字伯重晉司州刺史胡之之從孫而裕之之從祖弟

也祖耆之位中書郎父隨之上虞令鎮之爲剡上虞令竝
有能名桓玄輔晉以爲大將軍録事參軍時三吳飢荒遣
鎮之銜命賑卹而會稽内史王愉不奉符旨鎮之依事糾
奏愉子綏玄之外甥當時貴盛鎮之爲所排抑以母老求
補安成太守以母憂去職在官清絜妻子無以自反乃棄
官致喪還上虞舊墓葬畢爲子標之求安復令隨子之官
服闋爲征西道規司馬南平太守後爲御史中丞執正不
撓百僚憚之出爲建威將軍平越中郎將廣州刺史加都
督宋武帝謂人曰鎮之少著清績必將繼美吳隱嶺南弊
俗非此不康也在鎮不受俸禄蕭然無營去官之日不異

初至武帝初建相國府爲諮議參軍領録事善於吏職嚴
而不殘遷宋臺祠部尚書武帝踐阼卒於宣訓衛尉弟弘之
弘之字方平少孤貧爲外祖徵士何準所撫育從叔獻之
及太原王恭竝貴重之仕晉爲司徒主簿家貧性好山水
求爲烏傷令桓玄輔晉桓謙以爲衛軍參軍時殷仲文還
姑孰祖送傾朝謙要弘之同行荅曰凡祖離送別必在有
情下官與殷風馬不接無緣扈從謙貴其言母隨兄鎮之
之安成郡弘之解職同行義熙中何無忌及宋武帝辟召
一無所就家在會稽上虞從兄敬弘爲吏部尚書奏弘之
爲太子庶子不就文帝即位敬弘爲尚書左僕射陳弘之

高行徵爲通直散騎常侍又不就敬弘嘗解貂裘與之即
著以採藥性好釣上虞江有一處名三石頭弘之常垂綸
於此經過者不識之或問漁師得魚賣不弘之曰亦自不
得得亦不賣日夕載魚入上虞郭經親故門各以一兩頭
置門内而去始寧沃川有佳山水弘之又依巖築室謝靈
運顔延之竝相欽重靈運與廬陵王義真牋曰會境既豐
山水是以江左嘉遁竝多居之至若王弘之拂衣歸耕踰
歷三紀孔淳之隱約窮岫自始迄今阮萬齡辭事就閑纂
戎先業既遠同羲唐亦激貪厲競若遣一介有以相存眞
可謂千載盛美也弘之元嘉四年卒顔延之欲爲作誄書

與其子曇生曰君家高世之善有識歸重豫涂豪翰所應
載述況僕託慕末風竊以叙德爲事但恨短筆不足書美
誄竟不就曇生好文義以謙和見稱歷吏部尚書太常卿
孝武末爲吳興太守明帝初與與四方同逆戰敗歸降被
宥終於中散大夫阮萬齡陳留尉氏人祖思曠左光禄大
夫父寧黄門侍郎萬齡少知名爲孟昶建威長史時袁豹
江夷相係爲昶司馬時人謂昶府有三素望萬齡家在會
稽剡縣頗有素情位左户尚書太常出爲湘州刺史無政
績後爲散騎常侍金紫光禄大夫卒曇生弟普曜位秘書
監普曜子晏

晏字休默一字士彥仕宋初為建安國左常侍稍至車騎
晉熙王燮安西板晏主簿時齊武帝為長史與晏相遇府
轉鎮西板晏為記室沈攸之事難隨武帝鎮盆城齊高帝
時威權雖重而衆情猶有疑惑晏便專心奉事軍旅書翰
皆見委性甚便僻漸見親待常參議機密建元初為太子
中庶子武帝在東宮專斷朝事多不聞啓晏慮及罪稱疾
自疏武帝即位為長史兼侍中意任如舊遷侍中祭酒遭
母喪起為司徒左長史晏父普曜藉晏勢多歷通官普曜
卒晏居喪有禮永明六年為丹陽尹晏位任親重自豫章
王嶷尚書令王儉皆降意接之而晏每以疏漏被責連稱疾

南史列傳十四　八

久之轉為江州刺史泣不願出留為吏部尚書太子右率
終以舊恩見寵時尚書令王儉雖貴而疏晏既領選權行
臺閣與儉頗不平儉卒禮官欲依王導諡為文獻晏啓上
曰導乃得此諡但宋來不加素族謂親人曰平頭憲事已
行矣十一年為右僕射領太孫右衞率武帝崩遺旨以尚
書事付晏及徐孝嗣鬱林即位轉左僕射及明帝謀廢立
晏便響應推奉轉尚書令封曲江縣侯給鼓吹一部甲仗
五十人入殿時明帝形勢已布而莫敢先言蕭諶兄弟握
兵權遲疑未決晏頻三夜微步詣諶議時人以此窺之明
帝與晏東府語及時事晏抵掌曰公常言晏怯今定如何

建武元年進號驃騎大將軍給班劒二十人又加兵百人
領太子少傅進爵為公以魏軍動給兵千人晏篤於親舊
為時所稱至是自謂佐命惟新言論常非武帝故事衆始
怪之明帝雖以事際須晏而心相疑斥料簡武帝中詔得
與晏手詔三百餘紙皆是論國家事永明中武帝欲以明
帝代晏領選晏啓曰鸞清幹有餘然不諳百氏恐不可居
此職乃止及見此詔愈猜薄之帝初即位始安王遙光便
勸誅晏帝曰晏於我有勳且未有罪遙光曰晏尚不能為
武帝安能為陛下帝默然變色時帝常遣心腹左右陳世
範等出塗巷采聽異言由是以晏為事晏性浮動志欲無

南史列傳十四　九

厭自謂旦夕開府又望錄尚書每謂人曰徐公應為令又
和徐詩云槐序候方調其名位在徐前若三槐則晏不言
自顯人或譏之晏人望未重又與上素疏中興初雖以事
計委任而內相疑阻晏無防意既居朝端事多專決內外
要職竝用周旋門義每與上爭用人數呼相工自視云當
大貴與客語好屏人上聞疑晏欲反遂有誅晏意有鮮于
文粲與晏子徳元往來密探朝旨告晏有異志又左右單
景儁陳世範等采巫覡言啓上云晏懷異圖是時南郊應
親奉景儁等言晏因此與武帝故主帥於道中竊發會獸
犯郊壇帝愈懼未郊前一日上乃停行先報晏及徐孝嗣

孝嗣奉旨而晏陳郊祀事大必宜自力景儁言位見信元會卑乃召晏於華林省誅之下詔顯其罪稱以河東王鉉識用微弱欲令守以虛器竝令收付廷尉晏之為員外郎也父普曜齋前栢樹忽變成梧桐論者以為梧桐雖有棲鳳之美而失後凋之節及晏敗果如之又未敗前見屋桷子悉是大虵就視之猶木也晏惡之乃以紙裹桷子猶紙内揺動簌簌有聲又於北山廟荅賽夜還晏醉部伍人亦飲酒羽儀錯亂前後十餘里中不復禁制識者云此不復似也未幾而敗晏子德元有意尚位車騎長史德元初名湛武帝曰劉湛江湛竝不善終此非佳名也晏乃改之至

是及誅晏弟詡位少府卿敕未登黄門郎不得畜女伎詡與射聲校尉陰玄智坐畜伎免官禁錮十年敕特原詡亦篤舊後拜廣州刺史晏誅上遣殺之

思遠晏從父弟也父羅雲平西長史思遠八歲父卒祖弘之及外祖新安太守羊敬元竝栖退高尚故思遠少無仕心宋建平王景素辟南徐州主簿深見禮遇景素被誅左右離散思遠親視殯葬手種松栢與廬江何昌寓沛郡劉璡上表理之事感朝廷景素女廢為庶人思遠分衣食以相資贍年長為備笄總訪求素對傾家送遣齊建元初歷竟陵王司徒錄事參軍太子中舍人文惠太子與竟陵王子良素好士竝蒙賞接思遠求出為遠郡除建安內史長兄思玄卒思遠友于甚至表乞自解不許及祥日又固陳武帝乃許之仍除中書郎大司馬諮議詔舉士竟陵王子良薦思遠及吳郡顧暠之陳郡殷叡時邵陵王子貞為吳郡除思遠為吳郡丞以本官行郡事論者以為得人後拜御史中丞臨海太守沈昭略贓私思遠依事劾奏明帝及思遠從兄晏昭略叔父文季竝請止之思遠不從案事如故建武中遷吏部郎思遠以晏為尚書令不欲竝居內臺權要之職上表固讓乃改授司徒左長史初明帝廢立之際思遠謂晏曰兄荷武帝厚恩今一旦贊人如此事彼或可

以權計相須未知兄將何以自立及此引決猶可保全門戶不失後名晏曰方噉粥未暇此事及拜驃騎會子弟謂思遠兄思徵曰隆昌之末阿戎勸吾自裁若用其語豈有今日思遠遽應曰如阿戎所見猶未晚也晏既不能謙退位處朝端事多專斷內外要職竝用門生帝外迹甚美內相疑異思遠謂曰時事稍異兄覺不凡人多拙於自謀而巧於謀人晏默然不荅思遠退後晏方歎曰天下人遂勸人自殺旬日晏及禍明帝後知思遠有此言謂江祏曰王晏早用思遠語當不至此思遠立身簡潔諸客有詣已者覘知衣服垢穢方便不前形儀新楚乃與促膝雖然及去

之後猶令二人交帝拂其坐輿明帝從祖弟季敞性甚豪縱使詣思遠令見禮度都水使者季珪之常曰見王思遠終日匡坐不妄言笑簪帽衣領無不整絜使憶丘明士見明士蓬頭散帶終日酣醉吐論從橫唐突卿宰便復憶見思遠言其兩反也上既誅晏思遠遷為侍中掌優策及起居注卒年四十九贈太常謚曰貞子思遠與顧暠之善暠之卒後家貧思遠迎其妻子經恤甚至暠之字士明少孤好學有義信位太子中舍人兼尚書左丞

王韶之字休泰胡之從孫而敞弘從祖弟也祖羨之鎮軍掾父偉之少有志尚當世詔命表奏輒手自書寫泰元隆安時事大小悉撰錄位本國郎中令韶之家貧好學嘗三日絕糧而執卷不輟家人誚之曰困窮如此何不耕荅曰我常自耕耳父偉之為烏程令韶之因居縣境好史籍博涉多聞初為衛將軍謝琰行參軍得父舊書因私撰晉安帝陽秋及成時人謂宜居史職即除著作佐郎使續後事訖義熙九年善敘事辭論可觀遷尚書祠部郎晉帝自孝武以來常居內殿武官主書於中通呈以省官一人管詔誥住西省因謂之西省郎傅亮羊徽相代在職義熙十一年宋武帝以韶之博學有文辭補通直郎領西省事轉中書侍郎晉安帝之崩武帝使韶之與帝左右密加酖毒恭

帝即位遷黃門侍郎領著作西省如故凡諸詔黃皆其辭也武帝受命加驍騎將軍黃門如故西省職解復掌宋書坐璽制譌誤免黃門事在謝晦傳韶之為晉史序王珣貨殖王廞作亂珣子弘廞子華並貴顯韶之懼為所陷深附結徐羨之傅亮等少帝即位遷侍中出為吳郡太守羨之被誅王弘入相領揚州刺史弘雖與韶之不絕諸弟未相識者皆不復往來韶之在郡常慮為弘所繩夙夜勤勵政績甚美弘亦抑其私憾文帝兩嘉之韶之稱為良守徵為祠部尚書加給事中坐去郡長取送故免官後為吳興太守卒撰孝傳三卷文集行於世宋廟歌辭韶之所制也子曄位臨賀太守

王悅之字少明晉右軍將軍羲之曾孫也祖獻之中書令父靖之司徒左長史為劉穆之所厚就穆之求侍中如此非一穆之曰卿若不求久自得之遂不果悅之少厲清操亮直有風檢為吏部郎隣省有會同者遺悅之餅一甌辭不受曰此費誠小然少來不願當之宋明帝泰始中為黃門郎御史中丞上以其廉介賜良田五頃以為侍中在門下盡其心力掌檢校御府太官太醫諸署時承奢忲之後姦竊者衆悅之按覆無所避得姦巧甚多於是衆署共呪詛悅之病甚恒見兩烏衣人捶之及卒上乃收典掌者十

許人桯楷之送淮陰密令度瓜步江投之中流
王准之字元曾晉尚書僕射彬玄孫也曾祖彪之位尚書令祖臨之父納之並御史中丞彪之博聞多識練悉朝儀自是家世相傳並諳江左舊事緘之青箱世謂之王氏青箱學准之兼明禮傳贍於文辭桓玄篡位以為尚書祠部郎宋武帝起兵為太尉主簿出為山陰令有能名預討盧循功封都亭侯宋臺建除御史中丞為百僚所憚自彪之至准之四世居此職准之嘗作五言詩范泰嘲之卿唯解彈事耳准之正色荅猶差卿世載雄狐坐世子左衞率謝靈運殺人不舉免官武帝受命拜黃門侍郎永初中奏曰

鄭玄注禮三年之喪二十七月而吉古今學者多謂得禮之宜晉初用王肅議祥禫共月故二十五月而除遂以為制江左以來準晉朝施用搢紳之士多遵玄義夫先王制禮以大順羣心喪也寧戚著自前經今大宋開泰品物遂理愚謂宜同即物情以玄義為制朝野一禮則家無殊俗從之元嘉中歷位侍中都官尚書改領吏部出為丹陽尹准之究識舊儀問無不對時大將軍彭城王義康錄尚書事每歎曰何須高論玄虛正得如王准之兩三人天下便足然寡風素情悄急不為時流所重撰儀注咸見遵用卒贈太常子輿之征虜主簿輿之子進之仕齊位給事黃門侍郎扶風太守梁武帝之舉兵也所在響應隣郡多請進之同遣脩謁進之曰非吾志也竟不行武帝嘉之梁臺建歷尚書左丞廣平天門二郡太守左衞將軍封建寧公進之子清位散騎常侍金紫光祿大夫鎮東府長史新野東陽二郡太守安南將軍封中盧公承聖末陳武帝殺太尉王僧辯遣文帝攻僧辯壻杜龕龕告難於清引兵援龕大敗陳文帝於吳興追奔至晉陵時廣州刺史歐陽頠亦同清援龕中更改異殺清而歸陳武帝子猛

猛字世雄本名勇五歲而父清遇害陳文帝軍度浙江訪之將加夷滅母韋氏攜之遁于會稽遂免及長勤學不倦博

涉經史兼習孫吳兵法以父遇酷終文帝之世不聽音樂蔬食布衣以喪禮自處宣帝立乃始求位太建初釋褐鄱陽王府中兵參軍再遷永陽王府錄事參軍猛慷慨常慕功名先是上疏陳安邊拓境之策甚見嘉納至是詔隨大都督吳明徹略地以軍功封應陽縣子累遷太子右衞率徙晉陵太守威惠兼舉姦盜屏跡富商野次云以付王府君郡人歌之以比漢之趙廣漢至德初徵為左驍騎將軍加散騎常侍深見信重時孔範施文慶等並相與比周害其梗直議將出之而未有便會廣州刺史馬靖不受徵乃除猛都督東衡州刺史領始興內史與廣州刺史陳方慶共取

靖猛至即禽靖送建鄴進爵爲公加先勝將軍平越中郎將大都督發廣桂等二十州兵討嶺外荒梗所至皆平禎明二年詔授鎮南大將軍都督二十四州諸軍事尋命徙鎮廣州未之鎮而隋師濟江猛總督所部赴援時廣州刺史臨汝侯方慶西衡州刺史衡陽王伯信並隸猛督府各觀望不至猛使高州刺史戴智烈清遠太守曾孝遠各以輕兵就斬之而發其兵及聞臺城不守乃舉哀素服藉藁不食歎曰申包胥獨何人哉因勒兵緣江拒守以固誠節及審後主不死乃遣其部將辛昉馳驛赴京師歸款隋文帝大悅謂昉曰猛懷其舊主送故情深即是我之誠臣保

守一方不勞兵甲又是我之功臣即日拜昉開府儀同三司仍詔猛與行軍總管韋洸便留嶺表經略猛母妻子先留建鄴因隨後主入京詔賜宅及什物甚厚別賚物一千段及遣璽書勞猛仍討平山越馳驛奏聞時文帝幸河東會猛使至大悅楊素賀因曰昔漢武此地聞喜用改縣名王猛今者告捷遠符前事於是又降璽書褒賞以其長子繕爲開府儀同三司猛尋卒於廣州文帝聞而痛之遣使弔祭贈上開府儀同三司封歸仁縣公命其子繕襲仍授普州刺史仁壽元年繕弟續表陳猛志求葬關中詔許之仍贈使持節大將軍宋州刺史三州諸軍事謚曰成納之

第瓌之字道茂位司空諮議參軍瓌之子逡之

逡之字宣約少禮學博聞仕宋位吳令昇明末尚書右僕射王儉重儒術逡之以著作郎兼尚書左丞參定齊國儀禮初儉撰古今喪服集記逡之難儉十一條更撰世行五卷國學久廢齊建元二年逡之先上表立學轉國子博士又兼著作永明起居注後位南康相光祿大夫加給事中逡之率素衣裳不澣几案塵黑年老手不釋卷建武二年卒從弟珪之位長水校尉撰齊職儀永明九年其子中軍參軍顥啓上其書凡五十卷詔付祕閣

素字休業彬五世孫而逡之族子也高祖翹之晉光祿大

夫曾祖望之祖泰之並不仕父元弘位平固令素少有志行家貧母老隱居不仕宋孝建大明泰始中屢徵不就聲譽甚高山中有蚿清長聽之使人不厭而其形甚醜素乃爲蚿賦以自况卒年五十四

論曰昔晉初度江王導卜其家世郭璞云淮流竭王氏滅觀夫晉氏以來諸王冠冕不替蓋亦人倫所得豈唯世祿之所傳乎及于陳亡之年淮流實竭曩時人物掃地盡矣斯乃興亡之兆已有前定天之所廢豈智識之所謀乎

列傳第十四　南史二十四

列傳第十五　　南史二十五

李　延壽

王懿　到彥之孫撝　撝子沆　沆從兄溉　洽　洽子仲舉

垣護之弟子崇祖　崇祖從兄榮祖　榮祖從父閎　閎弟子曇深

張興世子欣泰

王懿字仲德太原祁人自言漢司徒允弟幽州刺史懋七世孫也祖宏仕石季龍父苗仕苻堅皆至二千石仲德少沈審有意略事母甚謹學通陰陽精解聲律苻氏之敗仲德年十七及兄叡同起義兵與慕容垂戰敗仲德被重創走與家屬相失路經大澤困未能去卧林中有一小兒青衣年可七八歲騎牛行見仲德驚曰漢已食未仲德言飢小兒去須臾復來得飯與之食畢欲行而暴雨莫知津逗有一白狼至前仰天而號號訖銜仲德衣因度水仲德隨後得濟與叡相及度河至滑臺復為翟遼所留使為將帥積年仲德欲南歸乃棄遼奔太山遼追騎急夜行忽見前有猛炬導之乘火行百許里以免晉太元末徙居彭城兄弟名犯晉宣元二帝諱故皆以字行叡字元德北土重同姓並謂之骨肉有遠來相投者莫不竭力營贍若有一人不至者以為不義不為鄉邑所容仲德聞王愉在江南貴盛是太原人乃遠來歸愉愉接遇甚薄因至姑熟投桓玄

值玄篡見輔國將軍張暢言及世事仲德曰自古革命誠非一族然今之起者恐不足以濟大事元德果勁有計略宋武帝甚知之告以義舉使於都下襲玄仲德聞其謀謂元德曰天下事不可不密且兵亦不貴遲巧玄情無遠慮好冒夜出入今取之正須一夫力耳事泄元德為玄誅仲德竄走會義軍剋建鄴仲德抱元德子方回出候武帝帝於馬上抱方回與仲德相對號慟追贈元德給事中封安復縣侯以仲德為鎮軍中兵參軍武帝伐廣固仲德為前驅戰輒破之大小二十餘戰盧循寇逼眾議並欲遷都仲德正色曰今天子當陽南面明公命世作輔新建大功威震六合妖寇豕突恃我遠征既聞凱入將自奔散今日投草莽則同匹夫匹夫號令何以威物此謀若立請從此辭帝悅及武帝與循戰於左里仲德功冠諸將封新淦縣侯義熙十二年北伐進仲德征虜將軍加冀州刺史督前鋒諸軍事冠軍將軍檀道濟龍驤將軍王鎮惡向洛陽寧朔將軍劉遵考建武將軍沈林子出石門寧朔將軍朱超石胡藩向半城咸受統於仲德仲德率龍驤將軍朱牧寧遠將軍竺靈秀嚴綱等開鉅野入河乃總眾軍進據潼關長安平以仲德為太尉諮議參軍武帝欲遷都洛陽眾議咸以為宜仲德曰非常之事人所駭今暴師經載士有歸心

故當以建鄴爲王基還都宜候文軌大同帝深納之使衛送姚泓先還彭城武帝受命累遷徐州刺史加都督元嘉中到彥之北侵仲德同行魏棄河南司兗三州平定三軍咸喜而仲德有憂色曰諸賢不諳北土情僞必墮其計諸軍進屯靈昌魏軍於委粟津度河虎牢洛陽並不守彥之聞二城並沒欲焚舟步走仲德曰洛陽既敗虎牢無以自立理數必然也去我猶自千里滑臺尚有強兵若便捨舟士卒必散且當入濟至馬耳谷口更詳所宜乃回軍沿濟南歷城步上焚舟棄甲還至彭城仲德坐免官尋與檀道濟救滑臺糧盡乃歸自是復失河南九年又爲徐州刺史

仲德三臨徐州威德著於彭城立佛寺作白狼童子像於塔中以在河北所遇也進號鎮北大將軍十五年卒謚曰桓侯亦於廟立白狼童子壇每祭必祠之子正循嗣爲家僮所殺仲德兄孫文和景和中爲征北義陽王昶府佐昶於彭城奔魏部曲皆散文和獨送至界上昶謂曰諸人皆去卿有老母何獨不去文和乃去昇明中爲巴陵内史沈攸之事起文和斬其使馳白齊武帝及齊永明年中歷青冀兗益四州刺史

到彥之字道豫彭城武原人楚大夫屈到後也宋武帝討孫恩以鄉里樂從每有戰功義旗將起彥之家在廣陵臨川武烈王道規尅桓弘彥之時近行聞事捷馳歸而道規已南度江倉卒晚方獲濟及至京口武帝已向建鄴孟昶居守留之及見武帝被責不自陳昶又不申理故不加官義熙元年補鎮軍行參軍六年盧循逼都彥之與檀道濟掩循輜重與循黨荀林戰敗免官後以軍功封佷山縣子爲太尉中兵參軍驃騎將軍道憐鎮江陵以彥之爲驃騎諮議參軍尋遷司馬南郡太守又從文帝西鎮除使持節南蠻校尉武帝受命進爵爲侯彥之佐守荆楚垂二十載威信爲士庶所懷及文帝入奉大統以徐羨之等新有簒虐懼欲使彥之領兵前驅彥之曰了彼不貳便應朝服順

流若使有虞此師既不足恃更開嫌隙之端非所以副遠邇之望也會雍州刺史褚叔度卒乃遣彥之權鎮襄陽羨之等欲即以彥之爲雍州上不許徵爲中領軍委以戎政彥之自襄陽下謝晦已至鎮慮彥之不過己彥之至楊口步往江陵深布誠款晦亦厚自結納彥之留馬及利劍名刀以與晦晦由此大安元嘉三年討晦進彥之鎮軍於彭城洲戰不利咸欲退還夏口彥之不回會檀道濟至晦乃敗走江陵平因監荆州州事改封建昌縣公其秋遷南豫州刺史監六州諸軍事鎮歷陽上於彥之恩厚將加開府欲先令立功七年遣彥之制督王仲德竺靈秀尹沖段

率趙伯符竺靈秀庾俊之朱脩之等北侵自淮入泗泗水
滲日裁行十里自四月至七月始至東平須昌縣魏滑臺
虎牢洛陽守兵並走彥之留朱脩之守滑臺尹沖守虎牢
杜驥守金墉十年魏軍向金墉城次至虎牢杜驥奔走尹
沖衆潰而死魏軍仍進滑臺時河冰將合糧食又罄彥之
先有目疾至是大動將士疾疫乃回軍焚舟步至彭城初
遣彥之資實甚盛及還凡百蕩盡府藏為空文帝遣檀道
濟北救滑臺收彥之下獄免官兗州刺史竺靈秀弃軍伏
誅明年夏起為護軍九年復封邑固辭明年卒乃復先戶
邑謚曰忠公孝建三年詔彥之與王華王曇首配食文帝

廟庭長子元度位益州刺史少子仲度嗣位驃騎從事中
郎兄弟並有才用皆早卒仲度子撝

撝字茂謙襲爵建昌公宋明帝立欲收物情以撝功臣之
後自長兼左戶郎中擢為太子洗馬撝資藉豪富自奉
養供一身一月十萬宅宇山池伎妾姿藝皆窮上品才調
流贍善納交游愛伎陳玉珠明帝遣求不與逼奪之撝頗
怨帝令有司誣奏將殺之撝入獄數宿鬚鬢皆白免死繫
尚方奪封與弟賁撝由是更以貶素自立明帝崩弟賁讓
封還撝朝議許之弟遁元徽中為南海太守在廣州昇明
元年沈攸之反刺史陳顯達起兵應朝廷遁猶豫見殺遁
家人在都從野夜歸見兩三人持堊刷其家門須臾而滅
明日而遁死聞至撝懼詣齊高帝謝即板撝武帝中軍諮
議參軍建元初國除武帝即位累遷司徒左長史宋時武
帝與撝同從宋明帝射雉郊野渴倦撝得早青瓜與上對
剖食之上又數游撝家懷其舊德至是一歲三遷永明元
年為御史中丞車駕幸丹楊郡宴飲撝恃舊酒後狎侮同
列謂庾杲之曰蠢爾蠻荊其俗鄙復謂虞悰曰斷髮文身
其風陋王晏既貴雅步從容又問曰王散騎復何故爾晏
先為國常侍轉員外散騎郎此二職清華所不為故以此
嘲之王敬則執楨查以刀子削之又曰此非元徽頭何事

自契之為左丞庾杲之所糾以贖論再遷左衛將軍隨王
子隆帶彭城郡撝問訊不脩部下敬為有司舉免官後為
五兵尚書廬陵王中軍長史卒子沆嗣

沆字茂瀣幼聰敏五歲時父撝於屏風抄古詩沆請教讀
一遍便能諷誦及長善屬文工篆隸美風神容止可悅梁
天監初為征虜主簿東宮建以為太子洗馬時文德殿置
學士省召高才碩學待詔沆通籍焉武帝宴華光殿命群
臣賦詩獨詔沆為二百字三刻便成沆於坐立奏其文甚
美俄以洗馬管東宮書記及散騎省優策文三年詔尚書
郎在職清能者為侍郎以沆為殿中曹侍郎此曹以文才

還沆從父兄溉洽並有才名時相代爲之見榮當世遷太子中舍人沆爲人謙敬口不論人短任昉范雲皆與善後卒於北中郎諮議參軍所著詩賦百餘篇

溉字茂灌攜弟子也父坦齊中書郎溉少孤貧與兄沼弟洽俱知名起家王國左常侍樂安任昉大相賞好坦提攜溉洽二人廣爲聲價所生母魏本寒家悉越中之資爲二兒推奉昉梁天監初昉出守義興要溉洽之郡爲山澤之遊昉還爲御史中丞後進皆宗之時有彭城劉孝綽劉苞劉孺吳郡陸倕張率陳郡殷芸沛國劉顯及溉洽車軌日至號曰蘭臺聚陸倕贈昉詩云和風雜美氣下有眞人遊

壯矣荀文若賢哉陳太丘今則蘭臺聚万古信爲儔任君本達識張子復清脩既有絕塵到復見黃中劉時謂昉爲任君比漢之三君到則溉兄弟也除尚書殿中郎後爲建安太守昉以詩贈之求二衫段云鐵錢兩當一百易代名實爲惠當及時無待涼秋日溉答云余衣本百結閩中徒八蠶假令金如粟詎使廉夫貪還爲太子中舍人溉長八尺眉目如點白晳美鬚髯舉動風華善於應荅上用爲通事舍人中書郎兼吏部太子中庶子湘東王繹爲會稽太守以溉爲輕車長史行府郡事武帝敕繹曰到溉非直爲汝行事足爲汝師溉嘗夢武帝遍見諸子至湘東而脫帽與之於是密敬事焉遭母憂居喪盡禮所處廬開方四尺毀瘠過人服闋猶蔬食布衣者累載歷御史中丞都官左戶二尚書掌吏部尚書時何敬容以令參選事有不允溉輒相執敬容謂人曰到溉尚有餘臭遂學作貴人敬容日方貴寵人皆下之溉許之如初溉祖彥之初以擔糞自給故世以爲譏云後省門鴟尾被震溉左遷光祿大夫所莅以清白自脩性又率儉不好聲色虛室單牀傍無姬侍冠屨十年一易朝服或至穿補傳呼清路示有朝章而已後爲散騎常侍侍中國子祭酒表求列武帝所撰正言於學請置正言助教二人學生二十人尚書左丞賀琛又請加置

博士一人溉特被武帝賞接每與對棊從夕達旦或復失寢加以低睡帝詩嘲之曰狀若喪家狗又似懸風槌當時以爲笑樂溉第居近淮水齋前山池有奇礓石長一丈六尺帝戲與賭之并禮記一部溉並輸焉未進帝謂朱异曰卿謂到溉所輸可以送未斂板對曰臣既事君安敢失禮帝大咲其見親愛如此石即迎置華林園宴殿前移石之日都下傾城縱觀所謂到公石也溉弈棊入第六品常與朱异韋黯於御坐校棊比勢復局不差一道後因疾失明詔以金紫光祿大夫散騎常侍就養疾溉少有美名遂不爲僕射人爲之恨溉澹如也家門雍睦兄弟特相友愛初

與弟洽恒共居一齋洽卒後便捨爲寺蔣山有延賢寺溉家世所立溉得祿俸皆充二寺因斷腥膻終身蔬食別營小室朝夕從僧徒禮誦武帝每月三致淨饌恩禮甚篤性不好交遊唯與朱异劉之遴張綰同志友密及臥疾門可羅雀唯三人每歲時恒鳴騶枉道以相存問置酒極歡而去以太清二年卒臨終誡張劉勒子孫薄葬之禮曰氣絕便斂斂以法服先有冢壙斂竟便葬不須擇日凶事必存約儉孫姪不得違言便屏家人請僧讀經贊唄及卒顏色如恒手屈二指即佛道所云得果也時朝廷多事遂無贈謚有集二十卷行於時子鏡鏡字圓照初在孕其母夢懷

鏡及生因以名焉鏡五歲便口授爲詩婉有辭況位太子舍人作七悟文甚美先溉卒鏡子蓋早聰慧位尚書殿中郎嘗從武帝幸京口登北顧樓賦詩蓋受詔便就上以示溉曰蓋定是才子翻恐卿從來文章假手於蓋因賜絹二十疋後溉每和御詩上輒手詔戲溉曰得無貽厥之力乎又賜溉連珠曰硯磨墨以騰文筆飛毫以書信如飛蛾之赴火豈焚身之可吝必耄年其已及可假之於少蓋其見知賞如此後除丹陽尹丞太清亂赴江陵卒溉弟洽

洽字茂㳂清警有才學父坦以洽無外家乃求娶於羊玄保以爲外氏洽年十八爲徐州迎西曹行事謝朓文章盛於一時見洽深相賞好每稱其兼資文武朓後爲吏部欲薦之洽覩時方亂深相拒絕遂築室巖阿幽居積歲時人號曰居士任昉與洽兄沼溉並善嘗訪洽於田舍歎曰此子日下無雙遂申拜親之禮梁武帝嘗問待詔丘遲曰到洽如何沆溉遲曰正情過於沆文章不減溉加此清言殆將難及即召爲太子舍人御幸華光殿詔洽及沆蕭琛任昉侍宴賦二十韻詩以洽辭爲工賜絹二十疋上謂昉曰諸到可謂才子昉曰臣常竊議宋得其武梁得其文遷司徒主簿直待詔省勑使抄甲部書爲十二卷遷尚書殿中郎後爲太子中舍人與庶子陸倕對掌東宮管記俄爲侍

讀侍讀省仍置學士二人洽充其選遷國子博士奉勑撰太學碑累遷尚書吏部郎請託不行徙左丞準繩不避貴戚時帝欲親戎軍國禮容多自洽出尋遷御史中丞號爲勁直少與劉孝綽善下車便以名教隱穢首彈之孝綽託與諸弟書實欲聞之湘東王公事左降猶居職舊制中丞不得入尚書下舍洽兄溉爲左戶尚書洽引服親不應有礙刺省詳決左丞蕭子雲議許入溉省亦以其兄弟素篤不相別也出爲尋陽太守卒贈侍中謚理子洽美容質善言吐弱年聽伏曼容講未嘗傍膝伏深歎之文集行於世子仲舉

仲舉字德言無他藝業而立身耿正仕梁為長城令政號
廉平陳文帝居鄉里嘗詣仲舉時天陰雨仲舉獨坐齋內
聞城外有簫鼓聲俄而文帝至仲舉異之乃深自結帝又
嘗因飲夜宿仲舉帳中忽有神光五采照于室內由是祗
事益恭及侯景平文帝為吳興太守以仲舉為郡丞與潁
川庾持俱為文帝賓客文帝嗣位授侍中參掌選事天嘉
元年守都官尚書封寶安縣侯三年遷尚書左僕射丹陽
尹參掌如故改封建昌縣侯仲舉既無學術朝章非其所
長選舉引用皆出自袁樞性疎簡不干時務與朝士無所
親狎但聚財酣飲而已文帝積年寢疾不親萬機尚書中

南史列傳十五　十一

書事皆使仲舉斷決天康元年遷侍中尚書僕射文帝疾
甚入侍醫藥及帝崩宣帝受遺為尚書令入輔仲舉與左
丞王暹中書舍人劉師知殷不佞以朝望有歸乃遣不佞
宣旨遣宣帝還東府事發師知下獄賜死暹不佞並付推
乃以仲舉為貞毅將軍金紫光祿大夫初仲舉子郁尚文
帝妹信義長公主官至中書侍郎出為宣城太守文帝配
以士馬是年遷南康內史以國哀未之任仲舉既廢居私
宅與郁皆不自安時韓子高在都人馬素盛郁每乘小輿
蒙婦人衣與子高謀子高軍主告其事宣帝收子高仲舉
及郁並於獄賜死郁諸男女帝甥獲免

垣護之字彥宗略陽垣道人也族姓豪強石季龍時自略
陽徙鄴祖敞仕苻氏為長樂國郎中令伯父遵父苗仕慕
容超並見委任遵為尚書苗為京兆太守宋武帝圍廣固
遵苗踰城歸降並以為太尉行參軍元嘉中遵為員外散
騎常侍苗屯騎校尉仍家下邳護之少倜儻不拘小節形
狀短陋而氣幹強果元嘉初為殿中將軍隨到彥之北侵
魏彥之將回師護之書諫彥之不納散敗而歸文帝聞而
善之累遷鍾離太守隨王玄謨入河玄謨攻滑臺護之百
舸為前鋒進據石濟及魏救將至馳書勸玄謨急攻之不
見從玄謨敗退不暇報護之而魏軍悉牽玄謨水軍大艚

南史列傳十五　十二

連以鐵鏁三重斷河以絕護之還路河水迅急護之中流
而下每至鐵鏁以長柯斧斷之魏人不能禁唯失一舸餘舸
並全留戍糜溝城還為江夏王義恭驃騎戶曹參軍戍淮
陰領濟北太守三十年文帝崩還屯歷下孝武入討率所
領馳赴帝以為冀州刺史及南郡王義宣反兗州刺史徐
遺寶護之妻弟也與護之書勸使同逆護之馳使以聞率
軍隨沈慶之等擊魯爽義宣率大衆至梁山與王玄謨相
持柳元景率護之及護之弟詢之柳叔仁鄭琨等出鎮新
亭玄謨求上遣元景等進據南州護之水軍先發大破賊
將龐法起元景乃以精兵配護之追討會朱脩之已平江

陵至尋陽而還遷徐州刺史封益陽縣侯後拜青冀二州刺史鎮歷城大明二年徵為右衛將軍還於道聞竟陵王誕據廣陵反護之即率部曲受車騎大將軍沈慶之節度事平轉臨淮太守徙豫州刺史護之所蒞多聚斂賄貨七年坐下獄免官明年起為太中大夫未拜以憤卒謚壯侯

崇祖字敬遠一字僧寶護之弟子也父詢之驍敢有氣力元凶弒逆嗣輔國將軍張柬時張超手行大逆亦領軍隸柬詢之規殺之慮柬不同乘宿有此志又未測詢之同否互相觀察會超來論事柬色動詢之覺之即共定謀遣召超超疑之不至改宿他所詢之不知還往斫之殺其僕於牀因與柬南奔時孝武已即位以為積射將軍梁山之役力戰中流矢卒贈冀州刺史崇祖年十四有幹略伯父護之謂門宗曰此兒必大吾門後隨徐州刺史薛安都入魏尋又率門宗據朐山歸宋求淮北立功明帝以為北琅邪蘭陵二郡太守封下邳子及齊高帝鎮淮陰崇祖時戍朐山既受都督祗奉甚至帝以其武勇善待之崇祖謂其妹夫皇甫肅曰此真吾君也遂密布誠節高帝威名已著宋明帝尤所忌疾徵為黃門郎規害高帝崇祖建策以免由是甚見親參豫密謀元徽末高帝懼禍令崇祖入魏崇祖即以家口託皇甫肅勒數百人將入魏界更聽後旨會蒼

梧廢召崇祖還都及齊高帝新踐阼恐魏致討以送劉昶為辭以為軍衝必在壽春非崇祖莫可為捍徙為豫州刺史監豫司二州諸軍事封望蔡侯建元二年魏遣劉昶攻壽春崇祖乃於城西北立堰塞肥水堰北起小城使數千人守之謂長史封延伯曰虜必悉力攻小城若破此堰放水一激急逾三峽自然沈溺豈非小勞而大利邪及魏軍由西道集堰南分軍東路內薄攻小城崇祖著白紗帽肩輿上城手自轉式日晡時決小史埭水勢奔下魏攻城之衆溺死千數大衆退走初崇祖於淮陰見高帝便自比韓白唯上獨許之及破魏軍啓至上謂朝臣曰崇祖恒自擬韓白今真其人也進為都督崇祖聞陳顯達李安人皆增給軍儀乃啓求鼓吹橫吹上敕曰韓白何可不與衆異給鼓吹一部崇祖慮魏復攻淮北啓徙下蔡戍於淮東其冬魏果欲攻下蔡及聞內徙乃揚聲平除故城衆疑魏當於故城立戍崇祖曰下蔡去鎮咫尺魏豈敢置戍實是欲除此城正恐奔走殺之不盡耳魏果夷掘下蔡城崇祖大破之武帝即位為五兵尚書領驍騎將軍初豫章王有盛寵武帝在東宮崇祖不自附及破魏軍詔使還朝與共密議武帝疑之曲加禮待酒後謂曰世間流言我已豁懷抱自今已後富貴見付也崇祖拜謝及去後高帝復遣荀伯玉

敕以邊事受旨夜發不得辭東宮武帝以爲不盡誠心銜之永明元年詔稱其與荀伯玉搆扇邊荒誅之故人無敢至者獨有前豫州主簿夏侯恭叔出家財爲殯時人以比欒布恭叔譙國人崇祖爲豫州聞其才義辟爲主簿兼掌書翰高帝即位方鎮皆有賀表王儉見崇祖啓咨嗟良久曰此恭叔辭也時宋氏封爵隨運遷改恭叔以柳元景中興元勳劉勔殞身王事不宜見廢上表論之甚有義理事雖不從優詔見荅後爲竟陵令惠化大行木連理上有光如燭咸以善政所致

榮祖字華先崇祖從父兄也父諒之宋北中郎府參軍榮祖少學騎射或曰何不學書榮祖曰曹操曹丕上馬橫槊下馬談論此可不負飲食矣君輩無自全之伎何異犬羊乎宋孝建中爲後軍參軍伯父豫州刺史護之子襲祖爲淮陽太守孝武以事徙之嶺南護之不食而死帝疾焉又使殺襲祖臨死與榮祖書曰弟嘗勸我危行言遜今果敗矣明帝初即位四方反除榮祖冗從僕射遣還徐州說刺史薛安都曰天之所廢誰能興之使君今不同八百諸侯如下官所見非計中也安都曰今京都無百里地莫論攻圍取勝自可相拍手笑殺且我不欲負孝武榮祖曰孝武之行足致餘殃今雖天下雷同正是速死無能爲也安都曰不知諸人云何我不畏此大蹄馬在近急便作計榮祖被拘不得還因爲安都將領安都引魏軍入彭城榮祖攜家屬南奔朐山齊高帝在淮陰榮祖歸附高帝保持之及宋明帝崩高帝書送榮祖詣僕射褚彥回除東海太守彥回謂曰蕭公稱卿幹略故以郡相勞榮祖善彈登西樓見翔鵠雲中謂左右當生取之於是彈其兩翅毛脫盡墜地無傷養毛生後飛去其妙如此元徽末蒼梧凶狂恒欲危害高帝帝欲奔廣陵起事荀伯玉等皆贊成之榮祖諫曰領府去臺百步公走人豈不知若單騎輕行廣陵人一旦閉門不相受公欲何之公今動足下牀恐便有叩臺門

者公事去矣蒼梧明夕自至領府扣門欲害帝帝常以書案下安鼻爲楯以鐵爲書鎮如意甚壯大以備不虞欲以代杖蒼梧至府而日且申令夕須至一處作適還當取奴尋遇殺齊高帝謂榮祖曰不用卿言幾無所成豫佐命勳封將樂縣子永明二年爲尋陽相南新蔡太守被告作大形棺材盛仗使鄉人載度江北案驗無實見原後拜兗州刺史初巴東王子響事方鎮皆啓稱子響爲逆榮祖曰此非所宜言政應云劉寅等孤負恩獎逼迫巴東使至於此時諸啓皆不得通事平後上乃省視以榮祖爲知言九年卒從弟歷生亦爲驍將位太子右率性苛暴與始安王遙

光同反伏誅

閔字叔通榮祖從父也父遵位員外常侍閔爲宋孝武帝南中郎參軍孝武帝即位以爲交州刺史時交土全實閔罷州還資財鉅萬孝武末年貪慾刺史二千石罷任還都必限使獻奉又以蒱戲取之要令罄盡乃止閔還至南州而孝武晏駕擁南資爲富人明帝初以爲司州刺史北破薛道標封樂鄉縣男出爲益州刺史蜀還之貨亦數千金先送獻物傾西資之半明帝猶嫌其少及閔至都詣廷尉自簿先詔獄官留閔於是悉送資財然後被遣凡蠻夷不受鞭罰輸財贖罪謂之賧時人謂閔被賧刺史歷度支尚

書衛尉齊高帝輔政使褚彥回爲子晃求閔女閔辭以齊大非偶帝雖嘉其退讓而心不能歡即以晃婚王伷女謂豫章王嶷曰前欲以白象與垣公婚者重其夷澹事雖不遂心常依然白象晃小字也及高帝即位以有誠心封爵如故卒於金紫光禄大夫謚曰定子愔伯襲爵愔伯少負氣豪俠妙解射雉尤爲武帝所重以爲直閤將軍與王文和俱任頗以地勢陵之後出爲巴西梓潼二郡太守時文和爲益州刺史曰每憶昔日俱在閤下卿時視我如我今日見卿因誣其罪馳信啓之又輒遣蕭寅代愔伯爲郡愔伯亦別遣啓臺閉門待報寅以兵圍之齊明帝輔政知其

無罪不欲爭文和乃敕愔伯解郡還爲當軍所躡束手受害閔弟子曇深以行義稱爲臨城縣罷歸得錢十萬以買宅奉兄退無私蓄先是劉楷爲交州謂王儉曰欲一人爲南土所聞者同行儉良久曰得之矣昔垣閔爲交州閔弟閎又爲九眞郡皆著信南中羽林監曇深者閎之子也雅有學行當今同行及隨楷未至交州而卒楷惆悵良久曇深妻鄭氏字獻英滎陽人時年二十子文凝始生仍隨楷到鎮晝夜紡織傍無親援年既盛美甚有容德自厲冰霜無敢望其門者居一年私裝了乃告楷求還楷大驚曰去鄉萬里固非孀婦所濟遂不許鄭又曰垣氏羇魂不反而

其孤藐幼妾若一同灰壤則何面目以見先姑因大悲泣楷愴然許之厚爲之送於是間關危險遂得至鄉葬畢乃曰可以下見先姑矣時文凝年甫四歲親教經禮訓以義方州里稱美又有吳興丘景賓字彥先亦以節義聞父康祖無錫令亡後僮僕數十人及宅宇產畜景賓悉讓與兄鎮之鎮之又推齋屋三間與之亦不肯受太守孔山士歎曰聞柳下惠之風貪夫廉懦夫有立志復見之矣終於奉朝請

張興世字文德竟陵人也本單名世宋明帝益爲興世少家貧白衣隨王玄謨伐蠻因後隨孝武鎮尋陽補南中郎參

軍督護從入討元凶及南郡王義宣反又隨玄謨出梁山有
戰功明帝即位四方反叛進興世龍驤將軍領水軍拒南
賊時臺軍據赭圻朝廷遣吏部尚書褚彥回就赭圻行選
是役也皆先戰授位檄板不供由是有黃紙札南賊屯在
鵲尾既相持久不決興世建議曰賊據上流兵張地勢今
以奇兵潛出其上使其首尾周惶進退疑阻糧運艱礙乃
制勝之奇沈攸之吳喜並贊其計分戰士七千配之興世
乃令輕舸泝流而上旋復回還一二日中輒復如此使賊
不為之防賊帥劉胡聞興世欲上笑之曰我尚不敢越彼
下取揚州興世何人欲據我上興世謂攸之等曰上流唯

有錢溪可據乃往據之及劉胡來攻將士欲迎擊之興世
曰賊來尚遠而氣驟盛矣夫驟既力盡盛亦易衰此曹劌
所以破齊也將士不得妄動賊來轉近興世乃命壽寂之
任農夫率壯士擊走之袁顗慍曰賊據人肝藏裏云何得
活是月朔赭圻軍士伐木為柵於青山遇一童子曰賊下
旬當平無為自苦忽不見至是果敗興世又遏其糧道賊
衆漸飢劉胡棄軍走袁顗仍亦奔散興世遂與吳喜共平
江陵遷右軍將軍封作唐縣侯歷雍州刺史左衛將軍以
疾徙光祿大夫尋卒興世居臨沔水自襄陽以下至于江
二千里先無洲嶼興世初生當其門前水中一旦忽生洲

年年漸大及興世為方伯而洲上遂十餘頃父仲子由興
世致位給事中興世欲將往襄陽愛鄉里不肯去嘗謂興
世曰我雖田舍老公樂聞鼓角汝可送一部行田時欲吹
之興世素恭謹畏法譬之曰此是天子鼓角非田舍公所
吹興世欲拜墓仲子謂曰汝衛從太多先人必當驚怖興
世減撤而行子欣泰

欣泰字義亨不以武業自居好隸書讀子史年十餘詣吏
部尚書褚彥回彥回問張郎弓馬多少答曰性怯畏馬無
力牽弓彥回甚異之歷諸王府佐宋元徽中興世在家擁
雍州還資見錢三千萬蒼梧王自領人劫之一夜垂盡興

世憂懼病卒欣泰兄欣華時為安成郡欣泰悉封餘財以
待之齊建元初為尚書都官郎武帝與欣泰早款遇及即
位以為直閤將軍後為武陵內史坐贓私殺人被糾見原
還復為直閤步兵校尉領羽林監欣泰通涉雅俗交結多
是名素下直輒著鹿皮冠衲衣錫杖挾素琴有以啓武帝
帝曰將家兒何敢作此舉止後從駕出新林敕欣泰廉察
欣泰停仗於松樹下飲酒賦詩制局監呂文度以啓武帝
帝大怒遣出數日意釋召謂曰卿不樂武職當處卿清貴
除正員郎出為鎮軍南中兵參軍南平內史巴東王子響
殺僚佐上遣中庶子胡諧之西討使欣泰為副欣泰謂諧

之曰今太歲在西南逆歲行軍兵家深忌若且頓軍夏口宣示禍福可不戰而擒也諧之不從進江津尹略等見殺事平欣泰徙爲隨王子隆鎮西中兵改領河東內史子隆深相愛重數與談宴意遇與謝脁相次典籤密啓之武帝怒召還都屏居家巷置宅南岡下面接松山欣泰負弩射雉恣情閑放聲伎雜藝頗多開解明帝即位爲領軍長史遷諮議參軍上書陳便宜二十條其一條言宜毀廢塔寺帝並優詔報答建武二年魏圍鍾離欣泰爲軍主隨崔慧景救援及魏軍退而邵陽洲上餘兵萬人求輸馬五百疋假道慧景欲斷路攻之欣泰說慧景曰歸師勿遏古人畏

之死地兵不可輕也慧景乃聽過時領軍蕭坦之亦援鍾離還啓明帝曰邵陽洲有死賊萬人慧景欣泰放而不取帝以此皆不加賞四年出爲永陽太守永元初還都崔慧景圍城欣泰入城守備事寧除廬陵王安東司馬梁武帝起兵東昏以欣泰爲雍州刺史欣泰與弟前始安內史欣時密謀結太子右率胡松前南譙太守王靈秀直閤將軍鴻選含德主帥苟勵直後劉靈運等並同契會帝遣中書舍人馮元嗣監軍救郢茹法珍梅蟲兒及太子右率李居士制局監楊明泰等十餘人相送中興堂欣泰等使人懷刀於坐斫元嗣頭墜果柈中又斫明泰破其腹蟲兒傷數創

手指皆墜居士踰牆得出茹法珍亦散走還臺靈秀仍往石頭迎建安王寶寅率文武數百唱警蹕至杜姥宅欣泰初聞事發馳馬入宮冀法珍等在外城內處分必盡見委因行廢立既而法珍得返處分閉門上仗不配欣泰兵鴻選在殿內亦不敢發城外衆尋散少日事覺欣泰胡松等皆伏誅欣泰少時有人相其當得三公而年裁三十後尾屋隧傷頷又問相者云無復公相年壽更增亦可得方伯耳死時年三十六

論曰王仲德受任二世能以功名始終入關之役檀王咸出其下元嘉北討則受督於人有蘭生之志而無關公之

憤長者哉道豫雖地居豐沛榮非恩假時歷四代人焉不絕文武之道不墜斯門殆爲優矣垣氏宋齊之際世著武節崇祖陳力疆埸以韓白自許竟而杜郵之酷可爲痛哉興世鵲浦之奇遠有深致其垂組建旆豈徒然也

列傳第十五　南史二十五

李延壽

袁湛弟豹 豹子淑 淑兄子顗
顗從弟粲 顗弟子彖 彖從弟昂
馬仙琕 昂子君正 君正子樞
憲 君正弟敬 泌

袁湛字士深陳郡陽夏人也祖耽晉歷陽太守父質琅邪內史並知名湛少與弟豹並爲從外祖謝安所知安以其兄子玄女妻湛宋武帝起兵以爲鎮軍諮議參軍以從征功封晉寧縣五等男義熙十二年爲尚書右僕射武帝北伐湛兼太尉與兼司空尚書范泰奉九命禮拜授武帝帝沖讓湛等隨軍至洛陽住栢谷塢泰議受使未畢不拜晉帝諸陵湛獨至五陵展敬時人美之初陳郡謝重王胡之外孫也於諸舅敬禮多闕重子絢湛之甥也嘗於公坐慢湛湛正色謂曰汝便是兩世無渭陽情絢有愧色十四年卒贈左光祿大夫文帝即位以后父贈侍中左光祿大夫開府儀同三司謚曰敬公大明三年孝武幸籍田經湛墓遣使致祭增守墓五戶子淳淳子植並早卒

湛弟豹字士蔚好學博聞善談雅俗每商較古今兼以誦詠聽者忘疲爲御史中丞時鄱陽縣侯孟懷玉上母檀拜國太夫人有司奏許豹以婦人從夫爵懷玉父大司農綽見居列卿妻不宜從子奏免尚書右僕射劉柳等官詔並

贖論後爲丹陽尹太尉長史義熙九年卒官以參伐蜀謀追封南昌縣五等子子淑

淑字陽源少有風氣年數歲伯父湛謂人曰此非凡兒至十餘歲爲姑夫王弘所賞博涉多通不爲章句學文采遒豔從橫有才辯彭城王義康命爲司徒祭酒義康不好文學雖外相禮接意好甚踈從母兄劉湛欲其附己而淑不爲改意由是大相乖失淑乃賦詩曰種蘭忌當門懷璧莫向楚楚少別玉人門非植蘭所尋以久疾免官元嘉二十六年累遷尚書吏部郎其秋大舉北侵從容曰今當席卷趙魏檢玉岱宗願上封禪書一篇文帝曰盛德之事我何足以當之出爲始興王濬征北長史南東海太守淑始到府濬引見謂曰不意舅遂垂屈佐淑答曰朝廷遣下官本以光公府望也還爲御史中丞時魏軍南伐至瓜步文帝使百官議防禦之術淑上議其言甚誕淑喜誇每爲時人所嘲始興王濬嘗送錢三萬餉淑一宿復遣追取謂爲使人謬誤欲以戲淑淑與濬書曰聞之前志曰七年之中一與一奪義士猶或非之況密邇旬次何其裒益之亟也竊恐二三諸侯有以觀大國之政遷太子左衛率元凶將爲逆其夜淑在直呼淑及蕭斌等流涕告以明旦當行大事望相與戮力淑斌並曰自古無此願加善思劭怒斌懼曰

謹奉令淑叱之曰卿便謂殿下眞有是邪殿下幼時嘗患風或是疾動耳劭愈怒因問曰事當剋不淑曰居不疑之地何患不剋但既剋之後爲天地所不容大禍亦旋至耳劭左右引淑衣曰此是何事而可言罷劭因起賜淑等袴褶又就主衣取錦裁三尺爲一段又中裂之分斌與淑及左右使以縛袴褶淑出還省繞牀至四更乃寢劭將出已與蕭斌同載呼淑甚急淑眠終不起劭停車奉化門催之相續徐起至車後劭使登車辭不上劭命左右殺之於奉化門外槐樹下劭即位追贈太常孝武即位贈侍中太尉謚曰忠憲公又詔淑及徐湛之江湛王僧綽卜天與四家

長給稟淑文集傳於世諸子並早卒兄洵吳郡太守謚曰貞洵子覬

覬字國章初爲豫州主簿累遷晉陵太守襲南昌縣五等子大明末拜侍中領前軍將軍時新安王子鸞以母嬖有盛寵太子在東宮多過上微有廢太子立子鸞之意從容言之覬盛稱太子好學有日新之美帝怒振衣而入覬亦厲色而出左丞徐爰言於帝請宥之帝意解後帝又以沈慶之才用不多言論頗相嗤毀覬又陳慶之忠勤有幹略堪當重任由是前廢帝深感覬慶之亦懷其德景和元年誅羣公欲引進覬任以朝政遷爲吏部尚書封新淦縣子

俄而意趣乖異寵待頓衰始令覬與沈慶之徐爰參知選事尋復反以爲罪使有司糾奏坐白衣領職從幸湖熟往反數日不被命覬慮禍求出乃除建安王休仁安西長史休仁不行即以覬爲領寧蠻校尉雍州刺史加都督覬舅蔡興宗謂曰襄陽星惡豈可冒邪覬曰白刃交前不救流矢今日之行本願生出虎口且天道遼遠何必皆驗如其有徵當脩德以禳之於是狼狽上路恒慮見追後至尋陽曰今知免矣與鄧琬款狎過常每清閑必盡日窮夜覬與琬人地本殊衆知其有異志矣及至襄陽便劉胡繕脩兵械會明帝定大事進覬號右將軍遣荊州典籤邵宰乘驛還

江陵道由襄陽覬反意已定而糧仗未足欲且奉表於明帝覬子祕書丞戢曰一奉表疏便爲彼臣以臣伐君於義不可覬從之覬詐云被太皇太后令使其起兵便建牙馳檄奉勸晉安王子勛即大位與琬書使勿解甲子勛即位進覬號安北將軍加尚書左僕射覬本無將略在軍中未嘗戎服語不及戰陣唯賦詩談議而已不能撫接諸將劉胡每論事酬對甚簡由此大失人情胡常切齒恚恨胡以南軍未至軍士匱之就覬換襄陽之資覬荅曰都下兩宅未成方應經理不可損徹又信往來之言言都下米貴斗至數百以爲不勞攻伐行自離散於是擁甲以得之明帝使

顗倩門生徐碩奉手詔譬顗曰卿未經爲臣今追蹤竇融
猶未晚也及劉胡叛走不告顗顗至夜方知大怒罵曰今
年爲小子所誤呼取飛鷰謂其衆曰我當自出追之因又
遁走至鵲頭與戍主薛伯珍及其所領數千步取青林欲
向尋陽夜止山間宿殺馬勞將士顗顧伯珍曰我舉八州
以謀王室未一戰而散豈非天邪非不能死豈欲草間求
活望一至尋陽謝罪主上然後自刎耳因慷慨叱左右索
節無復應者及旦伯珍請求閒言乃斬顗首詣錢溪馬軍
主襄陽俞湛之湛之因斬伯珍併送首以爲己功明帝
忿顗違叛流尸於江弟子彖收瘞於石頭後岡後廢帝即

位方得改葬顗子戩昂戩爲黃門侍郎戍盆城尋陽敗伏誅
粲字景倩洵弟子也父濯揚州秀才早卒粲幼孤祖哀之名
之曰愍孫伯叔並當世榮顯而愍孫飢寒不足母琅邪王
氏太尉長史誕之女也躬事績紡以供朝夕愍孫少好學
有清才隨伯父洵爲吳郡擁弊衣讀書足不踰戶其從兄
顗出遊要愍孫愍孫輒稱疾不動叔父淑雅重之語子弟
曰我門不乏賢愍孫必當復三公或有欲與顗婚顗父洵
曰顗不堪政可與愍孫婚耳愍孫在坐流涕起出早以操
行見知宋孝武即位稍遷尚書吏部郎太子右衞率侍中
孝建元年文帝諱日羣臣並於中興寺八關齋中食竟愍

孫別與黃門郎張淹更進魚肉食尚書令何尚之奉法素
謹密以白孝武孝武使御史中丞王謙之糾奏並免官大
明元年復爲侍中領射聲校尉封興平縣子三年坐納山
陰人丁承文貨舉爲會稽郡孝廉免官五年爲左衞將軍
加給事中七年轉吏部尚書左衞如故其年皇太子冠上
臨宴東宮與顏師伯柳元景沈慶之等並樗蒱愍孫勸師
伯酒師伯不飲愍孫因相裁辱曰不能與佞人周旋師伯
見寵於上上常嫌愍孫以寒素陵之因此發怒曰袁濯兒
不逢朕員外郎未可得也而敢寒士遇物將手刃之命引
下席愍孫色不變沈柳並起謝久之得釋出爲海陵太守

廢帝即位愍孫在郡夢日墮其胷上因驚尋被徵管機密
歷吏部尚書侍中驍衞將軍愍孫峻於儀範廢帝倮之迫
使走愍孫雅步如常顧而言曰風雨如晦雞鳴不已明帝
泰初元年爲司徒左長史南東海太守愍孫清整有風操
自遇甚高嘗著妙德先生傳以續嵇康高士傳後以自況
曰有妙德先生陳國人也氣志淵虛姿神清映性孝履順
棲沖業簡有舜之遺風先生幼夙多疾性疎嬾無所營尚
然九流百氏之言雕龍談天之藝皆泛識其大歸而不以
成名家貧嘗仕非其好也混其聲迹晦其心用席門常掩
三逕裁通雖楊子寂漠嚴叟沈冥不是過也脩道遂志終

無得而稱焉又嘗謂周旋人曰昔有一國國中一水號曰
狂泉國人飲此水無不狂唯國君穿井而汲獨得無恙國人
既並狂反謂國主之不狂為狂於是聚謀共執國主療其
狂疾火艾針藥莫不必具國主不任其苦於是到泉所酌
水飲之飲畢便狂君臣大小其狂若一衆乃歡然我既不
狂難以獨立比亦欲試飲此水矣幼慕荀奉倩為人孝武
時求改名粲不許至明帝立乃請改為粲字景倩其外孫
王筠又云明帝多忌諱反語袁愍為殞門帝意惡之乃令
改焉二年遷領軍將軍仗士三十人入六門其年徙中書
令領太子詹事三年轉尚書僕射尋領吏部五年加中書

南列傳十六　七

令又領丹陽尹粲負才尚氣愛好虛遠雖位任隆重不以
事務經懷獨步園林詩酒自適家居負郭每杖策逍遥當
其意得悠然忘反郡南一家頗有竹石粲率爾步往亦不
通主人直造竹所嘯詠自得主人出語笑款然俄而車騎
羽儀並至門方知是袁尹又嘗步屧白楊郊野間道遇一
士大夫便呼與酣飲明日此人謂被知顧到門求進粲曰
昨飲酒無偶聊相要耳竟不與相見嘗作五言詩言訪迹雖
中宇循寄乃滄洲蓋其志也七年為尚書令初粲忤於孝
武其母候乘輿出負塼叩頭流血塼碎傷目自此後粲與
人語有誤道眇目者輒涕泣彌日嘗疾母憂念晝寢夢見

父容色如平生與母語曰愍孫無憂將為國家器不患沈
没但恐富貴終當傾滅耳母未嘗言及粲貴重恒懼傾滅
乃以告之粲故自挹損明帝臨崩粲與褚彥回劉勔並受
顧命加班劍二十人給鼓吹一部後廢帝即位加兵五百
人元徽元年丁母憂葬竟攝令親職加衛將軍不受性至
孝居喪毀甚祖日及祥詔衛軍斷客二年桂陽王休範為
逆粲扶曳入殿詔加兵自隨府置佐吏時兵難危急賊已
至南掖門諸將意沮咸莫能奮粲慷慨謂諸將帥曰寇賊
已逼而衆情離沮孤子受先帝顧託本以死報今日當與
諸護軍同死社稷因命左右被馬辭色哀壯於是陳顯達

南史列傳十六　八

等感激出戰賊即平事寧授中書監即本號開府儀同
三司領司徒以揚州解為府固不肯移三年徙尚書令衛
軍開府如故並固辭服終乃受命加侍中進爵為侯又不
受時粲與齊高帝褚彥回劉彥節遞日入直平決萬機粲
閑默寡言不肯當事主書每往諮決或高詠對之時立一
意則衆莫能改素寡往來門無雜賓閑居高卧一無所接
談客文士所見不過一兩人順帝即位遷中書監司徒侍
中如故齊高帝既居東府故使粲鎮石頭粲素靜退每有
朝命逼切不得已然後方就及詔移石頭即便順旨有周
旋人解望氣謂粲曰石頭氣甚凶往必有禍粲不答又給

油給通幰車仗士五十人入殿時齊高帝方革命粲自以
身受顧託不欲事二姓密有異圖劉彥節宋氏宗室前湘
州刺史王蘊太后兄子素好武事並慮不見容於齊高帝
皆與粲結諸將帥黃回任候伯孫曇瓘王宜興彭文之卜
伯興等並與粲合昇明元年荆州刺史沈攸之舉兵反齊
高帝自詣粲粲稱疾不見粲宗人袁達以爲不宜示異同
粲曰彼若劫我入臺便無辭以拒一如此不復得出矣時
齊高帝入屯朝堂彥節從父弟領軍將軍韞入直門下省
卜伯興爲直閤黃回諸將皆率軍出新亭粲謀矯太
后令韞伯興率宿衛兵攻齊高帝於朝堂回率軍來應彥

節候伯等並赴石頭事泄先是齊高帝遣將薛深蘇烈王
天生等領兵戍石頭云以助粲實禦之也又令腹心王敬
則爲直閤與伯興共摠禁兵王蘊聞彥節已奔歎曰今年
事敗矣乃狼狽率部曲向石頭薛深等據門射之蘊謂粲
已敗乃便散走齊高帝以報敬則敬則誅韞并伯興又遣軍
主戴僧靜向石頭助薛深自倉門入時粲與彥節等列兵登
東門僧靜分兵攻府西門彥節與兒踰城出粲還坐列燭
自照謂其子最曰本知一木不能止大廈之崩但以名義
至此耳僧靜挺身暗往奮刀直前欲斬之子最覺有異大
叫抱父乞先死兵士人人莫不隕涕粲曰我不失忠臣汝

不失孝子仍求筆作啓云臣義奉大宋策名兩畢今便歸
魂墳壠永就山丘僧靜乃并斬之初粲大明中與蕭惠開
周朗同車行逢大艑開駐車惠開自照鏡曰無年可仕朗
執鏡良久曰視死如歸粲最後曰當至三公而不終至是
如言最字文高時年十七既父子俱殞左右分散任候伯
等其夜並自新亭赴石頭其後皆誅粲小兒數歲乳母將
投粲門生狄靈慶靈慶曰吾聞出郎君者有厚賞今袁氏
已滅汝匿之尚誰爲乎遂抱以首乳母號泣呼天曰公昔
於汝有恩故冒難歸汝柰何欲殺郎君以求小利若天地
鬼神有知我見汝滅門此兒死後靈慶常見兒騎大羖狗

戲如平常經年餘鬬場忽見一狗走入其家遇靈慶於庭
噬殺之少時妻子皆沒此狗即袁郎所常騎也齊永明元
年武帝詔曰袁粲劉彥節並與先朝同獎宋室沈攸之於
景和之世特有乃心雖末節不終而始誠可録歲月彌往
宜沾優隆於是並命改葬粲省事莫嗣祖粲常所委信與
劉彥節等宣密謀至是齊高帝問曰汝知袁粲謀逆何不
啓嗣祖曰小人無識曲蒙袁公厚恩實不仰負今日就死
分甘官君賜性命亦不忍背粲而獨生也戴僧靜勸殺之
帝曰彼各爲其主遂赦焉用爲省事歷朝所賞梁豫章王
直新出閤中旨用嗣祖爲師

彖字緯才顗弟覬之子也覬好學美才早有清譽仕宋位武陵内史彖少有風氣善屬文及談玄舉秀才歷諸王府參軍不就覬臨終與兄顗書曰史公才識可喜足慰先基矣史公彖小字也及顗見誅宋明帝投尸江中不許斂葬彖與舊奴一人微服求尸四十餘日乃得密瘗石頭後岡身自負土懷其文集未嘗離身明帝崩後乃改葬顗從叔司徒粲祖舅征西將軍蔡興宗並器之仕宋為齊高帝太傅相國主簿秘書丞仕齊為中書郎兼太子中庶子又以中書郎兼御史中丞坐彈 超宗簡奏依違免官後拜廬陵王諮議時南郡江陵縣人苟蔣之弟胡之婦為曾口寺

沙門所淫夜入苟家蔣之殺沙門為官司所檢蔣之列家門穢行欲告則恥欲忍則不可實已所殺胡之列又如此兄弟爭死江陵令宗躬啓州荊州刺史廬江王求博議彖曰夫迅寒急節乃見松筠之操危機迴構方識貞孤之風竊以蔣之胡之殺人原心非暴辯讞之日友于讓生事憐左右義哀行路昔文舉引謗獲漏疏網蔣之心迹同符古人若陷以深刑實傷為善由是蔣之兄弟免死累遷太子中庶子出為冠軍將軍監吳興郡事彖性剛固以微言忤武帝又薄王晏為人晏請交不荅武帝在便殿用金柄刀子翦爪晏在側曰外聞有金刀之言恐不宜用此物帝窮

問所以晏曰袁彖為臣說之上銜怒良久彖到郡坐過用禄錢免官付東冶彖妹為竟陵王子良妃子良世子昭胄時年八歲見武帝而形容慘悴帝問其故昭胄流涕曰臣舅負罪今在尚方臣母悲泣不食已積日臣所以不寧帝曰特為兒赦之既而帝遊孫陵望東冶曰冶中有一好貴囚數日與朝臣幸冶履行庫藏因宴飲賜囚徒酒肉敕見彖與語明日釋之後為侍中彖充腴異衆每從射雉郊野數人推扶乃能徒步幼而母卒養於伯母王氏事之如親閨門孝義隆昌元年卒謚靖子彖宗人廓之字思度宏之曾孫也父景儁宋世為淮南太守以非罪見誅廓之終身

不聽音樂布衣蔬食足不出門示不臣於宋時人以比晉之王裒顔延之見其幼時歎曰有子如袁廓足矣齊國建方出仕稍至殿中郎王儉柳世隆傾心待之為太子洗馬于時何胤亦稱才子為文惠太子作楊畔歌辭甚側麗太子甚悅廓之諫曰夫楊畔者既非典雅而聲甚哀思殿下當降意簫韶奈何聽亡國之響太子改容謝之

昂字千里雍州刺史顗之子也顗敗藏於沙門沙門將以出關關吏疑非常人沙門杖而語之遂免或云顗敗時昂年五歲乳媪攜抱匿於廬山州郡於野求之於乳媪匿所見一彪因去遂免會赦得出猶徙晉安在南唯勤學至元

徵中聽還時年十五初顗敗傳首建鄴藏於武庫以漆題
顗名以為誌至是始還之昂號慟嘔血絶而復蘇以淚洗
所題漆字皆滅人以為孝感葬訖更制服廬于墓次從兄
彖常撫視抑譬之昂容質脩偉冠絶人倫以父亡不以理
終身不聽音樂後與彖同見從叔司徒粲粲謂彖曰昂幼
孤而能至此故知名器自有所在仕齊為王儉鎮軍府功
曹史儉後為丹楊尹於後堂獨引見昂指北堂謂曰卿必
居此累遷黃門郎昂本名千里齊永明中武帝謂曰昂昂
千里之駒在卿有之今改卿名為昂即字千里後為衛軍
武陵王長史丁母憂哀毀過禮服未除而從兄彖卒昂幼

孤為彖所養乃制朞服人有怪而問之昂致書以喻之曰
竊聞禮由恩斷服以情申故小功他邦加制一等同爨有
緦明之典籍孤子夙以不天幼傾乾蔭資敬未奉過庭莫
承藐藐沖年未達朱紫從兄提養訓教示以義方每假其
談價虛其聲譽得及人次實亦有由兼開拓房宇處以華
曠同財共有恣其取足爾來三十餘年憐愛之至言無異
色姊妹孤姪成就一時篤念之深在終彌固此恩此愛畢
壤不追既情若同生而復為諸從言心即事實未忍安昔馬
棱與從弟毅同居毅亡棱為心服三年由也之不除喪亦
緣情而致制雖識不及古誠懷感慕常願千秋之後從服

朞齊不圖門衰禍集一旦草土殘息復罹今酷尋惟慟絶
彌劇彌深今以餘喘欲遂素志庶寄其罔慕之痛少申無
已之情雖禮無明據乃事有先例率迷而至必欲行之臨
紙哽咽言不識次後為御史中丞時尚書令王晏弟詡為
廣州多納賕貨昂依事劾奏不憚權家當時號為正直初
昂為洗馬明帝為領軍欽昂風素頻降駕焉及踐阼奏事
多留與語謂曰我昔以卿有美名親經相詣昂荅曰陛下
在田之日遂蒙三顧草廬帝甚悅尋出為豫章內史丁所
生母憂去職以喪還江路風潮暴駭昂乃縛衣著柩誓同
沈溺及風止餘船皆沒唯昂船獲全咸謂精誠所致葬訖

起為吳興太守永元末梁武帝起兵州郡望風皆降昂獨
拒境帝手書喻之曰夫禍福無門興亡有數天之所棄人
孰能匡機來不再圖之宜早頃藉聽道路承欲狼顧一隅
既未喻雅懷聊申往意獨夫狂悖振古未聞窮凶極虐歲
月滋甚天未絶齊聖明啓運億兆有賴百姓來蘇吾荷任
前驅埽除京邑屠潰之期當不云遠兼熒惑出端門太白
入氐室天文表於上人事符於下不謀同契實在茲辰且
范岫申胄久薦誠款各率所守仍為犄角而足下欲以區
區之郡禦堂堂之師根本既傾枝葉安附今竭力昏主未
足為忠家門屠滅非所謂孝忠孝俱盡將欲何依去就之

宜幸加詳擇昂荅曰都史至辱誨承藉以衆論謂僕有勤
王之舉兼蒙誚責獨無送款循復嚴旨若臨萬仞三吳內
地非用兵之所況以偏隅一郡何能為役近奉敕以此境
多虞見使安慰自承麾旆屆止莫不膝袒軍門唯僕一人
敢後至者正以自揆庸素文武無施直是陳國賤男子耳
雖欲獻心不增大軍之勇置其愚默寧沮衆師之威幸藉
將軍含弘之大可得從容以禮竊以一飡微施尚復投殞
況食人之祿而頓忘一旦非唯物議不可亦恐明公鄙之
建康城平昂舉哀慟哭時帝使豫州刺史李元履巡撫東
土敕元履曰袁昂道素之門世有忠節天下須共容之勿

以兵威陵辱元履至宣旨昂亦不請降開門撤備而已及
至帝亦不問其過天監二年以為後軍臨川王參軍事昂
啓謝曰恩隆絕望之辰慶集冥心之日燋灰非喻荑枯未
擬擿衣聚足顛損不勝臣遍歷三墳備詳六典巡校賞罰
之科洞檢生死之律莫不嚴五辟於明君之朝峻三章於
聖主之日是以塗山始會致防風之誅酆邑方攄有崇侯
之伐未有緩憲於斮戮之人賒刑於耐罪之族出萬死入一
生如臣者也推恩及罪在臣實大披心瀝血敢乞言之臣
東國賤人學行何取既殊鳴鴈直木固無結綬彈冠徒藉
羽儀易農就仕往年濫職守秩東隅仰屬龍興行風驅雷掩

當其時也負鼎圖者日至執玉帛者相望獨在愚臣頓昏大
義徇鴻毛之輕忘同德之重但三吳險薄五湖交通屢起
田儋之變每懼殷通之禍空慕君魚保境遂失師涓抱器
後至者斬臣甘斯戮明刑徇衆誰曰不然幸因約法之弘
承解網之宥猶當降等薪粲遂乃頓釋鉗赭斂骨吹魂還
編黔庶濯疵蕩穢入楚遊陳天波既洗雲油遽沐古人有
言非死之難處死之難臣之所荷曠古不書臣之所死未
知何地武帝荅曰朕遺射鉤卿無自外尋為侍中遷吏部
尚書帝謂曰齊明帝用卿為黑頭尚書我用卿為白頭尚
書良以多愧對曰臣生四十七年于茲矣四十以前臣之

自有七年以後陛下所養七歲尚書未為晚達帝曰士固
不妄有名十五年為尚書左僕射尋為尚書令時僕射徐
勉勢傾天下在昂處宴賞主甚歡勉求昂出內人傳盃昂
良久不出勉苦求之昂不獲已命出五六人始至齋閤昂
謂勉曰我無少年老嫗並是兒母非王妃母便是主大家
今令問訊卿勉聞大驚求止方知昂為貴昂在朝謇諤世
號宗臣昭明太子薨立晉安王綱為皇太子昂獨表言宜
立昭明長息歡為皇太孫雖不見用擅聲朝野自是告老
乞骸骨不干時務昂雅有人鑒遊處不雜入其門者號登
龍門大通中位司空大同六年薨時年八十詔即日舉哀

初昂臨終遺疏不受贈謚敕諸子不得言上行狀及立銘誌凡有所須悉皆停省因復曰吾釋褐從仕不期富貴但官序不失等倫衣食粗知榮辱以此闔棺無慙鄉里往忝吳興屬在昏明之際既闇於前覺無誠於聖朝不識天命甘貽顯戮幸遇殊恩得全門户自念負罪私門階榮望絶保存性命以爲幸甚不謂叨竊寵靈一至於此常欲竭誠酬報申吾乃心所以朝廷每興師北伐吾輒啓求行誓之丹款實非矯言既庸懦無施皆不蒙許雖欲釁命其議莫從今日瞑目畢恨泉壤聖朝遵古如吾名品或有追遠之恩脫有贈官慎勿祗奉諸子累表陳奏詔不許謚曰穆正

公有集二十卷初昂之歸梁有馬仙琕者亦以義烈稱仙琕字靈馥扶風郿人父伯鸞宋冠軍司馬仙琕少以果敢聞父憂毀瘠過禮負土成墳手植松栢仕齊位豫州刺史梁武起兵使其故人姚仲賓説之仙琕先爲設酒乃斬於軍門以徇帝又遣其族叔懷遠説之仙琕曰大義滅親又命斬之懷遠號泣軍中爲請乃免武帝至新林仙琕猶於江西口抄軍建康城平仙琕舉哀謂衆曰我受人任寄義不容降今衆寡不伴勢必屠滅公等雖無二心其如親老何我爲忠臣君爲孝子各盡其道不亦可乎於是悉遣城内兵出降餘壯士數十閉門獨守俄而兵入圍之數十

重仙琕令士皆持滿兵不敢近日晚乃投弓曰諸君但來見取我義不降乃檻送建康至石頭而脫之帝使待袁昂至俱入曰使天下見二義士帝勞之曰射鉤斬袪昔人弗忌卿勿以戮使斷運苟自嫌絶也謝曰小人如失主犬後主飼之便復爲用帝咲而美之俄而母卒帝知其貧賻給甚厚仙琕號泣謂弟仲艾曰蒙大造之恩未獲上報今復荷殊澤當與爾以心力自効耳天監四年師侵魏仙琕每戰恒冠三軍與諸將論議口未嘗言功人問其故仙琕曰大丈夫爲時所知當進不求名退不逃罪乃平生願也何功可論爲南義陽太守累破山蠻郡境清謐以功封含洭

縣伯遷司州刺史進號貞威將軍魏豫州人白早生使以懸瓠來降武帝使仙琕赴之又遣直閤將軍武會超馬廣率衆爲援仙琕進頓楚王城遣副將齊苟兒助守懸瓠魏中山王英攻懸瓠執齊苟兒進禽馬廣送洛陽仙琕不能救會超等亦相次退散魏軍進據三關仙琕坐徵還爲雲騎將軍十年朐山人殺琅邪太守劉晣以城降魏詔假仙琕節討之魏徐州刺史盧昶以衆十餘萬赴焉仙琕累戰破走之進爵爲侯遷豫州刺史加都督仙琕自爲將及居州郡能與士卒同勞逸身衣不過布帛所居無幃幕衾屏行則飲食與厮養最下者同其在邊境常單身潛入敵境

伺知壁壘村落險要處所攻戰多尅捷士卒亦甘心爲用帝雅愛仗之卒於州贈左衛將軍謚曰剛初仙理幼名仙婢及長以婢名不典乃以玉代女云子巖夫嗣

昂子君正字世忠少聰敏年數歲父疾晝夜不眠專侍左右家人勸令暫臥荅曰官既未差眠亦不安歷位太子庶子君正美風儀善自居處以貴公子早得時譽爲豫章內史性不信巫邪有師萬世榮稱道術爲一郡巫長君正在郡小疾主簿熊岳薦之師云須疾者衣爲信命君正以所著襦與之事竟取襦云神將送與北斗君君正使檢諸身於衣裹獲之以爲亂政即刑於市而焚神一郡無敢行巫

遷吳郡太守侯景亂率數百人隨邵陵王綸赴援及臺城陷還郡君正當官莅事有名稱而蓄聚財產服玩靡麗賊遣張大墨攻之新城戍主戴僧易勸令拒守己以戍兵自外擊之君正不能決吳人陸映公等懼不濟賊種族其家勸之迎賊君正性怯懦乃送米及牛酒郊迎賊賊掠奪其財物子女因是感疾卒子樞

樞字踐言美容儀性沈靜好學手不釋卷家本顯貴貲產充積而樞獨處率素傍無交往非公事未嘗出游榮利之懷淡如也侯景之亂樞往吳郡省父疾丁父憂時四方擾亂人求苟免樞居喪以至孝聞王僧辯平侯景鎮建鄴衣冠爭往造請樞杜門靜居不求聞達紹泰中歷吏部尚書吳興郡太守陳永定中徵爲侍中掌選遷都官尚書掌選如故樞博學明悉舊章初陳武帝長女永嗣公主先適陳留太守錢蔵生子岳主及岳並卒于梁時武帝受命唯主追封至是將葬尚書請議加蔵駙馬都尉幷贈岳官樞議曰昔王姬下嫁必適諸侯同姓爲主聞於公羊之說車服不繫顯於詩人之篇漢氏初興列侯尚主自斯以後降嬪素族駙馬都尉置由漢武或以假諸功臣或以加於戚屬是以魏曹植表駙馬奉車取爲一號齊職儀曰凡尚公主必拜駙馬都尉魏晉以來因爲瞻準蓋以王姬之重庶姓

之輕若不加其等級寧可合巹而酳所以假駙馬之位乃崇於皇女也今公主早薨伉儷已絕既無禮數致疑何須駙馬之授案杜預尚晉宣帝第二女晉武踐祚而主已亡泰始中追贈公主元凱無復駙馬之號梁文帝女新安穆公主早薨天監初王氏無追拜之事遠近二例足以校明無勞此授今宜追贈亭侯時議以爲當天嘉三年爲吏部尚書領丹楊尹以葬父拜表自解詔令葬訖停宅視郡事服闋還職時僕射到仲舉雖參掌選事銓衡汲引並出於樞舉薦多會上旨謹慎周密清白自居文武職司鮮有遊其門者廢帝即位遷尚書左僕射卒謚曰簡懿有集十卷

行於世第憲
憲字德章幼聰敏好學有雅量梁武帝修建庠序別開五
館其一館在憲宅西憲常招引諸生與之談論新義出人
意表同輩咸嗟服焉大同八年武帝撰孔子正言章句詔
下國學宣制旨義憲時年十四被召爲正言生祭酒到溉
目送之愛其神采國子博士周弘正謂憲父君正曰賢子
今茲欲策試不君正曰未敢令試居數日君正遣門客岑
文豪與憲候弘正會弘正將升講坐弟子畢集乃延憲入
室授以麈尾令憲豎義時謝岐何妥在坐弘正謂曰二賢
雖窮奥賾得無憚此後生邪何謝乃遞起義端深極理致

憲與往復數番酬對閑敏弘正謂妥曰恣卿所問勿以童
幼期之時觀者重沓憲神色自若辯論有餘弘正亦起數
難終不能屈因告文豪曰卿還諮袁吳郡此郎已堪見代
博士矣時生徒對策多行賄賂文豪請具束脩君正曰我
豈能用錢爲兒買第邪學司銜之及憲試爭起劇難憲隨
問抗荅剖析如流到溉顧憲曰袁君正其有後矣及君正
將之吳郡溉祖道於征虜亭謂君正曰昨策生蕭敏孫徐
孝克非不解義至於風神器局去賢子遠矣尋舉高第以
貴公子選尚南沙公主即梁簡文帝女也大同元年釋褐
祕書郎遷太子舍人侯景寇逆憲東之吳郡尋丁父憂哀

毀過禮陳武帝作相除司徒户曹初謁遂抗禮長揖中書
令王勱謂憲曰卿何矯衆不拜録公憲曰於理不應致拜
衛尉趙知禮曰袁生舉止詳中故有陳汝之風陳受命授
中書侍郎兼散騎常侍與黄門郎王瑜使齊數年不遣天
嘉初乃還太建三年累遷御史中丞羽林監時豫章王叔
英不奉法度逼取人馬憲依事劾奏免叔英自是朝野嚴
憚憲詳練朝章尤明聽斷至有獄情未盡而有司具法者
即伺閑爲帝言之所申理甚衆嘗陪宴承香閣賓退後宣
帝留憲與衛尉樊俊徙席山亭談宴終日帝謂俊曰袁家
故爲有人其見重如此自侍中遷吳郡太守以父任固辭

改授南康内史遷吏部尚書憲以久居清顯累表自解任
帝曰諸人在職屢有謗書卿處事已多可謂清白別相甄
録且勿致辭遷右僕射參掌選事先是憲長兄樞爲左僕
射至是憲爲右僕射臺省目樞爲大僕射憲爲小僕射朝
廷榮之及宣帝不豫憲與吏部尚書毛喜俱受顧命始興
王叔陵之肆逆也憲指麾部分預有力焉後主被創病篤
執憲手曰我兒尚幼後事委卿憲曰羣情喁喁冀聖躬康
復後事之委未敢奉詔以功封建安縣伯領太子中庶子
尋除侍中太子詹事及太子加元服行釋奠禮憲表請解
職不許尋給扶二人皇太子頗不率典訓憲手表陳諫十

條皆援引古今言辭切直太子雖外示容納心無悛改後
主欲立寵姬張貴妃子始安王為嗣嘗從容言之吏部尚
書蔡徵順旨稱贊憲厲色折之曰皇太子國家儲副億兆
宅心卿是何人輕言廢立然是夏竟廢太子為吳興王後
主知憲有規諫之事荅曰袁德章實骨鯁臣即日詔為尚
書僕射禎明三年隋軍來伐隋將賀若弼進燒宮城北掖
門兵衛皆散走朝士各藏唯憲侍左右後主謂曰我從來
待卿不先餘人今日見卿可謂歲寒知松栢後凋也非唯
由我無德亦是江東衣冠道盡後主將避匿憲正色曰北
兵之入必無所犯大事如此陛下安之臣願陛下依梁武

見侯景故事以待之不從因下榻馳去憲從出後堂景陽
殿後主投井中憲拜哭而出及至長安隋文帝嘉其雅操
下詔以為江表稱首授開府儀同三司昌州刺史開皇十
四年授晉王廣府長史十八年卒時年七十贈大將軍安
成郡公謚曰簡長子承家仕隋至祕書丞国子司業君正
弟敬

敬字子恭純素有風格幼便篤學老而無倦仕梁位太子
中舍人魏尅江陵流寓嶺表陳武帝受禪敬在廣州依歐
陽頠頠卒其子紇據州將有異志敬累諫不從宣帝即位
遣章昭達討紇紇將敗恨不納敬言朝廷義之徵為太子
中庶子歷左户都官二尚書太常卿散騎常侍金紫光祿
大夫加特進至德三年卒謚靖德子子元友嗣敬弟泌

泌字文洋清正有幹局容體魁岸志行脩謹仕梁歷諸王
府佐侯景之亂泌兄君正為吳郡太守梁簡文帝在東宮
板泌為東宮領直令往吳中召募士卒及景圍臺城泌率
所領赴援城陷依鄱陽嗣王範範卒泌降景景平王僧辯
表泌為富春太守兼丹陽尹貞陽侯明僭位以為侍中使
於齊陳武帝受禪泌自齊從梁永嘉王莊往王琳所及莊
稱尊號以泌為侍中丞相長史琳敗衆皆散唯泌輕舟送
達于北境屬莊於御史中丞刘仲威然後拜辭歸陳請罪

文帝深義之累遷通直散騎常侍兼侍中聘周及宣帝入
輔以泌為司徒左長史卒于官臨終戒其子芳華曰吾於
朝廷素無功績瞑目之後斂手足旋葬無得受贈謚其子
述泌遺意朝廷不許贈金紫光祿大夫謚曰質

論曰天長地久四時代謝靈化悠遠生不再來所以據洪
圖而輕天下惜寸陰而賤尺璧夫義重於生空傳前誥投
軀徇主罕遇其人觀夫宋齊以還袁門世蹈忠義固知風
霜之類松筠其性乎若無陽源之節丹青夫何取貴顗雖
末路披猖原心有本彖之出處所蹈實秩家風粲孰覆之
迹近乎仁勇古人所謂疾風勁草豈此之謂乎昔王經峻

節既被旌於晉世褒之貞固亦改葬於齊朝其激厲之方異代同符者矣昂命屬崩離身逢危季雖獨夫喪德臣節無改拒梁武之命義烈存焉隆從兄之服慘心高已既而抗言儲嗣無忘直道辭榮身後有心默殞自初及末無虧風範從微至著皆爲稱職蓋一代之名公也樞風格峻整憲仁義率由韓子稱人臣委質心無有二憲弗渝歲暮良可稱云徵沙立履之地亦不爲替矣

列傳第十六　南史二十六

列傳第十七　南史二十七

李　延壽

孔靖 孫琇之 琇之曾孫奐 孔琳之 孫覬

殷景仁 從祖弟淳

孔靖字季恭會稽山陰人也名與宋武帝祖諱同故以字稱祖愉晉車騎將軍父誾散騎常侍季恭始察孝廉累遷司徒左西掾未拜遭母憂隆安五年被起爲山陰令不就宋武帝東征孫恩屢至會稽過季恭宅季恭正晝卧有神人衣服非常謂曰起天子在門既而失之遽出適見帝延入結交執手曰卿後當大貴願以身爲託於是曲意禮接

贍給甚厚帝後討孫恩時桓玄篡形已著帝欲於山陰建義季恭以山陰路遠且玄未居極位不如待其篡後於京口圖之帝亦以爲然時虞嘯父爲會稽内史季恭求爲府司馬不得出出詣都及帝定桓玄以季恭爲會稽内史使齎封板拜授正與季恭遇季恭使回舟夜還至即叩扉入郡嘯父本爲桓玄所授聞玄敗開門請罪季恭慰勉使且安所住明日乃移季恭到任釐整浮華翦罰游惰由是境内肅清累遷吳興太守加冠軍先是吳興頻喪太守云項羽神爲卞山王居郡聽事二千石常避之季恭居聽事竟無害也遷尚書左僕射固讓義熙八年復爲會稽内史修

飭學校督課誦習十年復爲右僕射又讓不拜除領軍加
散騎常侍十二年致仕拜金紫光祿大夫是歲武帝北伐
季恭求從以爲太尉軍諮祭酒從平關洛宋臺初建以爲
尚書令又讓乃拜侍中特進光祿大夫辭事東歸帝親餞
之戲馬臺百僚咸賦詩以述其美及受命加開府儀同三
司讓累年不受薨以爲贈子靈符位丹楊尹會稽太守尋
加豫章王子尚撫軍長史靈符家本豐富産業甚廣又於
永興立墅周回三十三里水陸地二百六十五頃含帶二
山又有果園九處爲有司所糾詔原之而靈符答對不實
坐免尋又復官靈符愍實有堪幹不存華飾每所莅官政

績修理廢帝景和中犯忤近臣爲所讒搆遣使鞭殺之二
子湛之深之於都賜死明帝即位追贈靈符金紫光祿大
夫深之大明中爲尚書比部郎時安陸應城縣人張江陵
與妻吳共罵母黄令死黄忿恨自經死已值赦案律子賊
殺傷毆父母梟首罵詈棄市謀殺夫之父母亦棄市會赦
免刑補冶江陵罵母母以自裁重於傷毆若同殺科則疑
重用傷毆及詈科則疑輕制唯有打母遇赦猶梟首無詈
母致死會赦之科深之議曰夫題里逆心而仁者不入名
且惡之況乃人事故毆傷咒詛法所不原詈之致盡則理
無可宥罰有從輕蓋疑失善求之文旨非此之謂江陵雖

遇赦恩故合梟首婦本以義愛非天屬黄之所恨情不在
吳原死補冶有允正法詔如深之議吳可棄市靈符弟靈
運位著作郎靈運子琇之琇之有吏能仕齊爲吳令有小
兒年十歲偷刈鄰家稻一束琇之付獄案罪或諫之琇之
曰十歲便能爲盜長大何所不爲縣中皆震肅還尚書左
丞又以職事知名後兼左戸尚書廷尉卿出爲臨海太守
在任清約罷郡還獻乾薑二千斤齊武帝嫌其少及知琇
之清乃歎息出監吳興郡尋拜太守政稱清嚴明帝輔政
防備諸蕃致密旨於上佐使便宜從事隆昌元年遷琇之
晉熙王冠軍長史江夏内史行郢州事欲令殺晉熙琇之

辭不許飲自引決友人陸閑諫之琇之不從遂不食而死
子臻至太子舍人尚書三公郎臻子幼孫梁寧遠枝江公
主簿無錫令幼孫子奂

奂字休文數歲而孤爲叔父虔孫所養好學善屬文沛國
劉顯以博學稱每深相歎美執其手曰昔伯喈墳素悉與
仲宣吾嘗希彼蔡君足下無愧王氏所保書籍尋以相付
仕梁爲尚書儀曹侍郎時左戸郎沈炯爲飛書所謗將陷
重辟連官臺閣人懷憂懼奂廷議理之竟得明白侯景陷
建鄴朝士並被拘縶或薦奂於賊率侯子鑒乃脫桎梏厚
遇之令掌書記時子鑒景之腹心朝士莫不卑屈奂獨無

所下或諫奐曰不宜高抗奐曰吾性命有在豈有取媚凶
醜以求全乎時賊徒剥掠子女拘逼士庶奐保持得全者
甚衆尋遭母憂時天下喪亂皆不能終三年喪唯奐及吴
國張種在寇亂中守法度並以孝聞及景平司徒王僧辯
先下辟書引為左西掾梁元帝於荆州即位徵奐及沈炯
僧辯累表請留之帝手勅報曰孔沈二士今且借公其為
朝廷所重如此僧辯為揚州刺史又補中從事史時侯景
新平每事草創憲章故事無復存者奐博物強識甄明故
實問無不知儀注體式牋書表翰皆出於奐陳武帝作相
除司徒長史左遷給事黄門侍郎齊遣東方老蕭軌來寇

南史列傳十七　四

四方壅隔糧運不繼三軍取給唯在都下乃除奐建康令
武帝尅日決戰乃令奐多營麥飯以荷葉裹之一宿之間
得數萬裹軍人旦食訖盡棄其餘因而決戰大破賊武帝
受禪遷太子中庶子永定三年除晉陵太守晉陵自宋齊
以來為大郡雖經寇擾猶為全實前後二千石多行侵暴
奐清白自守妻子並不之官唯以單船臨郡所得秩俸隨
即分贍孤寡郡中號曰神君曲阿富人殷綺見奐居處儉
素乃餉以衣氊一具奐曰太守身居美禄何為不能辦此
但百姓未周不容獨享溫飽勞卿厚意幸勿為煩陳文帝
即位徵為御史中丞奐性剛直多所糾劾朝廷甚敬憚之

又達於政體每所奏未嘗不稱善百司滞事皆付奐決遷
散騎常侍領步兵校尉中書舍人重除御史中丞尋為五
兵尚書時文帝不豫臺閣事並令僕射到仲舉共決及
帝疾篤奐與宣帝及到仲舉并吏部尚書袁樞中書舍人
劉師知等入侍醫藥文帝嘗謂奐等曰今三方鼎峙宜須
長君朕欲近則晉成遠隆殷法卿等須遵此意奐乃流涕
歔欷跪而對曰陛下御膳違和痊復非久皇太子春秋鼎
盛聖德日躋廢立之事臣不敢聞帝曰古之遺直復見之
卿乃用奐為太子詹事廢帝即位除散騎常侍國子祭酒
出為南中郎康樂侯長史尋陽太守行江州事宣帝即

南史列傳十七　五

位為始興王長史奐在職清儉多所規正宣帝嘉之賜米
五百斛并累降勅書殷勤勞問太建六年為吏部尚書八
年加侍中時有事北邊尅復淮泗封賞叙用紛紜重疊奐
應接引進門無停賓加以識鑒人物詳練百氏凡所甄拔
衣冠搢紳莫不悦服性耿介絶請託雖儲副之尊公侯
之重溺情相及終不為屈始興王叔陵之在湘州累諷有
司固求台鉉奐曰衮章本以德舉未必皇枝因抗言於宣
帝帝曰始興那忽望公且朕兒為公須在鄱陽王後奐曰
臣之所見亦如聖旨後主時在東宮欲以江揔為太子詹
事令管紀陸瑜言之奐奐曰江有潘陸之華而無園綺之

實輔弼儲貳竊謂非材後主深以為恨乃自言於宣帝宣
帝將許之奐乃奏曰江摠文華之人今皇太子文華不少
無藉於摠如臣愚見願選敦重之才以居輔導帝曰誰可
奐曰都官尚書王廓代有懿德識性敦敏可以居之後主
時亦在側乃曰廓王泰之子不可居太子詹事奐又曰宋
朝范曄即范泰之子亦為太子詹事後主固爭之帝以摠
為詹事由是忤旨初後主欲官其私寵微諷於奐奐不從
及左僕射陸繕遷職宣帝欲用奐代繕已草詔訖後主抑
遂不行十四年為散騎常侍金紫光祿大夫領前軍將軍
未行改領弘範宮衛尉至德元年卒年七十餘有集十五

卷彈文四卷子紹安紹薪紹忠紹忠字孝揚亦有才季位
太子洗馬鄱陽東曹掾
孔琳之字彥琳會稽山陰人也曾祖群晉御史中丞祖沈
丞相掾父廞光祿大夫琳之強正有志力少好文義解音
律能彈棊妙善草隸桓玄輔政為太尉以為西閤祭酒玄
時議欲廢錢用穀帛琳之議曰洪範八政以貨次食豈不
以交易之所資為用之至要者乎故聖王制無用之貨以
通有用之財既無毀敗之費又省難運之苦此錢所以嗣
功龜貝歷代不廢者也穀帛為寶本充衣食今分以為貨
則致損甚多又勞煩於商販之手耗棄於割截之用此之

為弊著於自曩故鍾繇曰巧偽之人競濕穀以要利制薄
絹以充資魏世制以嚴刑弗能禁也是以司馬芝以為用
錢非徒豐國亦所以省刑今既用而廢之則百姓頓亡其
財是有錢無糧之人皆坐而飢困此斷之之弊也魏明帝
時錢廢穀用四十年矣以不便於人乃舉朝大議精才達
政之士莫不以宜復用錢彼尚舍穀帛而用錢足以明穀
帛之弊著於已試也玄又議復肉刑琳之以為唐虞象刑
夏禹立辟蓋淳薄既異致化不同書曰世輕世重言隨時
也夫三代風純而事簡故罕蹈刑辟季末俗巧而務殷故
動憲陷網若三千行於叔世必有踊貴之尤此五帝不相循

法肉刑不可悉復者也漢文發仁惻之意傷自新之路莫
由華古創制號稱刑厝然名輕而實重反更傷人故孝景
嗣位輕之以緩緩而人慢又不禁邪期于刑罰之中所以
見美於昔歷代詳論而未獲厥中者也兵荒已後罹法更
多棄市之刑本斬右趾漢文一謬承而弗革所以前賢悵
恨議之而未辯鍾繇陳羣之意雖小有不同欲以右趾代
棄市若從其言則所活者衆矣降死之生誠為輕法可以
全其性命蕃其產育仁既濟物功亦益衆又今之所患逋
逃為先屢叛不革宜令逃身靡所亦以肅戒未犯永絕惡
原至於餘條宜且依舊玄好人附悅而琳之不能順旨是

以不見知累遷尚書左丞揚州中從事史所居著績時責衆官獻便宜議者以爲宜脩庠序郵典刑審官方明黜陟舉逸拔才務農簡調琳之於衆議之外別建言曰夫璽印者所以辯章官爵立契符信官莫大於皇帝爵莫尊於公侯而傳國之璽歷代遞用襲封之印弈世相傳貴在仍舊無取改作今世唯尉一職獨用一印至於內外群官每遷悉改討尋其義私所未達若謂官各異姓與傳襲不同則未若異代之爲殊也若論其名器雖有公卿之貴未若帝王之重若以或有誅夷之臣忌其凶穢則漢用秦璽延祚四百未聞以子嬰身戮國亡而棄不佩帝王公侯之尊不

疑於傳璽人臣衆僚之卑何嫌於即印載籍未聞其說推例自乖其準而終年刻鑄喪功消實金銀銅炭之費不可稱言非所以因循舊貫易簡之道愚請衆官即用一印無煩改作若新置官又官多印少文或零失然後乃鑄則仰裨天府非唯小益又曰凶門柏裝不出禮典起自末代積習生常遂成舊俗爰自天子達于庶人誠行之有由卒革必駭然苟無關於情而有愆禮度存之未有所明去之未有所失固當式遵先典釐革後謬況復兼以游費實爲人患者乎凡人士喪儀多出閭里每有此須動十數萬損人財力而義無所取至於寒庶則人思自竭雖復室如懸罄

莫不傾產單財所謂葬之以禮其若此乎謂宜一罷凶門之式遷尚書吏部郎義熙十一年除宋武帝平北征西長史遷侍中宋臺初建除宋國侍中永初二年爲御史中丞明憲直法無所屈橈奏劾尚書令徐羨之虧違憲典時羨之領揚州刺史琳之弟璩之爲中從事羨之使璩之解釋琳之使停寢其事琳之不許曰我觸忤宰相政當罪止一身汝必不應從坐何須勤勤邪自是百僚震肅莫敢犯禁武帝甚嘉之行經蘭臺親加臨幸遷祠部尚書不事產業家尤貧素景平元年卒追贈太常子邈有父風官至揚州中從事邈子覬

覬字思遠少骨鯁有風力以是非爲己任口吃好讀書早知名歷位中書黃門侍郎初晉安帝時散騎常侍選望甚重與侍中不異其後職任閑散用人漸輕孝建三年孝武欲重其選於是吏部尚書顏竣奏以覬及司徒左長史王景文應舉帝不欲威權在下其後分吏部尚書置二人以輕其任侍中蔡興宗謂人曰選曹要重常侍閑淡改之以名而不以實雖主意欲爲輕重人心豈可變邪既而常侍之選復卑選部之貴不異大明元年徙太子中庶子領翊軍校尉歷祕書監廷尉卿爲御史中丞鞭令史爲有司所糾原不問六年除安陸王子綏後軍長史江夏內史性使

酒㧓氣每醉輒彌日不醒僚類間多所陵忽尤不能曲意
權幸莫不畏而疾之居常貧罄無有豐約未嘗關懷為府
長史典籤諮事不呼前不敢前不令去不敢去雖醉日居
多而明曉政事醒時判決未嘗有壅衆咸曰孔公一月二
十九日醉勝世人二十九日醒也孝武每欲引見先遣人
覘其醉醒性真素不尚矯飾遇得寶玩服用不疑而他物
麤敗終不改易時吳郡顧覬之亦尚儉素衣裘器服皆擇
其陋者宋世清儉稱此二人覬弟道存從弟徽頗營產業
二弟請假東還覬出渚迎之輜重十餘船皆是綿絹紙席
之屬覬見之偽喜謂曰我比乏得此甚要因命置岸側既

而正色謂曰汝輩忝預士流何至還東作賈客邪命燒盡
乃去先是庾徽之為御史中丞性豪麗服玩甚華覬代之
衣冠器用莫不麤率蘭臺令史並三吳富人咸有輕之之
意覬蓬首緩帶風貌清嚴皆重跡屏氣莫敢欺犯庾徽之
字景猷潁川鄢陵人也後卒於南東海太守覬後為司徒
左長史道存代覬為後軍長史江夏內史時東土大旱都
邑米貴一斗將百錢道存慮覬甚乏遣吏載五百斛米餉
之覬呼吏謂之曰我在彼三載去官之日不辦有路糧郎
至彼未幾那能得此米邪可載米還彼吏曰自古以來無
有載米上水者都下米貴乞於此貨之不聽吏乃載米而

去永光元年遷侍中後為尋陽王右軍長史行會稽郡事
明帝即位召為太子詹事遣故佐平西司馬庾業為右軍
司馬代覬行會稽郡事時上流反叛上遣都水使者孔璪
入東慰勞璪至說覬以廢帝侈費倉儲耗盡都下罄匱資
用已竭今南北並起遠近離叛若擁五郡之銳招動三吳
事無不克覬然其言遂發兵馳檄覬子長公璪二子瀍玄
並在都馳信密報泰始二年正月並逃叛東歸遣書要吳
郡太守顧琛琛以母年篤老又密遣建鄴與長子寶素謀
議未判少子寶先時為山陰令馳書報琛以南師已近朝
廷孤弱不時順從必有覆滅之禍覬前鋒軍已度浙江琛

遂據郡同反吳興太守王曇生義興太守劉延熙晉陵太
守袁標一時響應庾業既東明帝即以代延熙為義興以
延熙為巴陵王休若鎮東長史業至長塘湖即與延熙合
明帝遣建威將軍沈懷明東討尚書張永係進巴陵王休
若董統東討諸軍時覬所遣孫曇瓘等軍頓晉陵九里部
陣甚盛懷明至奔牛所領寡弱張永至曲阿未知懷明安
否退還延陵就休若諸將帥咸勸退破岡休若宣令敢有
言退者斬衆小定軍主劉亮又繼至兵力轉集人情乃安
時齊高帝率軍東討與張永等於晉陵九里曲結營與東
軍相持上遣積射將軍江方興南臺御史王道隆至晉陵

視賊形勢賊帥孫曇瓘程抃宗陳景遠凡有五城互相連帶抃宗城猶未固道隆率所領急攻之俄頃城陷斬抃宗首劉亮果勁便刀楯乃負楯而進直入重柵衆軍因之即皆摧破齊高帝與永等乘勝馳擊之又大破之曇瓘因此敗走孔璪與曇生焚倉庫奔錢唐會稽聞西軍稍近將士多奔亡覬不能復制上虞令王晏起兵攻郡覬憂遽不知所爲其夕率千人聲云東討實趨石瀨遇潮涸不得去衆叛都盡門生載以小船竄于山嶠村村人縛以送晏晏謂曰此事孔璪之爲無豫卿事可作首辭當相爲申上覬曰江東處分莫不由身委罪求活便是君輩行意耳晏乃斬

之東閤外臨死求酒曰此是平生所好顗璪王曇生袁摽等並詣吳喜歸罪喜皆宥之東軍主凡七十六人於陣斬十七人餘皆原宥覬之起兵也夢行宣陽門道上顧望皆丘陵覬竊私告人曰丘陵者弗平建康其殆難尅覬弟道存位黃門吏部郎南海太守晉安王子勛建僞號以爲侍中行雍州事事敗見殺

殷景仁陳郡長平人也曾祖融晉太常祖茂之特進左光祿大夫父道裕早亡景仁少有大成之量司徒王謐見而以女妻之爲宋武帝太尉行參軍歷位中書侍郎景仁不爲文而敏有思致不談義而深達理至於國典朝章舊章記注莫不撰錄識者知其有當世之志也嘗建議請百官舉才以所薦能否爲黜陟武帝甚知之少帝即位補侍中累表辭讓優詔申其請以爲黃門侍郎歷左衛將軍文帝即位委遇彌厚俄遷侍中左衛如故時與王華王曇首劉湛四人並爲侍中以風力局幹冠冕一時同升之美近代莫及元嘉三年車駕征謝晦司徒王弘入居中書下省景仁長直共掌留任晦平代到彥之爲中領軍侍中如故文帝所生章太后早亡上奉太后所生蘇氏甚謹六年蘇氏卒車駕親往臨哭詔欲遵二漢推恩之典景仁議以爲漢氏推恩加爵于時承秦之弊儒術蔑如懼非盛明所宜軌蹈

晉監二代朝政之所因君舉必書哲王之所慎體至公者懸爵賞於無私奉天統者每屈情以申制所以作孚萬國貽則後昆上從之丁母憂葬竟起爲領軍將軍固辭上使綱紀代拜遣中書舍人周赳輿載詣府服闋遷尚書僕射太子詹事劉湛代爲領軍湛與景仁素善皆被遇於武帝俱以宰相許之湛常居外任會王弘王華王曇首相係亡景仁引湛還朝共參朝政湛既入以景仁位遇本不踰已一旦居前意甚憤憤知文帝信伏景仁不可移奪乃深結司徒彭城王義康欲倚宰相之重以傾之十二年景仁遷中書令護軍將軍僕射如故尋復加領吏部湛愈忿義康

納湛言毀景仁於文帝帝遇之益隆景仁密陳相王權重
非社稷計上以爲然景仁對親舊嘆曰引之令入便噬人
乃稱疾請解不見許使停家養病湛議欲遣人若劫盜者
於外殺之以爲文帝雖知當不能傷至親之愛上微聞之
徙景仁於西掖門外晉鄱陽王第以爲護軍府密邇宮禁
故其計不行景仁臥疾者五年雖不見上而密函去來日
中以十數朝政大小必以問焉影迹周密莫有窺其際者
及將收湛之日景仁便拂拭衣冠寢疾既久左右皆不悟
其意其夜上出華林園延賢堂召之景仁猶稱腳疾小牀
輿以就坐誅討處分一皆委之代義康爲揚州刺史僕射

吏部如故遣使者授印綬主簿代拜畢便覺疾甚情理乖
錯性本寬厚而忽更苛暴問左右曰今年男婚多女嫁多
是冬大雪景仁乘輿出廳事觀望忽驚曰當閤何得有大
樹既而曰我誤耳疾篤文帝謂不利在州使還住僕射下
省爲州凡月餘日卒或云見劉湛爲祟追贈侍中司空謚
曰文成公大明五年孝武行經景仁墓詔遣致祭子道矜
幼而不慧位太中大夫道矜子恒明帝時位侍中度支尚
書屬父疾積久爲有司所奏詔曰道矜生便有病更無橫
疾恒因愚習惰久妨清序可[illegible]
淳字粹遠景仁從祖弟也祖允晉太常父穆以和謹致稱

自五兵尚書爲宋武帝相國左長史元嘉中位特進右光
祿大夫領始興王師卒官謚曰元子淳少好學有美名歷
中書黃門侍郎黃門清切直下應留下省以父老特聽還
家高簡寡言早有清尚愛好文義未嘗違捨在祕書閣撰
四部書大目凡四十卷行於世元嘉十一年卒朝廷痛惜
之子孚有父風嘗與侍中何勗共食孚羹盡勗云益殷尊
羹勗司空無忌子也孚徐輟筯曰何無忌諱孚位吏部郎
爲順帝撫軍長史子臻字後同幼有名行袁粲褚彥回並
賞異之每造二公之席輒清言畢景坐儉爲丹陽尹引爲
郡丞袁勗先拜祕書丞求臻爲到省表臻答曰何不見倩

拜而倩見作表遂不爲作歷位太子洗馬淳弟沖字希遠
位御史中丞有司直之稱再遷度支尚書元凶妃即淳女
而沖在東宮爲劭所知遇劭殺立以爲司隸校尉沖有學
義文辭劭使爲尚書符罪狀孝武亦爲劭盡力建鄴平賜
死沖弟淡字彥遠亦歷黃門吏部郎太子中庶子大明中
又以文章見知

論曰彝秉命偶興王恩深惟舊及位致崇寵而每存謙挹
觀夫持滿之戒足以追蹤古人琇之貞素之風不踐無義
之地易曰王臣蹇蹇其動也直休文行己之度可謂近之
琳之二議深達變通之道覬持身之節亦曰一時之良而

聽言則悖晚致覆没痛矣哉景仁遠大之情著於初筮元嘉之盛卒致宗臣言聽計從於斯為重美矣乎

列傳第十七　南史二十七

列傳第十八　南史二十八

李　延壽

褚裕之 弟淡之 湛之子彦回 彦回弟澄 玄孫球 彦回子賁蓁 從父弟炤炫 裕之兄子湛之 蓁子向 炫子㵾 向子翔 㵾子彖 彖子玠

褚裕之字叔度河南陽翟人晉太傅裒之曾孫也祖歆秘書監父爽金紫光祿大夫長兄秀之字長倩歷大司馬琅邪王從事中郎黄門侍郎宋武帝鎮西長史秀之妹晉恭帝后也秀之雖晉氏姻戚而盡心於武帝遷侍中出補大司馬右司馬晉恭帝即位為祠部尚書宋受命徙太常元嘉初卒於官秀之弟淡之字仲原亦歷顯官為宋武帝車

騎從事中郎尚書吏部郎廷尉卿左衛將軍宋受命為侍中淡之兄弟並盡忠事武帝恭帝每生男輒令方便殺焉或誘賂内人或密加毒害前後如此非一及恭帝遜位居秣陵宫常懼見禍與褚后共止一室慮有酖毒自煑食於前武帝將殺之不欲遣人入内令淡之兄弟視后褚后出别室相見兵人乃踰垣而入進藥於恭帝帝不肯飲曰佛教自殺者不得復人身乃以被掩之後會稽郡缺朝議欲用蔡廓武帝曰彼自是蔡家佳兒何關人事可用褚佛佛淡之小字也乃用淡之為會稽太守景平二年富陽孫氏聚合門宗謀逆其支黨在永興縣潛相影響永興令羊恂

覺其謀以告淡之淡之不信乃以誣人之罪收縣職局於是孫法先自號冠軍大將軍與孫道慶等攻没縣邑更相樹置遥以鄭令司馬文宣爲征西大將軍建旗鳴鼓直攻山陰淡之自假陵江將軍以山陰令陸邵領司馬加振武將軍前員外散騎常侍王茂之爲長史前國子博士孔欣前員外散騎常侍謝苓之並參軍事召行參軍七十餘人前鎮西諮議參軍孔甯子左光禄大夫孔季恭子山士並在鄞中皆起爲將軍遣隊主陳願郡議曹掾虞道納二軍過浦陽江願等戰敗賊遂推鋒而前去城二十餘里淡之遣陸邵水軍禦之而身率所領出次近郊邵與行參軍滿

恭期合力大敗賊於柯亭淡之尋卒謚曰質子裕之名與武帝同故行字焉初爲太宰琅邪王行參軍武帝車騎參軍司徒左西屬中軍諮議參軍署中兵加建威將軍從征鮮卑盡其誠力盧循攻查浦叔度力戰有功循南走武帝板行廣州刺史加督建威將軍領平越中郎將在任四年廣營貲貨財豐積坐免官禁錮終身還至都凡諸親舊及一面之欵無不厚加贈遺尋除太尉咨議參軍相國右司馬武帝受命爲右衛將軍武帝以其名家而能竭盡心力甚嘉之封番禺縣男尋加散騎常侍永初四年出爲雍州刺史領寧蠻校尉在任三年以清簡致稱景平二年卒

子恬之嗣恬之弟寂之著作佐郎早卒寂之子曖尚宋文帝第六女琅邪貞長公主位太宰參軍亦早卒曖子績位太子舍人亦尚宋公主績子球字仲寶少孤貧篤志好學有才思宋建平王景素元徽中誅滅唯有一女存故吏何昌寓王思遠聞球清立以此女妻之仕齊爲溧陽令在縣清白貧公奉而已仕梁歷都官尚書通直散騎常侍秘書監領著作司徒右長史常侍著作如故自魏孫禮晉荀組以後台佐加貂始自球也後爲散騎常侍光禄大夫加給事中湛之字休玄秀之子也尚宋武帝第七女始安哀公主拜駙馬都尉著作佐郎哀公主薨復尚武帝第五女吴郡宣

公主諸尚主者並因世胄不必皆有才能湛之謹實有意幹故爲文帝所知歷顯位爲太子中庶子司徒左長史侍中左衛將軍左户尚書丹楊尹元凶殺逆以爲吏部尚書復出爲丹楊尹統石頭戍事孝武入伐劭自攻新亭壘使湛之率水師俱進湛之因攜二息彦回澄登輕舟南奔彦回始生一男爲劭所殺孝武即位以爲尚書右僕射孝建元年爲中書令丹楊尹後拜尚書左僕射以南奔賜爵都鄉侯大明四年卒謚敬侯子彦回

彦回幼有清譽宋元嘉末魏軍逼瓜步百姓咸負擔而立時父湛之爲丹楊尹使其子弟並著屐於齋前習行或

識之湛之曰安不忘危也彥回時年十餘甚有慙色湛之有一牛至所愛無故墮聽事前井湛之率左右躬自營救之郡中喧擾彥回下簾不視也又有門生盜其衣彥回遇見謂曰可密藏之勿使人見此門生慙而去不敢復還後貴乃歸罪待之如初尚宋文帝女南郡獻公主拜駙馬都尉除著作佐郎累遷祕書丞湛之卒彥回悉推財與弟澄唯取書數千卷湛之有兩廚寶物在彥回所生郭氏間嫡母吳縣主求之郭欲不與彥回曰但令彥回在何患無物猶不許彥回流涕固請乃從之襲爵都鄉侯歷位尚書吏部郎景和中山陰公主淫恣窺見彥回悅之以白帝帝召

彥回西上閤宿十日公主夜就之備見逼迫彥回整身而立從夕至曉不為移志公主謂曰君鬚髯如戟何無丈夫意彥回曰回雖不敏何敢首為亂階宋明帝即位累遷吏部尚書有人求官密袖中將一餅金因求請間出金示之曰人無知者彥回曰卿自應得官無假此物若必見與不得不相啓此人大懼收金而去彥回敘其事而不言其名時人莫之知也帝之在藩與彥回以風素相善至是深相委仗陳事皆見從改封雩都伯歷侍中領尚書右衛將軍彥回美儀貌善容止俯仰進退咸有風則每朝會百僚遠國使莫不延首目送之明帝嘗嘆曰褚彥回能遲行緩步

便得宰相矣時人以方何平叔嘗聚袁粲舍初秋涼夕風月甚美彥回援琴奏別鵠之曲宮商既調風神諧暢王彧謝莊並在粲坐撫節而歎曰以無累之神合有道之器宮商暫離不可得已時傖人常珎奇與薛安都為逆降叛非一後又求降明帝加以重位彥回謂全其首領於事已弘不足大加寵異帝不從珎奇尋又叛彥回後為吳郡太守帝寢疾危殆馳使召之欲託後事及至召入帝坐帳中流涕曰吾近危篤故召卿欲使著黃羅襬指牀頭大函曰文書皆函內置此函不得復開彥回亦悲不自勝黃羅襬乳母服也帝雖小間猶懷身後慮建安王休仁人才令美物

情宗向帝與彥回謀誅之彥回以為不可帝怒曰卿癡不足與議事彥回懼而奉旨復為吏部尚書衛尉卿尚書右僕射以母老疾晨昏須養辭衛尉不許明帝崩遺詔以為中書令護軍將軍與尚書令袁粲受顧命輔幼主粲等雖同見託而意在彥回彥回同心理事務弘儉約百姓賴之既而王道隆阮佃夫用事姦賂公行彥回不能禁也遭所生喪毀頓不復可識朞年不盥櫛唯泣淚處乃見其本質焉詔斷哭禁弔客葬畢起為中軍將軍本官如故元徽二年桂陽王休範反彥回與衛將軍袁粲入衛宮省鎮集衆心彥回初為丹陽與從弟炤同載道逢齊高帝彥回舉手

指高帝軍謂炤曰此非常人也出為吳興高帝餉物別彥回又語人曰此人才貌非常將來不可測也及顧命之際引高帝豫焉高帝既平桂陽遷中領軍南兖州高帝固讓與彥回及衛軍袁粲書陳情彥回粲答書不從高帝乃受命其年加彥回尚書令侍中給班劍二十人固讓令三年進爵為侯服闋改授中書監侍中護軍如故給鼓吹一部時淮北屬江南無復鰒魚或有間關得至者一枚直數千錢人有餉彥回鰒魚三十枚彥回時雖貴而貧薄過甚門生有獻計賣之云可得十萬錢彥回變色曰我謂此是食物非曰財貨且不知堪賣錢聊爾受之雖復儉乏寧可賣餉取錢也悉與親游噉之少日便盡明年嫡母吳郡公主薨毀瘠骨立葬畢詔攝職固辭又以朞祭禮及表解職並不許蒼梧暴虐稍甚齊高帝與彥回及袁粲言世事粲曰主上幼年微過易改伊霍之事非季世所行縱使功成亦終無全地彥回默然歸心高帝及廢蒼梧群公集議袁粲劉彥節既不受任彥回曰非蕭公無以了此手取事授高帝高帝曰相與不肯我安得辭事乃定順帝立改號衛將軍開府儀同三司侍中如故甲仗五十人入殿及袁粲懷貳曰褚公眼睛多白所謂白虹貫日亡宋者終此人也他日粲謂彥回曰國家所倚唯公與劉丹陽及粲耳願各自

勉無使竹帛所笑彥回曰願以鄙心寄公之腹則可矣然竟不能貞固及高帝輔政王儉議加黃鉞任遐曰此大事應報褚公帝曰褚脫不與卿將何計遐曰彥回保妻子愛性命非有奇才異節遐能制之果無違異及沈攸之事起高帝召彥回謀議彥回曰西夏釁難事必無成公當先備其內耳高帝密為其備事平進中書監司空齊臺建彥回白高帝引何曾自魏司徒為晉丞相求為齊官高帝謙而不許建元元年進位司徒侍中中書監如故改封南康郡公彥回讓司徒乃與僕射王儉書欲依蔡謨事例儉以非所宜言勸彥回受命終不就尋加尚書令二年重申前命為司徒又固讓魏軍動高帝欲發王公以下無官者從軍彥回諫以為無益實用空致擾動上乃止三年七月帝親嘗酎盛暑欲夜出彥回與左僕射王儉諫以為自漢宣帝以來不夜入廟所以誡非常人君之重所宜克慎從之時朝廷機事彥回多與議謀每見從納禮遇甚重上大宴集酒後謂朝臣曰卿等並宋時公卿亦當不言我應得天子王儉等未及答彥回斂板曰陛下不得言臣不早識龍顏上笑曰吾有愧文叔知公為朱祐久矣彥回善彈琵琶齊武帝在東宮宴集賜以金鏤柄銀柱琵琶性和雅有器度不妄舉動宅嘗失火煙爛甚逼左右驚擾彥回神色怡然

業與徐去然世頗以名節譏之于時百姓語曰可憐石頭城寧為袁粲死不作彥回生高帝崩遺詔以為錄尚書事江左以來無單拜錄者有司疑立優策尚書令王儉議以為見居本官別拜錄應有策書而舊事不載中朝以來三公王侯則優策並設官品第二策而不優優者褒美策者兼明委寄尚書職居天官政化之本故尚書令品雖第三拜必有策錄尚書品秩不見而總任彌重前代多與本官同拜故不別有策即事緣情不容均之凡僚宜有策書用申隆寄既異王侯不假優文從之尋增彥回班劍為三十人五日一朝頃之寢疾彥回少時嘗篤病夢人以卜著一

南史列傳十八　八

具與之遂差其一至是年四十八矣歲初便寢疾而太白熒惑相係犯上將彥回慮不起表遜位武帝不許乃改授司空驃騎將軍侍中錄尚書事如故薨年四十八家無餘財負責數十萬詔給東園祕器時司空掾屬以彥回未拜疑應為吏敬以不王儉議依禮婦在塗聞夫家喪改服而入今掾屬雖未服勤而吏節稟於天朝宜申禮敬司徒府史又以彥回既解職而未恭後授府應上服以不儉又議依中朝士孫德祖從樂陵遷為陳留未入境樂陵郡吏依見君之禮陳留迎吏依娶女有吉日齊衰弔司徒府宜依居官制服又詔贈太宰侍中錄尚書公如故增班劍為六十人葬送禮悉依宋太保王弘故事謚曰文簡先是庶姓三公轜車未有定格王儉議官品第一皆加幢絡自彥回始也又詔彥回妻宋故巴西主埏隧暫啟宜增南康郡公夫人

長子賁字蔚先少耿介父背袁粲等附高帝賁深執不同終身愧恨之有棲退之志位侍中彥回薨服闋見武帝賁流涕不自勝上甚嘉之以為侍中領步兵校尉左戶尚書常謝病在外上以此望之遂諷令辭爵讓與弟蓁仍居墓下及王儉薨乃騎水牛出弔以繫門外柱入哭盡哀而退家人不知也會疾篤其子霽載以歸疾小間知非故處大怒不

南史列傳十八　九

肯復飲食內外閤悉釘塞之不與人相聞數日裁餘氣息謝瀹聞其弊往候之排閤不可開以杵槌破進見賁曰事之不可得者身也身之不可全者名也名與身俱滅者君也豈不全之哉賁曰吾少無人間心豈身名之可慕但顧啟手歸全必在舊隴兒輩不才未達余趣務戶徙殯失吾素心更以此為恨耳永明七年卒

蓁字茂緒位義興太守八年改封巴東郡侯明年表讓封還賁子霽詔許之建武末蓁位太子詹事度支尚書領前軍將軍永元元年卒太常謚穆子蓁子向字景政年數歲父母相繼亡沒毀若成人親表異之及長淹雅有器量位

長兼侍中向風儀端麗眉目如畫每公庭就列爲衆所瞻
望焉仕梁卒於北中郎廬陵王長史子翔
翔字世舉起家祕書郎累遷宣城王主簿中大通五年梁
武帝宴羣臣樂游苑別詔翔與王訓爲二十韻詩限三刻
成翔於坐立奏帝異焉即日補宣城王文學俄遷友時宣
城友文學加正王二等翔超爲之時論美焉出爲義興太
守在政絜己省繁苛去游費百姓安之郡西亭有古樹積
年枯死翔至郡忽更生枝葉咸以爲善政所感以秩滿吏
人詣闕請之敕許焉尋徵爲吏部郎去郡百姓無老少追
送出境涕泣拜辭翔居小選公清不爲請屬易意號爲平

允遷侍中太清二年守吏部尚書丁母憂以毀卒翔少有
孝行爲侍中時母病篤請沙門祈福中夜忽見戶外有異
光又聞空中彈指及旦疾遂愈咸以爲精誠所致云
澄字彥道彥回弟也初湛之尚始安公主薨納側室郭氏
生彥回後尚吳郡主生澄彥回事主孝謹主愛之湛之亡
主表彥回爲嫡澄尚宋文帝女廬江公主拜駙馬都尉歷
官清顯善醫術建元中爲吳郡太守百姓李道念以公事
到郡澄見謂曰汝有重疾答曰舊有冷疾至今五年衆醫
不差澄爲診脉謂曰汝病非冷非熱當是食白瀹雞子過
多所致令取蘇一升煑服之始一服乃吐出一物如升涎

裹之動開看是雞雛羽翅爪距具足能行走澄曰此未盡
更服所餘藥又吐得如向者雞十三頭而病都差當時稱
妙豫章王感病高帝召澄爲療立愈尋遷左戶尚書彥回
薨澄以錢一萬一千就招提寺贖高帝所賜彥回白貂坐
褥壞作裘及纓又贖彥回介幘犀導及彥回常所乘黃牛
永明元年爲御史中丞袁彖所奏免官禁錮見原遷侍中
領右軍將軍以勤謹見知澄女爲東昏皇后永元元年卒
追贈金紫光祿大夫
炤字彥宣彥回從父弟也父法顯鄱陽太守炤少有高節
王儉嘗稱才堪保傅爲咸安郡還以一目眇召爲國子博

士不拜常非彥回身事二代彥回子賁往問訊炤炤問曰
司空今日何在賁曰奉璽紱在齊大司馬門炤正色曰不
知汝家司空將一家物與一家亦復何謂彥回拜司徒賓
客滿坐炤歎曰彥回少立名行何意披猖至此門戶不幸
乃復有今日之拜使彥回作中書郎而死不當是一名士
邪名德不昌遂有期頤之壽彥回性好戲以軺車給之炤
大怒曰著此辱門戶那可令人見索火燒之馭人奔車乃
免炤弟炫
炫字彥緒少清簡爲從舅王景文所知從兄彥回謂人曰
從弟廉勝獨立乃十倍於我爲正員郎從宋明帝射雉帝

至日中無所得甚猜羞召問侍臣曰吾旦來如皐遂空行可笑坐者莫荅炫獨曰今節候雖適而雲霧尚凝故斯翬之禽驕心未警但得神駕猶豫義情便可載驩帝意解乃於雉場置酒遷中書侍郎司徒右長史昇明初炫以清尚與彭城劉俁陳郡謝朏濟陽江斆入殿侍文義號爲四友齊臺建爲侍中領步兵校尉以家貧建元初出補東陽太守前後三爲侍中與從兄彥回操行不同故彥回之世不至大官永明元年爲吏部尚書炫居身清立非吊問不雜交游論者以爲美及在選部門庭蕭索賓客罕至出行左右常捧一黃紙帽箱風吹紙剥殆盡罷江夏郡還得錢十

七萬於石頭幷分與親族病無以市藥以冠劒爲質表自陳解改授散騎常侍領安成王師國學建以本官領博士未拜卒無以殯斂時年四十一贈太常謚貞子子澐

澐字士洋仕梁爲曲阿令歷晉安王中錄事正員郎烏程令兄游亡棄縣還爲太尉屬延陵令中書侍郎太子率更令御史中丞湘東王府諮議參軍卒澐之爲縣令清愼可紀好學解音律重賓客雅爲湘東王所親愛澐子蒙位太子舍人蒙子玠

玠字温理九歲而孤爲叔父驃騎從事中郎隨所養早有令譽先達多以才器許之及長以美風儀善占對博學能屬文詞義典實不尚淫靡陳天嘉中兼通直散騎常侍聘齊還遷中書侍郎太建中山陰縣多豪猾前後令皆以贓汚免宣帝謂中書舍人蔡景歷曰稽陰大邑久無良宰卿文士之內試思其人景歷進玠帝曰甚善卿言與朕意同乃除山陰令縣人張次的王休達等與諸猾吏賄賂通姦全丁大戸類多隱没玠鏁次的等具狀啓臺宣帝手勅慰勞幷遣使助玠搜括所出軍人八百餘戸時舍人曹義達爲宣帝所寵縣人陳信家富諂事義達信父顯文恃勢橫暴玠乃遣使執顯文鞭之一百於是吏人股慄信後因義達譖玠竟坐免官玠在任歲餘守祿俸而已去官之日不堪

自致因留縣境種蔬菜以自給或以玠非百里才玠曰吾委輸課最不後列城除殘去暴姦吏局蹐若謂其不能自潤脂膏則如來命以爲不達從政吾未服也時人以爲信然皇太子知玠無還裝手書賜東米二百斛於是還都後累遷御史中丞玠剛毅有膽決善騎射嘗從司空侯安都於徐州出獵遇猛獸玠射之載發皆中口入腹俄而斃及爲御史中丞甚有直繩之稱卒於官皇太子親製誌銘以表惟舊至德二年贈祕書監所製章奏雜文二百餘篇皆切事理由是見重於世子亮位尚書殿中侍郎

論曰褚氏自至江左人焉不墜彥回以此世資時譽早集

及於逢迎與運謗議沸騰既以人望見推亦以人望而責
也炤貞勁之性炫廉勝之風求之古人亦何以加此玠公
平謙直文武兼資可謂世業無隤者矣

列傳第十八　　南史二十八

列傳第十九　　南史二十九

李　延壽

蔡廓 子興宗 孫約 約弟撙 曾孫凝

蔡廓字子度濟陽考城人晉司徒謨之曾孫也祖系撫軍
長史父綝司徒左西屬廓博涉羣書言行以禮起家著作
佐郎後爲宋武帝太尉參軍中書黃門郎以方鯁閑素爲
武帝所知載遷太尉從事中郎未拜遭母憂性至孝三年
不櫛沐殆不勝喪宋臺建爲侍中建議以爲鞫獄不宜令
子孫下辭明言父祖之罪虧教傷情莫此爲大自今但令
家人與囚相見無乞鞫之訴便足以明伏罪不須責家人
下辭朝議從之世子左衛率謝靈運輒殺人御史中丞王
准之坐不糾免官武帝以廓剛直補御史中丞多所糾奏
百寮震肅時中書令傅亮任寄隆重學冠當時朝廷儀典
皆取定於亮亮每事諮廓然後行亮意若有不同廓終不
爲屈遷司徒左長史出爲豫章太守徵爲吏部尚書廓因北
地傅隆問亮選事若悉以見付不論不然不能拜也亮以
語錄尚書徐羨之羨之曰黃門郎以下悉以委蔡吾徒不
復厝懷自此以上故宜共參同異廓曰我不能爲徐干木
署紙尾遂不拜干木羨之小字也選案黃紙錄尚書與吏
部尚書連名故廓言署紙尾也羨之亦以廓正直不欲使

君權要從爲祠部尚書文帝入奉大統尚書令傅亮率百官奉迎廓亦俱行至尋陽遇疾不堪前亮將進路詣別廓謂曰營陽在吳宜厚加供奉一旦不幸卿諸人有殺主之名欲立於世將可得邪時亮已與羨之議害少帝乃馳信止之信至已不及羨之大怒曰與人共計云何裁轉背便賣惡於人及文帝即位謝晦將之荊州與廓別屏人問曰吾其免乎廓曰卿受先帝顧命任以社稷廢昏立明義無不可但殺人二昆而以之北面挾震主之威據上流之重以古推今自免爲難也廓年位並輕而時流所推重每至時歲皆束帶詣門奉兄軌如父家事大小皆諮而後行公

祿賞賜一皆入軌有所資須悉就典者請焉從武帝在彭城妻郗氏書求夏服廓荅書曰知須夏服計給事自應相供無容別寄時軌爲給事中元嘉二年廓卒武帝常云羊徽蔡廓可平世三公少子興宗

興宗字興宗幼爲父廓所重謂有己風與親故書曰小兒四歲神氣似可不入非類室不與小人游故以興宗爲之名以興宗爲之字年十歲喪父哀毁有異凡童廓罷豫章郡還起二宅先成東宅以與兄軌軌罷長沙郡還送錢五十萬以裨宅直興宗年十一白母曰一家由來豐儉必共今日宅直不宜受也母悅而從焉軌深有愧色謂其子淡曰我年六十行事不及十歲小兒尋又喪母少好學以業尚素立見稱爲中書侍郎中書令建平王宏侍中王僧綽並與之厚善元凶弒立僧綽被誅凶威方盛親故莫敢往興宗獨臨哭盡哀孝武踐祚累遷尚書吏部侍郎時尚書何偃疾患上謂興宗曰卿詳練清濁今以選事相付便可開門當之無所讓也後拜侍中每正言得失無所顧憚孝武新年拜陵興宗負璽陪乘及還上欲因以射雉興宗正色曰今致虔園陵情敬兼重從禽猶有餘日請待他辰上大怒遣令下車由是失旨竟陵王誕據廣陵爲逆事平孝武輿駕出宣陽門敕左右文武叫稱萬歲興宗時陪輦帝

顧曰卿獨不叫興宗從容正色荅曰陛下今日政應涕泣行誅豈得軍中皆稱萬歲帝不悅興宗奉旨慰勞廣陵州別駕范義與興宗素善在城內同誅興宗至躬自收殯致喪還豫章舊墓上聞謂曰卿何敢故爾觸網興宗抗言荅曰陛下自殺賊臣自葬周旋既犯嚴制政當甘於斧鉞耳帝有慚色又廬江內史周朗以正言得罪鏁付寧州親戚故人無敢瞻送興宗時在直請急詣朗別上知尤怒坐屬疾多日白衣領職後爲廷尉卿有解士先者告申坦昔與丞相義宣同謀時坦已死子令孫作山陽郡自繫廷尉興宗議曰若坦昔爲戎首身今尚存累經肆眚猶應蒙宥令

孫天屬理相爲隱況人亡事遠追相誣訐斷以禮律義有
合關見從出爲東陽太守後爲左戶尚書轉掌吏部時上
方盛淫宴虐侮羣臣自江夏王義恭以下咸加穢辱唯興
宗以方直見憚不被侵媟尚書僕射顏師伯謂儀曹郎王
耽之曰蔡尚書常免昵戲去人實遠耽之曰蔡豫章昔在
相府亦以方嚴不狎武帝宴私之日未嘗相召每至官賭
常在勝明蔡尚書今日可謂能荷矣大明末前廢帝即位
興宗告太宰江夏王義恭應須策文義恭曰建立儲副本
爲今日復安用此興宗曰累朝故事莫不皆然近永初之
末營陽王即位亦有文策今在尚書可檢視也不從時義

恭錄尚書受遺輔政阿衡幼主而引身避事政歸近習越
騎校尉戴法興中書舍人巢尚之專制朝權威行近遠興
宗職管九流銓衡所寄每至上朝輒與令錄以下陳欲登
賢進士之意又箴規得失博論朝政義恭素性恇橈阿順
法興恒慮失旨每聞興宗言輒戰懼無計先是大明世奢
侈無度多所造立賦調煩嚴徵役過苦至是發詔悉皆削
除由此紫極殿南北馳道之屬皆被毀壞自孝建以來至
大明末凡諸制度無或存者興宗於都坐慨然謂顏師伯
曰先帝雖非盛德要以道始終三年無改古典所貴今殯
宮始撤山陵未遠而凡諸制度興造不論是非一皆刊削

雖復禪代亦不至爾天下有識當以此窺人師伯不能用
興宗每奏選事法興尚之等輒點定回換僅有存者興宗
於朝堂謂義恭及師伯曰主上諒闇不親萬機選舉密事
多被刪改非復公筆迹不知是何天子意王景文謝莊等
遷授失序興宗又欲改爲美選時薛安都爲散騎常侍征
虜將軍太子率殷恒爲中庶子興宗先選安都爲左衛將
軍常侍如故殷恒爲黃門領校太宰嫌安都爲多欲單爲
左衛興宗曰率衛相去幾何之間且已失征虜非乃超越
復奪常侍則頓爲降貶若謂安都晚過微人本宜裁抑令
名器不輕宜有選序謹依選體非私安都義恭曰若宮官

宜加越授者殷恒便應侍中那得爲黃門而已興宗又曰
中庶侍中相去實遠且安都作率十年殷恒中庶百日今
又領校不爲少也使選令史顏禕之薛慶先等往復論執
義恭然後署案既而中旨以安都爲右衛加給事中由是
大忤義恭及法興等出興宗爲吳郡太守固辭又轉南東
海太守又不拜苦求益州義恭於是大怒上表言興宗之
失詔付外詳議義恭因使尚書令柳元景奏興宗及尚書
袁愍孫私相許與自相選署亂羣害政混穢大猷於是除
興宗永昌太守郡屬交州朝廷喧然莫不嗟駭先是興宗
納何后寺尼智妃爲妾姿貌甚美迎車已去而師伯密遣

人誘之潛往載取興宗迎人不得及興宗被徙論者並言
由師伯師伯甚病之法興等既不欲以徙大臣為名師伯
又欲止息物議由此停行頃之法興見殺尚之被繫義恭
師伯並誅復起興宗為臨海王子頊前軍長史南郡太守
行荊州事不行時前廢帝凶暴興宗外甥袁顗為雍州刺
史固勸興宗行曰朝廷形勢人情所見在內大臣朝夕難
保舅今出居陝西為八州行事顗在襄沔地勝兵強去江
陵咫尺水陸通便若一朝有事可共立桓文之功豈與受
制凶狂禍難不測同年而語乎興宗曰吾素門平進與主
上甚踈未容有患宮省內外既人不自保比者會應有變

南史列傳十九　六

若內難得弭外釁未必可量汝欲在外求全我欲居內免
禍各行所見不亦善乎時士庶危懼衣冠咸欲遠徙後皆
流離外難百不一存重除吏部尚書太尉沈慶之深慮危
禍閉門不通賓客嘗遣左右范羨詣興宗屬事興宗謂羨
曰公閉門絕客以避悠悠之請謁耳身非有求何為見拒
羨復命慶之使要興宗興宗因說之曰主上比者所行人
倫道盡今所忌憚唯在於公公威名素著天下所服今舉
朝惶惶人懷危怖指撝之日誰不景從如其不斷旦暮禍
及僕昔佐貴府蒙眷異常故敢盡言願思其計慶之曰僕
比日前慮不復自保但盡忠奉國始終以之正當委天任

命耳加老罷私門兵力頓闕雖有其意事亦無從興宗曰
當今懷謀思奮者非復要富貴期功賞各欲救死朝夕耳
殿內將帥正聽外間消息若一人唱首則俯仰可定況公
威風先著統戎累朝諸舊部曲布在宮省誰敢不從僕在
尚書中自當唱率百寮案前世故事更簡賢明以奉社稷
又朝廷諸所行造人間皆言公悉豫之今若沈疑不決當
有先公起事者公亦不免附惡之禍也且車駕屢幸貴第
酣醉彌留又聞屏左右獨入閤內此萬世一時機不可
失僕荷眷深重故吐去梯之言公宜詳其禍福慶之曰此
事大非僕所能行事至政當抱忠以沒耳頃之慶之果以

南史列傳十九　七

見忌致禍時領軍將軍王玄謨大將有威名邑里訛言玄
謨當建大事或言已見誅玄謨典籤包法榮家在東陽興
宗故郡人也為玄謨所信使至興宗間興宗謂曰領軍比
日殊當憂懼法榮曰頃者殆不復食夜亦不眠恒言收已
在門不保俄頃興宗因法榮勸玄謨舉事玄謨又使法榮
報曰此亦未易可行其當不泄君語右衛將軍劉道隆為
帝所寵信專統禁兵乘輿嘗夜幸著作佐郎江斅宅興宗
乘馬車從道隆從車後過興宗謂曰劉公比日思一閑道
隆深達此旨掐興宗手曰蔡公勿言時帝每因朝宴捶毆
羣臣自驃騎大將軍建安王休仁以下侍中袁愍孫等咸

見陵曳唯興宗得免頃之明帝定大事玄謨責所親故吏
郭季產女壻韋希眞等曰當艱難時周旋輩無一言相和
發者季產曰蔡尚書令包法榮所道非不會機但大事難
行耳季產言亦何益玄謨有慚色當明帝起事之夜廢帝
橫屍大醫閤口興宗謂尚書左僕射王景文曰此雖凶悖
是天下之主宜使喪禮粗足者直如此四海必將乘人時
諸方並舉兵反朝廷所保丹陽淮南數郡其間諸縣或已
應賊東兵已至永世宮省危懼上集羣臣以謀成敗興宗
曰宜鎮之以靜以至信待人比者逆徒親戚布在宮省若
繩之以法則土崩立至宜明罪不相及之義上從之遷尚

書右僕射尋領衛尉明帝謂興宗曰頃日人情言何事當
濟不興宗曰今米甚豐賤而人情更安以此筭之清蕩可
必但臣之所憂更在事後猶羊公言既平之後方當勞聖
慮耳尚書褚彥回以手板築興宗興宗言之不已上曰如
卿言褚圻平函送袁顗首敕從登南掖門樓以觀之興宗
潸然流涕上不悅事平封興宗始昌縣伯固讓不許之封
樂安縣伯國秩吏力終以不受時殷琰據壽陽為逆遣輔
国將軍劉勔攻圍之四方既平琰嬰城固守上使中書為
詔譬琰興宗曰天下既定是琰思順之日陛下宜賜手詔
數行今直使中書為詔彼必疑非真不從琰得詔謂劉勔

詐造果不敢降久乃歸順先是徐州刺史薛安都據彭城
反後遣使歸欵泰始二年冬遣鎮軍將軍張永率軍迎之
興宗曰安都遣使歸順此誠不虛今不過須單使一人咫
尺書耳若以重兵迎之勢必疑懼或能招引北虜為患不
測時張永已行不見信安都聞大軍過淮果引魏軍永戰
大敗遂失淮北四州其先見如此初永敗問至上在乾明
殿先召司徒建安王休仁又召興宗謂休仁曰吾慙蔡僕
射以敗書示興宗曰我愧卿三年出為郢州刺史初吳興
丘珍孫言論常侵興宗珍孫子景先人才甚美興宗與之
周旋及景先為鄱陽郡會晉安王子勛為逆轉在竟陵為

吳喜所殺母老女幼流離夏口興宗至郢州親自臨哭致
其喪柩家累皆得東還遷會稽太守領兵置佐加都督會
稽多諸豪右不遵王憲幸臣近習參半宮省封略山湖妨
人害政興宗皆以法繩之又以王公妃主多立邸舍子息
滋長督責無窮啓罷省之并陳原諸逋負解遣雜役並見
從三吳舊有鄉射禮元嘉中羊玄保為吳郡行之久不復
脩興宗行之禮儀甚整明帝崩興宗與尚書令袁粲右僕
射褚彥回中領軍劉勔鎮軍將軍沈攸之同被顧命以興
宗為征西將軍開府儀同三司都督荊州刺史加班劒二
十人被徵還都時右軍將軍王道隆任參國政權重一時

躡履到興宗前不敢就席良久方去竟不呼坐元嘉初中書舍人秋當詣太子詹事王曇首不敢坐其後中書舍人弘興宗爲文帝所愛遇上謂曰卿欲作士人得就王球坐乃當判耳殷劉並雜無所益也若往詣球可稱旨就席及至球舉扇曰君不得爾弘還依事啓聞帝曰我便無如此何至是興宗復爾道隆等以興宗強正不欲使擁兵上流改爲中書監左光祿大夫開府儀同三司固辭不拜興宗行已恭恪光祿大夫北地傅隆與父廓善興宗常脩父友之敬又太原孫敬玉嘗通興宗侍兒被禽反接興宗命與杖敬玉了無怍容興宗奇其言對命釋縛試以伎能高其

筆札因以侍兒賜之爲立室宇位至尚書右丞其遏惡揚善若此敬玉子廉仕梁以清能位至御史中丞興宗家行尤謹奉歸宗姑事寡嫂養孤兄子有聞於世太子左率王錫妻范聰明婦人也有才學書譲錫弟僧達曰昔謝太傅奉寡嫂王夫人如慈母今蔡興宗亦有恭和之稱其爲世所重如此妻劉氏早卒一女甚幼外甥袁顗始生子彖而妻劉氏亦亡興宗姊即顗母也一孫一姪躬自撫養年齒相比欲爲婚姻每見興宗輒言此意大明初詔興宗女與南平王敬猷婚興宗以姊生平之懷屢經陳啓帝答曰卿諸人欲各行己意則國家何由得婚且姊言豈是不可違

之邪舊意既乖彖亦他娶其後彖家好不終顗又禍敗彖亦淪廢當時孤微理盡敬猷遇害興宗女無子嫠居名門高胄多欲結姻明帝亦敕適謝氏興宗並不許以女適彖泰豫元年卒年五十八遺命薄葬奉還封爵追贈後授子順固辭不受又奉表疏十餘上詔特申其請以旌克讓之風初興宗爲郢州府參軍彭城顔敬以式卜曰亥年當作公官有大字者不可受也及有開府之授而太歲在亥果薨於光祿大夫云文集傳於世子順字景玄方雅有父風位太尉從事中郎昇明末卒弟約

約字景撝少尚宋孝武女安吉公主拜駙馬都尉仕齊累

遷太子中庶子領屯騎校尉永明八年八月合朔約既武冠解劍於省眠至下鼓不起爲有司所奏贖論出爲宜都王冠軍長史淮南太守行府州事武帝謂曰今用卿爲近蕃上佐想副我所期約曰南豫密邇京師不化自理臣亦何人爝火不息時諸王行事多相裁割約居右任主佐之間穆如也遷司徒左長史齊明帝爲録尚書輔政百僚脫屐到席約躡屐不改帝謂江祏曰蔡氏是禮度之門故自可悅祏曰大將軍有撙客復見於今約好飲酒夷淡不與世雜永元二年卒於太子詹事年四十四贈太常弟撙

撙字景節少方雅退默與第四兄寅俱知名仕齊位給事

黃門侍郎丁母憂廬于墓側藂木多難服闋因居墓所除
太子中庶子太尉長史並不就梁臺建爲侍中遷臨海太
守公事左遷太子中庶子復爲侍中吳興太守初撙在臨
海百姓楊元孫以婢采蘭貼與同里黃權約生子酬乳哺
直權死後元孫就權妻吳贖婢母子五人吳背約不還元
孫訴撙判還本主吳能爲巫出入撙内以金釧賂撙妾遂
改判與吳元孫撾登聞鼓訟之爲有司劾時撙已去郡雖
不坐而常以爲耻口不言錢及在吳興不飲郡井齋前自
種白莧紫茄以爲常餌詔褒其清加信武將軍時帝將爲
昭明太子納妃意在謝氏袁昂曰當今貞素簡勝唯有蔡

撙乃遣吏部尚書徐勉諳之停車三通不報勉笑曰當須
我召也遂投刺乃入天監九年宣城郡吏吳承伯挾祅道
聚衆攻宣城殺太守朱僧勇轉寇吳興吏人並請避之撙
堅守不動命衆出戰摧破斬承伯餘黨悉平累遷吏部尚
書在選弘簡有名稱又爲侍中領祕書監武帝嘗謂曰卿
門舊尚有堪事者多少撙曰臣門客沈約范岫各已被升
擢此外無人約時爲太子少傅岫爲右衞將軍撙風骨梗
正氣調英嶷當朝無所屈讓嘗奏用琅邪王筠爲殿中郎
武帝嫌不取參掌通署乃推白牒於香橙地下曰卿殊不
了事撙正色俯身拾牒起曰臣謂舉爾所知許允已有前

事既是所知而用無煩參軍署名臣撙少而仕宦未嘗有
不了事之目因捧牒直出使命駕而去仍欲抗表自解帝
尋悔取事爲畫帝嘗設大臣餅撙在坐帝頻呼姓名撙竟
不荅食餅如故帝覺其負氣乃改喚蔡尚書撙始放筯執
笏曰爾帝曰卿向何聾今何聰對曰臣預爲右戚且職在
納言陛下不應以名垂喚帝有慚色性甚凝厲善自居適
女爲昭明太子妃自詹事以下咸來造謁往往稱疾相聞
閒遣之及其引進但暄寒而已此外無復餘言後爲中書
令卒於吳郡太守謚曰康子司空袁昂嘗謂諸賓曰自蔡
侯卒不復更見此人其爲名輩所知如此子彥深宣城内

史彥深弟彥高給事黃門侍郎彥高子凝
凝字子居美容止及長博涉經傳有文詞尤工草隸陳太
建元年累遷太子中舍人以名公子選尚信義公主拜駙
馬都尉中書侍郎遷晉陵太守及將之郡更令左右修中
書廨宇謂賓友曰庶來者無勞尋授吏部侍郎凝年位未
高而才地爲時所重常端坐西齋自非素貴名流罕所交
接趣時者多譏焉宣帝嘗謂凝曰我欲用義與主壻錢肅
爲黃門侍郎卿意如何凝正色曰帝鄉舊戚恩由聖旨則
無所復問若格以僉議黃散之職故須人門兼美帝默然
而止肅聞而不平義與公主日譖之尋免官遷交阯頊之

追還後主嗣位爲給事黃門侍郎後主嘗置酒歡甚將移宴弘範宮衆人咸從唯凝與袁憲不行後主曰何爲凝曰長樂尊嚴非酒後所過臣不敢奉詔衆人失色後主曰卿醉矣令引出他日後主謂吏部尚書蔡徵曰蔡凝負地矜才無所用也尋遷信威晉熙王府長史鬱鬱不得志乃喟然歎曰天道有廢興夫子云樂天知命斯理庶幾可達因著小室賦以見志陳亡入隋道病卒年四十七子君知頗知名

論曰蔡廓體業弘正風格峻舉興宗出內所踐不隕家聲位在具臣而情懷伊霍仁者有勇驗在斯乎然自廓及凝

年移四代高風素氣無乏於時其所以取貴不徒然矣至於矜倨之失蓋其風俗所通格以正道故亦名教之深尤也

列傳第十九　南史二十九

列傳第二十　南史三十

李　延壽

何尚之 子偃 孫戢 偃弟子求 求弟點 點弟胤 胤從弟炯 尚之弟子昌寓 昌寓子敬容

何尚之字彥德廬江灊人也曾祖準高尚不應徵辟祖恢南康太守父叔度恭謹有行業姨適沛郡劉璩與叔度母情愛甚篤叔度母早卒奉姨若所生姨亡朔望必往致哀并設祭奠食並珍新躬自臨視若朔望應有公事則先遣送祭皆手自料簡流涕對之公事畢即往致哀以此爲常三年服竟義熙五年吳興武康縣人王延祖爲劫父睦以

告官新制凡劫身斬刑家人棄市睦既自告於法有疑時叔度爲尚書議曰設法止姦必本於情理非謂一人爲劫闔門應刑所以罪及同產欲開其相告以出造惡之身睦父子之至容可悉共逃亡而割其天屬還相縛送解腕求存於情可愍並合從原從之後爲金紫光祿大夫吳郡太守太保王弘每稱其清身潔巳尚之少頗輕薄好摴蒱及長折節蹈道以操立見稱爲陳郡謝混所知與之游處家貧初爲臨津令宋武帝領征西將軍補主簿從征長安以公事免還都因患勞病積年飲婦人乳乃得差以從征之勞賜爵都鄉侯少帝即位爲廬陵王義眞車騎諮議參軍

義眞與司徒徐羨之尚書令傅亮等不恊每有不平之言尚之諫戒不納義眞被廢入為中書侍郎遷吏部郎告休定省傾朝送別於冶渚及至郡叔度謂曰聞汝來此傾朝相送可有幾客荅曰殆數百人叔度笑曰此是送吏部郎耳非關何彥德也昔殷浩亦嘗作豫章定省送別者甚衆及廢徙東陽船泊征虜亭積日乃至親舊無復相窺者後拜左衛將軍領太子中庶子尚之雅好文義從容賞會甚爲文帝所知元嘉十三年彭城王義康欲以司徒長史劉斌爲丹揚尹上不許乃以尚之爲之立宅南郭外立學聚生徒東海徐秀廬江何曇黃潁川荀子華太原孫宗昌王

延秀魯郡孔惠宣並慕道來游謂之南學王球常云尚之西河之風不墜尚之亦云球正始之風尚在尚之女適劉湛子黯而湛與尚之意好不篤湛欲領丹揚乃徙尚之爲祠部尚書領國子祭酒尚之甚不平湛誅遷吏部尚書時左衛將軍范曄任參機密尚之察其意趣異常白文帝宜出爲廣州若在內釁成不得不加以鈇鉞屢誅大臣有虧皇化上曰始誅劉湛等方欲引升後進曄事跡未彰便豫相黜斥萬姓將謂卿等不能容才以我爲信受讒說但使共知如此不憂致大也曄後謀反伏誅上嘉其先見二十三年爲尚書左僕射是歲造玄武湖上欲於湖中立方丈

蓬萊瀛洲三神山尚之固諫乃止時又造華林園並盛暑役人尚之又諫上不許曰小人常日曝背此不足為勞時上行幸還多侵夜尚之又表諫上優詔納之先是患貨少鑄四銖錢人間頗盜鑄多翦鑿古錢以取銅上患之二十四年錄尚書江夏王義恭議以一大錢當兩以防翦鑿議者多同尚之議曰凡創制改法宜順人情未有違衆矯物而可久也泉布廢興驟議前代赤仄白金俄而罷息六貨憒亂人泣於市良由事不畫一難用遵行自非急病權時宜守長世之業若今制遂行富人之貲自倍貧者彌增其困懼非所以欲均之意中領軍沈演之以爲若以大當兩

則國傳難朽之寶家贏一倍之利不俟加憲巧源自絕上從演之議遂以一錢當兩行之經時公私非便乃罷二十八年爲尚書令太子詹事二十九年致仕於方山著退居賦以明所守而議者咸謂尚之不能固志文帝與江夏王義恭詔曰羊孟尚不得告謝尚之任遇有殊便當未宜申許尚之還攝職羊即羊玄保孟即孟顗尚之既任事上待之愈隆於是袁淑乃錄古來隱士有迹無名者爲眞隱傳以嗤焉時或遣軍北侵資給戎旅悉以委之元凶弒立進位司空尚書令時三方興義將佐家在都者劭悉欲誅之尚之誘說百端並得全免孝武即位復爲尚書令丞相南

郡王義宣車騎將軍臧質反義宣司馬竺超質長史陸展兄弟並應從誅尚之上言於法爲重超從坐者由是得原時欲分荆州置郢州議其所居江夏王義恭蕭思話以爲宜在巴陵尚之議曰夏口在荆江之中正對沔口通接雍梁實爲津要於事爲允上從其議荆揚二州户口居江南之半江左以來揚州爲根本委荆州以閫外至是並分欲以削臣下之權而荆揚並因此虛耗尚之建言宜復合二州上不許大明二年以左光禄開府儀同三司侍中如故尚之在家常著鹿皮帽及拜開府天子臨軒百僚陪位沈慶之於殿庭戲之曰今日何不著鹿皮冠慶之累辭爵命

朝廷敦勸甚苦尚之謂曰主上虛懷側席詎宜固辭慶之曰沈公不效何公去而復還也尚之有愧色尚之愛尚文義老而不休與太常顔延之少相好狎二人並短小尚之常謂延之爲猨延之目尚之爲猴同游太子西池延之問路人云吾二人誰似猴路人指尚之爲似延之喜笑路人曰彼似猴耳君乃真猴有人嘗求爲吏部郎尚之歎曰此敗風俗也官當圖人人安得圖官延之大笑曰我聞古者官人以才今官人以勢彼勢之所求子何疑焉所與延之論議往反並傳於世尚之立身簡約車服率素妻亡不娶又無姬妾執衡當朝畏遠權柄親故一無薦舉既以此致

怨亦以此見稱復以本官領中書令薨年七十九贈司空謚曰簡穆公子偃

偃字仲弘元嘉中位太子中庶子元凶弒立以偃爲侍中掌詔誥時尚之爲司空尚書令偃居門下父子並處權要時爲寒心而尚之及偃善攝機宜曲得時譽會孝武即位任遇無改歷位侍中領太子中庶子時求讜言偃以爲宜重農卹本并官省事考課以知能否增奉以除吏姦責成良守久於其職都督刺史宜別其任改領驍騎將軍親遇隆密有加舊臣轉吏部尚書尚之去選未五載偃復襲其迹世以爲榮侍中顔竣至是始貴與偃俱在門下以文義賞會相得甚歡

竣既任遇隆密謂宜居重大而位次與偃等未殊意稍不悅及偃代竣領選竣逾憤懣與偃遂隙竣時權傾朝野偃不自安遂發悸病意慮乖僻上表解職告靈不仕孝武遇偃既深備加醫療乃得差偃素好談玄注莊子逍遥篇傳於時卒官孝武與顔竣詔甚傷惜之謚曰靖子戢

戢字惠景選尚宋孝武長女山陰公主拜駙馬都尉累遷中書郎景和世山陰主就帝求吏部郎褚彦回侍已彦回雖拘逼終不肯從與戢同居止月餘日由是特申情好元徽初彦回參朝政引戢爲侍中時年二十九戢以年未三十苦辭内侍改授司徒左長史齊高帝爲領軍與戢來往

數申幃宴高帝好水引餅戢每設上焉夕之後為侍中累
遷高帝相國左長史建元元年遷散騎常侍太子詹事尋
改侍中詹事如故上欲轉戢領選問尚書令褚彥回以戢
資重欲加散騎常侍彥回曰宋時王球從侍中中書令單
作吏部尚書資與戢相似領選職方昔小輕不容頓加常
侍聖旨每以蟬冕不宜過多臣與王儉既已左珥若復加戢
則八座便有三蟬若帖以驍游亦不為少迺以戢為吏部
尚書加驍騎將軍戢美容儀動止與褚彥回相慕時人號
為小褚公家業富盛性又華侈衣被服飾極為奢麗出為
吳興太守上頗好畫扇宋孝武賜戢蟬雀扇善畫者顧景

秀所畫時吳郡陸探微顧彥先皆能畫歎其巧絕戢因王
晏獻之上令晏厚酬其意卒年三十六謚懿子女為鬱林
王后父追贈侍中右光祿大夫
求字子有偃弟子也父鑠仕宋位宜都太守求元嘉末為
文帝挽郎歷位太子洗馬丹楊郡丞清退無嗜慾後為太
子中舍人泰始中妻亡還吳葬舊墓除中書郎不拜仍住
吳隱居波若寺足不踰戶人莫見其面宋明帝崩出奔國
哀除永嘉太守求時寄住南澗寺不肯詣臺乞於野外拜
受見許一夜忽乘小船逃歸吳隱武丘山齊永明四年拜
太中大夫不就卒初求父鑠素有風疾無故害求母王氏

坐法死求兄弟以此無宦情求弟點
點字子晳年十一居父母憂幾至滅性及長感家禍欲絕
昏宦尚之強為娶琅邪王氏禮畢將親迎點累涕泣求執
本志遂得罷點明目秀眉容皃方雅真素通美不以門戶
自矜博通群書善談論家本素族親姻多貴仕點雖不入
城府性率到好狎人物遨游人間不簪不帶以人地並高
無所與屈大言踑踞公卿敬下或乘柴車躡草屩恣心所
適致醉而歸故世論以點為孝隱士弟胤為小隱士大夫
多慕從之時人稱重其通號曰游俠處士兄求亦隱吳郡
武丘山求卒點菜食不飲酒訖于三年腰帶減半宋太始

末徵為太子洗馬齊初累徵中書侍郎太子中庶子並不
就與陳郡謝瀹吳國張融會稽孔德璋為莫逆友點門世
信佛從弟遁以東籬門園居之德璋為築室焉園有卞忠
貞冢點植花於冢側每飲必舉酒酹之招攜勝侶及名德
桑門清言賦詠優游自得初褚彥回王儉為宰相點謂人
曰我作齊書已竟贊云回既世族儉亦國華不賴舅氏遑
恤國家王儉聞之欲候點知不可見乃止豫章王嶷命駕
造點點從後門遁去司徒竟陵王子良聞之曰豫章王尚
望塵不及吾當望岫息心後點在法輪寺子良就見之點
角巾登席子良欣悅無已遺點嵇叔夜酒杯徐景山酒鎗

點少時嘗患瀉利積歲不愈後在吳中石佛寺建講於講所晝寢夢一道人形貌非常授丸一掬夢中服之自此而差時人以為淳德所感性通侻好施遠近致遺一無所逆隨復散焉嘗行經朱雀門街有自車後盜點衣者見而不言傍人禽盜與之點乃以衣施盜盜不敢受點令告有司盜懼乃受之點雅有人倫鑒多所甄拔知吳興丘遲於幼童稱濟陽江淹於寒素悉如其言哀樂過人嘗行逢葬者歎曰此哭者之懷豈可思邪於是悲慟不能禁老又娶魯國孔嗣女嗣亦隱者點雖昏亦不與妻相見築別室以處之人莫諭其意吳國張融少時免官而為詩有高言點荅

詩曰昔聞東都日不在簡書前雖戲而融久病之及點後昏融始為詩贈點曰惜哉何居士薄暮遘荒淫點亦病之永元中崔慧景圍城人間無薪點悉伐園樹以贍親黨慧景性好佛義先慕交點點不顧之至是乃逼召點點裂裳為袴往赴其軍終日談說不及軍事其語默之迹如此慧景平後東昏大怒欲誅之王瑩為之懼求計於蕭暢暢謂茹法珍曰點若不誘賊共講未必可量以此言之乃應得封東昏乃止梁武帝與點有舊及踐阼手詔論舊賜以鹿皮巾等并召之點以巾褐引入華林園帝贈詩酒恩禮如舊仍下詔徵為侍中將帝鬚曰乃欲臣老子辭疾不起復

下詔詳加資給並出在所日費所須太官別給天監二年卒詔給第一品材具喪事所須內監經理點弟胤

胤字子季出繼叔父曠故更字胤叔年八歲居憂毀若成人及長輕薄不羈晚乃折節好學師事沛國劉瓛受易及禮記毛詩又入鍾山定林寺聽內典其業皆通而縱情誕節時人未之知也唯瓛與汝南周顒深器異之仕齊為建安太守政有恩信人不忍欺每伏臘放囚還家依期而反歷黃門侍郎太子中庶子尚書令王儉受詔撰新禮未就而卒又使特進張緒續成緒又卒屬在司徒竟陵王子良子良以讓胤乃置學士二十人佐胤撰錄後以國子祭酒

與太子中庶子王瑩並為侍中時胤單作祭酒疑所服陸澄博古多該亦不能據遂以玄服臨試爾後詳議乃用朱服祭酒朱服自此始也及鬱林嗣位胤為后族甚見親待為中書令領臨海巴陵王師胤雖貴顯常懷止足建武初已築室郊外恒與學徒游處其內至是遂賣園宅欲入東未及發聞謝朏罷吳興郡不還胤恐後之乃拜表解職不待報輒去明帝大怒使御史中丞袁昂奏收胤尋有詔許之胤以會稽山多靈異往游焉居若邪山雲門寺初胤二兄求點並棲遁求先卒至是胤又隱世號點為大山胤為小山亦曰東山兄弟發迹雖異克終皆隱世謂何氏三高

永元中徵為太常太子詹事並不就梁武帝霸朝建引為
軍諮祭酒并與書詔不至及帝踐阼詔為特進光祿大夫
遣領軍司馬王杲之以手敕諭意并徵謝朏杲之先至胤
所胤恐朏不出先示以可起乃單衣鹿皮巾執經卷下牀
跪受詔出就席伏讀胤因謂杲之曰吾昔於齊朝欲陳三
兩條事一者欲正郊丘二者欲更鑄九鼎三者欲樹雙闕
世傳晉室欲立闕王丞相指牛頭山云此天闕也是則未
明立闕之意闕者謂之象魏懸法於其上浹日而收之象
者法也魏者當塗而高大貌也鼎者神器有國所先圓丘
國郊舊典不同南郊祠五帝靈威仰之類圓丘祠天皇大

帝北極大星是也往代合之郊丘先儒之巨失今梁德告
始不宜遂因前謬卿宜陳之杲之曰僕之鄙劣豈敢輕議
國典此當敬俟叔孫生耳及杲之從謝朏所還問胤以出
期胤知朏已應召荅杲之曰吾年已五十七月食四斗米
不盡何容復有宦情杲之失色不能荅胤反謂曰卿何不
遣傳詔還朝拜表留與我同游邪杲之愕然曰古今不聞
此例胤曰檀弓兩卷皆言物始自卿而始何必有例胤朏
俱前代高士胤處名譽尤邁矣杲之還以胤意奏聞有敕
給白衣尚書祿胤固辭又敕山陰庫錢月給五萬又不受
乃敕何子朗孔壽等六人於東山受學太守衡陽王元簡

深加禮敬月中常命駕式閭談論終日胤以若邪處勢迫
隘不容學徒乃遷秦望山山有飛泉西起學舍即林成援
因巖為堵別為小閣室寢處其中躬自啟閉僮僕無得至
者山側營田二頃講隙從生徒游之胤初遷將築室忽見
二人著玄冠容貌甚偉問胤曰君欲居此邪乃指一處云
此中殊吉忽不復見胤依言而卜焉尋而山發洪水樹石
皆倒拔唯胤所居室巋然獨存元簡乃命記室參軍鍾嶸
作瑞室頌刻石以旌之及元簡去郡入山與胤別胤送至
都賜埭去郡三里因曰僕自棄人事交游路斷自非降貴
山藪豈容復望城邑此埭之游於今絕矣執手涕零何氏

過江自晉司空充並葬吳西山胤家世年皆不永唯祖尚
之至七十二胤年登祖壽乃移還吳作別山詩一首言甚
悽愴至吳居武丘山西寺講經論學僧復隨之東境守宰
經途者莫不畢至胤常禁殺有虞人逐鹿鹿徑來趨胤伏
而不動又有異鳥如鶴紅色集講堂馴狎如家禽初開善
寺藏法師與胤遇於秦望山後還都卒於鍾山死日胤
在波若寺見一名僧授胤香爐奩并函書云貧道發自揚
都呈何居士言訖失所在胤開函乃是大莊嚴論世中未
有訪之香爐乃藏公所常用又於寺內立明珠柱柱乃七
日七夜放光太守何遠以狀啟昭明太子太子欽其德遣

舍人何思澄致手令以褒美之中大通三年卒年八十六
先是胤疾妻江氏夢神告曰汝夫壽盡既有至德應獲延
期爾當代之妻覺說焉俄得患而卒胤疾乃瘳至是胤夢
見一神女并八十許人並衣帢行列在前俱拜牀下覺又
見之便命營凶具既而疾困不復瘳初胤侈於味食必方
丈後稍欲去其甚者猶食白魚鮑脯糖蟹以為非見生物
疑食蚶蠣使門人議之學生鍾岏曰鮑之就脯驟於屈申
蟹之將糖躁擾彌甚仁人用意深懷如怛至於車螯蚶蠣
眉目内闕慙渾沌之奇獷殼外緘非金人之慎不悴不榮
曾草木之不若無馨無臭與瓦礫其何算故宜長充庖廚

永為口實竟陵王子良見岏議大怒汝南周顒與胤書勸
令食菜曰變之大者莫過死生生之所重無逾性命性命
之於彼極切滋味之在我可賒若云三世理誣則幸矣良
快如使此道果然而受形未息一往一來生死常事則傷
心之慘行亦自及丈人於血氣之類雖不身踐至於晨鳧
夜鯉不能不取備屠門財貝之經盜手猶為廉士所棄生
性之一啓鸞刀寧復慈心所忍騶虞雖飢非自死之草不
食聞其風者豈不使人多愧丈人得此有素聊復片言發
起耳故胤末年遂絕血味胤注百論十二門論各一卷注
周易十卷毛詩總集六卷毛詩隱義十卷禮記隱義二十

卷禮答問五十五卷子撰亦不仕有高風
何炯字士光胤從弟也父撙太中大夫炯年十五從胤受
業一朞並通五經章句白皙美容貌從兄求點每曰叔寶
神清杜乂膚清今觀此子復見衛杜在目從兄戢謂人曰
此子非止吾門之寶亦為一代偉人炯常慕恬退不樂進
仕從叔昌㝢謂曰求點皆已高蹈汝無宜復爾且君子出
處亦各一途年十九解褐揚州主簿舉秀才累遷梁仁威
南康王限内記室書侍御史以父疾陳解炯侍疾踰旬衣
不解帶頭不櫛沐信宿之間形貌頓改及父卒號慟不絕
聲藉地腰脚虛腫醫云須服猪蹄湯炯以有肉味不肯服

親友請譬終於不回遂以毀卒先是謂家人曰王孫玄晏
所尚不同長魚慶緒於事為得必須儉而中禮無取苟異
月朝十五日可置一甌麤粥如常日所進又傷兩兄並淡
仕進故祿所不及恐而今而後溫飽無資乃潸然下泣自
外無所言

何昌㝢字儼望尚之弟子也父佟之位侍中昌㝢少而清
靖獨立不群所交者必當世清名是以風流籍甚仕宋為
尚書儀曹郎建平王景素征北南徐州府主簿以風素見
重母老求祿出為湘東太守還為齊高帝驃騎功曹昌㝢
在郡景素被誅昌㝢痛之至是啓高帝理其冤又與司空

褚彥回書極言之高帝嘉其義歷位中書郎王儉衛軍長史儉謂昌寓曰後任朝事者非卿而誰臨海王昭秀爲荆州以昌寓爲西中郎長史南郡太守行荆州事明帝將踐阼先使裴叔業賫詔詔昌寓令以便宜從事昌寓拒之曰國家委身以上流之重付身以萬里之事臨海王未有失寧得從君單詔邪即時自有啓聞須反更議叔業曰若爾便是拒詔拒詔軍法行事耳荅曰能見殺者君也能拒詔者僕也君不能見殺政有泝流之計耳昌寓素有名德叔業不敢逼而退上聞而嘉之昭秀由此得還都昌寓後爲吏部尚書甞有一客姓閔求官昌寓謂曰君是誰後荅曰

子騫後昌寓團扇掩口而笑謂坐客曰遥遥華冑昌寓不雜交游通和汎愛歷郡皆以清白稱後卒於侍中領驍騎將軍贈太常謚曰簡子子敬容

敬容字國禮弱冠尚齊武帝女長城公主拜駙馬都尉梁天監中爲建安內史清公有美績吏人稱之累還守吏部尚書銓序明審號爲稱職出爲吳郡太守爲政勤恤人隱辯訟如神視事四年政爲天下第一吏人詣闕請樹碑詔許之後爲吏部尚書侍中領太子中庶子敬容身長八尺白皙美鬚眉性矜莊衣冠鮮麗武帝雖衣浣衣而左右衣必須絜甞有侍臣衣帶卷褶帝怒曰卿衣帶如繩欲何所

縛敬容希旨故益鮮明常以膠清刷鬢衣裳不整伏牀熨之或暑月背爲之焦每公庭就列容止出人爲尚書右僕射參掌選事遷左僕射丹楊尹並參掌大選如故敬容接對賓朋言詞若訥訥荅二宮則音韻調暢大同中朱雀門災武帝謂羣臣曰此門制狹我始欲改構遂遭天火相顧未荅敬容獨曰此所謂先天而天不違時以爲名對五年改爲尚書令參選事如故敬容久處臺閣詳悉晉魏以來舊事且聰明識達勤於簿領詰朝理事日旰不休職隆任重專預機密而拙於草隸淺於學術通包苴餉餽無所則略不交語自晉宋以來宰相皆文義自逸敬容獨勤庶務

貪恡爲時所嗤鄙其署名敬字則大作苟小爲文容字大爲口陸倕戲之曰公家苟既奇大父亦不小敬容遂不能荅又多漏禁中語故嘲誚日至甞有客姓吉敬容問卿與邴吉遠近荅曰如明公之與蕭何時蕭琛子巡頗有輕薄才因製卦名離合等詩嘲之亦不屑也帝甞夢具朝服入太廟拜伏悲感旦於延務殿說所夢敬容對曰臣聞孝悌之至通於神明陛下性與天通故應感斯夢上極然之便有拜陵之議後坐妾弟費慧明爲導倉丞夜盜官米爲禁司所執送領軍府時河東王譽爲將軍敬容以書解慧明譽前經屬事不行因此即封書以奏帝大怒付南司推劾

御史中丞張綰奏敬容協私罔上合棄市詔特免職到漑
謂朱异曰天時便覺開霽其見嫉如此初沙門釋寶誌嘗
謂敬容曰君後必貴終是何敗耳及敬容爲宰相謂何姓
當爲其禍故抑沒宗族無仕進者至是竟爲河東所敗中
大同元年三月武帝幸同泰寺講金字三惠經敬容啓預
聽敕許之又起爲金紫光祿大夫未拜又加侍中敬容舊
時賓客門生諠譁如昔冀其復用會稽謝郁致書戒之曰
草萊之人聞諸道路君侯已得瞻望朝夕出入禁門醉尉
將不敢呵灰然不無其漸甚休敢賀於前又將弔也昔流
言裁至公旦東奔燕書始來子孟不入夫聖賢被虛過以

自斥未有舉時釁而求親者也且暴鰓之魚不念杯酌之
水雲霄之翼豈顧籠樊之糧何者所託已盛也昔君侯納
言加首鳴玉在腰回豐貂以步文昌聳高蟬而趨武帳可
謂盛矣不以此時薦才拔士少報聖主之恩今卒如爰絲
之說受責見過方復欲更窺朝廷觖望萬分竊不爲左右
取也昔竇嬰楊惲亦得罪時不能謝絕賓客猶交黨援卒
無後福終益前禍僕之所弔實在於斯人人所以頗猶有
踵君侯之門者未必皆感惠懷仁有灌夫任安之義乃戒
翟公之大署冀君侯之復用也夫在思過之日而挾復用
之意未可爲智者說矣夫君侯宜杜門念失無有所通築

茅茨於鍾阜聊優游以卒歲見可憐之意著待終之情復
仲尼能改之言惟子貢更也之譬少戢言於衆口微自救
於竹帛所謂失之東隅收之桑榆如此令明主聞知尚有
冀也僕東臯鄙人入穴幸無銜橜耻天下之士不爲執事
道之故披肝膽示情素君侯豈能鑒焉太清元年遷太子
詹事侍中如故二年侯景襲建鄴敬容自府移家臺內初景
渦陽退敗未得審實傳者乃云其將暴顯反景身與衆並
沒朝廷以爲憂敬容尋見東宮簡文謂曰淮北始更有信
侯景定得身免敬容曰得景遂死深是朝廷之福簡文失
色問其故對曰景翻覆叛臣終當亂國是年簡文頻於玄

圃自講老莊二書學士吳孜時寄詹事府每日入聽敬容
謂孜曰昔晉氏喪亂頗由祖尚虛玄胡賊遂覆中夏今東
宮復襲此殆非人事其將爲戎乎俄而侯景難作其言有
徵也三年卒于園內何氏自晉司空充宋司空尚之奉佛
法並建立塔寺至敬容又捨宅東爲伽藍趨權者因助財
造搆敬容並不拒故寺堂宇頗爲宏麗時輕薄者因呼爲
衆造寺及敬容免職出宅止有常用器物及囊衣而已竟
無餘財貨時亦以此稱之敬容特爲從兄胤所親愛胤在
若邪山嘗疾篤有書云田疇館宇悉奉衆僧書經並歸從
弟敬容其見知如此敬容唯有一子年始八歲在吳臨還

與胤別胤問名敬容曰仍欲旐兄求名胤即命紙筆名曰瑴曰書云兩玉曰瑴吾與弟二家共此一子所謂瑴也位祕書丞早卒

論曰尚之以雅道自居用致公輔行己之迹動不踰閑及乎洗閑取識皮冠獲誚貞粹之地高人未之全許然父子一時並處權要雖經屯詖咸以功名自卒古之所謂巧宦此之謂乎點胤弟兄俱云遁逸求其蹈履則非曰山林察其持身則未捨名譽觀夫子哲之赴惠景子秀之矯敬沖以迹以心居然可測而高自標致一代歸宗以之入用未知所取斯殆虛勝之風江東所尚不然何以至於此也昌寓雅仗名節殆曰人望敬容材實幹蠱賄而敗業惜乎

列傳第二十　南史三十

列傳第二十一　南史三十一

李　延壽

張裕 子永 岱 兄子緒 緒子充 永子瓌 瓌子率 率弟盾 瓌弟稷 稷子嵊 稷從子種

張裕字茂度吳郡吳人也名與宋武帝諱同故以字稱曾祖澄晉光祿大夫祖彭祖廣州刺史父敞侍御史度支尚書吳國內史茂度仕爲宋武帝太尉主簿揚州中從事累遷別駕武帝西伐劉毅北伐關洛皆居守留任州事出爲都督廣州刺史平越中郎將綏靜百越嶺外安之元嘉元年爲侍中都督益州刺史帝討荆州刺史謝晦詔益州遣

軍襲江陵晦平西軍始至白帝茂度與晦素善議者疑其出軍遲留弟邵時爲湘州刺史起兵應大駕上以邵誠節故不加罪累遷太常以脚疾出爲義興太守上從容謂曰勿以西蜀介懷對曰臣不遭陛下之明墓木拱矣後爲都官尚書以疾就拜光祿大夫加金章紫綬茂度內足於財自絕人事經始本縣之華山爲居止優游野澤如此者七年十八年除會稽太守素有吏能職事甚理卒於官謚曰恭子子演位太子中舍人演四弟鏡永辯岱俱知名時謂之張氏五龍鏡少與光祿大夫顏延之鄰居顏談義飲酒喧呼不絕而鏡靜默無言聲後鏡與客談延之從籬邊聞

之取胡牀坐聽辭義清玄延之心服謂客曰彼有人焉由是不復酬叫仕至新安太守演鏡兄弟中名最高餘並不及初裕曾祖澄當葬父郭璞為占墓地曰葬其處年過百歲位至三司而子孫不蕃其處年幾減半位裁卿校而累世貴顯澄乃葬其劣處位光禄年六十四而云其子孫遂昌云

永字景雲初為郡主簿累遷尚書中兵郎先是尚書中條制繁雜元嘉十八年欲加脩撰徙永為刪定郎掌其任二十二年除建康令所居皆有稱績又除廣陵王誕北中郎錄事參軍永涉獵書史能為文章善隸書騎射雜藝觸類

兼善又有巧思益為文帝所知紙墨皆自營造上每得永表啓輙執玩咨嗟自嘆供御者了不及也二十三年造華林園玄武湖並使永監統凡所制置皆受則於永永既有才能每盡心力文帝謂堪為將二十九年以永為揚威將軍冀州刺史加都督王玄謨申坦等諸將經略河南進攻碻磝累旬不拔為魏軍所殺甚衆永即夜撤圍退軍不報告諸將衆軍驚擾為魏所乘死敗塗地永及申坦並為統府撫軍將軍蕭思話所收繫於歷城獄文帝以屢征無功諸將不可任詔責永等與思話又與江夏王義恭書曰早知諸將輩如此恨不以白刃驅之今者悔何所及三十年

元凶弒立起永為青州刺史及司空南譙王義宣起義又改永為冀州刺史加都督永遣司馬崔勳之中兵參軍劉宣則二軍馳赴國難時蕭思話在彭城義宣慮二人不相諧緝與思話書勸與永坦懷又使永從兄長史張暢與永書勸之使遠慕廉藺在公之德近効平勃亡私之美事平召為江夏王義恭大司馬從事中郎領中兵孝武孝建元年藏質反遣永輔武昌王渾鎮京口大明三年累遷廷尉上謂曰卿既與釋之同姓欲使天下復無寃人永曉音律太極殿前鍾聲嘶孝武嘗以問永永答鍾有銅滓乃扣鍾求其處鑿而去之聲遂清越明帝即位為青冀二州刺史

監四州諸軍事統諸將討徐州刺史薛安都累戰尅捷破薛索兒又遷鎮軍將軍尋為南兖州刺史加都督時薛安都據彭城請降而誠心不款明帝遣永與沈攸之重兵迎之加都督前鋒諸軍事進軍彭城安都招引魏兵既至永狼狽引軍還為魏軍追大敗復遇寒雪士卒離散永腳指斷落僅以身免失其第四子三年徙會稽太守加都督將軍如故以北行失律固求自貶降號左將軍永痛悼所失之子有兼常哀服制雖除猶立靈坐飲食衣服待之如生每出行常別具名車好馬號曰侍從有軍事輙語左右報郎君知也以破薛索兒功封吉陽縣侯在會稽賓客有謝方

壼阮須何達之等竊其權贓貨盈積方童等坐下獄死永
又降號冠軍將軍廢帝即位爲右光祿大夫侍中領安成
王師出爲吳郡太守元徽二年爲征北將軍南兗州刺史
加都督永少便驅馳志在宣力其爲將帥能與士卒同甘
苦朝廷所給賜脯餼必棊坐齋割手自頒賜年雖已老志
氣未衰優游閑任意甚不樂及有此授喜悅非常即日命
駕還都未之鎮遇桂陽王休範作亂永率所領屯白下休
範至新亭前鋒攻南掖門永遣人覘賊既反唱言臺城陷
永衆潰棄軍還以舊臣不加罪止免官削爵以愧發病卒
岱字景山州辟從事累遷東遷令時殷沖爲吳興太守謂

人曰張東遷親貧須養所以棲遲下邑然名器方顯終當
大至後爲司徒左西曹掾母年八十籍注未滿岱便去官
從實還養有司以岱違制將欲糾舉宋孝武曰觀過可以
知仁不須案也累遷山陰令職事閑理巴陵王休若爲北
徐州未親政事以岱爲冠軍諮議參軍領彭城太守行府
州國事後臨海王爲征虜將軍廣州豫章王爲車騎揚州
晉安王爲征虜南兗州岱歷爲三府諮議三王行事與典
籤主帥共事事舉而情得或謂岱曰主王既幼執事多門
而每能緝和公私云何致此岱曰古人言一心可以事百
君我爲政端平待物以禮悔吝之事無由而及明闇短長

更是才用多少耳入爲黃門郎新安王子鸞以盛寵爲南
徐州割吳郡屬爲高選佐史孝武召岱謂曰卿美效夙著
兼資官已多今欲用卿爲子鸞別駕總刺史之任無謂小
屈終當大申也帝崩累遷吏部郎泰始末爲吳興太守元
徽中爲益州刺史加都督數年益土安其政累遷吏部尚
書王儉爲吏部郎時專斷曹事岱每相違執及儉爲宰相
以此頗不相善兄子瓌弟恕誅吳郡太守劉遐齊高帝欲
以恕爲晉陵郡岱曰恕未閑從政美錦不宜濫裁高帝曰
恕爲人我所悉其又與瓌同勳自應有賞岱曰若以家貧
賜祿此所不論語功推事臣門之恥加散騎常侍建元元

年中詔序朝臣欲以右僕射擬岱褚彥回謂得此過優若
別有忠誠特宜升引者別是一理詔更量出爲吳郡太守
高帝知岱歷任清直至郡未幾手敕曰大郡任重乃未欲
回換但總戎務殷宜須望實今用卿爲護軍加給事中岱
拜竟詔以家爲府武帝即位復爲吳興太守岱晚節在吳
興更以寬恕著名遷南兗州刺史未拜卒岱初作遺命分
張家財封置箱中家業張減隨復改易如此十數年謚曰
貞子
緒字思曼岱兄子也父演宋太子中舍人緒少知名清簡
寡欲從伯敷及叔父鏡從叔暢並貴異之鏡比之樂廣敷

云是我輩人暢言於孝武帝用爲尚書倉部郎都令史諮
詳郡縣米事緒蕭然直視不以經懷宋明帝每見緒輒歎
其清淡轉太子中庶子本州大中正遷司徒左長史吏部
尚書袁粲言於帝曰臣觀張緒有正始遺風宜爲宮職復
轉中庶子後爲侍中遷吏部郎參掌大選元徽初東宮官
罷選曹擬舍人王儉爲格外記室緒以儉人地兼美宜轉
秘書丞從之緒又遷侍中嘗私謂客曰一生不解作諾有
以告袁粲褚彥回者由是出爲吳郡太守緒初不知也昇
明二年自祠部尚書爲齊高帝太傅長史建元元年爲中
書令緒善談玄深見敬異僕射王儉嘗云緒過江所未有

北士可求之耳不知陳仲弓黃叔度能過之不駕幸莊嚴
寺聽僧達道人講維摩坐遠不聞緒言上難移緒乃遷僧
達以近之時帝欲用緒爲右僕射以問王儉儉曰緒少有
清望誠美選也南士由來少居此職褚彥回曰儉少年或
未憶耳江左用陸玩顧和皆南人也儉曰晉氏衰政不可
爲則先是緒諸子皆輕俠中子充少時又不護細行儉又
以爲言乃止及立國學以緒爲太常卿領國子祭酒以王
延之代緒爲中書令何點歎曰晉以子敬季琰爲此職今
以王延之張緒爲之可謂清官後接之者實爲未易緒長
於周易言精理奧見宗一時常云何平叔不解易中七事

武帝即位轉吏部尚書祭酒如故永明二年領南郡王師
加給事中三年轉太子詹事師給事如故緒每朝見武帝
目送之謂王儉曰緒以位尊我我以德貴緒遷散騎常侍
金紫光祿大夫師如故給親信二十人復領中正長沙王
晃屬選用吳郡聞人邕爲州議曹緒以資籍不當執不許
晃遣書於緒固請之緒正色謂晃信曰此是身家州鄉殿
下何得見逼乃止緒吐納風流聽者皆忘飢疲見者肅然
如在宗廟雖終日與居莫能測焉劉悛之爲益州獻蜀柳
數株枝條甚長狀若絲縷時舊宮芳林苑始成武帝以植
於太昌靈和殿前常賞玩咨嗟曰此楊柳風流可愛似張

緒當年時其見賞愛如此王儉爲尚書令丹楊尹時諸令
史來問訊有一令史善俯仰進止可觀儉賞異之問曰經
與誰共事荅云十餘歲在張令門下儉目送之時尹丞殷
存至在坐曰是康成門人也七年竟陵王子良領國子祭
酒武帝敕王晏曰吾欲令司徒辭祭酒以授張緒物議以
爲如何子良竟不拜以緒領國子祭酒緒口不言利有財
輒散之清談端坐或竟日無食門生見緒飢爲之辦飧然
未嘗求也死之日無宅以殯遺命凶事不設柳翣上以蘆
葭轜車引柩靈上置盃水香火不設祭從弟融敬緒事之
如親兄齎酒於緒靈前酌飲慟哭曰阿兄風流頓盡追贈

散騎常侍特進光禄大夫諡簡子子完宋後廢帝時爲正
員郎儉行見寵坐廢錮完弟允永明中安西功曹淫通殺
人伏法允兄充知名
充字延符少好逸遊緒嘗告歸至吴始入西郭逢充獵右
臂鷹左牽狗遇緒船至便放紲脫韝拜於水次緒曰一身
兩役無乃勞乎充跪曰充聞三十而立今充二十九矣請
至来歲緒曰過而能改顔氏子有焉及明年便脩改多所
該通尤明老易能清言與從叔稷俱有令譽歷尚書殿中
郎武陵王友時尚書令王儉當朝用事齊武帝皆取決焉
儉方聚親賓充㲉巾葛帔至便求酒言論放逸一坐盡傾

及聞武帝欲以緒爲尚書僕射儉執不可充以爲愠與儉
書曰頃日路長霖霞韜晦涼暑未平想無虧攝充幸以漁
釣之閑鎌採之暇時復引軸以自娱逍遥乎前史從横萬
古動默之路多端紛綸百年升降之塗不一故金剛水柔
性之别也圓行方止器之異也善御性者不違金水之質
善爲器者不易方圓之用充生平少長偶不以利欲干懷
三十六年差得以樓貧自澹介然之志峭聳霜崖確乎之
情峯横海岸至如影纓天閣既謝廊廟之華綴組雲臺終
慚衣冠之秀寔由氣岸疎凝情塗猖隔獨師懷抱不見許
於俗人孤秀神崖每遭回於在世長群魚鳥畢景松阿雖

復玉没於訪珪之辰桂掩於搜芳之日汎濫於漁父之遊
偃息於卜居之舍如此而已充何識哉若夫驚巖罩日壯
海逢天竦石崩尋分危落仞桂蘭綺靡叢雜於山幽松柏
陰森相繚於澗側元卿於是乎不歸伯休亦以兹長往至
於飛竿釣渚濯足滄洲獨浪煙霞高卧風月悠悠琴酒岫
遠誰來灼灼文言空擬方寸不覺鬱然千里路隔江川每
至西風何嘗不歎丈人歲路未強學優而仕道佐蒼生功
横海望可謂德盛當時孤松獨秀者也而茂陵之彦望冠
蓋而長懷渭川之甿佇簪裾而竦歎得無惜乎充昆西百
姓岱表一人蠶而衣耕而食不能事王侯覓知己造時人

騁游說容與於屠博之間其歡甚矣然舉世皆謂充爲狂
充亦何能與諸君道之哉是以披聞見掃心胷述平生論
語默所可通夢交魂推襟送抱者唯丈人而已關廷夐阻
書罷莫因儻遇樵夫妄塵執事儉以爲脫略弗之重仍以
書示緒緒杖之一百又爲御史中丞到撝所奏免官禁錮
沈約見其書歎曰充始爲之敗終爲之成久之爲司徒諮
議參軍與琅邪王思遠同郡陸慧曉等並爲司徒竟陵王
賓客累遷義興太守爲政清淨吏人便之後爲侍中梁武
帝兵至建鄴東昏逢殺百官集西鍾下召充充不至武帝
霸府建以充爲大司馬諮議參軍天監初歷太常卿吏部

尚書右丞以平允稱再遷散騎常侍國子祭酒登堂講說
皇太子以下皆至時王侯多在學執經以拜充朝服而立
不敢當再遷尚書僕射頃之出爲吳郡太守下車恤貧老
故舊莫不忻悅卒於吳郡謚曰穆子子最嗣
瓌字祖逸宋征北將軍南兗州刺史永之子也仕宋累遷
桂陽內史不欲前兄瑋處祿自免不拜後爲司徒右長史
通直散騎常侍驍騎將軍初瓌父永拒桂陽王休範於白
下敗績阮佃夫等欲加罪齊高帝固申明之瓌由此感恩
自結後遭父母喪還吳持服昇明元年劉彥節有異圖弟
遐爲吳郡潛相影響齊高帝密遣殿中將軍卞白龍令瓌取

遐諸張世有豪氣瓌宅中常有父時舊部曲數百遐召瓌
委以軍事瓌僞受命與叔恕領兵十八人入郡斬之郡內
莫敢動事捷高帝以告左軍張沖沖曰瓌以百口一擲出
手得盧矣即授吳郡太守錫以嘉名封義城縣侯從弟融
聞之與瓌書曰吳郡何晚何須王反聞之嗟驚乃是阿兄
郡人顧暠陸閑並少年未知名瓌並引爲綱紀後並立名
世以爲知人齊建元元年改封平都侯遷侍中與侍中沈
文季俱在門下高帝常謂曰卿雖我臣我親卿不異賾嶷
等文季每還直器物若遷瓌止朝服而已時集書每兼門
下東省實多清貧有不識瓌者常呼爲散騎出爲吳興太

守瓌以既有國秩不取郡奉高帝敕上庫別藏其奉以表
其清武帝即位爲寧蠻校尉雍州刺史加都督徵拜左戶
尚書加右軍將軍還後安陸王緬臨雍州行部登蔓山有
野老來乞緬問何不事產而行乞邪答曰張使君臨州理
物百姓家得相保後人政嚴故至行乞緬由是深加嗟賞
後拜太常自謂閑職輒歸家武帝曰卿輩未富貴謂人不
與既富貴那復欲委去瓌曰陛下御臣等若養馬無事就
閑廄有事復牽來帝猶怒遂以爲散騎常侍光祿大夫鬱
林之廢朝臣到宮門參承明帝瓌託脚疾不至海陵立明
帝疑外藩起兵以瓌鎮石頭督衆軍事瓌見朝廷多難遂

恒臥疾建武末屢啟求還吳見許居室豪富伎妾盈房或
者譏其衰暮畜伎瓌曰我少好音律老而方解平生嗜欲
無復一存唯未能遣此耳明帝疾甚防疑大司馬王敬則
授瓌平東將軍吳郡太守以爲之備及敬則反瓌遣兵迎
拒於松江聞敬則軍鼓聲一時散走瓌棄郡逃人間事平
乃還郡爲有司奏免官削爵永元初爲光祿大夫三年梁
武帝起兵東昏假瓌節戍石頭尋棄城還宮梁天監元年
拜給事中右光祿大夫以脚疾拜於家四年卒瓌有子十
二人常云中應有好者子率知名
率字士簡性寬雅十二能屬文常日限爲詩一篇或數日

不作則追補之稍進作賦頌至年十六向作二千餘首有
屬綴者見而詆之率乃一旦焚毀更爲詩示焉託云沈約
訥便句句嗟稱無字不善率曰此吾作也訥慙而退時陸
少玄家有父澄書萬餘卷率與少玄善遂通書籍盡讀其
書建武三年舉秀才除太子舍人與同郡陸倕陸厥幼相
友狎嘗同載詣左衛將軍沈約遇任昉在焉約謂昉曰此
二子後進才秀皆南金也卿可識之由此與昉友梁天監
中爲司徒謝朏掾直文德待詔省敕使抄乙部書又使撰
古婦人事使工書人琅邪王琛吳郡范懷約等寫給後宮
率取假東歸論者謂爲傲世率懼乃爲待詔賦奏之甚見

稱賞手敕荅曰相如工而不敏枚皐速而不工卿可謂兼
二子於金馬矣又侍宴賦詩武帝別賜率詩曰東南有才
子故能服官政余雖慙古昔得人今爲盛率奏詩往反六
首後引見於玉衡殿謂曰卿東南物望朕宿昔所聞卿言
宰相是何人不從天下不由地出卿名家奇才若復以禮
律爲意便是其人秘書丞天下清官東南望胄未有爲之
者今以相處爲卿定名譽尋以爲秘書丞掌集書詔策四
年禊飲華光殿其日河南國獻赤龍駒能拜伏善舞詔率
與到漑周興嗣爲賦武帝以率及興嗣爲工其年父憂去
職有父時妓數十人其善謳者有色貌邑子儀曹郎顧玩

之求娉謳者不願遂出家爲尼嘗因齋會率宅玩之乃飛
書言與率姦南司以事奏聞武帝惜其才寢其奏然猶致
時論服闋久之不仕七年除中權建安王中記室參軍俄
直壽光省脩丙丁部書抄累遷晉安王宣惠諮議參軍率
在府十年恩禮甚篤後爲揚州別駕率雖歷居職務未嘗
留心簿領及爲別駕奏事武帝覽牒問之竝無對但荅云
事在牒中帝不悅後歷黃門侍郎出爲新安太守丁所生
母憂率嗜酒不事於家務尤忘懷在新安遣家僮載米
三千石還宅及至遂耗太半率問其故荅曰雀鼠耗率笑
而言曰壯哉雀鼠竟不研問自少屬文七略及藝文志所

載詩賦今亡其文者竝補作之所著文衡十五卷文集四
十卷行於世子長公率弟盾
盾字士宣以謹重稱爲無錫令遇劫問劫何須劫以刀斫
其頰眉目咄咄不易餘無所言於是生資皆盡不以介懷
爲湘東王記室出監富陽令廓然獨處無所用心身死之
日家無遺財唯有文集并書千餘卷酒米數甕而已
稷字公喬瓌弟也幼有孝性所生母劉無寵遘疾時稷年
十一侍養衣不解帶每劇則累夜不寢及終毀瘠過人杖
而後起見年輩幼童輒哽咽泣淚州里謂之淳孝長兄瑋
善彈箏稷以劉氏先執此伎聞瑋爲清調便悲感頓絕遂

終身不與之性睞率朗悟有才略起家著作佐郎不拜父
承及嫡母丘相繼殂六年廬于墓側齊永明中爲豫章王
嶷主簿與彭城劉繪俱見禮接未嘗被呼名每呼爲劉四
張五以貧求爲剡令略不視事多爲小山遊會山賊唐寓
之作亂稷率厲部人保全縣境所生母劉先假葬琅邪黄
山建武中改申葬禮賻助委積於時雖不拒絕事畢隨以
還之自幼及長數十年中常設劉氏神坐出告反面如事
生焉歷給事中黄門侍郎新興永寧二郡太守郡犯私諱
改永寧爲長寧永元末爲侍中宿衛宮城梁武師至兼衛
尉江淹出奔稷兼衛尉卿副王瑩都督城内諸軍事時東
昏淫虐北徐州刺史王珍國就稷謀乃使直閤張齊行弑
于含德殿稷乃召右僕射王亮等列坐殿前西鍾下議遣
國子博士范雲中書舍人裴長穆等使石頭城詣武帝以
稷爲侍中左衛將軍遷大司馬左司馬梁朝建爲散騎常
侍中書令及上卿位封江安縣子位領軍將軍武帝嘗於
樂壽殿内宴稷醉後言多怨辭形於色帝時亦酣謂曰卿
兄殺郡守弟殺其君袖提帝首衣染天血如卿兄弟有何
名稱稷曰臣乃無名稱至於陛下不得言無勳東昏暴虐
義師亦來伐之豈在臣而已帝捋其鬚曰張公可畏人中
丞陸杲彈稷云領軍張稷門無忠貞官必險達殺君害主

業以爲常武帝留中竟不問累遷尚書左僕射帝將幸稷
宅以盛暑留幸僕射省舊臨幸供具皆酬太官饌直帝以
稷清貧手詔不受宋時武帝經造張永至稷三世並降萬
乘論者榮之稷雖居朝右每慙口實乃名其子伊字懷尹
霍字希光畯字農人同字不見見字不同以旌其志既懼
且恨乃求出許之出爲青冀二州刺史不得志常閑閤讀
佛經禁防寬弛僚吏頗致侵擾州人徐道角等夜襲州城
乃害之有司奏削爵土稷性明烈善與人交歷官無畜聚
奉禄皆頒之親故家無餘財爲吴興太守下車存問遺老
引其子孫置之右職政稱寬恕初去郡就僕射徵道由吴
鄉人候稷者滿水陸稷單裝徑還都下人莫之識其率素
如此稷長女楚媛適會稽孔氏無子歸宗至逢稷見害女
以身蔽刃先父卒稷與族兄充融卷俱知名時見云充融
卷稷爲四張卷字令遠少以和理著稱能清言位都官尚
書天監初卒稷子嵊
嵊字四山稷初爲剡令至嵊亭生之因名嵊字四山少敦
孝行年三十餘猶斑衣受稷杖動至數百收淚歡然方雅
有志操能清言感家禍終身蔬食布衣手不執刃不聽
音樂弟淮言氣不倫嵊垂泣訓誘起家秘書郎累遷鎮南
湘東王長史尋陽太守王暇日玄言因爲之筮得節卦謂

嵊曰卿後當東入爲郡恐不得終其天年嵊曰貴得其所耳時伏挺在坐曰君王可畏人也還爲太府卿吳興太守侯景圍建鄴遣弟伊率郡兵赴援城陷御史中丞沈浚違難東歸嵊往見之謂曰賊臣憑陵人臣効命之日今欲收集兵刃保據貴鄉雖復萬死誠亦無恨浚固勸嵊舉義時邵陵王綸東奔至錢唐聞之遣前舍人陸丘公板授嵊征東將軍嵊曰天子蒙塵今日何情復受榮號留板而已賊行臺劉神茂攻破義興遣使說嵊嵊斬其使仍遣軍破神茂侯景乃遣其中軍侯子鑒助神茂擊嵊嵊軍敗乃釋戎服坐於聽事賊臨以刃終不屈執以送景景將舍之嵊曰速死爲幸乃殺之子弟遇害者十餘人景欲存其一子嵊曰吾一門已在鬼錄不就爾處求恩於是皆死賊平元帝追贈侍中中衛將軍開府儀同三司謚忠貞子嵊弟罤知名

種字士苗永從孫也祖辯宋大司農廣州刺史父略太子中庶子臨海太守種少恬靜居處雅正傍無造請時人語曰宋稱敷演梁則卷充清虛學尚種有其風仕梁爲中軍宣城王府主簿時已四十餘家貧求爲始豐令及武陵王紀爲益州刺史重選府僚以種爲左西曹掾種辭以母老爲有司奏坐黜免侯景之亂奉母東奔鄉里母卒種時年五十而毀瘠過甚又迫以凶荒未葬服雖畢居家飲食恒若在喪景平杪司徒王僧辯以狀奏起爲中從事并爲具葬禮葬訖種方即吉僧辯又以種年老無子賜以妾及居處之具陳武帝受禪爲太常卿歷位左户尚書侍中中書令金紫光祿大夫種沈深虛靜識量宏博時以爲宰相之器僕射徐陵嘗抗表讓位於種以爲宜居左執其爲所推如此卒贈特進謚元子種仁恕寡欲雖歷顯位家產屢空終日晏然不以爲病太建初女爲始興王妃以居處僻陋特賜宅一區又累賜無錫嘉興縣秩嘗於無錫見重囚在獄天寒呼囚暴日遂失之帝大笑而不深責有集十四卷稜亦清靜有識度位司徒左長史贈光祿大夫

論曰張裕有宋之初早參霸政出内所歷莫非清顯諸子並荷崇構克舉家聲其美譽所歸豈徒然也思曼立身簡素殆人望乎夫濯纓從事理存無二取信一主義絶百心以永元之末人憂塗炭公侯重圍之内首創大謀而旋見猜嫌又況異於斯也然則士之行已可無深議四山赴蹈之方可謂矯其違矣

列傳第二十一　南史三十一

李　延壽

張邵子敷 孫沖 兄子暢 暢子融 寶積 徐文伯 嗣伯

張邵字茂宗會稽太守裕之弟也初爲晉琅邪內史王誕龍驤府功曹桓玄徙於廣州親故皆離弃之唯邵情禮彌謹流涕追送時寇亂年飢邵又資饋其妻子桓玄篡位父敞先爲尚書以荅事微謬降爲廷尉卿及宋武帝討桓玄邵白敞表獻忠款帝大悅命署寺門曰有犯張廷尉家者軍法論事平以敞爲吳郡太守及王謐爲揚州召邵補主簿劉毅位居亞相好士愛才當世莫不輻湊唯邵不往親

故怪而問之邵曰主公命世人傑何煩多問劉穆之言於帝帝益親之轉太尉參軍署長流賊曹盧循至蔡洲武帝至石頭使邵守南城時百姓水際望賊帝不解其意以問邵邵曰節鉞未反奔散之不暇亦何暇觀望今當無復恐耳帝以邵勤練憂公重補州主簿邵悉心政事精力絕人及誅劉藩邵時在西州直廬即夜誡衆曹曰大軍當大討可各各條倉庫及舟船人領至曉取辦旦日帝求諸簿最應時即至怪問其速諸曹荅曰宿受張主簿處分帝曰張邵可謂同人憂慮矣九年世子始開征虜府以邵補錄事參軍轉號中軍遷諮議參軍領記室十一年武帝北伐邵

請見曰人生危脆宜有遠慮若劉穆之邂逅不幸誰可代之尊業如此若有不諱則處分云何帝曰此自委穆之與卿耳青州刺史檀祗鎮廣陵輒率衆至滁中掩討亡命劉穆之慮其爲變議欲遣軍邵曰檀韶據中流道濟爲軍首若有相疑之跡則大府立危不如逆遣慰勞必無患也祗果不動及穆之暴卒朝廷恇懼便發詔以司馬徐羨之代邵獨曰今誠急病任終在徐然世子無專行之義宜須諮信反方使世子出命曰朝廷及大府事悉諮徐司馬其餘啓還武帝善其臨事不撓得大臣節十四年世子改授荊州邵諫曰儲貳之重四海所繫不宜外出敢以死請世子竟

不行文帝爲中郎將荊州刺史以邵爲司馬領南郡相衆事悉決於邵武帝受命以佐命功封臨沮伯分荊州立湘州以邵爲刺史將署府邵以長沙內地非用武之國置府妨人乖爲政要從之荊州刺史謝晦反遺書要邵邵不發函使呈文帝元嘉五年轉征虜將軍領寧蠻校尉雍州刺史加都督初王華與邵不和及華參要親舊爲之危心邵曰子陵方弘至公豈以私隙害正義是任也華實舉之及至襄陽築長圍脩立堤堰創田數千頃公私充給丹淅二州蠻屢爲寇邵誘其帥並出因大會誅之遣軍掩其村落悉禽既失信羣蠻所在並起水陸路斷七年子敷至襄陽

定省當還都羣蠻欲斷取之會蠕蠕國獻使下蠻以爲是
敷因掠之邵坐降號揚烈將軍江夏王義恭鎮江陵以邵
爲撫軍長史持節南蠻校尉九年坐在雍州營私畜取贓
貨二百四十五萬下廷尉免官削爵土後爲吳興太守卒
追復爵邑謚曰簡伯邵臨終遺命祭以菜果葦席爲轜車
諸子從焉長子敷
敷字景徵生而母亡年數歲問知之雖童蒙便有感慕之
色至十歲許求母遺物而散施已盡唯得一扇乃緘録之
每至感思輒開笥流涕見從母悲感哽咽性整貴風韻甚
高好讀玄言兼屬文論初父邵使與高士南陽宗少文談

繫象往復數番少文每欲屈握麈尾歎曰吾道東矣於是
名價日重宋武帝聞其美召見奇之曰眞千里駒也以爲
世子中軍參軍數見接引累遷江夏王義恭撫軍記室參
軍義恭就文帝求一學義沙門會敷赴假還江陵入辭文
帝令以後車載沙門往謂曰道中可得言晤敷不奉詔曰
臣性不耐雜上甚不悅遷正員中書郎敷小名檯父邵小
名梨文帝戲之曰檯何如梨荅曰梨是百果之宗檯何敢
比也中書舍人狄當周赳竝管要務與敷同省名家欲詣之
赳曰彼若不相容接便不如勿往詎可輕行當日吾等竝
已員外郎矣何憂不得共坐敷先旁設二牀去壁三四尺

二客就席數呼左右曰移我遠客赳等失色而去其自標
遇如此善持音儀盡詳緩之致與人別執手曰念相聞餘
響久之不絕張氏後進皆慕之其源起自敷也遷黃門侍
郎始興王濬後將軍司徒左長史未拜父在吳興亡成服
九十餘日始進水漿葬畢不進鹽菜遂毀瘠成疾伯父茂
度每止譬之輒更感慟絕而復續茂度曰我冀譬汝有益
但更甚耳自是不復往未朞而卒孝武即位詔旌其孝道
追贈侍中改其所居稱孝張里敷弟柬襲父封位通直郎
柬勇力手格猛獸元凶以爲輔國將軍孝武至新亭柬出
奔墜淮死子式嗣弟冲

冲字思約出繼伯父敷冲母戴顒女有儀範張氏內取則
焉冲少有至性隨從叔永爲將帥除盱台太守永征彭城
遇寒軍人足脛凍斷者十七八冲足指皆墮齊永明八年
爲假節監青冀二州行刺史事冲父初卒遺命祭我必以
鄉土所產無用牲物冲在鎮四時還吳國取果菜每至烝
嘗輒流涕薦焉仍轉刺史永元二年爲南兗州刺史遷司
州裴叔業以壽春降魏又遷冲南兗州刺史竝未拜崔慧
景事平徵建安王寶夤還都以冲爲郢州刺史一歲之中
頻授四州刺史至是乃受任封定襄侯梁武帝起兵手書
喻意又遣辯士說之冲確然不回東昏遣驍騎將軍薛元

嗣制局監暨榮伯領兵及糧運送沖使拒西師元嗣等懲劉山陽之敗疑沖不敢進停住夏首浦聞梁武師將至元嗣榮伯相率入郢城時竟陵太守房僧寄被代還至郢東昏敕僧寄留守魯山除驍騎將軍僧寄謂沖曰下官雖未荷朝廷深恩實蒙先帝厚澤蔭其樹者不折其枝實欲微立塵効沖深相許諾共結盟誓分部拒守遣軍主孫樂祖數千人助僧寄據魯山岸立城壘明年二月梁武圍魯山城遣軍主曹景宗等過江攻郢城沖中兵參軍陳光靜等間出擊之光靜戰死沖固守不出病將死厲府僚以誠節言終而卒元嗣榮伯與沖子孜及長史江夏程茂固守東

昏詔贈沖散騎常侍護軍將軍元嗣等處圍城之中無他經略唯迎蔣子文及蘇侯神日禺中於州聽上祀以求福鈴鐸聲晝夜不止又使子文導從登陴巡行旦日輒復如之識者知其將亡僧寄病死孫樂祖窘以城降郢被圍二百餘日士庶病死者七八百家魯山陷後二日程茂及元嗣等議降使孜為書與梁武帝沖故吏青州中從事房長瑜謂孜曰前使君忠貫昊天操愈松竹郎君但當端坐畫一以荷析薪若天運不與幅巾待命以下從使君今若隨諸人之計非唯郢州士女失高山之望亦恐彼所不取也不從卒以郢城降時以沖及房僧寄比臧洪之被圍也贈

僧寄益州刺史

暢字少微邵兄禕子也禕少有操行為晉琅邪王國郎中令從王至洛還京都宋武帝封藥酒一甖付禕使密加酖毒受命於道自飲而卒暢少與從兄敷演鏡齊名為後進之秀起家為太守徐佩之主簿佩之被誅暢馳出奔赴制服盡哀為論者所美弟牧嘗為猘犬所傷醫云宜食蝦蟇牧甚難之暢含笑先嘗牧因此乃食創亦即愈累遷太子中庶子孝武鎮彭城暢為安北長史沛郡太守元嘉二十七年魏太武南征太尉江夏王義恭統諸軍出鎮彭城太武親率大衆去彭城數十里彭城衆力雖多軍食不足義

恭欲棄彭城南歸計議彌日不定時歷城衆少食多安北中兵參軍沈慶之議欲以車營為函箱陳精兵為外翼奉二王及妃媛直趨歷城分城兵配護軍將軍蕭思話留守太尉長史何勗不同欲席卷奔鬱洲自海道還都二議未決更集羣僚謀之暢曰若歷城鬱洲有可至之理下官敢不高讚今城內乏食百姓咸有走情但以關扃嚴固欲去莫從耳若一旦動脚則各自散走欲至所在何由可得今軍食雖寡朝夕猶未窘罄豈有捨萬安之術而就危亡之道若此計必用下官請以頸血汚君馬跡孝武聞暢議謂義恭曰張長史言不可異也義恭乃止魏太武得至仍登

城南亞父冢於戲馬臺立氈屋先是隊主蒯應見執其日
晡時太武遣送應至小市門致意求甘蔗及酒孝武遣人
送酒二器甘蔗百挺求駱駝明日太武又自上戲馬臺復
遣使至小市門求與孝武相見遣送駱駝并致雜物使於
南門受之暢於城上與魏尚書李孝伯語孝伯問君何姓
荅云姓張孝伯曰張長史暢曰君何得見識孝伯曰君聲
名遠聞足使我知因言說久之城內有具思者嘗在魏義
恭遣視知是孝伯乃開封進餉物太武又求酒及甘橘暢宣
孝武旨又致螺盃雜粽南土所珍太武復令孝伯傳語曰
魏主有詔借博具暢曰博具當為申致有詔之言政可施

於彼國何得稱之於此孝伯曰鄰國之君何為不稱詔於
鄰國之臣暢曰君之此稱尚不可聞於中華況在諸王之
貴而猶曰鄰國之君邪孝伯曰魏主言太尉鎮軍久闕南
信殊當憂邑若欲遣信當為護送暢曰此方間路甚多不
復以此勞魏主孝伯曰亦知有水路似為白賊所斷暢曰
君著白衣故稱白賊邪孝伯大笑曰今之白賊亦不異黃
巾赤眉暢曰黃巾赤眉似不在江南孝伯曰亦不離青徐
暢曰今者青徐實為有賊但非白賊耳又求博具俄送與
太武又遣送氈及九種鹽并胡豉云此諸鹽各有所宜白
鹽是魏主所食黑者療腹脹氣滿細刮取六銖以酒服之

胡鹽療目痛柔鹽不用食療馬脊創赤鹽駮鹽臭鹽馬齒
鹽四種並不中食胡豉亦中噉人求黃甘并云魏主致意
太尉安北何不遣人來至我間彼此之情雖不可盡要須
見我小大知我老少觀我為人若諸佐不可遣亦可使僮
來暢又宣旨荅曰魏主形狀才力久為來往所具李尚書
親自銜命不患彼此不盡故不復遣信又云魏主恨向所
送馬殊不稱意安北若須大馬當更送之脫須蜀馬亦有
佳者暢曰安北不之良駟送自彼意非此所求義恭又餉
炬燭十挺孝武亦置錦一匹又曰知更須黃甘誠非所吝但
會不足周彼一軍向給魏主未應便乏故不復重付太武復

求甘蔗安石榴暢曰石榴出自鄴下亦當非彼所乏孝伯
曰君南土膏粱何為著屩君而著此使將士云何暢曰膏
粱之言誠為多愧但以不武受命統軍戎陣之間不容緩
服太武又遣就二王借箜篌琵琶箏笛等器及棊子孝伯
辭辯亦北土之美暢隨宜應荅吐屬如流音韻詳雅風儀
華潤孝伯及左右人並相視歎息時魏聲云當出襄陽故
以暢為南譙王義宣司空長史南郡太守三十年元凶殺
逆義宣發哀之日即便舉兵暢為元佐位居僚首哀容俯
仰蔭映當時舉哀畢改服著黃袴褶出射堂簡人音姿容
止莫不矚目見者皆願為盡命事平徵為吏部尚書封夷

道縣侯義宣既有異圖蔡超等以暢人望勸義宣留之乃解南蠻校尉以授暢加冠軍將軍領丞相長史暢遣門生荀僧寶下都因顏竣陳義宣釁狀僧寶有私貨停巴陵不時下會義宣起兵津路斷絕僧寶遂不得去義宣將爲逆遣嬖人翟靈寶告暢暢陳必無此理請以死保之靈寶知暢不回勸義宣殺以徇衆賴丞相司馬竺超人得免進號撫軍別立軍部以收人望暢雖署文檄而飲酒常醉不省文書隨義宣東下梁山戰敗於亂兵自歸爲軍人所掠衣服都盡遇右將軍王玄謨乘輿出營暢已得敗衣因排玄謨上輿玄謨意甚不悅諸將請殺之隊主張世營救得免

執送都下廷尉尋見原起爲都官尚書轉侍中代子淹領太子右衞率孝武宴朝賢暢亦在坐何偃因醉曰張暢故是奇才同義宣作賊亦能無咎非才何以致此暢乃厲聲曰太初之時誰黃其閤帝曰何事相苦初元凶時偃父尚之爲元凶司空義師至新林門生皆逃尚之父子與婢妾共洗黃閤故暢譏之孝建二年出爲會稽太守卒謚曰宣暢愛弟子輯臨終遺命與輯合墳論者非之暢弟悅亦有美稱歷侍中臨海王子頊前軍長史南郡太守晉安王子勛建僞號召拜爲吏部尚書與鄧琬共輔僞政事敗悅殺琬歸降復爲太子中庶子後拜雍州刺史泰始六年明帝

於巴郡置三巴校尉以悅補之加持節輔師將軍領巴郡太守未拜卒暢子浩官至義陽王昶征北諮議參軍浩弟淹黃門郎封廣晉縣子太子左衞率東陽太守逼郡吏燒臂照佛百姓有罪使禮佛贖愆動至數千拜坐免官禁錮起爲光祿勳臨川內史後與晉安王子勛同逆軍敗見殺淹弟融

融字思光弱冠有名道士同郡陸脩靜以白鷺羽麈尾扇遺之曰此既異物以奉異人解褐爲宋新安王子鸞行參軍王母殷淑儀薨後四月八日建齋并灌佛僚佐儭者多至一萬少不減五千融獨注儭百錢帝不悅曰融殊貧當

序以佳祿出爲封溪令從叔永出後渚送之曰似聞朝旨汝尋當還融曰不患不還政恐還而復去及行路經嶂嶮獠賊執融將殺食之融神色不動方作洛生詠賊異之而不害也浮海至交州於海中遇風終無懼色方詠曰乾魚自可還其本鄉肉脯復何爲者哉又作海賦文辭詭激獨與衆異後以示鎮軍將軍顧覬之覬之曰卿此賦實超玄虛但恨不道鹽耳融即求筆注曰漉沙構白熬波出素積雪中春飛霜暑路此四句後所足也覬與融兄有恩好覬卒融身負墳土在南與交趾太守卞展善展於嶺南爲人所殺融挺身奔赴舉秀才對策中第爲尚書殿中郎不就

改爲儀曹郎尋請假奔叔父喪道中罰幹錢敬道鞭杖五
十寄繫延陵獄大明五年制二品清官行僮幹杖不得出
十爲左丞孫緬所奏免官後位摠祠部倉部二曹時領軍
劉勔戰死融以祠部議上應哭勔見從又俗人忌以正月
開太倉融議不宜拘束小忌尋兼掌正廚見宰殺回車徑
去自表解職再遷南陽王友融父暢爲丞相長史義宣事
難暢將爲王玄謨所殺時玄謨子瞻爲南陽王長史融啓
求去官不許融家貧欲祿乃與從叔征北將軍永書曰融
昔幼學早訓家風雖則不敏率以成性布衣韋帶弱年所安
簞食瓢飲不覺不樂但世業清貧人生多待榛栗棗脩女

贄既長束帛禽鳥男禮已大勉身就官十年七仕不欲代
耕何至此事昔求三吳一丞雖屬舛錯今聞南康缺守願
得爲之融不知階級階級亦可不知融政以求丞不得所
以求郡求郡不得亦可復求丞又與吏部尚書王僧虔書
曰融天地之逸人也進不辯貴退不知賤實以家貧累積
孤寡傷心八姪俱孤二弟頗弱豈能山海陋祿申融情累
阮籍愛東平土風融亦欣晉平閑外時議以融非御人才
竟不果辟脩太傅掾稍遷中書郎非其所好乞爲中散大
夫不許張氏自數以來並以理音辭脩儀範爲事至融風
止詭越坐常危膝行則曳步翹身仰首意制甚多見者驚

異聚觀成市而融了無慚色隨例同行常稽遲不進高帝
素愛融爲太尉時與融款接見融常笑曰此人不可無一
不可有二即位後手詔賜融衣曰見卿衣服麤故誠乃素
懷有本交爾藍縷亦虧朝望今送一通故衣意謂雖故乃
勝新也是吾所著已令裁減稱卿之體并履一量高帝出
太極殿西室融入問訊彌時方登階及就席上曰何乃遲
爲對曰自地升天理不得速時魏主至淮而退帝問何意
忽來忽去未有荅者融時下坐抗聲曰以無道而來見有
道而去公卿咸以爲捷融善草書常自美其能帝曰卿書
殊有骨力但恨無二王法荅曰非恨臣無二王法亦恨二王

無臣法融假還鄉詣王儉別儉立此地舉袂不前融亦舉
手呼儉曰歟曰王前儉不得已趨就之融曰使融不爲慕
勢而令君爲趨士豈不善乎常歎云不恨我不見古人所
恨古人又不見我融與吏部尚書何戢善往詣戢誤通尚
書劉澄下車入門乃曰非是至戶望澄又曰非是既造席
視澄曰都自非是乃去其爲異如此又爲長沙王鎮軍竟
陵王征北諮議並領記室司徒從事中郎永明二年揔明
觀講敕朝臣集聽融扶入就榻私索酒飲之事畢乃長歎
曰嗚呼仲尼獨何人哉爲御史中丞到撝所奏免官尋復
職融形貌短醜精神清徹王敬則見融革帶寬殆將至髀

謂曰華帶太急融曰既非步吏急帶何爲融假東出武帝問融住在何處荅曰臣陸處無屋舟居無水後上問其從兄緒緒曰融近東出未有居止權牽小船於岸上住上大笑後使融接對北使李道固就席道固顧而言曰張融是宋彭城長史張暢子不融嚬蹙久之曰先君不幸名達六夷豫章王大會賓僚融食炙始行畢行炙人便去融欲求鹽蒜口終不言方搖食指半日乃息出入朝廷皆拭目驚觀之八年朝臣賀衆瑞公事融扶入拜起復爲有司所奏見原遷司徒兼右長史竟陵張欣時爲諸暨令坐罪當死欣時父興世討宋南譙王義宣官軍欲殺融父暢興世以

袍覆暢而坐之以此得免興世卒融著高屐爲負土成墳至是融啓竟陵王子良乞代欣時死子良荅曰此乃是長史美事恐朝有常典不得如長史所懷還黄門郎太子中庶子司徒左長史融有孝義忌月三旬不聽樂事嫂甚謹父暢臨終謂諸子曰昔丞相事難吾以不同將見殺緣司馬竺超人得活爾等必報其子後超人孫微冬月遭母喪居貧融弔之悉脫衣以爲賻披牛被而反常以兄事微豫章王嶷竟陵王子良薨自以身經佐吏哭輒盡慟建武四年病卒遺令建白旐無旒不設祭令人捉麈尾登屋復魂曰吾生平所善自當陵雲一笑三千買棺無製新衾左手

執孝經老子右手執小品法華經妾二人事哀畢各遣還家曰吾生平之風調何至使婦人行哭失聲不須暫停閨閤融玄義無師法而神解過人高談鮮能抗拒永明中遇疾爲問律自序云吾文章之體多爲世人所驚汝可師耳以心不可使耳爲心師也夫文豈有常體但以有體爲常政當有其體丈夫當删詩書制禮樂何至因循寄人籬下臨卒又戒其子曰手澤存焉父書不讀況文音情婉在其韻吾意不然別遺爾旨吾文體英變變而屢奇豈吾天挺蓋不隤家聲汝可號哭而看之融文集數十卷行於世自名其集爲玉海司徒褚彥回問其故融云蓋玉以比德海

崇上善耳張氏前有敷演鏡暢後有充融卷稷第六弟寶積建武中出爲廬陵太守時名流謝瀹何點陸惠曉孔珪至融弟鐵之舍點造坐便曰今日可謂盛集二五我兄弟之流阿六張氏保家之子顧見王思遠曰卿詐作善非實得也二五謂孔珪及融並第五寶積永元中爲湘州行事蕭穎胄於江陵棄書與詣穎胄舉動自若穎胄問何至之晚荅曰本朝危亂四海横流既不能爲比干之死實未忍爲微子之去是以至晚穎胄深以爲善即用爲相府諮議後位御史中丞融與東海徐文伯兄弟厚文伯字德秀濮陽太守熙曾孫也熙好黄老隱於秦望山有道士過求飲

留一瓠𤬪與之曰君子孫宜以道術救世當得二千石熙開之乃扁鵲鏡經一卷因精心學之遂名震海内生子秋夫彌工其術仕至射陽令嘗夜有鬼呻聲甚悽愴秋夫問何須荅言姓某家在東陽患腰痛死雖爲鬼痛猶難忍請療之秋夫曰云何厝法鬼請爲芻人案孔穴針之秋夫如言爲灸四處又針肩井三處設祭埋之明日見一人謝恩忽然不見當世伏其通靈秋夫生道度叔嚮皆能精其業道度有腳疾不能行宋文帝令乘小輿入殿爲諸皇子療疾無不絕驗位蘭陵太守宋文帝云天下有五絕而皆出錢唐謂杜道鞠彈棊范悅詩褚欣遠模書褚胤圍棊徐道

度療疾也道度生文伯叔嚮生嗣伯文伯亦精其業兼有學行倜儻不屈意於公卿不以醫自業融謂文伯嗣伯曰昔王微嵇叔夜並學而不能殷仲堪之徒故所不論得之者由神明洞徹然後可至故非吾徒所及且褚侍中澄當貴亦能救人疾卿此更成不達荅曰唯達者知此可崇不達者多以爲深累既鄙之何能不恥之文伯爲効與嗣伯相埒宋孝武路太后病衆醫不識文伯診之曰此石博小腸耳乃爲水劑消石湯病即愈除鄱陽王常侍遺以千金旬日恩意隆重宋明帝宮人患腰痛牽心每至輒氣欲絕衆醫以爲肉癥文伯曰此髮癥以油投之即吐得物如髮

稍引之長三尺頭已成蛇能動挂門上適盡一髮而已病都差宋後廢帝出樂遊苑門逢一婦人有娠帝亦善診之曰此腹是女也問文伯曰腹有兩子一男一女男左邊青黑形小於女帝性急便欲使剖文伯惻然曰若刀斧恐其變異請針之立落便寫足太陰補手陽明胎便應針而落兩兒相續出如其言子雄亦傳家業尤工診察位奉朝請能清言多爲貴遊所善事母孝謹母終毀瘠幾至自滅俄而兄亡扶杖臨喪撫膺一慟遂以哀卒嗣伯字叔紹亦有孝行善清言位正員郎諸府佐彌爲臨川王映所重時直閤將軍房伯玉服五石散十許劑無益更患冷夏日常複

衣嗣伯爲診之曰卿伏熱應須以水發之非冬月不可至十一月冰雪大盛令二人夾捉伯玉解衣坐石取冷水從頭澆之盡二十斛伯玉口噤氣絕家人啼哭請止嗣伯遣人執杖防閤敢有諫者撾之又盡水百斛伯玉始能動而見背上彭彭有氣俄而起坐曰熱不可忍乞冷飲嗣伯以水與之一飲一升病都差自爾恒發熱冬月猶單褌衫體更肥壯常有嫗人患滞冷積年不差嗣伯爲診之曰此尸注也當取死人枕煮服之乃愈於是往古冢中取枕枕已一邊腐缺服之即差後秣陵人張景年十五腹脹面黃衆醫不能療以問嗣伯嗣伯曰此石蚘耳極難療當死人枕煮之

依語煑枕以湯投之得大利并蛕虫頭堅如石五升病即
差後沈僧翼患眼痛又多見鬼物以問嗣伯嗣伯曰邪氣
入肝可覓死人枕煑服之竟可埋枕於故處如其言又愈
王晏問之曰三病不同而皆用死人枕而俱差何也荅曰
尸注者鬼氣伏而未起故令人沈滯得死人枕投之魂氣
飛越不得復附體故尸注可差石蛕者久蛕也醫療既僻
蛕中轉堅世間藥不能遣所以須鬼物驅之然後可散故
令煑死人枕也夫邪氣入肝故使眼痛而見魍魎應須邪
物以鈎之故用死人枕也氣因枕去故令埋於冢間也又
春月出南籬門戲聞笪屋中有呻聲嗣伯曰此病甚重更

二日不療必死乃往視見一老姥稱體痛而處處有䵩黑
無數嗣伯還煑斗餘湯送令服之服訖痛勢愈甚跳投床
者無數須臾所䵩處皆拔出釘長寸許以膏塗諸瘡口三
日而復云此名釘疽也時又薛伯宗善徙癰疽公孫泰患
背伯宗爲氣封之徙置齋前柳樹上明旦癰消樹邊便起
一瘤如拳大稍稍長二十餘日瘤大膿爛出黃赤汁斗餘
樹爲之痿損

論曰有晉自宅淮海張氏無乏賢良及宋齊之閒雅道彌
盛其前則云敷演鏡暢蓋其尤著者也然景胤敬愛之道
少微立履所由其殆優矣思光行已卓越非常俗所遵齊
高帝所云不可有二不可無一斯言其幾得矣徐氏妙理
通靈蓋非常所至雖古之和鵲何以加茲融與文伯款好
故附之云爾

列傳第二十二　南史三十二

李　延壽

范泰 子曄　荀伯子 族子萬秋　徐廣 郗紹 廣兄子豁
鄭鮮之　裴松之 孫昭明 曾孫子野　何承天 曾孫遜

范泰字伯倫順陽人也祖汪晉安北將軍徐兗二州刺史父寗豫章太守並有名前代泰初爲太學博士外弟荆州刺史王忱請爲天門太守忱嗜酒醉輒累旬及醒則儼然端肅泰陳酒既傷生所宜深誡其言甚切忱嗟歎久之曰見規者衆未有若此者也或問忱范泰何如謝邈忱曰茂度漫又問何如殷覬忱曰伯道易忱常有意立功謂泰曰今城池既立軍甲亦充將欲掃除中原以申宿昔之志伯道意銳當令擁戈前驅以君持重欲相委留事何如泰曰百年逋寇前賢挫屈者多矣功名雖貴鄙生所不敢謀會忱病卒召泰爲驃騎諮議參軍遷中書郎時會稽世子元顯專權內外百官請假不復表聞唯籤元顯而已泰言以爲非宜元顯不納以父憂去職襲爵遂鄉侯桓玄輔晉使御史中丞祖台之奏泰及前司徒左長史王准之輔國將軍司馬珣之並居喪無禮泰坐廢徙丹徒宋武帝義旗建累遷黃門侍郎御史中丞坐議殷祠事謬白衣領職出爲東陽太守歷侍中度支尚書時僕射陳郡謝混後進知

名武帝嘗從容問混泰名輩誰比對曰王元一流人也徙爲太常初司徒道規無子養文帝及道規薨以兄道憐第二子義慶爲嗣武帝以道規素愛文帝又令居重及道規追封南郡公應以先華容縣公賜文帝泰議以爲禮無二主由是文帝還本屬後加散騎常侍爲尚書兼司空與右僕射袁湛授宋公九錫隨軍到洛陽武帝還彭城與泰登城泰有足疾特命乘輿泰好酒不拘小節通率任心雖公坐笑言不異私室武帝甚賞愛之然短於爲政故不得在政事官武帝受命議建國學以泰領國子祭酒泰上表陳獎進之道時學竟不立又言事者多以錢貨減少國用不足欲更造五銖泰又諫曰臣聞爲國拯弊莫若務本百姓不足君孰與足未有人貧而國富本不足而末有餘者也故囊漏貯中識者不吝反裘負薪存毛實難王者不言有無諸侯不說多少食祿之家不與百姓爭利故拔葵所以明政織蒲謂之不仁是以貴賤有章職分無爽今之所憂在農人尚寡倉廩未充轉運無已資食者衆家無私積難以禦荒耳夫貨存貿易不在少多昔日之貴今者之賤彼此共之其揆一也但令官人均通則無患不足若使必資貨廣以收國用者則龜貝之屬自古所行尋銅之爲器在用也博矣鐘律所通者遠機衡所揆者大夏鼎負圖實冠衆

瑞胥錄呈獻亦啓休徵器有要用則貴賤同資物有適宜
則家國共急今毀必資之器而爲無施之錢於貨則功不
補勞在用則君人俱困校之以實損多益少伏願思可久
之道探欲速之情弘山海之納擇芻牧之說景平初加位
特進明年致仕解國子祭酒少帝在位多諸愆失泰上封
事極諫少帝雖不能納亦不加譴徐羨之傅亮等與泰素
不平及廬陵王義真少帝見害泰謂所親曰吾觀古今多
矣未有受遺顧託而嗣君見殺賢王嬰戮者也元嘉二年
泰表賀元正并陳旱災多所獎勸拜表遂輕舟遊東陽任
心行止不關朝廷有司劾奏之文帝不問時文帝雖當陽

親覽而羨之等猶執重權泰復上表論得失言及執事諸
子禁之表竟不奏三年羨之伏誅進位侍中左光祿大夫
國子祭酒領江夏王師特進如故上以泰先朝舊臣恩禮
甚重以有脚疾宴見之日特聽乘輿到坐所陳時事上每
優遊之其年秋旱蝗又上表言有蝗之處縣官多課人捕
之無益於枯苗有傷於殺害又女人被宥由來尚矣謝晦
婦女猶在尚方足婦一至亦能有所感激書奏上乃原謝
晦婦女時司徒王弘輔政泰謂弘曰彭城王帝之次弟宜
徵還入朝共參朝政弘納其言時旱災未已加以疾疫泰
又上表有所勸誡泰博覽篇籍好爲文章愛獎後生孜

孜無倦撰古今善言二十四篇及文集傳於世暮年事佛
甚精於宅西立祇洹精舍五年卒初議贈開府殷景仁曰
泰素望不重不可擬議台司竟不果及葬王弘撫棺哭曰
君生平重殷鐵今以此爲報追贈車騎將軍謚曰宣侯第
四子曅最知名

曅字蔚宗母如廁産之額爲塼所傷故以塼爲小字出繼
從伯弘之後襲封武興縣五等侯少好學善爲文章能隸
書曉音律爲秘書丞父憂去職服闋爲征南大將軍檀道
濟司馬領新蔡太守後爲尚書吏部郎元嘉元年彭城太
妃薨將葬祖夕僚故並集東府曅與司徒左西屬王深

及弟司徒祭酒廣夜中酣飲開北牖聽挽歌爲樂彭城王
義康大怒左遷宣城太守不得志乃删衆家後漢書爲一
家之作至於屈伸榮辱之際未嘗不致意焉遷長沙王義
欣鎮軍長史兄暠爲宜都太守嫡母隨暠在官亡報之以
疾曅不時奔赴及行又攜伎妾自隨爲御史中丞劉損所
奏文帝愛其才不罪也服闋累遷左衛將軍太子詹事曅
長不滿七尺肥黑禿眉鬚善彈琵琶能爲新聲上欲聞
之屢諷以微旨曅僞若不曉終不肯爲上嘗宴飲歡適謂
曅曰我欲歌卿可彈曅乃奉旨上歌既畢曅亦止弦初魯
國孔熙先博學有從横才志文史星筭無不兼善爲員外

散騎侍郎不爲時知久不得調初熙先父默之爲廣州刺史以贓貨下廷尉大將軍彭城王義康保持之故免及義康被黜熙先密懷報効以曄意志不滿欲引之無因進說曄甥謝綜雅爲曄所知熙先藉嶺南遺財家甚富足乃傾身事綜始與綜諸弟共博故爲拙行以物輸之情意稍款綜乃引熙先與曄戲熙先故爲不敵前後輸曄物甚多曄既利其財寶又愛其文藝遂與申莫逆之好熙先始以微言動曄曄不回曄素有閨庭論議朝野所知故門胄雖華而國家不與姻以此激之曰丈人若謂朝廷相待厚者何故不與丈人婚爲是門户不得耶人作犬豕相遇而丈

人欲爲之死不亦惑乎曄默然不荅其意乃定時曄與沈演之並爲上所知待每被見多同曄若先至必待演之演之先至常獨被引曄又以此爲怨曄累經義康府佐見待素厚及宣城之授意好乖離綜爲義康大將軍記室參軍隨鎮豫章綜還申義康意於曄求解晚隙復敦往好曄既有逆謀欲探時旨乃言於上曰臣歷觀前史二漢故事諸蕃王政以妖詛幸災便正大逆之罰況義康姦心釁跡彰著遐邇而至今無恙臣竊惑焉且大梗常存將成亂階上不納熙先素善天文云文帝必以非道晏駕當由骨肉相殘江州應出天子以爲義康當之綜父述亦爲義康所遇

綜弟約又是義康女夫故文帝使綜隨從南上既爲熙先獎說亦有酬報之心廣州人周靈甫有家兵部曲熙先以六十萬錢與之使於廣州合兵靈甫一去不反大將軍府史仲承祖義康舊所信念屢銜命下都亦潛結腹心規有異志聞熙先有誠密相結納丹陽尹徐湛之素爲義康所愛雖爲舅甥恩過子弟承祖因此結事湛之告以密計承祖南下申義康意於蕭思話及曄云本欲與蕭結婚恨始意不果與范本情不薄中間相失傍人爲之耳有法略道人先爲義康所養粗被知待又有王國寺法靜尼出入義康家内皆感激舊恩規相拯拔並與熙先往來使法略罷

道法略本姓孫改名景玄以爲臧質寧遠參軍熙先善療病兼能診脉法靜尼妹夫許耀領隊在臺宿衛殿省嘗有疾因法靜尼就熙先乞療得損因成周旋熙先以耀膽幹因告逆謀耀許爲内應豫章胡藩子遵世與法靜甚款亦密相酬和法靜尼南上熙先遣婢采藻隨之付以牋書陳說圖讖法靜還義康餉熙先銅匕銅鑷袍段棊奩等物熙先慮事泄酖采藻殺之湛之又謂曄等臧質見與異常質與蕭思話款密二人並受大將軍眷遇必無異同不憂兵力不足但當勿失機耳乃備相署置湛之爲撫軍將軍揚州刺史曄中軍將軍南徐州刺史熙先左衛將軍其餘

皆有選擬凡素所不善及不附義康者又有別簿並入死目熙先使弟休先豫為檄文言賊臣趙伯符肆兵犯蹕禍流儲宰乃奉戴義康又以既為大事宜須義康意旨乃作義康與湛之書宣示同黨二十二年九月征北將軍衡陽王義季右將軍南平王鑠出鎮上於虎帳岡祖道曄等期以其日為亂許耀侍上扣刀以目曄曄不敢視俄而坐散差互不得發十一月徐湛之上表告狀於是悉出檄書選事及同惡人名手迹詔收綜等並皆款服唯曄不首上頻使窮詰乃曰熙先苟誣引臣熙先聞曄不服笑謂殿中將軍沈邵之曰凡諸處分符檄書疏皆曄所造及改定云何

方作此抵上示以曄墨迹曄乃引罪明日送曄付廷尉入獄然後知為湛之所發熙先望風吐款辭氣不撓上奇其才使謂曰以卿之才而滯於集書省理應有異志此乃我負卿也熙先於獄中上書陳謝并陳天文占候誡上有骨肉相殘之禍其言深切曄後與謝綜等得隔壁遙問綜曰疑誰所告綜曰不知曄乃稱徐湛之小名曰乃是徐僮也在獄為詩曰禍福本無兆性命歸有極必至定前期誰能延一息在生已可知來緣㦃無識好醜共一丘何足異枉直豈論東陵上寧辯首山側雖無嵇生琴庶同夏侯色寄言生存子此路行復即上有白團扇甚佳送曄令書出詩賦

美句曄受旨援筆而書曰去白日之炤炤襲長夜之悠悠上循覽悽然曄本謂入獄便死而上窮其獄遂經二旬曄便有生望獄吏因戲之曰外傳詹事或當長繫曄聞之驚喜綜熙先笑之曰詹事嘗共論事無不攘袂瞋目及在西池射堂上躍馬顧眄自以為一世之雄而今擾攘紛紜畏死乃爾設令今時賜以性命人臣圖主何顏可以生存曄謂衛獄將曰惜哉埋如此人將曰不忠之人亦何足惜曄曰大將言是也及將詣市曄最在前於獄門顧謂綜曰次第當以位邪綜曰賊帥當為先在道語笑初無慙恥至市問綜曰時欲至未綜曰勢不復久曄既食又苦勸綜綜曰此

異疾篤何事強飯曄家人悉至市監刑職司問曰須相見不曄問綜曰家人已來幸得相見將不暫別綜曰別與不別亦何所在來必當號泣正足亂人意曄曰號泣何關人向見道邊親故相瞻望吾意故欲相見於是呼前曄妻先撫其子回罵曄曰君不為百歲阿家不感天子恩遇身死固不足塞罪柰何枉殺子孫曄乾笑云罪至而已曄所生母對泣曰主上念汝無極汝曾不能感恩又不念我老今日柰何仍以手擊曄頸及頰曄妻云罪人阿家莫憶莫念妹及妓妾來別曄乃悲泣流漣綜曰舅殊不及夏侯色曄收淚而已綜母以子弟自陷逆亂獨不出視曄語綜曰姊今

不來勝人多也曄轉醉子藹亦醉取地土及果皮以擲曄呼為別駕數十聲曄問曰汝瞋我邪藹曰今日何緣復瞋但父子同死不能不悲耳曄常謂死為滅欲著無鬼論至是與徐湛之書當相訟地下其繆亂如此又語人寄語言僕射天下決無佛鬼若有靈自當相報收曄家樂器服玩並皆珍麗妓妾亦盛飾母住止單陋唯有二廚盛樵薪苐子冬無被叔父單布衣曄及黨與並伏誅曄時年四十八謝綜苐緯徙廣州藹子魯連吳興昭公主外孫請全生命亦得遠徙孝武即位乃還曄性精微有思致觸類多善衣裳器服莫不增損制度世人皆法學之撰和香方其序之曰麝本多忌過分必害沈實易和盈斤無傷零藿虛燥詹唐黏溼甘松蘇合安息鬱金柰多和羅之屬並被珍於外國無取於中土又棗膏昏鈍甲煎淺俗非唯無助於馨烈乃當彌增於尤疾也所言悉以比類朝士麝本多烈比庾仲文零藿虛燥比何尚之詹唐黏濕比沈演之棗膏昏鈍比羊玄保甲煎淺俗比徐湛之甘松蘇合比慧琳道人沈實易和以自比也曄獄中與諸生姪書以自序其略曰吾少懶學問年三十許始有尚耳自爾以來轉為心化至於所通處皆自得之胷懷常謂情志所託故當以意為主以文傳意以意為主則其旨必見以文傳意則其辭不流然

後抽其芬芳振其金石耳觀古今文人多不全了此處年少中謝莊最有其分手筆差易於文不拘韻故也吾思乃無定方但多公家之言少於事外遠致以此為恨亦由無意於文名故也本未開史書政恒覺其不可解耳既造後漢轉得統緒詳觀古今著述及評論殆少可意者班氏最有高名既任情無例唯志可推耳博贍可不及之整理未必愧也吾雜傳論皆有精意深旨至於循吏以下及六夷諸序論筆勢縱放實天下之奇作其中合者往往不減過秦篇嘗共比方班氏所作非但不愧之而已欲徧作諸志前漢可有者悉令備雖事不必多且使見文得盡又欲因事就卷內發論以正一代得失意復不果贊自是吾文傑思殆無一字空設奇變不窮同合異躰乃自不知所以稱之此書行故應有賞音者紀傳例為舉其大略耳諸細意甚多自古躰大而思精未有此也恐世人不能盡之多貴古賤今所以稱情狂言耳吾於音樂聽功不及自揮但所精非雅聲為可恨然至於一絕處亦復何異邪其中躰趣言之不可盡絃外之意虛響之音不知所從而來亦嘗以授人士庶中未有一毫似者此永不傳矣吾書雖小小有意筆勢不快餘竟不成就每愧此名曄自序並實故存之藹幼而整潔衣服竟歲未嘗有塵點死時年二十曄少時兄

晏常云此兒進利終破門戶果如其言初何尚之與銓衡
自謂天下無滯才及熙先就拘帝詰尚之曰使孔熙先年
三十猶作散騎侍郎那不作賊熙先死後又謂尚之曰孔
熙先有美才地胄猶可論而翳迹仕流豈非時匠失乎尚
之曰臣昔謬得待罪選曹誠無以濯汙揚清然君子之有
智能猶鵷鳳之有文采俟時而振羽翼何患不出雲霞之
上若熙先必蘊文采自棄於汙泥終無論矣上曰昔有良
才而不遇知己者何嘗不遺恨於後哉
荀伯子潁川潁陰人晉驃騎將軍羨之孫也父猗祕書郎
伯子少好學博覽經傳而通率好爲雜語遨遊閭里故以

此失清途解褐駙馬都尉奉朝請員外散騎侍郎著作郎
徐廣重其才學舉伯子及王韶之並爲佐郎同撰晉史及
著桓玄等傳遷尚書祠部郎義熙元年上表稱故太傅鉅
平侯羊祜勳參佐命功盛平吳而享嗣闕然烝嘗莫寄漢
以蕭何元功故絕世輒紹愚謂鉅平之封宜同酇國故太
尉廣陵公陳準黨翼孫秀禍加淮南竊饗大國因罪爲利
會西朝政刑失裁中興復因而不奪今王道惟新豈可不
大判臧否謂廣陵之國宜在削除故太保衛瓘本爵菑陽
縣公既被橫禍乃進第秩加贈蘭陵又轉江夏中朝公輔多
非理終瓘功德不殊亦無緣獨受偏賞宜復本封以正國

章詔付門下前散騎常侍江夏公衛璵及潁川陳茂先各
自陳先代勳不伏貶降詔皆付門下並不施行伯子爲妻
弟謝晦薦達爲尚書左丞出補臨川內史車騎將軍王弘
稱伯子沈重不華有平陽侯之風伯子常自矜蔭籍之美
謂弘曰天下膏粱唯使君與下官耳宣明之徒不足數也
遷散騎常侍又上表曰百官位次陳留王在零陵王上臣
愚竊以爲疑昔武王克殷封神農後於焦黃帝後於祝帝
堯後於薊帝舜後於陳夏后後於杞殷後於宋杞陳並爲
列國而薊祝焦無聞斯則褒崇所承優於遠代之顯驗也
是以春秋次序諸侯宋居杞陳之上考之近代事亦有徵

晉泰始元年詔賜山陽公劉康子弟一人爵關內侯衛公
姬署宋侯孔紹子弟一人駙馬都尉又泰始三年太常上
言博士劉熹等議稱衛公署於大晉在三恪之數應降稱
侯臣以爲零陵王位宜在陳留之上從之爲御史中丞莅
職勤恪有匪躬之稱立朝正色衆咸憚之凡所奏劾莫不
深相訶毀或延及祖禰示其切直又頗雜嘲戲故世人以
此非之補司徒左長史卒於東陽太守文集傳於世子赤
松爲尚書右丞以徐湛之黨爲元凶所殺伯子族弟昶字
茂祖與伯子絕服元嘉初以文義至中書郎昶子萬秋萬
秋字元寶亦用才學自顯昶見釋慧琳謂曰昨萬秋對策

欲以相示荅曰此不須看若非先見而荅貧道不能爲若先見而荅貧道奴皆能爲祖曰此將不傷德道耶荅曰大德所以不德乃相對笑竟不看焉萬秋孝武初爲晉陵太守坐於郡立華林閣置主衣主書下獄免前廢帝末爲御史中丞卒官

徐廣字野人東莞姑幕人也父藻都水使者兄邈太子前衛率家世好學至廣尤精百家數術無不研覽家貧未嘗以產業爲意妻中山劉謐之女忿之數以相讓廣終不改如此十數年家道日弊遂與廣離後晉孝武帝以廣博學除爲祕書郎校書祕閣增置職僚隆安中尚書令王珣舉

爲祠部郎李太后崩廣議服曰太皇太后名位既正體同皇極理制備盡情禮彌申陽秋之義母以子貴既稱夫人禮服從正故成風顯夫人之號昭公服三年之喪子於父之所生體尊義重且禮祖不厭孫固宜遂服無屈而緣情立制若嫌明文不存則疑斯從重謂應同於爲祖母後齊衰三年時從其議及會稽王世子元顯錄尚書欲使百僚致敬臺內使廣立議由是內外並執下官禮廣常爲愧恨義熙初宋武帝使撰車服儀注仍除鎮軍諮議參軍領記室封樂成縣五等侯轉員外散騎常侍領著作郎二年尚書奏廣撰成晉史六年遷驍騎將軍時有風雹爲災廣獻言武帝多所勸免又轉大司農領著作郎遷祕書監初桓玄篡位安帝出宮廣陪列悲慟哀動左右及武帝受禪恭帝遜位廣又哀感涕泗交流謝晦見之謂曰徐公將無小過廣收淚荅曰身與君不同君佐命興王逢千載嘉運身世荷晉德眷戀故主因更歔欷永初元年詔除中散大夫廣言墳墓在晉陵丹徒又生長京口息道玄忝宰此邑乞隨之官歸終桑梓許之贈賜甚厚性好讀書年過八十猶歲讀五經一遍元嘉二年卒廣所撰晉紀四十二卷義熙十二年成表上之又有荅禮問百餘條行於世時有高平郗紹亦作晉中興書數以示何法盛法盛有意圖之請紹

曰卿名位貴達不復俟此延譽我寒士無聞於時如袁宏干寶之徒賴有著述流聲於後宜以爲惠紹不與至書成在齋內廚中法盛詣紹紹不在直入竊書紹還失之無復兼本於是遂行何書

徐豁字萬同廣兄子也父邈晉太子前衛率豁宋永嘉初爲尚書左丞山陰令精練法理爲時所推元嘉初爲始興太守表陳三事文帝嘉之賜絹二百匹穀一千斛徙廣州刺史未拜卒

鄭鮮之字道子滎陽開封人魏將作大匠渾之玄孫也祖襲大司農經爲江乘令因居縣境父遵尚書郎鮮之下帷

讀書絕交遊之務初爲桓偉輔國主簿先是兗州刺史滕
恬爲丁零翟所没屍喪不反恬子羨仕官不廢論者嫌之
桓玄在荆州使羣僚博議鮮之議曰名教大極忠孝而已
至乎變通抑引每事輒殊本而尋之皆求心而遺迹迹之
所乘遭遇或異故聖人或就迹以助教或因迹以成罪屈
申與奪難可等齊舉其阡陌皆可終言矣天可逃乎而伊
尹廢君君可脅乎而鬻拳見善忠可愚乎而箕子同仁自
此以還殊實而齊聲異譽而等美者不可勝言令如滕羨
情事者或終身隱處不關人事或升朝理務無譏前哲通
滕者則以無譏爲證塞滕者則以隱處爲美折其兩中則

異同之情可見矣夫聖人立教猶言有禮無時君子不行
有禮無時政以事有變通不可宗一故耳宋武帝起義兵
累遷御史中丞性剛直甚得司直之體外甥劉毅權重當
時朝野莫不歸附鮮之盡心武帝獨不屈意於毅毅甚恨
焉以與毅舅甥制不相糾使書侍御史丘洹奏彈毅輒宥
傳詔羅道盛詔無所問時新制長吏以父母疾去官禁錮
三年山陰令沈叔任父疾去職鮮之因此上議曰父母之
疾而加以罪名悖義疾理莫此爲大謂宜從舊於義爲允
從之於是自二品以上父母及爲祖父母後者墳墓崩毀
及疾病族屬輒去並不禁錮劉毅當鎮江陵武帝會於江

寧朝士畢集毅素好摴蒱於是會戲帝與毅斂局各得其
半積錢隱人毅呼帝併之先擲得雉帝甚不悅良久乃答
之四坐傾屬既擲得盧毅意大惡謂帝曰知公不以大坐
席與人鮮之大喜徒跣繞床大叫聲聲相續毅甚不平謂
之曰此鄭君何爲者無復甥舅之敬帝少事戎旅不經涉
學及爲宰相頗慕風流時或談論人皆依違不敢難鮮之
難必切至未嘗寬假與帝言要須帝理屈然後置之帝有
時慙恧變色感其輸情時人謂爲格佞十二年武帝北伐
以爲右長史鮮之曾祖晉江州長史哲墓在開封求拜省
帝以騎送之及入咸陽帝遍視阿房未央故地悽愴動容

問鮮之秦漢所以得喪鮮之具以賈誼過秦對帝曰及子嬰
而亡已爲晚矣然觀始皇爲人智足見是非所任不得人何
也荅曰夫佞言似忠姦言似信中人以上乃可語上始皇未
及中人所以暗於識士前至渭濱帝復歎曰此地寧復有
呂望邪鮮之曰昔葉公好龍而眞龍見燕昭市骨而駿足
至明公以旰食待士豈患海内無人帝稱善者久之宋國
初建轉奉常赫連勃勃陷關中武帝復欲北討鮮之表諫
及踐阼遷太常都官尚書時傅亮謝晦位遇日隆范泰嘗
衆中讓誚鮮之曰卿與傅謝俱從聖主有功關洛卿乃居
僚首今日荅颯去人遼遠何不肖之甚鮮之熟視不對鮮

之爲人通率在武帝坐言無所隱晦亦甚憚焉而隱厚篤實贍恤親故遊行命駕或不知所適隨御者所之尤爲武帝所狎上曾内殿宴飲朝貴畢至唯不召鮮之坐定謂羣臣曰鄭鮮之必當自來俄而外啓尚書鄭鮮之詣神獸門求啓事帝大笑引入其被遇如此以從征功封龍陽縣五等子景平中徐傅當權出爲豫章太守時王弘爲江州刺史竊謂人曰鄭公德素先朝所禮方於前代鍾元常王景興之流今徐傅出以爲郡抑當有以尋有廢立事元嘉三年弘入爲相舉鮮之爲尚書右僕射四年卒文集行於世子愔始安太守

裴松之字世期河東聞喜人也祖昧光祿大夫父珪正員外郎松之博覽墳籍立身簡素年二十拜殿中將軍此官直衛左右晉孝武太元中華選名家以參顧問始用琅邪王茂之會稽謝輶皆南北之望義熙初爲吳興故鄣令在縣有績入爲尚書祠部郎松之以世立私碑有乖事實上表陳之以爲諸欲立碑者宜悉令言上爲朝議所許然後聽之庶可以防遏無徵顯彰茂實由是普斷武帝北伐領司州刺史以松之爲州主簿轉中從事既尅洛陽松之居州行事宋國初建毛德祖使洛陽武帝敕之曰裴松之廊廟之才不宜久居邊務今召爲太子洗馬與殷景仁同可令知之時議立五廟樂松之以妃臧氏廟用樂亦宜與四廟同除零陵内史徵爲國子博士元嘉三年誅司徒徐羡之等分遣大使巡行天下並兼散騎常侍班宣二十四條詔書松之使湘州甚得奉使之義論者美之轉中書侍郎上使注陳壽三國志松之鳩集傳記廣增異聞既成奏之上覽之曰裴世期爲不朽矣出爲永嘉太守勤恤百姓吏人便之後爲南琅邪太守致仕拜中散大夫尋爲國子博士進太中大夫使續成何承天國史未及撰述卒子駰南中郎參軍松之所著文論及晉記駰注司馬遷史記並行於世駰子昭明

昭明少傳儒史之業宋泰始中爲太學博士有司奏太子婚納徵用玉璧虎皮未詳何所準擬昭明議禮納徵儷皮鄭云皮爲庭實鹿皮也晉太子納妃注以虎皮二太元中公主納徵虎豹皮各一此豈謂婚禮不詳王公之差故取虎豹文蔚以尊其事虎豹雖文而徵禮所不言熊羆雖古而婚禮所不及珪璋雖美或爲用各異今宜準經誥凡諸僻謬一皆詳正於是有司參議加珪璋豹熊羆皮各二元徽中出爲長沙郡丞罷任刺史王蘊之謂曰卿清貧必無還資湘中人士有須一禮之命者我不愛也昭明曰下官忝爲郡佐不能光益上府豈以鴻都之事仰累清風歷祠

部通直郎齊永明三年使魏武帝謂曰以卿有將命之才
使還當以一郡相賞還爲始安內史郡人龔玄宜云神人
與其玉印玉板書不須筆吹紙便成字自稱龔聖人以此
惑衆前後郡太守敬事之昭明付獄案罪及還甚貧罄武
帝曰裴昭明當罷郡還遂無宅我不讀書不知古人中誰
可比之遷射聲校尉九年復北使建武初爲王玄邈安北
長史廣陵太守明帝以其在事無啓奏代還責之昭明曰
臣不欲競執關鍵故耳昭明歷郡皆清勤常謂人曰人生
何事須聚畜一身之外亦復何須子孫若不才我聚彼散
若能自立則不如一經故終身不事產業中興二年卒

子子野

子野字幾原生而母魏氏亡爲祖母殷氏所養殷柔明有
文義以章句授之年九歲殷氏亡泣血哀慟家人異之少
好學善屬文仕齊爲江夏王行參軍遭父憂去職初父寢
疾彌年子野禱請備至涕泗霑濡父夜夢見其容且召視
如夢俄而疾間以爲至孝所感命著孝感傳固辭乃止及
居喪每之墓所草爲之枯有白兔白鳩馴擾其側梁天監
初尚書僕射范雲嘉其至行將表奏之會雲卒不果樂安
任昉有盛名爲後進所慕遊其門者昉必推薦子野於昉
爲從中表獨不至昉亦恨焉故不之善久之兼廷尉正時

三官通署獄子野嘗不在同僚輒署其名奏有不允子野
從坐免職或勸言請有司可無咎子野笑曰雖慙柳季之
道豈因訟以受服自此免黜久之終無恨意中書郎范縝
與子野未遇聞其行業而善焉會遷國子博士乃上表
讓之有司以資歷非次不爲通後爲諸暨令在縣不行鞭
罰人有爭者示之以理百姓稱悅合境無訟初子野曾祖
松之宋元嘉中受詔續修何承天宋史未成而卒子野常
欲繼成先業及齊永明末沈約所撰宋書稱松之已後無
聞焉子野更撰爲宋略二十卷其敘事評論多善而云戮
淮南太守沈璞以其不從義師故也約懼徒跣謝之請兩

釋焉歎其述作曰吾弗逮也蘭陵蕭琛言其評論可與過
秦王命分路揚鑣於是吏部尚書徐勉言之於武帝以爲
著作郎掌修國史及起注頃之兼中書通事舍人尋除通
直員外著作舍人如故敕又掌中書詔誥時西北遠邊有
白題及滑國遣使由岷山道入貢此二國歷代弗賓莫知
所出子野曰漢潁陰侯斬胡白題將一人服虔注云白題
胡名也又漢定遠侯擊虜八滑此其後乎時人服其博識
敕仍使撰方國使圖廣述懷來之盛自要服至于海表凡
二十國子野與沛國劉顯南陽劉之遴陳郡殷芸陳留阮孝
緒吳郡顧協京兆韋稜皆博學深相賞好顯尤推重之時

長平侯蕭勱范陽張纘每討論墳籍咸折衷於子野繼母曹氏亡居喪過禮服闋再遷員外郎普通七年大舉北侵敕子野為魏文受詔立成武帝以其事體大召尚書僕射徐勉太子詹事周捨鴻臚卿劉之遴中書侍郎朱异集壽光殿以觀之時並歎服武帝目子野曰其形雖弱其文甚壯俄又敕為書喻魏相元叉其夜受旨子野謂可待旦方奏未之為也及五鼓敕催令速上子野徐起操筆昧爽便就及奏武帝深嘉焉自是諸符檄皆令具草子野為文典而速不尚靡麗制多法古與今文體異當時或有詆訶者及其末翕然重之或問其為文速者子野答云人皆成於手

我獨成於心還中書侍郎鴻臚卿領步兵校尉子野在禁省十餘年默靜自守未嘗有所請謁外家及中表貧乏所得奉悉給之無宅借官地二畝起茅屋數間妻子恒苦飢寒唯以教誨為本子姪祗畏若奉嚴君劉顯常以師道推高之末年深信釋教終身飯麥食蔬中大通二年卒先是子野自占死期不過戊戌歲是年自省移疾謂同官劉之亨曰吾其逝矣遺命務存儉約武帝悼惜為之流涕贈散騎常侍即日舉哀先是五等君及侍中以上乃有謚及子野特以令望見嘉賜謚貞子子野少時集注喪服續裴氏家傳各二卷抄合後漢事四十餘卷又敕撰衆僧傳二十卷百官九品二卷附益謚法一卷方國使圖一卷文集二十卷並行於世又欲撰齊梁春秋始草創未就而卒及葬湘東王為之墓誌銘陳于藏內邵陵王又立墓誌堙于羨道羨道列誌自此始焉子鷟官至通直郎

何承天東海郯人也五歲喪父母徐廣姊也聰明博學故承天幼漸訓義宋武起義初撫軍將軍劉毅鎮姑孰板為行參軍毅嘗出行而鄢陵縣吏陳滿射鳥箭誤中直帥雖不傷人處法棄市承天議曰獄貴情斷疑則從輕昔有驚漢文帝乘輿馬者張釋之劾以犯蹕罪止罰金何者明其無心於驚馬也故不以乘輿之重加於異制今滿意在射

鳥非有心於中人案律過誤傷人三歲刑況不傷乎微罰可也宋臺建為尚書祠部郎與傅亮共撰朝儀謝晦鎮江陵請為南蠻長史晦進號衛將軍轉諮議參軍領記室元嘉三年晦將見討問計於承天曰大小既殊逆順又異境外求全上計也以腹心領兵戍義陽將軍率衆於夏口一戰若敗即趨義陽以出北境此其次也晦良久曰荊楚用武之國且當決戰走不晚也及晦下承天留府不從到彥之至馬頭承天自詣歸罪見宥後兼尚書左丞吳興餘杭人薄道舉為劫制同籍朞親補兵道舉從弟代公道生等並為劫大功親非應在補謫之例法以代公等母存為朞親則子

宜隨母補兵承天議曰尋劫制同籍朞親補兵大功則不在例婦人三從既嫁從夫夫死從子今道舉爲劫若其叔父尚存應制補謫妻子嘗居固其宜也但爲劫之時叔父已殁代公道生並是從弟大功之親不合補謫今若以叔母爲朞親令代公隨母補兵既乖大功不謫之制又失婦人三從之道由於主者守朞親之文不辯男女之異謂代公等母子並宜見原承天爲性剛慢不能屈意朝右頗以所長侮同列不爲僕射殷景仁所平出爲衡陽內史昔在西方與士人多不恊在郡又不公清爲州司所糾被收繫獄會赦免十六年除著作佐郎撰國史承天年已老而諸佐

郎並名家年少潁川荀伯子嘲之常呼爲㚢母承天曰卿當云鳳凰將九子㚢母何言耶尋轉太子率更令著作如故時丹陽溧陽丁況等久喪而不葬承天議曰禮云還葬當謂荒儉一時故許其稱財而不求備丁況三家數十年中葬輒無棺櫬實由淺情薄恩同於禽獸者耳竊以丁寶等同伍積年未嘗勸之以義繩之以法十六年冬既無新科又未申明舊制有何嚴切欻然相糾或由隣曲分爭以興此言如聞在東諸處此例既多江西淮北尤爲不少若但謫此三人殆無所肅開其一端則互相恐動臣愚爲況等三家且可勿問因此附定制旨若人葬不如法同伍當

郎糾言三年除服之後不得追相告引十九年立國子學以本官領國子博士皇太子講孝經承天與中庶子顏延之同爲執經頃之遷御史中丞時魏軍南伐文帝訪羣臣捍禦之略承天上安邊論凡陳四事其一移遠就近以實內地其二浚復城隍以增阻防其三纂偶車牛以飾戎械其四計丁課仗勿使有闕文多不載承天素好弈棊頗用廢事又善彈箏文帝賜以局子及銀裝箏承天奉表陳謝上荅曰局子之賜何必非張武之金耶承天博見古今爲一時所重張永嘗開玄武湖遇古冢冢上得一銅斗有柄文帝以訪朝士承天曰此亡新威斗王莽三公亡皆賜

之一在冢外一在冢內時三台居江左者唯甄邯爲大司徒必邯之墓俄而永又啓冢內更得一斗復有一石銘大司徒甄邯之墓時帝每有疑議必先訪之信命相望於道承天性褊促嘗對主者厲聲曰天何言哉四時行焉百物生焉文帝知之應遣先戒曰善候何顏色如其不悅無須多陳二十四年承天遷廷尉未拜上欲以爲吏部郎已受密旨承天宣漏之坐免官卒於家年七十八先是禮論有八百卷承天刪減并合以類相從凡爲三百卷并前傳雜語纂文及文集並傳於世又改定元嘉曆改漏刻用二十五箭皆從之曾孫遜

遜字仲言八歲能賦詩弱冠州舉秀才南鄉范雲見其對
策大相稱賞因結忘年交謂所親曰頃觀文人質則過儒
麗則傷俗其能含清濁中今古見之何生矣沈約嘗謂遜
曰吾每讀卿詩一日三復猶不能已其為名流所稱如此
梁天監中兼尚書水部郎南平王引為賓客掌記室事後
薦之武帝與吳均俱進倖後稍失意帝曰吳均不均何遜
不遜未若吾有朱异信則異矣自是疎隔希復得見卒於
仁威廬陵王記室初遜為南平王所知深被恩禮及聞遜
卒命迎其柩而殯藏焉并餼其妻子東海王僧孺集其文
為八卷初遜文章與劉孝綽並見重時謂之何劉梁元帝

著論論之云詩多而能者沈約少而能者謝朓何遜遜從
叔僴字彥夷亦以才著聞宦遊不達作拍張賦以喻意末
云東方曼倩發憤於侏儒遜與火頭食子稟賜不殊位至
臺郎時有會稽虞騫工為五言名與遜埒官至王國侍
郎後又有會稽孔翁歸濟陽江避並為南平王大司馬府
記室翁歸工為詩避博學有思理注論語孝經二人並有
文集

論曰夫令問令望詩人所以作詠有禮有法前哲由斯播
美觀夫范荀二公並以學業自著而干時之譽本期俱不
為弘雖才則有餘而望乃不足蔚宗藝用有過人之美跡

其行事何利害之相傾徐廣動不違仁義兼儒行鮮之時
稱格佞斯不佞矣松之雅道為貴裴光載德承夫素訓所
資無慙舅氏美矣乎

列傳第二十三　南史二十三

李延壽

顏延之 子竣 從子師伯　沈懷文 子沖 從兄曇慶

周朗 族孫顒 顒子捨 捨弟子弘正 弘讓 弘直 子確

顏延之字延年，琅邪臨沂人也。曾祖含，晉左光祿大夫。祖約，零陵太守。父顯，護軍司馬。延之少孤貧，居負郭，好讀書，無所不覽，文章冠絶當時。好飲酒，不護細行，年三十猶未昏。妹適東莞劉穆之子憲之，穆之聞其美才，將仕之，先欲相見，延之不往也。後爲宋武帝豫章公世子中軍行參軍。及武帝北伐，有宋公之授，府遣延之慶殊命，行至洛陽，周

視故宮室盡爲禾黍，悽然詠黍離篇。道中作詩二首，爲謝晦、傅亮所賞。武帝受命，補太子舍人。鴈門周續之隱廬山，儒學著稱，永初中徵詣都下，開館以居之。武帝親幸，朝彥畢至，延之官列卑，引升上席。上使問續之三義，續之雅杖辭辯，延之每以簡要連挫續之。上又使還自敷釋，言約理暢，莫不稱善。再遷太子中舍人。時尚書令傅亮自以文義一時莫及，延之負其才不爲之下，亮甚疾焉。廬陵王義眞待之甚厚，徐羨之等疑延之爲同異，意甚不悅。少帝即位，累遷始安太守。領軍將軍謝晦謂延之曰：「昔荀勗忌阮咸，斥爲始平郡，今卿又爲始安，可謂二始。」黃門郎殷景仁

亦謂之曰：「所謂人惡俊異，世疵文雅。」延之之郡，道經汨潭，爲湘州刺史張邵祭屈原文以致其意。元嘉三年，羨之等誅，徵爲中書侍郎，轉太子中庶子，領步兵校尉，賞遇甚厚。

延之既以才學見遇，當時多相推服，唯袁淑年倍小延之，不相推重。延之忿於衆中折之曰：「昔陳元方與孔元駿齊年文學，元駿拜元方於牀下，今君何得不見拜？」淑無以對。

延之疎誕，不能取容當世，見劉湛、殷景仁專當要任，意有不平，常言天下事豈一人之智所能獨了，辭意激揚，每犯權要。又少經爲湛父柳後將軍主簿，至是謂湛曰：「吾名器不升，當由作卿家吏耳。」湛恨焉，言於彭城王義康，出爲永

嘉太守。延之甚怨憤，乃作五君詠以述竹林七賢，山濤、王戎以貴顯被黜。詠嵇康云：「鸞翮有時鎩，龍性誰能馴。」詠阮籍云：「物故不可論，途窮能無慟。」詠阮咸云：「屢薦不入官，一麾乃出守。」詠劉伶云：「韜精日沈飲，誰知非荒宴。」此四句蓋自序也。湛及義康以其辭旨不遜，大怒，欲黜爲遠郡。文帝與義康詔曰：「宜令思愆里閭，猶復不悛，當驅往東土。乃至難恕者，自可隨事錄之。」於是延之屏居，不豫人間者七載。中書令王球以名公子遺務事外，與延之雅相愛好，每振其罄匱。晉恭思皇后葬，應須百官，皆取義熙元年除身，以延之兼侍中。邑吏送札，延之醉，投札於地曰：「顏延之未能事

生爲能事死文帝嘗召延之傳詔頻不見常日但酒店裸袒挽歌了不應對他日醉醒乃見帝嘗問以諸子才能延之曰竣得臣筆測得臣文㚟得臣義躍得臣酒何尚之嘲曰誰得卿狂荅曰其狂不可及尚之爲侍中在直延之以醉詣焉尚之望見便陽眠延之發簾熟視曰朽木難彫尚之謂左右曰此人醉甚可畏閑居無事爲庭誥之文以訓子弟劉湛誅後起延之爲始興王濬後軍諮議參軍御史中丞在任從容無所舉奏遷國子祭酒司徒左長史何尚之素與延之狎書與王球曰延之有後命教府無復光輝坐啓買人田不肯還直尚書左丞荀赤松奏之曰求田問

舍前賢所鄙延之唯利是視輕冒陳聞依傍詔恩抵捍餘直垂及周年猶不畢了昧利苟得無所顧忌延之昔坐事屏斥復蒙抽進而曾不悛革怨誹無已交遊闒茸沈迷麴蘖橫興譏謗詆毀朝士仰竊過榮增憤薄之性私恃顧眄成彊梁之心外示寡求內懷奔競干祿祈遷不知極已預宴班觴肆詈上席山海容含每存遵養愛兼雕蟲未忍遐棄而驕放不節日月彌甚臣聞聲問過情孟軻所恥況聲非外來問由己出雖心智薄劣而高自比擬客氣虛張曾無愧畏豈可復弼亮五教增耀台階請以延之訟田不實妄干天聽以強陵弱免所居官詔可後爲秘書監光祿勳

太常時沙門釋慧琳以才學爲文帝所賞朝廷政事多與之謀遂士庶歸仰上每引見常升獨榻延之甚疾焉因醉白上曰昔同子參乘袁絲正色此三台之坐豈可使刑餘居之上變色延之性既褊激兼有酒過肆意直言曾無回隱故論者多不與之謂之顏彪居身儉約不營財利布衣蔬食獨酌郊野當其爲適傍若無人三十年致事元凶弒立以爲光祿大夫長子竣爲孝武南中郎諮議參軍及義師入討竣定密謀兼造書檄劭召延之示以檄文問曰此筆誰造延之曰竣之筆也又問何以知之曰竣筆體臣不容不識劭又曰言辭何至乃爾延之曰竣尚不顧老臣何

能爲陛下劭意乃釋由是得免孝武登祚以爲金紫光祿大夫領湘東王師嘗與何偃同從上南郊偃於路中遙呼延之曰顏公延之以其輕脫怪之荅曰身非三公之公又非田舍之公又非君家阿公何以見呼爲公偃羞而退竣既貴重權傾一朝凡所資供延之一無所受器服不改宅宇如舊常乘羸牛車逢竣鹵簿卽屏往道側又好騎馬遨游里巷遇知舊輒據鞌索酒得必傾盡欣然自得嘗語竣曰平生不喜見要人今不幸見汝竣起宅謂曰善爲之無令後人笑汝拙也表解師職加給親信二十人嘗早候竣遇賓客盈門竣方臥不起延之怒曰恭敬撙節福之基

也驕很傲慢禍之始也況出糞土之中而升雲霞之上傲
不可長其能久乎延之有愛姬非姬食不飽寢不安姬憑
寵嘗盪延之墜牀致損竣殺之延之痛惜甚至常坐靈上
哭曰貴人殺汝非我殺汝以冬日臨哭忽見妾排屏風以
壓延之延之懼墜地因病孝建三年卒年七十三贈特進
謚曰憲子延之與陳郡謝靈運俱以辭采齊名而遲速縣
絕文帝嘗各敕擬樂府北上篇延之受詔便成靈運久之
乃就延之嘗問鮑照己與靈運優劣照曰謝五言如初發
芙蓉自然可愛君詩若鋪錦列繡亦雕繢滿眼延之每薄
湯惠休詩謂人曰惠休制作委巷中歌謠耳方當誤後事

是時議者以延之靈惠自潘岳陸機之後文士莫及江右
稱潘陸江左稱顏謝焉

竣字士遜延之長子也早有文義爲宋孝武帝撫軍主簿
甚被嘉遇竣亦盡心補益元嘉中上不欲諸王各立朋黨
將召竣補尚書郎江湛以爲在府有稱不宜回改乃止隨
府轉安北領軍北中郎府主簿初沙門釋僧含精有學義
謂竣曰貧道常見讖記當有真人應符名稱次第屬在殿
下後竣在彭城嘗於親人敘之言遂宣布聞於文帝時元
凶巫蠱事已發故上不加推案孝武鎮尋陽遷南中郎記
室三十年春以父延之致仕固求解職賜假未發而文帝

崩問至孝武舉兵入討轉諮議參軍領軍錄事任總內外
并造檄書孝武發尋陽便有疾自沈慶之以下並不堪相
見唯竣出入卧內斷決軍機時孝武屢經危篤不任諮稟
凡厥衆務竣皆專斷施行孝武踐祚歷侍中左衛將軍封
建城縣侯孝建元年轉吏部尚書領驍衛將軍留心選舉自
強不息任遇既隆奏無不可後謝莊代竣領選意多不行
竣容貌嚴毅莊風姿甚美賓客喧訴常歡笑答之人言顏
竣瞋而與人官謝莊笑而不與人官南郡王義宣臧質等
反以竣兼領右將軍義宣質諸子藏匿建康秣陵湖熟江
寧縣界孝武大怒免丹楊尹褚湛之官收四縣官長以竣

爲丹楊尹加散騎常侍先是竣未有子而司馬江夏王義
恭諸子爲元凶所殺至是各產男上自爲制名名義恭子
爲伯禽以比魯公伯禽周公之子名竣子爲辟強以比漢
侍中辟強張良之子也先是元嘉中鑄四銖錢輪郭形制
與五銖同用費無利故百姓不盜鑄及孝武即位又鑄孝
建四銖所鑄錢形式薄小輪郭不成於是人間盜鑄者雜
以鉛錫並不牢固又剪鑿古錢以取其銅錢轉薄小稍違
官式雖重制嚴刑人吏官長坐死免者相係而盜鑄彌甚
百物踊貴人患苦之乃立品格薄小無輪郭者悉加禁斷
始興公沈慶之議宜聽人鑄錢置署樂鑄之家皆居署内

去春所禁新品一時施用今鑄悉依此格萬稅三千嚴檢
盜鑄并禁剪鑿數年之間公私豐贍銅盡事息姦僞自止
禁鑄則銅轉成器開鑄則器化爲財上下其事於公卿竣
議曰今云開署放鑄誠所欲同但慮采山事絕器用日耗
銅既轉少器亦彌貴設器直一千則鑄之減半爲之無利
雖令不行時議者又以銅難得欲鑄二銖錢竣又議曰今
鑄二銖恣行新細於官無解於乏而人大興天下之貨將
糜碎至盡空曰嚴禁而利深難絕不過一二年間其弊不
可復救此其甚不可一也使姦人意騁而貽厥愆謀此又
甚不可二也富商得志貧人困窘此又甚不可三也若使

交益深重尚不可行況又未見利而衆弊如此失筭當時
取笑百代乎前廢帝即位鑄二銖形式轉細官錢每出人
間即模効之而大小厚薄皆不及也無輪郭不磨鑢如今
之翦鑿者謂之耒子錢景和元年沈慶之啓通私鑄由是
錢貨亂敗一千錢長不盈三寸大小稱此謂之鵝眼錢劣
於此者謂之綖環錢貫之以縷入水不沈隨手破碎市井
不復料數十萬錢不盈一掬斗米一萬商貨不行明帝初
唯禁鵝眼綖環其錢皆通用復禁人鑄官署亦廢尋復普
斷唯用古錢竣自散騎常侍丹陽尹加中書令表讓中書
令見許時歲旱人飢竣上言禁糃一月息米近萬斛復代

謝莊爲吏部尚書領太子右衛率未拜丁父憂裁踰月起
爲右將軍丹陽尹如故竣固辭表十上不許遣中書舍人
戴寶明抱竣登車載之郡舍賜以布衣一襲絮以綵綸遣
主衣就衣諸體竣藉蕃朝之舊臣每極陳得失上自即吉
之後宮内頗有醜論又多所興造竣諫爭懇切並無所回
避上意甚不悅多不見從竣自謂才足幹時恩舊莫比當
務居中永執朝政而所陳多不被納疑上欲疏之乃求出
以卜時旨大明元年以爲東揚州刺史所求既許便憂懼
無計至州又丁母艱不許去職聽送喪還都恩待猶厚竣
彌不自安每對親故頗懷怨憤又言朝廷違謬人主得失

及王僧達被誅謂爲所讒搆臨死陳竣前後忿懟恨言不
見從僧達所言頗相符會上乃使御史中丞庾徽之奏竣
窺覘國柄潛圖久執受任選曹驅扇滋甚出尹京輦形勢
彌放傳詔犯憲舊須啓聞而竣以通訴忤已輒加鞭辱罔
顧威靈莫此爲甚懷挾姦數包藏隱慝豫聞中旨罔不宣
露罰則委上善必歸己脅懼上宰激動閭閻未感上聞内
懷猜懼僞請東牧以卜天旨既獲出藩怨詈方肆反脣腹
誹方之已輕前冬母亡詔賜還葬事畢不去盤桓經時方
搆間勳貴造立同異遂以己被斥外國道將顛兼行闕於
家早負世議天倫怨毒親交震駭街談道說非復風聲宜

加顯戮以昭盛化請以見事免竣所居官下太常削爵土
上未欲便加大戮且止免官竣頻啓謝罪并乞性命上愈
怒詔荅曰憲司所奏非宿昔所以相期卿受榮遇政當極
此訕訐怨憤已孤本望乃復過煩思慮懼不全立豈為下
事上誠節之至耶及竟陵王誕為逆因此陷之言通於誕
召御史中丞庾徽之於前立奏奏成詔先打折足然後於
獄賜死妻息宥之以遠子辟強徙交州又於宮亭湖沈殺
之竣文集行於世竣弟測亦以文章見知官至江夏王義
恭大司馬録事參軍以兄貴為憂先竣卒明帝即位詔曰
延之昔師訓朕躬情契兼重前記室參軍濟陽太守奐伏

南史列傳廿四　九

事著朝綱緣恩舊可擢為中書侍郎奐延之第三子也
顏師伯字長深竣族兄也父邵剛正有局力為謝晦領軍
司馬晦鎮江陵請為諮議參軍領録事軍府之務悉委焉
邵慮晦有禍求為竟陵太守未及之郡會晦見討邵飲藥
死師伯少孤貧涉獵書傳頗解聲樂弟師仲妻臧質女也
質為徐州辟師伯為主簿孝武為徐州師伯仍為輔國安
北行參軍王景文時為諮議參軍愛其諧敏進之孝武以
為徐州主簿善於附會大被知遇及去鎮師伯以主簿送
故孝武鎮尋陽啓文帝請為南中郎府主簿文帝不許謂
典籤曰中郎府主簿那得用顏師伯孝武啓為長流正佐

帝又曰朝廷不能除之卿可自板然亦不宜署長流乃板
為參軍刑獄及討元凶轉主簿孝武踐阼以為黃門侍郎
累遷侍中大明元年封平都縣子親幸隆密群臣莫二多
納貨賄家累千金孝武嘗與師伯樗蒱帝擲得雉大悅謂
必勝師伯後得盧帝失色師伯遽斂子曰幾作盧爾日師
伯一輸伯萬仍遷吏部尚書右軍將軍上不欲威權在下
前後領選者唯奉行文書師伯專精獨斷奏無不可七年
為尚書左僕射時分置二選陳郡謝莊琅邪王曇生並為
吏部尚書師伯子舉周旋寒人張奇為公車令上以奇資
品不當使兼市買丞以蔡道惠代之令史潘道栖褚道惠

南史列傳廿四　十

顏禕之元從夫任潛之石道兒黃難周公選等抑道惠敕
使奇先到公車不施行奇兼市買丞事師伯坐以子預職
莊曇生免官道栖道惠棄市禕之等六人鞭杖一百師伯
尋領太子中庶子雖被黜挫受任如初孝武臨崩師伯受
遺詔輔幼主尚書中事專以委之廢帝即位復還即真
加領衛尉師伯居權日久天下輻湊游其門者爵位莫不
踰分多納貨賄家產豐積伎妾聲樂盡天下之選園池第
宅冠絕當時驕奢淫恣為衣冠所疾又遷尚書僕射領丹
陽尹廢帝欲親朝政轉師伯為左僕射以吏部尚書王景
文為右僕射奪其京尹又分臺任師伯至是始懼與柳元景

謀廢立初師伯專斷朝事不與沈慶之參懷謂令史曰沈
公爪牙者耳安得預政事慶之聞而切齒乃泄其謀尋與
太宰江夏王義恭同誅六子皆見殺明帝即位謚曰荒
沈懷文字思明吳興武康人也祖叔晉光祿勳父宣新安
太守懷文少好玄理善爲文章爲楚昭王二妃詩見稱於
世爲江夏王義恭東閤祭酒丁父憂新安郡送故豐厚奉
終禮畢餘悉班之親戚一無所留文帝聞而嘉之賜奴婢
六人服闋除尚書殿中郎隱士雷次宗被徵居鍾山後南
還廬江何尚之設祖道文義之士必集爲連句詩懷文所
作尤美辭高一坐隨王誕領襄陽出爲後軍主簿與諮議

參軍謝莊共掌辭令領義成太守元嘉二十八年誕當爲
廣州欲以懷文爲安南府記室先除通直郎懷文固辭南
行上不悅弟懷遠納東陽公主養女王鸚鵡爲妾元凶行巫
蠱鸚鵡豫之事泄懷文因此失調爲治書侍御史元凶殺
立以爲中書侍郎孝武入討呼之使作符檄固辭劭大怒
會殷沖救得免託疾落馬閒行奔新亭以爲竟陵王誕驃
騎録事參軍淮陵太守時國哀未釋誕欲起內齋懷文以
爲不可乃止尋轉揚州中從事史時議省録尚書懷文以
爲非宜上議不從遷別駕從事史及江夏王義恭還西陽
王子尚爲揚州居職如故時熒惑守南斗上乃廢西州舊

館使子尚移居東城以厭之懷文曰天道示變宜應之以
德今雖空西州恐無益也不從而西州竟廢大明二年遷
尚書吏部郎時朝議欲依古制置立王畿揚州移居會稽
猶以星變故也懷文曰周制封畿漢置司隸各因時宜非
存相反安人定國其揆一也苟人心所安天亦從之必改
今追古乃致平一神州舊壤歷代相承異於邊州或置或
罷既物情不悅容虧化本又不從三年子尚移鎮會稽遷
撫軍長史行府州事時囚繫甚多動經年月懷文到任訖
五郡九百三十六獄衆咸稱平入爲侍中寵待隆密竟陵
王誕據廣陵反及城陷士庶皆裸身鞭面然後加刑聚所

殺人首於石頭南岸謂之髑髏山懷文陳其不可上不納
孝武嘗有事圓丘未至期而雨晦竟夜明旦風霽雲色甚
美帝升壇悅懷文稱慶曰昔漢后郊祀太一白日重輪神
光四燭今陛下有事茲禮而宵雨迎夜清景麗朝斯是聖
明幽感所致臣願與侍臣賦之上笑稱善揚州移會稽忿
浙江東人情不和欲貶其勞祿唯西州舊人不改懷文曰
揚州徙居既乖人情一州兩格尤失大體上不從懷文與
顏竣周朗素善竣以失旨見誅朗亦以忤意得罪上謂懷
文曰竣若知我殺之亦當不敢如此懷文嘿然又嘗以歲
夕與謝莊王景文顏師伯被敕入省未及進景文因談言

次稱竣朗人才之美懷文與相酬和師伯後因語次白上
叙景文等此言懷文屢經犯忤至此上倍不悦上又壞諸
郡士族以充將吏並不服役至悉逃亡加以嚴制不能禁
乃改用軍法得便斬之莫不奔竄山湖聚爲盜賊懷文又
以爲言齊庫上絹年調鉅萬疋綿亦稱此期限嚴峻人間
買絹一疋至三二千綿一兩三四百貧者賣妻子甚者或自
縊死懷文具陳人困由是綿絹薄有所減俄復舊子尚等
諸皇子皆置邸舍逐什一之利爲患徧天下懷文又曰列
肆販賣古人所非上式明不雨之由弘羊受致旱之責若
以用度不充故宜量加減省不聽孝建以來抑黜諸弟廣

陵平後復欲更峻其科懷文曰漢明不使其子比光武之
子前史以爲美談陛下既明管蔡之誅願崇唐衛之寄及
海陵王休茂誅欲遂前議太宰江夏王義恭探得密旨先
發議端懷文固請不可由是得息時游幸無度太后六宮
常乘副車在後懷文與王景文每諫不宜亟出後因從坐
松樹下風雨甚驟景文曰卿可以言矣懷文曰獨言無繼
宜相與陳之江智深卧草側亦謂之善俄而被召俱入雉
場懷文曰風雨如此非聖躬所宜景文又曰懷文所啓宜
從智深未及有言上方注弩作色曰卿欲効顔竣邪何以
恒知人事又曰顔竣小子恨不得鞭其面上每宴集在坐

者咸令沈醉懷文素不飲酒又不好戲上謂故欲異己謝
莊嘗誡懷文曰卿每與人異亦何可久懷文曰吾少來如
此豈可一朝而變非欲異物性之所不能耳五年出爲晉
安王子勛征虜長史廣陵太守明年坐朝正事畢被遣還
北以女病求申臨辭又乞停三日訖猶不去爲有司所糾
免官禁錮十年既被免賣宅還東上大怒收付廷尉賜死
弟懷遠爲始興王濬征北長流參軍深見親待坐納王鸚
鵡爲妾孝武徙之廣州刺史宗慤欲殺之會南郡王義宣
反懷遠頗閑文筆慤起義使造檄書并衘命至始興與始
興相沈法系論起義事事平慤具爲陳請由此見原終孝

武世不得還前廢帝世歸位武康令撰南越志及懷文文
集並傳於世懷文三子淡深沖
沖字景綽涉獵文義仕宋歷位撫軍正佐兼記室及懷文
得罪被繫沖兄弟行謝情哀覩若見者傷之柳元景欲救
懷文言於孝武曰沈懷文三子塗炭不可見願陛下速正其
罪帝曰宜急殺之使甚意分竟殺之元景爲之歎息沖兄
弟以此知名累遷司徒録事齊武帝爲江州沖爲征虜長
史尋陽太守齊建元中累遷太子中庶子武帝在東宮侍
以恩舊及即位轉御史中丞侍中永明四年爲五兵尚書
沖與兄淡深名譽有優劣世號爲腰鼓兄弟淡深並歷御

史中丞兄弟三人皆爲司直晉宋所未有也中丞案裁之職被惡者多結怨永明中深彈吳興太守袁彖建武中彖從弟昂爲中丞到官數日奏彈深子績父在儀白幰車免官禁錮沖母孔氏在東鄰家失火疑爲人所焚爇大呼曰我三兒皆作御史中丞與人豈有善者方恐肌分骨散何但焚如兄弟後並歷侍中武帝方欲任沖尋卒追贈太常謚曰恭子

曇慶懷文從父兄也父發員外散騎侍郎曇慶仕宋位尚書左丞時歲有水旱曇慶議立常平倉以救人急文帝納其言而事不行大明元年爲徐州刺史時殿中員外將軍

裴景仁助戍彭城景仁本北人多悉關中事曇慶使撰秦記十卷敘苻氏事其書傳於世曇慶謹實清正所莅有稱續常謂子弟曰吾處世無才能圖作大老子耳世以長者稱之卒於祠部尚書

周朗字義利汝南安成人也父淳宋初歷位侍中太常兄嶠尚武帝第四女宣城德公主二女適建平王宏盧江王禕以貴戚顯官朗少而愛奇雅有風氣與嶠志趣不同嶠甚疾之爲江夏王義恭太尉參軍元嘉二十七年春朝議北侵魏當遣義恭出鎮彭城爲諸軍大統朗聞之解職及義恭出鎮府主簿羊希從行與朗書戲之勸令獻奇進策朗報書援引古義辭意倜儻孝武即位除建平王宏中軍録事參軍時普責百官讜言朗上書陳述得失多自矜誇書奏忤旨自解去職後爲廬陵內史郡界荒蕪頗有野獸母薛氏欲見獵朗乃合圍縱火令母觀之火逸燒郡廨朗悉以秩米起屋償所燒之限稱疾去官爲州司所糾還都謝孝武曰州司舉臣愆失多不允臣在郡猛獸三食人蟲鼠犯稼以此二事上負陛下上變色曰州司不允或可有之蟲獸之災寧關卿小物朗尋丁母憂每哭必慟其餘頗不依居喪常節大明四年上使有司奏其居喪無禮詔曰朗悖禮利口宜合翦戮微物不足亂典刑特鎖付邊郡於

是傳送寧州於道殺之朗族孫顒

顒字彥倫晉左光禄大夫顗七世孫也祖虎頭員外常侍父恂歸鄉相顒少爲族祖朗所知解褐海陵國侍郎益州刺史蕭惠開賞異顒攜入蜀爲厲鋒將軍帶肥鄉成都二縣令仍爲府主簿常謂惠開性太險每致諫惠開不悅答顒曰天險地險王侯設險但問用險何如耳隨惠開還都宋明帝頗好玄理以顒有辭義引入殿內親近宿直帝所爲慘毒之事顒不敢顯諫輒誦經中因緣罪福事帝亦爲之小止元徽中詔爲剡令有恩惠百姓思之齊高帝輔政爲齊殿中郎建元初爲長沙王後軍參軍山陰令還爲文

惠太子中軍録事參軍文惠在東宮顒遷正員郎始興王
前軍諮議直侍殿省深見賞遇顒音辭辯麗長於佛理著
三宗論言空假義西涼州智林道人遺顒書深相贊美言
捉麈尾來四十餘載頗見宗録唯此塗白黑無一人得者
爲之發病非意此音猥來入耳其論見重如此顒於鍾山
西立隱舍休沐則歸之轉太子僕兼著作撰起居注遷中
書郎兼著作常游侍東宮少從外氏車騎將軍臧質家得
衛恒散隷書法學之甚工文惠太子使顒書玄圃茅齋壁
國子祭酒何胤以倒薤書求就顒換之顒笑荅曰天下有
道丘不與易也每賓友會同顒虚席晤語辭韻如流聽者
忘倦兼善老易與張融相遇輒以玄言相滯彌日不解清
貧寡欲終日長蔬雖有妻子獨處山舍甚機辯衛將軍王
儉謂顒曰卿山中何所食顒曰赤米白鹽緑葵紫蓼文惠
太子問顒菜食何味最勝顒曰春初早韭秋末晚菘何胤
亦精信佛法無妻太子又問顒卿精進何如何胤顒曰三
塗八難共所未免然各有累太子曰累伊何對曰周妻何
肉其言辭應變如此轉國子博士兼著作太學諸生慕其
風爭事華辯始著四聲切韻行於時後卒於官子捨
捨字昇逸幼聰穎顒異之臨終謂曰汝不患不富貴但當
將之以道德及長博學尤精義理善誦詩書音韻清辯弱

冠舉秀才除太學博士從兄綿爲剡縣贓汙不少籍沒資
財捨乃推宅助焉建武中魏人吳苞南歸有儒學尚書僕
射江祏招苞講捨造坐折苞辭理遒逸由是名爲口辯王
亮爲丹陽尹聞而悅之辟爲主簿政事多委焉遷太常丞
梁武帝即位吏部尚書范雲與顒素善重捨才器言之武
帝召拜尚書祠部郎禮儀損益多自捨出先是帝與諸王
及吳平侯書皆云弟捨立議引武王周公故事皆曰汝從
之累遷鴻臚卿時王亮得罪歸家故人莫至捨獨敦恩舊
及亮卒身營殯葬時人稱之遷尚書吏部郎太子右衛率
右衛將軍雖居職屢徙而常留省内罕得休下國史詔誥
儀體法律軍旅謀謨皆兼掌之日夜侍上豫機密二十餘
年未嘗離左右帝以爲有公輔器初范雲卒僉以沈約允
當樞管帝以約輕易不如徐勉於是勉捨同參國政勉小
嫌中廢捨專掌權轄雅量不及勉而清簡過之兩人俱稱
賢相時議國史疑文帝紀傳之名捨以爲帝紀之寵百事
如乾象之包六爻今若追而爲紀則事無所包若直書功
德則傳而非紀應於上紀之前略有仰述從之捨占對辯
捷嘗居直廬語及嗜好裴子野言從來不嘗食薑捨應聲
曰孔稱不徹裴乃不嘗一坐皆悅與人論謔終日不絕而
竟不言漏泄機事衆尤服之性儉素衣服器用居處牀席

如布衣之貧者每入官府雖廣廈華堂閨閣重邃捨居之則塵埃滿積以荻爲障壞亦不脩歷侍中太子詹事普通五年南津校尉郭祖深獲始興相白渦書餉捨衣褸及婢以聞坐免官以右驍衛將軍知詹事卒上臨哭哀動左右追贈侍中護軍將軍謚曰簡子初帝銳意中原羣臣咸言不可唯捨贊成之大通中累獻捷帝思其功下詔述其德美以爲往者南司白渦之劾恐外議謂朕有私致此黜免追愧若人一介之善外可量加褒異以旌善人捨集二十卷二子弘義弘信弟子弘正

弘正字思行父寶始梁司徒祭酒弘正幼孤及弟弘讓弘

直俱爲伯父捨所養年十歲通老子周易捨每與談論輒異之曰觀汝清理警發後世知名當出吾右河東裴子野深相賞納請以女妻之十五召補國子生仍於國學講易諸生傳習其義以季春入學孟冬應舉學司以日淺不許博士到洽曰周郎弱冠講經豈俟策試普通中初置司文義郎直壽光省以弘正爲司義侍郎弘正醜而不陋吃而能談誹諧似優剛腸似直善玄理爲當世所宗藏法師於開善寺講說門徒數百弘正年少未知名著紅褌錦絞髻踞門而聽衆人蔑之弗譴也既而乘間進難舉坐盡傾法師疑非世人覘知大相賞狎劉顯將之尋陽朝賢畢祖道

顯縣帛十匹約曰險衣來者以賞之衆人競改常服不過長短之間顯曰將有甚於此矣既而弘正綠絲布袴繡假種軒昂而至折標取帛大通三年昭明太子薨其嗣華容公不得立乃以晉安王綱爲皇太子弘正奏記請抗目夷上仁之義執子臧之節其抗直守正如此常自稱有才無相僕射徐勉掌選以其陋不堪爲尚書郎乃獻書於勉其言甚切稍遷國子博士學中有宋元凶講孝經碑歷代不改弘正始到官即表列除毀於城西立士林館弘正居以講授聽者傾朝野焉弘正啓周易疑義凡五十條又請釋乾巛二繫復詔荅之後爲平西邵陵王府諮議參軍有罪

應流徙敕以賜干陁利國未去寄繫尚方於獄上武帝講武詩降敕原罪仍復本位弘正博物知玄象善占候大同末嘗謂弟弘讓曰國家阨在數年當有兵起吾與汝不知何所逃之及武帝納侯景弘正謂弘讓曰亂階此矣臺城陷弘正諂附王偉又與周石珍合族避景諱改姓姬氏拜太常景將篡之際使掌禮儀及王僧辯東討元帝謂僧辯曰王師近次朝士孰當先來王僧辯曰其周弘正乎弘正智不後機體能濟勝無妻子之顧有獨決之明其餘碌碌不逮也俄而前部傳云弘正至僧辯飛騎迎之及見歡甚曰吾固知王僧達非後機者公可坐吾膝上對曰可謂進

而若將加諸滕老夫何足以當僧辯即日啓元帝手書與
弘正仍遣使迎之謂朝士曰晉氏平吳喜獲二陸今我討
賊亦得兩周及至禮數甚優朝臣無比授黃門侍郎直侍
中省俄遷左户尚書加散騎常侍夏月著犢鼻褌衣朱衣
爲有司所彈其作達如此元帝嘗著金樓子曰余於諸僧
重招提琰法師隱士重華陽陶貞白士大夫重汝南周弘
正其於義理情轉無窮亦一時之名士也弘正善清談梁
末爲玄宗之冠及侯景平僧辯啓送秘府圖籍敕弘正讎
校時朝議遷都但元帝再臨荆陝前後二十餘年情所安
戀不欲歸建業兼故府臣僚皆楚人並欲即都江陵云建

康蓋是舊都彫荒已極且王氣已盡兼與北止隔一江若
有不虞悔無所及且臣等又聞荊南有天子氣今其應矣
元帝無去意時尚書左僕射王褒及弘正咸侍帝顧曰卿
意何如褒等以帝猜忌弗敢衆中公言唯唯而已褒後因
清閒密諫遷丹陽甚切帝雖納之色不悦及明日衆中謂
褒曰卿昨勸還建鄴不爲無理吾昨夜思之猶懷疑惑褒
知不引納乃止他日弘正乃正色諫至于再三曰若如士
大夫唯聖王所都本無定處至如黔首未見入建鄴城便
謂未是天子猶列國諸王今日赴百姓之心不可不歸建
鄴當時頗相酬許弘正退後黃羅漢宗懍乃言弘正王褒

並東人仰勸東下非爲國計弘正竊知其言他日乃復上
前面折二人曰若東人勸下東謂之私計西人勸住西亦
是私計不衆人默然而人情並勸遷都上又嘗以後堂大
集文武其預會者四五百人帝欲徧試人情曰勸吾去者
左袒於是左袒者過半武昌太守朱買臣上舊左右而閹
人也頗有幹用故上擢之及是勸上遷曰買臣家在荆州
豈不願官長住但恐是買臣富貴非官富貴邪上深感其
言卒不能用及魏平江陵弘正遁歸建鄴太平元年授侍
中領國子祭酒遷太常卿都官尚書陳武帝授太子詹事
天嘉元年遷侍中國子祭酒往長安迎宣帝二年自周還

廢帝嗣位領都官尚書揔知五禮事宣帝即位遷特進領
國子祭酒加扶太建二年授尚書右僕射尋敕侍東宮講
論語孝經太子以弘正德望素重有師資之敬焉弘正特
善玄言兼明釋典雖碩德名僧莫不請質疑滯六年卒官
年七十九贈侍中中書監謚曰簡子所著周易講疏十六
卷論語疏十一卷莊子疏八卷老子疏五卷孝經疏二卷
集二十卷行于代子豫玄年十四與俱載入東乘小船度
岸見藤花弘正挽之船覆俱溺弘正僅免豫玄遂得心驚
疾次子墳尚書吏部郎
弘讓性簡素博學多通始仕不得志隱於句容之茅山頻

徵不出晚仕侯景為中書侍郎人問其故對曰昔王道正直得以禮進退今乾巛易位不至將害於人吾畏死耳始彭城劉孝先亦辭辟命隨兄孝勝在蜀武陵建號仕為世子府諮議參軍二隱並獲譏於代弘讓承聖初為國子祭酒二年為仁威將軍城句容以居之命曰仁威壘陳天嘉初以白衣領太常卿光祿大夫加金章紫綬

弘讓弟弘直字思方幼而聰敏仕梁為西中郎湘東王外兵記室參軍與東海鮑泉南陽宗懍平原劉緩沛國劉瑴同掌書記王出鎮江荆二州累除諮議參軍及承制封湘濱縣侯累遷昌州刺史王琳之舉兵弘直在湘州琳敗乃

入陳位太常卿光祿大夫加金章紫綬弘直方雅敦厚氣調高於次昆或問三周孰賢人曰若蜂蠆矣太建七年卒遺疏氣絕之後便買市中見材小形者斂以時服古人通制但下見先人必須備禮可著單衣裙衫故履既應侍養宜備紛帨或逢善友又須香煙棺內唯安白布手巾麤香鑪而已此外無所用卒於家年七十六有集二十卷子確字士潛美容儀寬大有行檢博涉經史篤好玄言位都官尚書禎明初卒

論曰文人不護細行古今之所同焉由夫聲裁所知故取忤於人者也觀夫顏謝之於宋朝非不名高一代靈運既以取斃延之亦蹤忝皁向之所謂且夫身翻成害己者矣士遜援筆數罪陵雖非雞餌彼慈親再之獸吻以此為忠無聞前誥矣自忍其親必將忍人之親士遜自忘其孝期以申人之孝自非嚴父之辭允而義愜則難乎免矣師伯行己縱欲好進忘退既以此始亦以此終宜乎懷文蹈履之地足以追蹤古烈孔毋致懼中丞其誠深矣周朗始終之節亦倜儻為尤顯捨父子文雅不墜弘正兄弟義業幾乎德門者焉

列傳第二十四　　南史三十四

李　延壽

庾悅 族弟登之 仲文 仲文子弘遠 仲文族孫仲容

劉湛　顧覬之 孫憲之

顧琛

劉湛字弘仁南陽涅陽人也祖馳父柳並晉左光祿大夫開府儀同三司湛出繼伯父淡襲封安衆縣五等男少有局力不尚浮華博涉史傳諳前代舊典弱年便有宰物情常自比管葛不爲文章不喜談議除宋武帝太尉行參軍賞遇甚厚父柳亡於江州府州送故甚豐一無所受時論稱之服闋爲相國參軍謝晦王弘並稱其器幹武帝入受

晉命以第四子義康爲冠軍將軍豫州刺史留鎮壽陽以湛爲長史梁郡太守義康弱年未親政府州事悉委湛進號右將軍仍隨府轉義康以本號徙南豫州湛改領歷陽太守爲人剛嚴用法姦吏犯贓百錢以上皆殺之自下莫不震肅廬陵王義眞出爲車騎將軍南豫州刺史湛又爲長史太守如故義眞時居武帝憂使帳下備膳湛禁之義眞乃使左右人買魚肉珍羞於齋內別立廚帳會湛入因命臑酒炙車螯湛正色曰公當今不宜有此設義眞曰旦甚寒杯酒亦何傷長史事同一家望不爲異酒至湛起曰既不能以禮自處又不能以禮處人後爲廣州刺史嫡母

憂去職服闋爲侍中時王華王曇首殷景仁亦爲侍中文帝於合殿與四人宴飲甚悅華等出帝目送良久歎曰此四賢一時之秀同管喉脣恐後世難繼及撫軍將軍江夏王義恭鎮江陵以湛爲使持節南蠻校尉領撫軍長史行府事王弘輔政而王華王曇首任事居中湛自謂才能不後之不願外出是行也謂爲弘等所斥意甚不平常曰二王若非代邸之舊無以至此可謂遭遇風雲湛負其才氣常慕汲黯崔琰爲人故名長子曰黯字長孺第二子曰琰字季珪母於江陵病卒湛求自送喪還都義恭亦爲之陳請文帝答義恭曰吾亦得湛啓事爲之酸懷乃不欲苟違

所請但汝弱年新涉軍務八州殷曠專斷事重疇諮委杖不可不得其人量算二三未獲便相順許今答湛啓權停彼葬頃朝臣零落相係寄懷轉寡湛實國器吾乃欲引其令還直以西夏任重要且停此事耳汝慶賞黜罰預得失者必宜悉相委寄義恭性甚狷隘年又漸大欲專政事每爲湛所裁主佐之間嫌隙遂搆文帝聞之密遣詰讓義恭義恭陳湛無居下之禮又自以年長未得行意雖奉詔旨每出怨言上友于素篤欲加酬順乃詔之曰當今之才委受已爾宜盡相彌縫取其可取棄其可棄先是王華既亡曇首又卒領軍將軍殷景仁以時賢零落白文帝徵湛八

年召爲太子詹事加給事中與景仁竝被任遇湛云今代宰相何難此正可當我南陽郡漢代功曹耳明年景仁轉尚書僕射領選護軍將軍湛代爲領軍十二年又領詹事湛與景仁素款又以其建議徵之甚相感悅及俱被時遇猜隙漸生以景仁專內任謂爲間己時彭城王義康專執朝權而湛昔爲上佐遂以舊情委心自結欲因宰相之力回主心傾黜景仁獨當時務義康屢言之於文帝其事不行義康僚屬及湛諸附隸潛相約勒無敢歷殷氏門者湛嘗劉敬文父成未悟其機詣景仁求郡敬文遽謝湛曰老父悖耄遂就殷鐵干祿由敬文闇淺上負生成合門慙懼

無地自處敬文之姦諂如此義康擅權專朝威傾內外湛愈推崇之無復人臣之禮上稍不能平湛初入朝委任共事善論政道并諳前代故事聽者忘疲每入雲龍門御者便解駕左右及羽儀隨意分散不夕不出以此爲常及晚節驅煽義康陵轢朝廷上意雖內離而接遇不改上謂所親曰劉班初自西還吾與語常看日早晚慮其當去比入亦看日早晚慮其不去湛小字班獸故云班也遷丹楊尹詹事如故十七年所生母亡上與義康形迹既乖釁難將結湛亦知無復全地及至丁艱謂所親曰今年必敗常日賴口舌爭之故得推遷耳今既窮毒無復此望禍至其能

久矣伏甲於室以待上臨弔謀又泄竟弗之幸十日詔收付廷尉於獄伏誅時年四十九黯等從誅弟素黃門郎徙廣州湛初被收歎曰便是亂邪又曰不言無我應亂殺我日自是亂法耳入獄見素曰乃復及汝邪相勸爲惡惡不可爲相勸爲善正見今日如何湛生女輒殺之爲時流所怪

庾悅字仲豫潁川鄢陵人也晉太尉亮之曾孫也祖義吳國內史父準西中郎將豫州刺史悅仕晉爲司徒右長史桓玄簒位爲中書侍郎宋武平建鄴累遷建威將軍江州刺史加都督初劉毅家在京口酷貧嘗與鄉曲士大夫往

東堂共射時悅爲司徒右長史要府州僚佐出東堂毅已先至遣與悅相聞曰身竝貧躓營一游甚難君如意人無處不可爲適豈不能以此堂見讓悅素豪徑前不答毅時衆人竝避唯毅留射如故悅廚饌甚盛不以及毅毅既不去悅甚不歡毅又相聞曰身今年未得子鵝豈能以殘炙見惠悅又不答至是毅表解悅都督將軍官以刺史移鎮豫章以親將趙恢領千兵守尋陽建威府文武三千人悉入毅將府深相挫辱悅不得志疽發背到豫章少日卒

登之字元龍悅族弟也曾祖冰晉司空祖蘊廣州刺史父廓東陽太守登之少以彊濟自立初爲宋武帝鎮軍參軍

預討桓玄功封曲江縣五等男累遷新安太守謝晦爲荆州刺史請爲長史南郡太守仍爲衛軍長史登之與晦俱曹氏壻名位本同一旦爲之佐意甚不愜到廳牋唯言即日恭到初無感謝之言每入覲見備持箱囊几席之屬一物不具則不肯坐嘗於晦坐誦西征賦云生有脩短之命位有通塞之遇晦雖恨而常優容之晦拒王師欲登之留守登之不許晦敗登之以無任免官禁錮還家何承天戲之曰因禍爲福未必皆知登之曰我亦幾與三豎同戮承天爲晦作表云當舟東下戮此三豎故登之爲嘲後爲司徒長史南東海太守府公彭城王義康專覽政事不欲自

下厝意而登之性剛每陳己志義康不悅出爲吳郡太守以贓貨免官後拜豫章太守徵爲中護軍未拜卒子仲遠初爲宋明帝府佐廢帝景和中明帝疑防賓客故人無到門者唯仲遠朝謁不替明帝即位謂曰卿所謂疾風知勁草自軍錄事參軍擢拜太子中庶子卒於豫章太守贈侍中登之弟仲文

仲文位廣平太守兄登之爲謝晦長史仲文往省之時晦權重朝士並加敬仲文獨與抗禮後爲彭城王義康驃騎主簿未就徙爲丹楊丞既未到府疑於府公禮敬下禮官博議中書侍郎裴松之議曰案春秋桓公八年祭公逆王后于紀公羊傳曰女在國稱女此其稱王后何王者無外其辭成矣推此而言則仲文爲吏之道定於受敕之日矣名器既正則禮亦從之安可未到廢其節乎宜執吏禮從之後始興王濬當鎮湘州以仲文爲司馬濬不之任仍除南梁太守司馬如故于時領軍劉湛協附大將軍彭城王義康而與僕射殷景仁隙凡朝士遊殷氏者不得入劉氏之門獨仲文遊二人間密盡忠於朝廷景仁稱疾不朝見者歷年文帝常令仲文銜命去來湛不疑也義康出藩湛伏誅以仲文爲尚書吏部郎與右衛將軍沈演之俱參機密歷侍中吏部尚書領義陽王師內外歸附勢傾朝野仲

文爲人強急不耐煩賓客訴非理者忿罵形於辭色素無術學不爲衆望所推性好潔士大夫造之者未出戶輒令人拭席洗牀時陳郡殷沖亦好淨小史非淨浴新衣不得近左右士大夫小不整潔每容接之仲文好潔反是每以此見譏領選既不緝衆論又頗通貨賄用少府卿劉道錫爲廣州刺史道錫至鎮餉白檀牽車常自乘焉或以白文帝帝見問曰道錫餉卿小車裝飾甚麗有之乎仲文懼起謝又仲文請急還家吏部令史錢泰主客令史周伯齊出仲文宅諮事泰能彈琵琶伯齊善歌仲文因留停宿尚書制令史諮事不得宿停外雖八座命亦不許爲有司所奏

上於仲文素厚將懟之召問尚書右僕射何尚之具陳仲文得失奏言仲文事如丘山若縱而不糺復何以為政晉武不為明主斷鬲令史遂能奮發華廙見待不輕廢錮累年後起改作城門校尉耳若言仲文有誠於國未知的是何事政當云與殷景仁不失其舊與劉湛亦復不疎且景仁當時意事豈復可蔑縱有微誠復何足掩其惡今賈充勳烈晉之重臣雖事業不稱不聞有大罪諸臣進說便即遠出陛下聖叡反更遲遲於此仲文身上之釁既自過於范曄所少賊一事耳伏願深加三思試以諸聲傳普訪諸可顧問者羣下見陛下顧遇既重恐不敢苦侵傷顧問之日宜布嫌

責之旨若不如此亦當不辯有所得失時仲文自理不諳臺制令史並言停外非嫌帝以小事不足傷大臣尚之又陳令史具向仲文說不得停之意仲文了不聽納非為不解直是苟相留耳雖是令史出乃遠虧朝典又不得謂之小事謝晦望實非今者之疇一事錯誤免侍中官王珣時賢少失桓胤春蒐之謬皆白衣領職況公犯憲制邪孔萬祀居左局言仲文貴要異他尚書令又云不癡不聾不成姑公敢作此言亦為異也文帝猶優遊使尚之更陳其意尚之備言仲文愆曰臣畏張遼之言關羽雖兄弟曹公父子豈得不言觀今人臣憂國甚寡臣復結舌日月之明或有

所蔽然不知臣者豈不謂臣有爭競之心亦追以悵悵臣與仲文周旋俱被恩接不宜復生厚薄太尉昨與臣言說仲文有諸不可非唯一條遠近相崇畏震動四海仲文先與劉德願殊惡德願自持琵琶甚精麗遺之便復款然市令盛馥進數百口材助營宅恐人知作虛買券劉道錫驟有所輸傾南奉之半劉雍自謂其力助事之如父夏中送甘蔗若新發於州國吏運載樵蘇無輟於道諸見人有物鮮或不求聞劉遵考有材便乞材見好燭槃便復乞之選用不平不可一二太尉又言仲文都無共事之體凡所選舉悉是其意政令太尉知耳論虞秀黃門太尉不正荅和故得

停太尉近與仲文疏欲用德願兒作州西曹仲文乃啓用為主簿即語德願以謝太尉前後漏泄賣恩亦復何極縱不罪故宜出之自從裴劉刑罰已來諸將陳力百倍今日事實好惡可問若赫然發憤顯明法憲陛下便可閑卧紫闥無復一事也帝欲出仲文為丹陽又以問尚之荅言仲文蹈罪負恩陛下遲遲舊恩未忍窮法方復有尹京赫赫之授恐悉心奉國之人於此而息貪狼恣意歲月滋甚如臣所聞天下議論仲文恒塵累日月未見一豪增輝乃更成形勢是老王雅也古人言無賞罰雖堯舜不能為政陛下豈可坐損皇家之重迷一凡人令賈誼劉向重生豈不慷慨流

瀆於聖世邪臣昔啓范曄嘗時亦懼犯觸之尤苟是愚懷
所挹政自不能不舒達所謂雖九死而不悔也臣謂仲文
且外出若能脩改在職著稱還亦不難而得少明國典粗
酬四海之誚今愆釁如山榮任不損仲文若復有彰大之
罪誰敢以聞亦知陛下不能採臣之言故是臣不能以已
之意耳又曰臣見劉伯龍大慷慨仲文所行言有人送張
幼緒語人吾雖得一縣負錢三十萬庾仲遠仍嘗送至新林
見縛束猶未得解手着萬秋嘗詣仲文逢一客姓夏侯主人
問有好牛不言無問有好馬不又言無政有佳驢耳仲文
便沓甚是所欲客出門遂相聞索之劉道錫言仲文所舉

就道錫索嫁女具及祠器乃當百萬數猶謂不然選令史
章龍向臣說亦歎其受納之過言實得嫁女銅鑪四人舉
乃勝細葛斗帳等物不可稱數在尚書中令奴酤鄭酒利
其百十亦是立臺閣所無不審少簡聖聽不帝乃可有司
之奏免仲文官卒于家帝錄其宿誠追贈本官子弘遠
弘遠字士操清實有士譽仕齊為江州長史刺史陳顯達
舉兵敗斬於朱雀航將刑索帽著之曰子路結纓吾不可
以不冠而死謂看者曰吾非賊乃是義兵為諸君請命耳
陳公太輕事若用吾言天下將免塗炭弘遠子子曜年十
四抱持父乞代命遂併殺之仲文從弟徽之位御史中丞

徽之子湝齊邵陵王記室湝子仲容
仲容字子仲幼孤為叔父泳所養及長杜絕人事專精篤
學晝夜手不輟卷初為安西法曹行參軍泳時貴顯吏部
尚書徐勉擬泳子晏嬰為宮僚泳泣曰兄子幼孤人才粗
可願以晏嬰所忝回用之勉許焉轉仲容為太子舍人遷
安成王主簿時平原劉峻亦為府佐竝以強學王所禮接
後為永康錢唐武康令竝無績多被推劾久之除安成王
中記室當出隨府皇太子以舊恩降餞賜詩曰孫生陟陽
道吳子朝歌縣未若樊林舉置酒臨華殿時輩榮之後為
尚書左丞坐推糺不直免官仲容博學少有盛名頗任氣

使酒好危言高論士友以此少之唯與王籍謝幾卿情好
相得二人時亦不調遂相追隨誕縱酣飲不持檢操遇太
清亂遊會稽卒仲容抄子書三十卷諸集三十卷衆家地
理書二十卷列女傳三卷文集二十卷竝行於代
顧琛字弘瑋吳郡吳人晉司空和之曾孫也祖履之父惔
竝為司徒左西曹掾琛謹確不尚浮華起家州從事駙馬
都尉累遷尚書庫部郎元嘉七年文帝遣到彥之經略河
南大敗悉委棄兵甲武庫為之空虛文帝宴會有歸化人
在座上問琛庫中仗猶有幾許琛詭辭答有十萬人仗舊
庫仗祕不言多少上既發問追悔失言及琛詭對上甚善

之尚書等門有制八坐以下門生隨入者各有差不得雜
以人士琛以宗人顧碩寄尚書張茂度門名而與顧碩同
席坐明年坐譴出免中正凡尚書官大罪則免小罪譴出
譴出者百日無代人聽還本職琛仍爲彭城王義康所請
再補司徒録事參軍十五年出爲義興太守初義康請琛
入府欲委以腹心琛不能承事劉湛故尋見斥外十九年
徙東陽太守欲使琛防守彭城王義康固辭忤旨廢黜還
家積年及元凶殺立分會稽五郡置州以隨王誕爲刺史
即以琛爲會稽太守誕起義加冠軍將軍事平還吳興太
守孝建元年爲吳郡太守以起義功封永新縣五等侯大

明元年吳縣令張闓坐居母喪無禮下廷尉錢唐令沈文
秀判劾違謬應坐被彈琛宣言於衆闓被劾之始屢相申
明又云當啓文秀留縣孝武聞之大怒謂琛賣惡歸上免
官琛母老仍停家琛及前西陽太守張牧竝事司空竟陵
王誕誕反遣客陸延稔齎書板琛及子弟官時孝武以琛
素結事誕或有異志遣信就吳郡太守王曇生誅琛父子
會延稔先至琛等即執斬之遣二子送延稔首啓聞孝武
所遣誅琛使其日亦至而獲免琛母孔氏時年百餘歲晉
安帝隆安初琅邪王廞於吳中作亂以爲貞烈將軍悉以
女人爲官屬以孔氏爲司馬及孫恩亂後東土飢荒人相

食孔氏散家糧以振邑里得活者甚衆生子皆以孔爲名
焉琛仍爲吳興太守明年坐郡人多翦錢及盜鑄免官歷
位都官尚書廢帝即位爲吳郡太守初琛景平中爲朝請
假還東日晚至方山于時商旅數十船悉泊岸側有一人
玄衣介幘執鞭屏諸船云顧吳郡部伍尋至應泊此岸於
是諸船各東西俄有一假裝至事力甚寡仍泊向處人問
顧吳郡早晚至船人荅無顧吳郡又問何船曰顧朝請耳
莫不驚怪琛意竊知爲善徵因誓之曰若得郡當於此立
廟至是果爲吳郡乃立廟方山號白馬廟云明帝泰始初
與四方同反兵敗奉母奔會稽臺軍旣至歸降後爲員外

常侍中散大夫卒次子寶先大明中爲尚書水部郎先是
琛爲左丞荀萬秋所劾及寶先爲郎萬秋猶在職自陳不
拜孝武詔曰敕違糾慢憲司之職若有不公自當更有釐
改而自頃劾無輕重輒致私絶此風難長主者嚴爲其科
先是宋世江東貴達者會稽孔季恭子靈符吳興丘深之
及琛吳音不變深之字思玄吳興烏程人位侍中都官尚
書卒於太常

顧覬之字偉仁吳郡吳人也高祖謙字公讓晉平原内史
陸機姊夫祖崇大司農父黃老司徒左西曹掾覬之爲謝
晦衛軍參軍晦愛其雅素深相知待歷位尚書都官郎殿

劉隙著覬之不欲與殷景仁久接乃辭腳疾免歸每夜常於床上行腳家人竊異之而莫曉其意及義康徙廢朝廷多受禍覬之竟免後為山陰令山陰劇邑三萬户前後官長晝夜不得休事猶不舉覬之御繁以約縣用無事晝日垂簾門階闃寂自宋世為山陰務簡而事理莫能尚也後為尚書吏部郎嘗於文帝坐論江東人物言及顧榮袁淑謂覬之曰卿南人怯懦豈辦作賊覬之正色曰卿乃復以忠義奕人淑有愧色孝建中為湘州刺史以政績稱大明元年徵守度支尚書轉吏部尚書時沛郡相縣唐賜往比村彭家飲酒還因得病吐蠱二十餘物賜妻張從賜臨終

言死後親刳腹五藏悉糜碎郡縣以張忍行刳剖賜子副又不禁止論妻傷夫五歲刑子不孝母子棄市並非科例三公郎劉勰議賜妻痛往遵言兒識謝及理考事原心非在忍害謂宜哀矜覬之議以妻子而行忍酷不宜曲通小情謂副為不孝張同不道詔如覬之議後為吳郡太守幸臣戴法興權傾人主而覬之未嘗低意左光祿大夫蔡興宗與覬之善嫌其風節過峻覬之曰辛毗有云孫劉不過使吾不為三公耳後卒於湘州刺史謚曰簡子觀之家門雍穆為州郡所重子綽私財甚豐鄉里士庶多負責覬之禁不能止及後為吳郡誘出文券一大厨悉令焚之宣語

遠近皆不須還綽懊歎彌日覬之常執命有定分非智力所移唯應恭己守道信天任運而闇者不達妄意僥倖徒虧雅道無關得喪乃以其意命弟子愿作定命論愿字子恭父深之散騎侍郎愿好學有才辭卒於太子舍人覬之

孫憲之

憲之字士思性尤清直宋元徽中為建康令時有盜牛者與本主爭牛各稱己物二家辭證等前後令莫能決憲之至覆其狀乃令解牛任其所去牛徑還本宅盜者始伏其罪時人號曰神明至於權要請托長吏貪殘據法直繩無所阿縱性又清儉強力為政甚得人和故都下飲酒者醇

旨輒號為顧建康謂其清且美焉仕齊為衡陽內史先是郡境連歲疾疫死者太半棺槨尤貴悉裹以葦席棄之路傍憲之下車分告屬縣求其親黨悉令殯葬其家人絕滅者憲之出公祿使紀綱營護之又土俗山人有病輒云先亡為禍皆開冢剖棺水洗枯骨名為除祟憲之曉喻為陳生死之別事不相由風俗遂改時刺史王奐初至唯衡陽獨無訟者乃歎曰顧衡陽之化至矣若九郡率然吾將何事後為東中郎長史行會稽郡事山陰人呂文度有寵於齊武帝於餘姚立邸頗縱橫憲之至郡即日除之文度後還葬郡縣爭赴弔憲之不與相聞文度甚銜之亦卒不能

傷也時西陵戍主杜元懿以吳興歲儉會稽年登商旅往
來倍歲西陵牛埭稅官格日三千五百求加至一倍計年
長百萬浦陽南北津及柳浦四埭乞為官領攝一年格外
長四百許萬武帝以示會稽使陳得失憲之議曰尋始立
牛埭非苟通僦以納稅也當以風濤迅險人力不捷濟急
以利物耳既公私是樂故輸直無怨京師航渡即其例也
而後之監領各務已功或禁遏別道人生理外凡如此類
不經埭煩牛者上詳被報蒙停格外十條從來喧訴始得
暫弭案吳興頻歲失稔今茲尤饉去乏從豐良由飢棘舊
格新減尚未議登格外加倍將以何術皇慈恤隱振廪蠲

調而元懿幸災権利重增困瘼人而不仁古今共疾且比
見加格置市者前後相屬非唯新加無贏並皆舊格有闕
愚恐元懿今啓亦當不殊若事不副言懼貽譴詰便百方
侵苦為公貫怨其所欲舉腹心亦當獸而冠耳書云與其
有聚斂之臣寧有盜臣言盜公為損蓋微人所害乃大也
然掌斯任者應簡廉平則無害於人愚又以便宜者蓋謂
便於公宜於人也竊見頃之言便宜者非能於人力之外
用天分地者也率皆即日不宜於人方來未便於公名與
實反有乖政體凡如此等誠宜深察山陰一縣課戶二萬
其人貲不滿三千者殆將居半刻又刻之猶且三分餘一

凡有貲者多是士人復除其貧極者悉皆露戶役人三五
屬官並惟正百端輸調又則常然皆衆局檢校首尾尋續
橫相質累者亦復不少一人被攝十人相追一緒裁萌千
蘖互起蠶事弛而農業廢賤取庸而貴舉責應公贍私日
不暇給欲無為非其可得乎死且不憚矧伊刑罰身且不
愛何況妻子是以前檢未窮後巧復滋網辟徒峻猶不能
悛竊尋人之多偽寔由宋季軍旅繁興役賦殷重不堪勤
劇奇巧所優積習生常遂迷忘反四海之大庶黎之衆心
用參差難卒澄之化宜以漸不可疾責誠存不擾藏疾納
汙務詳寬簡則稍自歸淳又被簡符前後累千符旨既嚴

不敢闇信縣簡送郡郡簡呈使殊形詭狀千變萬源聞者
忽不經懷見殊刑者實足傷駭兼親屬里伍流離道路時
轉窮涸事方未已其士人婦女彌難厝衷不簡則疑其有
巧欲簡復未知所安愚謂此條宜委縣保舉其綱領略其
毛目乃當有漏不出貯中庶嬰疾沉痼者重荷生造之恩
也又永興諸暨離唐寓寇擾公私殊燼彌復特甚儻逢水
旱實不易思俗諺云會稽打鼓送恤吳興步擔令史會稽
舊稱沃壤今猶若此吳興本是塉土事在可知因循餘弊
誠宜改張武帝並從之由是深以方直見知遷南中郎巴
陵王長史南兗南豫二州事典籤諮事未嘗接以顏色動

遵法制時司徒竟陵王於宣城臨成定陵三縣界立屯封山澤數百里禁人樵採憲之固陳不可言甚切直王曰非君無以聞此德音即命罷屯禁遷給事黃門兼尚書吏部郎中宋時其祖覬之嘗為吏部於庭列植嘉樹謂人曰吾為憲之植耳至是憲之果為此職永明中為豫章內史在任清簡務存寬惠有貞婦萬晞者少孀居無子事舅姑尤孝父母欲奪而嫁之誓死不許憲之賜以束帛表其節義梁武帝平建鄴為揚州牧徵憲之為別駕從事史比至而已受禪憲之風疾漸篤因求還吳就加太中大夫憲之雖累經宰郡資無擔石及歸環堵不免飢寒天監八年卒於家臨終為制敕其子曰夫出生入死理均晝夜生既不知所從死亦安識所往延陵云精氣上歸于天骨肉下歸於地魂氣則無所不之良有以也雖復茫昧難徵要若非妄百年之期迅若馳隙吾今預為終制瞑目之後念並遵行勿違吾志也莊周澹臺達生者也王孫士安矯俗者也吾進不及達退無所矯常謂中都之制允理愜情衣周於身示不違禮棺周於衣足以蔽臭入棺之物一無所須載以輴車覆以麤布為使人勿惡也漢明帝天子之尊猶祭以杅水脯糗范史雲列士之高亦奠以寒水乾飯況吾卑庸之人其可不節衷也喪易寧慼自是親親之情禮奢寧儉

差可得由吾意不須常施靈筵可止設香燈使致哀者有憑耳朔望祥忌可權安小牀暫施几席唯下素饌勿用牲牢蒸嘗之祠貴賤罔替備物難辦多致疎怠祠先自有舊典不可有闕自吾已下止用蔬食時果勿同於上世示令子孫四時不忘其親耳孔子云雖菜羹瓜祭必齋如也本貴誠敬豈求備物哉所著詩賦銘讚并衡陽郡記數十篇

論曰古人云利令智昏甚矣利害之相傾也劉湛識用才能寔包經國之略豈知移弟為臣則君臣之道用釁兄成主則兄弟之義殊而執數懷姦苟相崇悅與夫推長戟而犯順何以異哉昔華元敗則以羊羹而取禍觀夫庾悅亦鵝炙以速尤乾餱以愆斯相類矣登之因禍而福倚伏無常仲文賄而為災乃徇財之過也顧琛吳郡徵兆於初筮覬之清白之迹見於暮年憲之蒞政所在稱美時移三代一德無虧求之古人未為易遇觀其遺命可謂有始有卒者矣

列傳第二十五　南史三十五

列傳第二十六　　南史三十六

李延壽

羊欣　羊玄保子戎　兄子希

沈演之子勃　演之從子憲　憲兄孫顗　憲孫浚　江夷子湛　玄孫倩　曾孫數　祿

五世孫紑　夷弟子智深　六世孫總　江秉之子謐

羊欣字敬元泰山南城人也曾祖忱晉徐州刺史祖權黃門郎父不疑桂陽太守欣少靖默無競於人美言笑善容止泛覽經籍尤長隸書父不疑爲烏程令欣年十二時王獻之爲吳興太守甚知愛之欣嘗夏月著新絹裙晝寢獻之入縣見之書裙數幅而去欣書本工因此彌善起家輔國參軍府解還家隆安中朝廷漸亂欣優遊私門不復進仕會稽王世子元顯每使書扇常不奉命元顯怒乃以爲其後軍府舍人此職本用寒人欣意貌恬然不以高卑見色論者稱焉嘗詣領軍謝混混拂席改服然後見之時混族子靈運在坐退告族兄瞻曰望蔡見羊欣遂改席易衣欣由此益知名桓玄輔政以欣爲平西主簿參豫機要欣欲自疏時漏密事玄覺其此意愈重之以爲楚臺殿中郎謂曰尚書政事之本殿中禮樂所出卿昔處股肱方此爲輕欣就職少日稱病自免屛居里巷十餘年義熙中弟徽被知於武帝帝謂諮議參軍鄭鮮之曰羊徽一時美器

世論猶在兄後即板欣補右軍劉藩司馬後爲新安太守在郡四年簡惠著稱除臨川王義慶輔國長史廬陵王義眞車騎諮議參軍並不就文帝重以爲新安太守在郡十三年樂其山水嘗爲子弟曰人生仕宦至二千石斯可矣及是便懷止足轉義興太守非其好也頃之稱病篤免歸除中散大夫素好黃老常手自書章有病不服藥飲符水而已兼善醫術撰藥方數十卷欣以不堪拜伏辭不朝覲自非尋省近親不妄行詣行必由城外未嘗入六門武帝文帝並恨不識之元嘉十九年卒弟徽字敬猷時譽多欣位河東太守卒

羊玄保太山南城人也祖楷晉尚書都官郎父綏中書侍郎玄保初爲宋武帝鎮軍參軍少帝景平中累遷司徒右長史府公王弘甚知重之謂左長史庾登之吏部尚書王准之曰卿二賢明美朗詣會悟多通然弘懿之望故當共推羊也頃之入爲黃門侍郎善弈棊品第三文帝亦好弈與賭郡玄保戲勝以補宣城太守先是劉式之爲宣城立吏人亡叛制一人不禽符伍里吏送州作部能禽者賞位二階玄保以爲非宜陳之曰臣伏尋亡叛之由皆出於窮逼今立殊制於事爲苦又尋此制施一邦而已若其是邪則應與天下爲一若其非邪亦不宜獨行一郡由此制停

歷丹楊尹會稽太守太常吳郡太守文帝以玄保廉素寡
欲故頻授名郡爲政雖無殊績而去後常必見思不營財
利產業儉薄文帝嘗曰人仕宦非唯須才亦須運命每有
好官缺我未嘗不先憶羊玄保元凶弒立以爲吏部尚書
領國子祭酒及孝武入伐朝士多南奔劭集群僚橫刀怒
曰卿等便可去矣衆並懼莫敢言玄保容色不異徐曰臣
其以死奉朝劭爲解孝武即位爲金紫光祿大夫以謹敬
見知大明五年加散騎常侍特進玄保自少至老謹於祭
奠四時珍新未得祠薦者口不妄嘗卒謚曰定子子戎少
有才氣而輕薄少行檢語好爲雙聲江夏王義恭嘗設齋

使戎布牀須更王出以牀狹乃自開牀戎曰官家恨狹更
廣八分王笑曰卿豈唯善雙聲乃辯士也文帝好與玄保
棊嘗中使至玄保曰今日上何召我邪戎曰金溝清泚銅
池搖颺既佳光景當得劇棊玄保常嫌其輕脫云此兒必
亡我家位通直郎坐與王僧達謗時政賜死死後孝武帝
引見玄保玄保謝曰臣無日磾之明以此上負上美其言
戎二弟文帝並賜名曰咸曰粲謂玄保曰欲令卿二子有
林下正始餘風玄保既善棊而何尚之亦雅好其事吳郡
褚胤年七歲便入高品及長冠絕當時胤父榮期與臧質
同逆胤應從誅何尚之固請曰胤弈棊之妙超古冠今魏

犨犯令以材獲免父戮子宥其例甚多特乞與其微命使
異術不絕不許時人痛惜之玄保兄子希字泰聞少有才
氣爲尚書左丞時揚州刺史西陽王子尚上言山湖之禁
雖有舊科人俗相因替而不奉熂山封水保爲家利自頃
以來頹弛日甚富強者兼嶺而占貧弱者薪蘇無託至漁
採之地亦又如茲斯寔害人之深弊爲政所宜去絕損益
舊條更申恒制有司檢壬辰詔書占山護宅強盜律論贓
一丈以上皆棄市希以壬辰之制其禁嚴刻事既難遵理
與時弛而占山封水漸染復滋更相因仍便成先業一朝
頓去易致嗟怨今更刊革立制五條凡是山澤先恒熂爐

養種竹木雜果爲林芿及陂湖江海魚梁鰌鮆場恒加功
脩作者聽不追奪官品第一第二聽占山三頃第三第四
品二頃五十畝第五第六品二頃第七第八品一頃五十
畝第九品及百姓一頃皆依定格條上貲簿若先已占山
不得更占先占闕少依限占足若非前條舊業一不得禁
有犯者水土一尺以上並計贓依常盜律論停除咸康二
年壬辰之科從之時益州刺史劉瑀先爲右衛將軍與府
司馬何季穆共事不平季穆爲尚書令建平王宏所親待
屢毀瑀於宏會瑀出爲益州奪士人妻爲妾宏使希舉察
之瑀坐免官瑀恨希切齒有門生謝元伯往來希間瑀密

令訪訊被免之由希曰此奏非我意瑀即日到宏門奉牋陳謝云聞之羊希希坐漏泄免官泰始三年爲寧朔將軍廣州刺史四年希以沛郡劉思道行晉康太守領軍伐俚思道違節失利希遣收之思道不受命率所領襲州希踰城走思道獲而殺之希子崇字伯遠尚書主客郎丁母憂哀毁過禮及聞廣州亂即日便徒跣出新亭不能步涉頓伏江渚門義以小船致之父喪單乃不勝哀而卒

沈演之字臺真吳興武康人也高祖充晉車騎將軍吳國內史曾祖勁冠軍陳祐長史戍金墉爲燕將慕容恪所陷不屈見殺贈東陽太守祖赤黔廷尉卿父叔任少有幹質

朱齡石伐蜀爲齡石建威府司馬平蜀之功亞於元帥以功封寧新縣男後拜益州刺史卒演之年十一尚書僕射劉柳見而知之曰此童終爲令器沈氏家世爲將而演之折節好學讀老子百徧以義理業尚知名襲父別爵吉陽縣五等侯舉秀才爲嘉興令有能名元嘉中累遷尚書吏部郎先是劉湛劉斌等結黨欲排廢尚書僕射殷景仁演之雅杖正義與景仁素善盡心朝廷文帝甚嘉之及彭城王義康出蕃誅劉湛等以演之爲右衛將軍景仁尋卒乃以後軍長史范曄爲左衛將軍與演之對掌禁旅同參機密尋加侍中文帝謂之曰侍中領衛望實優顯此蓋宰相便坐卿其勉之上欲伐林邑朝臣多不同唯廣州刺史陸徽與演之贊成上意及林邑平賜群臣黃金生口銅器等物演之所得偏多上謂曰廟堂之謀卿參其力平此遠夷未足多建茅土廓清舊都鳴鑾東岱不憂河山之不開也二十一年詔以演之爲中領軍太子詹事范曄懷逆謀演之覺其有異言之文帝曄尋伏誅歷位吏部尚書領太子右衛率素有心氣疾病歷年上使臥疾理事性好舉才申濟屈滯而謙約自持上賜女伎不受暴卒文帝痛惜贈金紫光祿大夫謚曰貞子睦位黃門侍郎與弟西陽王文學勃忿鬩坐徙始興郡勃輕薄好利位太子右衛率加給事

中坐贓賄徙梁州後還給事阮佃夫王道隆等位司徒左長史爲後廢帝所誅演之兄子坦之仕齊位都官郎坦之子顗

顗字處默幼清靜有至行慕黃叔度徐孺子之爲人讀書不爲章句著述不尚浮華常獨處一室人罕見其面從叔勃貴顯每還吳興賓客填咽顗不至其門勃就之顗送迎不越閾勃歎曰吾乃今知貴不如賤也顗內行甚脩事毋兄孝友兄昂一名顒亦退素以家貧仕爲始安令兄弟不能分離相隨之任齊永明年中徵拜著作郎太子舍人通直郎並不起文惠太子嘗擬古詩云磊磊落落玉山崩顗

聞之曰此讖言也既而太子薨至秋武帝崩鬱林海陵相次黜辱顗素不事家産及昂卒逢齊末兵荒與家人并日而食或有饋其粱肉者閉門不受唯採蓴荇根供食以樵採自資怡怡然恒不改其樂梁天監四年大舉北侵南陽樂藹爲武康令以顗從役到建鄴楊州別駕陸任以書與吳興太守柳惲責之不能甄善别賢惲大慙即表停之卒家所著文章數十篇

憲字彦璋演之從祖弟子也祖詵道巴西梓潼二郡太守父璞之北中郎行參軍憲少有幹局爲駕部郎宋明帝與憲棊謂曰卿廣州刺史材也補烏程令甚著政績太守褚

彦回歎美以爲方圓可施少府管掌煩冗材幹者並更其職憲以吏能累遷少府卿武陵王曄爲會稽以憲爲左軍司馬齊高帝以山陰戸衆欲分爲兩縣武帝啓曰縣豈不可御但用不得人耳乃以憲帶山陰令政聲大著孔珪請假東歸謂人曰沈令料事特有天才後爲晉安王後軍長史廣陵太守西陽王子明代爲南兖州憲仍留爲冠軍長史太守如故永明八年子明典籤劉道濟贓私百萬爲有司所奏賜死憲坐不糾免官後除散騎常侍未拜卒當時稱爲良吏憲同郡丘仲起先是爲晉平郡清廉自立褚彦回歎曰目見可欲心能不亂此楊公所以遺子孫也仲起字子震位至廷尉卒

憲孫浚字叔源少涉學有才幹仕梁歷山陰吳建康三縣並有能名太清二年累遷御史中丞時臺城爲侯景所圍外援並至景表請和求解圍還江北詔許之遣右衛將軍柳津對景盟歃景知城内疾疫稍無守備因緩去期城内知其詐盟復舉烽鼓譟後數日景復進表請和簡文使浚往景所景曰即日向熱非復行時政欲立效求停君可見爲申聞浚曰大將軍此意意在得城下風所聞久已乏食城内雖困尚有兵糧朝廷恐和好乖貳已密敕外軍若臺城傾覆勿以二宮爲念當以死雪恥若不能決戰當深壁

自守大將軍十萬之衆將欲何資景横刀於膝瞋目叱之浚乃正色責景曰河南王人臣而舉兵向闕今朝廷已赦王罪結盟口血未乾而復翻背沈浚六十之年且天子使也奉命而行何用見脅徑去不顧景歎曰是真司直也然密銜之又勸張嵊立義後得殺之

江夷字茂遠濟陽考城人也祖晉護軍將軍父敳驃騎諮議參軍夷少自藻厲爲後進之美宋武帝板爲鎮軍行參軍預討桓玄功封南郡州陵縣五等侯累遷大司馬武帝命大司馬府琅邪國事一以委焉武帝受命歷位吏部尚書吳郡太守營陽王於吳縣見害夷臨哭盡禮以兄疾去

官後爲右僕射夷美風儀善舉止歷任以和簡著稱出爲湘州刺史加散騎常侍未之職卒遺令薄斂蔬奠務存儉約子湛

湛字徽深居喪以孝聞愛文義善彈棊鼓琴兼明筭術爲彭城王義康司徒主簿太子中舍人司空檀道濟爲子求娶湛妹不許義康有命又不從時人重其立志義康之盛人競求自昵唯湛自踈固求外出乃以爲武陵內史隨王誕爲北中郎將南徐州刺史以湛爲長史南東海太守委以政事元嘉二十五年徵爲侍中任以機密遷左衛將軍時改選學職以太尉江夏王義恭領國子祭酒湛領博士轉吏部尚書家甚貧不營財利餉饋盈門一無所受無兼衣餘食嘗爲上所召遇澣衣稱疾經日衣成然後起牛餓御人求草湛良久曰可與飲在選職頗有刻覈之譏而公平無私不受請謁論者以此稱焉初上大舉北侵舉朝謂爲不可唯贊成之及魏太武至瓜步以湛兼領軍軍事處分一以委焉魏遣使求昏上召太子劭以下集議衆並謂宜許湛謂許之無益劭怒謂湛曰今三王在阨詎宜苟執異議聲色甚厲坐散俱出劭使班劒及左右推排之殆於傾倒劭後宴集未嘗命湛上乃爲劭長子偉之娉湛第三女欲以和之上將廢劭使湛具詔草劭之入殺湛直上省

聞叫乃匿傍小屋劭遣求之舍吏紿云不在此兵即殺舍吏乃得見湛湛據窻受害意色不撓五子恁恕憼愻法壽皆見殺初湛家數見怪異未敗少日所眠牀忽有數斗血孝武即位追贈左光祿大夫開府儀同三司謚曰忠簡公恁位著作佐郎恁子斆

斆字叔文母宋文帝女淮陽長公主幼以戚屬召見孝武謂謝莊曰此小兒方當爲名器少有美譽尚孝武女臨汝公主拜駙馬都尉爲丹楊丞時袁粲爲尹見斆歎曰風流不墜政在江郎數與宴賞留連日夜遷中書郎斆庶祖母王氏老疾斆視膳嘗藥七十餘日不解衣及累居內官每以侍養陳請朝廷優其朝直初湛娶褚秀之女大義不終褚彥回爲衛軍重斆爲人先通意引爲長史隨府轉司空長史領臨淮太守轉齊高帝太尉從事中郎齊臺建爲吏部郎高帝即位斆以祖母久疾啓求自解初宋明帝敕斆出繼其叔愻爲從祖淳後於是僕射王儉啓禮無後小宗之文近代緣情皆由父祖之命未有既孤之後出繼宗族也雖復臣子一揆而義非天屬江忠簡胤嗣所寄唯斆一人傍無朞屬斆宜還本若不欲江愻絕後可以斆小兒繼愻爲孫尚書參議謂間世立後禮無其文荀顗無子立孫墜禮之始何琦又立此論義無所據於是斆還本家詔使

章

自曇立後者出爲豫章內史還除太子中庶子未拜門客通贓利武帝遣信檢覆斅藏此客而躬自引咎上甚有怪色王儉從容啓上曰江斅若能臨郡此便是具美耳上意乃釋永明中爲竟陵王司馬斅好文辭圍棊第五品爲朝貴中最遷侍中歷五兵尚書東陽吳二郡太守復爲侍中轉都官尚書領驍騎將軍王晏啓武帝曰江斅今重登禮閣兼掌六軍慈渥所覃寔有優忝但語其事任殆同閑輩天旨既欲升其名位愚謂以侍中領驍騎望實清顯有殊納言上曰斅常啓吾爲其鼻中惡今既以何胤王瑩還門下故有此回換耳先是中書舍人紀僧眞幸於武帝稍歷

軍校容表有士風謂帝曰臣小人出自本縣武吏邀逢聖時階榮至此爲兒昏得荀昭光女即時無復所須唯就陛下乞作士大夫帝曰由江斅謝瀹我不得措此意可自詣之僧眞承旨詣斅登榻坐定斅便命左右曰移吾牀讓客僧眞喪氣而退告武帝曰士大夫故非天子所命時人重斅風格不爲權倖降意隆昌元年爲侍中領國子祭酒鬱林廢朝臣皆被召入宮斅至雲龍門方知廢立託散動醉吐車中而去明帝即位改領祕書監又改領晉安王師卒遺令不受賻贈詔賻錢三萬布百匹子蒨啓遵斅命不受詔嘉美之從其所請贈散騎常侍太常卿謚曰敬子子蒨

蒨字彥標幼聰警讀書過口便誦選爲國子生舉高第起家祕書郎累遷廬陵王主簿居父憂以孝聞廬于墓側明帝敕遣齋仗二十人防之墓所服闋累遷建安內史梁武帝起兵遣寧朔將軍劉諓之爲郡蒨拒之及建鄴平蒨坐禁錮俄被原歷太尉臨川王長史尚書吏部郎領右軍方雅有風格僕射徐勉權重唯蒨及王規與抗禮不爲之屈勉因蒨門客翟景爲子繇求昏於蒨女不荅景再言之乃杖景四十由此與勉忤勉又爲子求蒨弟葺及王泰女二人竝拒之葺爲吏部郎坐杖曹中幹免官泰以疾假出宅乃遷散騎常侍皆勉意也初天監六年詔以侍中常侍竝

侍帷幄分門下二局入集書其官品視侍中而非華冑所悅故勉斥泰爲之蒨尋遷司徒左長史初王泰出閤武帝謂勉云江蒨資歷應居選部勉曰蒨有眼患又不悉人物乃止遷光祿大夫卒謚肅蒨好學尤悉朝儀故事撰江左遺典三十卷未就卒文集十五卷蒨弟曇字彥德少學涉有器度位侍中太子詹事承聖初卒曇弟祿

祿字彥遐幼篤學有文章工書善琴形貌短小神明俊發位太子洗馬湘東王錄事參軍以氣陵府王王深憾焉廬陵威王續代爲荆州留爲驃騎諮議參軍獻書告別王荅書乃致恨祿先爲武寧郡頗有資產積錢於壁壁爲之倒

迮銅物皆鳴人戲之曰所謂銅山西傾洛鍾東應者也湘東王恨之既深以其名祿改字曰榮財以志其忿後爲唐侯相卒撰列仙傳十卷行於世及并絜皐木人賦敗船詠竝以自喻子徽亦有文采而清狂不慧常以父爲戲脩子紑

紑字含絜幼有孝性年十三父脩患眼紑侍疾將朞月衣不解帶夜夢一僧云患眼者飲慧眼水必差及覺說之莫能解者紑第三叔祿與草堂寺智者法師善往訪之智者曰無量壽經云慧眼見真能度彼岸脩乃因智者啓捨同夏縣界牛屯里舍爲寺乞賜嘉名敕荅云純臣孝子往往

感應晉時顏含遂見冥中送藥又近見智者以卿第二息夢云飲慧眼水慧眼則五眼之一號可以慧眼爲名及就創造泄故井井水清洌異於恒泉依夢取水洗眼及煮藥稍覺有瘳因此遂差時人謂之孝感南康王爲徐州召爲迎主簿紑性沈靜好莊老玄言尤善佛義不樂進仕及父卒紑廬于墓終日號慟不絕聲月餘乃卒子揔

揔字揔持七歲而孤依于外氏幼聰敏有至性元舅吳平侯蕭勱名重當世特所鍾愛謂曰爾神采英拔後之知名當出吾右及長篤學有文辭仕梁爲尚書殿中郎武帝撰正言始畢製述懷詩揔預同此作帝覽揔詩深見差賞轉侍郎尚書僕射范陽張纘度支尚書琅邪王筠都官尚書南陽劉之遴竝高才碩學揔時年少有名纘等雅相推重爲忘年友會之遴嘗酬揔詩深相欽挹累遷太子中舍人侯景寇建鄴詔以揔權兼太常卿守小廟臺城陷避難會稽郡憩於龍華寺乃製脩心賦揔第九舅蕭勃先據廣州又自會稽往依焉及元帝平侯景徵爲始興內史會魏剋江陵不行自此流寓嶺南積歲陳天嘉四年以中書侍郎徵還累遷左戶尚書轉太子詹事揔性寬和溫裕尤工五言七言溺於浮靡及爲宮端與太子爲長夜之飲養良娣陳氏爲女太子亟微行遊揔家宣帝怒免之後又歷侍中

左戶尚書後主即位歷吏部尚書僕射尚書令加扶既當權任宰不持政務但日與後主遊宴後庭多爲豔詩好事者相傳諷翫于今不絕唯與陳暄孔範王瑳等十餘人當時謂之狎客由是國政日頹綱紀不立有言之者輒以罪斥之君臣昏亂以至于滅禎明三年陳亡入隋拜上開府開皇十四年卒於江都年七十六其爲自序云太建之時權移群小諂嫉作威屢被摧黜柰何命也識者譏其言跡之乖有文集三十卷長子溢頗有文辭性傲誕驕物雖近屬故友不免詆欺歷中書黃門侍郎太子中庶子入隋爲秦王文學卒

江智深彛之弟子也父僧安宋太子中庶子彛有盛名彛
子湛又有清譽父子竝貴達智深父少無名問湛禮敬甚
簡智深常以為恨自非節歲一不入湛門及為隨王誕後軍
參軍在襄陽誕待之甚厚時諮議參軍謝莊主簿沈懷文
與智深友善懷文每稱曰人所應有盡有所應無盡無者
其江智深乎元嘉末除尚書庫部郎時高流官序不為臺
郎智深門孤援寡獨有此選意甚不悅固辭不拜後為竟
陵王誕司空主簿記室參軍領南濮陽太守遷從事中郎
誕將為逆智深悟其機請假先反誕事發即除中書侍郎
智深愛好文雅辭采清贍孝武深相知待恩禮冠朝上宴

私甚數多命羣臣五三人遊集智深常為其首同侣未及
前輒獨蒙引進每以越衆為慙未嘗有喜色每從遊幸與
羣僚相隨見傳詔馳來知常呼己聳動愧恧形於容貌論
者以此多之遷驍騎將軍尚書吏部郎上每酣宴輒詆羣
臣并使自相嘲訐以為歡咲智深素方退漸不會旨上嘗
使王僧朗戲其子景文智深正色曰恐不宜有此戲上怒
曰江僧安癡人癡人自相惜智深伏席流涕由此恩寵大
衰出為新安王子鸞北中郎長史南東海太守行南徐州
事初上寵姬宣貴妃殷氏卒使羣臣議謚智深上議曰懷
上以不盡嘉號甚銜之後車駕幸南山乘馬至殷氏墓羣

臣皆騎從上以馬鞭指墓石柱謂智深曰此柱上不容有
懷字智深益惶懼以憂卒子鍇太子洗馬早卒後廢帝皇
后鍇之女也廢帝即位以后父追贈金紫光祿大夫鍇妻
王平望鄉君智深兄子槩早孤智深養之如子歷黃門
吏部郎侍中武陵王贊北中郎長史

江秉之字玄叔濟陽考城人也祖逌晉太常父纂給事中
秉之少孤弟妹七人竝幼撫育姻娶盡其心力宋少帝時
為永世烏程令以善政著名東土徵為建康令為政嚴察
部下肅然後為山陰令人戶三萬政事繁擾訟訴殷積階
庭常數百人秉之御繁以簡常得無事宋世唯顧覬之亦

以省務著績其餘雖復刑政脩理而未能簡事以在縣有
能出補新安太守元嘉十二年轉在臨海竝以簡約見稱
卒於官所得秩悉散之親故妻子常飢寒人有勸其營田
秉之正色答曰食祿之家豈可與農人競利在郡作書案
一枚去官留以付庫秉之宗人遼之字玄遠頗有文義撰
文釋傳於世位司徒記室參軍秉之子徽尚書都官郎吳
令元凶殺徐湛之子徽以黨與見誅子謐

謐字令和父徽遇禍謐繫尚方宋孝武平建鄴乃得出為
于湖令強濟稱職宋明帝為兗州謐傾身奉事為帝所待
即位以為驃騎參軍弟蒙貌醜帝常召見狎侮之謐再遷

右丞兼比部郎太始四年江夏王義恭第十五女卒年十九未笄禮官議從成人服諸王服大功左丞孫夐重奏禮記女子十五而笄鄭玄云應年許嫁者也其未許嫁者則二十而笄射慈云十九猶爲殤禮官違越經典於理無據太常以下結免贖論謐坐杖督五十奪勞百日謐又奏夐先不研辯混同謬議準以事例亦宜及咎夐又結免贖論詔可出爲建平王景素冠軍長史長沙内史行湘州事政教苛刻僧遵道人與謐情款隨謐在郡犯小事餓繫郡獄僧遵道裂三衣食之盡而死爲有司奏徵還明帝崩遇赦免齊高帝領南兗州謐爲鎮軍長史廣陵太守入爲游擊

將軍性疏俗善趨時利元徽末朝野咸屬意建平王景素謐深自委結景素事敗僅得免禍蒼梧王廢後物情尚懷疑貳謐獨竭誠歸事齊高帝昇明元年爲黄門侍郎領尚書左丞沈攸之事起議加高帝黄鉞謐所建也事寧遷吏部郎齊建元元年位侍中既而驃騎豫章王嶷領湘州以謐爲長史封永新縣伯三年爲左户尚書諸皇子出閤用文武王帥悉以委謐尋敕選曰江謐寒士誠當不得競等華儕然甚有才幹可遷掌吏部謐才長刀筆所在幹職高帝崩謐稱疾不入衆頗疑其怨不預顧命武帝即位謐又不遷官以此怨望時武帝不豫謐詣豫章王嶷請問曰至尊非起疾東宮又非才公今欲何計武帝知之出謐爲鎮北長史南東海太守未發憂甚乃以奕棊占卦云有客南來金椀玉杯上使御史中丞沈沖奏謐前後罪惡請收送廷尉詔賜死果以金罌盛藥鴆之子介建武中爲吳令政亦深苛人門榜死人髑髏爲謐首介棄官而去

論曰敬元夷簡歸譽玄保弘懿見推其取重於世豈虛名也然玄保時隆帝念雖命稟於玄天跡其恩寵蓋亦猶賢之助沈氏世傳武節而演之以業尚見知綢繆帷幄遂參機務夐默保閑篤素叔源節見臨危懿德高風所謂世有人矣茂遠自晉及陳雅道相係弈世載德斯之謂焉而挹溺於寵狎反以文雅爲敗然則士之成名所貴彬彬而已玄叔清介著美足以追蹤古烈令和窺覘成性終取躓於險塗宜矣

列傳第二十六　南史三十六

列傳第二十七

李延壽

沈慶之 孫昭略 子文季 弟文秀 從子攸之 攸之從孫僧昭

宗慤 從子夬

沈慶之字弘先吳興武康人也少有志力晉末孫恩作亂使其衆寇武康慶之未冠隨鄉族擊之屢捷由是以勇聞荒擾之後鄉邑流散慶之躬耕壟畝勤苦自立年四十未知名兄敞之爲趙倫之征虜參軍監南陽郡擊蠻有功遂即眞慶之往襄陽省兄倫之見而賞之命子竟陵太守伯符板爲寧遠中兵參軍竟陵蠻屢爲寇慶之爲設規略每

擊破之伯符由此致將帥之稱永初二年慶之除殿中員外將軍又隨伯符隸到彥之北侵伯符病歸仍隸檀道濟道濟白文帝稱慶之忠謹曉兵上使領隊防東掖門稍得引接出入禁省領軍劉湛知之欲相引接謂曰卿在省年月久遠比當相論慶之正色曰下官在省十年自應得轉不復以此仰累壽轉正員將軍及湛被收之夕上開門召慶之慶之戎服履韎縛褲入上見而驚曰卿何意乃爾急裝慶之曰夜半喚隊主不容緩服遣收吳郡太守劉斌殺之元嘉十九年雍州刺史劉道產卒群蠻大動征西司馬朱脩之討蠻失利以慶之爲建威將軍率衆助脩之失律

下獄慶之專軍進討大破緣沔諸蠻後爲孝武撫軍中兵參軍孝武以本號爲雍州隨府西上征蠻寇屢有功還都復爲廣陵王誕北中郎中兵參軍加建威將軍南濟陰太守雍州蠻又爲寇慶之以將軍太守復隨王誕入沔及至襄陽率後軍中兵參軍柳元景隨郡太守宗慤等伐沔北諸山蠻大破之威震諸山群蠻皆稽顙慶之患頭風好著狐皮帽群蠻惡之號曰蒼頭公每見慶之軍輒畏懼曰蒼頭公已復來矣慶之引軍出前後破降甚衆又討犬羊諸山蠻緣險築重城施門櫓甚峻慶之連營山下營中開門相通又令諸軍各穿池於營內朝夕不外汲兼以防蠻之

火頃之風甚蠻夜下山人提一炬燒營火至輒以池水灌滅之蠻被圍守日久並飢乏自後稍出歸降慶之前後所獲蠻並移都下以爲營戶二十七年遷太子步兵校尉其年文帝將北侵慶之諫曰道濟再行無功彥之失利而反今料王玄謨等未踰兩將恐重辱王師上曰王師再屈別有所由道濟養寇自資彥之中塗疾動虜所恃唯馬夏水浩大泛舟濟河碻磝必走滑臺小戍易可覆拔克此二戍館穀弔人虎牢洛陽自然不固慶之固陳不可時丹楊尹徐湛之吏部尚書江湛並在坐上使湛之等難慶之慶之曰爲國譬如家耕當問奴織當訪婢陛下今欲伐國而與

白面書生輩謀之事何由濟上大笑及軍行慶之副玄謨玄謨進圍滑臺慶之與蕭斌留守碻磝仍領斌輔國司馬玄謨攻滑臺積旬不拔魏太武大軍南向斌遣慶之將五千人救玄謨慶之曰少軍輕往必無益也會玄謨退還斌將斬之慶之諫乃止蕭斌以前驅敗績欲絕死固碻磝慶之以為不可會制使至不許退諸將並宜留斌復問計於慶之慶之曰閫外之事將所得專制從遠來事勢已異節下有一范曾而不能用空議何施斌及坐者並笑曰沈公乃更學問慶之厲聲曰衆人雖見古今不如下官耳學也玄謨自以退敗求戍碻磝斌乃還歷城申坦垣護之共

據清口慶之奔驛馳歸二十九年師復行慶之固諫不從以立議不同不使北出是時亡命司馬黑石廬江叛吏夏侯方進在西陽五水誑動羣蠻自淮汝閒至江沔咸離其患乃遣慶之督諸將討之制江豫荆雍並遣軍受慶之節度三十年孝武出次五洲揔統羣帥慶之從巴水出至五洲諮受軍略會孝武典籤董元嗣自建鄴還陳元凶殺逆孝武遣慶之引諸軍慶之謂腹心曰蕭斌婦人不足數其餘將帥並易與耳今輔順討逆不憂不濟也時元凶密與慶之書令殺孝武慶之入求見孝武稱疾不敢見慶之突前以元凶手書呈簡孝武泣求入內與母辭慶之曰下官

受先帝厚恩常願報德今日之事唯力是視殿下何是疑之深帝起再拜曰家國安危在於將軍慶之即勒內外處分府主簿顏竣聞慶之至馳入見帝曰今四方尚未知義師之舉而劭據有天府首尾不相應赴此危道也宜待諸鎮脣齒然後舉事慶之厲聲曰今方興大事而黃頭小兒皆參預此禍至矣宜斬以徇衆帝曰竣何不拜謝竣起再拜慶之曰君但當知筆札之事於是處分旬日內外整辦時皆謂神兵百姓欣悅衆軍既集假慶之為武昌內史領府司馬孝武至尋陽慶之及柳元景等並勸即大位不許賊劭遣慶之門生錢無忌齎書說慶之解甲慶之執無忌

白之孝武踐祚以慶之為領軍將軍尋出為南兗州刺史加都督鎮盱台封南昌縣公孝建元年魯爽反遣慶之與薛安都等往討之安都臨陣斬爽進慶之號鎮北大將軍尋與柳元景俱開府儀同三司固辭改封始興郡公慶之以年滿七十固請辭事以為侍中左光祿大夫開府儀同三司固讓乃至稽顙自陳言輒泣涕上不能奪聽以郡公罷就第月給錢十萬米百斛二衛史五十人大明三年司空竟陵王誕據廣陵反復以慶之為車騎大將軍開府儀同三司固讓南兗州刺史加都督率衆討之誕遣客沈道愍齎書說慶之餉以玉環刀慶之遣道愍反數以罪惡慶

之至城下誕登樓謂曰沈公君白首之年何爲來此慶之
曰朝廷以君狂愚不足勞少壯故使僕來耳慶之塞壍造
攻道立行樓土山弁諸攻具時夏雨不得攻城上使御史
中丞庾徽之奏免慶之官以激之制無所問誕餉慶之食
提挈者百餘人慶之不開悉焚之誕於城上投函表令慶
之爲送慶之曰我奉制討賊不得爲汝送表每攻城慶之
輒身先士卒上戒之曰卿爲統任當令處分有方何須身
受矢石邪自四月至七月乃屠城斬誕進慶之司空又固
讓爵於是與柳元景並依晉密陵侯鄭袤故事朝會慶之
位次司空元景在從公之上給卹吏五十人門施行馬初

慶之嘗夢引鹵簿入廁中慶之甚惡入廁之鄙時有善占
夢者爲解之曰君必大富貴然未在旦夕問其故荅云鹵
簿固是富貴容廁中所謂後帝也知君富貴不在今主及
中興之功自五校至是而登三事四年西陽五水蠻復爲
寇慶之以郡公統諸軍討平之慶之居清明門外有宅四
所室宇甚麗又有園舍在婁湖慶之一夜攜子孫徙居之
以宅還官悉移親戚中表於婁湖列門同閈焉廣開田園
之業每指地語人曰錢盡在此中與身享大國家素富厚
產業累萬金奴僮千計再獻錢千萬穀萬斛以始興封優
近求改封南海郡不許妓妾十數人並美容工藝慶之優

游無事盡意歡愉自非朝賀不出門每從游幸及校獵據
鞍陵厲不異少壯太子妃上孝武金鏤匕筯及杅杓上以
賜慶之曰觴酌之賜宜以大夫爲先也上嘗歡飲普令羣
臣賦詩慶之粗有口辯手不知書每將署事輒恨眼不識
字上逼令作詩慶之曰臣不知書請口受師伯上即令顏
師伯執筆慶之口授之曰微生遇多幸得逢時運昌朽老
筋力盡徒步還南岡辭榮此聖世何愧張子房上甚悅衆
坐並稱其辭意之美孝武晏駕慶之與柳元景等並受顧
命遺詔若有大軍旅及征討悉委慶之前廢帝即位加慶
之几杖給三望車一乘慶之每朝賀常乘豬鼻無幰車左

右從者不過三五騎履行園田每農桑劇月無人從行遇
之者不知三公也及加三望車謂人曰我每游履田園有
人時與馬成三無人則與馬成二今乘此車安所之乎及
賜几杖並固讓柳元景顏師伯嘗詣慶之會其游田元景
等鳴笳列卒滿道慶之獨與左右一人在田見之悄然改
容曰夫貧賤不可居富貴亦難守吾與諸公並出貧賤因
時際會榮貴至此唯當共思損挹之事老子八十之年目
見成敗者已多諸君炫此車服欲何爲乎於是插杖而耘
不爲之顧元景等徹侍褰裳從之慶之乃與相對爲歡慶
之既通貴鄉里老舊素輕慶之者後見皆膝行而前慶之

歎曰故是昔時沈公視諸沈爲劫首者數十人士悉患之慶之詭爲置酒大會一時殺之於是合境肅清人皆喜悅廢帝狂悖無道衆勸之廢立及柳元景等連謀以告慶之慶之與江夏王義恭不厚發其事帝誅義恭元景等以慶之爲侍中太尉及義陽王昶反慶之從帝度江揔統衆軍帝凶暴日甚慶之猶盡言諫爭帝意稍不悅及誅何邁慮慶之不同量其必至乃開清溪諸橋以絕之慶之果往不得度而還帝又忌之乃遣其從子攸之齎藥賜死時年八十是歲旦慶之夢有人以兩疋絹與之謂曰此絹足度寒而謂人曰老子今年不免矣兩疋八十尺也足度無盈餘矣及死贈賻甚厚遣贈侍中太尉如故給鸞輅轀輬車前後羽葆鼓吹謚曰忠武公未及葬帝敗明帝即位追贈侍中司空謚曰襄公太始七年改封蒼梧郡公慶之羣從姻戚由慶之在列位者數十人長子文叔位侍中慶之之死也不肯飲藥攸之以被揜殺之文叔密取藥藏錄或勸文叔逃避文叔見帝斷截江夏王義恭支體慮奔亡之日帝怒容致義恭之變乃飲藥自殺文叔子昭明位秘書郎聞父死曰何忍獨生亦自縊死元徽元年還復先封時改始興爲廣興昭明子曇亮襲廣興郡公齊受禪國除昭明弟

昭略字茂隆性狂儁不事公卿使酒杖氣無所推下嘗醉晚日負杖攜家賓子弟至婁湖苑逢王景文子約張目視之曰汝是王約邪何乃肥而癡約曰汝沈昭略邪何乃瘦而狂昭略撫掌大笑曰瘦已勝肥狂又勝癡奈何王約奈汝癡何昇明末爲相國西曹掾齊高帝賞之及即位謂王儉曰南士中有沈昭略何職處之儉以擬前軍將軍上不欲遣乃可其奏尋爲中書郎累遷侍中王晏嘗戲昭略曰賢叔可謂吳興僕射昭略曰家叔晚登僕射猶賢於尊君以卿爲初藩永元中與叔父文季俱被召入華林省茹法珍等進藥酒昭略怒罵徐孝嗣曰廢昏立明古今令典宰相無才致有今日以甌投其面曰使爲破面鬼死時言笑自若了無懼容徐孝嗣謂曰見卿使人想夏侯泰初荅曰明府猶憶夏侯便是方寸不能都昏下官見龍逢比干欣然相對霍光脫問明府今日之事何辭荅之邪昭略弟昭光聞收兵至家人勸逃去昭光不忍捨母入執母手悲泣遂見殺時昭明子曇亮已得逃去聞昭光死乃曰家門屠滅獨用生何爲又絕吭而死時人歎其累世孝義中興元年贈昭略太常昭光廷尉

文季字仲達文叔弟也以寬雅正直見知尤善塞及彈棊在宋封山陽縣五等伯位中書郎父慶之遇害諸子見收

文叔謂之曰我能死爾能報遂自殺文季揮刀馳馬去收
者不敢追遂免明帝立爲黃門郎領長水校尉明帝宴會
朝臣以南臺御史賀咸爲柱下史糾不醉者文季不肯飲
被驅下殿晉平王休祐爲南徐州帝就褚彥回求幹事人
爲上佐彥回舉文季轉驃騎長史南東海太守休祐被殺
雖用袁禮僚佐多不敢至文季獨往墓展哀元徽初自祕
書監出爲吳興太守文季飲酒至五斗妻王氏飲亦至三
斗嘗對飲竟日而視事不廢昇明元年沈攸之反齊高帝
加文季冠軍將軍督吳興錢唐軍事初慶之死也攸之求
行至是文季收攸之弟新安太守登之誅其宗族以復舊

怨親黨無吹火焉君子以文季能報先恥齊國建爲侍中
領祕書監建元元年轉太子右衛率侍中如故改封西豐
縣侯文季風采稜岸善於進止司徒褚彥回當時貴望頗
以門戶裁之文季不爲之屈武帝在東宮於玄圃宴朝臣
文季數舉酒勸彥回彥回甚不平啓武帝曰沈文季謂彥
回經爲其郡依然猶有故情文季曰惟桑與梓必恭敬止
豈如明府亡國失土不識枌榆遂言及魏軍動事彥回曰
陳顯達沈文季當今將略足委以邊事文季諱稱將門因
是發怒啓武帝曰褚彥回遂品藻人流臣未知其身死之
日何面目見宋明帝武帝笑曰沈率醉也中丞劉休舉其

事見原後豫章王北宅後堂集會文季與彥回並善琵琶
酒闌彥回取樂器爲明君曲文季便下席大唱曰沈文季
不能作伎兒豫章王嶷又解之曰此故當不損仲容之德
彥回顏色無異終曲而止永明中累遷領軍將軍文季雖
不學發言必有辭采武帝謂文季曰南士無僕射多歷年
所文季對曰南風不競非復一日當世善其對明帝輔政
欲以文季爲江州遣左右單景儁宣旨文季陳讓稱老不
願外出因問右執法有人未景儁還具言之延興元年以
爲尚書右僕射明帝即位加領太子詹事尚書令王晏嘗
戲文季爲吳興僕射文季荅曰琅邪執法似不出卿門建

武二年魏軍南伐明帝以爲憂制文季鎮壽春文季入城
門嚴加備守魏軍尋退百姓無所損永元元年轉侍中左
僕射始安王遙光反其夜遣於宅掩取文季欲以爲都督
而文季已還臺明日與尚書令徐孝嗣共坐南掖門上時
東昏已行殺戮孝嗣深懷憂慮欲與文季論時事文季輒
引以佗辭終不得及事寧加鎮軍將軍置府史文季以時
方昏亂託老疾不豫朝機兄子昭略謂文季曰阿父年六
十爲員外僕射欲求免乎文季笑而不荅未幾見害先被
召便知敗舉動如常登車顧曰此行恐往而不反於華林
省死年五十八朝野冤之中興元年贈司空謚曰忠憲公

文秀字仲遠慶之弟子也父邵之南中郎行參軍文秀乃宋
前廢帝時累遷青州刺史將之鎭部曲出次白下文秀說
慶之以帝狂悖禍在難測欲因此衆力圖之慶之不從及
行慶之果見殺又遣直閤江方興領兵誅文秀未至而明帝
已定亂時晉安王子勛據尋陽文秀與徐州刺史薛安都
並同子勛及尋陽平定明帝遣其弟召之便歸命請罪即
安本任四年封新城縣侯先是冀州刺史崔道固亦據歷
城同反文秀遣信引魏魏遣慕容白曜援之及至而文秀
已受朝命文秀善於撫御被魏圍三載無叛者五年為魏
所尅終于北

攸之字仲達慶之從父兄子也父叔仁為宋衡陽王義季
征西長史兼行參軍領隊攸之少孤貧元嘉二十七年魏
軍南攻朝廷發三吳之衆攸之亦行及至建鄴詣領軍將
軍劉遵考求補白丁隊主遵考以為形陋不堪攸之歎曰
昔孟嘗君身長六尺為齊相今求士取肥大者哉因隨慶
之征討二十九年征西陽蠻始補隊主巴口建義授南中
郎府板長兼行參軍新亭之戰身被重創事寧為太尉行
參軍封平洛縣五等侯隨府轉大司馬行參軍晉時郡下
二岸揚州舊置都部從事分掌二縣非違永初以後罷省
孝建三年後置其職攸之掌北岸會稽孔璪掌南岸後又

罷攸之遷員外散騎侍郎又隨慶之征廣陵屢有功被前
破骨孝武以其善戰配以仇池步矟事平當加厚賞為慶
之所抑遷太子旅賁中郎攸之甚恨之前廢帝景和元年
除豫章王子尚車騎中兵參軍直閤與宋越譚金等並為
廢帝所寵誅戮羣公攸之等皆為之用命封東興縣侯明
帝即位以例削封尋告宋越譚金等謀反復召直閤會四
方反叛南賊已次近道以攸之為寧朔將軍尋陽太守率
軍據虎檻時王玄謨為大統未發前鋒有五軍在虎檻五
軍後為駱驛繼至每夜各立姓號不相稟受攸之謂軍吏
曰今衆軍同舉而姓號不同若有耕夫漁父夜相呵叱便
致駭亂此敗道也請就一軍取號衆咸從之殷孝祖為前

鋒都督失人情攸之內撫將士外諧羣帥衆並安之時
殷孝祖中流矢死軍主范潛率五百人投賊人情震駭並
謂攸之宜代孝祖為統時建安王休仁屯虎檻摠統衆軍
聞孝祖死遣寧朔將軍江方興龍驤將軍劉靈遺各率三
千人赴赭圻攸之以為孝祖既死賊有乘勝之心明日若
不更攻則示之以弱方興名位相亞必不為己下軍政不
一致敗之由乃率諸軍主詣方興推重并慰勉之方興甚
悅攸之既出諸軍主並尤之攸之曰卿忘廉藺寇賈事邪
吾本以濟國活家豈計此之升降明旦進戰自寅訖午大

破賊於赭圻尋進號輔國將軍代孝祖督前鋒諸軍事薛
常保等在赭圻食盡南賊大師劉胡屯濃湖以囊盛米繫
流查及船腹陽覆船順風流下以餉赭圻攸之疑其有異
遣人取船及流查大得囊米尋尅赭圻遷寧蠻校尉雍州
刺史加都督袁顗復率大衆來入鵲尾相持既久軍主張
興世越鵲尾上據錢溪劉胡自攻之攸之率諸將攻濃湖
錢溪信至大破賊攸之悉以錢溪所送胡軍耳鼻示之顗
駭懼急追胡還攸之諸軍悉力進攻多所斬獲胡於是棄
衆而奔顗亦奔走赭圻濃湖之平也賊軍委棄資財珍貨
山積諸軍各競收斂唯攸之張興世約勒所部不犯毫芥

諸將以此多之攸之進平尋陽遷中領軍封貞陽縣公時
劉遵考為光祿大夫攸之在御坐謂遵考曰形陋之人今
何如帝聞之攸之依實對帝大笑累遷郢州刺史為政刻
暴或鞭士大夫上佐以下有忤意輒面加詈辱而曉達吏
事自強不息士庶畏憚人莫敢欺聞有猛獸輒自圍捕往
無不得一日或得兩三若逼暮不禽則宿昔圍守賦斂嚴
苦徵發無度繕修船舸營造器甲自至夏口便有異圖進
監豫司之二郡軍事進號鎮軍將軍泰豫元年明帝崩攸
之與蔡興宗並在外蕃同預顧命會巴西人李承明反蜀
土騷擾時荊州刺史建平王景素被徵新除荊州刺史蔡

興宗未之鎮乃遣攸之權行荊州事會承明已平乃以攸
之為鎮西將軍荊州刺史加都督聚斂兵力養馬至二千
餘匹皆分賦邏將士使耕田而食廪財悉充倉儲荊州作
部歲送數千人仗攸之割留之簿上云供討四山蠻裝戰
艦數百千艘沈之靈溪裏錢帛器械巨積漸懷不臣之心
朝廷制度無所遵奉富貴擬於王者夜中諸廂廊然燭達
旦後房服珠玉者數百人皆一時絶貌江州刺史桂陽王
休範密有異志欲以微旨動攸之使道士陳公昭作天公
書一函題言沈丞相送攸之門者攸之不開書推撿得公
昭送之朝廷後廢帝元徽二年休範舉兵襲都攸之謂僚

佐曰桂陽今逼朝廷必聲言吾與之同若不顛沛勤王必
增朝野之惑於是遣使受郢州刺史晉熙王燮節度會休
範平使乃還進號征西大將軍開府儀同三司固讓開府
攸之自擅閫外朝廷疑憚之累欲徵入慮不受命乃止四
年建平王景素據京城反攸之復應朝廷景素尋平時有
臺直閤高道慶家在江陵攸之初至州道慶在家牒其親
戚十餘人求州從事西曹攸之為用三人道慶大怒自入
州取教毀之而去道慶素便馬攸之與宴飲於聽事前合
馬槊道慶槊中攸之馬鞍怒索刃槊道慶馳馬而出還都
說攸之反狀請三千人襲之朝議慮其事難濟高帝又保

持不許楊運長等常相疑畏乃與道慶密遣刺客齎廢帝手詔以金餅賜攸之州府佐吏進其階級時有象三頭至江陵城北數里攸之自出格殺之忽有流矢集攸之馬鄣泥其後刺客事發廢帝既殞順帝即位加攸之車騎大將軍開府儀同三司齊高帝遣攸之子司徒左長史元琰齎廢帝剸斮之具以示之攸之曰吾寧為王陵死不作賈充生尚未得即起兵乃上表稱慶并與齊高帝書推功攸之有素書十數行常韜在兩襠角云是宋明帝與己約誓及皇太后使至賜攸之燭十挺割之得太后手令曰國家之事一以委公明日遂舉兵其妾崔氏許氏諫曰官年已老那

不為百口作計攸之指兩襠角示之攸之素蓄士馬資用豐積至是戰士十萬鐵馬三千將發江陵使沙門釋僧粲筮之云不至都當自郢州回還意甚不悅初發江津有氣狀如塵霧從西北來正蓋軍上齊高帝遣衆軍西討攸之盡銳攻郢州行事柳世隆屢破之昇明二年還向江陵未至城已為雍州刺史張敬兒所據無所歸乃與第三子中書侍郎文和至華容之鱣頭林投州吏家此吏嘗為攸之所鞭待攸之甚厚不以往罰為怨殺豬薦食既而村人欲取之攸之於櫟林與文和俱自經死村人斬首送之都或劆其腹心有五竅征西主簿荀昭先以家財葬攸之攸之

晩好讀書手不釋卷史漢事多所記憶常歎曰早知窮達有命恨不十年讀書及攻郢城夜嘗風浪米船沈沒倉曹參軍崔靈鳳女先適柳世隆子攸之正色謂曰當今軍糧要急而卿不以在意由與城内婚姻邪靈鳳荅曰樂廣有言下官豈以五男易一女攸之懽然意解攸之招集才力之士隨郡人雙泰真有幹力召不肯來攸之遣二十人被甲追之泰真射殺數人欲過家將母去事迫不獲單身走入蠻追者既失之錄其母去泰真既失母乃自歸攸之不罪曰此孝子也賜錢一萬轉補隊主其抑情待士如此初攸之賤時與吳郡孫超之全景文共乘一小船出都三人

共上引埭有一人止而相之曰君三人皆當至方伯攸之曰豈有是事相者曰不驗便是相書誤耳後攸之為郢荊三州超之廣州刺史景文南豫州刺史景文字弘達齊永明中卒於光祿大夫攸之初至郢州有順流之志府主簿宗儼之勸攻郢城功曹臧寅以為攻守勢異非旬日所拔若不時舉挫銳損威攸之不從既敗諸將帥皆奔散或呼寅俱亡寅曰我委質事人豈可幸其成而責其敗乃投水死又倉曹參軍金城邊榮為府錄事所辱攸之為榮鞭殺錄事攸之自江陵下以榮為留府司馬守城張敬兒將至人或說之使詣敬兒降榮曰受沈公厚恩一朝緩急便改

易本心不能也城敗見敬兒敬兒問曰邊公何爲同人作賊不早來榮曰沈荊州舉義兵匡社稷身雖可滅要是宋世忠臣天下尚有直言之士不可謂之爲賊身本不斷生何須見問敬兒曰死何難命斬之榮歡笑而去容無異色太山程邕之者素依隨榮至是抱持榮謂敬兒曰君入人國不聞仁惠之聲而先戮義士三楚之人寧蹈江漢而死豈肯與將軍同日以生敬兒曰求死甚易何爲不許先殺邕之然後及榮三軍莫不垂泣曰奈何一日殺二義士比之臧洪及陳容廢帝之殞攸之欲起兵問知星人葛珂之珂之曰起兵皆候太白太白見則成伏則敗昔桂陽以太白

伏時舉兵一戰授首此近世明驗今蕭公廢昏立明正逢太白伏時此與天合也且太白尋出東方利用兵西方不利故攸之止不下及後舉兵珂之又曰今歲星守南斗其國不可伐攸之不從果敗攸之表檄文疏皆其記室南陽宗儼之辭也事敗責之荅曰士爲知己豈爲君輩所識遂伏誅攸之景和中與齊高帝同直殿省申以歡好帝以長女義興憲公主妻攸之第三子文和生二女並養之宮中恩禮甚厚及嫁皆得素舊公家營遣焉齊武帝制以攸之弟雍之孫僧昭爲義興公主後僧昭別名法朗少事天師道士常以甲子及甲午日夜著黃巾衣褐醮於私室時記

人吉凶頗有應驗自云爲太山録事幽司中有所收録必僧昭署名中年爲山陰縣梁武陵王紀爲會稽太守宴坐池亭蛙鳴聒耳王曰殊廢絲竹之聽僧昭呪厭十許口便息及日晚王又曰欲其復鳴僧昭曰王歡已闌今恣汝鳴即便喧聒又嘗校獵中道而還左右問其故荅曰國家有邊事須還處分問何以知之曰向聞南山虎嘯知耳俄而使至復謂人曰吾昔爲幽司所使實爲煩碎今已自解乃開匣出黃紙書上有一大字字不可識曰教分判如此及太清初謂親知曰明年海內喪亂生靈十不一存乃苦求東歸既不獲許及亂百口皆殲僧昭位廷尉卿太清三年卒

宗愨字元幹南陽涅陽人也叔父少文高尚不仕愨年少問其所志愨荅曰願乘長風破萬里浪少文曰汝若不富貴必破我門戶兄泌娶妻始入門夜被劫愨年十四挺身與劫相拒十餘人皆披散不得入室時天下無事士人並以文義爲業少文既高尚諸子群從皆愛好墳典而愨任氣好武故不爲鄉曲所知江夏王義恭爲征北將軍南兗州刺史愨隨鎮廣陵時從兄綺爲征北府主簿與愨同住綺妾與給吏牛泰私通綺入直而泰潛來就綺妾愨知之入殺牛泰然後白綺義恭壯其意不罪也後以補國上軍將軍元嘉二十二年伐林邑愨自奮請行義恭舉愨有膽

勇乃除振武將軍爲安西參軍蕭景憲軍副隨交州刺史檀和之圍區粟城林邑遣將范毗沙達來救區粟和之遣偏軍拒之爲賊所敗又遣慤慤乃分軍爲數道偃旗潛進討破之仍攻拔區粟入象浦林邑王范陽邁傾國來逆以具裝被象前後無際慤以爲外國有師子威服百獸乃製其形與象相禦象果驚奔衆因此潰亂遂剋林邑收其珍異皆是未名之寶其餘雜物不可稱計慤一毫無犯唯有被梳枇刷此外蕭然文帝甚嘉之三十年孝武伐逆以慤爲南中郎諮議參軍領中兵及事平功次柳元景孝武即位以爲左衛將軍封洮陽侯孝建中累遷豫州刺史監五

州諸軍事先是鄉人庾業家富豪侈侯服玉食與賓客相對膳必方丈而爲慤設粟飯菜菹謂客曰宗軍人串噉麤食慤致飽而退初無異辭至是業爲慤長史帶梁郡慤待之甚厚不以昔事爲嫌大明三年竟陵王誕據廣陵反慤表求赴討乘驛詣都面受節度上停輿慰勉慤聳躍數十左右顧盼上壯之及行隸車騎大將軍沈慶之初誕誑其衆云宗慤助我及慤至躍馬繞城呼曰我宗慤也事平入爲左衛將軍五年從獵墮馬腳折不堪朝直以爲光祿大夫加金章紫綬有佳牛堪進御官買不肯賣坐免官明年復先職廢帝即位爲寧蠻校尉雍州刺史加都督卒贈征西將軍諡曰肅侯配食孝武廟庭子羅雲卒子元寶嗣

慤從子夬字明揚祖少文名列隱逸傳父繁西中郎諮議參軍夬少勤學有局幹仕齊爲驃騎行參軍時竟陵王子良集學士於西邸並見圖畫夬亦預焉齊鬱林之爲南郡王居西州使夬管書記以筆札貞正見許故任焉時與魏和通敕夬與尚書殿中郎任昉同接魏使皆時選也及文惠太子薨王爲皇太孫夬仍管書記太孫即位多失德夬頗自疏得爲秣陵令遷尚書都官郎少帝見誅舊寵多被其災唯夬與傅昭以清正免齊明帝以爲郢州中從事以父老去官南康王爲荊州刺史引爲別駕梁武帝起兵遷

西中郎諮議時西土位望唯夬與同郡樂藹劉坦爲州人所推服故領軍蕭穎冑深相委仗武帝受禪歷太子右衛率五兵尚書參掌大選天監三年卒子曜卿

論曰沈慶之以武毅之姿屬殷憂之日驅馳戎旅所在見推其戡難定功蓋亦宋之方邵及勤王之業克舉台鼎之位已隆年致懸車官成名立而卒至顛覆倚伏豈易知也諸子才氣並有高風將門有將斯言得失攸之地處上流聲稱義舉專威擅命年且逾十終從諸葛之斃伐德其有數乎宗慤氣槩風雲竟成其志夬蹈履清正用升顯級亦各志能之士也

列傳第二十七

李延壽

柳元景

元景弟子世隆 世隆子惔 惔弟惲 惲子偃 偃子昐 惲弟憕 憕弟忱 世隆從弟慶遠 慶遠子津 津子仲禮 敬禮

柳元景字孝仁河東解人也高祖純位平陽太守不拜曾祖卓自本郡遷於襄陽官至汝南太守祖恬西河太守父憑馮翊太守元景少便弓馬數隨父伐蠻以勇稱寡言語有器質荊州刺史謝晦聞其名要之未及往而晦敗雍州刺史劉道產深愛其能會荊州刺史江夏王義恭復召之道產謂曰久規相屈今貴王有召難輒相留乖意以為罔

罔服闋累遷義恭司徒太尉城局參軍文帝見又知之先是劉道產在雍州有惠化遠蠻歸懷皆出緣沔為村落户口殷盛及道產死群蠻大為寇暴孝武西鎮襄陽義恭薦元景乃以為武威將軍隨郡太守及至廣設方略斬獲數百郡境肅然隨王誕鎮襄陽元景從為後軍中兵參軍及朝廷大舉北侵使諸鎮各出軍二十七年八月誕遣尹顯祖出貲谷魯方平薛安都龐法起入盧氏田義仁出魯陽加元景建威將軍總統軍帥後軍外兵參軍龐季明三秦冠族求入長安招懷關陝乃自貲谷入盧氏盧氏人趙難納之元景率軍係進以前鋒深入懸軍無繼馳遣尹顯祖入盧氏以為諸軍聲援元景以軍食不足難可曠日相持乃束馬懸車引軍上百丈崖出溫谷以入盧氏法起諸軍進次方伯堆去弘農城五里元景引軍度熊耳山安都頓軍弘農法起進據潼關季明率方平趙難諸軍向陝十一月元景率衆至弘農營於開方口仍以元景為弘農太守初安都留住弘農而諸軍已進陝元景既到謂安都曰卿無坐守空城而令龐公孤軍深入宜急進軍衆軍並造陝下列營以逼之並大造攻具魏城臨河為固恃險自守季明安都方平顯祖趙難諸軍頻三攻未拔安都方平各列陣於城東南以待之魏兵大合輕騎挑戰安都瞋目橫矛

單騎突陣四向奮擊左右皆辟易殺傷不可勝數於是衆軍並鼓譟俱前魏多縱突騎衆軍患之安都怒甚乃脫兜鍪解所帶鎧唯著絳衲兩當衫馬亦去具裝馳入賊陣猛氣咆勃所向無前當其鋒者無不應刃而倒如是者數四每入衆無不披靡魏軍之將至也方平遣驛騎告元景時諸軍糧盡各餘數日食元景方督義租并上驢馬以為糧運之計遣軍副柳元怙簡步騎二千以赴陝急卷甲兼行一宿而至詰朝魏軍又出列陣於城外方平諸軍並成列安都并領馬軍方平悉勒步卒左右掎角之餘諸義軍方於城西南列陣方平謂安都曰今勍敵在前堅城在後是

吾取死之日卿若不進我當斬卿我若不進卿當斬我也
安都曰御言是也遂合戰安都不堪其憤橫矛直前殺傷
者甚多流血凝肘矛折易之復入副譚金率騎從而奔之
自詰旦戰至日昃魏軍大潰面縛軍門者二千餘人諸將
欲盡殺之元景以爲不可乃悉釋而遣之皆稱萬歲而去
時北略諸軍王玄謨等敗退魏軍深入文帝以元景不宜
獨進且令班師諸軍乃自狐關度白楊嶺出于長洲安都
斷後宋越副之法起自潼關向商城與元景會季明亦從
胡谷南歸竝有功而入誕登城望之以鞍下馬迎元景時
魯爽向虎牢復使元景率安都等北出爽退乃還冉出北

侵威信著於境外孝武入討元凶以爲諮議參軍配萬人
爲前鋒宗慤薛安都等十三軍皆隸焉時義軍船乘小陋
慮水戰不敵至蕪湖元景大喜倍道兼行至新亭依山建
壘柵東西據險令軍中曰鼓繁氣易衰叫數力易竭但各
銜枚疾戰一聽吾營鼓音元景察賊衰竭乃命開壘鼓譟
以奔之賊衆大潰劭更率餘衆自來攻壘復大破之劭僅
以身免上至新亭即位以元景爲侍中領左衛將軍尋轉
寧蠻校尉雍州刺史監雍梁南北秦四州荆之竟陵隨二郡
諸軍事始上在巴口問元景事平何所欲對曰願還鄉里
故有此授初臧質起義以南譙王義宣闇弱易制欲相推

奉潛報元景使率所領西還元景即以質書呈孝武語其
信曰臧冠軍當是未知殿下義舉耳方應伐逆不容西還
質以此恨之及元景爲雍州質慮其爲荆州後患稱爪牙
不宜遠出上重違其言更以元景爲領軍將軍加散騎常
侍封曲江縣公孝建元年正月魯爽反遣左衛將軍王玄
謨討之加元景撫軍將軍假節置佐係玄謨後以爲領南
蠻校尉雍州刺史加都督臧質義宣竝反王玄謨南據梁
山垣護之薛安都度據歷陽元景出屯採石玄謨求益兵
上使元景進屯姑孰元景悉遣精兵助王玄謨以羸弱居
守所遣軍多張旗幟梁山望之如數萬人皆謂都下兵悉

至由是剋捷與沈慶之俱以本號加開府儀同三司改封
晉安郡公固讓開府復爲領軍太子詹事加侍中大明三
年爲尚書令太子詹事侍中中正如故以封在嶺南改封
巴東郡公又命左光祿大夫開府儀同三司侍中中正如
故又讓開府乃與沈慶之俱依晉密陵侯鄭袤不受司空
故事六年進司空侍中中書令中正如故又固讓乃授侍
中驃騎大將軍南兗州刺史留衛都下孝武晏駕與太宰
江夏王義恭尚書僕射顏師伯竝受遺詔輔幼主遷尚書
令領丹陽尹侍中將軍如故加開府儀同三司給班劒二
十人固辭班劒元景少時貧苦嘗下都至大雷日暮寒甚

頗有羈旅之歎岸側有一老父自稱善相謂元景曰君方大富貴位至三公元景以爲戲之曰人生免飢寒幸甚豈望富貴老父曰後當相憶及貴求之不知所在元景起自將率及當朝理務雖非所長而有弘雅之美時在朝勳要多事產業惟元景獨無所營南岸有數十畝菜園守園人賣菜得錢三萬送還宅元景怒曰我立此園種菜以供家中啖耳乃復賣以取錢奪百姓之利邪以錢乞守園人孝武嚴暴無常元景雖荷寵遇恒慮及禍太宰江夏王義恭及諸大臣莫不重足屏氣未嘗敢私相往來孝武崩義恭元景等並相謂曰今日始免橫死義恭與義陽等諸王元

景與顏師伯等常相馳逐聲樂酣飲以夜繼晝前廢帝少有凶德內不能平殺戴法興後悖情轉露義恭元景憂懼乃與師伯等謀廢帝立義恭持疑未決發覺帝親率宿衛兵自出討之稱詔召元景左右奔告兵刃非常元景知禍至整朝服乘車應召出門逢弟車騎司馬叔仁戎服左右壯士數十人欲拒命元景苦禁之及出巷軍士大至下車受戮容色恬然長子慶宗有幹力而情性不倫孝武使元景送還襄陽於道賜死次子嗣宗紹宗茂宗孝宗文宗仲宗成宗秀宗至是並遇禍元景六弟僧景僧珍叔宗叔政叔珍叔仁僧珍叔仁及子姪在都下襄陽死者數十人元

景少子承宗嗣宗子纂並在孕獲全明帝即位贈太尉給班劍三十人羽葆鼓吹一部謚曰忠烈公元景從父兄元怙大明末同晉安王子勛逆事敗歸降元景從祖弟光世留鄉里仕魏爲河北太守封西陵男與司徒崔浩親浩被誅光世南奔明帝時位右衛將軍順陽太守子欣慰謀反光世賜死

世隆字彥緒元景弟子也父叔宗字雙驎位建威參軍事早卒世隆幼孤挺然自立不與衆同雖門勢子弟獨修布衣之業及長好讀書折節彈琴涉獵文史音吐溫潤元景愛賞異於諸子言於宋孝武得召見帝謂元景曰此兒將

來後是三公一人爲西陽王撫軍法曹行參軍出爲武威將軍上庸太守帝謂元景曰卿昔以武威之號爲隨郡今復以授世隆使卿門世不乏公也元景爲前廢帝所殺世隆以在遠得免太始初四方反叛世隆於上庸起兵以應宋明帝爲孔道存所敗衆散逃隱道存購之甚急軍人有貌相似者斬送之時世隆母郭妻閻並見縶襄陽獄道存以所送首示之母見首悲情小歇而妻閻號叫方甚竊謂郭曰今見不悲爲人所覺唯當大慟以滅之世隆竟以免後爲太子洗馬與張緒王延之沈琰爲君子之交累遷晉熙王安西司馬加寧朔將軍時齊武帝爲長史與世隆相

過甚懽齋高帝之謀度廣陵也令武帝率衆同會都下
世隆與長流參軍蕭景先等戒嚴待期事不行時朝廷疑
憚沈攸之密爲之防府州器械皆有素蓄武帝將下都劉
懷珍白高帝曰夏口是兵衝要地宜得其人高帝納之與
武帝書曰汝既入朝當須文武兼資人委以後事世隆其
人也武帝乃舉世隆自代轉爲武陵王前軍長史江夏内
史行郢州事昇明元年冬攸之反遣輔國將軍中兵參軍
孫同等以三萬人爲前驅又遣司馬冠軍劉攘兵等二萬
人次之又遣輔國將軍中兵參軍王靈秀等分兵出夏口
據魯山攸之乘輕舸從數百人先大軍下住白螺洲坐胡

牀以望其軍有自驕色既至郢以郢城弱小不足攻攸之
將去世隆遣軍於西渚挑戰攸之果怒晝夜攻戰世隆隨
宜拒應衆皆披却武帝初下與世隆别曰攸之一旦爲變
雖留攻城不可卒拔卿爲其内我爲其外乃無憂耳至是
武帝遣軍主桓敬陳胤叔苟元賓等八軍據西塞令堅壁
以待賊疲憊世隆危急遣腹心胡元直潛使入郢城通援
軍消息内外並喜郢城既不可攻而平西將軍黄回軍至
西陽乘三層艦作羌胡伎泝流而進攸之素失人情本逼
以威力初發江陵已有叛者至此稍多攸之大怒於是一
人叛遣十人追並去不返劉攘兵射書與世隆請降開門

納之攸之怒銜鬚咀之收攘兵兄子天賜女壻張平虜斬
之軍旅大散世隆乃遣軍副劉僧驎緣道追之攸之已死
徵爲侍中仍遷尚書右僕射封貞陽縣侯出爲吳郡太守
居母憂寒不衣絮齊高帝踐祚起爲南豫州刺史加都督
進爵爲公上手詔司徒褚彦回甚傷美之彦回曰世隆事
陛下在危盡忠居憂杖而後起立人之本二理同極加榮
增寵足以敦厲風俗建元二年授右僕射不拜性愛涉獵
啓高帝借祕閣書上給二千卷三年出爲南兖州刺史加
都督武帝即位加散騎常侍世隆善卜别龜甲價至一萬
永明初世隆曰永明九年我亡亡後三年丘山崩齊亦於

此季矣屏人命典籤李黨取筆及高齒屐題簾箔旌曰永
明十一年因流涕謂黨曰汝當見吾不見也還護軍而衛
軍王儉偕下官敬甚謹世隆止之儉曰將軍雖存弘眷如
王典何其見重如此性清廉唯盛事墳典張緒問曰觀君
舉措當以清名遺子孫邪荅曰一身之外亦復何須子孫
不才將爲争府如其才也不如一經光禄大夫韋祖征州
里宿德世隆雖已貴重每爲之拜人或勸祖征止之荅曰
司馬公所爲後生楷法吾豈能止之哉後授尚書左僕射
湘州蠻動遣世隆以本官總督伐蠻衆軍仍爲湘州刺史
加都督至鎮以方略討平之在州立邸興生爲御史中丞

庾杲之所奏詔不問後入爲尚書左僕射不拜乃轉尚書
令世隆少立功名晚專以談義自業善彈琴世稱柳公雙
璅爲士品第一常自云馬矟第一清談第二彈琴第三在
朝不干世務垂簾鼓琴風韻清遠甚獲世譽以疾遜位拜
左光祿大夫侍中永明九年卒詔給東園祕器贈司空班
劍二十人謚曰忠武世隆曉數術於倪塘創墓與賓客踐
履十往五往常坐一處及卒墓工圖墓正取其坐處焉所
著龜經祕要二卷行於世長子悅字文殊少有清致位中
書郎早卒謚曰恭世隆次子惔
惔字文通好學工製文尤曉音律少與長兄悅齊名王儉

謂人曰柳氏二龍可謂一日千里儉爲尚書左僕射嘗造
世隆宅世隆謂爲詣己徘徊久之及至門唯求悅及惔遣
謂世隆曰賢子俱有盛才一日見顧今故報禮若仍相造
似非本意恐年少窺人嘗預齊武烽火樓宴帝善其詩謂
豫章王嶷曰惔非徒風韻清爽亦屬文遒麗後爲巴東王
子響友子響爲荊州惔隨之鎭子響昵近小人惔知將爲
禍稱疾還都及難作以免累遷新安太守居郡以無政績
免建武末爲梁南秦二州刺史及梁武帝起兵惔舉漢中
以應梁武受命爲太子詹事加散騎常侍武帝之鎭襄陽
惔祖道帝解茅土玉環贈之天監二年元會帝謂曰卿所

佩玉環是新亭所贈邪對曰既而瑞感神衷臣謹服之無
斁帝因勸之酒惔時未卒爵帝曰吾常比卿劉越石近辭
卮酒邪罷會封曲江縣侯帝因宴爲詩貽惔曰爾實冠羣
后惟余實念功帝又嘗謂曰徐元瑜違命嶺南周書父子
兄弟罪不相及朕已放其諸子何如惔曰罰不及嗣賞延
于後今復見之聖朝時以爲知言尋遷尚書左僕射年六
十卒於湘州刺史謚曰穆惔度量寬博家人未嘗見其喜
愠甚重其婦頗成畏憚性愛音樂女伎精麗略不敢視僕
射張稷與惔狎密而爲惔妻賞敬稷每詣惔必先相問夫
人惔每欲見妓恒因稷請奏其妻隔幔坐妓然後出惔因

得留目惔著仁政傳及諸詩賦粗有辭義子昭位中書郎
襲爵曲江侯
惔弟惲字文暢少有志行好學善尺牘與陳郡謝瀹隣居
深見友愛瀹曰宅南柳郎可爲儀表初宋時有嵇元榮羊
蓋者並善琴云傳戴安道法惲從之學惲特窮其妙齊竟
陵王子良聞而引爲法曹行參軍唯與王暕陸杲善每歎
曰暕雖名家猶恐累我也雅被子良賞狎子良嘗置酒後
園有晉太傅謝安鳴琴在側援以授惲惲彈爲雅弄子良
曰卿巧越嵇心妙臻羊體良質美手信在今夜豈止當今
稱奇亦可追蹤古烈爲太子洗馬父憂去官著述先頌申

其罔極之心文甚哀麗後試守鄱陽相聽吏屬得盡三年喪禮署之文教百姓稱焉還除驃騎從事中郎梁武帝至建鄴惲候謁石頭以爲征東府司馬上牋請城平之日先收圖籍及遵漢高寬大之義帝從之後爲相國右司馬天監元年除長兼侍中與僕射沈約等共定新律惲立性貞素以貴公子早有令名少工篇什爲詩云亭皐木葉下隴首秋雲飛琅邪王融見而嗟賞因書齋壁及所執白團扇武帝與宴必詔惲賦詩嘗和武帝登景陽樓篇云太液滄波起長楊高樹秋翠華承漢遠彫輦逐風游深見賞美當時咸共稱傳歷平越中郎將廣州刺史祕書監右衛將軍

再爲吳興太守爲政清靜人吏懷之於郡感疾自陳解任父老千餘人拜表陳請事未施行卒初惲父世隆彈琴爲士流第一惲每奏其父曲常感思復變體備寫古曲嘗賦詩未就以筆捶琴坐客過以筯扣之惲驚其哀韻乃製爲雅音後傳擊琴自於此惲常以今聲轉棄古法乃著清調論具有條流齊竟陵王嘗宿晏明旦將朝見惲投壺梟不絕停轝久之進見遂晚齊武帝遲之王以實對武帝復使爲之賜絹二十匹嘗與琅邪王瞻博射嫌其皮闊乃摘梅帖烏珠之上發必命中觀者驚駭梁武帝好弈棊使惲品定棊譜登格者二百七十八人第其優劣爲棊品三卷惲爲第二焉帝謂周捨曰吾聞君子不可求備至如柳惲可謂具美分其才藝足了十人惲著十杖龜經性好醫術盡其精妙少子偃字彥游年十二梁武帝引見詔問讀何書對曰尚書又問有何美句對曰德惟善政政在養人衆咸異之詔尚武帝女長城公主拜駙馬都尉都亭侯位鄱陽內史卒子盼尚陳文帝女富陽公主拜駙馬都尉後主即位以帝舅加散騎常侍盼性愚戇使酒因醉乘馬入殿門爲有司劾免卒於家贈侍中中護軍后從祖弟莊清警有鑒識自盼卒後太后宗屬唯莊爲近兼素有名望深被恩禮位度支尚書陳亡入隋爲岐州司馬惲弟憕

憕字文深少有大意好玄言通老易梁武帝舉兵至姑熟憕與兄惲及諸友朋於小郊候接時道路猶梗憕與諸人同憩逆旅食俱去行里餘憕曰寧我負人不人負我若復有追堪憩此客命左右燒逆旅舍以絕後追當時服其善斷歷位給事黃門侍郎與琅邪王峻齊名俱爲中庶子時人號爲方王後爲鎮北始興王長史王移鎮益州復請憕帝曰柳憕風標才氣恐不能久爲少王臣王祈請數四不得已以爲鎮西長史蜀郡太守在蜀廉恪爲政益部懷之

憕弟忱

忱字文若年數歲父世隆及母閻氏並疾忱不解帶經年

及居喪以毁聞仕齊爲西中郎主簿東昏遣巴西太守劉山陽由荆州襲梁武帝于雍州西中郎長史蕭穎胄未定召忱及其所親席闡文等夜入議之忱及闡文並勸同武帝穎胄從之以忱爲寧朔將軍累遷侍中郢州平穎胄議遷都夏口忱以巴峽未賓不宜輕捨根本搖動人心不從俄而巴東兵至峽口遷都之議乃息論者以爲見機及梁受命封州陵伯歷五兵尚書祕書監散騎常侍改授給事中光祿大夫疾篤不拜卒謚曰穆忱兄弟十五人多少亡唯第二兄愢第三兄惲第四兄憕及忱三兩年間四人迭爲侍中復居方伯當世罕比子範嗣

慶遠字文和元景弟子也父叔珍義陽内史慶遠仕齊爲魏興太守郡遭暴水人欲移於杞城慶遠曰吾聞江河長不過三日命築土而已俄而水退百姓服之後爲襄陽令梁武帝之臨雍州問京兆人杜惲求州綱紀惲言慶遠武帝曰文和吾已知之所問未知者耳因辟爲別駕慶遠謂所親曰天下方亂定霸者其吾君乎因盡誠協贊及起兵慶遠常居帷幄爲謀主從軍東下身先士卒武帝行營見慶遠頓舍嚴整每歎曰人人若是吾又何憂建康城平爲侍中帶淮陵齊昌二郡太守城内嘗夜火衆並驚懼武帝時居宮中悉斂諸門鑰問柳侍中何在慶遠至悉付之其

見任如此霸府建爲從事中郎武帝受禪封重安侯位散騎常侍改封雲杜侯出爲雍州刺史加都督帝餞於新亭謂曰卿衣錦還鄉朕無西顧憂矣始武帝爲雍州慶遠爲別駕謂曰昔羊公語劉弘卿後當居吾處今相觀亦復如是曾未十年而慶遠督府談者以爲逾於魏詠之累遷侍中領軍將軍給扶出爲雍州刺史慶遠重爲本州頗厲清節士庶懷之卒官贈開府儀同三司謚曰忠惠侯喪還都武帝親出臨之初慶遠從父兄世隆嘗謂慶遠曰吾昔夢太尉以褥席見賜吾遂亞台司適又夢以吾褥席與汝汝必光我門族至是慶遠亦繼世隆焉

子津字元舉雖乏風華性甚強直人或勸之聚書津曰吾常請道士上章驅鬼安用此鬼名邪歷散騎常侍太子詹事襲封雲杜侯侯景圍城既急帝召津問策對曰陛下有邵陵臣有仲禮不忠不孝賊何由可平太清三年城陷卒子仲禮勇力兼人少有膽氣身長八尺眉目疎朗初簡文帝爲雍州刺史津爲長史及簡文入居儲宮津亦得侍從仲禮留在襄陽馬仗軍人悉付之撫循故舊甚得衆和起家著作佐郎稍遷電威將軍陽泉縣侯中大通中西魏將賀拔勝來逼樊鄧仲禮出擊破之除黃門郎稍遷司州刺史武帝思見其面使畫工圖之初侯景潛圖反噬仲禮

先知之屢啓求以精兵三萬討景朝廷不許及景濟江朝野便望其至兼蕃衛雍司精卒與諸蕃赴援見推總督景素聞其名甚憚之仲禮亦自謂當世英雄諸將莫已若也韋粲見攻仲禮方食投箸被練馳之騎能屬者七十比至粲已敗仲禮因與景戰於青塘大敗之景與仲禮交戰各不相知仲禮稍將及景而賊將支伯仁自後斫仲禮再斫仲禮中肩馬陷于淖賊聚稍剌之騎將郭山石救之以免自此壯氣外衰不復言戰神情傲佷凌蔑將帥邵陵王綸亦鞭策軍門每日必至累刻移時仲禮亦弗見也綸既忿歎怨隙遂成而仲禮常置酒高會日作優倡毒掠百姓汙辱

南史列傳二十八　十五

妃主父津登城謂曰汝君父在難不能盡心竭力百代之後謂汝爲何仲禮聞之言笑自若晚及與臨城公大連不協景嘗登朱雀樓與之語遺以金環是後閉營不戰衆軍日固請皆悉拒焉南安侯駿謂曰城急如此都督不復憂分如脫不守何面以見天下義士仲禮無以應之及臺城陷侯景矯詔使石城公大款以白虎幡解諸軍仲禮召諸將軍會議邵陵王以下畢集王曰今日之命委之將軍仲禮熟視不對裴之高王僧辯曰將軍擁衆百萬致宮闕淪沒正當悉力決戰何所多言仲禮竟無一言諸軍乃隨方各散時湘東王繹遣王琳送米二十萬石以饋軍至姑熟

聞臺城陷乃沈米於江而退仲禮及弟敬禮羊鴉仁王僧辯趙伯超並開營降賊時城雖淪陷援軍甚衆軍士咸欲盡力及聞降莫不歎憤論者以爲梁禍始於朱异成於仲禮仲禮等入城並先拜景而後見帝帝不與言既而景留柳敬禮羊鴉仁而遣仲禮僧辯西上各復本位餞於後渚景執仲禮手曰天下之事在將軍耳郢州已西並以相付及至江陵會岳陽王詧寇湘東王以仲禮爲雍州刺史襲襄陽仲禮方觀成敗未發及南陽圍急杜岸請救仲禮乃以別將夏侯強爲司州刺史守義陽自帥衆如安陸使司馬康昭如竟陵討孫暠暠執魏戍人以降仲禮命其將

南史列傳二十八　十六

王叔孫爲竟陵太守副軍馬岫爲安陸太守置孥於安陸而以輕兵師于漴頭將侵襄陽岳陽王詧告急于魏魏遣大將楊忠援之仲禮與戰于漴頭大敗并弟子禮沒于魏魏相安定公待仲禮以客禮西魏於是盡得漢東

仲禮弟敬禮少以勇烈聞麤暴無行檢恒略賣人爲百姓所苦故襄陽有柳四郎歌起家著作佐郎稍遷扶風太守侯景度江敬禮率馬步三千赴援至都與景頻戰甚著威名臺城陷與兄仲禮經略上流留敬禮質以爲護軍將軍景餞仲禮於後渚敬禮謂仲禮曰景今來會敬禮抱之兄便可殺雖死無恨仲禮壯其言許之及酒數行敬禮目仲

禮仲禮見備衞嚴不敢動遂不果會景征晉熙敬禮與南康王會理謀襲其城剋期將發建安侯蕭賁告之遂遇害臨死曰我兄老婢也國敗家亡實余之責今日就死豈非天乎

論曰柳元景行己所資豈徒武毅當朝任職實兼雅道卒至覆族遭逢亦有命乎世隆文武器業殆人望也諸子門素所傳俱云克構仲禮始終之際其不副也何哉豈應天方喪梁不然何斯人而有斯迹也

列傳第二十八　南史三十八

列傳第二十九　南史三十九

李　延壽

殷孝祖 族子琰

劉勔 子悛 孫孺 覽 遵 悛弟子苞 悛弟繪 繪子孝綽 繪弟瑱

殷孝祖陳郡長平人也曾祖羨晉光祿勳父祖官並不達孝祖少誕節好酒色有氣幹宋孝武時以軍功仕至積射將軍前廢帝景和元年爲兗州刺史明帝初即位四方反叛孝武外甥司徒參軍潁川荀僧韶建議銜命徵孝祖入朝上遣之時徐州刺史薛安都遣薛索兒等屯據津徑僧韶間行得至說孝祖曰景和凶狂開闢未有朝野憂危假命漏刻主上曾不浹辰夷凶翦暴國亂朝危宜立長主公卿百辟人無異議而羣迷相扇構造無端貪利幼弱競懷希幸舅少有立功之志長以氣節成名若能控濟河義勇還奉朝廷非唯匡主靜亂乃可以垂名竹帛孝祖即日棄妻子率文武二千人隨僧韶還都時普天同逆朝廷唯保丹陽一郡孝祖忽至眾力不少人情於是大安進孝祖號冠軍將軍假節督前鋒諸軍事御仗先有諸葛亮筒袖鎧鐵帽二十五石弩射之不能入上悉以賜孝祖孝祖負其誠節陵轢諸將時賊據赭圻孝祖將進攻之與大將王玄謨別悲不自勝眾並駭怪泰始二年三月三日與賊合戰

每戰常以鼓蓋自隨軍中人相謂曰殷統軍可謂死將矣
今與賊交鋒而以羽儀自標顯若射者十手攢射欲不斃
得乎是日中流矢死追贈建安縣侯謚曰忠
琰字敬珉孝祖族子也父道鸞宋衡陽王義季右軍長史
琰少爲文帝所知見遇與琅邪王景文相埒前廢帝永光
元年累遷黄門侍郎出爲山陽王休祐右軍長史南梁郡
太守休祐入朝琰乃行府州事明帝泰始元年以休祐爲
荆州會晋安王子勛反即以琰爲豫州刺史土人前右軍
杜叔寶等並勸琰同逆琰素無部曲無以自立受制於叔
寶二年正月帝遣輔國將軍劉勔西討之築長圍創攻道

於東南角并作大蝦蟇車載土牛皮蒙之三百人推以塞
壍十二月琰乃始降時琰有疾以板自輿諸將帥面縛請
罪勔並撫宥之無所誅戮後除少府加給事中卒官琰性
和雅靜素寡嗜慾諳前世舊事事兄甚謹少以名行見稱
在壽陽被攻圍積時爲城内所懷附楊州刺史王景文征
西將軍蔡興宗司空褚彥回並相與友善
劉勔字伯猷彭城安上里人也祖懷義父穎之位並郡守
勔少有志節兼好文義家貧仕宋初爲廣州增城令稍遷
鬱林太守大明初還都徐州刺史劉道隆請爲寧朔司馬
竟陵王誕據廣陵爲逆勔隨道隆受沈慶之節度事平封

金城縣五等侯除西陽王子尚撫軍參軍入直閤先是費
沈伐陳檀不剋乃除勔龍驤將軍西江督護鬱林太守勔
既至隨宜翦定大致名馬并獻珊瑚連理樹上甚悅前廢
帝即位爲屯騎校尉又入直閤明帝即位江州刺史晋安
王子勛爲逆四方響應勔以本官領建平王景素輔國司
馬進據梁山會豫州刺史殷琰反叛召勔還都後兼山陽
王休祐驃騎司馬致討時琰嬰城固守自始春至于末冬
勔内攻外禦戰無不捷善撫將帥以寬厚爲衆所依將軍
王廣之求勔所自乘馬諸將並忿廣之貪冒勸勔以法裁
之勔懽笑即解馬與廣之及琰請降勔約令三軍不得妄

動城内士庶感悅咸曰來蘇還都拜太子右衛率封鄱陽
縣侯遷右衛將軍行豫州刺史加都督後徵拜散騎常侍
中領軍勔以世路糾紛有懷止足經始鍾嶺之南以爲栖
息聚石蓄水髣髴丘中朝士雅素者多往游之明帝臨崩
顧命以爲守尚書右僕射中領軍廢帝即位加兵五百人
元徽初月犯右執法太白犯上將或勸勔解職勔曰吾執
心行己無愧幽明若才輕任重災眚必及天道密微避豈
能免桂陽王休範爲亂奄至建鄴加勔使持節鎮軍將軍
置佐鎮扞石頭既而賊衆屯朱雀航南右軍將軍王道隆
率宿衛向朱雀聞賊已至急信召勔勔戰敗死之事平贈

司空諡曰昭公子悛
悛字士操隨父征竟陵王誕於廣陵以功拜駙馬都尉後
爲桂陽王征北中兵參軍與齊武帝同直殿内並爲宋明
帝所親待由是與武帝款好悛本名忱宋明帝多忌反語
劉忱爲臨讎改名悛焉齊武帝嘗至悛宅晝卧覺悛自捧
金澡罐受四升水以沃盥因以與帝前後所納稱此後遷
安遠護軍武陵内史郡南古江堤久廢悛脩未畢而江水
忽至百姓棄役奔走悛親率厲之於是乃立漢壽人邵榮
興六世同爨悛表其門閭悛強濟有世調善於流俗蠻王
田僮在山中年垂百餘歲南譙王義宣爲荆州僮出謁至

南史列傳二十九　四

是又謁悛明帝崩表求奔赴敕帶郡還都吏人送者數千
萬人悛人人執手係以涕泣百姓感之贈遺甚厚桂陽之
難加寧朔將軍助守石頭父勔於大航戰死悛時遇疾扶
伏路次號哭求勔屍勔屍項復傷缺悛割髮補之持喪墓
側冬日不衣絮齊高帝代勔爲領軍素與勔善書譬悛殷
勤抑勉建平王景素反高帝揔衆悛初免喪高帝召悛及弟
愷入省欲使領支軍及見皆羸削改貌乃止霸業初建悛
先致誠節沈攸之事起加輔國將軍後爲廣州刺史襲爵
鄱陽縣侯武帝自尋陽還遇悛驩宴叙舊停十餘日乃下
遣文惠太子及竟陵王子良摳衣脩父友之敬齊受禪

國除平西記室參軍夏侯恭叔上書以柳元景中興功臣
劉勔殞身王事宜存封爵詔以與運隆替不容復胥意也
初蒼梧廢高帝集議中華門見悛謂曰君昨直邪悛曰僕
昨正直而之急在外至是上謂悛曰功名之際人所不忘
卿昔在中華門荅我何其欲謝世事悛曰臣世受宋恩門
荷齊眷非常之勳非臣所及敢不以實仰荅遷太子中庶
子領越騎校尉時武帝在東宮每幸悛坊閑言至夕賜屏
風帷帳武帝即位改領軍將軍後拜司州刺史悛父勔討
殷琰平壽陽無所犯害百姓德之爲立碑記悛步道從壽
陽之鎮過勔碑拜敬涕泣於州下立學校得古禮器銅罍

南史列傳二十九　五

甑甗山銅罍樽銅豆鍾各二口獻之遷長兼侍中車駕數
幸悛宅宅盛修山池造甕牖武帝著鹿皮冠披悛菟皮衾
於牖中宴樂以冠賜悛至夜乃去後從駕登蔣山上數歎
曰貧賤之交不可忘糟糠之妻不下堂顧謂悛曰此況卿
也世言富貴好改其素情吾雖有四海今日與卿盡布衣之
適悛起拜謝累遷始興王前軍長史平蠻校尉蜀郡太守
行益州府州事初高帝輔政有意欲鑄錢以禪讓之際未
及施行建元四年奉朝請孔覬上鑄錢均貨議辭證甚博
其略以爲食貨相通理勢自然李悝曰糴甚貴傷人甚賤
傷農人傷則離散農傷則國貧甚賤與甚貴其傷一也三

吳國之關奥比歲時被水潦而糴不貴是天下錢少非穀賤此不可不察也鑄錢之弊在輕重屢變重錢患難用而難用爲累輕輕錢弊盜鑄而盜鑄爲禍深人所盜鑄嚴法不禁者由上鑄錢惜銅愛工也惜銅愛工謂錢無用之器以通交易務欲令輕而數多使省工而易成不詳慮其爲患也自漢鑄五銖至宋文帝歷五百餘年制度世有廢興而不變五銖錢者明其輕重可法得貨之宜以爲開置泉府方牧貢金大興鎔鑄錢重五銖一依漢法若官鑄已布於人使嚴斷翦鑿輕小破缺無周郭者悉不得行官錢細小者稱合銖兩銷以爲大利貧良之人塞姦巧之路錢

貨既均遠近若一百姓樂業市道無爭衣食滋殖矣時議多以錢貨輕轉少宜更廣鑄重其銖兩以防人姦高帝使諸州郡大市銅炭會晏駕事寢永明八年悛啓武帝曰南廣郡界蒙山下有城可二頃地有燒鑪四所高一丈廣一丈五尺從蒙城度水南百許步平地掘土深二尺得銅又有古掘銅坑深二丈并居宅處猶存鄧通南安人漢文帝賜通嚴道縣銅山鑄錢今蒙山近在青衣水南青衣左側並是故秦之嚴道地青衣縣文帝改名漢嘉且蒙山去南安二百里案此必是通所鑄近喚蒙山獠出云甚可經略此議若立潤利無極并獻蒙山銅一片又銅石一片平州鑄鐵刀一口上從之遣使入蜀鑄錢得千餘萬功費多乃止悛仍代始興王鑑爲益州刺史監益寧二州諸軍事悛既藉舊恩尤能承迎權貴賓客閨房供費奢廣罷廣司二州傾資貢獻家無留儲在蜀作金浴盆餘金物稱是罷任以本號還都欲獻之而武帝晏駕鬱林新立悛奉獻減少鬱林知之諷有司收悛付廷尉將加誅戮明帝啓救之見原禁錮終身雖見廢黜而賓客日至海陵即位以白衣除兼左戶尚書尋除正明帝立加領驍騎將軍復故官駙馬都尉悛歷朝見恩遇高帝爲鄱陽王鏘納悛妹爲妃明帝又爲晉安王寶義納悛女爲妃自此連姻帝室王敬則

反悛出守琅邪城轉五兵尚書悛兄弟以父死朱雀航終身不行此路明帝崩東昏即位改授散騎常侍領驍騎將軍尚書如故衞送山陵路經朱雀航感慟至曲阿而卒贈太常常侍都尉如故謚曰敬子

子孺字季幼幼聰敏七歲能屬文年十四居喪毀瘠骨立宗黨咸異之叔父瑱爲義興郡擕以之官常置坐側謂賓客曰此吾家明珠也及長美風采性通和雖家人不見其喜慍本州召迎主簿起家中軍法曹行參軍時鎮軍沈約聞其名引爲主簿恒與游宴賦詩大爲約所嗟賞累遷太子中舍人孺少好文章性又敏速嘗在御坐爲李賦受詔

便成文不加點梁武帝甚稱賞之後侍宴壽光殿詔羣臣
賦詩時孺與張率並醉未及成帝取孺手板題戲之曰張
率東南美劉孺洛陽才攬筆便應就何事乆遲回其見親
愛如此遷中書郎兼中書通事舍人歷太子中庶子尚書
吏部郎累遷散騎常侍左戶尚書大同五年守吏部尚書
出爲晉陵太守在郡和理爲吏人所稱入爲侍中後復爲
吏部尚書母憂以毀卒謚曰孝子孺少與從兄苞孝綽齊
名苞早卒孝綽數坐免黜位並不高唯孺貴顯有文集二
十卷孺弟覽
覽字孝智十六通老易位中書郎以所生母憂廬于墓常

再朞不嘗鹽酪食麥粥而已隆冬止著單布衣家人慮不
勝喪中夜竊置炭於牀下覽因暖得寐及覺知之號慟歐
血梁武帝聞其至性數使省視服闋除尚書左丞性聰敏
尚書令史七百人一見並記名姓當官清正無所私從兄
吏部郎孝綽在職頗通贓貨覽劾奏免官孝綽怨之常謂
人曰犬噬行路覽噬家人出爲始興內史居郡尤勵清節
俄爲左丞卒官覽弟遵
遵字孝陵少清雅有學行工屬文爲晉安王綱宣惠雲麾
二府記室甚見賓禮王立爲皇太子仍除中庶子遵自隨
藩及在東宮以舊恩偏蒙寵遇時輩莫及卒官皇太子深

悼惜之與遵從兄陽羨令孝儀令曰賢從弟中庶奄至殞
逝痛可言乎其孝友淳深立身貞固內含玉潤外表瀾清
言行相符終始如一文史該富琬琰爲心辭章博贍玄黃
成采既以鳴謙表性又以難進自居吾昔在漢南連翩書
記及忝朱方從容坐首鷁舟乍動朱鷺徐鳴未嘗一日而
不追隨一時而不會遇益者三友此實其人及弘道下邑
未申善政而能使人結去思野多馴翟此亦威鳳一羽足
以驗其五德其見愛賞如此
苞字孝甞一字孟甞悛弟子也父愃位太子中庶子苞三
歲而孤至六七歲見諸父常泣時伯父悛繪等並顯貴其

母謂其畏憚怒之苞曰早孤不及有識聞諸父多相似故
心中悲耳因而歔欷母亦悲慟初苞父母及兩兄相繼亡
歿悉假瘞焉苞年十六始移墓所經營改葬不資諸父奉
君母朱夫人及所生陳氏並扇席溫枕叔父繪常歎伏之
少好學能屬文家有舊書例皆殘蠹手自編緝筐篋盈滿
梁初以臨川王妃弟故自征虜主簿遷右軍功曹累遷太
子洗馬掌書記侍講壽安殿及從兄孝綽等並以文藻見
知多預宴坐受詔詠天泉池荷及採菱調下筆即成天監
十年卒臨終呼友人南陽劉之遴託以喪事從儉苞居官
有能名性和直與人交面折其非退稱其美士友咸以此

歎惜之
繪字士章悛弟也初爲齊高帝行參軍帝歎曰劉公爲不
亡也及豫章王嶷鎮江陵繪爲鎮西外兵參軍以文義見
禮時琅邪王錮爲功曹以吏能自進嶷謂僚佐曰吾雖不
能得應嗣陳蕃然閤下自有二驥也性通悟出爲南康相
郡人有姓賴所居名穢里刺謁繪繪戲嘲之曰君有何穢
而居穢里此人應聲曰未審孔丘何闕而居闕里繪嘿然
不荅亦無忤意歎其辯速後歷位中書郎掌詔誥敕助國
子祭酒何胤撰脩禮儀永明末都下人士盛爲文章談義
皆湊竟陵西邸繪爲後進領袖時張融以言辭辯捷周顒

彌爲清綺而繪音采不贍麗雅有風則時人爲之語曰三
人共宅夾清漳張南周北劉中央言其處二人間也魚復
侯子響誅後豫章王嶷欲求葬之召繪爲表言其事繪須
臾便成嶷歎曰祢衡何以過此唯足八字云提携鞠養俯
見成人後魏使至繪以辭辯被敕接使事畢當撰語辭繪
謂人曰無論潤色未易但得我語亦難矣隆昌中兄悛坐
事將見誅繪伏闕請代兄死明帝輔政救之乃免死明帝
即位爲太子中庶子安陸王寶晊爲湘州以繪爲冠軍長
史長沙内史行湘州事寶晊妃悛女也寶晊愛其侍婢繪
奪取具以荅閭寶晊以爲恨與繪不協遭母喪去官有至性

服闋爲晉安王征北長史南海太守行南徐州事及梁武
起兵朝廷以繪爲雍州刺史固讓不就衆以朝廷昏亂爲
之寒心繪終不受乃改用張欣泰轉繪建安王車騎長史
行府國事及東昏見殺城内遣繪及國子博士范雲等齎
其首詣梁武帝於石頭轉大司馬從事中郎卒子孝綽
孝綽字孝綽本名冉幼聰敏七歲能屬文舅齊中書郎王
融深賞異之與同載以適親友號曰神童融每曰天下文
章若無我當歸阿士阿士即孝綽小字也父繪齊時掌詔
誥孝綽時年十四繪常使代草之父黨沈約任昉范雲等
聞其名命駕造焉昉尤相賞好范雲年長繪十餘歲其子

孝才與孝綽年並十四五及雲遇孝綽便申伯季乃命孝
才拜之兼善草隷自以書似父乃變爲別體梁天監初起
家著作佐郎爲歸沐詩贈任昉昉報曰彼美洛陽子投我
懷秋作詎慰耋嗟人徒深老夫託直史兼褭騕轄司專疾
惡九折多美疹匪報庶良藥其爲名流所重如此後遷兼
尚書水部郎奉啓陳謝手敕荅曰美錦未可便製簿領亦
宜稍習頃之即真武帝時因宴幸令沈約任昉等言志賦
詩孝綽亦見引嘗侍宴於坐作詩七首武帝覽其文篇篇
嗟賞由是朝野改觀累遷秘書丞武帝謂舍人周捨云第
一官當知用第一人故以孝綽居此職後爲太子僕掌東

宮管記時昭明太子好士愛文孝綽與陳郡殷芸吳郡陸倕琅邪王筠彭城到洽等同見禮太子起樂賢堂乃使先圖孝綽太子文章羣才咸欲撰録太子獨使孝綽集而序之遷兼廷尉卿初孝綽與到溉兄弟甚狎溉少孤宅近僧寺孝綽往溉許適見黄卧具孝綽謂僧物色也撫手笑溉知其旨奮拳擊之傷口而去又與洽同游東宮孝綽自以才優於洽每於宴坐嗤鄙其文洽深銜之及孝綽爲廷尉擕妾入廷尉其母猶停私宅洽尋爲御史中丞遣令史劾奏之云擕少妹於華省棄老母於下宅武帝爲隱其惡改妹字爲姝孝綽坐免官諸弟時隨藩皆在荆雍乃與書論共洽不平者十事其辭皆詆到氏又寫别本封至東宮昭明太子命焚之不開視孝綽免職後武帝數使僕射徐勉宣旨慰撫之每朝宴常預焉及武帝爲籍田詩又使勉先示孝綽時奉詔作者數十人帝以孝綽詩工即日起爲西中郎湘東王諮議參軍遷黄門侍郎尚書吏部郎坐受人絹一束爲餉者所訟左遷信威臨賀王長史晚年忽忽不得志後爲祕書監初孝綽居母憂冬月飲冷水因得冷癖以大同五年卒官年五十九孝綽少有盛名而杖氣負才多所陵忽有不合意極言詆訾領軍臧盾太府卿沈僧旻等並被時遇孝綽尤輕之每於朝集會同處公卿間無所

與語反呼騶卒訪道途間事由此多忤於物前後五免孝綽辭藻爲後進所宗時重其文每作一篇朝成暮徧好事者咸誦傳寫流聞河朔亭苑柱壁莫不題之文集數十萬言行於時兄弟及羣從子姪當時有七十人並能屬文近古未之有也其三妹一適琅邪王叔英一適吳郡張嵊一適東海徐悱並有才學悱妻文尤清拔所謂劉三娘者也悱爲晉安郡卒喪還建鄴妻爲祭文辭甚悽愴悱父勉本欲爲哀辭及見此文乃閣筆

孝綽子諒字求信小名春少好學有文才尤悉晉代故事時人號曰皮裏晉書位中書宣城王記室爲湘東王所善王嘗游江濱歎秋望之美諒對曰今日可謂帝子降於北渚王有目疾以爲刺己應曰卿言目眇眇以愁予邪從此嫌之

孝綽弟潛字孝儀幼孤與諸兄弟相勵以學並工屬文孝綽嘗云三筆六詩三即孝儀六謂孝威也舉秀才累遷尚書殿中郎敕令製雍州平等寺金像碑文甚宏麗晉安王綱鎮襄陽引爲安北功曹史及王爲皇太子仍補洗馬遷中舍人出爲陽羨令甚有稱績後爲中書郎以公事左遷安西諮議參軍兼散騎常侍使魏還除中書郎累遷尚書左丞兼御史中丞在職多所彈糾無所顧望當時稱之

出爲臨海太守時政綱疏闊百姓多不遵禁孝儀下車宣下條制勵精綏撫境內翕然風俗大變入遷都官尚書太清元年出爲豫州內史侯景寇建鄴孝儀遣子勵帥郡兵三千隨前衡州刺史韋粲入援及宮城不守孝儀爲前歷陽太守莊鐵所逼失郡卒孝儀爲人寬厚內行尤篤第二兄孝熊早卒孝儀奉寡嫂甚謹家內巨細必先諮決與妻子朝夕供事未嘗失禮時人以此稱之有文集二十卷行於世第五弟孝勝位尚書右丞兼散騎常侍聘魏還爲安西武陵王紀長史蜀郡太守紀僭號於蜀以爲尚書僕射隨紀出峽口兵敗被執元帝宥之以爲司徒右長史第六

弟孝威氣調爽逸風儀俊舉初爲安北晉安王法曹後爲太子洗馬中舍人庶子率更令並掌管記大同中白雀集東宮孝威上頌甚美太清中遷中庶子兼通事舍人及侯景寇亂隨司州刺史柳仲禮至安陸卒第七弟孝先位武陵王主簿與兄孝勝俱隨紀軍出峽口兵敗元帝以爲黃門郎遷侍中

瑱字士溫繪弟也少有行業文藻篆隸丹青並爲當世所稱時有滎陽毛惠遠善畫馬瑱善畫婦人並爲當世第一瑱妹爲齊鄱陽王妃伉儷甚篤王爲齊明帝所誅妃追傷遂成痼疾醫所不療有陳郡殷蒨善寫人面與真不別瑱令蒨畫王形像并圖王平生所寵姬共照鏡狀如欲偶寢瑱乃密使媼姊示妃妃視畫仍唾之因罵云故宜其早死於是恩情即歇病亦除差此姬亦被廢昔因即以此畫焚之瑱仕齊歷尚書吏部郎義興太守先繪卒

論曰當太始之際二殷去就不同原始要終各以名節自立孝祖翫敵而亡蓋其宜也劉勔出征久撫所在流譽行己之節赴蹈爲期雖古之忠烈亦何以加此悛至性過人繪辭義克舉諸子各擅雕龍當年方駕文釆之盛殆難繼乎孝綽中冓爲尤可謂人而無儀者矣

列傳第二十九　南史三十九

魯爽　薛安都 從子深
鄧琬 劉胡　宗越
吳喜　黃回

李延壽

魯爽小字女生，扶風郿人也。祖宗之字彥仁，仕晉官至南陽太守。義熙元年起義，以功為雍州刺史。宋武帝討劉毅，與宗之因會江陵，封南陽郡公。自以非武帝舊隸，屢建大功，有自疑之志。會司馬休之見討，猜懼，因與休之北奔，盡室入姚氏。頃之病卒。父軌一名象齒，便弓馬，膂力絕人，為竟陵太守，隨父入姚氏。及武帝定長安，軌、休之北奔魏。魏以軌為荊州刺史、襄陽公，鎮長社。孝武鎮襄陽，軌遣親人程整奉書，規欲歸南致誠，以殺劉康祖、徐湛之父，不敢歸。文帝累遣招納，許以為司州刺史。爽少有武藝，魏太武知之，常置左右。及軌死，爽代為荊州刺史、襄陽公，鎮長社。麤中使酒，數有過失，太武怒，將誅之。爽懼，密懷歸南計。次弟秀小字天念，頗有意略，仕魏以軍功為中書郎，封廣陵侯。或告太武鄴人欲反，復遣秀檢察，并燒石季龍殘餘宮殿。秀常乘驛往返，是時病還遲，為太武所詰，秀復恐懼。太武曁南攻，因從度河。先是廣平人程天祚為殿中將軍，有武力。元嘉二十七年，助戍彭城，為魏軍所獲，以善針術，深被太武賞愛，封南安公，常置左右，恒勸秀南歸，秀納之。及太武北還，與爽俱來奔。文帝悅，以爽為司州刺史，秀為滎陽、潁川二郡太守。是歲元嘉二十八年也。魏毀其墳墓。明年四月入朝。時太武已崩，上更謀經略。五月，遣爽、秀及程天祚等出許、洛。王玄謨攻碻磝不拔敗退，爽亦收衆南還。三十年，元凶弒逆，南譙王義宣起兵入討，爽與雍州刺史臧質俱詣江陵。事平，以爽為豫州刺史，加都督。至壽陽，便曲意賓客，爵命士人，畜仗聚馬，如寇將至。元凶之為逆也，秀在建鄴，元凶謂秀曰：「我為卿誅徐湛之矣，方相委任。」以秀為右將軍，使攻新亭。秀因此歸順。孝武即位，以為司州刺史，加都督，領汝南太守。孝建元年二月，義宣與爽謀反，報秋當同舉。爽狂酒乖謬，即日便起兵，使其衆戴黃標，稱建平元年，竊造法服。義宣、質聞爽已處分，便狼狽同反。爽於是送所造輿服詣江陵，板義宣及臧質等，文曰：「丞相劉今補天子，名義宣；車騎臧今補丞相，名質；平西朱今補車騎，名脩之。皆板到奉行。」義宣駭愕。爽所送法物並留竟陵縣，不聽進。使爽直出歷陽，自采石濟軍，與質水陸俱下。左軍將軍薛安都與爽相遇，刺殺之，傳首建鄴。進平壽陽，子弟並伏誅。

薛安都河東汾陰人也世為強族族姓有三千家父廣為
宗豪宋武帝定關河以為上黨太守安都少以勇聞身長
七尺八寸便弓馬仕魏以軍功為雍州秦州都統元嘉二
十一年來奔求北還構扇河陝文帝許之孝武鎮襄陽板
為北弘農太守魏軍漸強安都乃歸襄陽二十七年隨王
誕板安都為建武將軍隨柳元景向關陝率步騎居前所
向剋捷後孝武伐逆安都領馬軍與柳元景俱發孝武踐
阼除右軍將軍率所領騎為前鋒直入殿庭以功封南鄉
縣男安都初征關陝至白口夢仰視天見天門開謂左右
曰汝等見天門開不至是歎曰夢天門開乃中興之象邪

從弟道生亦以軍功為大司馬參軍犯罪為秣陵令庾淑
之所鞭安都大怒即日乃乘馬從數十人令左右執矟欲
往殺淑之行至朱雀航逢柳元景遥問曰薛公何之安都
躍馬至車後曰小子庾淑之鞭我從弟今指往刺殺之元
景慮其不可駐車給之曰小子無宜適卿往與手甚快安
都既回馬元景復呼之令下馬入車因讓之曰卿從弟服
章言論與寒細不異且人身犯罪理應加罰卿為朝廷勳
臣云何放恣輙於都邑殺人非惟科律所不容主上亦無
辭相宥因載俱歸安都乃止其年以憚直免官孝建元年
除左軍將軍及魯爽反叛遣安都及沈慶之濟江安都望

見爽便躍馬大呼直往刺之應手倒左右范雙斬爽首爽
世梟猛咸云萬人敵安都單騎直入斬之而反時人皆云
關羽斬顏良不是過也進爵為侯時王玄謨拒南郡王義
宣臧質於梁山安都復領騎為支軍義宣遣將劉諶之臧
質攻玄謨玄謨命衆軍擊之使安都引騎出賊陣右橫擊
陷之賊遂大潰轉太子右衛率大明元年魏軍向無鹽遣
安都領馬軍東陽太守沈法系統水軍並授徐州刺史申
坦節度時魏軍已去坦求回軍討任榛見許會天旱水泉
多竭人馬疲困不能遠追安都法系白衣領職坦繫尚方
任榛大抵在任城界積世逋叛所聚棘榛深密難為用師

故能久自保藏屢為人患安都明年復職改封武昌縣侯
景和元年為平北將軍徐州刺史加都督明帝即位安都
舉兵同晉安王子勛時安都從子索兒在都明帝以為左
軍將軍直閤安都將為逆遣報之又遣人至瓜步迎接時
右衛將軍柳光世亦與安都通謀二人俱逃攜安都諸子
及家累席卷北奔青州刺史沈文秀冀州刺史崔道固並
皆同反明帝遣齊高帝率前將軍張永等北討所至奔散
斬薛索兒時武衛將軍王廣之領軍隸劉勔攻殺琰於壽
陽道固部將傅靈越為廣之軍人所禽厲聲曰我傅靈越
也汝得賊何不即殺時生送詣勔勔躬自慰勞詰其叛逆

對曰九州唱義豈獨在我勔又問卿何不早歸天闕乃逃命草間靈越曰薛公舉兵淮北威震天下不能專任智勇委付子姪致敗之由實在於此人生歸於一死實無面求活勔壯其意送還建鄴明帝欲加原宥靈越辭對如一終不回改乃殺之靈越清河人也子勔平定安都遣別駕從事史畢衆愛下邳太守王煥等奏啓事詣明帝歸款索兒之死也安都使柳光世守下邳至是亦率所領歸降帝以四方已平欲示威於淮外遣張永沈攸之以重軍迎安都懼不免罪遂降魏

深安都從子也本名道深避齊高帝偏諱改焉安都以彭

城降魏親族皆入北高帝鎮淮陰深遁來委身自結於高帝果幹有氣力宋元徽末以軍功至驍騎將軍軍主封竟陵侯沈攸之之難齊高帝入朝堂豫章王嶷代守東府使深領軍屯司徒右府分備建鄴袁粲據石頭豫章王嶷夜登西門遙呼深深驚起率軍赴難高帝即位除淮陰太守尋為直閤將軍轉太子左率武帝即位遷左衛將軍隆昌元年為司州刺史右將軍卒

鄧琬字元琰豫章南昌人也父胤之宋孝武征虜長史光祿勳孝武起義初琬為南海太守以弟琁與臧質同逆遠徙仍亭廣州久之得還歷位冊楊丞大明七年車駕幸歷陽追思在蕃之舊擢琬為給事黃門侍郎明年出為晉安王子勛鎮軍長史尋陽內史行江州事前廢帝以文帝孝武並次居第三以登極位子勛次第既同深致嫌疑因何邁之謀乃遣使齎藥賜死使至子勛典籤謝道邁主帥潘欣之侍書褚靈嗣等馳以告琬泣涕請計琬曰身南土寒士蒙先帝殊恩以愛子見託當以死報効景和元年冬子勛戎服出聽事宣旨欲舉兵四坐未荅録事參軍陶亮曰請効死前驅衆並奉旨會明帝定亂進子勛號車騎將軍開府儀同三司令書至諸佐史並喜造琬曰暴亂既除殿下又開黃閤實為公私大慶琬以子勛次第居三又以尋

陽起事有符孝武理必萬剋乃取令書投地曰殿下當開端門黃閤是吾徒事耳衆並駭愕琬與陶亮等繕甲器徵兵四方郢州刺史安陸王子綏荊州刺史臨海王子頊會稽太守尋陽王子房雍州刺史袁顗梁州刺史柳元怙益州刺史蕭惠開廣州刺史袁曇遠徐州刺史薛安都青州刺史沈文秀冀州刺史崔道固湘州行事何慧文吳郡太守顧琛吳興太守王曇生晉陵太守袁標義興太守劉延熙並同叛逆琬乃建牙於桑尾傳檄建鄴購明帝萬戶侯布絹二萬疋金銀五百斤其餘各有差明帝遣荊州典籤邵宰乘驛還江陵經過襄陽袁顗馳書報琬勸勿解甲并

奉勸子勛即僞位琬乃稱説符瑞令顧昭之撰為瑞命記造乘輿御服立宗廟設壇場矯作崇憲太后璽令羣僚上僞號於子勛泰始二年正月七日即位於尋陽城改景和三年為義嘉元年其日雲雨晦合行禮忘稱萬歲取子勛所乘車除脚以為輦置僞殿之西其夕有鵂棲其中鵲集其幰又有禿鶖鳥集城上拜安陸王子綏為司徒因雷電晦冥震其黄閣柱鴟尾墮地又有鵂棲其帳上琬性鄙闇貪吝過甚財貨酒食皆身自量校至是父子並賣官鬻爵使婢僕出市道販賣酣歌博弈日夜不休賓客到門者歷旬不得前内事委褚靈嗣等三人羣小競為威福士庶

忿怨内外離心矣明帝遣領軍將軍王玄謨領水軍南討吳興太守張永為繼尚書下符奉詔以四王幼弱不幸陷難兵交之日不得妄加侵犯若有過㨯誅翦無貸琬遣孫沖之等前鋒一萬據赭圻沖之於道與子勛書欲泝流挂帆直取白下請速遣陶亮衆軍相接分據新亭亮本無幹略聞建安王休仁自上殷孝祖又至不敢進及孝祖中流矢死沈攸之代為前鋒沖之謂陶亮曰孝祖梟將一戰便死天下事定矣不須復戰便當直取京都亮不從明帝遣員外散騎侍郎王道隆至赭圻督戰衆軍奮擊大破之琬又遣豫州刺史劉胡來屯鵲尾胡宿將攸之等甚憚之胡

鄉人蔡那佼長生張敬兒各領軍隸攸之在赭圻胡因要那等共語那等説令歸順胡回軍入鵲尾無他權略建安王休仁自武檻進據赭圻時胡等兵衆強盛遠近疑惑明帝欲綏慰人情遣吏部尚書褚彦回至武檻選用將帥以下申謙杜幼文因此求黄門沈懷明劉亮求中書郎建安王休仁即使彦回擬選上不許曰忠臣殉國不謀其報臨難以干朝典豈為下之節沈攸之等與劉胡相持久不決上又遣強弩將軍任農夫等領兵繼至攸之繕脩舩舸板材不周計無所出會琬送五千片榜供胡軍用俄而風潮奔迅榜突柵出江胡等力不能制趂流而下泊攸之等營

於是材板大足琬進袁顗都督征討諸軍事率樓舩千艘來入鵲尾張興世建議越鵲尾上據錢溪斷其糧道胡累攻之不能剋乃遣龍驤將軍陳慶領三百舸向錢溪戒慶不須戰陳慶至錢溪不敢攻越溪於梅根立砦胡別遣將王起領百舸攻興世擊大破之胡率其餘舸馳還顗更使胡攻興世休仁因此命沈攸之吳喜佼長生劉靈遺劉伯符等進攻濃湖造皮艦千乘拔其營柵苦戰移日大破之顗被攻急馳信召胡令還張興世既據錢溪江路阻斷胡軍乏食琬大送資糧畏興世不敢下胡遣將迎之為錢溪所破夜走徑趣梅根顗聞胡走亦棄衆西奔至青林見殺

琬惶擾無計時張悅始殺兄子浩喪乃稱疾呼琬計事令
左右伏甲戒之若聞索酒便出琬至謀斬晉安王封府庫
以謝罪悅曰寧可賣殿下求活邪因呼求酒再呼左右震
懾不能應第二子詢提刀出餘人續至即斬琬悅因齎琬
首詣建安王休仁降蔡那子道深以父為明帝効力被繫
作部因亂脫鏁入城執子勛囚之沈攸之諸軍至江州斬
子勛於桑尾牙下傳首建鄴劉胡走入沔竟陵郡丞陳懷
直𡨋子也斷道邀之胡人馬既疲困因隨懷直入城告渴
得酒飲酒畢引佩刀自刺不死斬首送建鄴張興世弟僧
彥追殺懷直取胡首竊有其功荊州閭濃湖平吏議奉子

頊奔益州就蕭惠開與鐵阮道頊邵宰不同曰雖復欲西
豈可得至遣使歸罪荊州中從事宗景土人姚儉等勤兵
入城執子頊以降劉胡南陽涅陽人也本以面坳黑似胡
故名坳胡及長單名胡焉出身郡將稍至隊主討伐諸蠻
往無不捷蠻甚畏憚之明帝即位除越騎校尉蠻畏之小
兒啼語云劉胡來便止
宗越南陽葉人也本為南陽次門安北將軍趙倫之鎮襄
陽襄陽多雜姓越更被黜為役門出身補郡吏父為蠻所
殺越於市中刺殺雠人太守夏侯穆嘉其意擢為隊主蠻
有為寇盜者常使越討伐往輒有功家貧無以市馬刀楯

步出單身挺戰衆莫能當每一捷郡將輒賞錢五千因此
得買馬元嘉二十四年啓文帝求復次門移戶屬冠軍縣
許之二十七年隨柳元景侵魏領馬幢隸柳元怙有戰功
還補後軍參軍督護隨王誕戲之曰汝何人遂得我府四
字越荅曰佛貍未死不憂不得諮議參軍誕大笑孝武即
位以為江夏王義恭大司馬行參軍濟陽太守臧質魯爽
反朝廷致討越戰功居多追奔至江陵時荊州刺史朱脩
之未至越多所誅戮又逼略南郡王義宣子女坐免官繫
尚方尋被宥追論前功封范陽縣子大明三年為長水校
尉竟陵王誕據廣陵反越領馬軍隸沈慶之攻誕及城陷

孝武使悉殺城內男丁越受旨行誅躬臨其事莫不先加
捶撻或有鞭其面者欣欣然若有所得凡殺數千人改封
始安縣子前廢帝景和元年進爵為侯召為游擊將軍直
閤領南濟陰太守改領南東海太守帝凶暴無道而越譚
金童太一並為之用命誅戮羣公及何邁等莫不盡心竭
力故帝憑其爪牙無所忌憚賜與越等美女金帛充牣其
家越等武人麤強識不及遠感一往意氣皆無復二心帝
時南巡明旦便發其夕悉聽越等出外宿明帝因此定亂
明晨越等並入被撫接甚厚越改領南濟陰太守本官如
故越等既為廢帝盡心慮明帝不能容之上接待雖厚內

並懼上意亦不欲使其居中從容謂曰卿遭離暴朝勤勞日久兵馬大郡隨卿等所擇越等素已自疑及聞此旨皆相顧失色因謀作難以告沈攸之攸之具白帝即日下獄死越善立營陣每數萬人止頓自騎馬前行使軍人隨其後馬止營合未嘗參差及沈攸之代殺孝祖為南討前鋒時孝祖新死衆心並懼攸之歎曰宗公可惜故有勝人處而性嚴酷好行刑誅時王玄謨御下亦少恩將士為之語曰寧作五年徒不逐王玄謨玄謨猶尚可宗越更殺我

譚金在魏時與薛安都有舊後出新野居牛門村及安都歸國金常隨征討副安都排堅陷陣氣力兼人孝建三年

為屯騎校尉直閤領南清河太守景和元年前廢帝誅羣公金等並為之用封金平都縣男童太一宜陽縣男沈攸之東興縣男越州里又有武念佼長生曹欣之蔡那並以將帥顯武念位至南陽太守長生寧蠻校尉曹欣之驍騎將軍蔡那見子道恭傳

吳喜吳興臨安人也本名喜公明帝減為喜出身為領軍府白衣吏少知書領軍將軍沈演之使寫起居注所寫既畢闇誦略皆上口演之嘗作讓表未奏失本喜經一見即寫無所漏脫演之甚知之因此涉獵史漢頗見古今演之門生朱重人入為主書薦喜為主書吏進為主圖令史文帝嘗求圖書喜開卷倒進之帝怒遣出會太子步兵校尉沈慶之征蠻啓文帝請喜自隨為孝武所知稍遷至河東太守殿中御史明帝即位四方反叛喜請得精兵三百致死於東帝大悅即假建武將軍簡羽林勇士配之議者以喜刀筆吏不嘗為將不可遣中書舍人巢尚之曰喜隨沈慶之累經軍旅性既勇決又習戰陣若能任之必有成績喜乃東討喜在孝武世既見驅使性寬厚所至人並懷之及東討百姓聞吳河東來便望風降散故喜所至克捷遷步兵校尉封竟陵縣侯東土平定又率所領南討遷尋陽太守泰始四年改封東興縣侯除右軍將軍淮陽太守兼

太子左衛率五年轉驍騎將軍太守兼率如故其年大破魏軍於荆亭六年又率軍向豫州拒魏軍加都督豫州諸軍事明年還建鄴初喜東征白明帝得尋陽王子房及諸賊帥即於東梟斬東土既平喜見南賊方熾慮後翻覆受禍乃生送子房還都凡諸大主帥顧琛王曇生之徒皆被全活上以喜新立大功不問而心銜之及平荆州恣意剽虜贓私萬計又嘗對客言漢高魏武本是何人上聞之益不悅後壽寂之死喜內懼因乞中散大夫上尤疑之及上有疾為身後之慮疑其將來不能事幼主乃賜死上召入內殿與言謔酬接甚款賜以名饌並金銀御器敕將命者

勿使食器宿喜家上素多忌諱不欲令食器停凶禍之室故也及喜死發詔賻贈子徽人襲

黃回竟陵郡軍人也出身充郡府雜使稍至傳教臧質為郡轉為齋帥及去職以回自隨質討元凶回隨從有功免軍户後隨質於梁山敗走被録遇赦因下都於宣陽門與人相打詐稱江夏王義恭馬客被鞭二百付右尚方會中書舍人戴明寶被繫差回為户伯奉事明寶竭心盡力明寶尋得原散委任如初啓免回以領隨身隊統知宅及江西墅事性巧觸類多能明寶甚寵任之回拳捷果勁勇力兼人在江西與諸楚子相結屢為劫盜會明帝初即位四

方反叛明寶啓帝使回募江西楚人得快手八百隸劉勔西討累遷至將校以功封葛陽縣男元徽初桂陽王休範為逆回以屯騎校尉領軍隸齊高帝於新亭創詐降之計回見休範可乘謂張敬兒曰卿可取之我誓不殺諸王敬兒即日斬休範事平進爵為侯改封聞喜縣四年遷冠軍將軍南琅邪濟陽二郡太守建平王景素反回又率軍前討城平之日回軍先入又以景素讓張敬兒奴倪奴明年遷右軍將軍沈攸之反以回為平西將軍郢州刺史率衆出新亭為前鋒未發而袁粲據於石頭不從齊高帝回與新亭諸將任候伯彭文之王宜興等謀應粲攻高帝於朝堂事既不果高帝撫之如舊回與宜興素不協斬之宜興吴興人也形狀短小而果勁有膽力少年時為劫不須伴郡縣討逐圍繞數十重終莫能擒嘗舞刀楯回使十餘人以水交灑不能著明帝泰始中為將在壽陽間與魏戰每以少制多挺身深入以平建平王景素功封長壽縣男至是為屯騎校尉見殺回進軍未至郢州而沈攸之敗走回不樂停郢州固求南兖遂率部曲輒還改封安陸郡公徙南兖州刺史加都督齊高帝以回專殺終不附已乃使召之及上車愛妾見赤光冠其頭至足苦止不肯住及至見誅回既貴祗事戴明寶甚謹言必自名未嘗敢坐躬至帳

下及入內料檢有無隨之供送以此為常回同時為將有南郡高道慶凶險暴橫求欲無已有失意者輒加捶拉往往有死者朝廷畏之如虎狼齊高帝與袁粲等議收付廷尉賜死

論曰凶人之濟其身業非世亂其莫由焉魯爽以亂世之請而行之於平日其取敗也宜哉安都自致奔亡亦為幸矣鄧琬以亂濟亂終致顛隕宗越釁稔惡盈旋至夷戮各其職也呂喜以定亂之功勞未酬而禍集黃回以助順之志福未驗而災生唯命也哉

列傳卷第三十　南史四十

李　延壽

齊宗室

衡陽元王道度　始安貞王道生
始安王遥光　曲江公遥欣 子璣
安陸昭王緬　新吳侯景先
南豐伯赤斧 子穎胄 穎達　衡陽公諶
臨汝侯坦之

衡陽元王道度齊高帝長兄也始與高帝俱受學于雷次宗宣帝問次宗二子學業次宗荅曰其兄外朗其弟内潤皆良璞也仕宋位安定太守卒齊建元元年高帝追加封

謚無子高帝以第十一子鈞繼

鈞字宣禮年五歲所生區貴人病便加慘悴左右依常以五色餅飴之不肯食曰須待姨差年七歲出繼衡陽元王見高帝未拜便涕泗橫流高帝執其手曰伯叔父猶父勿怨所以令汝出繼以汝有意堪奉蒸嘗故耳即敕外如先給通幰車雉尾扇等事事依正王區貴人卒居喪盡禮服闋當問訊武帝尫羸骨立登車三上不能升乃止典籤曹道人具以聞武帝即幸鈞邸見之愴然還謂褚蓁曰昨見衡陽猶奇毁損卿可數相撫慰先是貴人以華釵廚子并翦刻錦繡中倒炬鳳皇蓮芰星月之屬賜鈞以爲玩弄貴人亡後每歲時及朔望輒開視再拜鯁咽見者皆爲之悲性好學善屬文與琅邪王智深以文章相會濟陽江淹亦遊焉武帝謂王儉曰衡陽王須文學當使華實相稱不得止取貴游子弟而已乃以太子舍人蕭敷爲文學鈞常手自細書寫五經部爲一卷置于巾箱中以備遺忘侍讀賀玠問曰殿下家自有墳素復何須蠅頭細書別藏巾箱中荅曰巾箱中有五經於檢閱既易且一更手寫則永不忘諸王聞而爭效爲巾箱五經巾箱五經自此始也居身清率言未嘗及時事會稽孔珪家起園列植桐柳多構山泉

殆窮真趣鈞往遊之珪曰殿下處朱門遊紫闥詎得與山人交邪荅曰身處朱門而情遊江海形入紫闥而意在青雲珪大美之吳郡張融清抗絶俗雖王公貴人視之傲如也唯雅重鈞謂從兄緒曰衡陽王飄飄有淩雲氣其風情素韻彌足可懷融與之遊不知老之將至見賞如此歷位秘書監延興元年爲明帝所殺明帝立以永陽王子珉仍本國繼元王爲孫子珉字雲瑱武帝第二十子也初封義安郡王後改永陽永泰元年見害復以武陵昭王曅子子坦奉元王後

始安貞王道生字孝伯高帝次兄也仕宋位奉朝請卒高

帝即位追加封謚三子長鳳次鸞是爲明帝次緬是爲安
陸昭王鳳字景慈仕宋位正員郎卒高帝即位謚靖世子
建武元年明帝追尊道生爲景皇妃江氏爲后立寢廟於
御道西陵曰脩安追封鳳始安靖王改華林鳳莊門爲望
賢門太極東堂畫鳳鳥題爲神鳥而改鸞鳥爲神雀子遥
光嗣

始安王遥光字元暉生而躄疾高帝謂不堪奉拜祭祀欲
封其弟武帝諫乃以遥光襲爵位中書郎明帝輔政誅賞
諸事唯與遥光共謀議勸明帝併殺高武諸子弟見從建
武元年爲揚州刺史三年進號撫軍將軍好吏事頗多慘

害足疾不得同朝例常乘輿自望賢門入每與明帝久清
閑言畢帝索香火明日必有所誅太子不悅學唯曼遊是
好朝議令蔡仲熊爲太子講禮未半遥光從容曰文義之
事此是士大夫以爲伎藝欲求官耳皇太子何用講爲上
以爲然乃停講永泰元年即本號爲大將軍給油絡車帝
不豫遥光數入侍疾帝疾漸甚河東王鉉等七王一夕見
殺遥光意也帝崩遺詔加遥光侍中中書令給扶永元元
年給班劒二十人即本號開府儀同三司遥光多忌人有
餉屐者以爲戲已大被嫌責劉繪嘗爲牋云智不及葵亦
以忤旨既輔東昏潛結江祏兄弟謀自樹立弟遥欣在荆

楚擁兵居上流密相影響遥光當據東府號令使遥欣急
下潛謀將發而遥欣病死江祏被誅東昏召遥光入殿告
以祏罪遥光懼還省便陽狂號哭自此稱疾不復入臺先
是遥光行還入城風飄儀繖出城外遥光弟遥昌先卒壽
春豫州部曲皆歸遥光及遥欣喪還葬武進停東府前渚
荆州衆力送者甚盛東昏誅江祏後慮遥光不自安欲轉
爲司徒還第召入喻旨遥光慮見殺收集荆豫二州部曲
於府東門衆頗怪其異莫知其指趣也遥光召親人丹陽
丞劉渢及城局參軍劉晏中兵參軍曹樹生等并諸傖楚
欲以討劉暄爲名夜遣數百人破東冶出囚尚方取伏又召

驍騎將軍垣歷生歷生隨信至便勸遥光令率城内兵夜
攻臺輦荻燒城門曰公但乘輿隨後反掌可得遥光意疑
不敢出天稍曉遥光戎服至聽事停輿處分上仗登城行
賞賜歷生復勸出軍遥光不肯望臺内自變及日出臺軍
稍至遥光於是戒嚴赦都下領軍蕭坦之屯湘宮寺鎮軍
司馬曹武屯青溪大橋太子右率左興盛屯東府門東籬
門衆軍圍東城遥光遣垣歷生從西門出戰臺軍屢北殺軍主桑
天愛初遥光問諮議參軍蕭暢暢正色拒不從既而暢
與撫軍長史沈昭略奔臺人情大沮又垣歷生從南門出
戰爲曹武所禽謂武曰卿以主上爲聖明梅茹爲賢相

者則我當死且我今死卿明亦死遂殺之遙光聞歷生見獲大怒於牀上自竦踊使殺歷生見其晚臺軍射火箭燒東北角樓至夜城潰遙光還小齋令人反拒左右並踰屋出臺軍主劉國寶時當伯等先入遙光聞外兵至吹滅火扶匐下牀軍人排閤入斬之遙光舉事四日而卒舉事之夕月蝕識者以月為大臣蝕而既必滅之道未敗之夕城内皆夢羣蛇緣城四出各共說之咸以為異臺軍入城焚屋宇且盡遙光幼時甚貞正明帝傾意待之東昏為兒童時明帝使與遙光共齋居止呼遙光為安兒恩情甚至及遙光誅後東昏登舊宮土山望東府愴然呼曰安兒乃嗚

咽左右不忍視見思如此天下知名之士劉渢渢弟諒陸閑閑子絳司馬端崔慶遠皆坐誅

曲江公遙欣字重暉始安王遙光弟也宣帝兄西平太守奉之無後以遙欣繼為曾孫遙欣髫齔中便嶷然明帝謂江祏曰遙欣雖幼觀其神彩殊有局幹必成令器未知年命何如耳安陸昭王緬曰不患其兄弟不富貴但恐緬不及見耳言之慘然而悲始年七歲出齋時有一左右小兒善彈飛鳥無不應弦墜落遙欣謂曰凡戲多端何急彈此鳥自空中翔飛何關人事無趣殺此生亦復不急左右感其言遂不復彈鳥時少年通好此事所在遂止年十五六

便博覽經史弱冠拜中書郎明帝入輔遙欣與始安王遙光等參預政事凡所談薦皆得其人由是朝野輻湊軒蓋盈門延興元年明帝以遙欣為兗州刺史時豐城公遙昌亦出鎮壽春帝於便殿密宴始安王遙光亦在座帝愴然謂遙欣曰昭王云不患汝兄弟不富貴而言不及見如何因悲慟不自勝君臣皆嗚咽侍者雨淚及泊歐陽岸忽謂左右曰此何都不見彈左右云有門生因彈見島遂以此廢所在皆止遙欣笑曰我小兒時聊復語耳那復遂斷邪建武元年進號西中郎將封聞喜縣公遷荆州刺史加都督改封曲江公明帝子弟弱小晉安王寶義有廢疾故以

遙光為揚州居中遙欣居陝西在外威權并在其門遙欣好勇聚畜武士以為形援永泰元年詔遙欣以本官領雍州刺史寧蠻校尉移州鎮襄陽魏軍退不行卒贈司空謚康公葬用王禮

子幾字德玄年十歲便能屬文早孤有弟九人並幼幾恩愛篤睦聞於朝廷性温和與物無競清貧自立好學善草隸書湘州刺史楊公則曲江公故吏也每見幾謂人曰康公此子可謂桓靈寶重出及公則卒幾為之誄時年十五沈約見而奇之謂其舅蔡撙曰昨見賢甥楊平南誄文不減希逸之作始驗康公積善之慶位中書侍郎尚書左丞

末年專釋藏爲新安太守郡多山水特其所好適性遊履
遂爲之記卒子官子清亦有文才位永康令遥欣弟遥昌
字季暉建武元年封豐城縣公位豫州刺史卒謚憲公
安陸昭王緬字景業善容止仕宋位中書郎建元元年封
安陸侯爲五兵尚書出爲吳郡太守政有能名竟陵王子
良與之書曰竊承下風數十年來姑蘇未有此政武帝嘉
其能累遷寧蠻校尉雍州刺史加都督緬留心辭訟人人
呼至案前親自顧問有不得理者勉喻之退皆無恨爲百
姓所畏愛及卒喪還百姓緣沔水悲泣設祭於峴山爲立
祠謚曰昭侯明帝少相友愛時爲僕射領衛尉表求解職

私第展哀詔不許每臨緬靈輒慟絶哭不成聲建武元年
贈司徒安陸王子寶晊嗣永元元年改封湘東王東昏廢
寶晊望物情歸已坐待法駕既而城内送款于梁武帝宣
德太后臨朝拜太常不自安謀反及弟江陵公寶賢胥城
公寶宏皆伏誅新吳侯景先高帝從子也祖爰之員外郎
父敬宗始興王國中軍景先少孤有至性隨母孔氏爲舅
氏鞠養高帝嘉之常相提攜及鎮淮陰以景先領軍主自
隨防衛城内委以心腹武帝爲廣興郡啓高帝求景先同
行除武帝寧朔府司馬自此常相隨逐建元元年爲太子
左衛率封新吳縣伯見委任勢傾天下景先本名道先乃

改爲景先以避上諱初武帝少年與景先共車行泥路車
久故壞至領軍府西門車轅折俱狼狽景先謂帝曰兩人
脱作領軍亦不得忘今日艱辛及武帝踐祚詔以景先爲
兼領軍將軍拜日羽儀甚盛傾朝觀矚拜還未至府門中
詔相聞領軍今日故當無折轅事邪景先奉謝景先事上
盡心故恩寵特密初西還上坐景陽樓召景先語故舊唯
豫章王一人在席而已轉中領軍車駕射雉郊外景先常
甲仗從廉察左右尋進爵爲侯始昇明中沈攸之於荆州
舉兵武帝時鎮江州盆城景先夜乘城忽聞塹中有小兒
呼蕭丹楊未測何人聲聲不絶試問誰空中應云賊尋當

平何事嚴防語訖不復言即窮討之了不見明旦以白帝
帝曰攸之自無所至焉知汝後不作丹楊尹景先曰寧有
作理尋而攸之首至及永明三年詔以景先爲丹楊尹謂
曰此授欲驗往年盆城塹空中言耳後假節司州諸軍事
卒謚曰忠侯子毅位北中郎司馬性奢豪好弓馬爲明帝
所疑忌王晏事敗并陷誅之
南豐伯赤斧高帝從祖弟也祖隆子衛軍録事參軍父始
之冠軍中兵參軍赤斧以和謹爲高帝所知高帝輔政爲
黃門侍郎淮陰太守順帝遜位于丹楊故所立宮上令赤
斧輔送至因留防衛甍乃還後爲雍州刺史在州不營產

剌勤於奉公遷散騎常侍左衛將軍武帝親遇與蕭景先相比封南豐縣伯遷給事中太子詹事卒於家貧無絹為衾武帝聞之愈加惋惜謚懿伯子穎胄襲爵

穎胄字雲長弘厚有父風起家秘書郎高帝謂赤斧曰穎胄輕朱被身覺其趨進轉美足慰人意遷太子舍人遭父喪感脚疾數年然後能行武帝有詔慰勉之賜以醫藥除竟陵王司徒外兵參軍晉熙王文學穎胄好文義弟穎基好武勇武帝登烽火樓詔羣臣賦詩穎胄詩合旨上謂穎胄曰卿文弟武宗室便不乏才上以穎胄勲戚子弟自中書郎除左軍將軍知殿內文武事得入便殿出為新安太

守吏人懷之後除黃門郎領四廂直遷衛尉明帝廢立穎胄從容不為同異乃引穎胄預功建武二年進爵為侯賜以常所乘白牗牛明帝每存儉約欲鑄壞太官元日上壽銀酒鎗尚書令王晏等咸稱盛德穎胄曰朝廷盛禮莫過三元此一器既是舊物不足為侈帝不悅後預曲宴銀器滿席穎胄曰陛下前欲壞酒鎗恐宜移在此器也帝甚慚後為廬陵王後軍長史廣陵太守行兗州府事是年魏揚聲當飲馬長江帝懼敕穎胄移居人入城百姓驚恐席卷欲南度穎胄以魏軍尚遠不即施行魏軍亦尋退仍為南兗州刺史加都督和帝為荊州以穎胄為西中郎長史南

郡太守行荊州府事時江祏專執朝權此行由祏穎胄不平曰江公蓋我輩出東昏侯誅戮羣公委任廝小崔陳敗後方鎮各懷異計永元二年十月尚書令臨湘侯蕭懿及弟衛尉暢見害先遣輔國將軍劉山陽就穎胄兵襲梁武帝帝時為雍州刺史將起兵慮穎胄不同遣穎胄親人王天武詣江陵聲云山陽西上并襲荊雍書與穎胄勸同舉兵穎胄意猶未決初山陽出南州謂人曰朝廷以白虎幡追我亦不復還矣席卷妓妾盡室西行至巴陵遲回十餘日不進梁武帝復追天武齎書與穎胄設奇略以疑之是時或云山陽謀殺穎胄以荊州同舉山陽至果不敢入城穎

胄計無所出夜遣錢唐人朱景思呼西中郎城局參軍席闡文諮議參軍柳忱閉齋定議闡文曰蕭雍州畜養士馬非復一日江陵素畏襄陽人人眾又不敵取之不可必制制之歲寒復不為朝廷所容今若殺山陽與雍州舉事立天子以令諸侯霸業成矣山陽持疑不進是不信我今斬送天武則彼疑可釋至而圖之罔不濟矣忱亦勸焉穎胄乃斬天武以示山陽山陽大喜輕將步騎數百到州闡文勒兵斬之傳首于梁武東昏聞山陽死發詔討荊雍穎胄有器局既唱大事衆情歸之長沙寺僧鑄黃金為龍數千兩埋土中歷相傳付稱為下方黃鐵穎胄因取此龍以充

軍實乃歎曰往年江祏斥我至今始知禍福之無門也十二月移檄建鄴三年正月和帝為相國穎胄為左長史進號鎮軍將軍於是始選用方伯梁武屢表勸和帝即尊號穎胄使別駕宗史撰定禮儀上尊號改元於江陵立宗廟南北郊州府門城悉依建康宮置尚書五省以城南射堂為蘭臺南郡太守為尹建武中荆州大風雨龍入柘齋中柱壁上有爪足處刺史蕭遙欣恐畏不敢居之至是以為嘉福殿中興元年三月穎胄為侍中尚書令監八州軍事荆州刺史留衛西朝以弟穎達為冠軍將軍及楊公則等率師隨梁武圍郢城穎達會軍於漢口與王茂曹景宗等

攻陷郢城梁武進漂州使與曹景宗破東昏將李居士又從下東城初梁武之起也巴東太守蕭惠訓子璝巴西太守魯休烈弗從舉兵侵荆州敗輔國將軍任漾之於峽口穎胄遣軍拒之而梁武已平江郢圍建康時穎胄輔帝主有安重之勢素能飲酒噉白肉膾至三斗自以職居上將不能拒制璝等憂愧發疾而卒州中祕之使似其書者假為教命時梁武圍建康住石頭和帝密詔報穎胄凶問亦祕不發喪及建康平蕭璝亦衆懼而潰和帝乃始發喪詔贈穎胄丞相前後部羽葆鼓吹班劒三十人轀輬車黃屋左纛梁天監元年追封巴東郡公喪還武帝車駕臨哭渚次葬依晉王導齊豫章王故事謚曰獻武

弟穎達少好勇使氣穎胄齊建武末行荆州事穎達亦為西中郎外兵參軍俱在西府齊季多難頗不自安因與兄穎胄舉兵穎達弟穎孚自建鄴為廬陵人脩景智潛引與南歸穎孚緣山逾嶮僅免道中絕糧後因食過飽而卒建康平梁武帝以穎達為前將軍丹楊尹及受禪贈穎孚右衛將軍封穎達作唐侯位侍中衛尉卿出為豫章內史意甚憤憤未發前預華林宴酒後於座辭氣不悅沈約因勸酒欲以釋之穎達大罵約曰我今日形容正是汝老鼠所為何忽復勸我酒舉坐驚愕帝謂之曰汝是我家阿五沈

公宿望何意輕脫若以法繩汝汝復何理穎達竟無一言唯大涕泣帝心愧之未幾遷江州刺史少時懸瓠歸化穎達長史沈瑀等苛刻為盜所害衆頗疑穎達或傳謀反帝遣直閤將軍張豹子稱江中討盜實使防之穎達知朝廷之意唯飲酒不知州事後卒於左衛將軍謚康侯子敏嗣位新安太守好射雉未嘗在郡辭訟者遷於畎焉後張弩損腎而卒第七子敷太清初為魏興太守梁州刺史宜豐侯循以為府長史梁州有古墓名曰尖冢或云張騫墳欲有發者輒聞鼓角與外相拒椎埋者懼而退敷謂無此理求自監督及開唯有銀鏤銅鏡方尺敷時居母服清談所貶

衡陽公諶字彥孚高帝絕服族子也祖道清員外郎父仙
伯桂陽國下軍宋元徽末武帝在郢欲知都下消息高帝
遣諶就武帝宣傳謀計留為腹心昇明中為武帝中軍刑
獄參軍南東莞太守以勞封安復縣男建元初武帝在東
宮諶領宿衛高帝殺張景真武帝令諶啓乞景真命高帝
不悅諶懼而退武帝即位除步兵校尉南蘭陵太守領御
仗主齋內兵仗悉委付之心膂密事皆使參掌為左中郎
將後軍將軍太守如故武帝卧疾延昌殿諶在左右宿直
上崩遺敕諶領殿內事如舊鬱林即位深委信諶諶每請
急宿出帝通夕不能寐諶還乃安轉衛軍司馬兼衛尉丁
母憂敕還本位守衛尉明帝輔政諶回附明帝勸行廢立
密召諸王典籤約語之不許諸王外接人物諶親要日久
衆皆憚而從之鬱林被廢日初聞外有變猶密為手敕呼
諶其見信如此諶性險無護身計及廢帝日領兵先入後
宮齋內仗身素隸服諶莫有動者海陵立轉中領軍進爵
為公甲仗五十人入直殿內月十日還府建武元年轉領
軍將軍左將軍南徐州刺史給扶進爵衡陽郡公明帝初
許事剋用諶為揚州及有此授諶恚曰見炊飯推以與人
王晏聞之曰誰復為蕭諶作甑筯者諶恃勳重干豫朝政
明帝新即位遣左右要人於外聽察具知諶言深相疑阻

二年六月上華林園宴諶及尚書令王晏等數人盡歡坐罷
留諶晚出至華林閣仗身執還入省上遣左右莫智明數
諶曰隆昌之際非卿無有今日今一門二州兄弟三封朝
廷相報政可極此卿恒懷怨望乃云炊飯已熟合甑與人
邪今賜卿死諶謂智明曰天去人亦復不遠我與至尊殺
高武諸王是卿傳語來去我今死還取卿矣於省殺之至
秋而智明死見諶為祟詔乃顯其過惡收付廷尉諶好左
道吳興沈文猷相諶云相不減高帝諶喜曰感卿意無為
人言也至是文猷伏誅諶兄誕字彥偉永明中為建康令
與秣陵令司馬迪之同乘行車前導四卒左丞沈昭略奏
凡有鹵簿官共乘不得兼列騶寺請免誕等官詔贖論延
興元年歷徐司二州刺史明帝立封安復侯徵為左衛將
軍上欲殺諶以誕在邊鎮拒魏故未及行魏軍退六旬諶
誅遣梁武帝為司州別使誅誕誕子棱妻江淹女字才君
聞誕死曰蕭氏皆盡妾何用生慟哭而絕諶弟誄字彥文
與諶同豫廢立封西昌侯位太子左衛率誅諶之日輔國
將軍蕭季敞啓求收誄深加排苦乃至手相摧辱誄徐曰
已死之人何足至此君不憶相提拔時邪幽冥有知終當
相報季敞麤猛無行善於彌縫高帝時為諶所獎說故累
為郡守在政貪穢諶輒掩之後為廣州刺史白日見誄將

兵入城收之少日果爲西江都護周世雄所襲軍敗奔山中爲蛭所嚙肉都盡而死慘楚備至後爲村人所斬論者以爲有天道焉

臨汝侯坦之字君平高帝絕服族子也祖道濟太中大夫父欣祖武進令坦之與蕭諶同族爲東宮直閤以勤直爲文惠所知除給事中蘭陵令武帝崩坦之率太孫文武度上臺除射聲校尉令如故未拜除正員郎南魯郡太守少帝以坦之文惠舊人親信不離得入內見皇后帝於宮中及出後堂雜狡獪坦之皆得在側或遇醉後裸袒坦之輒扶持諫喻見帝不可奉乃改附明帝密爲耳目隆昌元年

追錄坦之父勳封臨汝縣男少帝微聞外有異謀憚明帝在臺內敕移西州後在華林園華光殿露著黃縠褌跂牀垂腳謂坦之曰人言鎮軍與王晏蕭諶欲共廢我似非虛傳蘭陵所聞云何坦之嘗作蘭陵令故稱之坦之曰天下寧當有此誰樂無事廢天子邪昔元徽獨在路上走三年人不敢近政坐枉殺孫超杜幼文等故敗耳官有何事一旦便欲廢立朝貴不容造以論政當是諸尼師母言耳豈可以尼姥言爲信官若無事除此三人誰敢自保安陸諸王在外寧肯復還道剛之徒何能抗此帝曰蘭陵可好聽察作事莫在人後帝以爲除諸執政應須當事人意在沈文季夜遣內左右密賂文季文季不受帝大怒謂坦之曰我賜文季不受豈有人臣拒天子賜坦之曰官遣誰送帝曰內左右坦之曰官若詔敕出賜令舍人主書送往文季寧敢不受政以事不方幅故仰遣耳帝又夜醉乘馬從西步廊向北馳走如此兩三將倒坦之諫不從執馬控帝運拳擊坦之不著倒地坦之與曹道剛扶抱還壽昌殿瑇瑁牀上卧又欲起走坦之不能制坦之馳信報皇后至請譬良久乃眠時明帝謀廢殺旣與蕭諶及坦之定謀少帝腹心直閤將軍曹道剛疑外閒有異密有處分諶未能發始興內史蕭季敞南陽太守蕭穎基並應還都諶欲待二蕭

至藉其威力以舉事明帝慮事變以告坦之坦之馳謂諶曰廢天子古來大事比聞曹道剛朱隆之等轉已猜疑衞尉明日若不就事無所復及弟有百歲母豈能坐聽禍敗政應作餘計耳諶惶遽明日遂廢帝坦之力也海陵即位除黃門郎兼衞尉建武元年遷左衞將軍進爵爲侯東昏立爲侍中領軍將軍永元元年母憂起復職加將軍置府江祏兄弟欲立始安王遙光密告坦之坦之曰明帝取天下已非次第天下人至今不服今若復作此事恐四海瓦解我其不敢言及遙光起事遣人夜掩取坦之坦之科頭著褌踰墻走逢臺遊邏主顏端執之坦之謂曰始安作賊

遣人見取向於宅奔走欲還臺耳君何見錄端不荅而守防逾嚴坦之謂曰身是大臣夜半奔走君理見疑以為得罪朝廷若不信自可步往東府參視亦不荅端至小街審知遥光舉事乃走還未至三十餘步下馬再拜曰今日乞垂將接坦之曰向語君何所道豈容相欺端以馬與坦之相隨去比至新亭道中收遥光所虜之餘得二百許人并有羸仗乃進西掖門開鼓後得入殿內其夕四更主書馮元嗣叩北掖門告遥光反殿內為之備向曉召徐孝嗣入左將軍沈約五更初聞難馳車走趨西掖門或勸戎服約慮外軍已至若戎衣或者謂同遥光無以自明乃朱服而入

臺內部分既立坦之假節督衆軍討遥光事平遷尚書左僕射丹楊尹右軍如故進爵為公坦之肥黑無鬚語聲嘶時人號為蕭瘂剛佷專執羣小畏而憎之遥光事平二十餘日帝遣延明主帥黃文濟圍坦之宅誅之坦之從兄翼宗為海陵郡將發坦之謂文濟曰從兄海陵宅故應無他文濟曰海陵宅在何處坦之告之文濟曰政應得罪仍遣收之檢家赤貧唯有質錢帖子數百還以啓帝原其死和帝中興元年追贈坦之中軍將軍開府儀同三司

論曰有齊宗室唯始安之後克昌明帝取之以非道遥光濟之以殘酷其卒至顛仆所謂亦以此終者也潁胄荊州之任蓋惟失職及其末途倚伏豈預圖之所致乎諶與坦之俱應顧託既以傾國亦以覆身各其宜矣

列傳第三十一　南史四十一

李　延壽

齊高帝諸子上

豫章文獻王嶷 子子廉　子恪　子操　子範　子範子乾　子範弟子顯　子雲

齊高帝十九男昭皇后生武帝豫章文獻王嶷謝貴嬪生臨川獻王映長沙威王晃羅太妃生武陵昭王曄任太妃生安成恭王暠陸脩儀生鄱陽王鏘晉熙王銶袁脩容生桂陽王鑠何太妃生始興簡王鑑宜都王鏗區貴人生衡陽王鈞張淑妃生江夏王鋒河東王鉉李美人生南平王鋭第九第十三第十四第十七皇子早亡衡陽王鈞出繼

高帝兄元王後

豫章文獻王嶷字宣儼高帝第二子也寬仁弘雅有大成之量高帝特鍾愛焉仕宋為尚書左戶郎錢唐令高帝破薛索兒改封西陽以先爵賜嶷為晉壽縣侯後為武陵內史時沈攸之賕伐荊州界內諸蠻遂及五溪禁斷魚鹽群蠻怨怒酉溪蠻王田頭擬殺攸之使攸之責賧千萬頭擬輸五百萬發氣死其弟婁侯簒立頭擬子田都走入獠中於是蠻部大亂抄掠至郡城下嶷遣隊主張英兒擊破之田都自獠中請立而婁侯亦歸附嶷誅婁侯於郡獄命田都繼其父蠻衆乃安入為宋順帝驃騎從事中郎詣司徒袁粲粲謂人曰後來佳器也高帝在領軍府嶷居青溪宅蒼梧王夜中微行欲掩襲宅內嶷令左右舞刀戟於中庭蒼梧從牆間窺見已有備乃去高帝憂危既切腹心荀伯玉勸帝度江北起兵嶷諫曰主上狂凶人不自保單行道路易以立功外州起兵鮮有剋勝於此立計萬不可失及蒼梧殞高帝報嶷曰大事已判汝明可早入順帝即位轉侍中摠宮內直衞沈攸之之難高帝入朝堂嶷出鎮東府加冠軍將軍及袁粲舉兵夕丹陽丞王遜告變先至東府嶷遣帳內軍主戴元孫二千人隨薛道深等俱至石頭焚門之功元孫預焉先是王蘊薦部曲六十人助為城防實

以為內應也嶷知蘊懷貳不給其仗散處外省及難作搜檢皆已亡去上流平後武帝自尋陽還嶷出為都督江州刺史以定策功改封永安縣公仍徙鎮西將軍都督荊州刺史時高帝作輔嶷務存約省停府州儀迎物及至州坦懷納善側席思政王儉與嶷書曰舊楚蕭條仍歲多故政荒人散寔須緝理公臨莅甫爾英風惟穆江漢來蘇八荒慕義庚亮以來荊州無復此政古人云朞月有成而公旬日成化豈不休哉初沈攸之欲聚衆開人相告士庶坐執役者甚衆嶷至鎮一日遣三千餘人見囚五歲刑以下不連臺者皆原遣以市稅重多所寬假百姓甚悅禪讓之間

武帝欲速定大業嶷依違其事默無所言建元元年高帝
即位赦詔未至嶷先下令蠲除部内昇明二年以前逋負
遷侍中尚書令都督揚州刺史驃騎大將軍開府儀同三
司封豫章郡王會魏軍動詔以嶷為南蠻校尉荆湘二州
刺史都督八州尋給油絡俠望車二年給班劒二十人其
夏於南蠻園東南開館立學上表言狀置生三十人取舊
族父祖位正佐臺郎年二十五以下十五以上補之置儒
林參軍一人文學祭酒一人勸學從事二人行釋菜禮以
穀過賤聽人以米當口錢優評斛一百義陽劫帥張羣亡
命積年鼓行為賊義陽武陵天門南平四郡界被其殘破

沈攸之連討不禽末乃首用之攸之起事羣從下郢於路
先叛結柴於三溪依據深險嶷遣中兵參軍虞欣祖為義
陽太守使降意誘納之厚為禮遺於坐斬首其黨皆散四
郡獲安入為中書監司空揚州刺史都督二州侍中如故
加兵置佐以前軍臨川王映府文武配司空嶷以將還都
修廨宇及路陌東歸部曲不得齎府州物出城發江津士
女觀送數千人皆垂泣嶷發江陵感疾至都未瘳上深憂
慮為之大赦三年六月壬子赦令是也疾愈上幸東府設
金石樂使乘輿至宮六門武帝即位進位太尉增置兵佐
解侍中增班劒三十人建元中武帝以事失旨高帝頗有

代嫡之意而嶷事武帝恭悌盡禮未嘗違忤顏色故武帝
友愛亦深性至孝高帝崩哭泣過度眼耳皆出血永明元
年領太子太傅解中書監宋武以來州郡秩俸及雜供給
多隨土所出無有定準嶷上表請明立定格班下四方永
為恒制從之嶷不參朝務而言事密謀多見信納服闋加
侍中宋元嘉制諸王入齋閤得白服裙帽見人主唯出太
極四廂乃備朝衣自此以來此事一斷上與嶷同生相友
睦宮内曲宴許依元嘉嶷固辭不奉敕唯車駕幸第乃白
服烏紗帽以侍宴焉至於衣服制度動皆陳啓事無專
制務從減省並不見許又啓曰北第舊邸本自甚華臣

往歲作小眠齋皆補接為辦無乖格制要是檉柏之華
一時新淨東府又有此齋亦為華屋而臣頓有二處住止
下情竊所未安訖訪東宮玄圃乃有柏屋制甚古拙臣乃
欲壞取以奉太子非但失之於前且補接既多不可見移
亦恐外物或為異論不審可有垂許送東府齋理不上答
曰見別紙汝勞疾亦復那得不動何意為作煩長啓事竟
不從三年文惠太子講孝經畢嶷求解太傅不許嶷常慮
盛滿又因言宴求解揚州授竟陵王子良上終不許曰畢
汝一世無所多言武帝即位後頻發詔拜陵不果行遣嶷
拜陵還過延陵季子廟觀沸井有水牛突部伍直兵執牛

推問嶷不許取絹一疋橫繫牛角放歸其家政在寬厚故得朝野歡心四年唐寓之賊起嶷啓上曰此段小寇出於凶愚天網宏罩理不足論但聖明御世幸可不爾比藉聲聽皆云有由而然但頃小大士庶每以小利奉公不顧所損者大摘籍檢功巧督郵簡小塘藏丁匿口凡諸條制實長怨府此目前交利非天下大計一室之中尚不可精宇宙之內何可周洗公家何嘗不知人多巧古今政以不可細碎故不為耳為此者實非乖理但識理者百不有一陛下弟兒大臣猶不能伏理況復天下悠悠萬品怨積聚黨凶迷相類止於一處何足不除脫復多所便成紜紜上答

曰欺巧那可容宋世混亂以為是不蚑蟻何足為憂至今都應散滅吾政恨其不辯大耳亦何時無亡命邪後乃詔聽復籍注是時武帝奢後後宮萬餘人宮內不容太樂景第暴室皆滿猶以為未足嶷後房亦千餘人潁川荀丕獻書於嶷極言其失嶷咨嗟良久為書答之又為之減遣丕字令哲後為荊州西曹書佐長史王秀與其書題之云西曹荀君丕報書曰第五之位不減驃騎亦不知西曹何殊長史且人之處世當以德行稱著何遽以一爵高人邪相如不見屈於澠池毛遂安受辱於郢都造敵臨事僕必先於二子未知足下之貴足下之威孰若秦楚兩王僕以德為寶足下以位為寶各寶其寶於此敬宜於是直題云長史王君時尚書令王儉當朝丕又與儉書曰足下建高人之名而不顯高人之迹將何以書於齊史哉及南郡綱紀啓荊州刺史隨王子隆請罪丕丕自申乃免又上書極諫武帝言甚直帝不悅丕竟於荊州獄賜死徐孝嗣聞其死曰丕縱有罪亦不應殺數千年後其如竹帛何五年嶷進位大司馬八年給皁輪車尋加中書監固讓嶷身長七尺八寸善持容範文物衛從禮冠百僚每出入殿省皆瞻望嚴肅自以地位隆重深懷退素北宅舊有園田之美乃盛脩理之武帝嘗問臨川王映居家何事樂映曰政使劉瓛

講禮顧則講易朱廣之講莊老臣與二三諸彥兄弟友生時復擊贊以此為樂上大賞之他日謂嶷曰臨川為善遂至於斯嶷曰此大司馬公之次弟安得不爾上仍以玉如意指嶷曰未若皇帝之次弟為善最多也嶷常戒諸子曰凡富貴少不驕奢以約失之者鮮矣漢世以來侯王子弟以驕恣之故大者滅身喪族小者削奪邑地可不戒哉稱疾不利住東城累求還第令世子子廉代鎮東府上數幸嶷第宋長寧陵隧道出第前路上曰我便是入他家墓內尋人乃徙其表闕騏驎於東岡騏驎及闕形勢甚巧宋孝武於襄陽致之後諸帝王陵皆模範而莫及也永明末車

駕數遊幸唯嶷陪從上嘗出新林苑同輦夜歸至宮門嶷
下輦辭出上曰今夜行無使為尉司所呵也嶷對曰京輦
之內皆屬臣州願陛下不垂過慮上大笑賜以魏所送氈
車每幸第不復屏人敕外監曰我往大司馬第是還家耳
嶷妃庾氏嘗有疾瘳上幸嶷邸後堂設金石樂宮人畢至
登桐臺使嶷著烏紗帽極日盡歡敕嶷備家人之禮嶷謂
上曰古來言願陛下壽比南山或稱萬歲此殆近貌言如
臣所懷實願陛下極壽百年亦足矣上曰百年復何可得
止得東西一百於事亦濟因相執流涕十年上封嶷諸子
舊例王子封千户嶷欲五子俱封啓減人五百户其年疾

篤表解職不許賜錢五百萬營功德薨年四十九其日上
視疾至薨乃還宮詔斂以袞冕之服溫明秘器大鴻臚持
節護喪事太官朝夕送祭奠大司馬太傅二府文武悉停
過葬詔贈假黃鉞都督中外諸軍事丞相揚州牧綠綟綬
具九服錫命之禮侍中大司馬太傅王如故給九旒鸞輅
黃屋左纛虎賁班劍百人轀輬車前後部羽葆鼓吹喪葬
送儀並依漢東平王蒼故事嶷臨終召子子廉子恪曰吾
無後當共相勉勵篤睦為先才有優劣位有通塞運有富
貧此自然理無足以相陵侮勤學行守基業修閨庭尚閑
素如此足無憂患聖主儲皇及諸親賢亦當不以吾沒易

情也三日施靈帷香火盤水干飯酒脯檳榔而已朔望菜
食一盤加以甘果此外悉省葬後除靈可施吾常所乘輿
扇繖朔望時節席地香火盤水酒脯干飯檳榔便足棺器
及墓中勿用餘物為後患也朝服之外唯下鐵環刀一口
作冢每令深一二依格莫過度也後堂樓可安佛供養外
國二僧餘皆如舊與汝遊戲後堂船乘吾所乘牛馬送二
宮及司徒服飾衣裘悉為功德子廉等號泣奉行武帝哀
痛特至蔬食積旬太官朝送祭奠敕王融為銘云半岳摧
峯中河墜月帝流涕曰此正吾所欲言也至其年十二月
乃舉樂宴朝臣樂始舉上便歔欷流涕嶷薨後第庫無見

錢武帝敕貨雜物服飾數百萬起集善寺月給第見錢百
萬至上崩乃省嶷性汎愛不樂聞人過失左右投書相告
置鞾中竟不視取火焚之齋庫失火燒荊州還資評直三
千餘萬主局各杖數十而已嶷薨後忽見形於沈文季曰
我未應便死皇太子加膏中十一種藥使我癰不差湯中
復加藥一種使利不斷吾已訴先帝先帝許還東邸當判
此事因胸中出青紙文書示文季曰與卿少舊因卿呈上
俄失所在文季秘而不傳甚懼此事少時太子薨又嘗見
形於第後園乘腰輿指麾處分呼直兵直兵無手板左右
授一玉手板與之謂曰橘樹一株死可覓補之因出後園

閣直兵倒地仍失手板羣吏中南陽樂藹彭城劉繪吳郡
張稷最被親禮藹與竟陵王子良牋欲率荊江湘三州僚
吏建碑託中書侍郎劉繪營辦藹又與右率沈約書請為
文約荅曰郭有道漢末之匹夫非蔡伯喈不足以偶三絕
謝安石素族之台輔時無麗藻迄乃有碑無文況文獻王
冠冕彝倫儀形寓內自非一代辭宗難或與此約閭閈鄙
人名不入第欻酬今旨便是以禮許人聞命慙顏已不覺
汗之霑背也建武中第二子子恪託約及太子詹事孔珪
為文妃庾氏有女功婦德嶷甚重之宋時武帝及嶷位宦
尚輕家又貧薄庾氏常撤已損身以相營奉兄弟每行來
公事晚還飢疲躬營飲食未嘗不迎時先辦雖豐儉隨事
而香淨適口穆皇后不自營又不整潔上亦以此貴之又
不妬忌嶷倍加敬重嶷薨後少時亦亡
子廉字景藹初嶷養魚復侯子響為嗣子子廉封永新侯
子響還本子廉為世子位淮陵太守太子中舍人前將軍
善撫諸第十一年卒贈侍中謚哀世子子元琳嗣梁武受
禪詔曰豫章王元琳故竟陵王昭胄子同齊氏宗國高武
嫡胤宜祚井邑以傳于後降封新淦侯
子廉弟子恪字景沖永明中以王子封南康縣侯年十二
和從兄司徒竟陵王子良高松賦衛軍王儉見而奇之建

武中為吳郡太守及大司馬王敬則於會稽反奉子恪為
名而子恪奔走未知所在始安王遙光勸上併誅高武諸
子孫於是並敕竟陵王昭胄等六十餘人入永福省令大
醫煑椒二斛并命辦數十具棺材謂舍人沈徽孚曰椒熟
則一時賜死期三更當殺之會上暫臥主書單景雋啓依
旨斃之徽孚堅執曰事須更審尒夕三更子恪徒跣奔至
建陽門上聞驚覺曰故當未賜諸侯命邪徽孚以荅上撫
牀曰遙光幾誤人事及見子恪顧問流涕諸侯悉賜供饌
以子恪為太子中庶子東昏即位為侍中中興二年為相
國諮議參軍梁天監元年降爵為子位司徒左長史子恪

與弟子範等嘗因事入謝梁武帝在文德殿引見謂曰夫
天下之寶本是公器苟無期運雖有項籍之力終亦敗亡
宋孝武為性猜忌兄弟粗有令名者無不因事鴆毒所為
唯景和至朝臣之中疑有天命而致害者枉濫相繼于時
雖疑卿祖無如之何如宋明帝本為庸常被免豈疑得全
又復我于時已年二歲彼豈知我應有今日當知有天命
者非人所害害亦不能得我初平建康城朝廷內外皆勸
我云時代革異物心須一宜行處分我于時依此而行誰
謂不可政言江左以來代謝必相誅戮此是傷於和氣國
祚例不靈長此是一義二者齊梁雖曰革代義異往時我

與卿兄弟宗屬未遠卿勿言兄弟是親人家兄弟自有周旋者不周旋者況五服之屬邪齊業之初亦是甘苦共嘗腹心在我卿兄弟年少理當不悉我與卿兄弟便是情同一家豈當都不念此作行路事此是二義且建武屠滅卿門我起義兵非惟自雪門恥亦是為卿兄弟報仇卿若能在建武永元之時撥亂反正我雖起樊鄧豈得不釋戈推奉我今為卿報仇且時代革異望卿兄弟盡節報我耳且我自藉喪亂代明帝家天下不取卿家天下昔劉子輿自稱成帝子光武言假使成帝更生天下亦不復可得況子輿乎梁初人勸我相誅滅者我荅之猶如向言若苟有天命

非我所殺若其無運何忽行此政是示無度量曹志親是魏武帝孫入事晉武為晉室忠臣此即卿事例卿是宗室情義異他方坦然相期小待自當知我寸心又文獻王時內齋直帳閹人趙叔祖天監初入臺為齋帥在壽光省武帝呼問曰汝比見北第諸郎不若見道我此意今日雖是華代情同一家但今盤石未立所以未得用諸郎非唯在我未宜我亦是欲使諸郎得安耳但閉門高枕後自當見我心叔祖即出具宣敕意子恪普通三年累遷都官尚書四年轉吏部大通二年出為吳郡太守卒官謚曰恭子子恪兄弟十六人並入梁有文學者子恪子質子顯子雲子暉子恪常謂所親曰文史之事諸弟備之矣不煩吾復牽率但退食自公無過足矣子恪亦涉學頗屬文隨棄其本故不傳文集子恪次弟子操封泉陵侯王侯出身官無定準素姓三公長子一人為員外郎建武中子操解褐為給事守自此齊末皆以為例永泰元年兄南康侯子恪為吳郡太守避王敬則難歸以子操為吳郡太守永元中為黃門郎子操弟子範字景則齊永明中封祁陽縣侯拜太子洗馬天監初降爵為子位司徒主簿丁所生母憂去職子範有孝性居喪以毀聞服闋累遷大司馬南平王從事中郎王愛文學士子範偏被恩遇常曰此宗室奇才也使製

千字文其辭甚美王命記室蔡遠注釋之自是府中文筆皆使具草後為臨賀王正德長史正德遷丹楊尹復為正德信威長史領尹丞歷官十餘年不出蕃府而諸弟並登顯列意不能平及是為到府牋曰上蕃首僚於茲再忝河南雌伏自此重叨老少異時盛衰殊日雖佩恩寵還羞年鬢子範少與弟子顯子雲才名略相比而風采容止不逮故宦途有優劣每讀漢書杜緩傳云六弟五人至大官唯中弟欽官不至最知名常吟諷之以況己也後為秘書監簡文即位召為光祿大夫加金章紫綬以逼賊不拜其年葬簡皇后使製哀策文理哀切帝謂武林侯蕭諮曰此段

莊陵蒿草零落唯哀冊尚有典刑敕賚米千石子範無居
宅寄卒於招提寺僧房賦平元帝追贈金紫光祿大夫謚
曰文前後文集三十卷子滂確並少有文章簡文在東宮
時嘗與邵陵王數諸蕭文士滂確並預焉滂位中軍宣城
王記室先子範卒確位司徒右長史魏平江陵入長安滂
弟乾字思惕容止雅正性恬簡善隸書得叔父子雲之法
九歲補國子周易生祭酒袁昂深敬重之仕梁為宣城王
諮議參軍陳武帝鎮南徐州引為司空從事中郎及受命
永定元年除給事黃門侍郎時熊曇朗在豫章周迪在臨
川留異在東陽陳寶應在建安共相連結閩中豪帥立柴

自保武帝患之令乾往諭以逆順謂曰昔陸賈南征趙他
歸順隨何奉使黥布來臣追想清風髣髴在目卿宜勉建
功名不煩更勞師旅乾至示以逆順所在款附其年就除
建安太守天嘉二年留異反陳寶應助之又資周迪兵糧
出寇臨川因逼建安乾單使臨郡不能守乃棄郡以避寶
應時閩中守宰並受寶應署置乾獨不屈徙居郊野及寶
應平都督章昭達以聞文帝甚嘉之超授五兵尚書卒謚
靜子

子顯字景陽子範弟也幼聰慧嶷偏愛之七歲封寧都縣
侯梁天監初降為子位太尉錄事參軍子顯身長八尺狀

皃甚雅好學工屬文嘗著鴻序賦尚書令沈約見而稱曰
可謂明道之高致蓋幽通之流也又採衆家後漢考正同
異為一家之書又啓撰齊史書成表奏詔付祕閣累遷邵
陵王友後除黃門郎中大通二年遷長兼侍中梁武帝雅
愛子顯才又嘉其容止吐納每御筵侍坐偏顧訪焉嘗從
容謂曰我造通史此書若成衆史可廢子顯對曰仲尼讚
易道黜八索述職方除九丘聖製符同復在茲日時以為
名對三年以本官領國子博士武帝製孝經義未列學官
子顯在職表置助教一人生十人又啓撰武帝集并普通
北伐記遷國子祭酒加侍中於學遞述武帝五經義遷吏

部尚書侍中如故子顯風神灑落雍容閑雅簡通賓客不
畏鬼神性愛山水為伐社文以見其志飲酒數斗頗負才
氣及掌選見九流賓客不與交言但舉扇一撝而已衣冠
竊恨然簡文素重其為人在東宮時每引與促宴子顯嘗
起更衣簡文謂坐客曰常聞異人間出今日始見知是蕭
尚書其見重如此出為吳興太守卒時年四十九詔贈侍
中中書令及請謚手敕曰恃才傲物宜謚曰驕子顯嘗為
自序其略云余為邵陵王友忝還京師遠思前比即楚之
唐宋梁之嚴鄒追尋平生頗好辭藻雖在名無成求心已
足若乃登高目極臨水送歸風動春朝月明秋夜早鴈初

鶯鬧花落葉有來斯應每不能已也且前代賈傅崔馬邯
鄲繆路之徒並以文章顯所以屢上歌頌自比古人天監
六年始預九日朝宴稠人廣坐獨受旨云今雲物甚美卿
將不斐然賦詩詩既成又降旨曰可謂才子余退謂人曰
一顧之恩非望而至遂方賈誼何如哉未易當也每有製
作特寡思功須其自來不以力構少來所為詩賦則鴻序
一作體兼衆製文備多方頗為好事所傳故虛聲易遠子
顯所著後漢書一百卷齊書六十卷普通北伐記五卷貴
儉傳三卷文集二十卷子序愷並少知名序太清中位中
庶子卒愷太子家令愷才學譽望時論以方其父簡文在

東宮早引接之時中庶子謝嘏出守建安於宣猷堂餞飲
並召時才賦詩同用十五劇韻愷詩先就其辭又美簡文
與湘東王令曰王筠本自舊手後進有蕭愷可稱信為才
子先是太學博士顧野王奉令撰玉篇簡文嫌其書詳略
未當以愷博學於文字尤善使更與學士刪改太清中卒
於侍中子顯弟子雲
子雲字景喬年十二齊建武四年封新浦縣侯自製拜章
便有文采梁天監初降爵為子及長勤學有文藻弱冠撰
晉書至年二十六書成百餘卷表奏之詔付祕閣子雲性
沈靜不樂仕進風神閑曠任性不羣頁月對賓客恒自裸

祖而兄弟不睦乃至吉凶不相弔問時論以此少之年三
十方起家為祕書郎遷太子舍人撰東宮新記奏之敕賜
束帛累遷丹楊郡丞湘東王繹為丹陽尹深相賞好如布
衣之交中大通三年為臨川內史在郡以和理稱人吏悅
之還除散騎常侍歷侍中國子祭酒梁初郊廟未革牲牷
樂辭皆沈約撰至是承用子雲啟宜改之敕荅曰此是主
者守株宜急改也仍使子雲撰定敕曰郊廟歌辭應須典
誥大語不得雜用子史文章淺言而沈約所撰亦多舛謬
子雲作成敕並施用子雲善草隸為時楷法自云善效鍾
元常王逸少而微變字體嘗荅敕云臣昔不能拔賞隨時

所貴規摹子敬多歷年所年二十六著晉史至二王列傳
欲作論草隸法言不盡意遂不能成略指論飛白一事而
已十許年始見敕旨論書一卷商略筆狀洞澈字體始變
子敬全範元常逮爾以來自覺功進其書迹雅為武帝所
重帝嘗論書曰筆力勁駿心手相應巧逾杜度美過崔寔
當與元常並驅爭先其見賞如此出為東陽太守百濟國
使人至建鄴求書逢子雲為郡維舟將發使人於渚次候
之望船三十許步行拜行前子雲遣問之荅曰侍中尺牘
之美遠流海外今日所求唯在名迹子雲乃為停船三日
書三十紙與之獲金貨數百萬性吝自外荅餉不書好紙

好事者重加賂遺以要其答太清元年復爲侍中國子祭酒二年侯景寇逼子雲逃入閩三年宮城失守奔晉陵餒卒于顯雲寺僧房年六十三所著晉書一百一十卷東宮新記二十卷子特字世達早知名亦善草隸時人比之衞恒衞瓘武帝嘗使特書及奏帝曰子敬之迹不及逸少蕭特之書遂逼於父位太子舍人海鹽令坐事免先子雲卒遺啓簡文求爲墓誌銘帝爲製銘焉

子雲弟子暉字景光少涉學亦有文才性恬靜寡嗜慾嘗預重雲殿聽制講三慧經退爲講賦奏之甚見賞卒於驃騎長史

列傳第三十二　南史四十二

齊高帝諸子下

李延壽

臨川獻王映字宣光高帝第三子也少而警悟美言笑善容止仕宋位給事黃門侍郎南兗州刺史留心吏事自下莫不肅然令行禁止高帝踐阼爲雍州刺史加都督封臨川王嘗致錢還都買物有獻計者於江陵買貨至都還換可得微有所增映笑曰我是賈客邪乃復求利後授都督揚州刺史蒞事聰敏府州曹局皆重足以奉禁令自宋彭城王義康以後未之有也永明元年爲侍中驃騎將軍五年即本號開府儀同三司七年薨映善騎射解聲律工左右書左右射應接賓客風韻韶靡及薨朝野莫不悼惜贈司空九子皆封侯長子子晉永元初爲侍中入梁爲高平太守第二子子游州陵侯爲黃門侍郎謀反兄弟並伏誅

長沙威王晃字宣明高帝第四子也少有武力爲高帝所愛昇明二年代兄映爲淮南宣城二郡太守晃便弓馬初沈攸之事起晃多從武容赫弈都街時人爲之語曰煥煥蕭四繖其年還西中郎將豫州刺史監三州諸軍事高帝踐阼晃每陳政事輙爲典籤所裁晃殺之上大怒手詔賜杖遷南徐州刺史加都督武帝爲皇太子拜武進陵於曲

阿後湖鬭隊使晃御馬軍上聞之又不悦臨崩以晃屬武
帝處以輦轂近蕃勿令遠出永明元年以晃為都督南徐
州刺史入為中書監時禁諸王畜仗在都下者唯置捉刀
左右四十人晃愛武飾罷徐州還私載數百人仗還都為
禁司所覺投之江中帝聞之大怒將糾以法豫章王嶷稽
首流涕曰晃罪誠不足宥陛下當憶先朝念白象白象晃
小字也上亦垂泣高帝大漸時戒武帝曰宋氏若骨肉不
相圖佗族豈得乘其弊汝深戒之故武帝終無異意然晃
亦不見親寵當時論者以武帝優於魏文減於漢明後拜
車騎將軍侍中薨贈開府儀同三司武帝嘗幸鍾山晃從

駕以馬矟刺道邊枯蘖上令左右數人引之銀纏皆卷聚
而矟不出乃令晃復馳馬拔之應手便去每遠州獻駿馬
上輒令晃於華林中調試之高帝常曰此我家任城也武
帝緣此意故謚曰威

武陵昭王曅字宣昭高帝第五子也母羅氏從高帝在淮
陰以罪誅曅年四歲思慕不異成人每慟吐血高帝敕武
帝曰三昧至性如此恐不濟汝可與共住每抑割之三昧
曅小字也故曅見愛高帝雖為方伯而居處甚貧諸子學
書無紙筆曅常以指畫空中及畫掌學字遂工篆法少時
又無棊局乃破荻為片縱横以為棊局指點行勢遂至名

品性剛穎儁出與諸王共作短句詩學謝靈運體以呈高
帝帝報曰見汝二十字諸兒作中最為優者但康樂放蕩
作體不辯有首尾安仁士衡深可宗尚顏延之抑其次也
建元二年為會稽太守加都督上遣儒士劉瓛往郡為曅
講五經武帝即位歷中書令祠部尚書巫覡或言曅有非
常之相以此自負武帝聞之故無寵未嘗處方岳於御坐
曲宴醉伏地貂抄肉柈帝笑曰汙貂對曰陛下愛其羽毛
而踈其骨肉帝不悦性輕財重義有古人風罷會稽還都
齋中錢不滿萬俸祿所入皆與參佐賓僚共之常曰兒作
天子何畏弟無錢居止附身所須而已名後堂山為首陽

蓋怨貧薄也嘗於武帝前與竟陵王子良圍棊子良大北
及退豫章文獻王謂曅曰汝與司徒手談故當小相推讓
荅曰曅立身以來未嘗一口妄語執心踈婞偏不知悔好
文章射為當時獨絶瑯邪王瞻亦稱善射而不及曅也武
帝幸豫章王嶷東田宴諸長王獨不召曅嶷曰風景殊美
今日甚憶武陵上仍呼使射屢發命中顧四坐曰手何如
上神色甚怪嶷曰阿五常日不爾今可謂仰藉天威帝意
乃釋後於華林射賭凡六箭五破一皮賜錢五萬文又上
舉酒勸曅曰陛下常不以此處許臣上回面不荅豫章王
於邸起土山列種桐竹號為桐山武帝幸之置酒為樂顧

臨川王映王邸亦有嘉名不映曰臣好栖静因以為稱又
問曅曅曰臣山甲不曾栖靈昭景唯有薇蕨直號首陽山
帝曰此直勞者之歌也父之出為江州刺史上以曅方出
鎮求其宅給諸皇子遣舍人喻旨曅曰先帝賜臣此宅使
臣歌哭有所陛下欲以州易宅臣請不以宅易州帝恨之
至鎮百餘日典籤趙渥之啓曅得失徵還為左户尚書遷
太常御累不得志冬節問訊諸王皆出曅獨後來上已還
便殿聞曅至引見問之曅稱牛羸不能取路上敕車府給
副御牛一頭敕主客自今諸王來不隨例者不復為通公
事還過竟陵王子良宅冬月道逢乞人脫襦與之子良見

曅衣單進襦於曅曅曰我與向人亦復何異尚書令王儉
詣曅曅留儉設食盤中菘菜鮑魚而已儉重其率真為飽
食盡歡而去尋為丹楊尹始不復置行事自得親政轉侍
中護軍將軍給油絡車及給扶二人武帝臨崩遺詔為衛
將軍開府儀同三司大行在殯竟陵王子良在殿內太孫
未至衆論喧疑曅衆中言曰若立長則應在我立嫡則應
立太孫及鬱林立甚見馮賴隆昌元年薨贈司空班劒二
十人

安成恭王暠字宣曜高帝第六子也性清和多疾歷位南
中郎將江州刺史侍中領步兵校尉中書令永明元年為
散騎常侍秘書監領石頭戍事及長薨

鄱陽王鏘字宣韶高帝第七子也建元末武帝即位為雍
州刺史加都督武帝服除鏘方還始入覲拜使流涕武帝
愕然問其故鏘收淚曰臣違奉彌年今奉顏色聖顏損瘦
所以泣耳武帝歎曰我後是有此一弟累遷丹楊尹永明
十年為領軍將軍鏘和悌美令性謙慎好文章有寵於武
帝領軍之授齊室諸王所未為鏘在官理事無擁當時稱
之車駕游幸常甲仗衛從恩待次豫章王嶷其年給油絡
車隆昌元年轉尚書左僕射遷侍中驃騎將軍開府儀同
三司領兵置佐鏘雍容得物情為鬱林依信鬱林心疑明

帝諸王問訊獨留鏘謂曰聞鸞於法身何如鏘曰臣鸞於
宗戚最長且受寄先帝臣等年皆尚少朝廷之幹唯鸞一
人願陛下無以為慮鬱林退謂徐龍駒曰我欲與公共計
取鸞公既不同我不能獨辦且復小聽及鬱林廢鏘竟不
知延興元年進位司徒侍中如故明帝鎮東府權威稍異
鏘每往明帝屣履至車迎鏘語及家國言淚俱下鏘以此
推信之而宮臺內皆屬意於鏘勸令入宮發兵輔政制局
監謝粲說鏘及隨王子隆曰殿下但乘油壁車入宮出天
子置朝堂二王夾輔號令粲等閉城門上仗誰敢不同宣
城公政當投井求活豈有一步動哉東城人政共縛送耳

子隆欲定計鏘以上臺兵力既悉度東府且慮難捷意甚猶豫馬隊主劉巨武帝時舊人詣鏘請間叩頭勸鏘立事鏘命駕將入復回還内與母陸太妃別日暮不成行典籤知謀告之數日明帝遣二千人圍鏘宅害鏘謝粲等皆見殺凡諸王被害皆以夜遣兵圍宅或斧斫關排牆叫噪而入家財皆見封籍焉

桂陽王鑠字宣朗高帝第八子也永明七年為中書令加散騎常侍時鄱陽王鏘好文章鑠好名理人稱為鄱桂鑠清羸有冷疾常枕臥武帝臨視賜牀帳衾褥性理偏詖遇其賞興則詩酒連日情有所廢則兄弟不通隆昌元年加

前將軍給油絡車并給扶二人鄱陽王見害鑠遷中軍將軍開府儀同三司不自安至東府見明帝及出處分存亡之計謂侍讀山悰曰吾前日覲王王流涕嗚咽而鄱陽隨郡見誅今日見王王又流涕而有愧色其在吾邪其夜三更中兵至見害

始興簡王鑑字宣徹高帝第十子也性聰警年八歲喪所生母號慕過人數日中便至骨立豫章文獻王聞之撫其首嗚咽謂高帝曰此兒操行異人恐其不濟高帝亦悲不自勝初封廣興郡王袁彖時為秘書丞早有令譽高帝盛重鑑乃以彖為友後改封始興自晉以來益州刺史皆以

良將為之宋泰始中益州市橋忽生小洲道士邵碩見之曰當有貴臨州劉亮為刺史齋前石榴樹陵冬生華亮以問碩碩曰此謂狂華宋諸劉滅亡之象後二年君當終後九載宋當滅滅後有王勝意來作此州爾時蜀土平碩始康人元徽二年忽告人云吾命終因卧而死後人見碩在荊州上明以一隻故屩縛左脚而行甚疾遂不知所之永明二年武帝不復用諸將為益州始以鑑為益州刺史督益寧二州軍事加鼓吹一部勝意反語為始興碩言於此乃驗先是劫帥韓武方常聚黨千餘人斷流為暴郡縣不能禁行旅斷絕鑑行至上明武方乃出降長史虞悰

等咸請殺之鑑曰武方為暴積年所在不能制今降而被殺失信且無以勸善於是啓臺果被宥自是巴西蠻夷凶惡皆望風降附行次新城道路籍籍云陳顯達大選士馬不肯就徵巴西太守陰智伯亦以為然乃停新城十許日遣典籤張曇皙往觀形勢俄而顯達遣使人郭安明朱公恩奉書貢遺咸勸鑑執之鑑曰顯達立節本朝必自無此曇皙還若有同異執安明等未晚居二日曇皙還說顯達遣家累已出城日夕望殿下至於是乃前時年十四好學善屬文不重華飾器服清素有高士風與記室參軍蔡仲熊登張儀樓商略先言往行及蜀土人物鑑言辭和辯仲

能應對無滯當時以為盛事州城北門常閉不開鑑問其故於寔悰悰荅曰蜀中多夷暴有時抄掠至城下故相承閉之鑑曰古人云善閉無關揵且在德不在門即令開之戎夷慕義自是清謐於州園地得古冢無復棺但有石槨銅器十餘種並古形玉璧三枚珍寶甚多不可皆識金銀為蠶蛇形者數斗又以朱沙為阜水銀為池左右咸勸取之鑑曰皇太子昔在雍有發古冢者得玉鏡玉屏風玉匣之屬皆將還都吾意常不同乃遣功曹何佇為之起墳諸寶物一不得犯性甚清在蜀積年未嘗有所營造資用一歲不滿三萬王儉常歎云始與王雖尊貴而行履都是素

士時有廣漢什邡人段祖以淳于獻鑑古禮器也高三尺六寸六分圍三尺四寸圓如筩銅色黑如漆甚薄上有銅馬以繩縣馬令去地尺餘灌之以水又以器盛水於下以芒莖當心跪注淳于以手振芒則聲如雷清響良久乃絕古所以節樂也五年鑑獻龍用一枚長九尺三寸色紅有文九年為散騎常侍秘書監領石頭戍事上以與鑑久別車駕幸石頭宴會賞賜尋遷左衛將軍未拜遇疾上為南康王子琳起青楊巷第新成車駕與後宮幸第樂飲其日鑑疾上遣騎詔問疾相繼為之止樂尋薨

江夏王鋒字宣穎高帝第十二子也母張氏有容德宋蒼梧王逼取之又欲害鋒高帝甚懼不敢使居舊宅匿於張氏舍時年四歲性方整好學書張家無紙札乃倚井欄為書書滿則洗之已復更書如此者累月又晨興不肯拂窻塵而先畫塵上學為書字五歲高帝使學鳳尾諾一學即工高帝大悅以玉騏驎賜之曰騏驎賞鳳尾矣至十歲便能屬文武帝時藩邸嚴急諸王不得讀異書五經之外唯得看孝子圖而已鋒乃密遣人於市里街巷買圖籍朞月之間殆將備矣好琴書蓋亦天性嘗觀武帝賜以寶裝琴仍於御前鼓之大見賞帝謂鄱陽王鏘曰闍棃琴亦是柳令之流亞其既事事有意吾欲試以臨人鏘曰昔鄒忌鼓

琴威王委以國政乃出為南徐州刺史善與人交行事王文和別駕江祏等皆相友善後文和被徵為益州置酒告別文和流涕曰下官少來未嘗作詩今日違戀不覺文生於性王儉聞之曰江夏可謂善變素絲也工書為當時蕃王所推南郡王昭業亦稱工謂武帝曰臣書固應勝江夏王武帝荅闍棃第一法身第二法身昭業小名闍棃鋒小名也隆昌元年為侍中領驍騎將軍尋加秘書監及明帝知權蕃邸危懼江祏嘗謂王晏曰江夏王有才行亦善能匿迹以琴道授羊景之景之著名而江夏掩能於世非唯七絃而已百氏亦復如之鋒聞歎曰江祏遂復為混沌書

眉欲益反弊耳寡人聲酒是耽狗馬是好豈復一豪於平生哉當時以為話言常忽忽不樂著脩栢賦以見志曰既殊羣而杭立亦含貞而挺正豈春日之自芳在霜下而為盛衝風不能摧其枝積雪不能改其性雖坎壈於當年庶後凋之可詠時鼎業潛移鏘獨慨然有匡復之意逼之行事典籤故不遂也嘗見明帝言次及遙光才力可委之意鏘答曰遙光之於殿下猶殿下之於高皇衛宗廟安社稷實有攸寄明帝失色鏘有武力明帝殺諸王鏘與書詰責左右不為通明帝深憚之不敢於第收之鏘出登車兵人欲上車防勤鏘以手擊却數人皆應時倒地遂逼害之江

斅聞其死流涕曰芳蘭當門不得不鋤其脩栢之賦乎

南平王銳字宣毅高帝第十五子也位左戶尚書朝直勤謹未嘗屬疾永明七年出為南中郎將湘州刺史延興元年明帝作輔害諸王遣裴叔業平尋陽仍進湘州銳防閤周伯玉大言於衆曰此非天子意今斬叔業舉兵匡社稷誰敢不同銳典籤叱左右斬之銳見害伯玉下獄誅

宜都王鏗字宣儼高帝第十六子也生三歲喪母及有識問母所在左右告以早亡便思慕蔬食自悲不識母常祈請幽冥求一夢見至六歲遂夢見一女人云是其母鏗悲泣向舊左右說容貌衣服事皆如平生聞者莫不歔欷清悟有學行永明十一年為南豫州刺史都督二州軍事雖未經庶務而雅得人心舉動每為籤帥所制立意多不得行州鎮姑孰于時人發桓溫女冢得金巾箱織金篾為嚴器又有金蠶銀繭等物甚多條以啓聞鬱林敕以物賜之鏗曰今取往物後取今物如此循環豈可熟念使長史蔡約自往脩復纖毫不犯年十歲時與吉景曜商略先言往行左右誤排楜癬屏風倒壓其背顏色不異言談無輟亦不顧視彌善射常以堋的太闊曰終日射侯何難之有乃取甘蔗插地百步射之十發十中永明中制諸王年未三十不得畜妾及武帝晏駕後有勸取左右者鏗曰在內不

無使役既先朝遺旨何忍而違及延興元年明帝誅高武文惠諸子鏗聞之馮左右從容雅步詠陸機弔魏武云昔以四海為己任死則以愛子託人如此者三左右皆泣後果遣呂文顯齎藥往夜進聽事王逢入閤齋鏗上高坐謂文顯曰高皇昔寵任君何事乃有今日之行答云出不獲已於是仰藥時年十八身長七尺鏗狀似兄嶷咸以國器許之及死有識者莫不痛惜初鏗出閤時年七歲陶弘景為侍讀八九年中甚相接遇後弘景隱山忽夢鏗來慘然言別云其日命過無罪後三年當生某家弘景訪以幽中事多祕不出覺後即遣信出都參訪果與事符同弘景因

蕭齊記云
晉熙王銶字宣攸高帝第十八子也隆昌元年位郢州刺史延興元年見害

河東王鉉字宣徹高帝第十九子也母張氏有寵於高帝鉉又最幼尤所留心高帝臨崩以屬武帝武帝甚加意焉為納柳世隆女為妃武帝與群臣看新婦流涕不自勝豫章王嶷亦哽咽及明帝誅高帝諸子以鉉高帝所愛亦以才弱年幼故得全初鉉年十三四歲高帝嘗晝卧縷髮鉉上高帝腹上弄繩高帝因以繩賜鉉及崩後鉉以寶函盛繩歲時輒開視流涕嗚咽人才甚凡而有此一至建武中高武子孫憂疑鉉朝見常鞠躬俯僂不敢正行直視尋遷侍中衛將軍鉉年稍長四年誅王晏以謀立鉉為名鉉免官以王還第禁不得與外人交通永泰元年明帝暴疾甚乃見害閫收至欣然曰死生命也終不歎建安乞為奴而不得仰藥而卒鉉二子在孩抱亦見殺

論曰豫章文獻王珪璋之質夙表天姿行己所安率由忠敬雖代宗之議早隆皇矚而天倫之愛無虧永明故知為仁由己不虛言也自宋受晉終馬氏遂為廢姓齊受宋禪劉宗盡見誅夷梁武革齊弗取前轍子恪兄弟並皆錄用雖見梁武之弘裕亦表文獻之餘慶昔陳思表云權之所存雖疏必重勢之所去雖親必輕原夫此言實存固本然就國之典既隨代革卿士入朝作貴蕃輔皇王託體同稟尊極仕無常資秩有恒數禮地兼隆易生推擬武帝顧命情深尊嫡密圖遠筭意在求安以明帝同起布衣用存顧託遂翦末命於近戚寄重任於疏親以為子弟布列外有強大之固支庶中立可息覬覦之謀表裏相維洊隆家國曾不慮機能遠衡權可制衆宗族殲滅一至于斯曹植之言遠有致矣

列傳第三十三

南史四十三

齊武帝諸子　文惠諸子

明帝諸子　李　延壽

武帝二十三男穆皇后生文惠太子竟陵文宣王子良張淑妃生廬陵王子卿魚復侯子響周淑儀生安陸王子敬建安王子真阮淑媛生晉安王子懋衡陽王子峻王淑儀生隨郡王子隆蔡婕妤生西陽王子明樂容華生南海王子罕傅充華生巴陵王子倫謝昭儀生邵陵王子貞江淑儀生臨賀王子岳庾昭容生西陽王子文荀昭華生南康

王子琳顏婕妤生永陽王子珉宮人謝生湘東王子建何充華生南郡王子夏第六第十二第十五第二十二皇子早亡子珉繼衡陽元王後

文惠皇太子長懋字雲喬小字白澤武帝長子也武帝年未弱冠而生太子姿容豐美為高帝所愛宋元徽末除秘書郎不拜板輔國將軍遷晉熙王撫軍主簿事寧武帝遣太子還都高帝方創霸業心存嫡嗣謂太子曰汝還吾事辦矣處之府東齋令通文武賓客謂荀伯玉曰我出行日城中軍悉受長懋節度我雖不行內外直防及諸門甲兵悉令長懋時履行轉秘書丞以與宣帝諱同不就歷中

書黃門侍郎昇明三年高帝將受禪以襄陽兵馬重鎮不欲處佗族出太子為雍州刺史加都督北中郎將寧蠻校尉建元元年封南郡王江左嫡皇孫封王始自此也先是梁州刺史范柏年頗著威名沈攸之事起候望形勢事平朝廷遣王玄邈代之玄邈已至柏年遲回魏興不肯下太子慮其為變乃遣說之許啓為府長史及至襄陽因執誅之二年徵為侍中中軍將軍置府鎮石頭穆妃薨成服日車駕出臨喪朝議疑太子應出門迎左僕射王儉曰尋禮記服問君所主夫人妻太子嫡婦言國君為此三人為主喪也今鑾輿臨降自以主喪而至雖因事撫慰義不在弔

南郡以下不應出門奉迎但尊極所臨禮有變革權去杖絰移立戶外足表情敬無煩止哭皇太子既一宮之主自應以車駕幸宮依常奉候既當成服之日吉凶不相干宜以衰幘行事望拜止哭率由舊章每駕不以臨弔奉迎則惟常體求之情禮如為可安又其年九月有閏小祥疑應計閏儉又議以為三百六旬尚書明義文公納幣春秋致譏故先儒碁喪歲數沒閏大功以下月數數閏所以具商云含閏以正碁允協情理沒閏之理固在言先並從之武帝即位為皇太子初高帝好左氏春秋太子承旨諷誦以為口實及正位東儲善立名尚解聲律工射飲酒至數斗

而未嘗舉杯從容有風儀音韻和辯引接朝士人人自以
為得意文武士多所招集會稽虞炎濟陽范岫汝南周顒
陳郡袁廓並以學行才能應對左右而武人略陽垣歷生
襄陽蔡道貴拳勇秀出當時以比關羽張飛其餘安定梁
天惠平原劉孝慶河東王世興趙郡李居士襄陽黃嗣祖
魚文康絢之徒並為後來名將永明三年於崇正殿講孝
經少傅王儉令太子僕周顒撰為義疏五年冬太子臨國
學親臨策試諸生於坐問少傅王儉曲禮云無不敬義儉
及竟陵王子良等各有酬荅太子又以此義問諸學生謝
幾卿等一十人並以筆對太子問王儉周易乾卦本施天

位而說卦云帝出乎震震本非天義豈當相主儉曰乾健
震動天以運為德故言帝出乎震儉又諮太子孝經仲尼
居曾子侍義臨川王映諮孝為德本義太子並應機酬荅
甚有條貫明年上將訖丹楊所領因為南北二百里內獄
詔太子於玄圃園宣猷堂錄三署囚原宥各有差上晚年
好游宴尚書曹事亦分送太子省視太子與竟陵王子良
俱好釋氏立六疾館以養窮人而性頗奢麗宮內殿堂皆
雕飾精綺過於上宮開拓玄圃園與臺城北塹等其中起
出土山池閣樓觀塔宇窮奇極麗費以千萬多聚異石妙
極山水慮上宮中望見乃傍列脩竹外施高鄣造游觀數

百間施諸機巧宜須鄣蔽須臾成立若應毀撤應手遷徙
製珍玩之物織孔雀毛為裘光采金翠過於雉頭遠矣以
晉明帝為太子時立西池乃啓武帝引前例求於東田起
小苑上許之永明中二宮兵力全實太子使宮中將吏更
番築役營城包巷制度之盛觀者傾都上性雖嚴太子所
為無敢啓者後上幸豫章王宅還過太子東田見其彌亘
華遠壯麗極目於是大怒收監作主帥太子懼皆藏之由
是見責太子素羸體又過壯常在宮內簡於遨遊玩弄羽
儀多所僭擬雖咫尺宮禁而上終不知又使徐文景造輦
及乘輿御物虎賁雲罕之屬上嘗幸東宮忽忽不暇藏輦

文景乃以佛像內輦中故上不疑文景父陶仁時為給事
中謂文景曰終當滅門政當掃墓待喪耳乃移家避之其
後文景竟賜死陶仁遂不哭時人以為有古人風十年豫
章王嶷薨太子見上友于既至造碑文奏之未及鐫勒十
一年春正月太子有疾上自臨視有憂色疾篤上表告辭
薨于東宮崇明殿時年三十六太子年始過立久在儲宮
得參政事內外百姓私咸謂旦暮繼體及薨朝野驚惋焉
上幸東宮上臨哭盡哀詔斂以衮冕之服諡曰文惠葬崇
安陵有司奏御服朞朝臣齊衰三月南郡國臣齊衰朞臨
汝曲江國臣並不服六宮不從服武帝履行東宮見太子

服玩過制大怒敕有司隨事毀除以東田殿堂處為崇虛館鬱林立追尊為文帝廟稱世宗初太子惡明帝密謂竟陵王子良曰我意色中殊不悅此人當由其福德薄所致子良便苦救解後明帝立果大相誅害

竟陵文宣王子良字雲英武帝第二子也幼聰敏武帝為贛縣時與裴后不諧遣人船送后還都已登路子良時年小在庭前不悅帝謂曰汝何不讀書子良曰孃今何處何用讀書帝異之即召后還縣仕宋為邵陵王友時宋道衰謝諸王微弱故不廢此官昇明三年為會稽太守都督五郡封聞喜公宋元嘉中皆責成郡縣孝武後徵求急速以

郡縣遲緩始遣臺使自此公役勞擾高帝踐祚子良陳之請息其弊子良敦義愛古郡人朱百年有至行先卒賜其妻米百斛蠲一人給其薪蘇郡閣下有虞翻舊牀罷任還乃致以歸後於西邸起古齋多聚古人器服以充之夏禹廟盛有禱祀子良曰禹泣辜表仁菲食旌約服玩果粽足以致誠使歲獻扇簟而已時有山陰人孔平詣子良訟嫂市米負錢不還子良歎曰昔高文通與寡嫂訟田義異於此乃賜米錢以償平建元二年穆妃薨去官仍為丹楊尹開私倉振屬縣貧人先是太妃以七月薨子良以八月奉凶問及小祥疑南郡王應相待尚書左僕射王儉議以為

禮有倫序義無徒設如令遠則不待近必相須禮例既乖即心無取若疑兄弟同居吉凶舛雜則遠還之子自應開立別門以終喪事靈筵祭奠隨在家之人再朞而毀庶子在家亦不待嫡而況儲妃正體王室中軍長嫡之重天朝又行權制進退彌復非疑謂應不相待中軍練縞之日聞喜致哀而已不受弔慰至聞喜變除昆弟亦宜相就寫情不對客從之武帝即位封竟陵郡王南徐州刺史加都督永明二年為護軍將軍兼司徒四年進號車騎將軍子良少有清向禮才好士居不疑之地傾意賓客天下才學皆游集焉善立勝事夏月客至為設瓜飲及甘果著之文教

士子文章及朝貴辭翰皆發教撰録是時上新視政水旱不時子良密啓請原除逋租又陳寬刑息役輕賦省徭并陳泉鑄歲遠類多翦鑿江東大錢十不一在公家所受必須輪郭遂買本一千加子七百求請無地捶革相驅尋完者為用既不兼兩回復遷貿會非委積徒令小人每嬰困苦且錢布相半為制永久或聞長宰須令輸直進違舊科退容姦利五年正位司徒給班劍二十人侍中如故移居雞籠山西邸集學士抄五經百家依皇覽例為四部要略千卷招致名僧講論佛法造經唄新聲道俗之盛江左未有武帝好射雉子良啓諫先是左衛殿中將軍邯鄲超上

書諫射雉武帝為止久之超竟被誅永明末上將復射雉子良復諫前後所陳上雖不盡納而深見寵愛又與文惠太子同好釋氏甚相友悌子良敬信尤篤數於邸園營齋戒大集朝臣衆僧至賦食行水或躬親其事世頗以為失宰相體勸人為善未嘗厭倦以此終致盛名八年給三望車九年都下大水吳興偏劇子良開倉振救貧病不能立者於第北立廨收養給衣及藥十年領尚書令揚州刺史本官如故尋解尚書令加中書監文惠太子薨武帝檢行東宮見太子服御羽儀多過制度上大怒以子良與太子善不啓聞頗加嫌責武帝不豫詔子良甲仗入延昌殿侍

醫藥子良啓進沙門於殿戶前誦經武帝為感夢見優曇鉢花子良案佛經宣旨使御府以銅為花插御牀四角日夜在殿內太孫間日入參武帝暴漸內外惶懼百僚皆已變服物議疑立子良俄頃而蘇問太孫所在因召東宮器甲皆入遺詔使子良輔政明帝知尚書事子良素仁厚不樂時務乃推明帝詔云事無大小悉與鸞參懷子良所志也太孫少養於子良妃袁氏甚著慈愛既懼前不得立自此深忌子良大行出太極殿子良居中書省帝使虎賁中郎將潘敞二百人仗屯太極西階之下成服後諸王皆出子良乞停至山陵不許進位太傅增班劍為三十人本官

如故解侍中隆昌元年加殊禮劍履上殿入朝不趨贊拜不名進督南徐州其年疾篤謂左右曰門外應有異遣人視見淮中魚無筭皆浮出水上向城門尋薨年三十五帝常慮子良異志及薨甚悅詔給東園溫明祕器斂以袞冕之服東府施喪位大鴻臚持節監護太官朝夕送祭又詔追崇假黃鉞侍中都督中外諸軍事太宰領大將軍揚州牧綠綟綬備九服錫命之禮使持節中書監王如故給九旒鸞輅黃屋左纛轀輬車前後部羽葆鼓吹挽歌二部虎賁班劍百人葬禮依晉安平王孚故事初豫章王嶷葬金牛山文惠太子葬夾石子良臨送望祖硎山悲感歎曰北

瞻吾叔前望吾兄死而有知請葬兹地及薨遂葬焉所著內外文筆數十卷雖無文采多是勸戒子良既亡故人皆來奔赴陸惠曉於邸門逢袁彖問之曰近者云云定復何謂王融見殺而魏準破膽道路籍籍又云竟陵不永天年有之乎答曰齊氏微弱已數年矣爪牙柱石之臣都盡命之所餘政風流名士耳若不立長君無以鎮安四海王融雖為身計實安社稷恨其不能斷事以至於此道路之談自為虛說耳蒼生方塗炭矣政當瀝耳聽之建武中故吏范雲上表為子良立碑事不行子昭胄嗣

昭胄字景胤泛涉書史有父風位太常以封境邊魏永元

元年改封巴陵王先是王敬則事起南康侯子恪在吴郡明帝慮有同異召諸王侯入宮晉安王寶義及江陵公寶覽住中書省高武諸孫住西省敕人各兩左右自隨過此依軍法孩抱者乳母隨入其夜並將加害賴子恪至乃免自建武以來高武王侯居常震怖朝不保夕至是尤甚及陳顯達起事王侯復入宮昭冑懲往時之懼與弟永新侯昭穎逃奔江西變形為道人崔慧景舉兵昭冑兄弟出投之慧景敗昭冑兄弟首出投臺軍主胡松各以王侯還第不自安謀為身計子良故防閤桑偃為梅蟲兒軍副結前巴西太守蕭寅謀立昭冑昭冑許事剋用寅為尚書左僕

射護軍以寅有部曲大事皆委之時胡松領軍在新亭寅遣人說之松許諾又張欣泰嘗為雍州亦有部曲昭冑又遣房天寶以謀告之欣泰聞命響應蕭寅左右華永達知其謀以告御刀朱光尚光尚挾左道以惑東昏因謂東昏曰昨見蔣王云巴陵王在外結黨欲反須官出行仍從萬春門入事不可量時東昏日游走聞此說大懼不復出四十餘日偃等議募健兒百餘人從萬春門入突取之昭冑以為不可偃同黨王山沙慮事久無成以事告御刀徐僧重寅遣人殺山沙於路吏於麝幐中得其事迹昭冑兄弟與同黨皆伏誅梁受禪降封昭冑子同為監利侯同弟賁字文奧形不滿六尺神識耿介幼好學有文才能書善畫於扇上圖山水咫尺之內便覺萬里為遥矜慎不傳自娛而已好著述嘗著西京雜記六十卷起家湘東王法曹參軍得一府歡心及亂王為檄賁讀至偃師南望無復儲胥露寒河陽北臨或有穹廬氈帳迺曰聖製此句非為過似如體目朝廷非關序賊王聞之大怒收付獄遂以餓終又追戮賁尸乃著懷舊傳以謗之極言誣毀

廬陵王子卿字雲長武帝第三子也建元元年封臨汝郡公武帝即位為郢州刺史加都督子卿諸子中無德又與魚復侯子響同生故無寵徙都督荆州刺史始興王為益

州子卿解督子卿在鎮營造服飾多違制度作瑇瑁乘具詔責之令速送都又作銀鐙金薄裹箭脚亦使速壞去凡諸服章自今不啓專輒作者當得痛杖又曰汝比令讀學今年轉成長學既勿得救如風過耳使吾失氣永明十年為都督南豫州刺史之鎮道中戲部伍為水軍上聞大怒殺其典籤遣宜都王鏗代之子卿還第至崩不與相見隆昌元年為衛將軍開府儀同三司置兵佐鄱陽王鏘見害以子卿代為司徒所居屋梁柱際血出溜于地旬日而見殺

魚復侯子響字雲音武帝第四子也豫章王嶷無子養子響後嶷有子表留為嫡武帝即位為南彭城臨淮二郡太

守子響膂力絕人開弓四斛力數在園池中帖騎馳走竹樹下身無虧傷既出繼車服異諸王每入朝輒忿拳打車壁武帝知之令車服與皇子同永明六年有司奏子響宜還本乃封巴東郡王七年為都督荊州刺史直閤將軍董蠻粗有氣力子響要與同行蠻曰殿下癲如雷敢相隨邪子響笑曰君敢出此語亦復奇癲上聞而不悅曰人名蠻復何容得蘊藉乃改名為仲舒謂曰今日仲舒何如昔日仲舒答曰昔日仲舒出自私庭今日仲舒降自天帝以此言之勝昔遠矣上稱善子響少好武帶仗左右六十人皆有膽幹數在內齋殺牛置酒與之聚樂令私作錦袍絳襖

欲餉蠻交易器仗長史劉寅等連名密啓上敕精檢寅等懼欲祕之子響聞臺使不見敕乃召寅及司馬席恭穆諮議參軍江悆殷曇粲中兵參軍周彥典籤吳脩之王賢宗魏景深等俱入於琴臺下併斬之上聞之怒遣衛尉胡諧之游擊將軍尹略中書舍人茹法亮領羽林三千人撿捕羣小敕子響若束首自歸可全其性命諧之等至江津築城燕尾洲子響白服登城頻遣信與相聞曰天下豈有兒反身不作賊直是麤疎今便單舸還闕何築城見捉邪尹略獨答曰誰將汝反父人共語子響聞之唯灑泣又送牛數十頭酒二百石果饌三十輿略棄之江流子響膽力之士王衝天不勝忿乃率黨度洲攻壘斬略而諧之法亮單艇奔逸上又遣丹楊尹蕭順之領兵繼之子響即日將白衣左右三十人乘舴艋中流下都初順之將發文惠太子素忌子響密遣不許還令便為之所子響及見順之欲自申明順之不許於射堂縊之有司奏絕子響屬籍賜為蛸氏子響密作啓數紙藏妃王氏裙腰中具自申明云輕舸還闕不得此苦之深唯願矜憐無使竹帛齊有反父之子父有害子之名及順之還上心甚怪恨百日於華林為子響作齋上自行香對諸朝士嚬蹙及見順之嗚咽移時左右莫不掩涕他日出景陽山見一猨透擲悲鳴問後堂丞

此猨何意答曰猨子前日墮崖致死其母求之不見故爾上因憶子響歔欷良久不自勝順之慚懼感病遂以憂卒於是豫章王嶷上表曰故庶人蛸子響識懷靡樹見淪不逞肆憤一朝取陷凶德身膏草野未云塞釁但歸罪司戮迷而知返撫事惟往載傷心目伏願一下天矜使得旋窆餘麓豈伊窮骸被德實且天下歸仁上不許貶為魚復侯

安陸王子敬字雲端武帝第五子也初封應城縣公先是子敬所生早亡帝命貴妃范氏母養之而子及婦服制禮無明文永明中尚書令王儉議孫為慈孫婦為慈婦姑為慈姑宜制朞年服從之十年位散騎常侍撫軍將軍丹揚

尹十一年加車騎將軍隆昌元年遷都督南兖州刺史延
興元年加侍中明帝除諸蕃王遣中護軍王玄邈征九江
王廣之襲殺子敬初子敬為武帝所留心帝不豫有意立
子敬為太子代太孫子敬與太孫俱入參畢同出武帝目
送子敬良久曰阿五鈍由此代換之意乃息
晉安王子懋字雲昌武帝第七子也諸子中最為清恬有
意思廉讓好學年七歲時母阮淑媛嘗病危篤請僧行道
有獻蓮華供佛者衆僧以銅甖盛水漬其莖欲華不萎子
懋流涕禮佛曰若使阿姨因此和勝願諸佛令華竟齋不
萎七日齋畢華更鮮紅視甖中稍有根鬚當世稱其孝感

永明五年為南兖州刺史監五州軍事六年徙監湘州刺
史八年撰春秋例苑三十卷奏之武帝敕付祕閣十一年
為都督雍州刺史給鼓吹一部豫章王嶷服未畢上以邊
州須威望許得奏之啓求所好書武帝曰知汝常以書讀
在心足為深欣賜以杜預手所定左傳及古今善言隆昌
元年為征南大將軍江州刺史敕留西楚部曲助鎮襄陽
單將白直俠轂自隨陳顯達時屯襄陽入別子懋謂之曰
朝廷命身單身而反身是天王豈可過爾輕率今欲將二
三千人自隨公意何如顯達曰殿下若不留部曲便是大
違敕旨顯達因辭出便發去子懋計未立還鎮尋陽延興

元年加侍中聞鄱陽隨郡二王見殺欲起兵赴難與參軍
周英防閤陸超之議傳檄荊郢入討君側事成則宗廟獲
安不成猶為義鬼防閤董僧慧攘袂曰此州雖小孝武亦
其用之今以勤王之師横長江指北闕以請鬱林之過誰
能對之於是部分兵將入匡社稷母阮在都遣書欲密迎
上阮報同産弟于瑶之為計瑶之馳告明帝於是纂嚴遣
中護軍王玄邈平西將軍王廣之南北討使軍主裴叔業
與瑶之先襲尋陽聲云為郢府司馬子懋知之遣三百人
守盆城叔業泝流直上襲盆城子懋先已具船於稽亭渚
聞叔業得盆城乃據州自衛子懋部曲多雍土人皆勇躍

願奮叔業畏之遣于瑶之說子懋曰今還都必無過憂政
當作散官不失富貴也子懋既不出兵攻叔業衆情稍沮
中兵參軍于琳之瑶之兄也說子懋重賂叔業子懋使琳
之往琳之因說叔業請取子懋叔業遣軍主徐玄慶將四
百人隨琳之入城僚佐皆奔散唯周英及外兵參軍王皎
更移入城內子懋聞之歎曰不意吾府有義士二人琳之
從二百人仗自入齋子懋笑謂之曰不意渭陽翻成梟鏡
琳之以袖障面使人害之故人懼罪無敢至者唯英皎僧
慧號哭盡哀為喪殯董僧慧丹楊姑孰人出自寒微而慷
慨有節義好讀書甚驍果能反手於背彎五斛弓當世莫

有能者玄邈知其謀子懋之誅執之僧慧曰晉安舉義兵
僕實豫議古人云非死之難得死之難僕得為主人死不
恨矣願至主人大斂畢退就湯鑊雖死猶生玄邈義而許
之還具白明帝乃配東冶言及九江時事輙悲不自勝子
懋子昭基九歲以方二寸絹為書參其消息并遺錢五百
以金假人崎嶇得至僧慧覩書對錢曰此郎君書也悲慟
而卒陸超之吳人以清靜雅為子懋所知子懋既敗于琳
之勸其逃亡荅曰人皆有死此不足懼吾若逃亡非唯孤
晉安之眷亦恐田橫客笑人玄邈等以其義欲因將還都
而超之亦端坐待命超之門生姓周者謂殺超之當得賞

乃伺超之坐自後斬之頭墜而身不僵玄邈嘉其節厚為
殯斂周又助舉棺未出户棺墜政壓其頭折即死聞之者
莫不以為有天道焉

隨郡王子隆字雲興武帝第八子也性和美有文才娶尚
書令王儉女為妃武帝以子隆能屬文謂儉曰我家東阿
也永明八年為都督荆州刺史隆昌元年為侍中撫軍將
軍領兵置佐延興元年轉中軍大將軍侍中如故子隆年
二十一而體過充壯常使徐嗣伯合蘆茹丸以服自銷損
猶無益明帝輔政謀害諸王武帝諸子中子隆最以才貌
見憚故與鄱陽王鏘同夜先見殺文集行於世

建安王子真字雲仙武帝第九子也永明七年累遷郢州
刺史加都督隆昌元年為散騎常侍護軍將軍延興元年
明帝遣裴叔業就典籤柯令孫殺之子真走入牀下令孫
手牽出之叩頭乞為奴贖死不從見害年十九

西陽王子明字雲光武帝第十子也永明元年封武昌王
三年失國璽改封西陽十年為會稽太守督五郡軍事子
明風姿明淨士女觀者咸嗟歎之建武元年為撫軍將軍
領兵置佐二年誅蕭諶子明及弟子罕子貞同諶謀見害
年十七

南海王子罕字雲華武帝第十一子也頗有學母樂容華

有寵故武帝留心母嘗寢疾子罕晝夜祈禱于時以竹為
燈纘照夜此纘宿昔枝葉大茂母病亦愈咸以為孝感所
致主簿劉融及侍讀賀子喬為之賦頌當時以為美談建
武元年位護軍將軍二年見殺年十七

巴陵王子倫字雲宗武帝第十三子也永明十年為北中
郎將南琅邪彭城二郡太守鬱林即位以南彭城禄力優
厚奪子倫與中書舍人綦毋珍之更以南蘭陵代之延興
元年明帝遣中書舍人茹法亮殺子倫子倫時鎮琅邪城
有守兵子倫英果明帝恐不即罪以問典籤華伯茂伯茂
曰公若遣兵取之恐不即可辦若委伯茂一小吏力耳既

而伯茂手自執鴆逼之左右莫敢動者子倫正衣冠出受詔謂法亮曰積不善之家必有餘殃昔高皇帝殘滅劉氏今日之事理數固然舉酒謂亮曰君是身家舊人今銜此命當由事不獲已此酒差非勸酬之爵因仰之而死時年十六法亮及左右皆流涕先是高帝武帝為諸王置典籤帥一方之事悉以委之每至覲接輒留心顧問刺史行事之美惡係於典籤之口莫不折節推奉恒慮弗及於是威行州部權重蕃君武陵王曅為江州性烈直不可忤典籤趙渥之曰今出都易刺史及見武帝相誣曅遂免還南海王子罕戍琅邪欲暫游東堂典籤姜秀不許而止還泣謂

母曰兒欲移五步亦不得與因何異秀後輒取子罕展繖飲器等供其兒昏武帝知之鞭二百繫尚方然而擅命不改邵陵王子貞嘗求熊白厨人荅典籤不在不敢與西陽王子明欲送書參侍讀鮑僎病典籤吴脩之不許曰應諮行事乃止言行舉動不得自專徵衣求食必須諮訪永明中巴東王子響殺行事劉寅等武帝聞之謂羣臣曰子響遂反戴僧靜大言曰諸王都自應反豈唯巴東武帝問其故荅曰天王無罪而一時被囚取一挺藕一杯漿皆諮籤帥不在則竟日忍渴諸州唯聞有籤帥不聞有刺史竟陵王子良嘗問衆曰士大夫何意詣籤帥參軍范雲荅曰詣長史以下皆無益詣籤帥使便有倍本之價不詣謂何子良有愧色及明帝誅異已者諸王見害悉典籤所殺竟無一人相抗孔珪聞之流涕曰齊之衡陽江夏最有意而復害之若不立籤帥故當不至於此

邵陵王子貞字雲松武帝第十四子也建武二年見誅年十五

臨賀王子岳字雲嶠武帝第十六子也明帝誅武帝諸子唯子岳及弟六人在後時呼為七王朔望入朝上還後宮輒歎息曰我及司徒諸兒子皆不長高武子孫日長大永泰元年上疾甚絕而復蘇於是誅子岳等延興建武中凡

三誅諸王每一行事明帝輒先燒香嗚咽涕泣衆以此輒知其夜當殺戮也子岳死時年十四

西陽王子文字雲儒武帝第十七子也永明七年封蜀郡王建武中改封西陽永泰元年見殺年十四

衡陽王子峻字雲高武帝第十八子也永明七年封廣漢郡王建武中改封永泰元年見殺年十四

南康王子琳字雲璋武帝第十九子也母荀昭華盛寵後宮才人位登釆女者依例舊賜玉鳳凰荀時始為釆女得玉鳳凰投地曰我不能例受此武帝乃拜為昭華子琳以母寵故最見愛太尉王儉因請昏武帝悅而許之羣臣奉

寶物名好盡直數百金武帝為之報荅亦如此及應封而好郡已盡乃以宣城封之旣而以宣城屬揚州不欲為王國改封南康公褚蓁為巴東公以南康為王國封子琳永泰元年見殺年十四

湘東王子建字雲立武帝第二十一子也母謝無寵武帝度為尼明帝即位使還母子建永泰元年見殺年十三

南郡王子夏字雲廣武帝第二十三子也上春秋高子夏最幼寵愛過諸子初武帝夢金翅鳥下殿庭搏食小龍無數乃飛上天及明帝初其夢方驗永泰元年子夏誅年七歲

文惠太子四男安皇后生廢帝鬱林王昭業宮人許氏生廢帝海陵恭王昭文陳氏生巴陵王昭秀褚氏生桂陽王昭粲

巴陵王昭秀字懷尚太子第三子也鬱林即位封臨海郡王隆昌元年為都督荆州刺史延興元年徵為車騎將軍明帝建武二年改封巴陵王永泰元年見殺年十六

桂陽王昭粲太子第四子也鬱林立封永嘉郡王延興元年出為荆州刺史加都督建武二年改封桂陽王四年為太常永泰元年見殺年八歲

明帝十一男敬皇后生廢帝東昏侯寶卷江夏王寶玄鄱陽王寶夤和帝殷貴嬪生巴陵隱王寶義晉熙王寶嵩袁貴妃生廬陵王寶源管淑妃生邵陵王寶脩許淑媛生桂陽王寶貞餘皆早夭

巴陵隱王寶義字智勇明帝長子也本名明基建武元年封晉安郡王寶義少有廢疾不堪出人間止加除授為都督揚州刺史仍以始安王遥光代之轉為右將軍領兵置佐鎮石頭二年為南徐州刺史加都督東昏即位進征北將軍開府儀同三司給扶永泰元年為都督揚州刺史三年進位司徒和帝西臺建以為侍中司空梁武平建鄴宣德大后令以寶義為太尉領司徒詔云不言之化形于自遠時人皆云此實録也梁受禪封謝沐公尋封巴陵郡王

奉齊後天監中薨

江夏王寶玄字智深明帝第三子也建武元年封江夏郡王東昏即位為都督南徐兖二州刺史寶玄娶尚書令徐孝嗣女為妃孝嗣被誅離絶東昏送少姬二人與之寶玄恨望有異計明年崔慧景舉兵還至廣陵遣使奉寶玄為主寶玄斬其使因是發將吏防城慧景將度江寶玄密與相應開門納慧景乘八擱輿手執絳麾幡隨慧景至都百姓多往投集慧景敗收得朝野投寶玄及慧景軍名東昏令燒之曰江夏尚爾豈復可罪餘人寶玄逃奔數日乃出帝召入後堂以步鄣裹之令群小數十人鳴鼓角馳繞其

外遣人謂曰汝近圖我亦如此少日乃殺之

廬陵王寶源字智泉明帝第五子也建武元年封和帝即位為車騎將軍開府儀同三司中興二年薨

鄱陽王寶寅字智亮明帝第六子也建武初封建安郡王東昏即位為都督郢州刺史永元三年為車騎將軍開府儀同三司鎮石頭其秋雍州刺史張欣泰等謀起事於新亭殺臺內諸主帥難作之日并前南譙太守王靈秀奔往石頭帥城內將吏去車腳載寶寅向臺城百姓數千人皆空手隨後至杜姥宅日已欲暗城門閉城上人射之衆棄寶寅走寶寅逃亡三日戎服詣草市尉尉馳以啓帝帝迎入宮問之寶寅涕泣稱制不自由帝笑乃復爵位宣德太后臨朝改封寶寅鄱陽王中興二年謀反奔魏

邵陵王寶脩字智宣明帝第九子也建武元年封南平郡王二年改封中興二年謀反宣德太后令賜死

晉熙王寶嵩字智靖明帝第十子也中興元年和帝以為中書令二年誅

桂陽王寶貞明帝第十一子也中興二年誅

論曰守器之重邦家所憑觀文惠之在東儲固已有虧令德向令負荷斯集猶當及於禍敗況先朝夙隕愆失已彰而武帝不以擇賢傳之冢嫡推此而論有冥數矣子良物望所集失在儒雅當斷不斷以及于災非止自致喪亡乃至宗祀覆滅哀哉夫帝王子弟生長尊貴情偽之事不經耳目雖卓爾天悟自得懷抱孤寡為識所陋猶多齊氏諸王並幼踐方岳故輔以上佐簡自帝心勞舊左右用為主帥州國府第先令後行飲食游居動應聞啓端拱守祿遵承法度張弛之要莫敢厝言行事執其權典籤掣其肘處地雖重行止莫由威不在身恩未接下倉卒一朝事難總集望其擇位扶危不可得矣路溫舒云秦有十失其一尚存斯宋氏之餘風及在齊而彌弊寶玄觀衆一體欣受家殃曾不知執柯所指跗蕚相從而敗以此而圖萬事未知其努歸也

列傳第三十四　南史四十四

李　延壽

王敬則　陳顯達

張敬兒　崔慧景

王敬則臨淮射陽人也僑居晉陵南沙縣母為女巫常謂人云敬則生時胞衣紫色應得鳴鼓角人笑之曰汝子得為人吹角可矣敬則年長而兩腋下生乳各長數寸夢騎五色師子性倜儻不羈好刀劒嘗與既陽縣吏鬭謂曰我若得既陽縣當鞭汝小吏背吏唾其面曰汝得既陽縣我亦得司徒公矣屠狗商販徧於三吳使於高麗與其國女子私通因不肯還被收録然後反善拍張補刀戟左右宋前廢帝使敬則跳刀高出白虎幢五六尺接無不中仍撫髀拍張甚為儇捷補俠轂隊主領細鎧左右與壽寂之殺前廢帝及明帝即位以為直閤將軍封重安縣子敬則少時於草中射獵有蟲如烏豆集其身摘去乃脫其處皆流血敬則惡之詣道士卜道士曰此封侯瑞也敬則聞之喜故出都自効後補既陽令昔日鬭吏亡叛勒令出遇之甚厚曰我已得既陽縣汝何時得司徒公邪初至既陽縣陸主山下宗侶十餘船同發敬則船獨不進乃令弟入水推之見烏漆棺敬則呪云若是吉使船速進吾富貴當改葬

爾船須臾入縣收此棺葬之時軍荒後縣有一部劫逃入山中為人患敬則遣人致意劫帥使出首當相申論郭下廟神甚酷烈百姓信之敬則引神為誓必不相負劫帥既出敬則於廟中設酒會於坐收縛曰吾啓神若負誓還神十牛今不得違誓即殺十牛解神并斬諸劫百姓悦之元徽二年隨齊高帝拒桂陽賊於新亭敬則與羽林監陳顯達寧朔將軍高道慶乘舸迎戰大破賊水軍事寧帶南太山守右俠轂主轉越騎校尉安成王車騎參軍蒼梧王狂虐左右不自安敬則以高帝有威名歸誠奉事每下直輒往領軍府夜著青衣扶匐道路為高帝聽察高帝令敬則於殿內伺機及楊玉夫將首投敬則敬則馳詣高帝乃戎服入宮至承明門門郎疑非蒼梧還敬則慮人覘見以刀環塞窐孔呼開門甚急衛尉丞顏靈寶窺見高帝乘馬在外竊謂親人今若不開內領軍天下會是乱爾門開敬則隨帝入殿昇明元年遷輔國將軍領臨淮太守知殿內宿衛兵事沈攸之事起進敬則冠軍將軍高帝入守朝堂袁粲起兵召領軍劉韞直閤將軍卜伯興等於宮內相應戒嚴將發敬則開關掩襲皆殺之殿內竊發盡平敬則之力也政事無大小帝並以委之敬則不識書止下名然甚善決斷齊臺建為中領軍高帝將受禪材官薦易太極殿柱

順帝欲避上不肯出宮遜位明日當臨軒順帝又逃宮內敬則將輿入迎帝啟譬令出引令升車順帝不肯即上收淚謂敬則曰欲見殺乎敬則荅曰出居別宮爾官先取司馬家亦復如此順帝泣而彈指唯願後身生生世世不復天王作因緣宮內盡哭聲徹於外順帝拍敬則手曰必無過慮當餉輔國十萬錢齊建元元年出為都督南兗州刺史封尋陽郡公加敬則妻懷氏爵為尋陽國夫人二年魏軍攻淮泗敬則恐委鎮還都百姓皆驚散奔走上以其功臣不問以為都官尚書遷吳興太守郡舊多剽掠有十數歲小兒於路取遺物敬則殺之以徇自此路不拾遺郡無

劫盜又錄得一偷召其親屬於前鞭之令偷身長掃街路久之乃令偷舉舊偷自代諸偷恐為所識皆逃走境內以清仍入烏程從市過見屠肉枅歎曰吳興昔無此枅是我少時在此所作也召故人飲酒說平生不以屑也遷護軍以家為府三年以改葬去職詔贈敬則母尋陽國太夫人改授侍中撫軍高帝遺詔敬則以本官領丹楊尹尋遷會稽太守加都督永明二年給鼓吹一部會土邊帶湖海人丁無士庶皆保塘役敬則以功力有餘悉評斂為錢送臺庫以為便宜上許之三年進號征東將軍宋廣州刺史王翼之子妾路氏酷暴殺婢媵翼之子法朗告之敬則付山陰獄殺之路氏家訴為有司所奏山陰令劉岱坐棄市刑敬則入朝上謂敬則曰人命至重是誰下意殺之都不啟聞敬則曰是臣愚意臣知何物科法見背後有節便言應得殺人劉岱亦引罪上乃赦之敬則免官以公領郡後與王儉俱即本號開府儀同三司時徐孝嗣於崇禮門候儉因嘲之曰今日可謂連璧儉曰不意老子遂與韓非同傳人以告敬則敬則欣然曰我南沙縣吏徼倖得細鎧左右遂風雲以至於此遂與王衛軍同日拜三公王敬則復何恨了無恨色朝士以此多之十一年授司空敬則名位雖達不以富貴自遇初為散騎使魏於北館種楊柳後員外

郎虞長曜北使還敬則問我昔種楊柳樹今若大小長曜曰虜中以為甘棠武帝令群臣賦詩敬則曰臣幾落此奴度上問之敬則對曰臣若解書不過作尚書都令史爾那得今日敬則雖不大識書而性甚警黠臨郡令省事讀辭下教制決皆不失理明帝輔政密有廢立意隆昌元年出敬則為會稽太守加都督海陵王立進位太尉明帝即位為大司馬臺使拜授日雨大洪注敬則文武皆失色一客旁曰公由來如此昔拜丹陽尹吳興時亦然敬則大悅曰我宿命應得雨乃引羽儀備朝服導引出聽事拜受意猶不自得吐舌久之帝既多殺害敬則自以高武舊臣心懷

憂懼帝雖外厚其禮而內相疑備數訪問敬則飲食體幹
聞其衰老且以居內地故得少安後遣蕭坦之將齋仗五
百人行晉陵敬則諸子在都憂怖無計上知之問計於梁
武帝武帝曰敬則豎夫易為感唯應錫以子女玉帛厚其
使人如斯而已上納之吳人張思祖敬則謀主也為府司馬
頻銜使上偶傾意待之以為游擊將軍遣敬則世子仲雄
入東仲雄善彈琴江左有蔡邕焦尾琴在主衣庫上敕五
日一給仲雄仲雄在御前鼓琴作懊憹曲歌曰常歎負情
儂郎今果行許又曰君行不淨心那得惡人題帝愈猜愧
永泰元年帝疾屢經危殆以張瓌為平東將軍吳郡太守

置兵佐密防敬則內外傳言當有處分敬則聞之竊曰東
今有誰祗是欲平我耳東亦何易可平吾終不受金甖金
甖謂鴆酒也諸子怖懼第五子幼隆遣正員將軍徐嶽以
情告徐州行事謝朓為計若同者當往報敬則朓執嶽馳
啓之敬則城局參軍徐庶家在京口其子密以報庶庶以
告敬則五官王公林公林敬則族子也常所委信公林勸
敬則急送啓賜兒死單舟星夜還都敬則曰若爾諸郎要
應有信且忍一夕其夜呼僚佐文武樗蒱賭錢謂衆曰卿
諸人欲令我作何計莫敢先荅防閤丁興懷曰官祗應作
爾敬則不聲明旦召山陰令王詢臺傳御史鍾離祖願敬

則橫刀跂坐問詢等發丁可得幾人庫見有幾錢物詢荅
願對並乖旨敬則怒將出斬之王公林又諫敬則曰官詎
不更思敬則唾其面曰小子我作事何關汝小子乃起兵
招集配衣二三日便發欲劫前中書令何胤還為尚書令
長史王弄璋司馬張思祖止之曰何令高蹈必不從不從
便應殺之舉大事先殺朝賢事必不濟乃率實甲萬人過
浙江謂曰應須作檄思祖曰公今自還朝何用作此乃止
朝廷遣輔國將軍前軍司馬左興盛直閤將軍馬軍主胡
松三千餘人築壘於曲阿長岡尚書左僕射沈文秀為持
節都督屯湖頭備京口路敬則以舊將舉事百姓檐篙荷

鍤隨逐之十餘萬衆至武進陵口慟哭乘肩輿而前遇興
盛山陽二柴盡力攻之官軍不敵欲退而圍不開各死戰
胡松領馬軍突其後白丁無器仗皆驚散敬則大叫索馬
再上不得上興盛軍容袁文曠斬之傳首是時上疾已篤
敬則倉卒東起朝廷震懼東昏侯在東宮議欲叛使人上
屋望見征虜亭失火謂敬則至急裝欲走有告敬則者敬
則曰檀公三十六策走是上計汝父子唯應急走耳蓋譏
檀道濟避魏事也敬則之來聲勢甚盛凡十日而敗時年
六十四朝廷漆其首藏在武庫至梁天監元年其故吏夏
侯亶表請收葬許之

陳顯達南彭城彭城人也仕宋以軍功封彭澤縣子位羽林監濮陽太守隸齊高帝討桂陽賊於新亭壘劉勔大桁敗賊進杜姥宅及休範死顯達出杜姥宅大戰於宣陽津陽門大破賊矢中左目而鏃不出地黃村潘嫗善禁先以釘釘柱嫗禹步作氣釘即出乃禁顯達目中鏃出之事平封彭城侯再遷平越中郎將廣州刺史加都督沈攸之事起顯達遣軍援臺長史到遁司馬諸葛導勸顯達保境蓄衆密通彼此顯達於坐手斬之遣表疏歸心齊高帝帝即位拜護軍將軍後御膳不宰牲顯達上熊蒸一盤上即以充飯後拜都督益州刺史武帝即位進號鎮西將軍益部

山險多不賓服大度村獠前刺史不能制顯達遣使責其租賧獠帥曰兩眼刺史尚不敢調我遂殺其使顯達分部將吏聲將出獵夜往襲之男女無少長皆斬之自此山夷震服永明二年徵為侍中護軍將軍顯達累任在外經高帝之憂及見武帝流涕悲咽上亦泣心甚嘉之八年為征南大將軍江州刺史顯達謙厚有智計自以人微位重每遷官常有愧懼之色子十餘人誡之曰我本意不及此汝等勿以富貴陵人家既豪富諸子與王敬則諸兒並精車牛麗服飾當世快牛稱陳世子青王三郎烏呂文顯折角江瞿曇白鼻而皆集陳舍顯達知此不悅及子休尚為郢

府主簿過九江拜別顯達曰凡奢侈者鮮有不敗麈尾蠅拂是王謝家許汝不須捉此自逐即取於前燒除之其靜退如此豫廢鬱林之勳延興元年為司空進爵為公明帝即位進太尉封鄱陽郡公加兵二百人給油絡車後以太尉判鄱陽郡公為三公事而職典連率人以為格外三公上欲悉除高武諸孫上微言問顯達答曰此等豈足介慮上乃止顯達建武世心懷不安深自貶退車乘朽敗導從鹵簿皆用羸小侍宴酒後啟上借枕帝令與之顯達撫枕曰臣年已老富貴已足唯少枕枕死特就陛下乞之上失色曰公醉矣以年老告退不許永泰元年乃遣顯達北侵

永元元年顯達督平北將軍崔慧景衆軍四萬圍南鄉界馬圈城去襄陽三百里攻之四十日魏軍食盡噉死人肉及樹皮外圍急魏軍突走顯達入據其城遣軍主莊丘黑進取南鄉縣魏孝文帝自領十餘萬騎奄至軍主崔恭祖胡松以烏布幔盛顯達數人擔之出均水口臺軍緣道奔退死者三萬餘人顯達素有威名著於外境至是大損喪為御史中丞范岫奏免顯達官又表解職並不許以為江州刺史鎮盆城初王敬則事起始安王遥光啟明帝慮顯達為變欲追軍還事平乃寢顯達亦懷危怖及東昏立彌不樂還都得此授甚喜尋加領征南大將軍給三望車顯

達聞都下大相殺戮徐孝嗣等皆死傳聞當遣兵襲江州
顯達懼禍十一月十五日舉兵欲直襲建鄴以掩不備又
遥指郢州刺史建安王寶寅為主朝廷遣後軍將軍胡松
等據梁山顯達率衆數千人發尋陽與松戰於採石大破
之都下震恐十二月潛軍度取石頭北上襲城宫掖大駭
閉門守備顯達馬矟從步軍數百人於西州前與臺軍戰
再合大勝矟折手猶殺十餘人官軍繼至顯達不能抗退
走至西州後烏榜村騎官趙潭注矟刺落馬斬之籬側血
涌湔籬似淳于伯之被刑時年七十三顯達在江州遇疾
不療之而差意甚不悦是時連冬大雪梟首朱雀而雪不
集諸子皆伏誅

張敬兒南陽冠軍人也父醜為郡將軍官至節府參軍敬
兒年少便弓馬有膽氣好射猛獸發無不中南陽新野風
俗出騎射而敬兒尤多膂力稍官至寧蠻行參軍隨郡人
劉胡伐襄陽諸山蠻深入險阻所向皆破又擊胡陽蠻官
軍引退敬兒單馬在後賊不能抗山陽王休祐鎮壽陽求
善騎射士敬兒及襄陽俞湛應選敬兒善事人遂見寵為
長兼行參軍泰始初隨府轉驃騎參軍署中兵領軍討義
嘉賊與劉胡相拒於鵲尾洲啓明帝乞本郡事平除南陽
太守敬兒之為襄陽府將也家貧每休假輒傭賃自給嘗

為城東吳泰家擔水通泰所愛婢事發將被泰殺逃入棺
材中以蓋加上乃免及在鵲尾洲啓明帝云泰以絲助雍
州刺史袁顗為弩弦黨同逆若事平之日乞其家財帝許
之至是收籍吳氏唯家人保身得出僮役財貨直數千萬
敬兒皆有之先所通婢即以為妾後為越騎校尉桂陽王
事起隸屬高帝頓新亭賊矢石既交休範白服乘輿勞樓
下敬兒與黃回白高帝求詐降以取之高帝曰卿若辦事
當以本州相賞敬兒相與出城南放仗走大呼稱降休範
喜召至輿側回陽致高帝密意休範信之回目敬兒敬兒
奪取休範防身刀斬之其左右百人皆散敬兒持首歸新

亭除驍騎將軍加輔國將軍高帝置酒謂敬兒曰非卿之
功無今日安帝以敬兒人位既輕不欲便使為襄陽重鎮
敬兒求之不已乃微動高帝曰沈攸之在荆州公知其欲
何所作不出敬兒以防之恐非公之利也帝笑而無言乃
除雍州刺史加都督封襄縣侯部泊沔口敬兒乘舴艋過
江詣晉熙王燮中江遇風船覆左右丁壯者各泅水走餘
二小史沒船下求敬兒救敬兒兩掖挾之隨船仰得在水
上如此翻覆行數十里方得迎接失所持節更給之至鎮
厚結攸之得其事迹密白高帝終無二心又與攸之司馬
劉攘兵情款及蒼梧廢敬兒疑攸之當因此起兵密間攘

兵所言寄敬兒馬鐙一隻敬兒乃為備昇明元年冬攸之乃遣使報敬兒勞接周至為設食訖列仗於聽事前斬之集部曲偵攸之下當襲江陵敬兒告變使至高帝大喜進號鎮軍將軍改督攸之至郢城敗走其子元琰與兼長史江乂別駕傅宣等還江陵敬兒軍至白水元琰聞城外鶴唳謂是叫聲恐懼欲走其夜乂宣開門出奔城潰元琰奔寵洲見殺敬兒至江陵誅攸之親黨沒入其財物數千萬善者悉以入私送臺者百不一焉攸之於湯渚村自經死居人送首荊州敬兒使楯擎之蓋以青繖徇諸市郭乃送建鄴進爵為公敬兒在雍州貪殘人間一物堪用莫不奪

取於襄陽城西起宅聚物貨宅大小殆侔襄陽又欲移羊叔子墮淚碑於其處置臺綱紀諫曰此羊太傅遺德不宜遷動敬兒曰太傅是誰我不識及齊受禪轉侍中中軍將軍遷散騎常侍車騎將軍置佐史高帝崩遺詔加開府儀同三司於家竊泣曰官家大老天子可惜太子年少向我所不及也及拜王敬則戲之呼為褚彥回敬兒曰我馬上所得終不能作華林閣勳也敬則甚恨焉初敬兒微時有妻毛氏生子道門而鄉里尚氏女有色貌敬兒悅之遂棄毛氏而納尚氏為室及居三司尚氏猶居襄陽宅慮不復外出乃迎家口悉下至都啓武帝不蒙勞問敬兒心自疑

及垣崇祖死愈恐懼性好卜術信夢尤甚初征荊州每見諸將帥不遑有餘計唯叙夢云未貴時夢居村中社樹欻高數十丈及在雍州又夢社樹直上至天以此誘說部曲自云貴不可言由是不自測量無知又使於鄉里為謠言使小兒輩歌曰天子在何處宅在赤谷口天子是阿誰非豬如是狗敬兒家在冠軍宅前有地名赤谷既得開府又望班劒語人曰我車邊猶少班蘭物敬兒長自荒遠少習武事既從容都下又四方寧靖益不得志其妻尚氏亦曰吾昔夢一手熱如火而君得南陽郡元徽中夢一髀熱如火君得本州建元中夢半體熱尋得開府今復舉體熱矣

以告所親言其妻初夢次夢又言今舉體熱矣閹人聞其言說之事達武帝敬兒又遣使與蠻中交關武帝疑有異志永明元年敕朝臣華林八關齋於坐收敬兒初左右雷仲顯常以盈滿誡敬兒不能從至是知有變抱敬兒泣敬兒脫冠貂投地曰用此物誤我及子道門道暢道休並伏誅少子道慶見宥後數年上與豫章王嶷三日曲水內宴舴艋船流至御坐前覆沒上由是言及敬兒悔殺之敬兒始不識書及為方伯乃習學讀孝經論語初徵為護軍乃潛於密室中屏人學揖讓答對空中俯仰妾侍竊窺笑焉將拜三司謂其妻嫂曰我拜後府開黃閤因口自為鼓聲初

得鼓吹羞便奏之又於新林姥廟為妾祈子祝神曰自稱
三公其鄙俚如此始其母於田中臥夢犬子有角舐之已
而有娠而生敬兒故初名苟兒又生一子因苟兒之名復
名猪兒宋明帝嫌苟兒名鄙改為敬兒故猪兒亦改為恭
兒位正員郎謝病歸本縣常居上保村不肯出仕與居人
不異與敬兒愛友甚篤及聞敬兒敗走入蠻後首出原其罪
崔慧景字君山清河東武城人也祖構奉朝請父系之州
別駕慧景少有志業仕宋為長水校尉齊高帝在淮陰慧
景與宗人祖思同時自結及高帝受禪封樂安縣子為都
督梁南秦二州刺史永明四年為司州刺史母喪詔起復

南史列傳三十五　十三　有寄

本任慧景每罷州輒傾貲獻奉動數百萬武帝以此嘉之
十年為都督豫州刺史鬱林即位慧景以少主新立密與
魏通朝廷疑之明帝輔政遣梁武帝至壽春安慰之慧景
密啓送誠勸進建武四年為度支尚書領太子左率東昏
即位為護軍時輔國將軍徐世標專權號令慧景備員而
已帝既誅戮將相舊臣皆盡慧景自以年宿位重轉不自
安及裴叔業以壽陽降魏即授慧景平西將軍假節侍中
護軍如故率軍水路征壽陽軍頓白下將發帝長圍屏除
出琅邪城送之帝戎服坐樓上召慧景騎進圍內無一人
自隨裁交數言拜辭而去慧景出至白下甚喜曰頸非復

小豎等所折也子覺為直閤將軍慧景密與之期時江夏
王寶玄鎮京口聞慧景北行遣左右余文興說之曰朝廷
任用羣小猜害忠賢江劉徐沈君之所見身雖魯衛亦不
知滅亡何時君今段之舉有功亦死無功亦死欲何求所
免機不可失今擁強兵北取廣陵收吳楚勁卒身舉州以
相應取大功如反掌耳慧景常不自安聞言響應于時廬
陵王長史蕭寅司馬崔恭祖守廣陵城慧景以寶玄事告
恭祖恭祖先無宿契口雖相和心實不同還以事告寅共
為閉城計寅心謂恭祖與慧景同謂曰廢昏立明人情所
樂寧可違拒恭祖猶執不同俄而慧景至恭祖閉門不敢

南史列傳三十五　十四

出慧景知其異已泣數行而去中兵參軍張慶延明巖鄉
等勸慧景襲取廣陵及密遣軍主劉靈運間行突入慧景
俄係至遂據其城子覺至仍使領兵襲京口寶玄本謂大
軍併來及見人少極失所望拒覺擊走之恭祖及覺精兵
八千濟江恭祖心本不同及至蒜山欲斬覺以軍降京口
事既不果而止覺等軍器精嚴柳燈沈佚等謂寶玄曰崔
護軍威名既重乃誠可見既已脣齒忽中道立異彼以樂
歸之衆乱江而濟誰能拒之於是登北固樓並千蠟燭為
烽火舉以應覺帝聞变以右衛將軍左興盛假節督都下
水陸衆軍慧景停二日便率大衆一時俱濟江趣京口寶

玄仍以覺為前鋒恭祖次之慧景領大都督為衆軍節度
東府石頭白下新亭諸城皆潰左興盛走不得入宮逃淮
渚荻船中慧景禽殺之慧景稱宣德皇后令廢帝為吳王
時柳燈別推寶玄恭祖為寶玄羽翼不復承奉慧景嫌之
巴陵王昭冑先逃人間出投慧景意更向之故猶豫未知
所立此聲頗泄燈恭祖始貳於慧景又恭祖勸慧景射火
箭燒北掖樓慧景以大事垂定後若更造費用功多不從
其計性好談義兼解佛理頓法輪寺對客高談恭祖深懷
怨望先是衛尉蕭懿為豫州刺史自歷陽步道征壽陽帝
遣密使告之懿率軍主胡松李居士等自採石濟岸頓越

城舉火臺城中鼓叫稱慶恭祖先勸慧景遣二千人斷西
岸軍令不得度慧景以城旦夕降外救自然應散不許恭
祖請擊義師又不許乃遣子覺將精甲數千人度南岸義
師昧旦進戰覺大敗慧景人情離沮恭祖頓軍輿皇寺於
東宮掠得女妓覺來逼奪由是忿恨其夜崔恭祖與驍將
劉靈運詣城降慧景乃將腹心數人潛去欲北度江城北
諸軍不知猶為拒戰城內出盪殺數百人慧景餘衆皆奔
慧景圍城凡十二日軍旅散在都下不為營壘及走衆於
道稍散單馬至蟹浦投漁人太叔榮之榮之故為慧景門
人時為蟹浦戍謂之曰吾以樂賜汝汝為吾覓酒既而為

榮之所斬以頭內鰌籃中擔送都恭祖者慧景宗人驍果
便馬矟氣力絕人頻經軍陣討王敬則與左興盛軍容袁
文曠爭敬則首訴明帝曰恭祖禿馬絳衫手刺倒敬則故
文曠得斬其首以死易勳而見枉奪若失此勳要當刺殺
左興盛帝以其勇健謂興盛曰何容令恭祖與文曠爭功
慧景平後恭祖繫尚方少時殺之覺亡命為道人見執伏
法覺弟偃年十八便身長八尺博涉書記善蟲篆為始安
內史藏竄得免和帝西臺立以為寧朔將軍中興元年詣
公車尚書申冤言多指斥尋下獄死先是東陽女子婁逞
變服詐為丈夫粗知圍棋解文義徧游公卿仕至揚州議

曹從事事發明帝驅令還東逞始作婦人服而去歎曰如
此伎還之為老嫗豈不惜哉此人妖也陰而欲為陽事不
果故泄敬則遙光顯達慧景之應也舊史裴叔業有傳事
終于魏今略之云

論曰光武功臣所以能終身名者豈唯不任職事亦以繼
奉章明心存正嫡王陳拔迹奮飛則建元永明之運身極
鼎將則建武永元之朝勳非往時位踰昔等禮授雖重情
分不交加以主猜政亂危亡慮及舉手扞頭人思自免干
戈既用誠淪犯上之跡敵國起於同舟況又疎於此也敬
兒挾震主之勇當鳥盡之運內慚邪夢跡涉覬覦其至殲

士亦其理也慧景以乱濟乱能無及乎

列傳第三十五　南史四十五

列傳第三十六　南史四十六

李延壽

李安人 子元履　戴僧静　桓康

焦度　曹武 子世宗

呂安國　周山圖　周盤龍 子奉叔

王廣之 子珍國　張齊

李安人蘭陵承人也祖嶷衛軍將軍父欽之薛令安人少有大志常拊髀歎曰大丈夫處世富貴不可希取三將五校何難之有隨父在縣宋元嘉中縣被魏剋安人尋率部曲自拔南歸明帝時稍遷武衛將軍領水軍討晉安王子勛所向剋捷事平明帝大會新亭樓勞諸軍主樗蒱官賭安人五擲皆盧帝大驚目安人曰卿面方如田封侯相也安人少時貧有一人從門過相之曰君後當大富貴與天子交手共戲至是安人尋此人不知所在後爲廣陵太守行南兖州事齊高帝在淮陰安人遥相結事元徽初除司州刺史領義陽太守及桂陽王休範起事安人遣軍援都建平王景素起兵安人破其軍於葛橋景素誅留安人行南徐州事城局參軍王回素爲安人所親盗絹二匹安人流涕謂曰我與卿契闊備嘗今日犯王法乃卿負我也於軍門斬之厚爲斂祭軍府皆震服轉東中郎司馬行會稽

郡事時會稽縱虜叛高帝憂遑無計安人白高帝欲於東
奉江夏王躋起兵高帝不許乃止高帝即位為中領軍封
康樂侯自宋泰始以來內外頻有賊寇將帥以下各募部
曲屯聚都下安人上表以為自非淮北常備其外餘軍悉
皆輸遣若親近宜立隨身者聽限人數上納之故詔斷眾
募時王敬則以勳誠見親至於家國密事上唯與安人論
議謂曰署事有卿名我便不復細覽也尋為領軍將軍魏
攻壽春至馬頭詔安人禦之魏軍退安人泝淮進壽春先
是宋時亡命王元初聚黨六合山僭大號自云垂手過膝
州郡討不能禽積十餘年安人生禽之斬建康市高帝崩

南史列傳三十六　二

遺詔加侍中武帝即位為丹楊尹遷尚書左僕射安人時
屢啓密謀見賞又善結尚書令王儉故世傳儉啓有此授
尋上表以年疾求退為吳興太守於家載米往郡時服其
清吳興有項羽神護郡聽事太守到郡必須祀以軛下牛
安人奉佛法不與神牛著屐上聽事又於聽上八關齋俄
而牛死葬廟側今呼為李公牛冢安人尋卒世以神為祟
謚肅侯子元履幼有操業甚閑政體為司徒竟陵王子良
法曹參軍與王融游狎及王融誅鬱林敕元履隨右衛將
軍王廣之北征密令於北殺之廣之先為安人所厚又知
元履無過甚擁護之會鬱林敗死元履拜謝廣之曰二十

二載父母之年自此以外丈人之賜也仕梁為吳郡太守
度支尚書衡廣青冀四州刺史
戴僧靜會稽永興人也少有膽力便弓馬事刺史沈文秀
俱被魏虜後將家屬叛還淮陰齊高帝撫畜常在左右後
於都私齎錦出事發繫南兖州獄高帝遣薛深餉僧靜酒
食以刀子置魚腹中僧靜與獄吏飲酒及醉以刀刻械手
自折鎖發屋而出歸高帝帝匿之齋內以其家貧年給穀
千斛會魏軍至僧靜應募出戰單刀直前魏軍奔退又追
斬三級時天寒甚乃脫衣口銜三頭拍浮而還沈攸之事
起高帝入朝堂遣僧靜將腹心先至石頭經略袁粲時蘇

南史列傳三十六　三

烈據倉城門僧靜射書與烈夜縋入城粲登城西南門列
燭火坐臺軍至射之火乃滅回登東門其黨孫曇瓘驍勇
善戰每盪一合輒大殺傷官軍死者百餘人軍主王天生
殊死拒戰故得相持自亥至丑有流星赤色照地墜城中
僧靜率力攻倉門手斬粲於東門外軍燒門入以功除前
軍將軍寧朔將軍高帝即位封建昌縣侯位太子左衛率
武帝踐阼出為北徐州刺史買牛給貧人令耕種甚得荒
情後除南中郎司馬淮南太守永明八年巴東王子響殺
僚佐武帝召僧靜使領軍向江陵僧靜面啓上曰巴東王
年少長史司馬捉之太急忿不思難故耳天子兒過誤殺

人有何大罪今急遣軍西上人情惶懼無所不至臣不敢
奉敕上不答而心善之從廬陵王中軍司馬高平太守卒
謚壯侯
桓康北蘭陵承人也勇果驍悍宋大明中隨齊高帝為軍
容從武帝在贛縣泰始初武帝起義為郡所繫衆皆散康
裝檐一頭貯穆后一頭貯文惠太子及竟陵王子良自負
置山中與門客蕭欣祖等四十餘人相結破郡獄出武帝
郡追兵急康等死戰破之隨武帝起兵摧堅陷陣膂力絶
人所經村邑恣行暴害江南人畏之以其名怖小兒畫其
形於寺中病瘧者寫形帖著牀壁無不立愈後除襄賁令

桂陽王休範事起康棄縣還都就高帝會事已平除員外
郎元徽五年七月六日夜少帝微行至領軍府帝左右人
曰一府皆眠何不緣墻入帝曰我今夕欲一處作適待明
日夜康與高帝所養健兒盧荒向黑於門間聽得其語明
旦王敬則將帝首至扣府門康謂是變與荒黑拔白刃欲
出仍隨高帝入宮高帝鎮東府除武陵王中兵寧朔將軍
帶蘭陵太守常衛左右高帝誅黄回回時為南兗州部曲
數千欲收恐為亂召入東府停外齋使康數回罪然後殺
之時人為之語曰欲侜張問桓康除後軍將軍直閤將軍
南濮陽太守建元元年封吳平縣侯高帝謂康曰卿隨我

日久未得方伯亦當未解我意正欲與卿先共滅虜耳三
年魏軍動康大破魏軍於淮陽武帝即位卒於驍騎將軍
焦度字文績南安氐也祖文珪避難居仇池宋元嘉中裴
方明平楊難當度父明與千餘家隨居襄陽乃立天水郡
略陽縣以居之度少有氣幹便弓馬孝武初青州刺史顏
師伯出鎮滑臺度領幢主送之與魏豹皮公遇交槊鬬豹
皮公墮地禽其具裝馬手殺數十人師伯啓孝武稱度氣
力弓馬並絶人帝召還充左右見度形狀謂師伯曰此真
健人也補晉安王子勛夾轂隊主隨鎮江州子勛起兵以
度為龍驤將軍為前鋒所向無不勝事敗逃宮亭湖為賊

朝廷聞其勇甚患之使江州刺史王景文誘降之景文以
為己鎮南參軍領中軍直兵厚待之隨景文還都常在府
州內景文被害夕度大怒勸景文拒命景文不從明帝不
知也以度武勇補晉熙王燮防閤隨鎮夏口武陵王贊代
燮為郢州度仍留鎮為贊前軍參軍沈攸之事起轉度中
直兵齊高帝又使假度輔國將軍屯騎校尉轉右將軍度
容貌壯醜皮膚若漆質直木訥口不能出言晉熙王夾轂
主周彥與度俱在郢州彥有左右人與度父同名彥常呼
其名使役之度積忿呵責彥曰汝知我諱明而恒呼明何
也及在郢城尤為沈攸之所忿攸之大衆至夏口將直下

都留偏兵守郢而已度於城樓上肆言罵辱攸之至自發露形體穢辱之故攸之怒改計攻城度親力戰攸之衆蒙楯將登度令投以穢器賊衆不能冒後呼此樓為焦度樓事寧度功居多封東昌縣子東宮直閤將軍還都為貴戚追敘郢城時褰露穢褻之事其戇如此為人朴澀欲就高帝求州比及見竟不涉一語帝以其不閑政事竟不用後求竟陵郡不知所以置辭親人授之辭百餘言度習誦數日皆得上口會高帝履行石頭城度於大衆中欲自陳臨時卒忘所教乃大言曰度啓公度啓公度無食帝笑曰卿何憂無食即賜米百斛建元四年乃除淮陽太守性好酒

醉輒暴怒上常使人節之年雖老而氣力如故除游擊將軍卒

曹武字士威下邳人也本名虎頭齊高帝鎮東府使武與戴僧靜各領白直三百人後為屯騎校尉帶南城令石頭平封羅江縣男及高帝受禪改封監利縣武帝即位累遷驍騎將軍帝以虎頭名鄙敕改之欝林即位進號前將軍隆昌元年為雍州刺史建武二年進爵為侯東昏即位為前將軍鎮軍司馬永元元年始安王遥光反武領軍屯青溪大橋事寧轉散騎常侍右衛將軍武形幹甚毅善於誘納悅節在雍州致見錢七千萬皆厚輪大郭他物稱是馬八百匹僕妾蔬食膳無膏腴嘗為梅蟲兒茹法珍設女伎金翠曜眼器服精華蟲兒等因是欲誣而奪之人傳武每好風景輒開庫招拍張武戲帝疑武舊將領兼利其財新除未及拜遇誅及收兵至歎曰諸人知我無異意所以殺我政欲取吾財貨伎女耳恨令衆輩見之諸子長成者皆見誅唯子世宗兄弟三人未冠繫尚方梁武帝兵至得免武雖武士頗有知人鑒梁武及崔慧景之在襄陽子時崔方貴盛武性儉嗇無所餉遺獨饋梁武謂曰卿必大貴我當不及見今以弱子相託每密送錢物并好馬時帝在戎多乏就武換借未嘗不得遂至十七萬及帝即位忘其惠

天監二年帝忽夢如田塍下行兩邊水深無底夢中甚懼忽見武來負武帝得過曰卿今為天下主乃爾忘我顧託之言邪我兒飢寒無衣昔所換十七萬可還其市宅帝覺即使主書送錢還之使用市宅子世澄世宗並蒙抽擢三二年間迭為大郡世宗性嚴明頗識兵勢未遂封侯富顯歷位太子左衛率卒贈左散騎常侍左衛將軍謚曰壯侯

呂安國廣陵人也宋大明末以將領見任隱重有幹局為劉勔所稱泰始二年為勔軍副征殷琰以功封鍾武縣男累還兖州刺史及沈攸之事起齊高帝以安國為湘州刺史建元元年進爵為侯轉右衛將軍加給事中後改封湘

鄉侯武帝即位累遷光祿大夫加散騎常侍安國欣有文授謂其子曰汝後勿袴褶驅使單衣猶恨不稱當為朱衣官也歷都官尚書太子左率領軍將軍安國累居將率在朝以宿舊見遇尋遷散騎常侍金紫光祿大夫給扶永明八年卒謚肅侯

周山圖字季寂義興義鄉人也家世寒賤年十五六氣力絕衆食噉恒兼數人鄉里獵戲集聚常為主帥指麾處分皆見從不事產業恒願為將雖勇健而不閑弓馬於書題甚拙謹直少言不嘗說人短長與人周旋皆白首不異宋元嘉二十七年魏軍至瓜步臺符取健兒山圖應募領白

衣隊主軍功除員外郎加振武將軍及鎮軍將軍張永侵魏山圖領二千人迎運至武原為魏軍所追合戰多傷殺魏軍稱其勇呼為武原將及永軍大敗山圖收散卒守下邳城還除給事中冗從僕射直閤將軍山圖好酒多失明帝數加怒誚後遂自改累遷淮南太守時盜發桓溫冢大獲寶物客竊取以遺山圖山圖不受簿以還官遷左中郎將齊高帝輔政山圖密啓沈攸之久有異圖宜為之備帝笑而納之攸之事起武帝為西討都督啓山圖為軍副攸之攻郢城武帝令山圖量其形勢山圖曰攸之為人性度險刻無以結固士心如頓兵堅城之下適所以為離散之漸耳及攸之敗高帝謂曰周公前言可謂明於見事矣建元元年封晉興縣男武帝踐祚遷竟陵王鎮北司馬帶南平昌太守以盆城之舊出入殿省甚見親信義鄉縣長風廟神姓鄧先經為縣令死遂發靈山圖啓乞加神位輔國將軍上荅曰足狗肉便了事何用階級為轉黃門郎領羽林監四廂直衛山圖於新林立墅舍晨夜往還上謂曰卿罷萬人都督而輕行郊外自今往墅可以仗身自隨以備不虞及疾上手敕問疾尋卒年六十四

周盤龍北蘭陵人也膽氣過人尤便弓馬宋泰始中以軍功封晉安子元徽二年桂陽構難盤龍時為冗從僕射隨

齊高帝頓新亭稍至驍騎將軍改封沌陽侯高帝即位進號右將軍建元元年魏攻壽春以盤龍為軍主假節助豫州刺史垣崇祖拒魏大破之上聞之喜下詔稱美送金釵以二十枚與其愛妾杜氏手敕曰餉周公阿杜明年魏攻淮陽圍角城先是上遣軍主成買戍角城辭於王儉曰今段之行必以死報衛門蓬戶不朱斯白小人弱息當得一子儉問其故荅曰若不殺賊便為賊殺弱息不為世子便為孝子孝子則門加素堊世子則門施丹赭至是買被圍上遣領軍將軍李安人救之敕盤龍率馬步下淮陽就李安人買與魏拒戰手所傷殺無數晨起手中忽有數升血

其日遂戰死首見斬猶尸據鞍奔還軍然後僵盤龍子奉叔單馬率二百餘人陷陣魏軍萬餘騎張左右翼圍之一騎走還報奉叔已沒盤龍方食棄筯馳馬奮矟直奔魏陣自稱周公來魏人素畏盤龍驍名莫不披靡時奉叔已大殺魏軍得出在外盤龍不知乃東西衝擊魏軍莫敢當奉叔見其父久不出復躍馬入陣父子兩騎縈攪數萬人魏軍大敗盤龍父子由是名播北國形甚羸而臨軍勇果諸將莫逮永明五年為大司馬加征虜將軍濟陽太守武帝數講武嘗令盤龍領馬軍校騎騁矟後以疾為光祿大夫尋出為兗州刺史進爵為侯角城戍將張蒲與魏潛通因

南史列傳三十六　十

大霧乘船入清中採樵載魏人直向城東門坐為有司所奏詔白衣領職八坐尋奏復位加領東平太守盤龍表年老才弱不可鎮邊求解職見許還為散騎常侍光祿大夫武帝戲之卿著貂蟬何如兜鍪盤龍曰此貂蟬從兜鍪中生耳尋病卒年七十九子奉叔勇力絕人少隨盤龍征討所在暴掠為東宮直閣將軍鬱林在西州奉叔密得自進及即位與直閣將軍曹道剛為心膂奉叔善騎馬帝從其學騎尤見親寵得入內無所忌憚陵轢朝士就司空王敬則換米二百斛敬則以百斛與之不受敬則大懼乃更餉二百斛并金鈴等物敬則有一內妓帝令奉叔求奉叔不

通逕前從者執單刀皆半拔敬則跣走入內既而自計不免乃出遥呼奉叔曰弟那忽能顧奉叔宣旨求妓意乃得釋與綦母珍曹道剛朱隆之共相脣齒煽弄威權奉叔常翼單刀二十口出入禁闥既無別詔門衛莫敢訶每語人云周郎刀不識君求武帝御角及輿并求御仗以給左右事無不從又求黃門郎明帝作輔固執不能得乃令蕭諶蕭坦之說帝出奉叔為外鎮樹腹心又說奉叔以方伯之重奉叔納其言隆昌元年出為青冀二州刺史奉叔就帝求千戶侯帝許之明帝以為不可忽謂蕭諶曰若不能見與千戶侯不復應減五百戶不爾周郎當就刀頭取辦耳

南史列傳三十六　十一

既而封曲江縣男奉叔大怒於衆中攘刀厲目切齒明帝說諭乃受及將之鎮明帝慮其不可復制因其早入引往後堂執送廷尉盡之

王廣之字士林一字林之沛郡相人也少好弓馬便捷有勇力初為馬隊主隨劉勔征殷琰兵既盛而合肥戍又阻兵為寇勔宣令軍中求征合肥者以大郡賞之廣之曰若得將軍所乘馬判能制之勔幢主皇甫肅謂勔曰廣之敢奪節下馬可斬勔曰觀其意必能立功即推鞍下馬與之及行合肥果拔勔大賞之即擢為軍主廣之於勔前謂肅曰節下若從卿言非唯斬壯士亦自無以平賊卿不賞才

乃至此邪廣之由此知名初封蒲圻子肅有學術善舉止
廣之亦雅相推慕䏻亡後肅更依廣之廣之盛相賞接啓
武帝以為東海太守不念舊惡如此廣之後以征伐功位
給事中冠軍將軍改封寧都縣子齊高帝廢蒼梧出廣之
為徐州刺史鍾離太守沈攸之事起廣之留都下豫平石
頭仍從高帝頓新亭高帝誅黃回回弟駟及從弟馬兄子
奴亡逸高帝與廣之書曰黃回雖有微勳而罪過轉不可
容近遂啓請御大小二輿為刺史服飾吾乃不惜為其啓
聞政恐得輿復求畫輪車此外罪不可勝數弟自悉之令
啓依法令廣之於江西捜捕駟等建元元年進爵為侯武

帝即位累遷右衛將軍散騎常侍前軍將軍延興元年為
豫州刺史豫廢鬱林後拜鎮南將軍江州刺史進應城縣
公建武中位侍中鎮軍將軍給扶後卒贈車騎將軍謚壯公
子珍國字德重仕齊為南譙太守有能名時郡境苦飢乃
發米散財以振窮乏高帝手勑云卿愛人活國甚副吾意
永明初遷桂陽內史討捕賊盜境內肅清罷任還都路經
江州刺史柳世隆臨渚餞別見珍國還裝輕素歎曰此真
良二千石也還為大司馬中兵參軍武帝雅相知賞謂其
父廣之曰珍國應堪大用卿可謂老蚌也廣之曰臣不敢
辭帝大笑帝每歎曰晚代將家子弟如珍國者少矣累遷

游擊將軍父憂去職建武末魏軍圍司州明帝使徐州刺
史裴叔業攻拔渦陽以為聲援起珍國為輔國將軍助焉
魏將楊大眼大衆奄至叔業懼棄軍走珍國率其衆殿故
不至大敗及會稽太守王敬則反珍國又率衆拒之永元
中為北徐州刺史將軍如故梁武起兵東昏召珍國以衆
還都使出屯朱雀門為王茂所敗乃入城密遣郗纂奉明
鏡獻誠於梁武帝帝斷金以報之時侍中衛尉張稷都督
衆軍珍國潛結稷腹心張齊要稷稷許之十二月丙寅旦
珍國引稷於衛尉府勒兵入自雲龍門殺東昏於內殿與
稷會尚書僕射王亮等於西鍾下使國子博士范雲等奉

東昏首歸梁武後因侍宴帝曰卿明鏡尚存昔金何在珍
國曰黃金謹在臣肘不敢失墜歷位左衛將軍加散騎常
侍封灄陽侯遷都官尚書初珍國自以廢殺東昏意望台
鼎先是出為梁秦二州刺史心常鬱怏酒後於坐啓云臣
近入梁山便哭帝大驚曰卿若哭東昏則已晚若哭我我
復未死珍國起拜謝竟不荅坐即散因此疎退久方有此
進天監五年魏任城王澄攻鍾離帝遣珍國為援因問討
賊方略對曰臣常患魏衆少不苦其多武帝壯其言乃假
節與衆軍同赴魏軍退班師又出為南秦梁二州刺史會
梁州長史夏侯道遷以州降魏珍國步道出魏興將襲之

不果遂留鎮焉改封宜陽縣侯累遷丹楊尹卒贈車騎將
軍謚曰威子僧慶嗣
張齊字子響馮翊郡人少有膽氣初事荆州司馬垣歷生
歷生酗酒遇下嚴酷不禮之及吳郡張稷為荆府司馬齊
復從之甚見重以為腹心齊盡心事稷稷為南兗州擢為
府中兵參軍梁武帝起兵東昏徵稷歸都督宮城諸軍事
齊夜引珍國就稷齊手自執燭定謀明旦與稷珍國即東
昏於殿內齊手殺焉武帝受禪封齊安昌侯位歷陽太守
齊手不知書目不識字在郡清整吏事甚脩天監四年魏
將王足攻蜀圍巴西帝以齊為輔國將軍救蜀未至足退

齊進戍南安遷巴郡太守初南鄭沒于魏乃於益州西置
南梁州州鎮草創皆仰益州取足齊上夷獠義租得米二
十萬斛十一年進假節督益州外水諸軍齊在益部累年
討擊蠻獠身無寧歲其居軍中能身親勞辱與士卒同勤
苦自頓舍城壘皆委曲得其便調給衣糧資用人無困乏
既為物情所歸蠻獠亦不敢犯是以威名行於庸蜀巴西
郡居益州之半又當東道衝要刺史經過軍府遠涉多窮
匱齊緣路聚糧食種蔬菜行者皆取給焉歷南梁州刺史
遷信武將軍征西鄱陽王司馬新興永寧二郡太守未發
卒謚曰壯

論曰宋氏將季亂離日兆家懷逐鹿人有異圖高帝觀釁
深視將符興運李安人戴僧靜桓康焦度曹武呂安國周
山圖周盤龍王廣之等或早見誠款或備盡心力或受委
方面或功成麾下其所以自致榮寵豈徒然哉亦驗人
心之有歸樂推之非妄也語云勇而無禮則亂觀夫奉叔
取進之道不亦幾於亂乎其致屠戮亦其宜矣珍國明鏡
雖在而斷金莫驗報罵之義理則宜然台輔之巢其何爽
也張齊人位本下志望易充績宜所莅其殆優也

列傳第三十六　南史四十六

列傳第三十七　南史四十七

李延壽

荀伯玉　崔祖思 祖思叔父景真 景真子元祖

祖思宗人文仲　蘇侃

虞悰　胡諧之 范柏年

虞玩之　劉休

江祏 劉暄

荀伯玉字弄璋廣陵人也祖永南譙太守父闡之給事中伯玉仕宋為晉安王子勛鎮軍行參軍泰始初隨子勛舉事及事敗還都賣卜自業齊高帝鎮淮陰伯玉為高帝冠軍刑獄參軍高帝為宋明帝所疑被徵為黃門郎深懷憂慮見平澤有羣鶴仍命筆詠之曰八風儛遥翮九野弄清音一摧雲間志為君苑中禽以示伯玉深指伯玉勸高帝遣數十騎入魏界安置標榜魏果遣游騎數百履行界上高帝以聞猶懼不得留令伯玉占伯玉言不成行而帝卒復本任由是見親待高帝有故吏東莞竺景秀嘗以過繫作部高帝謂伯玉卿比看景秀不荅曰數往候之備加責誚云若許某自新必吞刀刮腸飲灰洗胃帝善其荅即釋之卒為忠信士後隨高帝還都除奉朝請高帝使主家事武帝罷廣興還立別宅遣人於大宅掘樹數株伯玉不與

馳以聞高帝善之高帝為南兗州伯玉從轉鎮軍中兵參軍帶廣陵令初高帝在淮陰伯玉假還廣陵夢上廣陵城南樓上有二青衣小兒語伯玉云草中肅九五相追逐伯玉視城下人頭皆有草泰始七年又夢高帝乘船在廣陵北渚兩腋下有翅不舒伯玉問何當舒帝曰却後三年伯玉夢中自謂是呪師凡六唾呪之有六龍出兩腋下翅皆舒還復斂元徽二年而高帝破桂陽威名大震五年而廢蒼梧謂伯玉曰卿夢今日効矣昇平初仍為高帝驃騎中兵參軍帶濟陽太守霸業既建伯玉忠勤盡心常衛左右加前將軍大見委信建元元年封南豐縣子為豫章王司空諮議太守如故時武帝在東宮自以年長與高帝同創大業朝事大小悉皆專斷多違制度左右張景真偏見任遇又多僭侈武帝拜陵還景真白服乘畫舴艋坐胡牀觀者咸疑是太子內外祗畏莫敢有言者驍騎將軍陳胤叔先已陳景真及太子前後得失伯玉因武帝拜陵之後密啓之上大怒豫章王嶷素有寵政以武帝長嫡又南郡王兄弟並列故武帝為太子至是有改易之意武帝東還遣文惠太子聞喜公子良宣敕詰責并示以景真罪狀使以太子令收景真殺之胤叔因白武帝皆言伯玉以聞武帝憂懼稱疾月餘日上怒不解晝卧太陽殿王敬則直入

叩頭啓請往東宮以慰太子高帝無言敬則因大聲宣旨
往東宮命裝束又敕太官設饌密遣人報武帝令奉迎因
呼左右索輿高帝了無動意敬則索衣以衣高帝仍牽上
輿遂幸東宮召諸王宴歡因游玄圃園長沙王晃捉華蓋
臨川王映執雉尾扇聞喜公子良持酒鎗南郡王行酒武
帝與豫章王嶷及敬則自捧肴饌高帝大飲賜武帝以下
酒並大醉盡歡日暮乃去是日微敬則則東宮殆廢高帝
重伯玉盡心愈見信使掌軍國密事權動朝右每暫休外
軒蓋填門嘗遭母憂成服日左率蕭景先侍中王晏共載
吊之五更使巾車未到伯玉宅二里許王侯朝士已盈巷

至下鼓尚未得前司徒褚彥回衛軍王儉俱進繼後方得
前又倚聽事久之中詔遣中書舍人徐希秀斷哭止客久
方得吊比出二人飢乏氣息惙然切齒形于聲貌明日入
宮言便云臣等所見二宮門及齋閣方荀伯玉宅政可設
雀羅續復言外論云千敕萬令不如荀公一命武帝深怨
伯玉高帝臨崩指伯玉以屬武帝即位伯玉憂懼上聞之
以其與垣崇祖善崇祖田業在江西慮相扇為亂加意撫
之伯玉乃安永明元年與崇祖並見誣伏誅而亂叔為太
子左率呂文顯歎曰伯玉能謀太祖而不能自謀豈非天
哉初伯玉微時有善相墓者謂其父曰君墓當出暴貴者

但不得久耳又出失行女子伯玉聞之曰朝聞道夕死可
矣頃之伯玉姊當嫁明日應行今夕逃隨人去家尋求不
能得後遂出家為尼伯玉卒敗亡

崔祖思字敬元清河東武城人魏中尉琰七世孫也祖諲
宋冀州刺史父僧護州秀才祖思少有志氣好讀書年十
八為都昌令隨青州刺史垣護之入堯廟廟有蘇侯神偶
坐護之曰唐堯聖人而與蘇侯神共坐今欲正之何如祖
思曰使君若清蕩此坐則是堯廟重去四凶由是諸雜神
並除齊高帝在淮陰祖思聞風自結為上輔國主簿甚見
親待參豫謀議宋朝初議封高帝為梁公祖思啓高帝曰

讖云金刀利刃齊刈之今宜稱齊實應天命從之自相國
從事中郎遷齊國內史高帝既為齊王置酒為樂羹膾既
至祖思曰此味故為南北所推侍中沈文季曰羹膾吳食
非祖思所解祖思曰炰鱉鱠鯉似非句吳之詩文季曰千
里蓴羹豈關魯衛帝甚悅曰蓴羹故應還沈帝之輔政眾
議將加九錫內外皆贊成之祖思獨曰公以仁恕匡社稷
執股肱之義君子愛人以德不宜如此帝聞而非之曰祖
思遠同荀令豈孤所望也由此不復處任職之官而禮見
甚重垣崇祖受密旨參訪朝臣光祿大夫垣閎曰身受宋
氏厚恩復蒙明公眷接進不敢同退不敢異祖思又曰公

退讓誠節故宜受之以禮次問冠軍將軍崔文仲文仲問
崇祖曰卿意云何對曰聖人云知幾其神又云見幾而作
文仲撫髀曰政與吾意同崇祖具說之及帝受禪閎存故
爵文仲崇祖皆封侯祖思加官而已除給事中黃門侍郎
武帝即位祖思啓陳政事以為自古開物成務必以教學
為先宜太廟之南弘脩文序司農以北廣開武校又曰劉
備取帳構銅鑄錢以充國用魏武遣女皁帳婢十人東阿
婦以繡衣賜死王景興以折米見誚宋武節儉過人張妃
房唯碧綃蚊幬三齊莞席五盞盤桃花米飯殷仲文勸令
畜伎荅云我不解聲仲文曰但畜自解又荅畏解故不畜

歷觀帝王未嘗不以約素興侈麗亡也伏惟陛下體唐成
儉踵虞為樸寢殿則素木卑構膳器則陶瓢充御瓊簪玉
笏碎以為塵珍裘繡服焚之如草宜察朝士有柴車蓬館
高以殊等馳禽荒色長違清編則調風變俗不俟終日又
曰憲律之重由來尚矣宜清置廷尉茂簡三官漢來習
律有家子孫並傳其業今廷尉律生乃令史門戶刑之不
曆抑此之由又曰案前漢編戶千萬太樂伶官方八百二
十九人孔光等奏罷不合經法者四百四十一人正樂定
員唯置三百八十八人今戶口不能百萬而太樂雅鄭元
徽時校試千有餘人後堂雜伎不在其數糜費力役傷敗

風俗今欲撥邪歸道莫若罷雜伎王庭唯置鍾簴羽戚登
歌而已上詔報荅後為青冀二州刺史在政清勤而謙卑
下士言議未嘗及時事上更以敬重之未幾卒上深加歎
惜祖思叔父景真位平昌太守有惠政常懸一蒲鞭而未
嘗用去任之日士人思之為立祠子元祖有學行好屬文
仕至射聲校尉武帝取為延昌主帥從駕至何美人墓上
為悼古詩特詔元祖使和稱以為善永明九年魏使李道
固及蔣少游至元祖言臣甥少游有班倕之功今來必令
模寫宮掖未可令反上不從少游果圖畫而歸元祖歷位
驍騎將軍出為東海太守上每思之時節恒賜手敕賞賜

有加時青州刺史張沖啓淮北頻歲不熟今秋始稔此境
鄰接戎寇彌須沃實乞權斷穀過淮南而徐兗豫司諸州
又各私斷穀米不聽出境自是江北荒儉有流亡之弊元
祖乃上書謂宜豐儉均之書奏見從祖思宗人文仲位徐
州刺史封建陽縣子在政為百姓所懼除黃門侍郎領越
騎校尉徙封隨縣嘗獻高帝纏騣繩一枚上納受後卒於
汝陰太守贈徐州刺史謚襄子

蘇侃字休烈武邑人也祖護本郡太守父端州中從事侃
涉獵書傳薛安都反引侃為其府參軍使掌書記侃自拔
南歸齊高帝在淮上便自委結高帝鎮淮陰取為冠軍錄

事參軍時高帝在兵久見疑乃作塞客吟以喻志曰寶緯紊宗神經淡序德晦河晉曆宣江楚雲雷兆壯天山繇武直象指秦關凝精越漢渚秋風起塞草衰鵰鴻思邊馬悲平原千里顧但見轉蓬飛星嚴海淨月澈河明清暉映幕素液凝庭金笳夜厲羽轊晨征斡精濯而悵泗柮松洲而悼憤蘭涵風而寫艷菊籠泉而散英曲繞首燕之歎吹軫絕越之聲歆園琴之孤弄想庭藿之餘馨青關望斷白日西斜恬源靚霧壟首暉霞戒旋鷁躍遠波情緜緜而方遠思裊裊而遂多粵擊秦中之筑因爲塞上之歌歌曰朝發兮江泉日夕兮陵山驚飈兮瀄汨淮流兮潺湲胡埃兮雲

聚楚旆兮星懸愁墉兮思宇惻愴兮何言定寰中之逸鑒審雕陵之迷泉悟樊籠之或累悵遐心以栖玄侃達高帝此旨更自勤厲遂見委付事深被知待桂陽之難帝以侃爲平南錄事領軍主從頓新亭使分金銀賦賜將士後爲帝太尉諮議侃事高帝既久備悉起居乃與丘巨源撰蕭太尉記載帝征伐之功封新建縣侯齊臺建爲黃門郎領射聲校尉任以心膂帝即位侃撰聖皇瑞命記一卷奏之建元元年卒上惜之甚至謚質侯

虞悰字景豫會稽餘姚人也祖嘯父晉左戶尚書父秀之黃門郎悰少以孝聞父病不欲見人雖子弟亦不得前時悰年十二三晝夜伏戶外問內豎消息聞未知轉嗚咽流涕如此者百餘日及亡終喪日唯食麥餅二枚仕宋位黃門郎宋明帝誅山陽王休祐至葬日寒雪厚三尺故人無至者唯悰一人來赴初齊武帝始從官家尚貧薄悰數相分遺每行必呼帝同載帝甚德之齊建元初爲太子中庶子累遷豫章內史悰家富於財而善爲滋味豫章王嶷盛饌享賓謂悰曰肴羞有所遺不悰曰何曾食疏有黃頷臛恨無之累遷太子右率永明八年大水百官戎服救太廟悰朱衣乘車鹵簿於宣陽門外入行馬內驅逐人被奏見原上以悰布衣之舊從容謂悰曰我當令卿復祖業轉侍

中朝廷咸驚其美遷祠部尚書武帝幸芳林園就悰求味悰獻糏及雜肴數十輿大官鼎味不及也上就悰求諸飲食方悰秘不出上醉後體不快悰乃獻醒酒鯖鮓一方而已鬱林王立兼大匠卿起休安陵於陵所受局下牛酒坐免官隆昌元年以白衣領職鬱林廢悰竊歎曰王徐遂縛袴廢天子天下豈有此理耶延興元年領右軍明帝立悰稱疾不陪位帝使尚書令王晏齎廢立事示悰以悰舊人引參佐命悰謂晏曰主上聖明公卿戮力寧假朽老以匡贊惟新乎不敢聞命因慟不自勝朝議欲糾之僕射徐孝嗣曰此亦古之遺直衆議乃止悰稱疾篤還東詔賜假百

日轉給事中光祿大夫尋加正員常侍卒悰性敦實與人知識必相存訪親踈皆有終始世以此稱之

胡諧之豫章南昌人也祖廉之書侍御史父翼之州辟不就諧之仕宋為邵陵王左軍諮議齊武帝為江州以諧之為別駕委以事任建元二年為給事中驍騎將軍上方欲獎以貴族盛姻以諧之家人語傒音不正乃遣宮內四五人往諧之家教子女語二年後帝問曰卿家人語音已正未諧之答曰宮人少臣家人多非唯不能得正音遂使宮人頓成傒語帝大笑徧向朝臣說之永明五年為左衞將軍加給事中諧之風采瓌潤善自居處兼以舊恩見遇朝

士多與交游六年遷都官尚書上欲遷諧之嘗從容謂曰江州有幾侍中邪答曰近世唯程道惠一人而已上曰當令有二後以語尚書令王儉儉意更異乃以為太子中庶子領左衞率諧之有識具每朝廷官缺及應遷代密量上所用人皆如其言虞悰以此稱服之既居權要多所徵求就梁州刺史范柏年求佳馬柏年患之謂使曰馬非狗子那可得為應無極之求接使人薄使人致恨歸謂諧之曰柏年云胡諧是何傒狗無厭之求諧之切齒致忿時王玄邈代柏年柏年稱疾推遷不時還諧之言於帝曰柏年恃其山川險固聚衆欲擅一州及柏年下帝欲不問諧之又言見獸格得而放上山於是賜死十年諧之轉度支尚書領衞尉明年卒謚肅侯柏年本梓潼人土斷屬梁州華陽郡初為州將劉亮使出都諮事見宋明帝帝言次及廣州貪泉因問柏年卿州復有此水不答曰梁州唯有文川武鄉廉泉讓水又問卿宅在何處曰臣所居廉讓之間帝嗟其善答因見知歷位內外終於梁州刺史

虞玩之字茂瑤會稽餘姚人也祖宗晉尚書庫部郎父玫通直常侍玩之少閑刀筆汎涉書史仕宋為烏程令路太后外親朱仁彌犯罪玩之依法案之太后怨訴孝武坐免官元徽中為尚書右丞齊高帝參政與玩之書曰張華為

度支尚書事不徒然今漕藏有闕吾賢居右丞已覔金粟可積也玩之上表陳府庫錢帛器械役力州縣轉多興用漸廣慮不支月朝議優報之高帝鎮東府朝廷致敬玩之為少府猶躡屐造席高帝取屐親視之訛黑斜銳蒵斷以芒接之問曰卿此屐已幾載玩之曰初釋褐拜征北行佐買之著已三十年貧士竟不辦易高帝咨嗟因賜以新屐玩之不受帝問其故答曰今日之賜恩華俱重但著簪弊席復不可遺所以不敢當帝善之拜驍騎諮議參軍霸府初開賓客輻湊高帝留意簡接玩之與樂安任遐俱以應對有席上之美齊名見遇玩之遷黃門郎先時宋世人籍

欺巧及高帝即位敕玩之與驃騎將軍傅堅意檢定之建
元二年詔朝臣曰黄籍人之大綱國之政端自頃甿俗巧
僞乃至竊注爵位盜易年月增損三狀貿襲萬端或户存
而文書已絶或人在而反託死叛停私而云隸役身強而
稱六疾此皆政之巨蠹教之深疵若約之以刑則人僞已
遠若綏之以德則勝殘未易諸賢竝深明政體各獻嘉謀
玩之表言便宜多見采納於是朝廷乃別置校籍官置令
史限人一日得數巧以防懈怠既連年不已貨賄潛通百
姓怨望富陽人唐寓之僑居桐廬父祖相傳圖墓為業寓
之自云其家墓有王氣山中得金印轉相誑惑永明二年

冬寓之聚黨遂陷富陽至錢唐僭号置太子賊遂據郡又
遣僞會稽太守孫泓取山陰時會稽太守王敬則朝正故
寓之謂可乘虛而襲泓至浦陽江而郡丞張思祖遣浹口
戍主湯休武拒戰大破之朝廷遣禁兵東討至錢唐一戰
便散禽斬寓之進兵平諸郡縣臺軍乘勝百姓頗被強奪
軍還上聞之收軍主前軍將軍陳天福棄市天福善馬矟
為諸將法上寵將也既伏誅内外莫不震肅玩之以久宦
衰疾上表告退許之玩之於人物好臧否宋末王儉舉員
外郎孔逷使魏玩之言論不相饒逷儉竝恨之至是玩之
東歸儉不出送朝廷無祖餞者中丞劉休與親知書曰虞

公散髮海隅同古人之美而東都之送殊不藹藹玩之歸
家數年卒其後員外郎孔瓊就儉求會稽五官儉方與投
阜莢於地曰卿鄉俗惡虞玩之至死煩人
劉休字弘明沛郡相人也初為駙馬都尉宋明帝居藩休
為湘東國常侍不為帝所知襲祖南鄉侯友人陳郡謝儼
同丞相義宣反休坐匿之被繫尚方孝武崩乃得出泰始
初諸州反休素能棊知明帝當勝靜默不預異謀休之繫
尚方也尚方令吳喜愛其才後投吳喜為喜輔師府録事
參軍喜進之明帝得在左右板桂陽王征北參軍帝頗有
好尚尤嗜飲食休多藝能爰至鼎味莫不閑解遂見親賞

長直殿内後宮孕者帝使筮其男女無不如占帝憎婦人
妬尚書右丞榮彥遠以善棊見親婦妬傷其面帝曰我為
卿斷之何如彥遠率爾從旨其夕遂賜藥殺其妻休妻王
氏亦妬帝聞之賜休妻敕與王氏二十杖令休於宅後開
小店使王氏親賣皁莢掃箒以此辱之其見親如此尋除
員外郎領輔國司馬中書通事舍人帶南城令後為都水
使者南康相善談政體而在郡無異績齊建元初為御史
中丞頃之啓言宋世載祀六十歷斯任者五十有三校其
年月不過盈歲於臣叨濫宜請骸骨四年出為豫章内史
卒宋末造指南車高帝以休有思理使與王僧虔對共監

誠又元嘉中羊欣重王子敬正隸書世共宗之右軍之體
微輕不復見貴及休始好右軍法因此大行云
江祏字弘業濟陽考城人也祖遵寧朔參軍父德驎司徒
右長史祏姑為齊高帝兄始安貞王道生妃追謚景皇后
生齊明帝祏少為明帝所親恩如兄弟明帝為吳興以祏
為郡丞後除通直郎補南徐州別駕明帝輔政委以腹心
引為驃騎諮議參軍領南平昌太守時新立海陵人情未
服祏每說明帝以君臣大節明帝轉顧而不言明帝脾上
有赤誌常秘不傳既而祏勸帝出以示人晉壽太守王洪
範罷任還上袒示之曰人皆謂此是日月相卿幸無泄之

洪範曰公日月在軀如何可隱轉當言之公卿上大悅會
直後張伯尹瓚等屢謀竊發祏憂懼無計每夕輒託事外
出及明帝入纂議定加祏寧朔將軍明帝為宣城王太史
密奏圖緯云一號當得十四年祏入帝喜以示祏曰得此
復何所望及即位遷守衛尉安陸縣侯祏祖遵以后父贈
金紫光祿大夫父德驎以帝舅亦贈光祿建武二年遷左
衛將軍掌甲仗廉察四年轉太子詹事祏以外戚親要權
冠當時魏軍南伐明帝欲以劉暄為雍州暄時方希內職
不願遠役投於祏祏謂明帝曰昔人相暄得一州便躓今
為雍州儻相中乎上默然俄召梁武帝謂曰今使卿為雍

州閫外一以相委祏既見任遂遂致餉遺或取諸王名畫
好物然家行甚睦待子姪有恩永泰元年明帝寢疾轉祏
侍中中書令出入殿省及崩遺詔轉尚書左僕射祏弟衛
尉祀為侍中皇后弟劉暄為衛尉與始安王遙光徐孝嗣
蕭坦之等輔政誡東昏曰五年中汝勿厝意過此自覽勿
復委人及即位祏參掌選事明帝雖顧命羣臣而意寄多
在祏兄弟至是更直殿內動止關諮永元元年領太子詹
事劉暄遷散騎常侍右衛將軍帝稍欲行意徐孝嗣不能
奪蕭坦之雖時有異同而祏堅意執制帝深忌之孝嗣謂
祏曰主上稍有異同詎可為相乖反祏曰但以見付必無

所憂帝左右小人會稽茹法珍吳興梅蟲兒東海祝靈勇東
冶軍人俞靈韻右衛軍人豐勇之等並為帝所委任祏常
裁折之群小切齒帝失德既彰祏議欲立江夏王寶玄劉
暄初為寶玄郢州行事執事過刻有人獻馬寶玄欲看之
暄曰馬何用看妃索煑肫帳下諮暄暄曰旦已煑鵝不煩
復此寶玄恚曰舅殊無渭陽之情暄聞之亦不悅至是不
同祏議欲立建安王寶夤密謀於遙光遙光自以年長屬
當鼎命微旨動祏祏弟祀以少主難保勸祏立遙光暄以
遙光若立已失元舅之望不肯同故祏遲疑久不決遙光
大怒遣左右黃曇慶於青溪橋道中刺殺暄曇慶見暄部

伍人多不敢發事竟暄告祏謀帝處分收祏兄弟祀時直
在殿内疑有異遣信報祏曰劉暄似有謀今作何計祏曰
政當静以鎮之俄而召祏入見停中書省先是直齋衣文
曠以王敬則勳當封祏執不與帝使文曠取祏以刀環築
其心曰復能奪我封不祏祀同日見殺祏任寄雖重而不
忘財利論者以此少之祏等既誅帝恣意遊走單騎奔馳
謂左右曰祏常禁吾騎馬小子若在吾豈能得此因問祏
親親餘誰答曰江祥今猶在冶乃於馬上作敕賜祥死祀
字景昌位晉安王鎮北長史南東海太守行府州事祀弟
禧早卒有子㪍字偉卿年十二聞收至謂家人曰伯既如

此無心獨存赴井死劉暄字士穆彭城人及聞祏等戮眠
中大驚投出戶外問左右收至未良久意定還坐大悲曰
不念江行自痛也遥光事起以討暄為名事平暄遷領軍
將軍封平都縣侯其年茹法珍梅蟲兒徐世摽譖暄有異
志帝曰領軍是我舅豈應有此世摽曰明帝是武帝同堂
恩遇如此尚滅害都盡舅復焉可信乃誅之暄為人性軟
弱當軸居政每事讓江祏兄弟不得進官死之日皆怨之
和帝中興元年贈祏衛將軍暄散騎常侍撫軍將軍並開
府儀同三司祀散騎常侍太常卿

論曰君老不事太子義烈之遺訓也欲夫專心所奉在節
無二伯王始遵其事旋及誅夷有以驗行之惟艱且知齊
武之非弘量矣高帝作牧淮兗將興霸業崔蘇睹微知著
自同奔走虞悰罰餌之恩諳之心腹之寄並得攀光日月
亦各時運之所躋乎玩之臧否之尤著在懸車之日是知
嗣宗所誡蓋亦遠有致乎江祏立辟非時竟蹈龍逢之血
人之多僻蓋詩人所深懼也

列傳第三十七 南史四十七

李　延壽

陸澄　陸慧曉子倕 孫緒 兄子閑 閑子絳 絳弟厥 厥弟襄 襄兄子雲公 雲公子瓊 瓊子從典 瓊從父弟琰 琰弟瑜 瑜從兄玠 從弟琛

陸杲子罩

陸澄字彥深吳郡吳人也祖劭臨海太守父瑗州從事澄少好學博覽無所不知行坐眠食手不釋卷宋泰始初為尚書殿中郎議皇后諱班下應依舊稱姓左丞徐爰案司馬孚議皇后春秋逆王后于齊並不言姓澄以意立議坐免官白衣領職郎官舊坐杖有名無實澄在官積前後罰

凡至千數後兼左丞泰始六年詔皇太子朝服袞冕九章澄與儀曹郎丘仲起議服冕以朝實著經文秦除六冕漢明還備魏晉以來不欲令臣下服袞冕故位公者加侍官今皇太子禮絕羣后宜遵聖王盛典革近代之制累遷御史中丞齊建元元年驃騎諮議沈憲等家奴客為劫子弟被劾憲等晏然左丞任遐奏澄不糾請免澄官上表自理言舊例無左丞糾中丞之義詔外詳議尚書令褚彥回檢宋以來左丞糾正而中丞不糾免官者甚眾奏澄謏聞膚見貽撓後昆上掩皇明下籠朝議請以見事免澄所居官詔澄以白衣領職永明元年累遷度支尚書尋領國子博士尚書令王儉謂之曰昔曹志繆悅為此官以君係之始無慚德儉嘗問澄曰崇禮門有鼓而未嘗鳴其義安在答曰江左草創崇禮闥皆是茅茨故設鼓有火則扣以集眾相傳至今又與儉書陳王弼注易玄學之所宗今若弘儒鄭注不可廢并言左氏杜學之長穀梁舊有糜信近益以范甯不足兩立世有一孝經題為鄭玄注觀其用辭不與注書相類案玄自序所注眾書亦無孝經且為小學之類不宜列在帝典儉答曰易體微遠實貫群籍宜可專據小王便為該備依舊存鄭高同來說元凱注傳超邁前儒穀梁小書無俟兩注存糜略范率由舊式凡此諸議並同雅

論疑孝經非鄭所注僕以此書明百行之首實人倫所先七略藝文並陳之六藝不與蒼頡凡將之流也鄭注虛實前代不嫌意謂可安仍舊立置儉自以博聞多識讀書過澄澄謂曰僕少來無事唯以讀書為業且年位已高今君少便鞅掌王務雖復一覽便諳然見卷軸未必多僕儉集學士何憲等盛自商略澄待儉語畢然後談所遺漏數百千條皆儉所未覩儉乃歎服儉在尚書省出巾箱几案雜服飾令學士隸事事多者與之人人各得一兩物澄後來更出諸人所不知事復各數條并奪物將去轉散騎常侍祕書監吳郡中正光祿大夫加給事中尋領國子祭酒

竟陵王子良得古器小口方腹而底平可容十八升以問
澄澄曰此名服匿單于以與蘇武子良詳視器底有字彷
彿可識如澄所言隆昌元年以老疾轉光祿大夫加散騎
常侍未拜卒謚靜子澄當世稱爲碩學讀易三年不解文
義欲撰宋書竟不成王儉戲之曰陸公書廚也家多墳籍
人所罕見撰地理書及雜傳死後乃出澄弟鮮得罪宋世
當死澄於路見舍人王道隆叩頭流血以此見原揚州主
簿顧測以兩奴就鮮質錢鮮死子暉誣爲賣券澄爲中丞
測遂爲澄所抑世以此少之
陸慧曉字叔明吳郡吳人晉太尉玩之玄孫也自玩至慧

曉祖萬載世爲侍中皆有名行慧曉伯父仲元又爲侍中
時人方之金張二族父子真仕宋爲海陵太守時中書舍
人秋當見幸家在海陵假還葬父子真不與相聞當請發
人脩橋又以妨農不許彭城王義康聞而賞之王僧達貴
公子孫以才傲物爲吳郡太守入昌門曰彼有人焉顧琛
一公兩掾英英門戶陸子真五世內侍我之流亞子真自
臨海太守眼疾歸爲中散大夫卒慧曉清介正立不雜交
游會稽內史同郡張緒稱之曰江東裴樂也初應州郡辟
舉秀才歷諸府行參軍以母老還家侍養十餘年不仕齊
高帝輔政除爲尚書殿中郎鄰族來相賀慧曉舉酒曰陸

慧曉年踰三十婦父領選始作尚書郎卿輩乃復以爲慶
邪高帝表禁奢侈慧曉撰答詔草爲帝所賞引爲太傅東
閤祭酒齊建元初遷太子洗馬廬江何點常稱慧曉心如
照鏡遇形觸物無不朗然王思遠恒如懷冰暑月亦有霜
氣當時以爲實錄慧曉與張融並宅其間有池池上有二
株楊柳點歎曰此池便是醴泉此木便是交讓及武陵王
曄守會稽上爲精選僚吏以慧曉爲征虜功曹與府參軍
沛國劉璡同從述職璡清介士也行至吳謂人曰吾聞張
融與慧曉並宅其間有水此必有異味故命駕往酌而飲
之曰飲此水則鄙吝之萌盡矣何點薦慧曉於豫章王嶷

補司空掾加以恩禮累遷安西諮議領冠軍錄事參軍武
帝第三子廬陵王子卿爲南豫州刺史帝稱其小名謂司
徒竟陵王子良曰烏熊癡如熊不得天下第一人爲行事
無以壓一州既而曰吾思得人矣乃使慧曉爲長史行事
別帝問曰卿何以輔持廬陵答曰靜以脩身儉以養性靜
則人不擾儉則人不煩王大悅後爲司徒右長史時陳郡
謝朏爲左長史府公竟陵王子良謂王融曰我府前世誰
比融曰明公二上佐天下英奇古來少見其比子良西邸
抄書令慧曉參知其事尋遷西陽王征虜巴陵王後軍臨
汝公輔國三府長史行府州事復爲西陽王左軍長史領

會稽郡丞行郡事隆昌元年徙爲晉熙王冠軍長史江夏內史行郢州事慧曉歷輔五政立身清肅僚佐以下造詣必起送之或謂慧曉曰長史貴重不宜妄自謙屈荅曰我性惡人無禮不容不以禮處人未嘗卿士大夫或問其故慧曉曰貴人不可卿而賤者乃可卿人生何容立輕重於懷抱終身常呼人位建武初除西中郎長史行事內史如故俄徵黃門郎未拜遷吏部郎尚書令王晏選門生補內外要局慧曉爲用數人而止晏恨之送女妓一人欲與申好慧曉不納吏曹郎令史歷政來諮執選事慧曉任己獨行未嘗與語帝遣主書單景儁謂曰都令史諳悉舊貫可

共參懷慧曉謂景儁曰六十之年不復能諮都令史爲吏部郎也上若謂身不堪便當拂衣而退帝甚憚之後欲用爲侍中以形短小乃止出爲晉安王鎮北司馬征北長史東海太守行府州事入爲五兵尚書行揚州事崔慧景事平領右軍將軍出監南徐州朝議又欲以爲侍中王亮曰濟河須人今且就朝廷借之以鎮南兗州王瑩王志皆曰侍中彌須英華方鎮猶應有選者亮曰角其二者則貂璫緩拒寇切當今朝廷甚弱宜從切者乃以爲輔國將軍南兗州刺史加督至鎮俄爾以疾歸卒贈太常三子僚任倕並有美名時人謂之三陸初授慧曉兗州三子依次第各作一讓表辭並雅麗時人歎伏僚學涉子史長於微言美姿容鬚眉如畫位西昌侯長史蜀郡太守

倕字佐公少勤學善屬文於宅內起兩茅屋杜絕往來晝夜讀書如此者數歲所讀一徧必誦於口嘗借人漢書失五行志四卷乃暗寫還之略無遺脫幼爲外祖張岱所異岱嘗謂諸子曰此兒汝家陽元也十七舉本州秀才刺史竟陵王子良開西邸延英俊倕預焉梁天監初爲右軍安成王主簿與樂安任昉友爲感知己賦以贈昉昉因此名以報之及昉爲中丞簪裾輻湊預其讌者殷芸到溉劉苞劉孺劉顯劉孝綽及倕而已號曰龍門之游雖貴公子孫不

得預也遷臨川王東曹掾梁武帝雅愛倕才乃敕撰新漏刻銘其文甚美遷太子中舍人又詔爲石闕銘敕褒美之賜絹三十匹累遷太常卿卒子瓚早慧七歲通經爲童子郎卒次緬有似於倕一看殆不能別

纘字士儒倕兄子也父任御史中丞纘幼有志尚以雅正知名梁承聖中爲中書侍郎掌東宮管記魏平江陵纘微服遁還建鄴紹泰元年除司徒右長史御史中丞以父任所終固辭陳武帝作輔爲司徒司馬及受命位侍中出爲新安太守文帝嗣位徵爲中庶子領步兵校尉掌東宮管記纘儀表端麗進退閑雅趨步蹈履文帝使太子諸王咸取

則焉後復拜御史中丞循以父所終固辭不許乃權換廨
宇徙以居之太建中歷度支尚書侍中太子詹事尚書右
僕射尋遷左僕射參掌選事別敕與徐陵等七人參議政
事卒贈特進謚曰安子以繕東宮舊臣特賜祖奠繕子辯
慧年數歲詔引入殿內進止有父風宣帝因賜名辯慧字
敬仁繕兄子見賢亦方雅位少府卿卒
閑字遐業慧曉兄子也有風槩與人交不苟合少爲同郡
張緒所知仕至揚州別駕齊明帝崩閑謂所親人曰宮車
晏駕百司將聽冢宰主上地重才弱必不能振難將至矣
乃感心疾不復預州事永元末刺史始安王遙光據東府

作亂或勸去之閑曰吾爲人吏何可逃死臺軍攻陷城閑
以綱佐被收至杜姥宅尚書令徐孝嗣啓閑不預逆謀未
及報徐世摽命殺之閑四子厥絳完褰也絳字魏卿時隨
閑抱頸求代死不獲遂以身蔽刀刃行刑者俱害之
厥字韓卿少有風槩好屬文齊永明九年詔百官舉士同
郡司徒左西曹掾顧暠之表薦厥州舉秀才時盛爲文章
吳興沈約陳郡謝朓琅邪王融以氣類相推轂汝南周顒
善識聲韻約等文皆用宮商將平上去入四聲以此制韻
有平頭上尾蠭腰鶴膝五字之中音韻悉異兩句之內角
徵不同不可增減世呼爲永明體沈約宋書謝靈運傳後

又論其事厥與約書曰范詹事自序性別宮商識清濁特
能適輕重濟艱難古今文人多不全了斯處縱有會此者
不必從根本中來尚書亦云自靈均以來此祕未覩或闇
與理合匪由思至張蔡曹王曾無先覺潘陸顏謝去之彌
遠大旨欲宮商相變低昂舛節若前有浮聲則後須切響
一簡之內音韻盡殊兩句之中輕重悉異辭既美矣理又
善焉但觀歷代衆賢似不都闇此處而云此祕未覩近於
誣乎案范云不從根本中來尚書云匪由思至斯則揣情
謬於玄黃擿句著其音律也范又云時有會此者尚書云
或闇與理合則美詠清謳有辭章調韻者雖有差謬亦有

會合推此以往可得而言夫思有合離前哲同所不免文
有開塞即事不得無之子建所以好人譏彈士衡所以遺
恨終篇既曰遺恨非盡美之作理可詆訶君子執其詆訶
便謂合理爲闇豈如指其合理而寄詆訶爲遺恨邪自魏
文屬論深以清濁爲言劉楨奏書大明體勢之致岨峿妥
帖之談操末續顛之說與玄黃於律呂比五色之相宣苟
此祕未覩茲論爲何所指邪愚謂前英已早識宮徵但未
屈曲指的若今論所申至於掩瑕藏疾合少謬多則臨淄
所云人之著述不能無病者也非知之而不改謂不改則
不知斯曹陸又稱竭情多悔不可力強者也今許以有病

有悔為言則必自知無悔無病之地引其不了不合為闇
何獨誣其一合一了之地乎意者亦質文時異今古好殊
將急在情物而緩於章句情物文之所急美惡猶且相半
章句意之所緩故合少而謬多義兼於斯必非不知明矣
長門上林殆非一家之賦洛神池鴈便成二體之作孟堅
精正詠史無虧於東主平子恢富羽獵不累於憑虛王粲
初征他文未能稱是楊脩敏捷暑賦彌日不獻率意寡尤
則事促乎一日翳翳愈伏而理賒於七步一人之思遲速
天懸一家之文工拙壤隔何獨宮商律呂必責其如一邪
論者乃可言未窮其致不得言曾無先覺也約荅曰宮商

之聲有五文字之別累萬以累萬之繁配五聲之約高下
低昂非思力所學又非止若斯而已十字之文顛倒相配
字不過十巧歷已不能盡何況復過於此者乎靈均以來
未經用之於懷抱固無從得其髣髴矣若斯之妙而聖人
不尚何耶此蓋曲折聲韻之巧無當於訓義非聖哲玄言
之所急也是以子雲譬之雕蟲篆刻云壯夫不為自古辭
人豈不知宮羽之殊商徵之別雖知五音之異而其中參
差變動所昧實多故鄙意所謂此祕未覩者也以此而推
則知前世文士便未悟此處若以文章之音韻同絃管之
聲曲美惡妍蚩不得頓相乖反譬猶子野操曲安得忽有

闡緩失調之聲以洛神比陳思他賦有似異手之作故知
天機啓則律呂自調六情滯則音律頓舛也士衡雖云煥
若縟錦寧有濯色江波其中復有一片是衛文之服此則
陸生之言即復不盡者矣韻與不韻復有精麤輪扁不能
言之老夫亦不辯盡此約論四聲妙有詮辯而諸賦亦往
往與聲韻乖時有王斌者不知何許人著四聲論行於時
斌初為道人博涉經籍雅有才辯善屬文能唱導而脩容
儀嘗弊衣於瓦官寺聽雲法師講成實論無復坐處唯僧
正慧超尚空席斌直坐其側慧超不能平乃罵曰那得此
道人祿蔌似隊父唐突人因命驅之斌笑曰既有敘勳僧

正何為無隊父道人不為動而撫機問難辭理清舉四坐
皆屬目後還俗以詩樂自樂人莫能名之永元元年始安
王遙光反厥父閑被誅厥坐繫尚方尋有赦厥感慟而卒
年二十八文集行於世時有會稽虞炎以文學與沈約俱
為文惠太子所遇意眄殊常官至驍騎將軍
襄字師卿厥第四弟也本名衰字趙卿有奏事者誤字為
襄梁武帝乃改為襄字師卿天監三年都官尚書范岫表
薦襄起家著作佐郎後昭明太子統聞襄業行啓武帝引
與遊處自廬陵王記室除太子洗馬遷中舍人並掌管記
出為揚州中從事以父終此官固辭武帝不許聽與府司

馬撫解居之昭明太子敬耆老襄母年將八十與蕭琛傳
昭陸杲每月常遣存問加賜珍羞衣服襄母常卒患心痛
醫方須三升粟漿時冬月日又逼暮求索無所忽有老人
詣門貨漿量如方劑始欲酬直無何失之時以襄孝感所
致後爲太子家令復掌管記母憂去職襄年已五十毀頓
過禮太子憂之日遣使誡喻大通七年爲鄱陽内史先是
郡人鮮于琮服食脩道法常入山采藥拾得五色幡旄又
於地中得石璽竊怪之琮先與妻别室望琮所處常有異
氣益以爲神大同元年遂結門徒殺廣晉令王筠號上願
元年署置官屬其黨轉相誑惑有衆萬餘人將出攻郡襄

先已率人吏脩城隍爲備及賊至破之生獲琮時鄰郡豫
章安成等守宰案其黨與因求貨賄皆不得其實或有善
人盡室罹禍唯襄郡枉直無濫人作歌曰鮮于抄後善惡
分人無横死賴陸君又有彭李二家先因忿爭遂相誣告
襄引入内室不加責誚但和言解喻之二人感恩深自悔
咎乃爲設酒食令其盡歡酒罷同載而還因相親厚人又
歌曰陸君政無怨家鬬既罷讎共車在政六年郡中大寧
郡人李晛等四百二十人詣闕拜表陳襄德化求於郡立
碑降敕許之又表乞留襄固乞還太清元年爲度支尚書
侯景圍臺城以襄直侍中省城陷襄逃還吳景將宋子仙

進攻錢唐會海鹽人陸黯舉義襲郡殺僞太守蘇單于推
襄行郡事時淮南太守文成侯蕭寧逃賊入吳襄遣迎寧
爲盟主遣黯及兄子映公帥衆拒子仙與戰黯敗走吳下
軍聞之亦散襄匿于墓下一夜憂憤卒襄弱冠遭家禍釋
服猶若居憂終身蔬食布衣不聽音樂口不言殺害五十
年侯景平元帝贈侍中追封餘干縣侯
雲公字子龍襄兄完子也完位寧遠長史琅邪彭城二郡
丞雲公五歲誦論語毛詩九歲讀漢書略能記憶從祖倕
與沛國劉顯質問十事雲公對無所失顯歎異之及長好
學有才思爲平西湘東王繹行參軍雲公先製太伯廟碑

吳興太守張纘罷郡經途讀其文歎曰今之蔡伯喈也纘
至都掌選言之武帝召爲尚書儀曹郎入直壽光省以本
官知著作郎事累遷中書黄門郎兼掌著作雲公善弈棊
嘗夜侍坐武冠觸燭火帝笑謂曰燭燒卿貂帝將用爲侍
中故以此戲之時天泉池新製鯿魚舟形狹而短帝暇日
常泛此舟朝中唯引太常劉之遴國子祭酒到溉右衛朱
异雲公時年位尚輕亦預焉太清元年卒張纘時爲湘州
與雲公叔襄兄晏子書曰都信至承賢兄子賢弟黄門殞
逝非唯貴門喪寶實有識同悲其爲士流稱重如此雲公
從父兄才子亦有才名位太子中庶子廷尉與雲公竝有

文集行於世
雲公子瓊字伯玉幼聰慧有思理六歲為五言詩頗有詞采大同末雲公受梁武帝詔校定棊品到溉朱异以下並集瓊時年八歲於客前覆局由是都下號曰神童异言之武帝召見瓊風神警亮進退詳審帝甚異之十一丁父憂毀瘠有至性從祖襄歎曰此兒必荷門基所謂一不為少及侯景作逆攜母避地于縣之西鄉勤苦讀書晝夜無怠遂博學善屬文陳天嘉中以文學累遷尚書殿中郎瓊素有令名深為陳文帝所賞及討周迪陳寶應等都官符及諸大手筆並中敕付瓊遷新安王文學掌東宮管記及宣

帝為司徒妙簡僚佐吏部尚書徐陵薦瓊於宣帝言瓊識具優敏文史足用進居郎署歲月過淹左西掾缺允膺茲選雖階次小踰其屈滯已積乃除司徒左西掾尋兼通直散騎常侍聘齊太建中為給事黃門侍郎轉中庶子領大著作撰國史後主即位直中書省掌詔誥至德元年除度支尚書參選事掌詔誥并判廷尉建康二獄事初瓊父雲公奉梁武敕撰嘉瑞記瓊述其旨而續焉自永定訖于至德勒成一家之言遷吏部尚書著作如故瓊詳練譜牒雅有識鑒先是吏部尚書宗元饒卒尚書左僕射袁憲舉瓊宣帝未之用至是居之號為稱職瓊性謙儉不自封植雖

位望日隆而執志逾下園池室宇無所改作車馬衣服不尚鮮華四時祿俸皆散之宗族家無餘財暮年深懷止足思避權要恒謝疾不視事俄丁母憂初瓊之侍東宮母隨在官舍及喪還鄉詔加賻後主自製誌銘朝野榮之瓊哀慕過毀以至德四年卒有集二十卷行於世子從典字由儀幼聰敏年八歲讀沈約集見回文研銘援筆擬之便有佳致十二作柳賦其詞甚美從父瑜特所賞愛及瑜將終命家中墳籍皆付之從典乃集瑜文為十卷仍製集序其文甚工從典篤好學業博涉群書位太子洗馬司徒左西掾陳亡入隋位著作佐郎尚書右僕射楊素奏從典續司

馬遷史記迄于隋其書未就坐弟受漢王諒職免後卒於南陽縣主簿

琰字溫玉瓊之從父弟也父令公梁中軍宣城王記室參軍琰幼孤好學有志操州舉秀才累遷宣惠始興王外兵參軍直嘉德殿學士陳文帝聽覽餘暇頗留心史籍以琰博學善占誦引置左右嘗使製刀銘琰援筆即成無所點竄帝嗟賞久之賜衣一襲俄兼通直散騎常侍副琅邪王厚聘齊至鄴而厚卒琰為使主時年二十餘風氣韶亮占對閑敏齊士大夫甚傾心焉太建初為武陵王明威府功曹史兼東宮管記丁母憂去官卒至德二年追贈司農卿

琰寡慾鮮矜競遊心經籍晏如也所製文筆多不存本後主求其遺文撰成二卷

弟瑜字幹玉少篤學美詞藻州舉秀才再遷軍師晉安王外兵參軍東宮學士兄琰時爲管記竝以才學娛侍左右時人比之二應太建中累遷太子洗馬中舍人瑜聰敏强記常受莊老於汝南周弘正學成實論於僧滔法師竝通大旨時皇太子好學欲博覽群書以子集繁多命瑜抄撰未就而卒太子爲之流涕親製祭文仍與詹事江摠論述其美詞甚傷切至德二年追贈光祿卿有集十卷瑜有從父兄玠從父弟琛

玠字潤玉梁大匠卿晏子之子也弘雅有識度好學能屬文後主在東宮徵爲管記仍兼中舍人尋以疾失明將還鄉里太子解衣贈之爲之流涕太建八年卒至德二年追贈少府卿有集十卷

琛字潔玉宣毅臨川王長史丘公之子也少警俊事後母以孝聞後主嗣位爲給事黃門侍郎中書舍人參掌機密琛性頗踈坐漏泄禁中語詔賜死

陸杲字明霞吳郡吳人也祖徽字休猷宋補建康令清平無私爲文帝所善元嘉十五年除平越中郎將廣州刺史加督清名亞王鎮之爲士庶所愛詠二十三年爲益州刺史亦加督䘏隱有方威惠兼著寇盜靜息人物殷阜蜀土安之卒於官身亡之日家無餘財文帝甚痛惜之謚曰簡子父叡揚州中從事杲少好學工書畫舅張融有高名杲風韻舉止頗類時稱曰無對日下唯舅與甥爲尚書殿中曹郎拜日八坐丞郎竝到上省交禮而杲至晚不及時刻坐免官後爲司徒從事中郎梁臺建爲相國西曹掾天監五年位御史中丞性婞直無所顧望時山陰令虞肩在任贓汙數百萬杲奏收劾之中書舍人黃睦之以肩事託杲杲不荅梁武聞之以問杲杲荅曰有之帝曰識睦之不荅曰臣不識其人時睦之在御側上指示曰此人是也杲謂

曰君小人何敢以罪人屬南司睦之失色領軍將軍張稷是杲從舅杲嘗以公事彈稷稷因侍宴訴帝曰陸杲是臣親通小事彈臣不貸帝曰杲職司其事卿何得爲嫌杲在臺號不畏强禦爲義興太守在郡寬惠爲下所稱歷左戶尚書太常卿出爲臨川內史將發辭武帝於坐通啓求募部曲帝問何不付所由呈聞杲荅所由不爲受帝頗怪之以其臨路不咎問後入爲金紫光祿大夫特進卒謚質子杲素信佛法持戒甚精著沙門傳三十卷弟煦學涉有思理位太子家令撰晉書未就又著陸史十五卷陸氏驪泉志一卷竝行於時子罩字洞元少篤學多所該覽善屬文

簡文居藩爲記室參軍撰帝集序稍遷太子中庶子掌管
記禮遇甚厚大同七年以母老求去公卿以下祖道於征
虜亭皇太子賜黃金五十斤時人方之疏廣母終後位終
光祿卿初簡文在雍州撰法寶聯璧杲與羣賢並抄撮區
分者數歲中大通六年而書成命湘東王爲序其作者有
侍中國子祭酒南蘭陵蕭子顯等三十人以比王象劉邵
之皇覽焉

論曰陸澄學稱博古而用不合今夫千將見重於時貴其
所以立斷於事未能周務書廚得所譏矣叔明持身有檢
殆爲人望雅道相傳可謂載德者也杲諒直見稱罩文以

取達亦足美乎舊陸徽著傳事迹蓋寡今以附孫杲上云

列傳第三十八　南史四十八

列傳第三十九　南史四十九

李　延壽

庾杲之 叔父蓽　王諶 從叔摛 孔逷 何憲

孔珪　劉懷珍 子靈哲 從父弟峻 劉沼 從子懷慰

懷慰子霽 杳 歊 懷珍從孫訏 懷珍族弟善明

庾杲之字景行新野人也祖深之位義興太守以善政聞
父粲爲宋南郡王義宣丞相城局參軍王舉兵見殺杲之
幼有孝行宋司空劉勔見而奇之謂曰見卿足使江漢崇
望杞梓發聲解褐奉朝請稍遷尚書駕部郎清貧自業食
唯有韮葅瀹韮生韮雜菜任昉嘗戲之曰誰謂庾郎貧食

鮭嘗有二十七種累遷尚書左丞王儉謂人曰昔袁公作
衛軍欲用我爲長史雖不獲就要是意向如此今亦應須
如我輩人也乃用杲之爲衛將軍長史安陸侯蕭緬與儉
書曰盛府元僚寔難其選庾景行汎淥水依芙蓉何其麗
也時人以入儉府爲蓮花池故緬書美之歷位黃門吏部
郎御史中丞參大選美容質善言笑嘗兼侍中夾侍柳世
隆在御坐謂齊武帝曰庾杲之爲蟬冕所映彌有華采陛
下故當與其即眞上甚悅王儉仍曰國家以杲之清美所
以許其假職若以其即眞當在胡諧之後武帝嘗與朝臣
商略酒後謂羣臣曰我後當得何諡羣臣莫有答者王儉

因目杲之從容曰陛下壽等南山方與日月齊明千載之後豈是臣子輕所仰量時人雅歎其辯荅杲之嘗兼主客郎對魏使使問杲之曰百姓那得家家題門帖賣宅荅曰朝廷既欲掃蕩京洛剋復神州所以家家賣宅耳魏使縮鼻而不荅時諸王年少不得妄稱接人敕杲之及濟陽江淹五日一詣諸王使申遊好再遷尚書吏部郎參大選事太子右衛率加通直常侍九年卒上甚惜之謚曰貞子

華字休野杲之叔父也仕齊爲驃騎功曹史博涉羣書有口辯永明中與魏和親以華兼散騎常侍報使還拜散騎侍郎知東宮管記事後爲荆州別駕前後紀綱皆致富饒

華再爲之清身率下杜絕請託布被蔬食妻子不免飢寒齊明帝聞而嘉焉手敕褒美州里榮之初梁州人益州刺史鄧元起功勳甚著名地卑瑣願名挂士流時始興忠武王憺爲州將元起位已高而解巾不先州官則不爲鄉里所悉元起乞上籍出身州從事憺命華用之華不從憺大怒召華責之曰元起已經我府卿何爲苟惜從事華曰府是尊府州是華州宜須品藻憺不能折遂止累遷會稽郡丞行郡府事時承彫弊之後百姓凶荒米斗至數千人多流散華撫循甚有理唯守公祿清節愈厲至有經日不舉火太守永陽王聞而饋之華謝不受天監元年卒停屍無以斂柩不能歸梁武帝聞之詔賜絹百疋穀五百斛初華爲西楚望族兄子杲之又有寵於齊武帝華早歷顯官鄉人樂藹有幹用素與華不平互相陵競藹事齊豫章王嶷嶷薨藹仕不得志自步兵校尉求助戍歸荆州時華爲州別駕益忽藹及梁武帝踐祚藹以西朝勳爲御史中丞華始得會稽行事既恥之矣會職事微有譴帝以藹其鄉人也使宣旨誨之華大憤故發病卒子喬復仕爲荆州別駕時元帝爲荆州刺史而州人范興話以寒賤仕叨九流選爲州主簿又皇太子令及之故元帝勸喬聽興話到職及屬元日府州朝賀喬不肯就列曰庾喬忝爲端右不能與小人

范興話爲鴈行元帝聞乃進喬而停興話興話羞慙還家憤卒世以喬爲不墜家風喬子夐少聰慧家富於財好賓客食必列鼎又狀貌豐美頤頰開張人皆謂夐必爲方伯無餒乏之慮及魏尅江陵卒致餓死時又有水軍都督褚蘿面甚尖危有從理入口竟保衣食而終

王諶字仲和東海郯人晉少傅雅玄孫也祖慶員外常侍父元閔護軍司馬宋大明中沈曇慶爲徐州辟諶爲迎主簿又爲州迎從事湘東王彧國常侍鎮北行參軍及彧即帝位是爲明帝除司徒參軍帶辟令兼中書舍人諶有學義見親遇常在左右帝所行慘僻諶屢諫不從請退坐此

繁尚方後拜中書侍郎明帝好圍棊置圍棊州邑以建安王休仁爲圍棊州都大中正諶與太子右率沈勃尚書水部郎庾珪之彭城丞王抗四人爲小中正朝請褚思莊傅楚之爲清定訪問後爲尚書左丞領東觀祭酒即明帝所置摠明觀也遷黄門郎齊永明初累遷豫章王太尉司馬武帝與諶相遇於宋明之世甚委任之歴黄門郎領驍騎將軍太子中庶子諶貞正和謹朝廷稱爲善人多與之厚八年轉冠軍將軍長沙王車騎長史徙廬江王中軍長史又徙西陽王子明征虜長史行南兖府州事諶少貧常自紡績及通貴後每爲人說之世稱其達九年卒

諶從叔摛以博學見知尚書令王儉嘗集才學之士摠校虚實類物隷之謂之隷事自此始也儉嘗使賓客隷事多者賞之事皆窮唯廬江何憲爲勝乃賞以五花簟白團扇坐簟執扇容氣甚自得摛後至儉以所隷示之曰卿能奪之乎摛操筆便成文章既奥辭亦華美舉坐擊賞摛乃命左右抽憲簟手自掣取扇登車而去儉笑曰所謂大力者負之而趨竟陵王子良校試諸學士唯摛問無不對爲秣陵令清直請謁不行羽林隊主潘敞有寵二宮勢傾人主婦弟犯法敞爲之請摛投書於地更鞭四十敞怨譖之明日而見代永明八年天忽黄色照地衆莫能解司徒法曹王融上金天頌摛曰是非金天所謂榮光武帝大悦用爲永陽郡後卒於尚書左丞

何憲字子思廬江灊人博涉該通羣籍畢覽天閣寶秘人間散逸無遺漏焉任昉劉渢共執秘閣四部書試問其所知自甲至丁書說一事并敘述作之體連日累夜莫見所遺宗人何遁退讓士也見而美之願與爲友憲位本州别駕國子博士永明十年使于魏時又有孔逷字世遠會稽山陰人也好典故學與王儉至交昇明中爲齊臺尚書儀曹郎屢箴闕禮多見信納上謂王儉曰逷真所謂儀曹不忝厥職也儉爲宰相逷常謀議幄帳每及選用頗失鄉曲

情儉從容啓上曰臣有孔逷猶陛下之有臣永明中爲太子家令卒時人呼孔逷何憲爲王儉三公及卒儉惜之爲撰祭文

孔珪字德璋會稽山陰人也祖道隆位侍中父靈產泰始中晉安太守有隱遁之志於禹井山立館事道精篤吉日於靜屋四向朝拜涕泣滂沲東出過錢唐北郭輒於舟中遥拜杜子恭墓自此至都東向坐不敢背側元徽中爲中散大夫頗解星文好術數齊高帝輔政沈攸之起兵靈產白高帝曰攸之兵衆雖強以天時冥數而觀無能爲也高帝驗其言擢遷光禄大夫以簏盛靈產上靈臺令其占候

餉靈産白羽扇素隱几曰君有古人之風故贈君古人之
服當世榮之珪少學涉有美譽太守王僧虔見而重之引
爲主簿舉秀才再遷殿中郎高帝爲驃騎取爲記室參軍
與江淹對掌辭筆爲尚書左丞父憂去官與兄仲智還居
父山舍仲智妻李氏驕妬無禮珪白太守王敬則殺之永
明中歷位黄門郎太子中庶子廷尉江左承用晉時張杜
律二十卷武帝留心法令數訊囚徒詔獄官詳正舊注先
是尚書刪定郎王植撰定律奏之削其煩害録其允衷取
張斐注七百三十一條杜預注七百九十一條或二家兩
釋於義乃備者又取一百七條其注相同者取一百三條

集爲一書凡一千五百三十二條爲二十卷請付外詳校
擿其違謬詔從之於是公卿八座參議考正舊注有輕重
處竟陵王子良下意多使從輕其中朝議不能斷者則制
旨平決至九年珪表上律文二十卷録序一卷又立律學
助教依五經例詔報從之事竟不行轉御史中丞建武初
爲平西長史南郡太守珪以魏連歲南伐百姓死傷乃上
表陳通和之策帝不從徵侍中不行留本任珪風韻清疎
好文詠飲酒七八斗與外兄張融情趣相得又與琅邪王
思遠廬江何點點弟胤並款交不樂世務居宅盛營山水
憑几獨酌傍無雜事門庭之内草萊不翦中有蛙鳴或問

之曰欲爲陳蕃乎珪笑答曰我以此當兩部鼓吹何必効
蕃王晏嘗鳴鼓吹候之聞羣蛙鳴曰此殊聒人耳珪曰我
聽鼓吹殆不及此晏甚有慙色永元元年爲都官尚書遷
太子詹事加散騎常侍三年珪疾東昏屏除以牀舁之走
因此疾甚遂卒贈金紫光禄大夫

劉懷珍字道玉平原人漢膠東康王寄之後也其先劉植
爲平原太守因家焉祖昶從慕容德南度河因家于北海
都昌宋武帝平齊以爲青州中從事位至員外常侍伯父
奉伯宋世位至陳南頓二郡太守懷珍幼隨奉伯至壽陽
豫州刺史趙伯符出獵百姓聚觀懷珍獨避不視奉伯異

之曰此兒方興吾家本州辟主簿元嘉二十八年亡命司
馬順則聚黨東陽州遣懷珍將數千人討平之宋文帝問
破賊事懷珍讓功不肯當親人怪問焉懷珍曰昔國子尼
恥陳河間之級吾豈能論邦域之捷哉時人稱之江夏王
義恭出鎮盱台道遇懷珍以應對見重取爲驃騎長史兼
墨曹行參軍孝建初爲義恭大司馬參軍直閤將軍隨府轉
太宰參軍大明二年以軍功拜樂陵河間二郡太守賜爵
廣晉縣侯司空竟陵王誕反郡人王弼門族甚盛勸懷珍
起兵助誕懷珍殺之帝嘉其誠除豫章王子尚車騎參軍
母憂去職服闋見江夏王義恭義恭曰別子多年那得不

老對曰公恩未報何敢便老義恭善其對累遷黃門郎領虎賁中郎將桂陽王休範反加懷珍前將軍守石頭出爲豫州刺史加督建平王景素反懷珍遣子靈哲領兵赴建鄴沈攸之在荆楚遣使人許天保說結懷珍斬之送首於齊高帝封中宿縣侯進平南將軍增督二州初宋孝武世齊高帝爲舍人懷珍爲直閤相遇早舊懷珍假還青州高帝有白驄馬齧人不可騎送與懷珍别懷珍報上百匹絹或謂懷珍曰蕭公此馬不中騎是以與君耳君報百匹不亦多乎懷珍曰蕭君局量堂堂寧應負人此絹吾方欲以身名託之豈計錢物多少高帝輔政以懷珍内資未多徵爲都官尚書領前將軍以第四子晃代爲豫州刺史或疑懷珍不受代高帝曰我布衣時懷珍便推懷投款況在今日寧當有異晃發經日疑論不止上乃遣軍主房靈人領百騎進送晃謂靈人曰論者謂懷珍必有異同我期之有素必不應爾卿是其鄉里故遣卿行非唯衞新亦以迎故懷珍還乃授相國右司馬及齊臺建朝士人人争爲臣吏以懷珍爲宋臺右衞懷珍謂帝曰人皆迎新臣獨送故豈以臣篤於本乎齊建元元年轉左衞將軍加給事中改封霄城侯懷珍年老以禁旅辛勤求爲閑職轉光禄大夫卒遺言薄葬贈雍州刺史謚敬侯

子靈哲字文明位齊郡太守前軍將軍靈哲所生母嘗病靈哲躬自祈禱夢見黃衣老公與藥曰可取此食之疾立可愈靈哲驚覺於枕間得之如言而疾愈藥似竹根於齋前種葉似莧茈嫡母崔氏及兄子景煥泰始中爲魏所獲靈哲爲布衣不聽樂及懷珍卒當襲爵靈哲固辭以兄子在魏存亡未測無容越當茅土朝廷義之靈哲傾産贖嫡母及景煥累年不能得武帝哀之令北使者請之魏人送以還南襲懷珍封爵靈哲位兖州刺史隆昌元年卒

峻字孝標本名法武懷珍從父弟也父珽之仕宋爲始興内史峻生期月而珽之卒其母許氏攜峻及其兄法鳳還鄉里宋泰始初魏剋青州峻時年八歲爲人所略爲奴至中山中山富人劉寶愍峻以束帛贖之教以書學魏人聞其江南有戚屬更徙之代都居貧不自立與母並出家爲尼僧既而還俗峻好學寄人廡下自課讀書常燎麻炬從夕達旦時或昏睡爇其鬚髮及覺復讀其精力如此時魏孝文選盡物望江南人士才學之徒咸見申擢峻兄弟不蒙選拔齊永明中俱奔江南更改名峻字孝標自以少時未開悟晚更厲精明慧過人苦所見不博聞有異書必往祈借清河崔慰祖謂之書淫於是博極羣書文藻秀出故其自序云黌中濟濟皆升堂亦有愚者解衣裳言其少年

會鈍也時竟陵王子良招學士峻因人求為子良國職吏部尚書徐孝嗣抑而不許用為南海王侍郎不就至齊明帝時蕭遙欣為豫州引為府刑獄禮遇甚厚遙欣尋卒久不調梁天監初召入西省與學士賀蹤典校祕閣峻兄孝慶時為青州刺史峻請假省之坐私載禁物為有司所奏免官安成王秀雅重峻及安成王遷荊州引為戶曹參軍給其書籍使撰類苑未及成復以疾去因遊東陽紫巖山築室居焉為山栖志其文甚美初梁武帝招文學之士有高才者多被引進擢以不次峻率性而動不能隨衆沈浮武帝每集文士策經史事時范雲沈約之徒皆引短推長

帝乃悅加其賞賚曾策錦被事咸言已罄帝試呼問峻峻時貧悴冗散忽請紙筆疏十餘事坐客皆驚帝不覺失色自是惡之不復引見及峻類苑成凡一百二十卷帝即命諸學士撰華林徧略以高之竟不見用乃著辯命論以寄其懷論成中山劉沼致書以難之凡再反峻並為申析以答之會沼卒不見峻後報者峻乃為書以序其事其文論並多不載峻又嘗為自序其略云余自比馮敬通而有同之者三異之者四何則敬通雄才冠世志剛金石余雖不及之而節亮慷慨此一同也敬通逢中興明君而終不試用余逢命世英主亦擯斥當年此二同也敬通有忌妻至於身操井臼余有悍室亦令家道轗軻此三同也敬通當更始世手握兵符躍馬肉食余自少迄長戚戚無懽此一異也敬通有子仲文官成名立余禍同伯道永無血胤此二異也敬通膂力剛強老而益壯余有犬馬之疾溘死無時此三異也敬通雖芝殘蕙焚終填溝壑而為名賢所慕其風流鬱烈芬芳久而彌盛余聲塵寂寞世不吾知魂魄一去將同秋草此四異也所以力自為序遺之好事云峻本將門兄法鳳自北歸改名孝慶字仲昌早有幹略齊末為兗州刺史舉兵應梁武封餘干男歷官顯重峻獨篤志好學居東陽吳會人士多從其學普通三年卒年六十門人

謚曰玄靖先生

劉沼字明信中山魏昌人六世祖輿晉驃騎將軍沼幼善屬文及長博學位終秣陵令

懷慰字彥泰懷珍從子也祖奉伯宋元嘉中為冠軍長史父乘人冀州刺史死於義嘉事懷慰持喪不食醯醬冬日不用絮衣養孤弟妹事寡叔母皆有恩義仕宋為尚書駕部郎懷慰宗從善明等為齊高帝心腹懷慰亦預焉齊國建上欲置齊郡於都下議者以江右土沃流人所歸乃置於瓜步以懷慰為輔國將軍齊郡太守上謂懷慰曰齊邦是王業所基吾方欲以為顯任經理之事一以委卿有手敕

曰有文事必有武備今賜卿玉環刀一口懷慰至郡修城
郭安集居人墾廢田二百頃決沈湖灌溉不受禮謁人有
餉其新米一斛者懷慰出所食麥飯示之曰食有餘幸不
煩此因著廉吏論以達其意高帝聞之手敕襃賞進督秦
沛二郡妻子在都賜米三百石兗州刺史柳世隆與懷慰書曰
膠東流化潁川致美以今方古曾何足云懷慰本名聞慰
武帝即位以與舅氏名同敕改之後兼安陸王北中郎司
馬卒明帝即位謂僕射徐孝嗣曰劉懷慰若在朝廷不憂
無清吏也子霽杳歊
霽字士湮九歲能誦左氏傳十四居父憂有至性每哭輒

嘔血家貧與弟杳歊勵志勤學及長博涉多通梁天監中
歷位西昌相尚書主客侍郎海鹽令霽前後宰二邑並以
和理稱後除建康令不拜母明氏寢疾霽年已五十衣不
解帶者七旬誦觀世音經數萬遍夜中感夢見一僧謂曰
夫人筭盡君精誠篤志當相為申延後六十日餘乃亡霽
廬于墓哀慟過禮常有雙白鶴循翔廬側處士阮孝緒致
書抑譬焉霽思慕不已未終喪而卒著釋俗語八卷文集
十卷
杳字士深年數歲徵士明僧紹見之撫而言曰此兒實千
里之駒十三丁父憂每哭哀感行路梁天監中為宣惠豫

章王行參軍杳博綜羣書沈約任昉以下每有遺忘皆訪
問焉嘗於約坐語及宗廟犧樽約云鄭玄荅張逸謂為畫
鳳皇尾婆娑然今無復此器則不依古杳曰此言未必可
安古者樽彝皆刻木為鳥獸鑿頂及背以出内酒魏時魯
郡地中得齊大夫子尾送女器有犧樽作犧牛形晉永嘉
中賊曹嶷於青州發齊景公冢又得二樽形亦為牛象二
處皆古之遺器知非虛也約大以為然約又云何承天纂
文奇博其書載張仲師及長頸王事此何所出杳曰仲師
長尺二寸唯出論衡長頸是毗騫王朱建安扶南以南記
云古來至今不死約即取二書尋檢一如杳言約郊居宅

時新構閣齋杳為贊二首并以所撰文章呈約約即命工
書人題其贊於壁仍報杳書共相歎美又在任昉坐有人
餉昉桮酒而作㨖字昉問杳此字是不杳曰葛洪字苑作
木旁右昉又曰酒有千日醉當是虛言杳曰桂陽程鄉有
千里酒飲之至家而醉亦其例昉大驚曰吾自當遺忘實
不憶此杳云出楊元鳳所撰置郡事元鳳是魏代人此書
仍載其賦三重五品商溪摖里昉即檢楊記言皆不差王
僧孺被使撰譜訪杳血脉所因杳云桓譚新論太史三代
世表旁行邪上並効周譜以此而推當起周代僧孺歎曰
可謂得所未聞周捨又問杳尚書著紫荷橐相傳云挈囊

竟何所出杳曰張安世傳云持橐簪筆事孝武皇帝數十年常昭張晏注竝曰橐囊也簪筆以待顧問范岫撰字書音訓又訪杳焉尋佐周捨撰國史出為臨津令有善績秩滿縣三百餘人詣闕請留敕許焉後峰事徐勉奉杳及顧協等五人入華林撰徧略書成以晉安王府參軍兼廷尉正以足疾解因著林庭賦王僧孺見而歎曰郊居以後無復此作累遷尚書儀曹郎僕射徐勉以臺閣文議專委杳焉出為餘姚令在縣清絜湘東王繹發教褒美之大通元年為步兵校尉兼東宮通事舍人昭明太子謂曰酒非卿所好而為酒府之職政為卿不愧古人耳太子有瓠食器

因以賜焉曰卿有古人之風故遺卿古人之器俄有敕代裴子野知著作郎事昭明太子薨新宮建舊人例無停者敕特留杳焉僕射何敬容奏轉杳王府諮議武帝曰劉杳須先經中書仍除中書侍郎尋為平西湘東諮議參軍兼舍人著作如故遷尚書左丞卒杳清儉無所嗜好自居母憂便長斷腥羶持齋蔬食臨終遺命斂以法服載以露車還葬舊墓隨得一地容棺而已不得設靈筵及祭醊其子遵行之撰要雅五卷楚辭草木疏一卷高士傳二卷東宮新舊記三十卷古今四部書目五卷文集十五卷竝行於世

歊字士光生夕有香氣氛氳滿室幼有識慧四歲喪父與羣兒同處獨不戲弄六歲誦論語毛詩意所不解便能問難十二讀莊子逍遥篇曰此可解耳客問之隨問而荅皆有情理家人每異之謂為神童及長博學有文才不娶不仕與族弟訏竝隱居求志遨遊林澤以山水書籍相娛而已奉母兄以孝悌稱寢食不離左右母意有所須口未及言歊已先知手自營辦狼狽供奉母每疾病夢歊進藥及翌日轉有間効其誠感如此性重興樂尤愛山水登危履嶮必盡幽遐人莫能及皆歎其有濟勝之具常欲避人世以母老不忍違每隨兄霽杳從官少時好施務周人之急人或遺之亦不拒也久而歎曰受人者必報不則有愧於

人吾固無以報人豈可常有愧乎天監十七年忽著革終論以為形者無知之質神者有知之性有知不獨存依無知以自立故形之於神逆旅之館耳及其死也神去此館速朽得理是以子羽沈川漢伯方壙文楚黃壤士安麻索此四子者得理也若從四子而遊則平生之志得矣然積習生常難卒改革一朝肆志儻不見從今欲翦截煩厚務存儉易進不保尸退異常俗不傷存者之念有合至人之道且張奐止用幅巾王肅唯盥手足范冉斂畢便葬奚珍無設筵几文度故舟為棺子廉牛車載柩叔起誡絕墳隴康成使無卜吉此數公者尚或如之况為吾人而尚華泰

今欲髣髴景行以為軌則氣絕不須復魂盥漱而斂以一
千錢市成棺單故裠衫衣巾枕履此外送往之具棺中常
物一不得有所施世多信李彭之言可謂惑矣余以孔釋
為師差無此惑斂訖載以露車歸於舊山隨得一地地足
為坎坎足容棺不須塼甓不勞封樹勿設祭饗勿置几筵
其蒸嘗繼嗣言象所絕事止余身無傷世教初訏之疾歊
盡心救療及卒哀傷為之誄又著悲友賦以序哀情忽有
老人無因而至謂曰君心力堅猛必破死生但運會所至
不得久留一方耳彈指而去歊心知其異試遣尋之莫知
其所於是信心彌篤既而寢疾恐貽母憂乃自言笑勉進

湯藥謂兄霽杳曰兩兄祿仕足伸供養歊之歸泉復何所
憾願深割無益之悲十八年年三十二卒始沙門釋寶誌
遇歊於興皇寺驚起曰隱居學道清淨登仙如此三說歊
未死之春有人為其庭中栽柿歊謂兄子弇曰吾不見此
實爾其勿言至秋而亡人以為知命親故誄其行迹謚曰
貞節處士先是有太中大夫琅邪王敬胤以天監八年卒
遺命不得設復魄旌旐一蘆蓆藉下一枚覆上吾氣絕便
沐浴籃輿載尸還忠侯大夫墜中若不行此則戮吾尸於
九泉敬胤外甥許慧詔因阮研以聞詔曰敬胤令其息崇
素氣絕便沐浴藉以二蘆蓆鑿地周身歸葬忠侯此達生

之格言賢夫玉匣石槨遠矣然子於父命亦有所從有所
不從今崇素若信遺意土周淺薄屬辟不施一朝見侵狐
鼠戮屍已甚父可以訓子子亦不可行之外內易棺此自
奉親之情藉土而葬亦通人之意宜兩捨兩取以達父子
之志棺周於身土周於槨去其牲奠斂以時服一可以申
情二可以稱家禮教無違生死無辱此故當為安也
訏字彥度懷珍從孫也祖承宗宋太宰參軍父靈真齊鎮
西諮議武昌太守訏幼稱純孝數歲父母繼卒訏居喪哭
泣孺慕幾至滅性赴弔者莫不傷焉後為伯父所養事伯
母及昆姊孝友篤至為宗族所稱自傷早孤人有誤觸其

諱者未嘗不感結流涕長兄絜為娉妻剋日成婚訏聞而
逃匿事息乃還本州刺史張稷辟為主簿主者檄召訏乃
挂檄於樹而逃陳留阮孝緒博學隱居不交當世恒居一
鹿牀環植竹木寢處其中時人造之未嘗見也訏經一造
孝緒即顧以神交訏族兄歊又履高操三人日夕招攜故
都下謂之三隱訏善玄言尤精意釋典曾與歊聽講鍾山
諸寺因共卜築宋熙寺東澗有終焉之志尚書郎何炯嘗
遇之於路曰此人風神穎俊蓋荀奉倩衛叔寶之流也命
駕造門拒而不見族祖孝標與書稱之曰訏超超越俗如
半天朱霞歊矯矯出塵如雲中白鶴皆儉歲之粱稷寒年

之纖纊訏嘗著穀皮巾披納衣每遊山澤輒留連忘返神
理閑正姿貌甚華在林谷之間意氣彌遠或有遇之者皆
謂神人家甚貧苦併日而食隆冬之月或無氊絮訏處之晏
然人不覺其飢寒也自少至長無喜愠之色每於可競之
地輒以不競勝之或有加陵之者莫不退而愧服由是衆
論咸歸重焉天監七年卒於歙舍臨終執歙手曰氣絕便
斂斂畢即埋靈筵一不須立勿設饗祀無求繼嗣歙從而
行之宗人至友相與刊石立銘謚曰玄貞處士
善明懷珍族弟也父懷人仕宋爲齊北海二郡太守元嘉
末青州飢荒人相食善明家有積粟躬食饘粥開倉以救

鄉里多獲全濟百姓呼其家田爲續命田善明少而靜處
讀書刺史杜驥聞名候之辭不相見年四十刺史劉道隆
辟爲中從事懷人謂善明曰我已知汝立身復欲見汝立
官也善明應辟仍舉秀才宋孝武見其策強直甚異之泰
始初徐州刺史薛安都反青州刺史沈文秀應之時州居
東陽城善明家在郭內不能自拔伯父彌之詭說文秀求
自効文秀使領軍主張靈慶等五千人援安都彌之出門
密謂部曲曰始免禍坑矣行至下邳乃背文秀善明從伯
懷恭爲北海太守據郡相應善明密契收集門宗部曲得
三千人夜斬關奔北海族兄乘人又聚勃海以應朝廷而

彌之尋爲薛安都所殺明帝贈青州刺史以乘人爲冀州
刺史善明爲北海太守除尚書金部郎乘人病卒仍以善
明爲冀州刺史文秀既降除善明海陵太守郡境邊海無
樹木善明課人種榆檟雜果遂獲其利還爲直閣將軍五
年魏剋青州善明母在焉移置代郡善明布衣蔬食哀戚
如持喪明帝每見爲之歎息轉巴西梓潼二郡太守善明
以母在魏不願西行泣涕固請見許朝廷多哀善明心事
元徽初遣北使朝議令善明舉人善明舉州鄉北平田惠
紹使魏贖母還時宋後廢帝新立羣臣執政善明獨事齊
高帝委身歸誠出爲西海太守行青冀二州刺史善明從

弟僧副與善明俱知名於鄉里泰始初魏攻淮北僧副將
部曲二千人東依海島齊高帝在淮陰壯其所爲召與相
見引爲安成王撫軍參軍後廢帝肆暴高帝憂恐常令僧
副微行伺察聲論使密告善明及東海太守垣崇祖使動
魏兵善明勸靜以待之高帝納焉廢帝見殺善明爲高帝
驃騎諮議南東海太守行南徐州事沈攸之反高帝深以
爲憂善明獻計曰沈攸之控引八州縱情蓄斂苞藏賊志
於焉十年性既險躁才非持重起逆累旬遲回不進豈應
有所待也一則闇於兵機二則人情離怨三則有掣肘之
患四則天奪其魄本疑其輕速掩襲來備今六師齊奮諸

侯同舉此已籠之鳥耳事平高帝召善明還都謂曰卿策
沈攸之雖張良陳平適如此耳仍遷太尉右司馬齊臺建
爲右衛將軍辭疾不拜司空褚彥回謂善明曰高尚之事
乃卿從來素意今朝廷方相委待詎得便學松喬邪善明
荅曰我本無官情旣逢知己所以戮力驅馳天地廓清朝
廷濟濟鄙吝旣申不敢昧於富貴矣高帝踐祚以善明勳
誠欲與之祿召謂曰淮南近畿國之形勝非親賢不居卿
與我卧理之乃代明帝爲淮南宣城二郡太守遣使拜授
封新淦伯善明至郡上表陳事凡一十一條其一以爲天
地開創宜存問遠方廣宣慈澤其二以爲京都遠近所歸

宜遣醫藥問其疾苦年九十以上及六疾不能自存者隨
宜量賜其三以爲宋氏赦令蒙原者寡愚謂今下赦書宜
令事實相副其四以爲劉昶猶存容能逃死境上諸城宜
應嚴備其五以爲宜除宋氏大明以來苛政細制以崇簡
易其六以爲凡諸土木之費且可權停其七以爲帝子王
女宜崇儉約其八以爲宜詔百官及府州郡縣各貢讜言
以弘廣唐虞之美其九以爲忠貞孝悌宜擢以殊階清儉
苦節應授以政務其十以爲革命惟始宜擇才北使其十
一以爲交州險敻要荒之表宋末政苛遂至怨叛今宜懷
以恩德未應遠勞將士搖動邊甿又撰賢聖雜語奏之託

以諷諫上優詔荅之又諫起宣陽門表陳宜明守宰賞罰
立學校制齊禮開賓館以接鄰國上荅曰夫賞罰以懲守
宰飾館以待遐荒皆古之善政吾所宜勉更撰新禮或非
易制國學之美已敕公卿宣陽門今敕停寡德多闕思復
有聞善明身長七尺九寸質素不好聲色所居茅齋斧木
而已牀榻几案不加劖削少立節行常云在家當孝爲吏
當清子孫楷栻足矣及累爲州郡頗黷財賄崔祖思怪而
問之荅曰管子云夷吾知我因流涕曰方寸亂矣豈暇爲
廉所得金錢皆以贖母及母至清節方峻所歷之職廉簡
不煩俸祿散之親友與崔祖思友善祖思出爲青冀二州

善明遺書敘舊因相勗以忠篤及聞祖思死慟哭仍得病
建元二年卒遺命薄殯贈左將軍豫州刺史謚烈伯子滌
嗣善明家無遺儲唯有書八千卷高帝聞其清貧賜滌家
葛塘屯穀五百斛曰葛屯亦吾之垣下令後世知其見異
善明從弟僧副字士雲位前將軍封豐陽男卒於巴西梓
潼二郡太守上圖功臣像讚僧副亦在焉兄法護字士伯
有學業位濟陰太守

論曰詩稱抑抑威儀惟人之則又云其儀不忒正是四國
觀夫杲之風流所得休野行己之度蓋其有焉仲和性履
所遵德璋業尚所守殆人望也懷珍宗族文質斌斌自宋

至梁時移三代或以隱節取高或以文雅見重古人云立
言立德斯門其有之乎

列傳第三十九　　南史四十九

列傳第四十　　南史五十

李　延壽

劉瓛弟璡　族子顯　明僧紹子山賓

庾易子黔婁　於陵　肩吾　劉虯子之遴　之亨　虯從弟坦

劉瓛字子珪沛郡相人晉丹陽尹惔六世孫也祖弘之給
事中父惠臨賀太守瓛篤志好學博通訓義年五歲聞舅
孔熙先讀管寧傳欣然欲讀舅更為說之精意聽受曰此
可及也宋大明四年舉秀才兄璲亦有名先應州舉至是
別駕東海王元曾與瓛父惠書曰比歲賢子充秀州閭可
謂得人除奉朝請不就兄弟三人共處蓬室一間為風所
倒無以葺之怡然自樂習業不廢聚徒教授常有數十丹
陽尹袁粲於後堂夜集聞而請之指聽事前古柳樹謂瓛
曰人謂此是劉尹時樹每想高風今復見卿清德可謂不
衰矣薦為祕書郎不見用後拜安成王撫軍行參軍公事
免瓛素無宦情自此不復仕袁粲誅瓛微服往哭并致賻
助齊高帝踐祚召瓛入華林園談語問以政道荅曰政在
孝經宋氏所以亡陛下所以得之是也帝咨嗟曰儒者之
言可寶萬世又謂瓛曰吾應天革命物議以為何如瓛曰
陛下戒前軌之失加之以寬厚雖危可安若循其覆轍雖
安必危及出帝謂司徒褚彥回曰方直乃耳學士故自過

人數瓛使數入而瓛自非詔見未嘗到宮門上欲用瓛為中書郎使吏部尚書何戢喻旨戢謂瓛曰上意欲以鳳池相處恨君資輕可且就前除少日當轉國子博士便即所授瓛笑曰平生無榮進意今聞得中書郎而拜記室豈本心哉後以母老闕養拜彭城郡丞司徒褚彥回宣旨喻之答曰自省無廊廟才所願唯保彭城丞耳上又以瓛兼總明觀祭酒除豫章王驃騎記室參軍丞如故瓛終不就武陵王曄為會稽太守上欲令瓛為曄講除會稽郡丞學徒從之者轉眾永明初竟陵王子良請為征北司徒記室瓛與張融王思遠書曰奉教使恭召會當停公事但念生平

素抱有乖恩顧吾性拙人間不習仕進昔嘗為行佐便以不能及公事免黜此眷者所共知也量已審分不敢期榮夙嬰貧困加以疎懶衣裳容髮有足駭者中以親老供養褰裳徒步脫爾逮今二代一紀先朝使其更自脩正勉勵於階級之次見其繿縷或復賜以衣裳袁褚諸公咸加勸勵終於不能自反也一不復為安可重為哉昔人有以冠一免不重加於首每謂此得進止之儀又上下年尊益不願居官次廢晨昏也先朝為此曲申從許故得連年不拜既習此歲久又齒長疾侵豈宜攝齋河間之聽廁迹東平之僚本無絕俗之操亦非能偃蹇為高此又聽覽所當深

察者也近初奉教使自希得託迹客游之末而固辭榮級其故何邪以古之王侯大人或以此延四方之士有追申白而入楚羨鄒枚而游梁吾非敢叨夫曩賢庶欲從九九之遺迹既於聞道集泮不殊而幸無職司拘礙可得奉溫清展私計志在此耳除步兵校尉不拜瓛姿狀纖小儒業冠於當時都下士子貴游莫不下席受業當世推其大儒以比古之曹鄭性謙率不以高名自居之詣於人唯一門生持胡牀隨後主人未通便坐門待答住在檀橋瓦屋數間上皆穿漏學徒敬慕不敢指斥呼為青溪焉竟陵王子良親往脩謁七年表武帝為瓛立館以楊烈橋故主第給

之生徒皆賀瓛曰室美豈為人哉此華宇豈吾宅邪幸可詔作講堂猶恐見害也未及徙居遇疾子良遣從瓛學者彭城劉繪順陽范縝將廚於瓛宅營齋及卒門人受學者並弔服臨送瓛有至性祖母病疽經年手持膏藥漬指為爛母孔氏甚嚴明謂親戚曰阿稱便是今世曾子稱瓛小名也年四十餘未有婚對建元中高帝與司徒褚彥回為瓛娶王氏女王氏穿壁挂履土落孔氏牀上孔氏不悅瓛即出其妻及居母憂住墓下不出廬足為之屈杖不能起此山常有鴝鵒鳥瓛在山三年不敢來服釋還家此鳥乃至梁武帝少時嘗經伏膺及天監元年下詔為瓛立碑謚

曰貞簡先生所著文集行於世初瓛講月令畢謂學生嚴
植之曰江左以來陰陽律數之學廢矣吾今講此曾不得
其彷彿學者美其退讓時濟陽蔡仲熊禮學博聞謂人曰
五音本在中土故氣韻調平今既東南土氣偏詖故不能
感動木石瓛亦以為然仲熊執經議論往往與時宰不合
亦終不改操求同故坎壈不進歷年方至尚書左丞當時
恨其不遇又東陽婁幼瑜字季玉著禮捃拾三十卷
瓛弟璡字子璥方軌正直儒雅不及瓛而文采過之宋泰
豫中為明帝挽郎齊建元初為武陵王曅冠軍征虜參軍曅
與僚佐飲自割鵞炙璡曰應刃落俎是膳夫之事殿下親

執鸞刀下官未敢安席因起請退與友人會稽孔逷同舟
入東於塘上遇一女子逷目送曰美而豔璡曰斯豈君子
所宜言乎非吾友也於是解裳自隔或曰與友孔徹同舟
入東徹留目觀岸上女子璡舉席自隔不復同坐兄瓛夜
隔壁呼璡璡不荅方下牀著衣立然後應瓛怪其久璡曰
向束帶未竟其立操如此文惠太子召璡入侍東宮每上
事輒削草尋署射聲校尉卒於官時濟陽江重欣亦清介
雖處闇室如對嚴賓而不及璡也重欣位至射聲校尉
顯字嗣芳瓛族子也父鬷字仲翔博識強正名行自居幼
為外祖臧質所鞠養質家富盛恒有音樂質亡後母没十

許年鬷每聞絲竹之聲未嘗不歔欷流涕梁天監初終於
晉安内史顯幼而聰敏六歲能誦呂相絕秦賈誼過秦琅
邪王思遠吳國張融見而稱賞號曰神童族伯瓛儒學有
重名卒無嗣齊武帝詔顯為後時年八歲本名頲齊武以
字難識改名顯天監初舉秀才解褐中軍臨川王行參軍
俄署法曹顯博涉多通任昉嘗得一篇缺簡文字零落示
諸人莫能識者顯見云是古文尚書所刪逸篇昉檢周書
果如其說昉因大相賞異丁母憂服闋尚書令沈約時領
太子少傅引為少傅五官約為丹陽尹命駕造焉於坐策
顯經史十事顯對其九約曰老夫昏忘不可受策雖然聊

試數事不可至十顯問其五約對其二陸倕聞之擊席喜
曰劉郎子可謂差人雖吾家平原詣張壯武王粲謁伯喈
必無此對其為名流推賞如此五兵尚書傅昭掌著作撰
國史顯自兼廷尉正被引為佐及革選尚書五都顯以法
曹兼吏部郎後為尚書儀曹郎嘗為上朝詩沈約見而美
之命工書人題之於郊居宅壁後兼中書通事舍人再遷
驃騎鄱陽王記室兼中書舍人後為中書郎舍人如故顯
與河東裴子野南陽劉之遴吳郡顧協連職禁中遞相師
友人莫不慕之顯博聞強記過於裴顧時波斯獻生師子
帝問曰師子有何色顯曰黃師子超不及白師子超魏人

送古器有隱起字無識者顯案文讀之無滯考校年月一字不差武帝甚嘉焉遷尚書左丞除國子博士時有沙門訟田帝大署曰貞有司未辯徧問莫知顯曰貞字文爲與上人帝因忌其能出之後為雲麾邵陵王長史尋陽太守魏使李諧至聞之恨不相識歎曰梁德衰矣善人國之紀也而出之無乃不可乎王遷鎮郢州除平西府諮議參軍久在府不得志大同九年終于夏口時年六十三凡佐兩府並事驕王人為之憂而反見禮重友人劉之遴啓皇太子為之銘誌葬於秣陵縣劉真長舊塋子葵愁臻臻早有名載北史

顯從弟瑴字仲寶形貌短小儒雅博洽善辭翰隨湘東王在蕃十餘年寵寄甚深當時文檄皆其所為位吏部尚書國子祭酒魏尅江陵入長安

明僧紹字休烈平原鬲人一字承烈其先吳太伯之裔百里奚子孟明以名為姓其後也祖玩州中從事父略給事中僧紹明經有儒術宋元嘉中再舉秀才永光中鎮北府辟功曹並不就隱長廣郡嶗山聚徒立學魏尅淮南乃度江昇明中齊高帝為太傅教辟僧紹及顧歡臧榮緒以旌幣之禮徵為記室參軍不至僧紹弟慶符為青州僧紹乏糧食隨慶符之鬱洲住弇榆山棲雲精舍欣玩水石竟不一入州城泰始季年岷益有山崩淮水竭齊郡僧紹竊謂其弟曰天地之氣不失其序若夫陽伏而不泄陰追而不蒸於是乎有山崩川竭之變昔伊洛竭而夏亡河竭而殷亡三川竭岐山崩而周亡五山崩而漢亡夫有國必依山川而為固山川作變不亡何待今宋德如四代之季爾誌吾言而勿泄也竟如其言齊建元元年冬徵為正員郎稱疾不就其後帝與崔祖思書令僧紹與慶符俱歸僧紹又曰不食周粟而食周薇古猶發議在今寧得息談邪聊以為笑慶符罷任僧紹隨歸住江乘攝山僧紹聞沙門釋僧遠風德往候定林寺高帝欲出寺見之僧遠問僧紹曰

天子若來居士若為相對僧紹曰山藪之人政當鑿坏以遁若辭不獲命便當依戴公故事既而遁還攝山建棲霞寺而居之高帝甚以為恨昔戴顒高臥牖下以山人之服加其身僧紹故云高帝後謂慶符曰卿兄高尚其事亦堯之外臣朕夢想幽人固已勤矣所謂逕路絕風雲通仍賜竹根如意筍籜冠隱者以為榮焉敦海封延伯者高行士也聞之歎曰明居士身彌後而名彌先亦宋齊之儒仲也求明中徵國子博士不就卒僧紹長兄僧胤能言玄仕宋為江夏王義恭參軍王別為立榻比之徐孺子位冀州刺史子慧照元徽中為齊高帝平南主簿從拒桂陽累至縣

騎中兵參軍與荀伯玉對領直建元元年為巴州刺史綏懷蠻蜒上許為益州刺史未遷卒僧侃次弟僧暠亦好學宋大明中再使魏于時新誅司空劉誕孝武謂曰若問廣陵之事何以荅之對曰周之管蔡漢之淮南帝大悅及至魏魏問曰卿銜此命當緣上國無相踰者邪荅曰聰明特達舉袂成帷比屋之甿又無下僕晏子所謂看國善惡故再辱此庭位至青州刺史僧紹子元琳仲璋山賓並傳家業山賓最知名

山賓字孝若七歲能言名理十三博通經傳居喪盡禮起家奉朝請兄仲璋痼疾家道屢空山賓乃行干祿後為廣

陽令頃之去官會詔使公卿舉士左衛將軍江祏上書薦山賓才堪理劇齊明帝不重學謂祏曰聞山賓談書不輟何堪官邪遂不用梁臺建累遷右軍記室參軍掌吉禮時初置五經博士山賓首應其選歷中書侍郎國子博士太子率更令中庶子天監十五年出為持節都督緣淮諸軍事北兗州刺史普通二年徵為太子右衛率加給事中遷御史中丞以公事左遷黃門侍郎四年為散騎常侍東宮新置學士又以山賓居之俄以本官兼國子祭酒初山賓在州所部平陸縣不稔啓出倉米以振百姓後刺史檢州曹失簿以山賓為耗損有司追責籍其宅入官山賓不自理吏市地造宅昭明太子聞筑室不就有令曰明祭酒雖出撫大藩擁旌推轂珥金拖紫而恒事屢空聞搆宇未成今送薄助并詒詩曰平仲古稱奇夷吾昔擅美令則挺伊賢東秦固多士築室非道傍置宅歸仁里庚桑方有係原生今易擬必來三徑人將招五經士山賓性篤實家中甞乏困貨所乘牛既售受錢乃謂買主曰此牛經患漏蹄療差已久恐後脫發無容不相語買主遽追取錢處士阮孝緒聞之歎曰此言足使還淳反朴激薄停澆矣五年又假節攝北兗州事後卒官贈侍中謚曰質子山賓累居學官甚有訓導之益然性頗疎通接於諸生多狎比人皆愛之所

著吉禮儀注二百二十四卷禮儀二十卷孝經喪服義十五卷子震字興道亦傳父業位太子舍人尚書祠部郎餘姚令山賓弟少遐字勵默亦知名位都官尚書簡文謂人曰我不喜明得尚書更喜朝廷得人後拜青州刺史太清之亂奔魏仕北齊卒於太子中庶子子䍐司空記室明氏南度雖晚並有名位自宋至梁為刺史者六人

庾易字幼簡新野人也徙居江陵祖玫巴郡太守父道驥安西參軍易志性恬靜不交外物齊臨川王映臨州表薦之餉麥百斛易謂使人曰走樊採麋鹿之伍終其解之毛衣馳騁日月之車得保自耕之祿於大王之恩亦已深矣

辭不受以文義自樂安西長史袁彖欽其風贈以鹿角書格蚌盤蚌研白象牙筆并贈詩曰白日清明青雲遼亮昔聞巢許今覩臺尚易以連理几竹翘書格報之建武三年詔徵為司空主簿不就卒子黔婁嗣

黔婁字子貞一字貞正少好學多所講誦性至孝未曾失色於人南陽高士劉虬宗測並歎異之仕齊為編令政有異績先是縣境多猛獸暴黔婁至猛獸皆度往臨沮界時以為仁化所感徙孱陵令到縣未旬易在家遘疾黔婁忽心驚舉身流汗即日棄官歸家家人悉驚其忽至時易疾始二日醫云欲知差劇但嘗糞甜苦易泄利黔婁輒取嘗

之味轉甜滑心愈憂苦至夕每稽顙北辰求以身代俄聞空中有聲曰徵君壽命盡不復可延汝誠禱既至政得至月末晦而易亡黔婁居喪過禮廬于家側梁臺建黔婁自西臺尚書儀曹郎為益州刺史鄧元起表為府長史巴西梓潼二郡太守及成都平城中珍寶山積元起悉分與僚佐唯黔婁一無所取元起惡其異衆厲聲曰長史何獨為高黔婁示不違之請書數篋尋除蜀郡太守在職清素百姓便之元起死于蜀郡部曲皆散黔婁身營殯斂攜持喪柩歸鄉里東宮建以中軍記室參軍侍皇太子讀甚見知重詔與太子中庶子殷鈞中書舍人到洽國子博士明山

賓遞日為太子講五經義遷散騎侍郎卒弟於陵

於陵字介七歲能言玄理及長清警博學有才思齊隨王子隆為荊州召為主簿使與謝朓宗夬抄撰羣書子隆代還又以為送故主簿子隆為明帝所害僚吏畏避莫至唯於陵與夬獨留經理喪事永元末除東陽遂安令為人吏所稱梁天監初為建康獄平遷尚書功論郎待詔文德殿後兼中書通事舍人拜太子洗馬舊東宮官屬通為清選洗馬掌文翰尤其清者近代用人皆取甲族有才望者時於陵與周捨並擢充此職武帝曰官以人清豈限甲族時論以為美累遷中書黃門侍郎舍人如故後終於鴻臚卿弟肩吾

肩吾字慎之八歲能賦詩為兄於陵所友愛初為晉安王國常侍王每徙鎮肩吾常隨府在雍州被命與劉孝威江伯搖孔敬通申子悅徐防徐摛王囿孔鑠鮑至等十人抄撰衆籍豐其果饌號高齋學士王為皇太子兼東宮通事舍人後為安西湘東王中錄事諮議參軍太子率更令中庶子簡文開文德省置學士肩吾子信徐摛子陵吳郡張長公北地傅弘東海鮑至等充其選齊永明中王融謝朓沈約文章始用四聲以為新變至是轉拘聲韻彌為麗靡復踰往時簡文與湘東王書論之曰比見京師文體懦鈍殊常競學浮疎爭事闡緩既殊比興正背風騷若夫六典

三禮所施則有地吉凶嘉賓用之則有所未聞吟詠情性反擬内則之篇操筆寫志更模酒誥之作遲遲春日翻學歸藏湛湛江水遂同大傅吾既拙於為文不敢輕有摘摭但以當世之作歷萬古之才人遠則楊馬曹王近則潘陸顔謝觀其遣辭用心了不相似若以今文為是則昔賢為非若以昔賢可稱則今體宜棄俱為盍各則未之敢許又時有効謝康樂裴鴻臚文者亦頗有惑焉何者謝客吐言天拔出於自然時有不拘是其糟粕裴氏乃是良史之才了無篇什之美是為學謝則不屆其精華但得其冗長師裴則義絶其所長唯得其所短謝故巧不可階裴亦質不

宜慕故胸馳臆斷之侶好名忘實之類決羽謝生豈三千之可及伏膺裴氏懼兩唐之不傳故王暉金銑反為拙目所嗤巴人下俚更合郢中之聽陽春高而不和妙聲絶而不尋竟不精討錙銖覈量文質有異巧心終愧妍耳是以握瑜懷玉之士瞻鄭邦而知退章甫翠履之人望閩鄉而歎息詩既若此筆又如之徒以煙墨不言受其驅染紙札無情任其搖襞甚矣哉文章橫流一至於此至如近世謝朓沈約之詩任昉陸倕之筆斯文章之冠冕述作之楷模張士簡之賦周升逸之辯亦成佳手難可復遇文章未墜必有英絶領袖之者非弟而誰每欲論之無可與晤思吾子建一共商摧辨茲清濁使如涇渭論茲月旦類彼汝南朱白既定雌黄有別使夫懷鼠知慙濫竽自恥相思不見我勞如何及簡文即位以肩吾為度支尚書時上流蕃鎮並據州拒侯景景矯詔遣肩吾使江州喻當陽公大心大心乃降賊肩吾因逃入東後賊宋子仙破會稽購得肩吾欲殺之先謂曰吾聞汝能作詩今可即作若能將貸汝命肩吾操筆便成辭采甚美子仙乃釋以為建昌令仍間道奔江陵歷江州刺史領義陽太守封武康縣侯卒贈散騎常侍中書令子信

劉虬字靈預一字德明南陽涅陽人晉豫州刺史喬七世

孫也徙居江陵虬少而抗節好學須得祿便隱宋泰始中仕至晉平王驃騎記室當陽令罷官歸家靜處常服鹿皮袷斷穀餌朮及胡麻齊建元初豫章王嶷為荆州教辟虬為別駕與同郡宗測新野庾易並遺書禮請之虬等各脩牋荅而不應命永明三年刺史廬陵王子卿表虬及同郡宗測宗尚之庾易劉昭五人請加蒲車束帛之命詔徵為通直郎不就竟陵王致書通意虬荅曰虬四節卧疾病三時營灌植暢餘陰於山澤託暮情於魚鳥寧非唐虞重恩周邵宏施虬精信釋氏衣麤布禮佛長齋注法華經自講佛義以江陵西沙洲去人遠乃徙居之建武二年詔徵國

子博士不就其冬虬病正晝有白雲徘徊簷戶之內又有香氣及磬聲其日卒年五十八虬子之遴

之遴字思貞八歲能屬文虬曰此兒必以文興吾宗常謂諸子曰若比之顏氏之遴得吾之文由是州里稱之時有沙門僧惠有異識每詣虬必呼之遴小字曰僧伽福德兒握手而進之年十五舉茂才明經對策沈約任昉見而異之吏部尚書王瞻嘗候任昉遇之遴在坐昉謂瞻曰此南陽劉之遴學優未仕水鏡所宜甄擢即調為太學博士昉曰為之美談不如面試時張稷新除尚書僕射託昉為讓表昉令之遴代作操筆立成昉曰荊南秀氣果有異才後

仕必當過僕御史中丞樂藹即之遴之舅憲臺奏彈皆令之遴草焉後為荊州中從事梁簡文臨荊州仍遷宣惠記室之遴篤學明審博覽羣籍時劉顯韋稜並稱強記之遴每與討論咸不過也累遷中書侍郎後除南郡太守武帝謂曰卿母年德並高故令卿衣錦還鄉盡榮養之理轉西中郎湘東王繹長史太守如故初之遴在荊府常寄居南郡忽夢前太守袁彖謂曰卿後當為折臂太守即居此中之遴後年　墮車折臂右手偏直不復得屈伸書則以手就筆歎曰豈黥而王乎周捨嘗戲之曰雖復並坐可橫政恐陋　無枕後連相兩王再為此郡歷秘書監出為郢州行事之遴意不願出固辭曰去歲命絕離巽不敢東下今年所忌又在西方武帝手敕曰朕聞妻子具孝衰於親爵祿具忠衰於君卿既內足理忘奉公之節遂為有司奏免後為都官尚書太常卿之遴好古愛奇在荊州聚古器數十百種有一器似甌可容一斛上有金錯字時人無能知者又獻古器四種於東宮其第一種鏤銅鴟夷榼二枚兩耳有銀鏤銘云建平二年造其第二種金銀錯鏤古鐏二枚有篆銘云秦容成侯適楚之歲造其第三種外國澡灌一口有銘云元封二年龜茲國獻其第四種古製澡盤一枚銘云初平二年造時鄱陽嗣王範得班固所撰漢書真

本獻東宮皇太子令之遴與張纘到溉陸襄等參校異同之遴錄其異狀數十事其大略云案古本漢書稱永平十六年五月二十一日己酉郎班固上而今本無上書年月日子又案古本敘傳號為中篇今本稱為敘傳載班彪事行而古本云彪自有傳又今本紀及表志列傳不相合為次而古本相合為次總成三十八卷又今本外戚在西域後古本外戚次帝紀下又今本高五子文三王景十三王孝武六子宣元六王雜在諸傳表中古本諸王悉次外戚下在陳項傳上又今本韓彭英盧吳述云信惟餓隸布實黥徒越亦狗盜芮尹江湖雲起龍驤化為侯王古本述云

淮陰毅毅伏劒周章邦之傑子寔惟彭英仕為侯王雲起
龍驤又古本第三十七卷解音釋義以助雅詁而今本無
此卷也之遴好屬文多學古體與河東裴子野沛国劉顯
恒共討論古籍因為交好時周易尚書禮記毛詩並有武
帝義疏唯左氏傳尚闕之遴乃著春秋大意十科左氏十
科三傳同異十科合三十事上之帝大悅詔荅曰省所撰
春秋義比事論書辭微旨遠編年之教言闡義繁丘明傳
洙泗之風公羊稟西河之學鐸椒之解不追瑕丘之說無
取繼踵胡毋仲舒云盛因循穀梁千秋最篤張蒼之傳左
氏賈誼之襲荀卿源本分鑣指歸殊致詳略紛然其來舊

南史列傳四十　十六

矣昔在弱年久經研味一從遺置迄將五紀兼晚秋晷促
機事罕暇夜分求衣未遑披括須待夏景試欲推尋若溫
故可求別酬所問也始武帝於齊代為荊府諮議時之遴
父虬隱在百里洲早相知聞帝偶匱乏遣就虬換穀百斛
之遴時在父側曰蕭諮議躓士云何能得舂頴與其米虬
從之及帝即位常懷之侯景初以蕭正德為帝之遴時落
景所將使授璽紱之遴預知仍剃髮披法服乃免先是平
昌伏挺出家之遴為詩嘲之曰傳聞伏不鬭化為支道林
及之遴遇亂遂披染服時人笑之尋避難還鄉湘東王繹
嘗嫉其才學聞其西上至夏口乃密送藥殺之不欲使人

知乃自製誌銘厚其賻贈前後文集五十卷子三達字三
善數歲能清言及屬文州將湘東王繹聞之盛集賓客召
而試之說義屬詩皆有理致年十二聽江陵令賀革講禮
還仍覆述不遺一句年十八卒之遴深懷悼恨乃題墓曰
梁妙士以旌之之遴弟之亨

之亨字嘉會年四歲出後叔父嵩及長好學美風姿善占
對武帝之臨荊州唯與虬談虬見之遴之亨帝曰之遴必
以文章顯之亨當以功名著後州舉秀才除大學博士仍
代兄之遴為中書通事舍人累遷步兵校尉湘東王繹諮
議參軍敕賜金策并賜詩焉大通六年出師南鄭詔湘東

南史列傳四十　十七

王節度諸軍之亨以司農卿為行臺承制途出本州北界
揔督衆軍杖節而西樓船戈甲甚盛老小緣岸觀曰是前
舉秀才者鄉部偉之是行也大致剋復軍士有功皆錄唯
之亨為蘭欽所訟執政因而陷之故封賞不行但復本位
而已久之帝讀陳湯傳恨其立功絕域而為文吏所抵宦
者張僧胤曰外間論者竊謂劉之亨似之帝感悟乃封為
臨江子固辭不拜之亨美績嘉聲在朱异之右既不協懼
為所害故美出之以代之遴為安西湘東王繹長史南郡
太守上問朱异曰之亨代兄去喜不見弟因循豈直大馮小
馮而已又謂尚書令何敬容曰荊州長史南郡太守皆是

僕射出入今者之亭便是九轉在郡有異績吏人稱之卒
荆土懷之不復稱名號為大南郡小南郡子廣德亦好學
負才任氣承聖中位湘東太守魏平荆州依于王琳琳平
陳太建中歷河東太守卒官之亭弟之遲位荆州中從事
史子仲威少有志氣頗涉文史梁承聖中為中書侍郎蕭
莊稱尊號以為御史中丞隨莊終鄴中
坦字德度虬從弟也仕齊歷房陵令南中郎録事參軍所
居以幹濟稱梁武帝起兵時輔國將軍楊公則為湘州刺
史帥師赴夏口西朝議行州事者坦求行乃除輔國長史
長沙太守行湘州刺史坦嘗在湘州多舊恩道迎者甚衆

齊東昏遣安成太守劉希祖破西臺所選太守范僧簡於
平都希祖移檄湘部於是始興內史王僧粲應之湘部諸
郡悉皆蜂起州人咸欲汎舟逃走坦悉聚船焚之前湘州
鎮軍鍾玄紹潛應僧粲坦聞其謀偽為不知因理訟至夜
城門遂不閉以疑之玄紹未及發明旦詣坦問其故久留
與語密遣親兵收其家玄紹在坐未起而收兵已報具得
其文書本末玄紹即首伏於坐斬之焚其文書餘黨悉無
所問梁天監初論功封荔浦子三年遷西中郎長史蜀郡
太守行益州事未至蜀道卒

論曰劉瓛弟兄僧紹父子並業盛專門飾以儒行持身之
節異夫苟得患失者焉度易劉虬取高一代其所以行己
事兼隱德諸子學業之美各著家聲顯及之遂見嫉時主
或以非罪而斥或以非疾而亡異夫自古哲王屈己下賢
之道有以知武皇之不弘元后之多忌梁祚之不永也不
亦宜哉

列傳第四十　南史五十

李延壽

梁宗室上

吳平侯景 子勵 勸 勔 劼 弟昌 昂 昱

長沙宣武王懿 子業 孫孝儼 業弟藻 猷 猷子韶 駿 猷弟朗 明

永陽昭王敷　衡陽宣王暢

桂陽簡王融 子象 象子慥　臨川靜惠王宏 宏子正仁 正義

正德 正德子見理 正德弟正則 正則弟正立 正立子賁 正立弟正表 正信

吳平侯景字子照梁武帝從父弟也祖道賜以禮讓稱居鄉有爭訟專賴平之又周其疾急鄉里號曰墟王皆竊言曰其後必大仕宋終于書侍御史齊末追贈左光祿大夫三子長曰尚之次曰文帝次曰崇之尚之敦厚有器業爲司徒建安王中兵參軍一府稱爲長者遷步兵校尉卒官梁天監初追謚曰文宣侯子靈鈞仕齊爲廣德令武帝起兵行會稽郡事頃之卒追封東昌縣侯子騫嗣崇之仕齊官至東陽太守以幹能顯政尚嚴厲永明中錢唐唐㝢之反別衆破東陽崇之遇害天監初追謚忠簡侯景崇之子也八歲隨父在郡居喪以毁聞及長好學才辯有識斷仕齊爲永寧令政爲百城最永嘉太守范述曾居郡號稱廉平雅服景爲政乃牓郡門曰諸縣有疑滯者可就永寧令決以疾去官永嘉人胡仲宣等千人詣闕表請景爲郡不許永元二年以長沙宣武王懿勳除步兵校尉是冬懿遇害景亦逃難武帝起兵以景行南兗州事時天下未定沔北傖楚各據塢壁景示以威信渠帥相率面縛請罪旬日境内皆平武帝踐祚封吳平縣侯南兗州刺史加都督詔景母毛氏爲國太夫人禮如王國太妃假金章紫綬景居州清恪有威裁明解吏職文案無擁下不敢欺吏人畏敬如神會年荒計口振恤又爲饘粥於路以賦之死者給棺具人甚賴焉天監七年爲左驍騎將軍兼領軍將軍領軍管天下兵要宋孝建以來制局用事與領軍分權典事以上皆得呈奏領軍垂拱而已及景在職峻切官曹肅然制局監皆近倖頗不堪命以是不得久留中尋出爲寧蠻校尉雍州刺史加都督八年魏荆州刺史元志攻潺溝驅迫羣蠻羣蠻悉度漢水來降議者以爲蠻累爲邊患可因此除之景曰窮來歸我誅之不祥且魏人來侵每爲矛楯若悉誅蠻則魏軍無礙非長策也乃開樊城受降因命司馬朱思遠寧蠻長史曹義宗中兵參軍孟惠儁擊志於潺溝大破之景初到州省除參迎羽儀器服不得煩擾吏人修葺城壘申警邊備理辭訟勸農桑郡縣皆改節自勵州内清靜抄盜絶迹十三年復爲領軍將軍直殿省知十州損益

事月加禄五萬景爲人雅有風力長於辭令其在朝廷爲衆所瞻仰於武帝雖屬爲從弟而禮寄甚隆軍國大事皆與議決十五年加侍中及太尉揚州刺史臨川王宏坐法免詔景以爲安右將軍監揚州置佐史即宅爲府景越親居揚州固讓至于涕泣帝弗許在州尤稱明斷符教嚴整有田舍老姥訴得符還至縣縣吏未即發姥語曰蕭監州符如火汝手何敢留之其爲人所畏敬如此遷都督郢州刺史將發帝幸建興苑餞別爲之流涕在州復有能名齊安竟陵郡接魏界多盜賊景移書告示魏即焚塢戍保境不復侵略卒于州贈開府儀同三司謚曰忠子勵

勵字文約弱不好弄喜愠不形於色位太子洗馬母憂去職殆不勝喪每一思至必徒步之墓或遇風雨仆卧中路坐地號慟起而復前家人不能禁景特所鍾愛曰吾百年後其無此子乎使左右節哭服闋除太子中舍人景薨于郢鎮或以路遠祕其凶問以疾漸爲辭勵乃奔波屆于江夏不進水漿者七日廬于墓所親友隔絶會叔父曇下詔獄勵乃率昆弟羣從同詣大理雖門生故吏莫能識之後襲封吳平侯對揚王人悲慟嗚咽傍人亦爲隕涕除淮南太守以善政稱遷宣城内史郡多猛獸常爲人患及勵在任獸暴爲息又遷豫章内史道不拾遺男女異路徙廣州

刺史去郡之日吏人悲泣數百里中舟乘填塞各齎酒肴以送勵勵人爲納受隨以錢帛與之至新淦縣岴山村有一老姥以槃擎鮨魚自送舟側奉上之童兒數十人入水板舟或歌或泣廣州邊海舊饒外國舶至多爲刺史所侵每年舶至不過三數及勵至纖豪不犯歲十餘至俚人不賓多爲海暴勵征討所獲生口寶物軍賞之外悉送還臺前後刺史皆營私蓄方物之貢少登天府自勵在州歲中數獻軍國所須相繼不絶武帝歎曰朝廷便是更有廣州有詔以本號還朝而江西俚帥陳文徹出寇高要又詔勵重申蕃任未幾文徹降附勵以南江危險宜立重鎮乃表

臺於高涼郡立州敕仍以爲高州以西江督護孫固爲刺史徵爲太子左衛率勵性率儉而器度寬裕左右嘗將羹至胷前翻之顏色不異徐呼更衣聚書至三萬卷披翫不倦尤好東觀漢記略皆誦憶劉顯執卷策勵酬應如流乃至卷次行數亦不差失少交結唯與河東裴子野范陽張纘善卒於道贈侍中謚曰光侯勵弟勸勸字文肅少以清靜自立封西鄉侯位南康内史太舟卿大寶元年與南康王會理謀誅侯景事發遇害勸弟勔勔字文祗封東鄉侯位太子洗馬及勸同見害勔弟勃位定州刺史封曲江鄉侯大寶初廣州刺史元景仲將謀應侯景西江督護陳霸

先攻景仲迎勅爲刺史時湘東王繹在荆州雖承制授職
力不能制遂從之勅乃鎮嶺南爲廣州刺史後江表定以
王琳代爲廣州以勅爲晉州刺史魏剋江陵勅復據廣州
敬帝承制加司徒紹泰中爲太尉尋進爲太保及陳武禪
代之際舉兵不從尋敗遇害
昌字子建景弟也位衡州刺史性好酒在州每醉徑出人
家或獨詣草野刑戮頗無期度醉時所殺醒或求焉亦無
悔也累遷兼宗正卿屢爲有司所劾乆留都忽忽不樂遂
縱酒虛悸在石頭東齋引刀自刺而卒弟昂
昂字子明位輕車將軍監南兖州初見景再爲兖州德惠

在人及昂來代時人方之馮氏徵爲琅邪彭城二郡太守
時有女子年二十許散髮黃衣在武窟山石室中無所脩
行唯不甚食或出人間時飲少酒鵝卵一兩枚人呼爲聖
姑就求子往往有効造者充滿山谷昂呼問無所對以爲
祆惑鞭之二十創即差失所在中大通元年爲領軍將軍
乆之封湘陰侯出爲江州刺史卒謚曰恭侯
昂弟昱字子眞少而狂狷不拘禮度異服危冠交遊冗雜
尤善屠牛業以爲常於宅内酤酒好騎射歷位中書侍郎
每求試邊州武帝以其輕脫無威望抑而不許遷給事黃
門侍郎上表請自解帝手詔責之坐免官因此杜門絶朝

覲普通五年坐於宅内鑄錢爲有司所奏下廷尉得免死
徙臨海郡行至上虞有敕追還令受菩薩戒既至恂恂盡
禮改意蹈道持戒又精潔帝甚嘉之爲晉陵太守下車勵
名迹除煩苛明法憲嚴於姧吏旬日之間郡中大安俄而
暴卒百姓行號巷哭市里爲之諠沸設祭奠於郡庭者四
百餘人田舍有婦女夏氏年百餘歲扶曾孫出郡悲泣不自
勝其惠化所感如此百姓相率爲立廟建碑以紀其德又
詣都表求贈謚詔贈湘州刺史謚曰恭子
文帝十男張皇后生長沙宣武王懿永陽昭王敷武帝衡
陽宣王暢李太妃生桂陽簡王融融爲東昏所害敷暢齊

建武中卒武帝踐祚並追封郡王陳太妃生臨川靜惠王
宏南平元襄王偉吳太妃生安成康王秀始興忠武王憺
費太妃生鄱陽忠烈王恢
長沙宣武王懿字元達文帝長子也少有令譽解褐齊安
南邵陵王行參軍襲爵臨湘縣侯歷位晉陵太守以善政
稱永明末爲梁南秦二州刺史加督是歲魏軍入漢中遂
圍南鄭懿隨機拒擊乃解圍遁去又遣氐帥楊元秀攻取
魏歷城等六戍魏人震懼邊境遂寧永元二年裴叔業據
豫州反懿以豫州刺史領歷陽南譙二郡太守討之叔業
懼遂降魏武帝時在雍州遣典籤趙景悅說懿與晉陽之

甲誅君側之罪懿不荅既而平西將軍崔慧景入寇奉江夏王寶玄圍臺城齊室大亂馳信召懿懿時方食投箸而起率銳卒三千人入援武帝馳遣虞安福下都說懿曰誅賊之後則有不賞之功當明君賢主尚或難立況於亂朝何以自免若賊滅之後仍勒兵入宮行伊霍故事此萬世一時若不欲爾便放表還歷陽託以外拒為事則威振內外誰敢不從一朝放兵受其厚爵高而無人必生後悔長史徐曜甫亦苦勸竝不從慧景遣其子覺來拒懿擊大破之衆勝而進慧景衆潰追斬之授中書令都督征討水陸諸軍事時東昏肆虐茹法珍王咺之等執政宿臣舊將竝見誅夷懿既勳高獨居朝右深為法珍等所憚乃說東昏將加酷害徐曜甫知之密具舟江渚勸令西奔懿不從曰古皆有死豈有叛走中書令邪尋見留省賜藥與弟融俱殞謂使者曰家弟在雍深為朝廷憂之中興元年贈司徒宣德太后臨朝改贈太傅天監元年追崇丞相封長沙郡王謚曰宣武給九旒鸞輅黃屋左纛葬禮依晉安平王故事懿名望功業素重武帝本所崇敬帝以天監元年四月丙寅即位是日即見褒崇戊辰乃始贈第二兄敷第四弟暢第五弟融至五月有司方奏追皇考皇妣尊號遷神主于太廟帝不親奉命臨川王宏侍從七月帝臨軒遣兼太

尉散騎常侍王份奉策上太祖文皇帝獻皇后及德皇后尊號既先卑後尊又臨軒命策識者頗致譏議焉

懿子業字靜曠幼而明敏仕齊為太子舍人宣武之難與二弟藻象俱逃匿於王嚴秀家東昏知之收嚴秀付建康獄考掠備極乃以鉗拔手爪至死不言竟以免禍天監二年襲封長沙王歷位祕書監侍中都督南兗州刺史運私邸米餵人作甓以砌城武帝善之徙湘州尤著善政零陵舊有二猛獸為暴無故相枕而死郡人唐睿見猛獸傍一人曰刺史德感神明所以兩猛獸自斃言訖不見衆竝異之業性敦篤所在留意普通四年為侍中金紫光祿大夫薨謚曰元王文集行於世子孝儼嗣

孝儼字希莊射策甲科除祕書郎太子舍人從幸華林園於坐獻相風烏華光殿景陽山等頌其文甚美帝深賞異之薨謚曰章子昚嗣業弟藻

藻字靖藝仕齊位著作佐郎天監元年封西昌縣侯為益州刺史時鄧元起在蜀自以有勳劉季連功恃宿將輕少藻藻怒乃殺之既天下草創邊徼未安州人焦僧護聚衆數萬據郫繁作亂藻年未弱冠集僚佐議欲自擊之或陳不可藻大怒斬之階側乃乘平肩輿巡行賊壘賊聚弓亂射矢下如雨從者舉楯藻命除之由此人心大安賊

乃夜遁藻命騎追擊平之九年徵爲太子中庶子初鄧元
起之在蜀也崇於聚斂財貨山積金玉珍帛爲一室名爲
内藏綺縠錦罽爲一室號曰外府藻以外府賜將帥内藏
歸王府不有私焉及是還朝輕裝就路再遷侍中藻性謙
退不求聞達善屬文尤好古體自非公宴未嘗妄有所爲
縱有小文成輙棄本歷雍兗二州刺史頻莅州鎮人吏咸
稱之推善下人常如弗及普通六年爲軍師將軍與西豐
侯正德北侵渦陽輙班師爲有司奏免官削爵土八年復
封爵中大通三年爲中軍將軍太子詹事出爲丹陽尹帝
每稱其小字歎曰子弟竝如迦葉吾復何憂入爲尚書左

僕射加侍中固辭不許大同五年遷中衞將軍開府儀同
三司中書令侍中如故藻性恬靜獨處一室牀有膝痕宗
室衣冠莫不楷則常以爵祿太過每思屏退門庭閑寂賓
客罕通簡文尤敬愛之自遭家禍恒布衣蒲席不食鮮禽
非公庭不聽音樂武帝每以此稱之出爲南徐州刺史侯
景亂藻遣世子彧率兵入援及城開加散騎常侍侯景遣
其儀同蕭邕代之據京口藻因感氣疾或勸奔江北藻曰
吾國之台鉉任寄特隆既不能誅翦逆賊正當同死朝廷
耳因不食而薨

藻弟猷封臨汝侯爲吳興郡守性倜儻與楚王廟神交飲
至一斛每酹祀盡歡極醉神影亦有酒色所禱必從後爲
益州刺史侍中中護軍時江陽人齊苟兒反衆十萬攻州
城猷兵糧俱盡人有異心乃遥禱請救是日有田老逢一
騎浴鐵從東方來問去城幾里曰百四十時日已晡騎舉
矟曰後人來可令之疾馬欲及日破賊俄有數百騎如風
一騎過請飲田老問爲誰曰吳興楚王來救臨汝侯當此
時廟中請祈無驗十餘日乃見侍衞土偶皆泥濕如汗者是
月猷大破苟兒猷在州頗僭濫客廷内遂有香橙不置連
榻武帝末知之以此爲猜還都以憂愧成疾卒謚曰靈以
與神交也

猷子韶字德茂初封上甲縣都鄉侯太清初爲舍人城陷
奉詔西奔及至江陵人士多往尋覓令韶說城内事韶不
能人人爲說乃疏爲一卷客問者便示之湘東王聞而取
看謂曰昔王韶之爲隆安紀十卷說晉末之亂離今之蕭
韶亦可爲太清紀十卷矣韶乃更爲太清紀其諸議論多謝
吳爲之韶既承旨撰著多非實錄湘東王德之改超繼宣
武王封長沙王遂至郢州刺史韶昔爲幼童庾信愛之有
斷袖之歡衣食所資皆信所給遇客韶亦爲信傳酒後爲
郢州信西上江陵途經江夏韶接信甚薄坐青油幕下引
信入宴坐信別榻有自矜色信稍不堪因酒酣乃徑上韶

狀貌踈有餘直視韶面謂曰官今日形容大異近日時賓客滿坐韶甚慙恥

韶弟駿字德款善草隸工文章晚更習武旅力絕人與求安侯確相類位尚書殿中郎起武將軍封南安侯城陷為賊任約所禮謀召鄱陽嗣王範襲約反爲所害

猷弟朗字靖徹天監五年例以王子封侯歷太子洗馬桂州刺史加都督性倨而虐羣下患之記室庾丹以忠諫見害帝聞之使於嶺表以功自効丹父景休位御史中丞丹少有儁才與伏挺何子朗俱為周捨所狎初景休罷巴東郡頗有資產丹負錢數百萬責者填門景休怒不為之償旣而朝賢之丹不之景休景休悅乃悉為還之為建康正坐事流廣州

朗弟明字靖通少被武帝親愛封貞陽侯太清元年為豫州刺史百姓詣闕拜表言其德政樹碑于州門內及碑匠採石出自肥陵明乃廣營厨帳多召人物躬自率領牽至州識者笑之曰王自立碑非州人也武帝既納侯景大舉北侵使南康王會理摠兵明乃拜表求行固請乃許之會理已至宿預詔改以明代為都督水陸諸軍趣彭城大圖進取敕曰侯景志清鄴洛以雪讎恥其先率大軍隨機撫定汝等衆軍可止於寒山築堰引清水以灌彭城大水一泛孤城自殄愼勿妄動明師次呂梁十八里作寒山堰以灌彭城水及于堞不沒者三板魏遣將慕容紹宗赴救明謀略不出號令莫行諸將每諮事輒怒曰吾自臨機制變勿多言衆乃各掠居人明亦不能制唯禁其一軍無所侵掠紹宗至決堰水明命將救之莫肯出魏軍轉逼人情大駭胡貴孫謂趙伯超曰不戰何待伯超懼不能對貴孫乃入陳苦戰伯超擁衆弗敢救曰與戰必敗不如全軍早歸乃使其良馬載其愛妾自隨貴孫遂沒伯超子威方將赴戰伯超懼其出使人召之遂相與南還明醉不能興衆軍大敗明見俘執北人懷其不侵掠謂之義王及至魏魏帝引見明及諸將帥釋其禁送晉陽勃海王高澄禮明甚重謂曰先王與梁主和好十有餘年聞彼禮佛文常云奉為魏主并及先王此甚是梁主厚意不謂一朝失信致此紛擾因欲與梁通和使人以明書告武帝方致書以慰高澄東魏除明散騎常侍及聞社稷淪殤哀泣不捨晝夜魏平江陵齊文宣使送明至梁并前所獲梁將湛海珍等皆聽從明歸令上黨王渙率衆送之是時太尉王僧辯司空陳霸先在建康推晉安王方智為太宰都督中外諸軍事承制置百官渙軍漸進明與僧辯書求迎僧辯不從及渙破東關斬裴之橫僧辯懼乃納明於是梁輿東度齊師北反

明至望朱雀門便長慟迄至所止道俗參問皆以哭對之及稱尊號改承聖四年為天成元年大赦境內以方智為太子授王僧辯大司馬遣其子章馳到齊拜謝齊遇明及僧辯使人在館供給宴會豐厚一同武帝時使及陳霸先襲殺僧辯復奉晉安王是為敬帝而以明為太傅建安王報齊云僧辯陰謀篡逆故誅之仍請稱臣于齊永為蕃國齊遣行臺司馬恭及梁人盟於歷陽明年齊人徵明霸先猶稱蕃將遣使送明疽發背死時王琳與霸先相抗齊文宣遣兵納永嘉王莊主梁祀追謚明曰閔皇帝

永陽昭王敷字仲達文帝第二子也少有學業仕齊為隨郡內史挹懷遠近士庶安之以為前後之政莫及明帝謂徐孝嗣曰學士舊聞例不解理官聞蕭隨郡唯置酒清言而路不拾遺行何風化以至於此荅曰古者脩文德以來遠人況止郡境而已帝稱善徵為廬陵王諮議參軍卒武帝即位贈司空封永陽郡王謚曰昭天監二年子伯游嗣

伯游字士仁位會稽太守薨謚曰恭

衡陽宣王暢文帝第四子也有美名仕齊位太常封江陵縣侯卒天監元年追贈開府儀同三司封衡陽郡王謚曰宣三年子元簡位郢州刺史卒於官謚曰孝葬將引柩有聲議者欲開視王妃袮氏曰昔文已有前例不聞開棺無

益士者之生徒增生者之痛遂止少子獻嗣

桂陽簡王融文帝第五子也仕齊位太子洗馬與宣武王懿俱遇害天監元年贈撫軍大將軍封桂陽郡王謚曰簡無子詔以長沙宣武王第九子象嗣

象字世翼容止閑雅簡於交游事所生母以孝聞位丹陽尹象生長深宮始親庶政舉無失德朝廷稱之再遷湘州刺史加都督湘州舊多猛獸為暴及象任州日四猛獸死于郭外自此靜息故老咸稱政德所感歷位太常卿加侍中兼遷祕書監薨謚曰敦子慥嗣

慥字元貞位信州刺史有威惠太清二年赴援臺城遇赦還蕃尋為張纘所搆書報湘東王曰河東桂陽二蕃犄角欲襲江陵湘東乃水步兼行至荊鎮慥尚軍江津不以為意湘東至乃召慥深加慰喻慥心乃安後留止省內慥心知禍及遂肆醜言湘東大怒付獄殺之

臨川靜惠王宏字宣達文帝第六子也長八尺美鬚眉容止可觀仕齊為北中郎桂陽王功曹史宣武之難兄弟皆被收道人釋惠思藏宏及武帝師下宏至新林奉迎建康平為中護軍領石頭戍事天監元年封臨川郡王位楊州刺史加都督四年武帝詔宏都督諸軍侵魏宏以帝之介弟所領皆器械精新軍容甚盛北人以為百數十年所未

之有軍次洛口前軍剋梁城宏部分乖方多違朝制諸將欲乘勝深入宏聞魏援近畏懦不敢進召諸將欲議旋師呂僧珍曰知難而退不亦善乎宏曰我亦以爲然柳惔曰自我大衆所臨何城不服何謂難乎裴邃曰是行也固敵是求何難之避馬仙琕曰王安得亡國之言天子掃境內以屬王有前死一尺無却生一寸昌義之怒鬚盡磔曰呂僧珍可斬也豈有百萬之師輕言可退何面目得見聖主乎朱僧勇胡辛生拔劒而起曰欲退自退下官當前向取死議者已罷僧珍謝諸將曰殿下昨來風動意不在軍深恐大致沮喪欲使全師而反又私裴邃曰王非止全無經

略庸怯過甚吾與言軍事都不相入觀此形勢豈能成功宏不敢便違羣議停軍不前魏人知其不武遺以巾幗北軍歌曰不畏蕭娘與呂姥但畏合肥有韋武武謂韋叡也僧珍歎曰使始興吳平爲元帥我相毗輔中原不足平今遂敵人見欺如此乃欲遣裴邃分軍取壽陽大衆停洛口宏固執不聽乃令軍中曰人馬有前行者斬自是軍政不和人懷憤怒魏奚康生馳遣楊大眼謂元英曰梁人自剋梁城已後久不進軍其勢可見當是懼我王若進據洛水彼自奔敗元英曰蕭臨川雖騃其下有好將韋裴之屬亦未可當望氣者言九月賊退今且觀形勢未可便與交鋒

張惠紹次下邳號令嚴明所至獨剋下邳人多有欲來降惠紹曰我若得城諸卿皆是國人若不能破賊徒令公等失鄉非朝廷弔人本意也今且安堵復業勿妄自辛苦降人咸悅九月洛口軍潰宏棄衆走其夜暴風雨軍驚宏與數騎逃亡諸將求宏不得衆散而歸棄甲投戈塡滿水陸捐棄病者強壯僅得脫身宏乘小船濟江夜至白石壘款城門求入臨汝侯登城謂曰百萬之師一朝奔潰國之存亡未可知也恐姦人乘間爲變城門不可夜開宏無辭以對乃縋食餽之惠紹聞洛口敗亦退軍六年遷司徒領太子太傅八年爲司空揚州刺史十一年正月爲太尉其年

冬以公事左遷驃騎大將軍開府同三司之儀未拜遷揚州刺史十二年加司空十五年所生母陳太妃薨去職尋起爲中書監驃騎大將軍揚州刺史如故宏妾弟吳法壽性麤狡恃宏無所畏忌輙殺人死家訴有敕嚴討法壽在宏府內無如之何武帝制宏出之即日償辜南司奏免宏司徒驃騎揚州刺史武帝注曰愛宏者兄弟私親免宏者王者正法所奏可宏自洛口之敗常懷愧憤都下每有竊發輙以宏爲名屢爲有司所奏帝每貫之十七年帝將幸光宅寺有士伏於驃騎航待帝夜出帝將行心動乃於朱雀航過事發稱爲宏所使帝泣謂宏曰我人才勝汝百倍

當此猶恐顛墜汝何為者我非不能為周公漢文念汝愚故宏頓首曰無是無是於是以罪免而縱恣不悛奢侈過度脩第擬於帝宮後庭數百千人皆極天下之選所幸江無畏服玩侔於齊東昏潘妃寶釵直千萬好食鯖魚頭常日進三百其佗珍膳盈溢後房食之不盡棄諸道路江本吳氏女也世有國色親從子女徧游王侯後宮男免兄弟九人因權勢橫於都下宏未幾復為司徒普通元年遷太尉揚州刺史侍中如故七年四月薨自疾至薨輿駕七出臨視及薨詔贈侍中大將軍揚州牧假黃鉞幷給羽葆鼓吹一部增班劍為六十人謚曰靖惠宏以介弟之貴無佗

量能恣意聚斂庫室垂有百間在內堂之後關籥甚嚴有疑是鎧仗者密以聞武帝於友于甚厚殊不悅宏愛妾江氏寢膳不能暫離上佗日送盛饌與江曰當來就汝懽宴唯攜布衣之舊射聲校尉丘佗卿往與宏及江大飲半醉後謂曰我今欲履行汝後房便呼後閤輿徑往屋所宏恐上見其賄貨顏色怖懼上意彌言是仗屋屋檢視宏性愛錢百萬一聚黃牓標之千萬一庫懸一紫標如此三十餘間帝與佗卿屈指計見錢三億餘萬餘屋貯布絹絲綿漆蜜紵蠟朱沙黃屑雜貨但見滿庫不知多少帝始知非仗大悅謂曰阿六汝生活大可方更劇飲至夜舉燭而還兄弟

情方更敦睦宏都下有數十邸出懸錢立券每以田宅邸店懸上文券期訖便驅券主奪其宅都下東土百姓失業非一帝後知制懸券不得復驅奪自此後貧庶不復失居業晉時有錢神論豫章王綜以宏貪吝遂為錢愚論其文甚切帝知以激宏宣旨與綜天下文章何限那忽作此雖令急毀而流布已遠宏深病之聚斂稍改宏又與帝女永興主私通因是遂謀弒逆許事捷以為皇后帝嘗為三日齋諸主並豫永興乃使二僮衣以婢服僮踰閾失屨閤帥疑之密言於丁貴嬪欲上言懼或不信乃使宮帥圖之帥令內輿人八人纏以純綿立於幕下齋坐散主果請閒帝

許之主升階而僮先趣帝後八人抱而擒之帝驚墜於扆搜僮得刀辭為宏所使帝祕之殺二僮於內以漆車載主出主恚死帝竟不臨之帝諸女臨安安吉長城三主並有文才而安吉最得令稱宏性好內樂酒沈湎聲色侍女千人皆極綺麗慎衛寡方故屢致降免宏子十人許可知者七人長子正仁字公業位祕書丞早卒謚哀世子正仁弟正義嗣

正義字公威初以王子封平樂侯位太常卿南徐州刺史屬武帝幸朱方正義修解宇以待輿駕初京城之西有別嶺入江高數十丈三面臨水號曰北固蔡謨起樓其上以

置寶寶具後崩壞頂猶有小亭登降甚狹及上升之下輦
步進正義乃廣其路傍施欄楯翌日上幸遂通小輿上悅
登望久之敕曰此嶺不足須固守然京口實乃壯觀乃改
曰北顧賜正義東帛後為東揚州刺史薨正義弟正德
正德字公和少而凶慝招聚亡命破冢屠牛兼好弋獵齊
建武中武帝僦嗣未立養以為子及平建康生昭明太子
正德還本天監初封西豐縣侯累遷吳郡太守正德自謂
應居儲嫡心常怏怏每形於言普通三年以黃門侍郎為
輕車將軍置佐史頃之奔魏初去之始為詩一絕內火籠
中即詠竹火籠曰楨幹屈曲盡蘭麝氛氳銷欲知懷炭日

正是履冰朝至魏稱是被廢太子時蕭寶寅先在魏乃
上表魏帝曰豈有伯為天子父作揚州棄彼密親遠投佗
國不若殺之魏既不禮之正德乃殺一小兒稱為己子遠
營葬地魏人不疑又自魏逃歸見於文德殿至庭叩頭武
帝泣而誨之特復本封正德志行無悛常公行剽掠時東
府有正德及樂山侯正則潮溝有董當門子暹世謂之董
世子者也南岸有夏侯夔世子洪此四凶者為百姓巨蠹
多聚亡命黃昏多殺人於道謂之打稽時勳豪子弟多縱
恣以淫盜屠殺為業父祖不能制尉邏莫能禦車服牛馬
號西豐駱馬樂山烏牛董暹金帖織成戰襖直七百萬後

正則為劫殺沙門徙嶺南死洪為其父夔奏繫東冶死於
徒暹坐與求陽王妃王氏亂誅三人既除百姓少安正德
淫虐不革尋除給事黃門侍郎六年為輕車將軍隨豫章
王北侵正德輒棄軍委走為有司所奏下獄帝復詔曰汝
以猶子情兼常愛故越先汝兄剖符連郡往年在蜀昵近
小人猶謂少年情志未定更於吳郡殺戮無辜劫盜財物
雅然無畏及還京師專為逋逃乃至江乘要道湖頭斷路
遂使京邑士女早閉晏開又奪人妻妾略人子女徐敖非
直失其配匹乃橫屍道路王伯敖列卿之女誘為妾媵我
每加掩抑冀汝自新了無悛革怨懟逾甚遂匹馬奔亡志

懷反噬遣信慰問冀汝能還果能來歸遂我夙志謂汝不
好文史志在武功令汝杖節董戎前驅豈謂汝狼心不改
包藏禍胎志欲覆敗國計以快汝心今當宥汝以遠無令
房累自隨敕所在給汝粟餼王新婦見理等當停太尉間
汝餘房累悉許同行於是免官削爵土徙臨海郡未至徙
所道追赦之八年復封爵正德北還求交朱异帝既封昭
明諸子异言正德失職大通四年特封臨賀郡王後為丹
陽尹坐所部多劫盜復為有司所奏去職出為南兗州在
任苛刻人不堪命廣陵沃壤遂為之荒至人相食啖既累
試無能從是黜廢轉增憤恨乃陰養死士常思國釁聚畜

米粟宅内五十間室並以爲倉自征虜亭至于方山悉略爲墅蓄奴僮數百皆黥其面太清二年秋侯景又知其有姦心景黨徐思王在北經與正德相知至是景遣思王至建鄴具以事告又與正德書曰今天子年尊姦臣亂國以景觀之計日必敗大王屬當儲貳中被廢辱天下義士竊所忿慨大王豈得顧此私情棄茲億兆景雖不武實思自奮正德得書大喜曰侯景之意暗與人同天贊我也遂許之及景至正德潛運空舫詐稱迎荻以濟景焉朝廷未知其謀以正德爲平北將軍屯朱雀航景至正德乃北向望闕三拜跪辭歔欷流涕引賊入宣陽門與景交揖馬上退

據左衛府先是其軍並著絳袍袍裏皆碧至是悉反之賊以正德爲天子號曰正平元年初童謠有之故以應也又世人相佷必稱正平耳正德乃以長子見理爲太子以女妻景景爲丞相與約曰平城之日不得全二宮又令畿内王侯三日不出者誅之及臺城開正德率衆揮刀欲入賊先使其徒守門故正德不果乃復太清之號降正德爲侍中大司馬正德入問訊拜且泣武帝曰啜其泣矣何嗟及矣正德知爲賊所賣深自咎悔密書與鄱陽嗣王範以兵入賊遮得書乃矯詔殺之先是正德妹長樂主適陳郡謝禧正德姦之燒主第縛一婢加王釧於手以金寶附身聲云主被燒死檢取婢屍并金玉葬之仍與主通呼爲柳夫人生二子焉日月稍久風聲漸露後黃門郎張準有一雉媒正德見而奪之尋會重雲殿爲淨供皇儲以下莫不畢集準於衆中叱罵曰張準雉媒非長樂主何可略奪皇太子恐帝聞之令武陵王和止之乃休及出送雉媒還之其後梁室傾覆既由正德百姓至聞臨賀郡名亦不欲道童謠云寧逢五虎入市不欲見臨賀父子其惡之如是

見理字孟節性甚凶麤長劒短衣出入廛里不爲宗室所齒及肆逆甚得志焉招聚羣盜每夜輒掠劫於大航爲流矢所中死正德弟正則

正則字公衡天監初以王子封樂山侯累遷太子洗馬舍人恒於第内私械百姓令養馬又盜鑄錢大通二年坐匿劫盜削爵徙鬱林帝敕廣州日給酒肉南中官司猶畏以侯禮正則滋怨諸父與西江督護靳山顧通室招誘亡命將襲番禺未及期而事發遂鳴鼓會將攻州城刺史元景仲命長史元孝深討之正則敗逃于廁村人縛送之詔斬於南海有司請絕屬籍收妻子詔聽絕屬籍妻子特原正則弟正立

正立字公山初封羅平侯母江有寵初正仁之亡宏溺情曲制以正立爲世子正立微有學宏薨後知非朝議表求

讓兄帝甚嘉焉諸侯例封五百户正立改封實土建安縣
侯食邑一千户後位丹楊尹薨謚曰敏子賁嗣
賁字世文性躁薄正德爲侯景所立賁出投之專監造攻
具以攻臺城常爲賊耳目南康嗣王會理謀襲景賁與中
宿世子子邕告之賊矯封賁竟陵王子邕隨郡王並改姓
侯氏賁爲宗正卿子邕都官尚書專權陵蔑朝政居嘗晝
卧見柳敬禮蕭勸入室毆之賁驚起乞恩俄而賊惡其翻
覆殺之
正立弟正表封封山侯後弃樂山表弟正信正信字公理
封武化侯與正立同生亦被宏鍾愛然幼不慧常執白團
扇湘東王取題八字銘玩之正信不知嗤之終常搖捲位
給事中卒

列傳第四十一　南史五十一

列傳第四十二　南史五十二

李　延壽

梁宗室下

安成康王秀 秀子機 機弟推
南平元襄王偉 偉子恪 恪弟恭 恭子靜 恭弟祗
鄱陽忠烈王恢 恢子範 範子嗣 範弟諮 諮弟脩 脩弟泰
始興忠武王憺 憺子亮 亮弟暎 暎弟曄

安成康王秀字彥達文帝第七子也年十三吳太妃亡秀
母弟始興王憺時年九歲與秀並以孝聞居喪累日不進
飲文帝親取粥授之哀其早孤命側室陳氏并母二子陳
亦無子有母德視二子如己生秀美風儀性方靜雖左右
近侍非正衣冠弗之見由是親友及家人咸敬焉仕齊爲
太子舍人長沙王懿平崔慧景後爲尚書令居端右衡陽
王暢爲衛尉掌管籥東昏日夕逸游衆頗勸懿廢之懿弗
聽東昏左右惡懿勳高又慮廢立並間懿懿亦危之自是
諸親咸爲之備及難作臨川王宏以下諸弟姪俱隱人間
罕有發泄唯桂陽王融及禍武帝兵至新林秀及諸親並
自拔赴軍建康平爲南徐州刺史天監元年封安成郡王
京口自崔慧景亂後累被兵革人户流散秀招懷撫納惠
愛大行仍屬飢年以私財贍百姓所濟甚多六年爲江州

刺史將發主者求堅船以為齋舫秀曰吾豈愛財而不愛
士乃教以牢者給參佐下者載齋物既而遭風齋舫遂破
及至州聞前刺史取徵士陶潛曾孫為里司歎曰陶潛之
德豈可不及後胤即日辟為西曹時夏水汎長津梁斷絕
外司請依舊僦度收其價秀教曰刺史不德水潦為患可
利之乎給船而已七年遭慈母陳太妃憂詔起視事尋遷
荆州刺史加都督立學校招隱逸辟處士河東韓懷明南
平韓望南郡庾承先河東郭麻等是歲魏縣瓠城人反殺
豫州刺史司馬懷悦引司州刺史馬仙琕仙琕籤荆州求
應赴衆咸謂宜待臺報秀曰彼待我為援援之宜速待敕

非應急也即遣兵赴之及沮水暴長頗敗人田秀以穀二
萬斛贍之使長史蕭琛簡州貧老單丁吏一日散遣百餘
人百姓甚悦荆州嘗苦旱咸欲徙市開渠秀乃責躬親祈
楚望俄而甘雨即降遂獲有年又武寧太守為弟所殺乃
偽云士反秀照其姦慝望風首款咸謂之神於荆州起天
居寺以武帝游梁館也及去任行次大雷風波暴起船艫
淪溺秀所問唯恐傷人十三年為郢州刺史加都督郢州
地居衝要賦斂殷煩人力不堪至以婦人供作秀務存約
已省去游費百姓安堵境內晏然夏口常為戰地多暴露
骸骨秀於黃鶴樓下祭而埋之一夜夢數百人拜謝而去

每冬月常作襦袴以賜凍者時司州叛蠻田魯生魯賢超
秀擁衆襲來降武帝以魯生為北司州刺史魯賢北豫州
刺史超秀定州刺史為北境捍蔽而魯生超秀互相讒毀
有去就心秀撫喻懷納各得其用當時賴之遷雍州刺史
在路薨武帝聞之甚痛悼焉遣南康王績緣道迎候初秀
之西也郢州人相送出境聞其疾百姓商賈咸為請命及
薨四州人裂裳為白帽哀哭以迎送之雍州蠻迎秀聞薨
祭哭而去喪至都贈司空謚曰康秀美容儀每在朝百寮
屬目性仁恕喜慍不形於色左右嘗以石擲殺所養鵠齋
帥請按其罪秀曰吾豈以鳥傷人在都旦臨公事廚人進

食誤覆之去而登車竟朝不飯亦弗之誚也時諸王並下
士建安安成二王尤好人物世以二安重士方之四豪秀
精意學術搜集經記招學士平原劉孝標使撰類苑書未
及畢而已行於世秀於武帝布衣昆弟及為君臣小心畏
敬過於疏賤者帝益以此賢之少偏孤於始興王憺尤篤
憺久為荆州刺史常以所得奉中分秀秀稱心受之不辭
多也昆弟之睦時議歸之佐史夏侯亶等表立墓碑誌詔
許焉當世高才遊王門者東海王僧孺吳郡陸倕彭城劉
孝綽河東裴子野各製其文欲擇用之而咸稱實錄遂四
碑並建世子機嗣

機字智通位湘州刺史薨於州機美姿容善吐納家既多書博學強記然而好弄尚力遠士子邇小人爲州專意聚斂無政績頻被案劾將葬有司請謚詔曰王好内怠政宜謚曰煬所著詩賦數千言元帝集而序之子操嗣

機弟推字智進少清敏好屬文深爲簡文所親賞普通六年以王子封南浦侯歷淮南晉陵吳郡太守所臨必赤地大旱吳人號旱母焉侯景之亂守東府城陷推握節死之

南平元襄王偉字文達文帝第八子也幼清警好學仕齊爲晉安王驃騎外兵參軍武帝爲雍州慮天下將亂求迎偉及始興王憺俄聞已入沔帝欣然謂佐史曰阿八十一

行至吾無憂矣及起兵留行雍州州府事及帝剋郢魯下尋陽圍建鄴而巴東太守蕭惠訓子璝及巴西太守魯休烈起兵逼荆州蕭穎胄憂憤暴卒西朝兇懼徵兵於偉偉乃割州府將吏配始興王憺往赴之憺至璝等皆降齊和帝詔以偉爲都督雍州刺史天監元年封建安王初武帝軍東下用度不足偉取襄陽寺銅佛毁以爲錢富僧藏鏹多加毒害後遂惡疾十三年累遷爲左光祿大夫加親信四十人歲給米萬斛藥直二百四十萬廚供月二十萬并二衞兩營雜役二百人倍先置防閤白直左右職局一百人以疾甚故不復出藩而加奉秩十五年所生母陳太妃薨毁頓過禮水漿不入口累日帝每臨幸抑譬之偉雖奉詔而殆不勝喪惡疾轉增因求改封十七年改封南平郡位侍中左光祿大夫開府儀同三司大通四年爲中書令大司馬薨贈侍中太宰謚曰元襄偉性端雅持軌度少好學篤誠通恕趨賢重士常如弗及由是四方游士當時知名者莫不畢至疾亟喪明便不復出齊世青溪宮改爲芳林苑天監初賜偉爲第又加穿築果木珍奇窮極彫靡有侔造化立游客省寒暑得宜冬有籠爐夏設飲扇每與賓客游其中命從事中郎蕭子範爲之記梁蕃邸之盛無過焉而性多恩惠尤愍窮乏常遣腹心左右歷訪閭里人士有

貧困吉凶不舉者即遣贍卹之平原王曼穎卒家貧無以殯友人江革往哭之其妻兒對革號訴革曰建安王當知必爲營理言未訖而偉使至給其喪事得周濟焉每祁寒積雪則遣人載樵米隨乏絶者賦給之晩年崇信佛理尤精玄學著二暗義製性情幾神等論義僧寵及周捨殷鈞陸倕並名精解而不能屈朝廷得失時有匡正子姪邪僻義方訓誘斯人斯疾而不得助主興化梁政漸替自公薨焉世子恪嗣

世子恪字敬則弘雅有風則姿容端麗位雍州刺史年少未閑庶務委之群下百姓每通一辭數處輸錢方得聞徹

賓客有江仲舉蔡薳王臺卿庾仲容四人俱被接遇並有蓄積故人間歌曰江千萬蔡五百王新車庾大宅遂達武帝帝接之曰主人憒憒不如客尋以廬陵王代爲刺史恪還奉見武帝以人間語問之恪大慙不敢一言後折節學問所歷以善政稱太清中爲郢州刺史及亂邵陵王至郢恪郊迎之讓位焉邵陵不受及王僧辯至郢恪歸荆州元帝以爲尚書令司空賊平爲揚州刺史時帝未還都以恪宗室令譽故先使歸鎮社稷大寶三年薨于長沙未之鎮也贈太尉謚曰靖節王恪弟恭

恭字敬範天監八年封衡山縣侯初樂山侯正則有罪敕讓諸王獨謂元襄王曰汝兒非直無過並有義方歷位監南徐州事時衡州刺史武會超在州子姪縱暴州人朱朗聚黨反武帝以恭爲刺史時朗已圍始興恭至緩服徇賊示以恩信羣賊伏其勇是夜退三舍以避軍吏請追恭曰賊以政苛致叛非有陳吳之心緩之則自潰急之則併力諸君置之明日朗遣使請降恭杖節受之一無所問即日收始興太守張寶生及會超弟之子子仁斬之軍門以其賄而虐也有司奏恭縱罪人專戮二千石有詔宥之遷湘州刺史善解吏事所在見稱而性尚華侈廣營第宅重齋步閣模寫宮殿尤好賓友酣宴終辰坐客滿筵言談不倦

時元帝居蕃頗事聲譽勤心著述卮酒未嘗妄進恭每從容謂曰下官歷觀時人多有不好懽興乃仰眠牀上看屋梁而著書千秋萬歲誰傳此者勞神苦思竟不成名豈如臨清風對朗月登山泛水肆意酣歌也尋除寧蠻校尉雍州刺史便道之鎮簡文少與恭游特被賞狎至是手令勗以政事恭至州政績有聲百姓請於城南立碑頌德詔許焉名爲政德碑是夜聞數百人大叫碑石明旦視之碑涌起一尺恭命以大柱置于碑上使力士數十人抑之不下又以酒脯祭之使人守視俄而自復視者竟不見之恭聞而惡焉先是武帝以雍爲邊鎮運數州粟以實儲倉恭乃多取官米還贍私宅又典籤陳保印侵剋百姓爲荆州刺史廬陵王所啓被詔徵還在都朝謁白服隨例帝曰白衣者爲誰對曰前衡山侯恭帝厲色曰不還我陳保印吾當白汝未已而保印實投湘東王王改其姓名曰袁逢恭竟不叙用侯景亂卒於城中詔特復本封元帝追謚曰僖侯

子靜字安仁少有美名號爲宗室後進有文才而篤志好學既内足於財多聚經史散書滿席手自讎校何敬容欲以女妻之靜忌其太盛拒而不納時論服焉然好戲笑輕論人物時以此少之位給事黃門侍郎深爲簡文所愛賞太清三年卒贈侍中

恭弟祗字敬謨美風儀幼有令譽天監中封定襄縣侯後歷位北兗州刺史侯景亂與從弟湘潭侯退謀起兵内援會州人反城應景祗遂奔東魏

鄱陽忠烈王恢字弘達文帝第十子也幼聰穎七歲能通孝經論語義發擿無遺及長美風儀涉獵史籍仕齊位北中郎外兵參軍前軍主簿宣武王之難逃在都下武帝起兵恢藏伏得免大軍至新林乃奉迎天監元年封鄱陽郡王除郢州刺史加都督初郢城内疾疫死者甚多不及藏殯恢下車遽命埋瘞又遣四使巡行州部境内大寧時有進筒中布者恢以奇貨異服即命焚之於是百姓仰德累

遷都督益州刺史成都去新城五百里陸路往來悉訂私馬百姓患焉累政不能改恢乃市馬千匹以付所訂之家須則以次發之百姓賴焉再遷開府儀同三司都督荊州刺史普通七年薨於州詔贈侍中司徒謚曰忠烈恢美容質善談笑愛文酒有士大夫風則所在雖無皎察亦不傷物有孝性初鎮蜀所生費太妃猶停都後於都不豫恢未之知一夜忽夢還侍疾及覺憂遑廢寢食俄而都信至太妃已瘳後有目疾久廢視瞻有道人慧龍得療眼術恢請之及至空中忽見聖僧及慧龍下針豁然開朗咸謂精誠所致恢性通恕輕財好施凡歷四州所得奉祿隨而散之在荊州嘗從容問賓僚曰中山好酒趙王好吏二者孰愈衆未有對者顧謂長史蕭琛曰漢時王侯藩屏而已視事親人自有其職中山聽樂可得任性彭祖代吏近於侵官今之王侯不守藩國當佐天子臨人清白其優乎坐者咸服有男女百人男封侯者三十九人女主三十八人世子範嗣

範字世儀温和有器識爲衛尉卿每夜自巡警武帝嘉其勞苦出爲益州刺史行至荊州而忠烈王薨因停自解武帝不許詔權監荊州及湘東王至範依舊述職遣弟湘潭侯退隨喪而下大同元年以開通劒道剋復華陽增封尋

徵爲領軍將軍侍中範雖無學術而以籌略自命愛奇翫古招集文才率意題章亦時有奇致嘗得舊琵琶題云齊竟陵世子範嗟人往物存攬筆爲詠以示湘東王王吟咏其辭作琵琶賦和之後爲都督雍州刺史範作牧莅人甚得時譽撫循將士盡獲歡心於是養士馬脩城郭聚軍糧於私邸時廬陵王爲荊州既是都督府又素不相能乃啓稱範謀亂範亦馳啓自理武帝恕焉時論者猶謂範欲爲賊又童謠云莫怱怱且寬公誰當作天子草覆車邊已時武帝年高諸王莫肯相服簡文雖居儲貳亦不自安而與司空邵陵王綸特相疑阻綸時爲丹楊尹威震都下簡文

乃選精兵以衛宮内兄弟相武聲聞四方範以名應讖言而求爲公未幾加開府儀同三司範心密喜以爲讖驗武帝若崩諸王必亂範既得衆又有重名謂可因機以定天下乃更收士衆希望非常太清元年大舉北侵初謀元帥帝欲用範時朱异取急外還聞之遽入曰嗣王雄豪蓋世得人死力然所至殘暴非常弔人之材昔陛下登北顧亭以望謂江右有反氣骨肉爲戎首今日之事尤宜詳擇帝默然曰會理何如對曰陛下得之臣無恨矣會理懦而無謀所乘襻輿施版屋冠以牛皮帝聞不悦行至宿預貞陽侯明請行又以明代之而以範爲征北大將軍揔督漢

北征討諸軍事尋遷南豫州刺史侯景敗於渦陽退保壽陽乃改範爲合州刺史鎮合肥時景不臣迹露範屢啓言之朱异每抑而不奏及景圍都範遣世子嗣與裴之高等入援遷開府儀同三司臺城不守範乃棄合肥出東關請兵于魏遣二子爲質魏人據合肥竟不助範範進退無計乃泝流西上軍於樅陽遣信告尋陽王大心大心要還九江欲共兵西上範得書大喜乃引軍至湓城以晉熙爲晉州遣子嗣爲刺史江州郡縣輒更改易於是尋陽政令所行唯在一郡又疑畏範市糴不通範乃復遣其弟覩寧侯永將兵逼南川助莊鐵時二鎮相猜無復圖賊之志範數萬之衆皆無復食人多餓死範竟發背而薨衆祕不發喪奉弟南安侯恬爲主有衆數千範將侯瑱襲莊鐵於豫章殺之盡併其軍乃迎喪往郡於松門遇風柩沈于水鉤求得之及于慶之過豫章侯瑱以範子十六人降賊賊盡於石頭坑殺之

世子嗣字長胤容貌豐偉腰帶十圍性驍果有膽略倜儻不護細行而復傾身養士皆得死力範之薨也嗣猶據晉熙城中食盡士皆乏絶侯景遣任約攻嗣時賊方盛咸勸且止嗣按劒叱之曰今日之戰蕭嗣効命死節之秋也及戰遇流矢中頸不許拔帶箭手殺數人賊退方命拔之應

時氣絶妻子爲任約所禽初範既與尋陽王大心相持及嗣之死猶未敢發範喪

範弟諮字世恭位衛尉卿封武林侯簡文即位之後景周衛轉嚴外人莫得見唯諮及王克殷不害並以文弱得出入卧内晨昏左右天子與之講論六藝不輟於時及南康王會理事敗克不害懼禍乃自踈諮不忍離帝朝覲無絶賊惡之令其仇人刁戌刺殺諮於廣莫門外

諮弟脩字世和封宜豐侯局力貞固風儀嚴整九歲通論語十一能屬文鴻臚卿裴子野見而賞之性至孝年十二丁所生徐氏艱自荊州反葬中江遇風前後部伍多致沈

溺脩抱柩長號血淚俱下隨波搖蕩終得無佗葬訖因廬墓次先時山中多猛獸至是絕迹野鳥馴狎棲宿簷宇武帝嘉之以班告宗室爲兼衛尉卿美姿貌每屯兵周衛武帝視之移輦初嗣王範爲衛尉夜中行城常因風便鞭箠宿衛欲令帝知其勤及脩在職夜必再巡而不欲人知或問其故曰夜中警邏實有其勢主上慈愛聞之容或賜止違詔則不可奉詔則廢事且胡質之清尚畏人知此職司之常何足自顯聞者歎服時王子侯多爲近畿小郡歷試有績乃得出爲邊州帝以脩識量宏達自衛尉出鎮鍾離徙爲梁秦二州刺史在漢中七年移風改俗人號慈父長

史范洪胄有田一頃將秋遇蝗脩躬至田所深自咎責功曹史琅邪王廉勸脩捕之脩曰此由刺史無德所致捕之何補言卒忽有飛鳥千群蔽日而至瞬息之間食蟲遂盡而去莫知何鳥適有臺使見之具言於帝璽書勞問手詔曰犬牙不入無以過也州人表請立碑頌德嗣王範在益城頗有異論武陵王大生疑防流言嘩喈脩深自分釋求洗質子弁請助防武陵王乃遣從事中郎蕭固諾以當世之事且觀脩意脩泣涕爲言忠臣孝子之節王敬納之故終脩之時不爲不義一夕忽有狗攫脩所臥牀而臥脩曰此其我乎因大脩城壘承聖元年魏將達奚武來攻脩遣

記室參軍劉璠至益州求救於武陵王紀遣將楊乾運援之拜脩隨郡王璠還至嶓冢乃降于魏乾運班師璠至城下說城中降魏脩數之曰卿不能死節反爲說客邪命射之間信遣至荊州元帝遣與相聞脩中直兵參軍陳晷甚勇有口求爲覘候見獲以辭烈被害乃遣諮議虞馨致武牛酒武謂曰梁已爲侯景所敗王何爲守此孤城脩荅守之以死誓爲斷頭將軍魏相安定公宇文泰遣書喻之力屈乃降安定公禮之甚厚未幾令還江陵厚遣之以文武千家爲綱紀之僕元帝慮其爲變中使覘伺不絕於道至之夕命劫竊之及旦脩表輸馬仗而後帝安脩入覲望閤

悲不自勝元帝亦慟盡朝皆泣尋拜湘州刺史長沙頻遇兵荒人戶凋弊脩勸穡務分未耕流人至者三千餘家元帝多忌動加誅翦脩靜恭自守埋聲晦迹元帝亦以宗室長年深相敬禮及江陵被圍聞至即日登舟赴救至巴陵西而江陵覆滅敬帝立遙授脩太尉遷太保時王室浸微脩雖圖義舉力弱不能自振遂發背歐血而薨年五十二脩弟泰字世怡封豐城侯歷位中書舍人傾竭財產以事時要超爲譙州刺史江北人情獷彊前後刺史並綏撫之泰至州便偏發人丁使擔腰輿扇繖等物不限士庶恥爲之者重加杖責多輸財者即放免之於是人皆思亂及侯

景至人無戰心乃先覆敗
始興忠武王憺字僧達文帝第十一子也仕齊爲西中郎
外兵參軍武帝起兵憺爲相國從事中郎與南平王偉留
守齊和帝即位以憺爲給事黃門侍郎時巴東太守蕭惠
訓子璝等兵逼荆州蕭穎胄暴卒尚書僕射夏侯詳議迎
憺行荆州事憺率雍州將吏赴之以書喻璝等皆降是冬
武帝平建鄴明年和帝詔以憺爲都督荆州刺史天監元
年加安西將軍封始興郡王時軍旅之後公私匱乏憺厲
精爲政廣闢屯田減省力役存問兵死之家供其窮困人
甚安之是歲嘉禾生一莖六穗甘露降于黃閤四年荆州

大旱憺使祠于天井有巨蛇長二丈出遶祠壇俄而注雨
歲大豐憺自以少年始居重任開導物情辭訟者皆立待
符教決於俄頃曹無留事下無滯獄六年州大水江溢堤
壞憺親率將吏冒雨賦丈尺築之而雨甚水壯衆皆恐或
請避焉憺曰王尊尚欲身塞河堤我獨何心以免乃登堤
歎息終日輟膳刑白馬祭江神酹酒於流以身爲百姓請
命言終而水退堤立邴洲在南岸數百家見水長驚走登
屋緣樹憺募人救之一口賞一萬估客數十人應募洲人
皆以免吏人歎服咸稱神勇又分遣諸郡遭水死者給棺
檟失田者與糧種是歲嘉禾生于州界吏人歸美焉七年

慈母陳太妃薨水漿不入口六日居喪過禮武帝優詔勉
之使攝州任是冬詔徵以本號還朝人歌曰始興王人之
爹徒我反赴人急如水火何時復來哺乳我荆土方言謂父
爲爹故云後爲中衛將軍中書令領衛尉卿憺性好謙降
意接士常與賓客連榻坐時論稱之九年拜都督益州刺
史舊守宰丞尉歲時乞丐躬歷村里百姓苦之習以爲常
憺至州停斷嚴切百姓以蘇又興學校祭漢蜀郡太守文
翁由是人多向方者十四年遷都督荆州刺史同母兄安
成王秀將之雍州薨于道憺聞喪自投于地席稾哭泣不
飲不食者數日傾財產賻送部伍大小皆取足焉天下稱

其悌十八年徵爲侍中中撫軍將軍開府儀同三司領軍
將軍即開府黃閤薨二宮悲惜輿駕臨幸者七焉贈司徒
謚曰忠武憺未薨前夢改封中山王策授如他日意頗惡
之數旬而卒憺有惠西土荆州人聞薨皆哭於巷嫁娶有
吉日移以避哀子亮嗣
亮弟暎字文明年十二爲國子生天監十七年詔諸生口
策宗室可否帝知暎聰解特令問策又口對並見奇謂祭
酒袁昂曰吾家千里駒也起家淮南太守諸兄未有除命
乃抗表讓焉暎美容儀普通二年封廣信縣侯丁父憂隆
冬地席哭不絶聲不嘗穀粒唯飲冷水因患癥結除太子

洗馬詔以愔艱難王業追增國封嗣王陳讓既不獲許乃乞頒邑諸弟帝許之改封新渝縣侯後居太妃憂泣血三年服闋為吳興太守郡界不稔中大通三年野穀生武康凡二十二處自此豐穰映製嘉穀頌以聞中詔稱美後為北徐州刺史在任弘恕人吏懷之常載粟帛遊於境內有遇貧者即以振焉勝境名山多所尋履又徵將還鍾離人顧思遠挺叉行部伍中映見甚老使人問對曰年一百一十二歲凡七娶有子十二死亡略盡今唯小者年已六十又無孫息家闕養乏是以行役映大異之召賜之食食兼於人檢其頭有肉角長寸遂命後舟載還都謁見天子與

之言往事多異所傳擢為散騎侍郎賜以奉宅朝夕進見年百二十卒又普通中北侵攻穰城城內有人年二百四十歲不復能食穀唯飲曾孫婦乳簡文帝命勞之賜以束帛荊州上津鄉人張元始年一百一十六歲旅力過人進食不異至年九十七方生兒兒遂無影將亡人人告別乃至山林樹木處處履行少日而終時人以為知命湘東王愛奇重異遂留其枕映後歷給事黃門侍郎衛尉卿廣州刺史卒官謚曰寬侯

映弟曄字通明美姿容善談吐初封安陸侯愔特所鍾愛常目送之曰吾所深憂左右問其故答曰其過俊發恐必無年又愔不豫侍疾衣不釋帶言與淚并愔亟扶而後起服闋改封上黃侯位兼宗正卿簡文入居監撫曄獻儲德頌遷給事黃門侍郎出為晉陵太守美才仗氣言多激揚常秉折角牛轂木屐被服必於儒者名盛海內為宗室推重特被簡文友愛與新渝建安南浦並預密宴號東宮四友簡文曰有五六使來往曄初至郡屬旱躬自祈禱果獲甘潤郡雀林村舊多猛獸為害曄在政六年此暴遂息卒于郡初曄寢疾歷年官曹擁滯有司案謚法言行相違曰替乃謚替侯

論曰自昔王者創業莫不廣植親親割裂州國封建子弟

是以大旆少帛崇於魯衛盤石犬牙寄深梁楚梁武遠遵前軌蕃屏懿親至於戚枝咸被任遇若蕭景才辯固亦梁之令望者乎臨川不才頻叨重寄古者睦親之道粲而不殊加之重名則有之矣而宏屢黷彝典一撓師徒梁之不綱於斯為甚正德穢行早顯逆心夙構比齊襄而迹可疋似吳濞而勢不侔徒為賊景之階梯竟取國敗而身滅哀哉安成南平鄱陽始興俱以名迹著美蓋亦有梁之間平也

列傳第四十二　南史五十二

列傳第四十三　　南史五十三

李　延壽

梁武帝諸子

武帝八男丁貴嬪生昭明太子統簡文皇帝廬陵威王續阮脩容生孝元皇帝吳淑媛生豫章王綜董昭儀生南康簡王績丁充華生邵陵攜王綸葛脩容生武陵王紀

昭明太子統字德施小字維摩武帝長子也以齊中興元年九月生于襄陽武帝既年垂強仕方有冢嗣時徐元瑜降而續又荊州使至云蕭穎胄暴卒時人謂之三慶少日而建鄴平識者知天命所集天監元年十一月立為皇太

子時年幼依舊於內拜東宮官屬文武皆入直永福省五年五月庚戌出居東宮太子生而聰叡三歲受孝經論語五歲徧讀五經悉通諷誦性仁孝自出宮恒思戀不樂帝知之每五日一朝多便留永福省或五日三日乃還宮八年九月於壽安殿講孝經盡通大義講畢親臨釋奠于國學年十二於內省見獄官將讞事問左右曰是皁衣何為者曰廷尉官屬召視其書曰是皆可念我得判否有司以統幼紿之曰得其獄皆刑罪上統皆署杖五十有司抱具獄不知所為具言於帝帝笑而從之自是數使聽訟每有欲寬縱者即使太子決之建康縣讞誣人誘口獄翻縣以

太子仁愛故輕當杖四十令曰彼若得罪便合家孥戮今縱不以其罪罪之豈可輕罰而已可付治十年十四年正月朔旦帝臨軒冠太子於太極殿舊制太子著遠游冠金蟬翠緌纓至是詔加金博山太子美姿容善舉止讀書數行並下過目皆憶每游宴祖道賦詩至十數韻或作劇韻皆屬思便成無所點易帝大弘佛教親自講說太子亦素信三寶徧覽衆經乃於宮內別立慧義殿專為法集之所招引名僧自立三諦法義普通元年四月甘露降于慧義殿咸以為至德所感時俗稍奢太子欲以己率物服御朴素身衣浣衣膳不兼肉三年十一月始興王憺薨舊事以東

宮禮絕傍親書翰並依常儀太子以為疑命僕劉孝綽議其事孝綽議曰案張鏡撰東宮儀記稱三朝發哀者踰月不舉樂鼓吹寢奏服限亦然尋傍絕之義義在去服服雖可奪情豈無悲鐃歌輟奏良亦為此既有悲情宜稱兼慕卒哭之後依常舉樂稱悲竟此理例相符謂猶應兼慕請至卒哭僕射徐勉左率周捨家令陸襄並同孝綽議太子令曰張鏡儀記云依士禮終服月稱慕悼又云凡三朝發哀者踰月不舉劉僕議云傍絕之義義在去服服雖可奪情豈無悲卒哭之後依常舉樂稱悲竟此理例相符尋情悲之說非止卒哭之後緣情為論此自難一也用張鏡之

舉樂棄張鏡之稱悲一鏡之言取捨有異此自難二也陸
家令止云多歷年所恐非事證雖復累稔所用意常未安
近亦嘗以此問外由來立意謂猶應有慕悼之言張豈不
以舉樂爲大稱悲事小所以用小而忽大良亦有以至如
元正六佾事爲國章雖情或未安而禮不可廢鐃吹軍樂
比之亦然書疏方之事則成小差可緣心聲樂自外書疏
自內樂自他書自己劉僕之議即情未安可令諸賢更共
詳衷司農卿明山賓步兵校尉朱异議稱慕悼之辭宜終
服月於是付典書遵用以爲永準七年十一月貴嬪有疾
太子還永福省朝夕侍疾衣不解帶及薨步從喪還宮至

殯水漿不入口每哭輒慟絕武帝敕中書舍人顧協宣旨
曰毀不滅性聖人之制不勝喪比於不孝有我在那得自
毀如此可即強進飲粥太子奉敕乃進數合自是至葬日
進麥粥一升武帝又敕曰聞汝所進過少轉就羸瘦我比
更無餘病政爲汝如此胷中亦填塞成疾故應彊加饘粥
不俟我恒爾懸心雖屢奉敕勸逼終喪日止一溢不嘗菜
果之味體素壯腰帶十圍至是減削過半每入朝士庶見
者莫不下泣太子自加元服帝便使省萬機內外百司奏
事者填塞於前太子明於庶事每所奏謬誤巧妄皆即辯
析示其可否徐令改正未嘗彈糾一人平斷法獄多所全

宥天下皆稱仁性寬和容衆喜慍不形於色引納才學之
士賞愛無倦恒自討論墳籍或與學士商榷古今繼以文
章著述率以爲常于時東宮有書幾三萬卷名才並集文
學之盛晉宋以來未之有也性愛山水於玄圃穿築更立
亭館與朝士名素者遊其中嘗泛舟後池番禺侯軌盛稱
此中宜奏女樂太子不荅詠左思招隱詩云何必絲與竹
山水有清音軌慙而止出宮二十餘年不畜音聲未薨少
時敕賜太樂女伎一部略非所好普通中大軍北侵都下
米貴太子因命菲衣減膳每霖雨積雪遣腹心左右周行
閭巷視貧困家及有流離道路以米密加振賜人十石又

出主衣絹帛年常多作襦袴各三千領冬月以施寒者不
令人知若死亡無可斂則爲備棺槥每聞遠近百姓賦役
勤苦輒斂容變色常以戶口未實重於勞擾吳郡屢以水
災不熟有上言當漕大瀆以瀉浙江中大通二年春詔遣
前交州刺史王弈假節發吳吳興信義三郡人丁就役太
子上疏曰伏聞當遣王弈等上東三郡人丁開漕溝渠導
洩震澤使吳興一境無復水災蹔勞永逸必獲後利未萌
難覩竊有愚懷所聞吳興累年失收人頗流移吳郡十城
亦不全熟唯信義去秋有稔復非恒役之民即日東境穀
稼猶貴劫盜屢起在所有司皆不聞奏今征戍未歸強丁

踈少此雖小舉竊恐難合吏一呼門動爲人蠹又出丁之處遠近不一比得齊集已妨蠶農去年稱爲豐歲公私未能足食如復今茲失業慮恐爲弊更深且草竊多伺候人間虛實若善人從役則抄盜彌增吳興未受其益內地已離其弊不審可得權停此功待優實以不武帝優詔以喻焉太子孝謹天至每入朝未五鼓便守城門開東宮雖燕居內殿一坐一起恒向西南面臺宿被召當入危坐達旦三年三月游後池乘彫文舸摘芙蓉姬人蕩舟没溺而得出因動股恐貽帝憂深誡不言以寢疾聞武帝勑看問輒自力手書啓及稍篤左右欲啓聞猶不許曰云何令至尊知我如此惡因便嗚咽四月乙巳暴惡馳啓武帝比至已薨時年三十一帝臨哭盡哀詔斂以袞冕謚曰昭明五月庚寅葬安寧陵詔司徒左長史王筠爲哀册文朝野惋愕都下男女奔走宮門號泣滿路四方甿庶及疆徼之人聞喪者哀慟太子性仁恕見在宮禁防捉荆子者問之云以清道驅人太子恐復致痛使捉手板代之頻食中得蠅蟲之屬密置柈邊恐厨人獲罪不令人知又見後閤小兒攤戲後屬有獄牒攤者法士人結流徒庶人結徒太子曰私錢自戲不犯公物此科太重令注刑止三歲士人免官獄牒應死者必降長徒自此以下莫不減半所著文集二十

卷又撰古今典誥文言爲正序十卷五言詩之善者爲英華集二十卷文選三十卷薨後長子東中郎將南徐州刺史華容公歡封豫章郡王次子枝江公譽封河東郡王曲江公詧封岳陽郡王謦封武昌郡王鑒封義陽郡王各三千户女悉同正主蔡妃供侍一同常儀唯別立金華宮爲異帝既廢嫡立庶海內噂喈故各封諸子大郡以慰其心岳陽王詧流涕受拜累日不食初丁貴嬪薨太子遣人求得善墓地將斬草有賣地者因閹人俞三副求市若得三百萬許以百萬與之三副密啓武帝言太子所得地不如今所得地於帝吉帝末年多忌便命市之葬畢有道士善圖墓云地不利長子若厭伏或可申延乃爲蠟鵝及諸物埋墓側長子位有宮監鮑邈之魏雅者二人初並爲太子所愛邈之晚見踈於雅密啓武帝云雅爲太子厭禱帝密遣檢掘果得鵝等物大驚將窮其事徐勉固諫得止於是唯誅道士由是太子迄終以此慙慨故其嗣不立後邵陵王臨丹楊郡因邈之與鄉人爭婢議以爲誘略之罪牒宮簡文追感太子冤揮淚誅之邈之兄子僧隆爲宮直前未知邈之姪即日驅出先是人間謠曰鹿子開城門城門鹿子開當開復未開使我心徘徊城中諸少年逐歡歸去來鹿子開者反語爲來子哭云帝哭也歡前爲南徐州太子果薨

遣中書舍人臧厥追歡於崇正殿解髮臨哭歡既嫡孫次應嗣位而遲疑未決帝既新有天下恐不可以少主主大業又以心銜故意在晉安王猶豫自四月上旬至五月二十一日方決歡止封豫章王還任往往謡言心徘徊者未定也城中諸少年遂歡歸去來復還徐方之象也歡字孟孫位雲麾將軍江州刺史薨謚安王子棟嗣

棟字元吉及簡文見廢侯景奉以爲主棟方與妃張氏鋤葵而法駕奄至棟驚不知所爲泣而升輦及即位升武德殿獄有迴風從地涌起翻飛華蓋徑出端門時人知其不終於是年號天正追尊昭明太子曰昭明皇帝安王爲安

皇帝金華敬妃蔡氏爲敬皇后太妃王氏爲皇太后妃爲皇后未幾行禪讓禮棟封淮陰王及二弟橋樛並鎖於密室景敗走兄弟相扶出逢杜崱於道崱去其鎖弟曰今日免橫死矣棟曰倚伏難知吾猶有懼初王僧辯之爲都督將發諮元帝曰平賊之後嗣君萬福未審有何儀注帝曰六門之內自極兵威僧辯曰平賊之謀臣爲己任成濟之事請別舉人由是帝別敕宣猛將軍朱買臣使行忍酷會簡文已被害棟等與買臣遇見呼往船共飲未竟並沈于水

河東王譽字重孫普通二年封枝江縣公中大通三年改封河東郡王累遷南中郎將湘州刺史未幾侯景寇建鄴譽入援至青草湖臺城沒有詔班師譽還湘鎮時元帝軍于武城新除雍州刺史張纘密報元帝曰河東起兵岳陽聚米將來襲江陵元帝甚懼沈米斷纜而歸因遣諮議周弘直至譽所督其糧衆譽曰各自軍府何忽隸人使三反譽並不從元帝大怒遣世子方等征之反爲譽敗死又令信州刺史鮑泉討譽并陳示禍福譽謂曰欲前即前無所多說泉軍于石槨寺譽逆擊不利而還泉進軍橘洲譽攻之又見敗於是遂圍之譽幼而有驍勇馬上用弩兼有膽氣能撫士卒甚得衆心元帝又遣領軍王僧辯代鮑泉攻譽譽將潰圍而出會其麾下將慕容華引僧辯入城遂被

執謂守者曰勿殺我得一見七官申此讒賊死無恨主者曰奉令不許遂斬首送荆鎮元帝返其首以葬焉初譽之將敗引鏡照面不見其頭又見長人蓋屋兩手據地瞰其臍又見白狗大如驢從城出不知所在譽甚惡之俄而城陷

豫章王綜字世謙武帝第二子也天監三年封豫章郡王累遷北中郎將南徐州刺史入爲侍中鎮右將軍初綜母吳淑媛在齊東昏宮寵在潘余之亞及得幸於武帝七月而生綜宮中多疑之淑媛寵衰怨望及綜年十四五恒夢一年少肥壯自挈其首對綜如此非一綜轉成長心驚不已頻密問淑媛曰夢何所如夢既不一淑媛問夢中形色

頗類東昏因密報之曰汝七月日生兒安得比諸皇子汝
今太子次弟幸保富貴勿洩綜相抱哭每日夜恒泣又
每請室閉戶藉地被髮席藁輕財好士分施不輟唯留身
上故衣外齋接客分麤服厨庫恒致罄乏常於內齋布沙
於地終日跣行足下生胝日能行三百里嘗有人士姓王
以屯蹟投告綜手時大乏唯有眠牀故帛複帳即下付之
其降意下士以伺風雲之會諸侯王妃主及外人並知此
懷唯武帝不疑及長有才學善屬文武帝御諸子以禮朝
見不甚數綜恒怨不見知每出蕃淑媛恒隨之至鎮時年
十五尚裸袒嬉戲於前晝夜無別妃袁氏尚書令昂之女

也淑媛恒節其宿止遇袁妃尤不以道內外咸有穢聲綜
後在徐州政刑酷暴又有勇力制及奔馬攥殺騎犢常陰
服微行著烏絲布帽夜出無有期度招引道士探求數術
性聰敏多通每武帝有敕疏至輒忿恚形於顏色帝性嚴
羣臣不敢輕言得失凡綜所行弗之知也於徐州還頻裁
表陳便宜求經略邊境帝並優敕荅之徐州所有練樹並
令斬殺以帝小名練故累致意尚書僕射徐勉求出鎮襄
陽勉未敢言因是怒勉餉以白團扇圖伐檀之詩言其賄
也在西州於別室歲時設席祠齊氏七廟又累微行至曲
阿拜齊明帝陵然猶無以自信聞俗說以生者血瀝死者

骨滲即為父子綜乃私發齊東昏墓出其骨瀝血試之既
有徵矣在西州生次男月餘日潛殺之既瘞夜遣人發取
其骨又試之其酷忍如此每對東宮及諸王辭色不恭遜
嘗改歲後問訊臨川王宏出至中閤登宏羊車次遺糞而
出居都下所多如此者普通四年為都督南兗州刺史頗
勤於事而不見賓客其辭訟則隔簾理之方幅出行垂帷
於輿每云惡人識其面也初齊故建安王蕭寶夤在魏綜
求得北來道人釋法鸞使入北通問於寶夤謂為叔父襄
陽人梁話母死法鸞說綜厚賜之言終可任使綜遣話錢
五萬及葬畢引在左右法鸞為在廣陵往來通魏尤數每含

淮陰苗文寵家言文寵於綜綜引為國常侍六年魏將元
法僧以彭城降帝使綜都督衆軍權鎮彭城并攝徐州府
事武帝曉別玄象知當更有敗軍失將恐綜為北所擒手
敕綜令拔軍每使居前勿在人後綜恐帝覺與魏安豐王
元延明相持夜潛與梁話苗寵三騎開北門涉汴河遂奔
蕭城自稱隊主見延明而拜延明坐之問其名氏不荅曰
殿下問人有見識者延明召使視之曰豫章王也延明喜
下地執其手荅其拜送于洛陽及旦齋內諸閤猶閉不開
衆莫知所以唯見城外魏軍叫曰汝豫章王昨夜已來在
我軍中城中既失王所在衆軍乃退不得還者甚衆湘州

益陽人任煥常有騅馬乘之退走煥脚爲抄所傷人馬俱弊煥於橋下歇抄復至煥脚痛不復得上馬於是向馬泣曰騅子我於此死矣馬因跪其前脚煥乃得上馬遂免難綜長史江革太府卿祖暅並爲魏軍所禽武帝聞之驚駭綜至魏位侍中司空高平公丹楊王梁話苗龍並爲光祿大夫綜改名纘字德文追服齊東昏斬衰魏太后及羣臣並弔八月有司奏削爵土絕其屬籍改子直姓悖氏未及旬日有詔復屬籍封直永新侯久之乃策免吳淑媛餓遇鴆而卒有詔復其品秩謚曰敬使直主其喪及蕭寶夤據長安反綜復去洛陽欲奔之魏法度河橋不得乘馬綜乘

馬而行橋吏執之送洛陽魏孝莊初歷位司徒太尉尚帝姊壽陽長公主陳慶之之至洛也送綜啓求還時吳淑媛尚在敕使以綜小時衣寄之信未達而慶之敗未幾終於魏初綜在魏不得志嘗作聽鍾鳴悲落葉以申其志當時莫不悲之後梁人盜其柩來奔武帝猶以子禮祔葬陵次

直字思方位晉陵太守沙州刺史

南康簡王績字世謹小字四果武帝第四子也天監七年封南康郡王十年爲南徐州刺史時年七歲主者有受貨洗改解書長史王僧孺弗之覺績見而詰之便即首服衆咸歎其聰警十七年爲都督南兗州刺史在州以善政稱尋有詔徵還百姓曹樂等三百七十人詣闕上表稱績尤異一十五條乞留爲州任優詔許之普通四年徵爲侍中雲麾將軍領石頭戍軍事五年出爲江州刺史丁董淑媛憂居喪過禮固求解職乃徵授安右將軍領石頭戍軍事尋加護軍羸瘠不親視事大通三年因感疾薨于任贈開府儀同三司謚曰簡績寡玩好少嗜欲居無僕妾躬事儉約所有租秩悉寄天府及薨後少府有南康國無名錢數千萬子會理嗣

會理字長才少聰慧好文史年十一而孤特爲武帝所愛衣服禮秩與正王不殊十五爲湘州刺史多信左右行事

劉納每禁之會理心不平諮以贓貨收送建鄴納歎曰我一見天子使汝等知會理厚送資糧數遣慰喻令心腹於青草湖爲盜殺納百口俱盡累遷都督南兗州刺史太清元年督衆軍北侵至彭城爲魏師所敗退歸本鎮二年侯景圍城會理入援會北徐州刺史封山侯正表將應其兄正德外託赴援實謀襲廣陵會理擊破之方得進路臺城陷會理歸鎮侯景遣前臨江太守董紹先以武帝手敕召會理其僚佐曰紹先書豈天子意咸勸拒之會理用其典籤范子鸞計曰天子年尊受制賊虜今有手敕召我入朝臣子之心豈得違背且颺江北功業難成不若身赴京都

圖之肘腋遂納紹先紹先入以烏幡麾衆單馬遣之至都
景以爲司空兼尚書令雖在寇手每思匡復與西鄉侯勸
等潛布腹心要結壯士時范陽祖皓斬董紹先據廣陵城
起義期以會理爲内應皓敗辭相連及侯景矯詔免會理
官猶以白衣領尚書令是冬景往晉熙都下虛弱會理復
與柳敬禮及北兗州司馬成欽謀之敬禮曰舉大事必有
所資今無寸兵安可以動會理曰湖熟有吾故舊三千餘
人昨來相知剋期響集計賊守兵不過千人若大兵外攻
吾等内應直取王偉事必有成縱景後歸無能爲也敬禮
曰善于時百姓厭賊咸思用命建安侯賁以謀告王偉偉

遂收會理及其弟通理時有錢唐褚冕會理之舊亦囚於
省問事之所起考掠千計終無所言會理隔壁聞之遥曰
褚郎卿豈不爲吾致此邪然勿言王偉害會理等冕竟以
不服偉赦之會理弟通理字仲宣位太子洗馬封祈陽侯
至是亦遇害

通理弟乂理字季英生十旬而簡王薨至三歲能言見内
人分散涕泣相送問其故或曰此簡王宮人喪畢去耳乂
理便號泣悲不自勝諸宮人見之莫不哀感爲之停者三
人服闋見武帝升殿又悲不自勝帝爲之收涕謂左右曰
此兒大必爲奇士大同八年封安樂縣侯乂理慷慨慕立
功名每讀書見忠臣烈士未嘗不廢卷歎曰一生之内當
無媿古人博覽多識有文才嘗祭孔文舉墓并爲立碑製
文甚美及侯景内寇乂理聚客赴南兗州隨兄會理入援
及城陷又隨會理還廣陵因入齊爲質乞師行二日會景
遣董紹先據廣陵遂追獲之防嚴不得與兄相見乃僞請
先還都入辭母因謂其姊固安主曰兄若至願使善爲計
自勉勿顧以爲念前途亦思立効但未知天命何如耳至
都以魏降人元貞忠正可以託孤乃以玉柄扇贈之貞怪
不受乂理曰後當見憶會祖皓起兵乂理奔長蘆爲景所
害元貞始悟其前言往收葬焉

廬陵威王續字世訢武帝第五子也天監八年封廬陵王
少英果旅力絶人馳射應發命中武帝歎曰此我之任城
也嘗馳射於帝前續中兩麞冠於諸人帝大悦中大通二
年爲都督雍州刺史寧蠻校尉大同元年遷江州刺史又
爲驃騎將軍開府儀同三司又爲都督荆州刺史薨贈司
空謚曰威始元帝母阮脩容得幸由丁貴嬪之力故元帝
與簡文相得而與廬陵王少相狎長相謗元帝之臨荆州
有宮人李桃兒者以才慧得進及還以李氏行時行宮户
禁重續具狀以聞元帝泣對使訴於簡文簡文和之不得
元帝猶懼送李氏還荆州世所謂西歸内人者自是二王

書問不通及續甍元帝時為江州聞問入閤而躃踊為之
破尋自江州復為荆州荆州人迎于我境帝數而遣之吏
人先望續多聚馬仗蓄養趫雄耽色愛財極意收斂倉儲
庫藏盈溢臨終有啓遣中錄事參軍謝宣融送所上金銀
器千餘件武帝始知其富以為財多德寡因問宣融曰王
金盡於此乎宣融曰此之謂多安可加也夫王之過如日
月之蝕欲令陛下知之故終而不隱帝意乃解世子應以
非前誅死次子應嗣應不慧王甍至內庫閱珍物見金鋌
問左右曰此可食不荅曰不可應曰既不可食並特乞汝
他皆此類

南史列傳四十三 十五

邵陵攜王綸字世調小字六真武帝第六子也少聰穎博
學善屬文尤工尺牘天監十三年封邵陵郡王普通五年
以西中郎將權攝南徐州事在州輕險躁虐喜怒不恒車
服僭擬肆行非法遨遊市里雜於廝隸嘗問賣䱇者曰刺
史何如對者言其躁虐綸怒令吞䱇以死自是百姓惶駭
道路以目嘗逢喪車奪孝子服而著之匍匐號叫籤帥懼
罪密以聞帝始嚴責綸不能改於是遣代綸悖慢逾甚乃
取一老公短瘦類帝者加以衮冕置之高坐朝以為君自
陳無罪使就坐剝褫捶之於庭忽作新棺木貯司馬崔會
意以轜車挽歌為送葬之法使嫗乘車悲號會意不堪輕

騎還都以聞帝恐其奔逸以禁兵取之將於獄賜盡昭明
太子流涕固諫得免免官削爵土還第大通元年復封爵
中大通四年為揚州刺史綸素驕縱欲盛器服遣人就市
賒買錦采絲布數百疋擬與左右職局防閤為絳衫內人
帳幔百姓並關閉邸店不出臺續使少府市采經時不能
得敕責府丞何智通具以聞因被責還第恒遣心腹馬容戴
子高戴瓜李撤趙智英等於路尋目智通於白馬巷逢之以
槊刺之刃出於背智通以血書壁作邵陵字乃絕遂知之帝
懸錢百萬購賊有西州游軍將宋鵲子條姓名以啓敕遣
舍人諸曇粲領齋仗五百人圍綸第於內人檻中禽瓜撤

南史列傳四十三 十六 郝

智英子高驍勇踰牆突圍遂免智通子敞之割炙食之即
載出新亭四面火炙之焦熟敞車載錢設鹽蒜雇百姓食
撤一臠賞錢一千徒黨并母肉遂盡綸鎖在第舍人諸曇
粲并主帥領仗身守視免為庶人經三旬乃脫鎖頃之
復封爵後預餞衡州刺史元慶和於坐賦詩十二韻末云
方同廣川國寂寞久無聲大為武帝賞曰汝人才如此何
慮無聲旬日間拜郢州刺史太清二年位中衛將軍開府
儀同三司侯景構逆加征討大都督率衆討景將發帝誡
曰侯景小豎頗習行陣未可以一戰即殄當以歲月圖之
綸發白下中江而浪起有物蕩舟將覆識者尤異之及次

鍾離景已度採石綸乃晝夜兼道旋軍入赴濟江中流風起人馬溺者十一二遂率西豐公大春新淦公大成等步騎三萬發京口將軍趙伯超請從徑路直指鍾山出其不意綸從之衆軍奄至賊徒大駭分為三道攻綸綸大破之翊日賊又來攻日晚賊稍退南安侯駿以數十騎馳之賊回拒駿駿部亂賊因逼大軍大軍潰綸至鍾山戰敗奔還京口軍主霍俊見獲賊送于城下逼云已禽邵陵王俊偽許之乃曰王小失利政為糧盡還京口俊為託邏所獲非軍敗也賊以刀背毆其髀俊色不變賊義而捨之俊中書舍人靈超子也三年正月綸與東揚州刺史大連等入援

至驃騎洲進位司空臺城陷綸奔禹穴東土皆附臨城公大連懼將害己乃圖之綸覺乃去至尋陽尋陽公大心欲以州讓之不受大寶元年綸至郢州刺史南平王恪讓州於綸綸不受乃上綸為假黃鉞都督中外諸軍事綸於是置百官改聽事為正陽殿內外齋省悉題署焉而數有變怪祭城隍神將烹牛有赤蛇繞牛口出南浦施安幄帳無何風起飄沒于江于時元帝圍河東王譽於長沙既久譽請救於綸綸欲往救之為軍糧不繼遂止乃與元帝書曰道之斯美以和為貴況天時地利不及人乎豈可手足肱支自相屠害即日大敵猶彊天讎未雪余爾昆弟在外三人如不匡救安用臣子如使逆寇未除家禍仍搆料今訪古未或弗亡夫征戰之理義在克勝至於骨肉之戰愈勝愈酷捷則非功敗則有喪勞兵損義虧失多矣侯景之軍所以未窺江外者政為藩屏盤固宗鎮彊密若自相魚肉是謂代景行師景便不勞兵力坐致成効醜徒聞此何快如之元帝復書陳譽有罪不可解圍之狀綸省書流涕曰天下之事一至於斯左右聞之莫不掩泣於是大脩器甲將討侯景元帝聞其盛乃遣王僧辯帥舟師一萬以逼綸綸將劉龍武等降僧辯綸遂與子躓等十餘人輕舟走武昌涉門法馨與綸有舊藏之巖石之下時綸長史韋質司馬姜

偉先在外聞綸敗馳往迎元帝復遣將徐文盛追攻之綸復收卒屯于齊昌郡將引魏軍共攻南陽侯景將任約襲綸綸敗走定州刺史田龍祖迎綸綸懼為所執復歸齊昌行收兵至汝南魏所署汝南城主李素孝者綸之故吏開城納之綸乃脩復城池收集士卒將攻竟陵魏聞之遣大將楊忠儀同侯幾通攻破城執綸綸不為屈通乃卧大鼓使綸坐上殺之投于江岸經日色不變鳥獸莫敢近時飛雪飄零屍橫道路周回數步獨不霑灑舊主帥安陸人郝破敵斂之於襄陽葬之日黃雪霧糅唯冢壙所獨不下雪楊忠知而悔焉使以太牢往祭殯焉百姓憐之為立祠廟

岳陽王詧遣迎喪葬於襄陽望楚山南贈太宰謚曰安後元帝議追加謚尚書左丞劉瑴議謚法怠政交外曰攜從之綸任情卓越輕財愛士不競人利府無儲積聞有輙求既得即散士亦以此歸之初鎮京口大造器甲既涉聲論投之于江及後出征戎備頗闕乃歎曰吾昔造仗本備非常無事涉疑遂使零散今日討抄卒無所資初昭明之薨簡文入居監撫綸不謂德舉而云時無豫章故以次立及廬陵之沒綸觖望滋甚於是伏兵于莽用伺車駕而臺舍人張僧胤知之其謀頗洩又綸獻曲阿酒百器上以賜寺人飲之而斃上乃不自安頗加衛士以警宮内於是傳者

諸相疑阻而綸亦不懼武帝竟不能有所廢黜卒全宗室爭競爲天下笑

長子堅字長白大同元年以例封汝南侯亦善草隷性頗庸短嘗與所親書題云嗣王其人得書大駭執以諫堅堅曰前言戲耳人曰不願以此爲戲耳侯景圍城堅屯太陽門終日蒱飲不撫軍政吏士有功未嘗申理疫癘所加亦不存恤士咸憤怨太清三年堅書佐董勛華白曇朗等以堅私室醖釀亟有烹宰不相霑及忿恨夜遣賊登樓城遂陷堅遇害弟確

確字仲正少驍勇有文才九工楷隷公家碑碣皆使書之除秘書丞武帝謂曰爲汝能文所以特有此授大同二年封爲正階侯後從封永安常在第中習騎射學兵法時人以爲狂左右或進諫確曰聽吾爲國家破賊使汝知之鍾山之役確所向披靡羣賊憚之確每臨陣對敵意甚詳贍帶甲據鞍自朝及夕馳驟往返不以爲勞諸將服其壯勇軍敗賊使負砲不之知也確因隙自拔得達朱方及後侯景乞盟憚確及趙威方在外慮爲後患啓求召確入城詔乃召確爲南中郎將廣州刺史確知此盟多貳城必淪沒欲先遣趙威方入確因南奔綸聞之逼確使入確猶不肯綸流涕謂曰汝欲反邪時臺使周石珍在坐確曰侯景雖

云欲去而不解長圍以意而推其事可見今召我入未見益也石珍曰敕旨如此侯豈得辭確執意猶堅綸大怒謂趙伯超曰譙州卿爲我斬之當齎首赴闕伯超揮刃眄曰我識君耳刀豈識君確流涕而出遂入城及景背盟復圍城城陷確排闥入啓時武帝方寢確出城已陷矣帝曰猶可一戰不對曰人心不可臣向格戰不禁縋下僅得至此武帝歎曰自我得之自我失之亦復何恨幸不累子孫乃使確爲慰勞文謂曰爾速去謂汝父無以二宮爲念及出見景景愛其膂力恒令在左右後從景仰見飛鴟羣賊爭射不中確射之應弦即落賊徒忿嫉咸勸除之先是綸遣

典籤唐法隆密導確確謂使者曰侯景輕佻可一夫力致確不惜死欲手刃之卿還啓家王願勿以一子爲念後與景獵鍾山同逐禽引弓將射景弦斷不得發賊覺殺之

武陵王紀字世詢武帝第八子也少而寬和喜怒不形於色勤學有文才天監十三年封武陵王尋授揚州刺史中書詔成武帝加四句曰貞白儉素是其清也臨財能讓是其廉也知法不犯是其慎也庶事無留是其勤也紀特爲帝愛故先作牧揚州大同三年爲都督益州刺史以路遠固辭帝曰天下方亂唯益州可免故以處汝汝其勉之紀歔欷既出復入帝曰汝嘗言我老我猶再見汝還益州也

紀在蜀開建寧越嶲貢獻方物十倍前人朝嘉其績加開府儀同三司初天監中震太陽門城字曰紹宗梁位唯武王解者以武陵王於是朝野屬意焉及侯景陷臺城上甲侯韶西上至硤出武帝密敕加紀侍中假黃鉞都督征討諸軍事驃騎大將軍太尉承制大寶元年六月辛酉紀乃移告諸州征鎮遣世子圓照領二蜀精兵三萬受湘東王繹節度繹命圓照且頓白帝未許東下七月甲辰湘東王繹遣鮑檢報紀以武帝崩問十一月壬寅紀摠戎將發益鎮繹使胡智監至蜀書止之曰蜀中斗絕易動難安弟可鎮之吾自當滅賊又別紙云地擬孫劉各安境界情深魯衛書信恒通二年四月乙丑紀乃僭號於蜀改年曰天正暗與蕭棟同名識者尤之以爲於文天爲二人正爲一止言各一年而止也紀又立子圓照爲皇太子圓正爲西陽王圓滿竟陵王圓普譙王圓肅宜都王以巴西梓潼二郡太守永豐侯撝爲征西大將軍益州刺史封秦郡王司馬王僧略直兵參軍徐怦並固諫皆殺之僧略僧辯弟怦勉從子也以諫且以怦與將帥書云事事往人口具以爲反於已誅之永豐侯撝歎曰王不克矣夫善人國之基也今乃誅之不亡何待又謂所親曰昔桓玄年號大亨識者爲謂二月了而玄之敗實在仲春今年曰天正在文爲一止

其能久乎丁卯元帝遣萬州刺史宋蘧襲圓照於白帝圓照弟圓正時爲西陽太守召至鎖于省內初楊乾運求爲梁州刺史不得紀以爲潼州刺史楊法深求爲黎州刺史亦不得以爲沙州刺史二憾不獲所請各遣使通西魏及聞魏軍侵蜀紀遣其將譙淹回軍赴援魏將尉遲迥逼涪水楊乾運降之迥即趣成都五月己巳紀次西陵軍容甚盛元帝命護軍將軍陸法和立二城於峽口名七勝城鎖江以斷峽時陸納未平蜀軍復逼元帝甚憂法和告急旬日相繼元帝乃拔任約於獄以爲晉安王司馬撤禁兵以配之并遣宣猛將軍劉棨共約西赴六月紀築連城攻絕

鐵鎖元帝復於獄拔謝荅仁爲步兵校尉配衆一旅上赴紀之將發也江水可揭前部不得行及登舟無雨而水長六尺劉孝勝喜曰殆天贊也將至峽有黑龍負舟其將帥咸謂天助及頻兵日久頻戰不利師老糧盡智力俱殫又魏人入劒閣成都虛弱憂懣不知所爲先是元帝已平侯景執所俘馘頻遣報紀世子圓照鎮巴東留執不遣啓紀云侯景未平宜急征討已聞荊鎮爲景所滅疾下大軍紀謂爲實然故仍率衆沿江急進於路方知侯景已平便有悔色召圓照責之圓照曰侯景雖誅江陵未服宜速平蕩紀亦以旣居尊位宣言於衆敢諫者死蜀中將卒日夜思

歸所署江州刺史王開業進曰宜還救根本更思後圖諸將僉以爲然圓照劉孝勝獨言不可紀乃止旣而聞王琳將至潛遣將軍侯叡傍險出法和後臨水築壘禦琳及法和元帝書遺紀遣光州刺史鄭安中往喻意於紀許其還蜀專制岷方紀不從命報書如家人禮旣而侯叡爲任約謝荅仁所破又陸納平諸軍並西赴元帝乃與紀書曰甚苦大智季月煩暑流金鑠石聚蚊成雷封狐千里以茲玉體辛苦行陣乃睠西顧我勞如何自獯醜憑陵羯胡叛換吾年爲一日之長屬有平亂之功膺此樂推事歸當璧儻遣使乎良所希也如曰不然於此投筆友于兄弟分形共

氣兄肥弟瘦無復相代之期讓棗推梨長罷懽愉之日上林靜拱聞四鳥之哀鳴宣室披圖嗟萬始之長逝心乎愛矣書不盡言大智紀別字也帝又爲詩曰回首望荊門驚浪且雷奔四鳥嗟長別三聲悲夜猿圓正在獄中連句曰水長二江急雲生三峽昏願貰淮南罪思報阜陵恩帝看詩而泣紀頻敗知不振遣度支尚書樂奉業往江陵論和緝之計元帝知紀必破遂拒而不許於是兩岸十餘城遂俱降游擊將軍樊猛率所領至紀所紀在舩中遶牀而走以金擲猛等曰此顧卿送我一見七官卿必當富貴猛曰天子何由可見殺足下此金何之猶不敢逼圍而守之

法和馳啓上密勑樊猛曰生還不成功也猛率甲士視丈簡張天成拔刃升舟猶左右奔擲第五子圓滿馳來就父紀首旣落圓滿軀亦分法和收太子圓照兄弟三人問圓照曰阿郎何以至此圓照曰失計願爲公作奴法和叱遣之圓照字明周中大同初爲益州東齋郎宋寧宋興二郡太守遠鎮諸王世子皆在建鄴質守帝特愛紀故遣以副紀紀之構釁悉其謀也次弟圓正先見鎖在江陵及紀旣以兵終元帝使謂曰西軍已敗汝父不知存亡意欲使其自裁而圓正旣奉此問便號哭盡哀以禍難之興皆由圓照於是唯哭世子言不絕聲上謂圓正聞問悲感必應自殺

頻看知不能死又付廷尉獄及見圓照曰阿兄何乃亂人
骨肉使酷痛如此圓照更無所言唯云計誤並命絕食於
獄齧臂啖之十三日死天下聞而悲之
圓正字明允紀第二子美風儀善談論寬和好施愛接士
人封江安侯歷西陽太守有惠政既居上流人附者甚衆
及侯景作逆圓正收兵衆且一萬後遂跋扈中流不從王
命及景破復謀入蜀元帝將圖之署為平南將軍及至弗
見使南平嗣王恪等醉而囚之時紀稱梁王及紀敗死為
有司奏請絕紀屬籍元帝許之賜姓饕餮氏紀最為武帝
所愛武帝諸子罕登公位唯紀以功業顯著先啓黃扉兄

邵陵王綸屢以罪黜心每不平及聞紀為征西綸撫枕歎
曰武陵有何功業而位乃前我朝廷憒憒似不知人武帝
聞之大怒曰武陵有恤人拓境之勳汝有何績太清初帝
思之使善畫者張僧繇至蜀圖其狀在蜀十七年南開寧
州越巂西通資陵吐谷渾內脩耕桑鹽鐵之功外通商賈
遠方之利故能殖其財用器甲殷積馬八千匹上足者置
之內廐開寢殿以通之日落輒出步馬便騎射尤工舞矟
九日講武躬領幢隊及聞國難謂僚佐曰七官文士豈能
匡濟既東下黃金一斤為餅百餅為篋至有百篋銀五倍
之其他錦罽繒采稱是每戰則懸金帛以示將士終不賞

賜寧州刺史陳知祖請散金銀募勇士不聽慟哭而去自
是人有離心莫肯為用紀頗學觀占善風角亦知不復能
濟聽望氣色歎吒天道推狀聲聞于外有請事者以疾辭
不見既死埋於沙州不封無櫬元帝以劉孝勝付廷尉尋
免之初紀將僭號祅怪不一內寢栢殿柱繞節生花其莖
四十有六靃靡可愛狀似荷花識者曰王敦祅花非佳事
也時蜀知星人說紀曰官若東下當用申年太白出西從
之為利申歲發蜀酉年入荆不可失也發蜀之歲太白在
西北及明年則巳東出矣
論曰甚矣讒佞之為巧也夫言附正直跡在恭敬悅目會

心無施不可至乃離父子間兄弟廢楚嫡蹠漢嗣可為太
息良非一塗以昭明之親之賢梁武帝之愛之信讒言一
及至死不能自明況於下此者也綜䰟秦政之疑懷負尺
之志肆行狂悖卒致奔亡廬陵多財為累雄心自立未及
騁暴早沒為幸南康為政有方居喪以禮惜乎早夭不極
危季邵陵少而險躁人道頓亡晚致勤王其殆優矣武陵
地居勢勝卒致傾覆才輕志大能無及乎

列傳第四十三　南史五十三

李　延壽

梁簡文帝諸子　元帝諸子

簡文二十子王皇后生哀太子大器南郡王大連陳淑容生尋陽王大心左夫人生南海王大臨安陸王大春謝夫人生瀏陽公大雅張夫人生新興王大莊包昭華生西陽王大鈞范夫人生武寧王大盛褚脩華生建平王大球陳夫人生義安王大昕朱夫人生綏建王大摯其臨川王大款桂陽王大成汝南王大封樂良王大圜並不知母氏潘美人生皇子大訓早亡無封其餘不知不載

哀太子大器字仁宗簡文嫡長子也中大通三年封宣城郡王太清二年十月侯景寇建鄴敕太子爲臺內大都督三年五月簡文即位六月癸酉立爲皇太子大寶二年八月景廢簡文將害太子時景黨稱景命召之太子方講老子將下牀而刑人掩至太子顏色不變徐曰久知此事嗟其晚耳刑者將以衣帶絞之太子曰此不能見殺乃指繫帳竿下繩命取絞之而絕時年二十八太子性寬和兼神用端嶷在賊中每不屈意左右竊問其故答曰賊若未須見殺雖復陵慠呵叱終不敢言若見害時至雖一日百拜無益於死問者又曰官今憂逼而神貌怡然未喻此意答曰吾自度死必在賊前若諸叔外來平衷醜寇必前見殺然後就死若其遂開拓上流必先見殺後取富貴何能以無益之愁橫憂必死之命景之西上攜太子同行及敗歸船徃徃相失所乘舩入樅陽浦舟中腹心並勸因此入北太子曰自國家喪敗志不圖生主上蒙塵寧忍違離吾今若去乃是叛父非謂避賊天下豈有無父之國便涕泗嗚咽命即前進賊以太子有器度每憚之恐爲後患故先及禍承聖元年四月追謚哀太子祔太廟陰室

尋陽王大心字仁恕簡文第二子也幼而聰朗善屬文中大通四年以皇孫封當陽縣公大同元年爲都督郢州刺

史時年十三簡文以其幼戒之曰事無大小悉委行事大心雖不親州務發言每合於理衆皆驚服太清元年爲雲麾將軍江州刺史貪冒財賄不能綏接百姓二年侯景寇都大心招集士卒與上流諸軍赴援宮闕三年臺城陷上甲侯蕭韶南奔宣密詔加散騎常侍進號平南將軍大寶元年封尋陽王初歷陽太守莊鐵以城降侯景既而又奉其母來奔大心以鐵舊將厚爲其禮軍旅之事悉以委之以爲豫章内史景數遣軍西上寇抄大心輙令鐵擊破之禽其將趙加婁賊不能進時鄱陽王範率衆棄合肥屯于柵口待援兵總集欲俱進大心聞之遣要範西上以盆城

颲之廩餼甚厚欲與戮力共除禍難會鐵據豫章反大心令中兵參軍韋約討之鐵敗乞降鄱陽世子嗣先與鐵善乃謂範曰昔與鐵游颲其人才略從擒若降江州必不全其首領請援之乃遣將侯瑱救鐵夜破韋約等營大心大懼於是二蕃釁起景將任約略地至盆城大心遣司馬韋質拒戰敗績時帳下猶有勇士千餘人咸說曰旣無糧儲難以守固若輕騎往建州以圖後舉策之上也其母陳淑容不從撫膺慟哭大心乃止遂與約和二年將遇害遶牀謂賊廟公王僧貴曰我以全州歸命何忍相苦乃見射而殞

臨川王大款字仁師簡文第三子也初封石城縣公位中

書侍郎太清三年簡文即位封江夏郡王大寶元年奔江陵湘東王承制改封臨川王魏尅江陵遇害

南海王大臨字仁宣簡文帝第四子也大同二年封寧國縣公少而敏慧年十一遭左夫人憂哭泣毀瘠以孝聞後入國學明經射策甲科拜中書侍郎遷給事黃門侍郎十一年長兼侍中出爲琅邪彭城二郡太守侯景亂屯端門都督城南諸軍事大寶元年封南海郡王出爲都督東揚州刺史又除吳郡太守時張彪起義於會稽吳人陸令公潁川庾孟卿等勸大臨投之大臨曰彪若成功不藉我力如其撓敗以我說焉不可往也二年遇害

南郡王大連字仁靖簡文第五子也少俊爽能屬文舉止風流雅有巧思妙達音樂兼善丹青大同二年封臨城縣公七年與南海王俱入國學並射策甲科皆拜中書侍郎十年武帝幸朱方大連與兄大臨並從武帝問曰汝等習騎不對曰臣等未奉詔不敢輒習敕令給馬試之大連兄弟據鞍往還各得馳驟之節帝大說卽賜所乘馬及爲啓謝辭又甚美帝他日謂簡文曰昨見大臨大連風韻可愛足慰吾老年遷給事黃門侍郎轉侍中太清元年出爲東揚州刺史侯景入寇建鄴大連率衆四萬來赴及臺城沒援軍散還東揚州會稽豐沃糧仗山積東人懲景苛虐咸

樂爲用而大連恒沈湎于酒宋子仙攻之大連棄城走追及於信安縣大連猶醉弗之覺於是三吳悉爲賊有大寶元年封南郡王賊遣將趙伯超劉神茂來攻大連專委部將留異以城應賊大連棄走爲賊所獲侯景以爲江州刺史二年遇害

安陸王大春字仁經簡文第六子也少博涉書記善吹笙天性孝謹體貌瓌偉腰帶十圍大同六年封西豐縣侯拜中書侍郎後爲寧遠將軍知石頭戍軍事侯景內寇大春奔京口隨邵陵王入援戰于鍾山軍敗肥大不能行爲賊所獲大寶元年封安陸郡王出爲東揚州刺史二年遇害

桂陽王大成字仁和簡文第八子也初封新淦公太清三年簡文即位封山陽郡王大寶元年奔江陵湘東王承制改封桂陽王大成性甚兇麤兼便弓馬至江陵被甲夜出人謂爲劫斫之遂失左髻魏尅江陵遇害

汝南王大封字仁叡簡文第九子也初封臨汝公太清三年簡文即位封宜都郡王大寶元年奔江陵湘東王承制封汝南王魏尅江陵遇害

瀏陽公大雅字仁風簡文第十二子也大同九年封瀏陽縣公少聰警美姿儀特爲武帝所愛臺城陷大雅猶命左右格戰賊至漸衆乃自縋而下發憤感疾薨

新興王大莊字仁禮簡文第十三子也性躁動大同元年封高唐縣公大寶元年封新興郡王位南徐州刺史二年遇害

西陽王大鈞字仁博簡文第十四子也性厚重不妄戲弄年七歲武帝嘗問讀何書對曰學詩因令諷誦即誦周南音韻清雅帝重之因賜王羲之書一卷大寶元年封西陽郡王位丹楊尹一年監楊州遇害

武寧王大威字仁容簡文第十五子也美風儀眉目如畫大寶元年封武寧郡王二年爲丹楊尹遇害

皇子大訓字仁德簡文第十六子也少而脚疾不敢踊躍太清三年未封而亡年十歲

建平王大球字仁玉簡文帝第十七子也大寶元年封建安郡王性明慧夙成初侯景圍臺城武帝素歸心釋教每發誓願恒云若有衆生應受諸苦請身代當時大球年甫七歲聞而驚謂母曰官家尚爾兒安敢辭乃六時禮佛亦云凡有衆生應獲苦報悉大球代受其早慧如此二年遇害

義安王大昕字仁朗簡文帝第十八子也年四歲母陳夫人卒便哀毀有若成人晨夕涕泣眼爲之傷及武帝崩大昕奉慰簡文嗚噎不自勝左右莫不掩泣大寶元年封義安郡王二年遇害

綏建王大摯字仁瑛簡文第十九子也幼雄壯有膽氣及臺城陷乃歎曰大丈夫會當滅虜屬妳媼驚掩其口曰勿妄言禍將及大摯笑曰禍至非由此大寶元年封二年遇害

樂良王大圜簡文第二十子也大寶元年封後入周仕隋位內史侍郎

元帝諸子徐妃生忠烈世子方等王貴嬪生貞惠世子方諸始安王方略袁貴人生愍懷太子方矩夏貴妃生敬皇帝自餘不顯

忠烈世子方等字實相元帝長子也少聰敏有俊才善騎射尤長巧思性愛林泉特好散逸嘗著論曰人生處世如

白駒過隙耳一壺之酒足以養性一簞之食足以怡形生在蒿蓬死葬溝壑瓦棺石槨何以異玆吾嘗夢爲魚因化爲鳥方其夢也何樂如之及其覺也何憂斯類良由吾之不及魚鳥者遠矣故魚鳥飛浮任其志性吾之進退恒在掌握舉首懼觸搖足恐墮若使吾終得與魚鳥同遊則去人間如脫屣耳初徐妃以嫉妬失寵方諸母王氏以冶容倖嬖及王夫人終元帝歸咎徐妃方等意不自安元帝聞之又惡方等方等益懼故述此論以申其志時武帝年高欲見諸王長子元帝遣方等方等欣然升舟兾免憂辱行至繇水遇侯景亂元帝召之方等啓曰昔申生不愛其死方等豈顧其生元帝省書歎息知無還意乃配步騎一萬使援臺城賊每來攻方等必身當矢石城陷方等歸荆州收集士馬甚得衆和元帝始歎其能方等又勸脩築城柵以備不虞既成樓雉相望周回七十餘里元帝觀之甚說入謂徐妃曰若更有一子如此吾復何憂徐妃不荅垂泣而退元帝忿之因疏其穢行牓于大閤方等入見益以自危時河東王爲湘州刺史不受令方等求征之元帝謂曰汝有水厄深宜愼之拜爲都督令南討方等臨行謂所親曰吾此段出征必死無二死而獲所吾豈愛生及至麻溪軍敗溺死求屍不得元帝聞之心喜不以爲戚後追思其才

贈侍中中軍將軍揚州刺史謚忠壯世子并招魂以葬之方等注范曄後漢書未就所撰三十國春秋及篤靜子行於世元帝即位改謚武烈世子封子莊爲永嘉王及魏剋江陵莊年甫七歲爲人家所匿後王琳迎送建鄴及敬帝立出質于齊敬帝太平二年陳武帝將受禪王琳請莊于齊以主梁嗣自盆城濟江二月即帝位于郢州年號天啓置百官王琳摠其軍國明年莊爲陳人所敗其御史中丞劉仲威奉以奔壽陽遂入齊齊武平元年授特進開府儀同三司封梁王齊朝許以興復竟不果而齊亡莊在鄴飲氣而死

貞惠世子方諸字明智元帝第二子也幼聰警博學明老易善談玄風采清越特爲元帝所愛母王氏又有寵及方等敗後元帝謂曰不有所廢其何以興勿以汝兄爲念因拜中撫軍將軍以自副又出爲郢州刺史鎭江夏以鮑泉爲行事時元帝遣徐文盛與侯景將任約相持方諸年十五童心未革恃文盛在近不恤軍政日與鮑泉蒱酒爲樂侯景知之乃遣其將宋子仙從間道襲之百姓奔告方諸與鮑泉並不信曰文盛大軍在下虜安得來始命閉門賊已入城方諸方踞泉腹以五色綵辮其髯須子仙執方諸以歸王僧辯軍至蔡洲景遂害之元帝追謚貞惠世子

愍懷太子方矩字德規元帝第四子也少勤學美容止初
封南安侯太清初累遷侍中中衛將軍元帝承制拜王太
子改名元良承聖元年十一月丙子立爲皇太子及升儲
位昵狎群下好著微服嘗入朝公服中著碧絲布袴褊衣
高元帝見之大怪遣尚書周弘正責之因使太子師弘正
佗日弘正謁見元帝問曰太子比頗受卿導不對曰太子
聖德乃未極日新幸無大過帝曰卿以我父子故未直言
從容之間無失和嶠之對便有廢立計未及行而江陵喪
亡遇害太子聰穎凶暴猜忍俱有元帝風敬帝承制追謚
愍懷太子

始安王方略元帝第十子貞惠世子母弟也母王氏王琳之
次姊元帝即位拜貴嬪次妹又爲良人並蒙寵幸方略益
鍾愛侯景亂元帝結好于魏方略年數歲便遣入關元帝親
送近畿執手歔欷既而旋駕憶之賦詩曰如何吾幼子勝
衣已別離十日無由宴千里送遠垂至長安即得還贈遺甚
厚江陵喪長亡遇害貴嬪良人並更誕子未出閤無封失名
論曰簡文提挈寇戎元帝崎嶇危亂諸子之備踐艱棘蓋
時運之所鍾乎忠烈以幹蠱之材居冢嗣之任竟亦當年
擯落通塞亦云命也哀哉

列傳第四十四　南史五十四

列傳第四十五　南史五十五

李　延壽

王茂　曹景宗
席闡文　夏侯詳子亶 夔 魚弘
吉士瞻　蔡道恭
楊公則　鄧元起羅研 李膺
張惠紹　馮道根
康絢　昌義之

王茂字休連一字茂先太原祁人也祖深北中郎司馬父
天生宋末為列將剋司徒袁粲以勳歷位郡守封上黃縣

男茂年數歲為大父深所異常曰此吾家千里駒成門戶
者必此兒也及長好讀兵書究其大指性隱不交游身長
八尺潔白美容儀齊武帝布衣時嘗見之歎曰王茂先年
少堂堂如此必為公輔後為臺郎累年不調亦知齊之將亡
求為邊職久之為雍州長史襄陽太守梁武便以王佐許
之事無大小皆詢焉人或譖茂反帝弗之信譖者驟言之
遣視其甲矟則蟲網焉乃誅言者或云茂與帝不睦帝諸
腹心並勸除之而茂少有駿名帝又惜其用曰將舉大事
便害健將此非上策乃令腹心鄭紹叔往候之遇其臥因
問疾茂曰我病可耳紹叔曰都下殺害日甚使君家門塗

炭今欲起義長史那猶卧茂因擲枕起即袴褶隨紹叔入見武帝大喜下牀迎因結兄弟被推赤心遂得盡力發雍部遣茂爲前驅郢魯既平從武帝東下爲軍鋒師次秣陵東昏遣大將王珍國盛兵朱雀門衆號二十萬及戰梁武軍引却茂下馬單刀直前外甥韋欣慶勇力絶人執鐵纏矟翼茂而進故大破之茂勳第一欣慶力也建康城平以茂爲護軍將軍遷侍中領軍將軍時東昏妃潘玉兒有國色武帝將留之以問茂茂曰亡齊者此物留之恐貽外議帝乃出之軍主田安啓求爲婦玉兒泣曰昔者見遇時主今豈下匹非類死而後已義不受辱及見縊絜美如生

輿出尉吏俱行非禮乃以余妃賜茂亦潘之亞也羣盜之燒神獸門茂率所領應赴爲盜所射茂躍馬而進羣盜反走茂以不能式遏姦盜自表解職優詔不許加鎮軍將軍封望蔡縣公是歲江州刺史陳伯之叛茂出爲江州刺史南討之伯之奔魏時九江新經軍寇茂務農省役百姓安之四年魏攻漢中茂受詔西禦魏乃班師歷位侍中中衛將軍太子詹事車騎將軍開府儀同三司丹楊尹時天下無事武帝方敦文雅茂心頗怏怏侍宴醉後每見言色武帝宥而不責進位司空茂性寛厚居官雖無美譽亦爲吏人所安居處方正在一室衣冠儼然雖僕妾莫見其惰容姿

表瓌麗須眉如畫爲衆所瞻望徙驃騎將軍開府同三司之儀江州刺史在州不取奉獄無滯囚居處被服同於儒者薨于州武帝甚悼惜之詔贈太尉謚曰忠烈公初茂以元勳武帝賜鐘磬之樂茂在州夢鐘磬在格無故自墮心悪之及覺命奏樂既成列鐘磬在格果無故編皆絶墮地茂謂長史江詮曰此樂天子所以惠勞臣也樂既極矣能無憂乎俄而病卒子貞秀嗣以居憂無禮爲有司所奏徙越州後詔留廣州與魏降人杜景欲襲州城長史蕭昂斬之

曹景宗字子震新野人也父欣之仕宋位徐州刺史景宗幼善騎射好畋獵常與少年數十人澤中逐麞鹿每衆騎

趂鹿鹿馬相乱景宗於衆中射之人皆懼中馬足應弦輙斃以此爲樂未弱冠欣之於新野遣出州以匹馬將數人於中路卒逢蠻賊數百圍之景宗帶百余箭每箭殺蠻蠻遂散走因以膽勇聞頗愛史書每讀穰苴樂毅傳輙放卷歎息曰丈夫當如是少與州里張道門善道門車騎將軍敬兒少子也爲武陵太守敬兒誅道門於郡伏法親屬故吏莫敢收景宗自襄陽遣船到武陵收其屍迎還殯葬鄉里以此義之仕齐以軍功累加游擊將軍建武四年隨太尉陳顯達北圍馬圈以奇兵二千破魏援中山王英四萬人及剋馬圈顯達論功以景宗爲後景宗退無怨言魏孝

文率衆大至顯達宵奔景宗導入山道故顯達父子獲全梁武爲雍州刺史景宗深自結附數請帝臨其宅時天下方亂帝亦厚加意焉表爲竟陵太守及帝起兵景宗聚衆并率五服內子弟三百人從軍遣親人杜思冲勸先迎南康王於襄陽即位武帝不從及至竟陵以景宗爲軍鋒道次江寧東昏將李居士以重兵鎮新亭景宗被甲馳戰居士棄甲奔走景宗皆獲之又與王茂呂僧珍犄角破王珍國於大航景宗軍士皆桀黠無賴御道左右莫非富室抄掠財物略奪子女景宗不能禁及武帝入頓西城嚴申號令然後稍息城平封湘西縣侯除郢州刺史加都督天監

元年改封竟陵縣侯景宗在州鬻貨聚斂於城南起宅長堤以東夏口以北開街列門東西數里而部曲殘橫部下猒之二年十月魏攻司州圍刺史蔡道恭城中負板而汲景宗望門不出但耀軍游獵而已及司州城陷爲御史中丞任昉所奏帝以功臣不問徵爲右衛將軍五年魏中山王英攻鐘離圍徐州刺史昌義之武帝詔景宗督衆軍援義之豫州刺史韋叡亦預焉而受景宗節度詔景宗頓道人洲待衆軍齊集俱進景宗欲專其功乃違敕而進遇暴風卒起頗有沈溺復還守先頓帝聞之曰此所以破也景宗不進蓋天意乎若孤軍獨往城不時立必見狼狽今得

待衆軍同進始可大捷矣及韋叡至與景宗進頓邵陽洲立壘與魏城相去百餘步魏連戰不能卻傷殺者十二三自是魏軍不敢逼景宗等器甲精新魏人望而奪氣魏將楊大眼對橋北岸立城以通糧運每牧人過岸伐芻藁皆爲大眼所略景宗乃募勇敢士千餘人徑度大眼城南數里築壘親自舉築大眼來攻景宗破之因得壘成使別將趙草守之因謂爲趙草城是後恣芻牧焉大眼遣抄掠輒爲趙草所獲先是詔景宗等預裝高艦使與魏橋等爲火攻計令景宗與叡各攻一橋叡攻其南景宗攻其北六年三月因春水生淮水暴長六七尺叡遣所督將馮道根李文

釗裴邃韋寂等乘艦登岸擊魏洲上軍盡殪景宗使衆軍復鼓噪亂登諸城呼聲震天地大眼於西岸燒營英自東岸棄城走諸壘相次土崩悉棄其器甲爭投水死淮水爲之不流景宗命軍主馬廣躡大眼至濊水上四十餘里伏屍相枕義之出逐英至洛口英以匹馬入梁城緣淮百餘里屍骸相藉虜五萬餘人收其軍糧器械山積牛馬驢騾不可稱計景宗乃搜所得生口萬餘人馬千匹遣獻捷先是旱甚詔祈蔣帝神求雨十旬不降帝怒命載荻欲焚蔣廟并神影爾日開朗欲起火當神上忽有雲如繖倏忽驟雨如寫臺中宮殿皆自振動帝懼馳詔追停少時還靜自

此帝畏信遂深自踐祚以來未嘗躬自到廟於是備法駕將朝臣脩謁是時魏軍攻圍鍾離蔣帝神報敕必許扶助既而無雨水長遂挫敵人亦神之力焉凱旋之後廟中人馬脚盡有泥濕當時並目覩焉景宗振旅凱入帝於華光殿宴飲連句令左僕射沈約賦韻景宗不得韻意色不平啓求賦詩帝曰卿伎能甚多人才英拔何必止在一詩景宗已醉求作不已詔令約賦韻時韻已盡唯餘競病二字景宗便操筆斯須而成其辭曰去時兒女悲歸來笳鼓競借問行路人何如霍去病帝歎不已約及朝賢驚嗟竟日詔令上左史於是進爵爲公拜侍中領軍將軍景宗爲人

自恃尚勝每作書字有不解不以問人皆以意造雖公卿無所推唯以韋叡年長且州里勝流特相敬重同宴御筵亦曲躬謙遜武帝以此嘉之景宗好內妓妾至數百窮極錦繡性躁動不能沈默出行常欲褰車帷幔左右輙諫以位望隆重人所具瞻不宜然景宗謂所親曰我昔在鄉里騎快馬如龍與年少輩數十騎拓弓弦作霹靂聲箭如餓鴟叫平澤中逐麞數肋射之渴飲其血飢食其胃甜如甘露漿覺耳後生風鼻頭出火此樂使人忘死不知老之將至今來揚州作貴人動轉不得路行開車幔小人輙言不可閉置車中如三日新婦此邑邑使人氣盡爲人嗜酒好

樂臘月於宅中使人作邪呼逐除徧往人家乞酒食本以爲戲而部下多剽輕因弄人婦女奪人財貨帝頗知之景宗懼乃止帝數宴見功臣共道故舊景宗酒後謬妄或誤稱下官帝故縱之以爲笑樂後爲江州刺史赴任卒於道贈雍州刺史開府儀同三司謚曰壯子皎嗣景宗齊永元初任竟陵郡其弟九弟義宗年少未有位官居在雍州既方伯之弟又是豪彊之門市邊富人姓向以見錢百萬欲埤義宗以妹適之義宗遣人送書竟陵諮景宗景宗題書後荅曰買猶未得云何已賣義宗貪錢遂成後隨武帝西下歷位梁秦二州刺史向家兄弟憑附曹氏位登列卿後

義宗爲都督征穰城軍敗見獲於魏卒

席闡文安定臨涇人也孤貧涉獵書史齊初爲雍州刺史蕭赤斧中兵參軍由是與其子穎胄善後歷西中郎中兵參軍領城局梁武帝之將起兵闡文勸穎胄同焉仍遣客田祖恭私報帝幷獻銀裝刀帝報以金如意和帝稱尊號爲衛尉卿穎胄暴卒州府騷擾闡文以和帝幼弱中流任重時始興王憺留鎮雍部乃與西朝羣臣迎憺摠州事故穎以寧輯帝受禪除都官尚書封山陽伯出爲東陽太守在郡有能名冬至悉放獄中囚依期而至改封湘西侯卒官謚曰威

夏侯詳字叔業譙郡譙人也年十六遭父艱居喪哀毀三年廬于墓側嘗有三足雀來集其廬戶衆咸異焉仕宋爲新汲令政有異績豫州刺史殷佛榮班下境內爲屬城表轉中從事史仍遷別駕歷事八將州部稱之齊明帝爲刺史雅相器遇及輔政引詳及裴叔業日夜與語詳輒不酬帝以問叔業叔業以告詳詳曰不爲福始不爲禍先由此微有忤出爲征虜長史義陽太守及南康王爲荆州詳爲西中郎司馬新興太守梁武帝起兵長史蕭穎胄同創大舉慮詳不同以告柳忱忱曰易耳近詳求昏未之許令成昏而告之不憂立異於是以女適其子夔大事方建西臺

以詳爲中領軍加散騎常侍南郡太守凡軍國大事穎胄多決於詳頃之穎胄卒梁武弟始興王憺留守襄陽詳乃遣使憺共參軍國還侍中尚書右僕射尋授荆州刺史詳又固讓于憺天監元年徵爲侍中車騎將軍封寧都縣侯詳累讓乃更授右光祿大夫侍中如故給親信二十人改封豐城縣公三年遷湘州刺史詳善吏事在州四載爲百姓所稱州城南臨水有峻峯舊傳云刺史登此山輒代由是歷政莫敢至詳於其地起臺榭延僚屬以表損挹之志後徵爲尚書左僕射金紫光祿大夫道病卒上爲素服舉哀贈開府儀同三司謚曰景子亶嗣

亶字世龍齊永元末父詳爲西中郎南康王司馬隨府鎮荆州亶留都下爲東昏聽政主帥及崔慧景作亂亶以捍禦功除驍騎將軍及梁武起兵詳與長史蕭穎胄協同密遣迎亶亶乃齎宣德皇后令令南康王纂承大統建鄴平以亶爲尚書吏部郎俄遷侍中奉璽於帝天監六年累遷南郡太守父憂解職居喪盡禮廬于墓側遺財悉推諸弟八年起爲司州刺史領安陸太守服闋襲封豐城縣公居州甚有威惠爲邊人悅服歷都官尚書遷給事中右衛將軍累遷吳興太守在郡復有惠政吏人圖其像立碑頌美焉普通五年爲中護軍六年大舉北侵先遣豫州刺史裴

邃帥譙州刺史湛僧智等自南道攻壽陽未剋而邃卒乃加亶使持節代邃與魏將河間王琛臨淮王彧等相拒頻戰剋捷尋敕班師合肥須堰成復進七年夏淮堰水盛壽陽城將沒武帝復遣北道軍元樹帥彭寶孫陳慶等稍進亶帥湛僧智魚弘張澄等通流清㵎將入淮肥魏軍夾肥築城出亶後亶與僧智還襲破之進攻黎漿貞威將軍韋放自北道會焉兩軍既合所向皆降凡降城五十二獲男女口七萬五千人詔以壽陽依前代置豫州合肥鎮改爲南豫州以亶爲豫南豫二州刺史加都督壽春久離兵荒百姓多流散亶輕刑薄賦務農省役頃之人戶充復卒于

州鎮帝聞之即日素服舉哀贈車騎將軍謚曰襄州人夏侯簡等表請為亶立碑置祠詔許之亶美風儀寬厚有器量涉獵文史能專對宗人夏侯溢為衡陽內史辭日亶侍御坐帝謂亶曰夏侯溢於卿疏近亶答云是臣從弟帝知溢於亶已疏乃曰卿傖人如何不辯族從亶對曰臣聞服屬易疎所以不忍言族時以為能亶歷六郡三州不為產業祿賜所得隨散親故性儉率居處服用充足而已不事華侈晚年頗好音樂有妓妾十數人並無被服姿容每有客常隔簾奏之時謂簾為夏侯妓衣子誼襲封豐城縣公亶弟夔字季龍位大匠卿累遷司州刺史領安陸太守帥

壯武將軍裴之禮直閤將軍任思祖出義陽道攻平靜穆陵陰山三關剋之時譙州刺史湛僧智圍東豫州刺史元慶和於廣陵入其郛魏將元顯伯率軍赴援僧智逆擊破之夔自武陽出會僧智斷魏軍歸路慶和於內築柵自固及夔至遂請降凡降男女口萬餘人顯伯聞之夜遁衆軍追虜二萬餘人斬獲不可勝數由是義陽北道遂與魏絕及郢州刺史元顯達降詔改為北司州以夔為刺史兼督司州封保城縣侯中大通六年為豫州刺史加督豫州積歲連兵人頗失業夔乃率軍人於蒼陵立堰溉田千餘頃歲收穀百餘萬石以充儲備兼贍貧人境內賴之夔兄亶

先經此任至是亶又居焉兄弟並有恩惠於鄉里百姓歌曰我之有州頻得夏侯前兄後弟布政優優在州七年遠近多附之有部曲萬人馬二千匹並服習精強為當時之盛性奢豪後房伎妾曳羅綺飾金翠者百數愛好人士不以貴位自高文武賓客常滿坐時亦以此稱之卒于州謚曰桓子譔嗣官至太僕卿譔弟諳少麤險薄行常停鄉里領其父部曲為州助防刺史貞陽侯明引為府長史明被魏囚復為侯景長史景反諳前驅濟江頓兵士林館破邸第及居人富室子女財貨盡略有之明在州有四妾章於王阮並有國色明被魏囚其妾並還都第諳至破第納焉

魚弘襄陽人身長八尺白皙美姿容累從征討常為軍鋒歷南譙盱台竟陵太守嘗謂人曰我為郡有四盡水中魚鼈盡山中麞鹿盡田中米穀盡村里人庶盡丈夫生如輕塵棲弱草白駒之過隙人生但歡樂富貴在何時於是恣意酣賞侍妾百餘人不勝金翠服翫車馬皆窮一時之驚絕有眠牀一張皆是蹙柏四面周帀無一有異通用銀鏤金花壽福兩重為脚為湘東王鎮西司馬述職西上道中乏食緣路採菱作菱米飯給所部弘度之所後人覓一菱不得又於窮洲之上捕得數百獼猴膊以為脯以供酒食比及江陵資食復振逢赦迎瑞豫王令送像下都弘率部

曲數百柰衣錦袍赫弈滿道頗為人所苦柰塗經夏首李抗數其為人抗渴元法僧聞之杖抗三百後為新興永寧太守卒官

吉士瞻字梁容馮翊蓮勺人也少有志氣不事生業時徵士吳苞見其姿容勸以經學因誦鮑照詩云豎儒守一經未足識行藏拂衣不顧年逾四十忽忽不得志乃就江陵卜者王先生計祿命王生曰君擁旄杖節非一州後一年當得戎馬大郡及梁武起兵義陽太守王撫之天門太守王智遜武陵太守蕭彊等並不從命鎮軍蕭穎冑遣士瞻討平之齊和帝即位以為領軍司馬士瞻少時嘗於南蠻

國中擲博無褌褰露為儕輩所侮及平魯休烈軍得絹三萬疋乃作百褌其外並賜軍士不以入室以軍功除輔國將軍步兵校尉建康平為巴東相建平太守初士瞻為荊府城局參軍浚萬人仗庫防池得一金華鉤隱起鏤甚精巧篆文曰錫爾金鉤且公且侯士瞻要夏侯詳兄女女竊以與詳詳喜佩之及是革命詳果封侯而士瞻不錫茅土天監二年入為直閤將軍歷位秦梁二州刺史加都督後為太子右衛率又出為西陽武昌二郡太守在郡清約家無私積始士瞻夢得一積鹿皮從而數之有十一領及覺喜曰鹿者祿也吾當居十一祿乎自其仕進所莅已九及除二郡心惡之遇疾不肯療普通七年卒於郡贈左衛將軍謚曰胡子子琨時在戎役聞問一踊而絕良久乃蘇不顧軍制輒離所部遂以孝聞詔下旌異

蔡道恭字懷儉南陽冠軍人也父那宋益州刺史道恭少寬厚有大量仕齊為西中郎中兵參軍加輔國將軍梁武帝起兵蕭穎冑以道恭素著威略專相委任齊和帝即位為右衛將軍出為司州刺史梁天監初論功封漢壽縣伯進號平北將軍三年魏圍司州時城中衆不滿五千人食裁半歲魏軍攻之晝夜不息乃作大車載土四面俱前欲以填壍道恭壍內作艨艟鬬艦以待之魏人不得進又潛

作伏道以決壍水道恭載土拋塞之相持百餘日前後斬獲不可勝計魏大造梯衝攻圍日急道恭用四石烏漆大弓射所中皆洞甲飲羽一發或貫兩人敵人望弓皆靡又於城內作土山多作大矟長二丈五尺施長刃使壯士執以刺魏人魏軍甚憚之將退會道恭疾篤乃呼兄子僧勰從弟靈恩及將率謂曰吾所苦勢不能久汝等當以死固節無令吾沒有遺恨又令取所持節授僧勰曰稟命出疆既不得奉以還朝方欲攜之同逝可與棺柩相隨衆皆流涕其年五月卒魏知道恭死攻之轉急先是朝廷遣郢州刺史曹景宗赴援景宗不前至八月城內糧盡魏剋之贈

鎮西將軍并壽賻喪櫬八年魏許還道恭喪其家以女樂
易之葬襄陽傳國至孫固早卒國除

楊公則字君翼天水西縣人也父仲懷爲宋豫州刺史殷琰將叛輔國將軍劉勔討琰仲懷力戰死於橫塘公則隨父在軍年未弱冠冒陣抱尸號哭氣絕良久勔命還仲懷首公則斂畢徒步負喪歸鄉里由此著名後梁州刺史范栢年板爲宋熙太守領白馬戍主時氐賊李烏奴攻白馬公則矢盡糧竭陷于寇抗聲罵賊烏奴壯之要與同事公則僞許而圖之謀泄單馬逃歸齊高帝下詔褒美除晉壽太守在任清絜自守遷扶風太守母憂去官雍州刺史陳

顯達起爲寧朔將軍復領太守頃之荆州刺史巴東王子響構亂公則進討事平遷武寧太守百姓便之入爲前軍將軍和帝爲荆州刺史公則爲西中郎中兵參軍及蕭穎冑協同梁武以公則爲輔國將軍領西中郎諮議參軍率兵東下和帝即位授湘州刺史梁武軍次沔口公則率湘府之衆會于夏口時荆州諸軍悉受公則節度雖蕭穎達宗室之貴亦隸焉郢城平武帝命衆軍即日俱下公則受命先驅江州既定連旌東下直造建鄴公則號令嚴明秋豪不犯所在莫不賴焉大軍至新林公則自越城移屯領軍府壘北樓與南掖門相對嘗登樓望戰城中遥見麾蓋

縱神鋒弩射之矢貫胡牀左右皆失色公則曰虜幾中吾脚談笑如初東昏夜選勇士攻公則柵軍中驚擾公則堅卧不起徐命擊之東昏軍乃退公則所領多是湘人溪性懦怯城内輕之以爲易與每出盪輒先犯公則壘公則奬厲軍士剋獲更多及城平内出者或被剥奪公則親率麾下列陳東掖門衛送公卿士庶故出者多由公則營焉進號左將軍還鎮南蕃初公則東下湘部諸郡多未賓從及公則還州然後諸屯聚竝散天監元年進號平南將軍封寧都縣侯湘州寇亂累年人多流散公則輕刑薄斂頃之户口克復爲政雖無威嚴然勵已廉慎爲吏人所悅湘俗

單門多以賂求州職公則至皆斷之所辟皆州郡著姓武帝班下諸州以爲法四年徵中護軍代至乘二舸便發送故一無所取遷衛尉卿時朝廷始議北侵公則威名素著至都詔假節先屯洛口公則受命將發遘疾謂親人曰昔廉頗馬援以年老見遺猶自力請用今國家不以吾朽懦任以前驅方於古人見知重矣雖臨塗疾苦豈可僶俛辭事馬革還葬此吾志也遂彊起登舟至洛口壽春士女歸降者數千户魏豫州刺史薛恭度遣長史石榮等前鋒接戰即斬石榮逐北至壽春去城數十里而返疾篤卒于師武帝深痛惜之即日舉哀諡烈侯公則爲人敦厚慈愛居

家篤睦視兄子過於己子家財悉委焉性好學雖居軍旅
手不輟卷士大夫以此稱之子瞟嗣有罪國除帝以公則
勳臣特聽庶長子朓嗣朓固讓歷年乃受
鄧元起字仲居南郡當陽人也少有膽幹性任俠仕齊爲
武寧太守梁武起兵蕭穎胄與書招之即日上道率衆與
武帝會于夏口齊和帝即位拜廣州刺史中興元年爲益
州刺史仍爲前軍建康城平進號征虜將軍天監初封爲
當陽縣侯始述職焉初梁武之起益州刺史劉季連持兩
端及聞元起至遂發兵拒守元起至巴西巴西太守朱士
略開門以待先時蜀人多逃亡至是競出投元起皆稱起

義應朝廷元起在道久軍糧乏絕或說之曰蜀郡政慢若
檢巴西二郡籍注因而罰之所獲必厚元起然之涪令李
膺諫曰使君前有嚴敵後無繼援山人始附於我觀德若
糾以刻薄人必不堪衆心一離雖悔無及膺請出圖之不
患資糧不足也元起曰善一以委卿膺退率富人上軍資
米俄得三萬斛元起進屯西平季連始嬰城自守時益州
兵亂既久人廢耕農內外苦飢人多相食道路斷絕季連
計窮會明年武帝使赦季連罪許之降季連即日開城納
元起元起送季連于建康元起以鄉人庾黔婁爲録事參
軍又得荊州刺史蕭遥欣故客蔣光濟並厚待之任以州

事黔婁甚清潔光濟多計謀並勸爲善政元起之剋季連
也城內財寶無所私勤恤人事口不論財色性能飲酒至
一斛不亂及是絕之爲蜀土所稱元起舅子梁矜孫性輕
脫與庾黔婁志行不同乃言於元起曰城中稱有三刺史
節下何以堪之元起由此踈黔婁而政迹稍損在政二年
以母老乞歸供養詔許焉徵爲右衛將軍以西昌侯蕭藻
代之時梁州長史夏侯道遷以南鄭叛引魏將王景胤孔
陵攻東西晉壽並遣告急衆勸元起急救之元起曰朝廷
萬里軍不卒至若寇賊浸淫方須撲討董督之任非我而
誰何事怱怱便相催督黔婁等苦諫之皆不從武帝亦假

元起節征討諸軍將救漢中比是魏已攻剋兩晉壽蕭藻
將至元起頗營還裝糧儲器械略無遺者蕭藻入城求其
良馬元起曰年少郎子何用馬爲藻恚醉而殺之元起麾
下圍城哭且問其故藻懼曰天子有詔衆乃散遂誣以反
帝疑焉有司追劾削爵土詔減邑之半封松滋縣侯故吏
廣漢羅研詣闕訟之帝曰果如我所量也使讓藻曰元起
爲汝報讎汝爲讎報讎忠孝之道如何乃貶藻號爲冠軍
將軍贈元起征西將軍給鼓吹謚忠侯
羅研字深微少有材辯元起平蜀辟爲主簿後爲信安令
故事置觀農謁者圍桑度田勞擾百姓研請除其弊帝從

之鄱陽忠烈王恢臨蜀聞其名請為別駕及西昌侯藻重為刺史州人為之懼研舉止自若侯謂曰非我無以容卿非卿無以事我齊苟兒之役臨汝侯嘲之曰卿蜀人樂禍貪亂一至於此對曰蜀中積弊實非一朝百家為村不過數家有食窮迫之人什有八九束縛之使旬有二三貪亂樂禍無足多怪若令家畜五母之鷄一母之豕牀上有百錢布被甑中有數升麥飯雖蘇張巧說於前韓白按劒於後將不能使一夫為盜況貪亂乎大通二年為散騎侍郎嗣王範將西忠烈王恢謂曰吾昔在蜀每事委羅研汝遵而勿失範至復以為別駕升堂拜母蜀人榮之數年卒官蜀

土以文達者唯研與同郡李膺

膺字公胤有才辯西昌侯藻為益州以為主簿使至都武帝悅之謂曰今李膺如何昔李膺對曰今勝昔問其故對曰昔事桓靈之主今逢堯舜之君帝嘉其對以如意擊席者久之乃以為益州別駕著益州記三卷行於世初元起在荊州刺史隨王板元起為從事別駕庾蓽堅執不可元起恨之及大軍至郢蓽在城內甚懼城平而元起先遣迎蓽語人曰庾別駕若為亂兵所殺我無以自明因厚遺之少時又嘗至其西沮田舍有沙門造之乞元起有稻幾二千斛悉以施之時人稱其二者有大度元起初為益州過江陵迎其母母事道方居館不肯出元起拜請同行母曰汝貧賤家兒忽得富貴詎可久保我寧死此不能與汝共入禍敗及至巴東聞蜀亂使蔣光濟筮之遇蹇喟然歎曰吾豈鄧艾而及此乎後果如筮子鑒嗣

張惠紹字德繼義陽人也少有武幹仕齊為竟陵橫桑戍主母喪歸鄉里聞梁武帝起兵乃自歸累有戰功武帝踐祚封石陽縣侯位驍騎將軍直閤左細仗主時東昏餘黨數百人竊入南北掖門夜燒神獸門害衛尉張弘策惠紹馳率所領赴戰賊乃散走遷太子右衛率以軍功累增爵邑歷位衛尉卿左衛將軍司州刺史領安陸太守在州和

理吏人親愛之徵還為左衛將軍加通直散騎常侍仗甲百人直衛殿中卒諡曰忠子登嗣累有戰功與湛僧智胡紹世魚弘並為當時驍將歷官衛尉卿太子左衛率卒官諡曰愍

馮道根字巨基廣平酇人也少孤家貧傭賃以養母行得甘肥未嘗先食必遽還以遺母年十三以孝聞郡召為主簿不就曰吾當使封侯廟食安能為儒吏邪年十六鄉人蔡道班為湖陽戍主攻蠻錫城反為蠻困道根救之匹馬轉戰提雙劒左右奮擊殺傷甚多道班以免由是知名齊建武末魏孝文攻陷南陽等五郡明帝遣太尉陳顯達爭

之師入沔均口道根說顯達曰沔均水急不如悉船於鄭城方道步進顯達不聽道根猶以私屬從軍及顯達敗夜走賴道根指路以全夀爲沔均口戍副以母喪還家聞梁武帝起兵乃謂所親曰金革奪禮古人不避揚名後世豈非孝乎因率鄉人歸武帝隸於王茂常爲前鋒武帝即位爲驍騎將軍封增城縣男天監二年爲南梁太守領阜陵城戍初到阜陵修城隍遠斥候如敵將至者衆頗笑之道根曰怯防勇戰此之謂也修城未畢魏將党法宗傅豎眼率衆二萬奄至城下道根塹壘未固城中衆少莫不失色道根命開城門緩服登城選精鋭二百人出與魏軍戰敗

之魏軍因退遷輔國將軍六年魏攻鍾離武帝詔豫州刺史韋叡救之道根爲叡前驅至徐州建計據邵陽洲築壘掘塹逼魏城道根能走馬步地計馬足以賦功城隍立辦及淮水長道根乘戰艦斷魏連橋魏軍敗績進爵爲伯改封豫寧縣八年拜豫州刺史領汝陰太守爲政清簡境内安之累遷右衛將軍道根性謹厚木訥少言爲將能檢御部曲所過村陌將士不敢虜掠每征伐終不言功其部曲或怨非之道根喻曰明主自鑒功夫多少吾將何事武帝嘗指道根示尚書令沈約美其口不論勳約曰此陛下之大樹將軍也歷處州郡和理清靜爲下所懷在朝廷雖貴

顯而性儉約所居宅不修墻屋無器服侍衛入室則蕭然如素士之貧賤者當世服其清退武帝亦雅重之微時不學既貴粗讀書自謂少文常慕周勃之器量十六年復爲豫州將行武帝引朝臣宴别道根於武德殿召畫工使圖其形道根踧踖謝曰臣所可報國家唯餘一死但天下太平恨無可死之地豫部重得道根人皆喜悦武帝每稱曰馮道根所在能使朝廷不復憶有一州居州少時遇疾乞還朝廷徵爲散騎常侍左軍將軍卒於官是日輿駕春祠二廟及出宫有司以聞帝問中書舍人朱异曰吉凶同日今可行乎對曰昔柳莊寢疾衛獻公當祭請尸曰有臣柳

莊非寡人之臣社稷之臣也聞其死請往不釋祭服而往遂以襚之道根雖未爲社稷臣亦有勞王室臨之禮也帝即駕幸其宅哭之甚慟謚曰威子懷嗣

康絢字長明華山藍田人也其先出自康居初漢置都護盡臣西域康居亦遣侍子待詔河西因留不去其後遂氏焉晉時隴右亂遷于藍田絢曾祖因爲苻堅太子詹事生穆穆爲姚萇河南尹宋永初中穆率鄉族三千餘家入襄陽之峴南宋爲置華山郡藍田縣寄立於襄陽以穆爲秦梁二州刺史未拜卒絢伯元隆父元撫竝爲流人所推相繼爲華山太守絢少俶儻有志氣仕齊爲華山太守推誠

撫循荒餘恱服梁武起兵絢舉郡以應天監元年封南陽
縣男除竟陵太守累遷太子左衛率甲仗百人與領軍蕭
景直殿内絢身長八尺容貌絶倫雖居顯職猶習武藝帝
幸德陽殿戲馬敕絢馬射撫弦貫的觀者恱之其日上使
畫工圖絢形遣中使持以問絢曰卿識此圖不其見親如
此時魏降人王足陳計求堰淮水以灌壽陽足引北方童
謡曰荆山爲上格浮山爲下格潼沱爲激溝併灌鉅野澤
帝以爲然使水工陳承伯材官將軍祖暅視地形咸謂淮
内沙土漂輕不堅實其功不可就帝弗納發徐揚人率二
十户取五丁以築之假絢節都督淮上諸軍事并護堰作

役人及戰士有衆二十萬於鍾離南起浮山北抵巉石依
岸築土合脊於中流十四年四月堰將合淮水漂疾復決
潰衆患之或謂江淮多蛟能乘風雨決壞崖岸其性惡鐵
因是引東西二冶鐵器大則釜鬵小則鏵鋤數千萬斤沈
於堰所猶不能合乃伐樹爲幹填以巨石加土其上緣淮
百里内岡陵木石無巨細必盡負擔者肩穿夏日疾疫死
者相枕蠅蟲晝夜聲合武帝愍之遣尚書右僕射袁昂侍
中謝舉假節慰勞并加蠲復是冬寒甚淮泗盡凍士卒死
者十七八帝遣賜以衣袴十一月魏遣將楊大眼揚聲決
堰絢命諸軍撤營露次以待之遣其子恱挑戰斬魏咸陽

王府司馬徐方與魏軍小却十五年四月堰成其長九里
下闊一百四十丈上廣四十五丈高二十丈深十九丈五
尺夾之以堤并樹杞柳軍人安堵列居其上其水清潔俯
視邑居墳墓了然皆在其下或謂絢曰四瀆天所以節宣
其氣不可乆塞若鑿湫東注則游波寬緩堰得不壞絢然
之開湫東注又縱反間於魏曰梁所懼開湫魏人信之果
鑿山深五丈開湫北注水日夜分流湫猶不減其月魏軍
竟潰而歸水之所及夾淮方數百里地魏壽陽城戍稍徙
頓八公山此南居人散就岡壠初堰起徐州界刺史張豹
子謂已必尸其事既而絢以佗官來監作豹子甚慙由是

譖絢與魏交通帝雖不納猶以事畢徵絢尋除司州刺史
領安陸太守絢還徵豹子不脩堰至其秋淮水暴長堰壞
奔流于海殺數萬人其聲若雷聞三百里水中怪物隨流
而下或人頭魚身或龍形馬首殊類詭狀不可勝名祖暅
坐下獄絢在州三年大脩城隍號爲嚴整普通元年除衛
尉卿未拜卒輿駕即日臨哭謚曰壯絢寛和少喜懼在朝
廷見人如不能言號爲長厚在省每寒見省官有繿縷者
輒遣遺以纁衣其好施如此子恱嗣
昌義之歷陽烏江人也少有武幹爲馮翊戍主梁武帝爲
雍州因事帝帝亦厚遇之及起兵板爲輔國將軍軍主每

戰必捷天監元年封永豐侯累遷北徐州刺史鎭鍾離四
年大舉北侵臨川王宏督衆軍向洛口義之爲前軍攻魏
梁城戍剋之五年冬武帝以征役久詔班師魏中山王元
英乘勢追躡攻没馬頭等城城内糧貯魏悉移歸北議者
咸謂無復南向帝曰此必進兵非其實也乃遣脩鍾離城
敕義之爲戰守備是冬英果率衆數十萬圍鍾離衝車毁
西墉時城中衆纔三千義之督帥隨方抗禦前後殺傷萬
計魏軍死者與城平六年帝遣曹景宗韋叡率衆二十萬
救焉大破魏軍義之率輕兵追至洛口而還以功進號軍
師將軍再遷都督南兖州刺史坐以禁物出蕃爲有司所

奏免十三年累遷左衞將軍是冬帝遣太子左衞率康絢
督衆軍作荆山堰魏將李曇定大衆逼荆山揚聲決堰詔
假義之節救絢軍未至絢等已破魏軍魏又遣大將軍李
平攻硤石義之又率朱衣直閤王神念救之魏克硤石義
之班師爲有司所奏帝以其功臣不問十五年授北徐州
刺史義之不知書所識不過十字性寛厚爲將能得人死
力及居藩任吏人安之改封營道縣侯徵爲護軍將軍卒
於官帝深痛惜之謚曰烈子寳景嗣

論曰永元之季雖時主昏狂荆雍二州尚未有釁武皇迹
緣家酷首唱孟津之師王茂等運接昌期自致勤王之舉
若非天人啓期豈得若斯之速乎其隆名顯級亦各風雲
之感會也元起勤乃胥附功惟闢土勞之不圖禍機先陷
冠軍之敗於罰已輕梁之政刑於斯爲失私戚之端自斯
而啓年之不永不亦宜乎張惠紹馮道根康絢昌義之攀
附之始其功則未及羣盜焚門張以力戰自著鍾離邵陽
之逼馮昌勞劾居多浮山之役而康絢實典其事互有厥
勞寵進宜矣先是鎭星守天江而堰實興退舍而決豈人
事乎其天道也

列傳第四十五　南史五十五

李延壽

張弘策 子緬 纘 綰　庾域 子子輿

鄭紹叔　呂僧珍

樂藹 子法才

張弘策字真簡范陽方城人梁文獻皇后之從父弟也父安之青州主簿南蠻行參軍弘策幼以孝聞母嘗有疾五日不食弘策亦不食母彊為進粥弘策乃食母所餘遭母憂三年不食鹽菜幾至滅性兄弟友愛不忍暫離雖各有室常同臥起世比之姜肱兄弟弘策與梁武帝年相輩幼見親狎恒隨帝游處每入室常覺有雲氣體輒肅然弘策由此特加敬異建武末與兄弘冑從武帝宿酒酣徙席星下語及時事帝曰天下方亂舅知之乎今冬魏軍方動則亡漢北王敬則猜嫌已久當乘間而作弘策曰敬則張兩赤眼容能立事帝曰敬則庸才為天下唱先爾主上運祚盡於來年國權當歸江劉而江甚隘劉又闇弱都下當大亂死人如亂麻齊之歷數自茲亡矣梁楚漢當有英雄興弘策曰瞻烏爰止于誰之屋帝笑曰光武所云安知非僕弘策起曰今夜之言是天意也請定君臣之分帝曰舅欲斅鄧晨乎是冬魏軍攻新野齊明帝密詔武帝代曹武監

雍州事弘策聞之心喜謂帝曰夜中言當驗帝笑曰且勿多言弘策從帝西行仍參帷幄身親勞役不憚辛苦齊明帝崩遺詔以帝為雍州刺史乃表弘策為錄事參軍帶襄陽令帝觀海內方亂有匡濟之心密為儲備謀猷所及唯弘策而已時帝長兄懿罷益州還為西中郎長史行郢州事帝使弘策到郢陳計於懿曰昔晉惠庸主諸王爭權遂內難九興外寇三作方今喪亂有甚於此六貴爭權人握王憲制主畫敕各欲專成且嗣主在宮本無令譽媟近左右蜂目忍人一居萬機恣其所欲豈肯虛坐主諾委政朝臣積相嫌貳必大誅戮始安欲為趙倫形迹已露蹇人上天信無此理且性甚猜狹徒取禍機所可當軸江劉而已祏怯而無斷暄弱而不才折鼎覆餗跂踵可待蕭坦胷懷猜忌動言相傷徐孝嗣才非柱石聽人穿鼻若隙開釁起必中外土崩今得外藩幸圖身計及今猜防未生宜召諸弟以時聚集郢州控帶荊湘西注漢沔雍州士馬呼吸數萬時安則竭誠本朝時亂則為國翦暴如不早圖悔無及也懿聞之變色心未之許及懿遇禍帝將起兵夜召弘策呂僧珍入定議旦乃發兵以弘策為輔國將軍主領萬人督後部軍事及郢城平蕭穎達楊公則諸將皆欲頓軍夏口帝以為宜乘勝長驅直指建鄴弘策與帝意合又訪寧朔

將軍庾域域又同即日上道凡磯浦村落軍行宿次立頓
處所弘策預爲圖皆在目中城平帝遣弘策與呂僧珍先
往清宮封檢府庫于時城內珍寶委積弘策申勒部曲秋
毫無犯遷衛尉卿加給事中天監初加散騎常侍封洮陽
縣侯弘策盡忠奉上知無不爲交友故舊隨才薦拔縉紳
皆趨焉時東昏餘黨孫文明等初逢赦令多未自安文明
又嘗夢乘馬至雲龍門心惑其夢遂作亂帥數百人因運
荻炬束仗得入南北掖門至夜燒神獸門總章觀入衛尉
府弘策踰垣匿于龍廄遇賊見害賊又進燒尚書省及閣
道雲龍門前軍司馬呂僧珍直殿省帥羽林兵邀擊不能

却上戎服御前殿謂僧珍曰賊夜來是衆少曉則走矣命
打五鼓賊謂已曉乃散官軍捕文明斬于東市張氏親屬
臠食之帝哭之慟曰痛哉衛尉天下事當復與誰論詔贈
車騎將軍謚曰閔侯弘策爲人寬厚通率篤舊故及居隆
重不以貴地自高故人賓客接之如布衣祿賜皆散之親
友及遇害莫不痛惜焉子緬嗣

緬字元長年數歲外祖中山劉仲德異之曰此兒非常器
非止爲張氏寶方爲海內令名也齊永元末兵起弘策從
武帝向都留緬襄陽年始十歲每聞軍有勝負憂喜形於
顏色及弘策遇害緬喪過于禮武帝每遣喻之服闋襲封

洮陽縣侯起家祕書郎出爲淮南太守時年十八武帝疑
其年少未閑吏事遣主書封取郡曹文案見其斷決允愜
甚稱賞之再遷雲麾外兵參軍緬少勤學自課讀書手不
輟卷有質疑者隨問便對略無遺失殿中郎缺帝謂徐勉
曰此曹舊用文學且鴈行之首宜詳擇其人勉舉緬充選
頃之爲武陵太守還拜太子洗馬中舍人緬母劉氏以父
沒家貧葬禮有闕遂終身不居正室不隨子入官府緬在
郡所得俸祿不敢用至乃妻子不易衣裳及還都並供之
母振遺親屬雖累載所蓄一朝隨盡緬私室常闃然如貧
素者累遷豫章內史緬爲政任恩惠不設鉤距吏人化其

德亦不敢欺故老咸云數十年未有也後爲御史中丞坐
收捕人與外國使鬬左降黃門兼領先職俄復舊任緬居
憲司推繩無所顧望號爲勁直武帝乃遣圖其形於臺省
以勵當官遷侍中未拜卒詔便舉哀昭明太子亦往臨哭
緬抄後漢晉書抄三十卷又抄江左集未及成文集五卷

緬弟纘

纘字伯緒出繼從伯弘籍武帝舅也梁初贈廷尉卿纘年
十一尚武帝第四女富陽公主拜駙馬都尉封利亭侯召
補國子生起家祕書郎時年十七身長七尺四寸眉目踈
朗神采爽發武帝異之嘗曰張壯武云後八世有逮吾者

其此子乎纘好學兄緬有書萬餘卷晝夜披讀殆不輟手秘書郎四員宋齊以來爲甲族起家之選待次入補其居職例不數十日便遷任纘固求不徙欲遍觀閣內書籍常執四部書目曰若讀此畢可言優仕矣如此三載方遷太子舍人轉洗馬中舍人並掌管記纘與琅邪王錫齊名普通初魏使彭城人劉善明通和求識纘與錫纘時年二十三善明見而嗟服累遷尚書吏部郎俄而長兼侍中時人以爲早達河東裴子野曰張吏部有喉脣之任已恨其晚矣子野性曠達自云年出三十不復詣人初未與纘遇便虛相推重因爲忘年之交大通中爲吳興太守居郡省煩

苛務清靜人吏便之大同二年徵爲吏部尚書後門寒素一介者皆見引拔不爲貴門屈意人士翕然稱之負其才氣無所與讓定襄侯祗無學術頗有文性與兄衡山侯恭俱爲皇太子愛賞特纘從兄謚聿並不學問性又凡愚恭祗嘗預東宮盛集太子戲纘曰丈人謚聿皆何在纘從容曰纘有謚聿亦殿下之衡定太子色慙或云纘從兄聿及弼愚短湘東王在坐問纘曰丈人二從事聿弼藝業何如纘曰下官從弟雖並無多猶賢殿下之有衡定舉坐愕然其忤物如此五年武帝詔曰纘外氏英華朝中領袖司空已後名冠范陽可尚書僕射纘本寒門以外戚顯重高自擬

倫而詔有司空范陽之言深用爲狹以朱异草詔與异不平初纘與參掌何敬容意趣不協敬容居權軸賓客輻湊有過詣纘纘輒距不前曰吾不能對何敬容殘客及是遷爲讓表曰自出守股肱入居衡尺可以仰首伸眉論列是非者矣而寸衿所滯近蔽耳目深淺清濁豈有能預加以矯心飾貌酷非所閑不喜俗人與之共事此言以指敬容也在職議南郊御乘素輦適古今之衷又議印綬官若備朝服宜並著綬時並施行改爲湘州刺史述職經塗作南征賦初吳興吳規頗有才學邵陵王綸引爲賓客深相禮遇及綸作牧郢蕃規隨從江夏遇纘出之湘鎮路經郢服綸

餞之南浦纘見規在坐意不能平忽舉盃曰吳規此酒慶汝得陪今宴規尋起還其子翁孺見父不悅問而知之翁孺因氣結爾夜便卒規恨纘慟兒憤哭兼至信次之間又致殞規妻深痛夫子翌日又亡時人爲張纘一盃酒殺吳氏三人其輕傲皆此類也至州務公平遣十郡慰勞解放老疾吏役及關市戍邏先所防人一皆省併州界零陵衡陽等郡有莫徭蠻者依山險爲居歷政不賓服因此向化益陽縣人作田二頃皆異畝同穎在政四年流人自歸戶口增十餘萬州境大寧晚頗好積聚多寫圖書數萬卷有油二百斛米四千石佗物稱是太清二年徙授領軍俄改

雍州刺史初聞邵陵王綸當代已爲湘州其後更用河東王譽纘素輕少王州府候迎及資待甚薄譽深銜之及至州譽遂託疾不見纘仍檢括州府付度事留纘不遣會聞侯景寇建鄴譽當下援湘東王時鎮江陵與纘有舊纘將因之以斃譽兄弟時湘東王與譽及信州刺史桂陽王慥各率所領入援臺下硤至江津譽次江口湘東王屆郢州之武城屬侯景已請和武帝詔罷援軍譽自江口將旋湘鎮欲待湘東至謁督府方還州纘乃貽湘東書曰河東戴檣上水欲襲江陵岳陽在雍共謀不逞江陵遊軍主朱榮又遣使報云桂陽住此欲應譽詧湘東信之乃鑿船沈米

斬纜而歸至江陵收慥殺之荆湘因構嫌隙纘尋棄其部曲攜其二女單舸赴江陵湘東遣使責讓譽索纘部下仍遣纘向雍州前刺史岳陽王詧推遷未去鎮但以城西白馬寺處之會聞賊陷臺城詧因不受代州助防杜岸紿纘曰觀岳陽不容使君使君素得物情若走入西山義舉事無不濟纘以爲然因與岸兄弟盟乃要雍州人席引等於西山聚衆乃服婦人衣乘青布輿與親信十餘人奔引等杜岸馳告詧詧令中兵參軍尹正等追討纘以爲赴期大喜及至並禽之纘懼不免請爲沙門名法緒詧襲江陵常載纘隨後逼使爲檄固辭以疾及軍退敗行至湕水南防

守纘者慮追兵至遂害之棄尸而去元帝承制贈開府儀同三司謚簡憲公元帝少時纘便推誠委結及帝即位追思之嘗爲詩序云簡憲之爲人也不事王侯負才任氣見余則申旦達夕不能已已懷夫人之德何日忘之纘著鴻寶一百卷文集二十卷初纘之往雍州資産悉留江陵性既貪婪南中貲賄塡積及死湘東王皆使收之書二萬卷並摙還齊珍寶財物悉付庫以粽蜜之屬還其家次子希字子顏早知名尚簡文第九女海鹽公主承聖初位侍中

纘弟綰

綰字孝卿少與兄纘齊名湘東王繹嘗策之百事綰對闕

其六號爲百六公位員外散騎常侍中軍宣城王長史遷御史中丞武帝遣其弟中書舍人絢宣旨曰爲國之急唯在執憲直繩用人之本不限升降晉宋時周閔蔡廓兼以侍中爲之卿勿疑是左遷時宣城王府望重故有此旨焉大同四年元日舊制僕射中丞坐位東西時當綰兄纘爲僕射及百司就列兄弟並導騶分趨兩塗前代未有時人榮之出爲豫章内史在郡述制旨禮記正言義四姓衣冠士子聽者常數百人八年安成人劉敬宮挾祆道遂聚黨攻郡進寇豫州刺史湘東王遣司馬王僧辯討賊受綰節度旬月間賊黨悉平十年復爲御史中丞綰再爲憲司彈

糾無所回避豪右憚之時城西開士林館聚學者綰與右
衛朱异太府卿賀琛遞述制旨禮記中庸義太清三年爲
吏部尚書宮城陷奔江陵位尚書右僕射魏剋江陵朝士
皆俘入關綰以疾免卒於江陵次子交字少游尚簡文第
十一女定陽公主承聖二年官至秘書丞掌東宮管記
庾域字司大新野人也少沈靜有名鄉曲梁文帝爲郢州
辟爲主簿歎美其才曰荊南杞梓其在斯乎加以恩禮長
沙宣武王爲梁州以爲錄事參軍帶華陽太守時魏軍攻
圍南鄭州有空倉數十所域手自封題指示將士曰此中
粟皆滿足支二年但努力堅守衆心以安軍退以功拜羽

林監及長沙王爲益州域隨爲懷寧太守罷任還家妻子
猶事井臼而域所衣大布餘奉專充供養母好鶴唳域在
位營求孜孜不怠一旦雙鶴來下論者以爲孝感所致永
元初南康王板西中郎諮議參軍母憂去職梁武帝舉兵
起爲寧朔將軍領行選武帝東下師次楊口和帝遣御史
中丞宗夬勞軍域乃諷夬曰黃鉞未加非所以總率侯伯
夬反西臺即授武帝黃鉞蕭穎冑既都督中外諸軍事論
者謂武帝應致牋域爭不聽乃止郢城平域及張弘策議
與武帝意同即命衆軍便下域謀多被納用霸府初開爲
諮議參軍天監初封廣牧縣子後軍司馬出爲寧朔將軍

巴西梓潼二郡太守梁州長史夏侯道遷降魏魏襲巴西
域固守城中糧盡將士皆齕草供食無有離心魏軍退進
爵爲伯于時兵後人飢域上表振貸不待報輒開倉爲有
司所糾上遷域西中郎司馬輔國將軍寧蜀太守卒于官
子子輿
子輿字孝卿幼而歧嶷五歲讀孝經手不釋卷或曰此書
文句不多何用自苦荅曰孝德之本何謂不多齊永明末
除州主簿時父在梁州遇疾子輿奔侍醫藥言淚恒并長
沙宣武王省疾見之顧曰庾錄事雖危殆可憂更在子輿
尋丁母憂哀至輒嘔血父戒以滅性乃禁其哭泣梁初爲

尚書郎天監三年父出守巴西子輿以蜀路險難啓求侍
從以孝養獲許父遷寧蜀子輿亦相隨父於路感心疾每
至必叫子輿亦悶絕及父卒哀慟將絕者再奉喪還鄉秋
水猶壯巴東有淫預石高出二十許丈及秋至則纔如見
焉次有瞿塘大灘行侶忌之部伍至此石猶不見子輿撫
心長叫其夜五更水忽退減安流南下及度水復舊行人
爲之語曰淫預如幞本不通衢塘水退爲庾公初發蜀有
雙鳩巢舟中及至又栖廬側每聞哭泣之聲必飛翔簷宇
悲鳴激切欲爲父立佛寺未有定處夢有僧謂曰將修勝
業嶺南原即可營造明往履歷果見標度處所有若人功

因立精舍居墓所以終喪服闋手足枯攣待人而起仍布
衣蔬食志守墳墓叔該謂曰汝若固志吾亦抽簪於是始
仕雖以嫡長襲爵國秩盡推諸弟累遷兼中郎司馬大通
二年除巴陵内史便道之官路中遇疾或勸上郡就醫子
輿曰吾疾患危重全濟理難豈可貪官陳尸公廨因勒門
生不得輒入城市即於渚次卒遺令單衣帢履以斂酒脯
施靈而已

鄭紹叔字仲明滎陽開封人也累世居壽陽祖琨宋高平
太守紹叔年二十餘爲安豐令有能名後爲本州中從事
史時刺史蕭誕弟諶被誅臺遣收誕兵使卒至左右驚散

紹叔獨馳赴焉誕死侍送喪柩衆咸稱之到都司空徐孝
嗣見而異之曰祖逖之流也梁武帝臨司州命爲中兵參
軍領長流因是厚自結附帝罷州還都謝遣賓客紹叔獨
固請願留帝曰卿才幸自有用我今未能相益宜更思佗
塗固不許於是乃還壽陽刺史蕭遙昌苦要引紹叔終不
受命遙昌將囚之鄉人救解得免及帝爲雍州紹叔間道
西歸補寧蠻長史扶風太守東昏既害朝宰頗疑于帝紹
叔兄植爲東昏直後東昏遣至雍州託候紹叔潛使爲刺
客紹叔知之密白帝及植至帝於紹叔處置酒宴之戲植
曰朝廷遣卿見圖今日閑宴是見取良會也賓主大笑令

植登城隍周觀府署士卒器械舟艫戎馬莫不富實植退
謂紹叔曰雍州實力未易圖也紹叔曰兄還具爲天子言
之兄若取雍州紹叔請以此衆一戰送兄於南峴相持慟
哭而别續復遣主帥杜伯符亦欲爲刺客詐言作使上亦
密知宴接如常伯符懼不敢發上後即位作五百字詩具
及之初起兵紹叔爲冠軍將軍改驍騎將軍從東下江州
平留紹叔監州事曰昔蕭何鎮關中漢祖得成山東之業
寇恂守河内光武建河北之基今之九江昔之河内我故
留卿以爲羽翼前途不捷我當其咎糧運不繼卿任其責
紹叔流涕拜辭於是督江湘糧運無闕乏天監初入爲衛

尉卿紹叔少孤貧事母及祖母以孝聞奉兄恭謹及居顯
要糧賜所得及四方遺餉悉歸之兄室忠於事上所聞纖
豪無隱每爲帝言事善則曰臣愚不及此皆聖主之策不
善則曰臣智慮淺短以爲其事當如是殆以此誤朝廷也
臣之罪深矣帝甚親信之母憂去職紹叔有至性帝常使
人節其哭頃之封營道縣侯復爲衛尉卿以營道縣户凋
弊改封東興縣侯三年魏圍合肥紹叔以本號督衆軍鎮
東關事平復爲衛尉既而義陽入魏司州移鎮關南以紹
叔爲司州刺史紹叔至創立城隍繕兵積穀流人百姓安
之性頗矜躁以權勢自居然能傾心接物多所舉薦士亦

以此歸之徵爲左衛將軍至家疾篤詔於宅拜授輿載還府中使醫藥一日數至卒於府舍帝將臨其殯紹叔宅巷陋不容輿駕乃止詔贈散騎常侍護軍將軍謚曰忠紹叔卒後帝嘗潸然謂朝臣曰鄭紹叔立志忠烈善必稱君過則歸己當今殆無其比見賞惜如此子貞嗣

呂僧珍字元瑜東海范陽人也世居廣陵家甚寒微童兒時從師學有相工歷觀諸生指僧珍曰此兒有奇聲封侯相也事梁文帝爲門下書佐身長七尺七寸容貌甚偉曹輩皆敬之文帝爲豫州刺史以爲典籤帶蒙令帝還領軍將軍補主簿祆賊唐寓之寇東陽文帝率衆東討使僧珍

知行軍衆局事僧珍宅在建陽門東自受命當行每日由建陽門道不過私室文帝益以此知之司空陳顯達出軍沔北見而呼坐謂曰卿有貴相後當不見減深自努力建武二年魏軍南攻五道並進武帝帥師援義陽僧珍從在軍中時長沙宣武王爲梁州刺史魏軍圍守連月義陽與雍州路斷武帝欲遣使至襄陽求梁州問衆莫敢行僧珍固請充使即日單舸上道及至襄陽督遣援軍且獲宣武王書而反武帝甚嘉之東昏即位司空徐孝嗣管朝政欲要僧珍與共事僧珍知不久當敗竟弗往武帝臨雍州僧珍固求西歸得補邛令及至武帝命爲中兵參軍委以心旅僧珍陰養死士歸之者甚衆武帝頗招武猛士庶響從會者萬餘人因命按行城西空地將起數千間屋爲止舍多伐材竹沈於檀溪積茅蓋若山阜皆未之用僧珍獨悟其指因私具櫓數百張及兵起悉取檀溪材竹裝爲船艦葺之以茅並立辦衆軍將發諸將須櫓甚多僧珍乃出先所具每船付二張爭者乃息武帝以僧珍爲輔國將軍步兵校尉出入卧內宣通意旨大軍次江寧武帝使僧珍與王茂率精兵先登赤鼻邏其日東昏將李居士來戰僧珍等大破之乃與茂進白板橋壘立茂移頓越城僧珍守白板李居士知城中衆少直來薄城僧珍謂將士曰今力不

敵不可戰亦勿遙射須至壍裏當并力破之俄而皆越壍僧珍分人上城自率馬步三百人出其後內外齊擊居士等應時奔散及武帝受禪爲冠軍將軍前軍司馬封平固縣侯再遷左衛將軍加散騎常侍入直祕書省總知宿衛天監四年大舉北侵自是僧珍晝直中省夜還祕書五年旋軍以本官領太子中庶子僧珍去家久表求拜墓武帝欲榮以本州乃拜南兗州刺史僧珍在任見士大夫迎送過禮平心率下不私親戚兄弟皆在外堂並不得坐指客位謂曰此兗州刺史坐非呂僧珍牀及別室促膝如故從父兄子先以販葱爲業僧珍至乃棄業求州官僧珍曰吾

荷國重恩無以報効汝等自有常分豈可妄求叨越當速反葱肆耳僧珍舊宅在市北前有督郵廨鄉人咸勸徙廨以益其宅僧珍怒曰豈可徙官廨以益吾私宅乎姊適于氏住市西小屋臨路與列肆雜僧珍常導從鹵簿到其宅不以爲恥在州百日徵爲領軍將軍直秘書省如先常以私車輦水灑御路僧珍既有大勳任總心膂性甚恭慎當直禁中盛暑不敢解衣每侍御坐屏氣鞠躬對果食未嘗舉箸因醉後取一甘食武帝笑謂曰卿今日便是大有所進祿俸外又月給錢十萬其餘賜賚不絕於時初武帝起兵攻郢州久不下咸欲走北僧珍獨不肯累日乃見從一夜

僧珍忽頭痛壯熱及明而顙骨益大其骨法蓋有異焉十年疾病車駕臨幸中使醫藥日有數四僧珍語親舊曰吾昔在蒙縣熱病發黃時必謂不濟主上見語卿有富貴相必當不死俄而果愈吾今已富貴而復發黃所苦與昔政同必不復起竟如言卒于領軍官舍武帝即日臨殯贈驃騎將軍開府儀同三司謚曰忠敬武帝痛惜之言爲流涕子淡嗣初宋季雅罷南康郡市宅居僧珍宅側僧珍問宅價曰一千一百萬怪其貴季雅曰一百萬買宅千萬買鄰及僧珍生子季雅往賀署函曰錢一千閽人少之弗爲通彊之乃進僧珍疑其故親自發乃金錢也遂言於帝陳其才能以爲壯武將軍衡州刺史將行謂所親曰不可以負呂公在州大有政績

樂藹字蔚遠南陽淯陽人晉尚書令廣之六世孫也家居江陵方頤隆準舉動醞藉其舅雍州刺史宗慤嘗陳器物試諸甥姪藹時尚幼而無所取慤由此奇之又取史傳各一卷授藹等使讀畢言所記藹略讀具舉慤益善之齊豫章王嶷爲荊州刺史以藹爲驃騎行參軍領州主簿參知州事嶷嘗問藹城隍風俗山川險易藹隨問立對若案圖牒嶷益重焉州人嫉之或譖藹廨門如市嶷遣覘之方見藹閉閤讀書後爲大司馬記室永明八年荊州刺史巴東王

子響稱兵反及敗焚燒府舍官曹文書一時蕩盡齊武帝見藹問以西事藹占對詳敏帝悅用爲荊州中從事敕付以脩復府州事藹還州繕脩廨署數百區頃之咸畢豫章王嶷薨藹解官赴喪率荊湘二州故吏建碑墓所南康王爲西中郎以藹爲諮議參軍蕭穎胄引藹及宗史劉坦任以經略天監初累遷御史中丞初藹發江陵無故於船得八車輻如中丞健步避道者至是果遷焉性公彊居憲臺甚稱職時長沙宣武王將葬而車府忽於庫失油絡欲推主者藹曰昔晉武庫火張華以爲積油萬石必然今庫若灰非吏罪也既而檢之果有積灰時稱其博物弘恕二年

出爲平越中郎將廣州刺史前刺史徐元瑜罷歸遇始興人士反逐内史崔睦舒因掠元瑜財產元瑜走歸廣州借兵於藹託欲討賊而實謀襲藹藹覺誅之藹卒於官藹姊適徵士同郡劉蚪亦明識有禮訓藹爲州迎姊居官舍三分祿秩以供焉西土稱之子法才

法才字元備幼與弟法藏俱有美名沈約見之曰法才實才子爲建康令不受奉秩比去將至百金縣曹啓輸臺庫武帝嘉其清節曰居職若斯可以爲百城表矣遷太舟卿尋除南康内史恥以讓奉受名辭不拜歷位少府卿江夏太守因被代表求便道還鄉至家割宅爲寺棲心物表尋卒法藏位征西錄事參軍早亡子子雲美容貌善舉止位江陵令承制除光祿卿魏克江陵衆奔散呼子雲子雲曰終爲虜矣不如守以死節遂仆地卒於馬蹄之下

論曰張弘策惇厚慎密首預帝圖其位遇之隆豈徒外戚云爾至如太清板蕩親屬離貳績不能叶和蕃岳克濟陶治之功而苟懷私怨以成釁隙之首風格若此而爲梁之亂階惜乎庾域鄭紹叔呂僧珍等或忠誠亮盡或恪勤匪解締構王業皆有力焉僧珍之肅恭禁省紹叔之勤誠靡貳蓋有人臣之節矣藹雖異帷幄之勳亦讚雲雷之業其當官任事寵秩不亦宜乎

列傳第四十七　南史五十七

李　延壽

沈約 子旋 孫衆　范雲 從兄縝

沈約字休文吳興武康人也昔金天氏有裔子曰昧爲玄冥師生子允格臺駘臺駘能業其官宣汾洮障大澤以處太原帝顓頊嘉之封諸汾川其後四國沈姒蓐黃沈子國今汝南平輿沈亭是也春秋之時列於盟會魯昭四年晉使蔡滅沈其後因國爲氏自茲以降譜諜罔存秦末有沈逞徵丞相不就漢初逞曾孫保封竹邑侯保子遵自本國遷居九江之壽春官至齊王太傅封敷德侯遵生驃騎將軍達達生尚書令乾乾生南陽太守弘弘生河内太守勗勗生御史中丞奮奮生將作大匠恪恪生尚書關内侯謙謙生濟陽太守靖靖生戎戎字威卿仕爲州從事說降劇賊尹良漢光武嘉其功封爲海昏縣侯辭不受因避地徙居會稽烏程縣之餘不鄉遂家焉順帝永建元年分會稽爲吳郡後爲吳郡人靈帝初平五年分烏程餘杭爲永安縣吳孫皓寶鼎二年分吳郡爲吳興郡晉太康三年改永安爲武康縣復爲吳興武康人焉雖邦邑屢改而築室不遷戎子酆字聖通位零陵太守致黃龍芝草之瑞第二子仲高安平相少子景河閒相演之慶之曇慶懷文其後也

仲高子巒字建光少有高名州舉茂才公府辟州別駕從
事史時廣陵太守陸稠巒之舅也以義烈政績顯名漢朝
復以女妻巒巒早卒子直字伯平州舉茂才亦有清名卒子
瑜儀俱少有至行瑜十歲儀九歲而父亡居喪毀瘁過於
成人外祖會稽盛孝章漢末名士也深加憂傷每撫慰之
曰汝並黃中英爽終成奇器何遽逾制自取殄滅邪三年
禮畢殆至滅性故兄弟並以孝著瑜早卒儀字仲則篤學
有雅才以儒素自業時海內大亂兵革並起經術廢弛士
少全行而儀淳深隱默守道不移風操貞整不妄交納唯
與族子仲山叔山及吳郡陸公紀友善州郡禮請二府交

辟公車徵並不屈以壽終子憙字元禪左中郎新都都尉
定陽侯才志顯於吳朝子矯字仲桓以節氣立名仕為立
武校尉偏將軍孫皓時有將帥之稱吳平為鬱林長沙二
太守不就太康末卒子陵字景高晉元帝之為鎮東將軍
命參軍事子延字思長潁川太守始居縣東鄉之博陸里
餘烏村延子賀字子寧桓沖南中郎參軍賀子警字世明
惇篤有行業學通左氏春秋家產累千金後將軍謝安命
為參軍甚相敬重警內足於財為東南豪士無進仕意謝
病歸安固留不止乃謂曰沈參軍卿有獨善之志不亦高
乎警曰使君以道御物前所以懷德而至既無用佐時故

遂飲啄之願爾還家積載以素業自娛前將軍王恭鎮京
口與警有舊好復引為參軍手書殷勤苦相招致不得已
而應之尋復謝去子穆夫字彥和少好學通左氏春秋王
恭命為前將軍主簿謂警曰足下既執不拔之志高臥東
南故屈賢子共事非吏職嬰之也初錢唐人杜炅字子恭
通靈有道術東土豪家及都下貴望並事之為弟子執在
三之敬警累世事道亦敬事子恭子恭死門徒孫泰泰弟
子恩傳其業警復事之隆安三年恩於會稽作亂自稱征
東將軍三吳皆響應穆夫在會稽恩以為餘姚令及恩為
劉牢之所破穆夫見害先是穆夫宗人沈預與穆夫父警

不協至是告警及穆夫弟仲夫任夫預夫佩夫並遇害唯
穆夫子深子雲子田子林子虔子獲全田子林子知名田子字
敬光從武帝克京城進平建鄴參鎮軍事封營道縣五等
侯帝北伐廣固田子領偏師與龍驤將軍孟龍符為前鋒
龍符戰沒田子力戰破之及盧循逼都帝遣田子與建威
將軍孫季高海道襲破廣州還除太尉參軍淮陵內史賜
爵都鄉侯義熙八年從討劉毅十一年從討司馬休之除
振武將軍扶風太守十二年武帝北伐田子與順陽太守
傅弘之各領別軍從武關入屯據青泥姚泓將自禦大軍
慮田子襲其後欲先平田子然後傾國東出乃率步騎數